中国社会科学院近代史研究所 译

中国社会科学院近代史研究所

民国文献丛刊

顾维钧回忆录

第五分册

中华书局

顾维钧第二次任驻英大使，在圣詹姆斯宫向英王呈递国书后与大使馆人员合影　1941年7月，伦敦

顾维钧在驻英大使馆办公　1942年，伦敦

顾维钧在国家利益保护委员会的午宴上与该会主席内森勋爵及艾夫里尔·哈里曼叙谈　1942年2月25日，伦敦多尔切斯特饭店

顾维钧在白金汉宫庆祝联合国日典礼上与戴高乐将军及美国驻英大使约翰·怀南特交谈。英王、王后和27个同盟国的代表参加了这一盛典　1942年6月14日，伦敦

顾维钧为中国海员专用的伦敦第一个中国海员俱乐部举行开幕式　1942年6月25日，
伦敦

顾维钧与艾登及英国国会访华团全体合影。左起：西蒙，艾登，泰弗亚，卫德波，顾维钧，艾尔文，劳森　1942年9月22日，伦敦

中英取消英国在华治外法权条约签字后留影。左起，坐者：顾维钧，英国驻华大使薛穆，中国外交部长宋子文，印度驻华代表黎吉生，外交部次长吴国桢 1943年1月11日，重庆

顾维钧在英国政府组织的"向中国致敬"大会上向广大听众发表演
说 1943年7月7日，伦敦艾伯特大厅

宋子文在华盛顿与邱吉尔、罗斯福会谈后抵达伦敦。左起：英国外交部次官彼得森，宋子文，顾维钧　1943年7月24日，伦敦

顾维钧在苏格兰阿伯丁郡接受阿伯丁郡荣誉市民证 1943年7月27日，苏格
兰阿伯丁

顾维钧在英国皇家水彩画学会画廊参加中国近代美术展览会开幕式。左起：顾维钧，顾夫人黄蕙兰，王世杰　1943年12月10日，伦敦

中国友好访英团元旦日在威斯敏斯特中央大厅会见伦敦各界人士。左起：威斯敏斯特市长，顾维钧，艾德礼副首相，泰弗亚，王云五，杭立武　1944年元旦

顾维钧在中国大使馆为中国友好访英团设宴款待英国外交大臣艾登　1944年1月5日，伦敦

顾维钧在为中国友好访英团举行的宴会上与艾登及苏联驻英大使古谢夫交谈　1944年1月5日，伦敦

中国友好访英团在唐宁街10号拜访英国首相邱吉尔。左起，坐者：王云五，顾维钧，邱吉尔，王世杰，胡霖；立者：温源宁，杭立武，李惟果　1944年1月25日，伦敦

顾维钧参加顿巴顿橡树园会议到达华盛顿美国陆军航空基地。左起：英国外交部常务次官贾德干，顾维钧，美国副国务卿斯退丁纽斯　1944年8月28日，华盛顿

顾维钧在顿巴顿橡树园会议上演讲　1944年9月29日，华盛顿

参加顿巴顿橡树园会议的部分人员合影。前排左起：孔祥熙，(待查)，顾维钧，斯退丁纽斯，魏道明　1944年9月，华盛顿

顾维钧与英国驻美大使哈里法克斯、外交次官贾德幹叙谈　1944年10月4日，华盛顿

参加顿巴顿橡树园会议部分人员合影。坐者右起：顾维钧，斯退丁纽斯；顾氏
身后为刘锴（左）和胡世泽（右）　1944年10月，华盛顿

玛丽王太后访问中国大使馆。后左穿制服者为顾福昌　1944年，伦敦

顾维钧在旧金山歌剧院广播第二次世界大战欧洲胜利日讲话后摄。左起：
顾维钧，艾登，斯退丁纽斯，皮杜尔　1945年5月8日，旧金山

吴贻芳代表中国在联合国宪章上签字。后立者右起为顾
维钧，王宠惠，魏道明　1945年6月26日，旧金山

顾维钧代表中国在联合国宪章上签字。后立者右起为张
君劢，董必武，胡霖　1945年6月26日，旧金山

董必武代表中国在联合国宪章上签字。后立者右起为吴贻芳，李璜，张君劢 1945年6月26日，旧金山

美国总统杜鲁门在世界粮农组织第一届会议上发表演说，顾维钧坐于其
后　1945年10月16日，加拿大魁北克

英王乔治六世在伦敦詹姆斯宫为参加联合国第一次大会的五十一国代表举行国宴。长桌左起第五人为国王，国王右侧：筹备委员会主席哥伦比亚代表安赫尔·苏莱塔博士，乔伊特勋爵；国王左侧：大会主席比利时代表斯帕克，艾德礼，美国国务卿贝尔纳斯，格林伍德，顾维钧　1946年1月9日，伦敦

顾维钧在威斯敏斯特中央大厅联合国组织第一次会议上演讲。联合国秘书长赖伊主持会议，其左为科迪埃　1946年1月15日，伦敦

出版说明

　　《顾维钧回忆录》第五卷，是作者自 1941 年至 1946 年任驻英大使期间的记录。在此期间，顾氏曾三度回国三次赴美，所以除中英之间的种种问题外，还记录了他参加的敦巴顿橡树园会议、旧金山会议和联合国筹备委员会以及联合国成立前的情况和幕后活动。

　　第五卷原稿是未经正式编定的稿件，其章节之编排，尚不规则，尤其第六章各节，更注明是"待编资料"。为便于读者阅读，我们为第四、五、六章的一些章节增补了标题；但内容和次序均无变动。至于第六章，因是"待编资料"，长短不一，只按原文顺序编号，未分"节"和"小节"，与前面几章不同。

　　本书涉及的中外人名颇多。外国人凡有正式或通用译名的，都尽量采用其正式或通用的中文名字。对中国人名，则尽量查出其原名。个别人名未能查到的，则注明音译。但有几处中国人名明显有误，我们都根据当时具体情况予以改正，并加注说明。

　　由于我们的水平有限，讹误之处，定所不免，敬请广大读者，惠予指正。

译　　者

一九八五年六月

1

目　录

第五分册

第五卷

二 度 使 英

（1941.7—1946.6）

第一章　使英初期

1941 年 7 月—1942 年 10 月

第一节　任职伊始

一、受命使英

1941 年春外交部来电称政府拟调我至伦敦接替郭泰祺任驻英大使。不久，郭本人也通知我说，他已将此事告知英国政府征求同意。他说这是在和当时的英国外交次官、英国外交部第二号人物巴特勒先生谈话时口头提出的。巴特勒说，他听到这一消息非常高兴。并且说他和我有个人交往，同意我出任驻英大使一事不成问题；不过，必须按例行手续办事，由外交部呈请英王批准。

接获外交部电报后，我立即着手准备离开维希。虽说我国政府要我尽快前往伦敦，但我决定还是先去葡萄牙一行。原因之一是当时的交通运输问题。另外，尽管我预料同意任命一事不致有什么问题，但觉得还是等取得正式同意以后再去伦敦为好。

从维希到里斯本是经陆路乘汽车去的，费时两天。路上夜宿停留两次，一次在马德里，另一次在马德里和葡萄牙边境之间的一个小镇。到达葡萄牙后，我在里斯本小住了几天，然后搬到里斯本城外的伊什图里尔。这里是海滨游览胜地。我去那里有两个原因,一是不想呆在首都,因为我在那里出现会引起种种猜测,使自己暴露于记者们的围攻之下;二是当时看来,还需要过一段时间,英国政府才会答复。英国政府似乎想多了解一些造成中国政府这次人事更迭(外长王宠惠辞职,由郭泰祺接任)的内情。相对地说,郭在中国外交界资历较浅,地位不高,出使英国还是他初次担任驻外职务。

一直到4月份(?)才收到了英国政府的答复。答复当然是赞同的,但拖延了如此之久,说明我当初决定留在里斯本等待,而没有匆忙前往伦敦是完全得当的。一等两个多月,真是度日如年,又何况战火连天,益加困难重重。我住在葡萄牙,也使葡萄牙政府感到为难。许多使团团长和我都有私交,我曾受到几位大使的社交性接待,这使我颇感尴尬,因为我遥遥无期地在葡萄牙呆着,使人莫明其妙。(那时中国驻里斯本的公使是李锦纶博士,1931年我任南京政府外长时,他任次长。)

我想方设法向郭泰祺探听消息,并查明此中原委。郭说他正在全力催办。郭曾就我出任驻英大使一事同英方会谈两次,但事后的发展情况却使我大惑不解。郭无法解释英方为什么迟迟不做答复。经他催促,巴特勒对他说,稽延的原因在于英国驻重庆大使寇尔的建议。寇尔来电建议说,鉴于当时的实际情况,最好有一位国民党高级人士作为代表驻在伦敦(我于次年才成为国民党党员),英国外交部内部显然在为此交换意见。英国外交部虽然正在考虑寇尔的意见,但也感到他的意见未免有些来得蹊跷。他们认为没有理由不同意此项任命,因为早在二十年前,我就任中国驻伦敦公使,因而英国政府中许多要员都认得我。(虽说在外交上一国政府拒绝某一使节的任命并非必须说明理由,但通常都作出一些解释。)经郭再三催促,巴特勒说,他们正在等候驻华大使的回复,以便听取他的意见。随着时间的推移,情况变得越来越混淆不清。我百思不得其解,就是弄不懂重庆那个寇尔爵士所持这种见解的真实意向。当时我请郭详细说明伦敦那里的情况,他说,迄今他还没有向英方递交过按常规应有的书面通知,而只是口头转达这一请求。我想这也许就给英国政府造成了可乘之机,使他们可以迟迟不予回复。

与此同时,郭泰祺接到命令,要他速返重庆接任外交部长,特别是政府已准其所请返渝时取道美国,以便同美国国务卿和其他美国官员接触。这一着不失为高明之举,不过要多费些时日。

英国政府对我的任命表示同意是在郭离英前夕还是离英之后现在我已记不清了,似乎是在他离英之后。在那段时间里,我从重庆方面得悉,使问题复杂化的真正原因是某前教育部长十分热衷于去伦敦当大使。他是留英学生,又是一位颇有声望的国民党员。自从 1938 年寇尔抵渝后,此公便煞费苦心同这位英国大使培植友谊,两人终于结为密友。这位先生几乎每天都要去看大使,向他提供我政府内部的各种情况。每当寇尔想打听些中国政府的事情时,他就去找这位中国朋友。这就足以说明为什么这位英国大使把我撇在一边而全力支持此公前往伦敦的宿愿。中国政府认为此次对我的选任是恰当无比的,然而英国政府却迟迟不表同意,这使我国政府深感诧异而恼火。其后找出了问题的真实原因,就采取措施,纠正了这一局面,接着英国政府就作出了答复。不过派遣新大使虽然必须取得驻在国的认可,而人选主要还是应由派遣大使的国家决定的。寇尔居然在别国派遣大使的人选问题上插了一手,这种情况确实有些离奇。中国政府找到了英国迟迟不作答复的真实原因后,对那位前教育部长深为不满,并向寇尔表达了中国政府的愤慨,从而快刀斩乱麻地解决了问题。政府收到了英国表示同意的答复,便正式发表了任命我为驻英大使的决定,并敦促我立即离里斯本赴伦敦上任。

这时我呆在里斯本已近三个月了。直到 7 月上旬,我才作好动身前往伦敦的一切准备。本来我想在里斯本再呆些日子,以便同我国政府就中英间许多悬而未决的问题进一步交换意见。当时英国有个以罗伯特·塞西尔勋爵为首的委员会,正要为联合和平运动召开群众大会，他们非常热诚地邀我专程到会讲演。这个运动属于国际性质，法国就有个同样的组织，叫做国际和平大联盟，在许多盟国中设有分支机构。英国方面由塞西尔、诺埃尔-贝克和政治、教育、实业界许多知名人士主持。很多著名的工党人士在政治上都支持这个运动。我于7月1日去英国，大会大约是7月7日召开的。

二、使英总目标

中国外交部与许多其他国家的外交部不同，新大使或新公使上任时并不一定给予一系列的指示作为工作的指导方针。（据我所知，后来对派往国外的外交代表都给予正式的训令，扼要地说明委派他谈判和讨论的主要问题的性质和重要性，这种做法已成常规。）我这次奉派使英就没有接到正式训令，也许因为我的资历较深，与部内人员，或是驻外使节相比，我在外交界差不多比谁的资格都老。事情明摆着，在那个非常时期，派往伦敦的任何一位中国大使都必须处理某些具体的问题，因此事实上也无须训令。我国抗战已有四年，要继续打下去，虽然还不是面临绝境，但处境是非常艰难的。所以最重要的是要让西方民主国家的人民了解，中国不仅是为了自己的独立自由而战，也是为了全世界的自由事业而战，因此不仅理应获得同情和道义上的支持，而且应该得到各种贷款，军事装备和其他物资等实际援助。我们必须寻求上述各种形式的具体援助。换句话说，应当广泛宣传中国抗战对于自由世界的真实意义和重要性。这样，各友好国家的政府方能认识到中国的抗战和西方世界的自由事业是利害与共的。有了这样的认识，他们就会以较好的态度执行援华政策，尤其重要的是使其立法机关有很好的理解，因为援华政策的执行，必须有这些立法机关的支持，并经其批准。我怀着这两项明确的目标，即宣传中国的抗战事业和寻求物质上的援助，开始在伦敦执行我的大使任务。

为了实现第一个目标,我随即着手组织宣传工作。我经常接受各方邀请,在官方或公众集会上发表演说,目的是向他们说明中国抗战的重要意义。我还动员了一部分当时在英国而能胜任这一工作的中国人一起来做,其中有教师、艺术家、银行家和使领馆中英语说得比较流利的人们。中国报界的一些代表人物当然也包括在内。还包括许多高等学校的留学生。我列出了一些问题和要点,供他们公开发表言论时加以强调。其全部宗旨就是促使英国公众和一切爱好自由的西方人士普遍了解中国抗战的重大意义。同时要形成一种协调一致的说法,使公众认清中国的抗战同西方民主国家反侵略战争的密切关系,从而防止公众认识上混乱不清。当时英国正在同轴心国特别是纳粹分子作殊死战,伦敦是西欧武装抵抗轴心国的中心;苏俄则刚刚参战,是东欧抗德战场的前哨。

我到伦敦就职后,很快就意识到我的职责不应局限于同英国处好关系,争取他们了解我们。我意识到,使流亡到伦敦及其附近地区的其他盟国政府了解中国的抗战,也是我的重要任务。那时中国派有外交代表的西方盟国,除了几个大国以外,还有挪威、比利时、荷兰、波兰、捷克斯洛伐克等国。这些国家的政府都已迁至英国,我国派驻这些国家的外交使节也随着把他们的使馆转移到了这些国家的流亡政府所在地。这些使团汇集到伦敦,倒给了我经常同他们商讨问题以共同为中国的抗战大业出力的好机会。实际上派驻这些流亡政府的许多中国代表,都是我过去的老同事或合作者。为了推动我使命中两大任务中的第一个任务,亦即让人们更好地了解中国的抗战大业,我同他们一起工作,不但相处得很好,而且感到甚为愉快。

关于这方面的活动,以及英国对中国和对待亚洲各国奋战的态度演变,下面还要详谈。这里首先扼要地讨论一下在我使英期间特别是任职之初,中英关系中几个悬而未决的问题。

第二节　五大问题

一、英国的战争贷款

使英期间我处理的第一个问题是战争贷款问题。

珍珠港事件以后,美、中两国不仅是对日宣战,同时对德、意两国也宣战了,因此中、美成了第二次世界大战中许多欧洲国家的同盟国。不久,美国国会通过一项法案,授权政府给予中国五亿美元贷款,作为在争取民主事业的伟大斗争中美国同中国共同合作的象征。事实上,卢沟桥事变以后,在美国,同情中国抗战的浪潮十分高涨,舆论纷纷要求国会和罗斯福政府尽量帮助中国。当时也有一批颇有影响的孤立主义者和和平论者,主张美国对欧战采取中立政策。但对中国的财政援助已经以棉花贷款和桐油贷款的形式源源而来。自从美、中在这场共同的武装斗争中结为盟邦后,那帮孤立主义者和和平论者也就不那么喧嚣了,加以罗斯福总统对中国的抗战一向都很同情,因此他所领导的美国政府终于办成了这笔五亿美元的援助。

中国和美国要求英国同样对中国作出同情和友好的表示。不久,英国政府宣布打算向中国提供五千万英镑援款。下面是1942年2月2日我在日记中记录下来的有关英国这一决定的消息:

> 下午8时20分,艾登先生打电话给我说,内阁举行了特别会议,决定给中国……五千万英镑贷款,并以租借形式拨给军火和军用设备。他并说,英国这一决定系由于美国在华盛顿宣布了援华的决定而促成的,因此两三小时内即将

宣布。

这一决定是同华盛顿协商的结果。显然罗斯福总统运用了他对邱吉尔的影响，使邱吉尔不仅同意向中国提供贷款，而且要在美国宣布五亿美元贷款的同时予以宣布。这就是艾登所说将在两三小时内宣布的缘由。

> 艾登并称已给英国驻重庆大使去电;这是因为艾登希望委员长在消息见报前先从英国政府方面获悉此事……我说我当立即电告重庆。

这一公告成了此后多次谈判的主题。它引起了中、英两国间的不少误会和争议。我去伦敦时的愿望之一,便是希望英国能向中国提供一些财政援助。由于当时英国只卷入了欧战,它同日本还保持着友好关系,因而这个想法看来不大可能实现。珍珠港事件以后,英日间的形势产生了急剧的变化。日本进攻香港、新加坡和缅甸,使英国人民和政府对中日战争的态度发生了根本的变化。1942年初英国宣布援华五千万英镑一事,不仅是友好合作的表示,而且还另有其宣传意义。它可以向美国人表明:对于中国的抗战,英国完全站在美国一边。此外它还表明,英国效忠于自由国家的反侵略事业。

英国为了自己的自由,为了独立生存,正在进行一场生死的搏斗。这就要求它把一点一滴的力量,各种各样的资源都用于自己的作战。不过,这种情况中国人并不完全理解。在中国政府和委员长本人看来,这一宣布表明了英国当真准备给中国提供上述财政援助。也许英国的声明仅仅是一种姿态,不过当然它没有这样明说。执行此项声明的谈判开始了,主要是应中国政府的要求而进行的。中国政府一心一意地认为英国将成为向中国提供财政援助的另一来源。这笔援助纵然没有美援数字那样大,也还抵得上美国贷款的一半。中国方面切望这一诺言很快就能兑现。

我向外交大臣提出这一问题时,艾登对我说明了英国本身财政的拮据状况。他说英国本身也有赖于美国提供一部分财政援助。这我是知道的。英国在纽约借了几笔战时贷款,用以购买美国的军火武器。此外,英国一直在纽约市场上抛售它所拥有的外国证券换取现款,因为根据当时的美国法律,一切都要"现金交易"。即便把英国所有的海外财源,全部用于支付各项需要,也还很吃力。英国历来高度依赖对外贸易,眼下由于外贸额缩小,因而经济状况益趋恶化。中欧传统市场不用说是关闭了,德国潜艇还在破坏英国同其他地区的贸易。

英国经济拮据的状况,重庆方面是不大理解的,我就设法向他们解释。中国政府的态度是,英国既已宣布给予贷款,就应对此负责。这一态度使艾登感到有些狼狈。在实际协商时,我逐渐明白所谓贷款,只不过是一个姿态,其用意是进行宣传和增强中国人的士气,并没有真正实施的打算。重庆政府认为这是英国又一次背信弃义的行为,因此大为不满。当然,这种不满在中国方面是合乎情理的,因为在珍珠港事件以前,英国对远东的态度和行动,就已经常引起人们的怀疑。英国的政策总是把英国的利益放在第一位。在不直接涉及英国利益的情况下,他们总是避免得罪强国,那怕这个强国是侵略者。

我想起了1938年在华北发生的一桩事件。那时日本人通过"塘沽协定"和"何梅协定"(1935年7月)已经在华北牢牢站稳了脚跟,正在当地不断扩大日本势力,目的在使华北脱离中国政府。对此,美国奉行的是不承认政策,态度十分坚决。这种政策是美国自从日本人在满洲进行扩张活动和1931年的沈阳事变以来,就已执行的。但是英国采取的却是对日本一味迁就的政策,而不是坚决支持中国。到了1938年,英国竟然声明承认华北的日本政权为事实上的政权。这一声明不仅使中国政府,而且使全中国人民大为失望和不满。

当时我在巴黎,感到必须发表一项谴责英国的声明。我指出英国这样做是犯了错误,因为尽管英国承认的仅仅是华北的日本政权,但是此举对人们心理上的影响极为深远,其后果只能是助长世界各地包括欧洲在内的侵略势力。这项声明是由《世界合作报》发表的,它的发行范围极广,遍及全世界。我是中国驻法国大使,可以自由发表中国感到失望以至忿懑的意见。我甚至在没有取得我国政府同意之前就发表了那篇文章。我感到在这类问题上是决不会有反对意见的。对诸如此类我认为不可能有分歧意见的问题,我惯于主动行事。即使有什么反应,也只能是反对我个人,我国政府可以不承担任何责任。当然,这样的声明最好是由驻英国大使来发表,不过我想郭泰祺是由于他在那里所面临的处境而感到不好办。他作为中国驻英大使,感到不能发表意见。事后不久,我便知道英国当局对我那篇在世界各地刊出的文章果然感到不满,英国外交部还公开向郭表示了不满。尽管如此,该文在英国公众是却颇受欢迎。

我提这件事,目的是在说明英国的对华政策即使不是表里不一,也是含含糊糊、暧昧不清的。事实上我在巴黎的时候,我接到过很多报告说,紧接着第二次世界大战在欧洲爆发,日本就向法、英两国交涉,意在言外地进行威胁,要求英、法撤出所有驻华军队,并不得向中国提供武器弹药。有一份报告说,英国正在间接同日本举行会谈,目的在制止日本和欧洲的轴心国家结成一伙,他们打算付出的代价是让日本在亚洲特别是在中国自由行动。这一情报是通过在巴黎的几个消息来源获得的。

法国那时也在不断同英国进行磋商,而且在收买日本这个问题上,态度同英国一致。实际上法、日已经在巴黎开始了秘密谈判,不过不是通过日本使馆,而是通过三菱株式会社和南满铁路的首脑们进行的。他们同法国财界领袖经过初步谈判,作了如下安排,即日本尊重法国在远东的利益,法国则答应撤出在华驻军,并且不以任何方式支持中国。这是 1939 年欧战爆发后的事。在此以前,法国一贯持谨慎的政策,英国则素来奉行他们所谓的"现实"政策,也就是不采取任何使日本感到不悦的步骤,害怕日本跑到轴心国一边去。

以上就是中国对英国远东政策的看法。再加上英国传统的对华政策,还有租界、租借地和领事裁判权等等,其所以有这种看法就更易理解了。孙中山先生说过,中国是个次殖民地国家。老百姓都认为,中国要摆脱外国侵略,争得自由,不能指望英、法等国来发善心,做好事。当外国人侵略中国时,除了美国,其他大国一般只是在影响到它们的切身利益时才出面干涉。上个世纪的历史证明,如果英、法能分得一份赃物,它们便会欣然站在侵略者一边。这就是中国政界为什么以上述心理状态看待英国的历史背景。

因此,一旦英国作出了给予财政援助的许诺,中国就坚持毫不让步,要它负责。不幸得很,这是不可能实现的。可是重庆就是要求兑现,当然中国是完全有权这样要求的。双方的观点我都了解,因此感到很为难,为此就商于美国大使怀南特。怀南特是同情中国抗战的伟大朋友,与我个人也有私交。他完全同意我对英国所持态度的看法,认为我最好同艾登面谈一番。我说我理解艾登的处境;重庆对此事的激烈情绪使我深感不安。

实际上我已同艾登会谈过好几次。他说歉难履行诺言。对此,我完全理解。英国显然想帮助中国,但是力不从心。因此在这类问题上发表一项声明,无非是表明英国愿意站在美国一边。在远东,英国只把中国视为它帝国主义全球政策中的一环。实行英美友好,则是当时英国对外政策的重点所在。

艾登说,即使英国马上提供五千万英镑,中国也无法充分加以利用。因为大家知道这笔贷款是用来采购英国货物的。当时欧战方酣,中国所需要的许多物资,英国根本无法供应。因此他认为贷款的数目应减为一千万英镑。对这种削减,重庆不能同意。我设法提出一个折中方案,把艾登说的数目增加到二千五百万英镑。即使这样,我完全理解我们也不能全部利用。因为艾登明白表示过,这笔钱是作为信贷用的。中国需要哪些东西,英国能够提供哪些东西,都需研究和调查。英国说不定会对中国说,你所需要的,恕我拿不出来。这是个实际问题。

至于怀南特的建议,我倒十分同意。他告诉我,艾登刚刚离开伦敦去乡间的别墅。应我之请,他表示愿意和艾登通个电话,以便安排一次会见。过后,艾登打电话给我,邀我到他乡间的家中共进午餐,面谈一切。时间大概是1942年5月30日,那是星期六。我当然同意。艾登和我都理解,这是一次私下交谈。到了那里,我才知道除了在他家作客的次官理查德·劳先生,再加艾登夫人外,别无他人。我们在一起午餐。他真是一个热情好客的主人。我记得就餐时他要我坐在他的右边,他的夫人则在左边。席间他不时起身斟酒。他的男管家应征入伍了,家里没有任何佣人。我对英国人的民主精神印象很深。

午餐过后,他同我开始会谈。我向他说了我的难处,并且说我已尽了一切努力让重庆理解英国的处境。他说他不断收到驻重庆大使的报告,说委员长和中国政府对英国深为不满,使他感到难堪。对于这一情况,他说他并不感到吃惊。因此他很欢迎我去当面谈谈。我提起了二千五百万英镑的数字时,我说就我看来,双方都有些骑虎难下,我们必须设法使双方不失体面地下台阶。他同意了,并说他相信能够取得财政大臣和首相同意提供一笔信贷。其次就是在英国可能获得的东西也许微乎其微。这是个技术问题,应由专家们在一起商定一个采购清单。但首先必须就提供贷款的数额达成谅解。可是,在达成最后协议之前又要先审查一下采购单,以便双方确切知道到底能获得多少物资。

这样一来,事情就拖下来了,这是由于要等重庆约请双方专家拟定采购计划。这个问题直到1944年5月2日签订协议书时才得到处理。五千万英镑数字未动,但对使用这笔信贷的办法作了详细规定。

二、滇缅公路

第二个问题是滇缅公路问题。这个问题也很棘手,特别引起了中国方面极大的不快。

中国政府迁都重庆后,自由中国实际上已处于与世隔绝的境况。物资和军火的输入,最初依赖印度支那这条孔道,一切物品都要用汽车或火车从海防港经陆路运至中国内地;但是法国很担心这样会冒犯日本,因此一再关闭这条通道。多亏了两位殖民部长(先是莫泰,后为孟戴尔)的同情,肯于出面帮忙。他们都很友好,但是经常要和内阁中的反对派特别是军事当局进行斗争。因为后者一向同情日本,反对援华,担心惹怒日本,从而危害到法国的利益。这样,由铁路陆运物资的办法实际上行不通了,因为日本的谍报网遍及各处,很容易被他们侦察出来。所以,由海防港运往云南的物资主要是用汽车运输的。法国当局还不时要封锁交通,扣押物资,借以向日本表明他们是在禁运。当然,有些物品是空运入境的,主要是靠陈纳德将军的飞虎队,但数量有限。

珍珠港事件以后,美国对中国更为关注了。罗斯福总统看到必须使中国能够坚持抗战。要使中国能够继续对日作战,就必须建立一条通往重庆和中国西部的可靠通路,这是有目共睹的事。办法就是开辟滇缅公路。要实现这个计划,十分需要取得英国的通力合作,因为那时缅甸仍在英国的控制之下。遗憾的是,英国的政策摇摆不定。由于美国施加了压力,英国同意了这个方案,但等到实际执行之时,却又接二连三地提出反对意见。其理由,政治方面的不多,主要是技术问题。英国人说,首先,需要很长时间才能修好这条路;第二,在这种山区修路,要耗用巨大的人力物力。也就是说,时间需要好几年,而且即使修好了,也是靠不住的,因为雨季一到,全部公路就会冲垮。他们还列表说明,即使按最大运量计算,这条公路的运输能力也远远不足以维持中国抗战的需要。

中、美、英三国代表在华盛顿为此进行了多次商讨。委员长迫切希望中国能得到全力支援，以便对日军展开大规模的战争。他认为修建滇缅公路是绝对必要的，并且希望能尽快修好。美国当局、特别是军事当局，对此完全赞同。英国则不断以技术困难、时间因素和费用等为理由加以反对。显然，他们这种论调事实上是有其政治背景的。英国认为欧战对整个世界来说居于头等重要地位，因此应集中力最打败欧洲的轴心国家，然后才能倾全力于远东，同美国一起，共同对付日本。

最后，在中国的推动下，美国作出了一项决定：由美国派遣工程技术人员，借以配合中国的劳力。结果证明，筑路之举绝非不可能，实际完工时间比预计的要短。1942 年我回国时走过滇缅公路，看到国内那段公路已经修好。1943 年全线竣工。

滇缅公路的建成，是很大的成就。在很大程度上应归功于美国的支持。从此，大宗作战物资经由这条公路源源运进中国。公路沿线都有加油站（总站在加尔各答）。由于有了这条公路，才能修建许多飞机场。如在印度阿萨姆邦的汀江，很快就修建好一个飞机场，这个机场不是用混凝土铺设的，而只是把土地推平后铺上了一层钢丝网。

然而，修建滇缅公路问题在中、英两国间造成了很大的误解。公路通过美国的技术和财政援助，终于修成了。但是它却使中国对英国留下了长期的不满和不信任感。

三、香港问题

第三个问题是香港问题。中国无时不在想着废除不平等条约和收复失地。委员长是中国人民的领袖，同样怀有这样的夙愿。罗斯福总统的态度也鼓励了中国，他不止一次表明，他完全赞同委员长关于收复失地的愿望。罗斯福本人还曾敦促过邱吉尔把香港归还给中国。曾经随委员长参加开罗会议的王宠惠博士给我讲过这样一件事:在开罗会议上,罗斯福就敦促过邱吉尔把香港归还给中国,并且说,那里的居民百分之九十以上都是中国人,加之又十分靠近广州。邱吉尔愤然回复说,只要他还是首相,他就不想使大英帝国解体。这表明邱吉尔对香港的感情有多么强烈。这种情绪英国人看来是合情合理的,但是中国人则认为毫无道理。

我到伦敦任职不久便接到训令,要我研究并试探英国对香港问题的态度。训令不是直接要我进行谈判,只是指出香港是中国政府渴望尽快解决的问题之一。我本人认为,这是我在伦敦应作为重点加以注意的问题之一。于是我便拟定了一个计划,要摸清英国各界对这个问题的看法。我向艾登提出过这个问题,也向邱吉尔提过。不过在这之前,我首先试探了一些其他人的看法,其中有议会领袖,报业发行人,银行界巨头(尤其是像汇丰银行的老板们那样的银行家,他们的公司在中国有巨大的利益),商业巨子,中国协会(该组织很有势力,对英国制定政策往往有很大影响),大学界(如万灵学院院长,即后来的古德—金尼斯皮尔勋爵,其子曾赴北京,公然替共产党说话,娶了一位中国妻子;此外,至少还有四五位剑桥的教授)以及社交界领袖蒙巴顿夫人等。

我这样做,目的是为了就英国人对香港问题的看法获得一个综合的概念。通过好几个月持续努力收集得来的情况,我才得到一幅清晰的图像,并且得出了一个结论:英国——政府、金融巨头集团和普通老百姓——打算把香港全部归还给中国,不过人人都认为当前应先解决当务之急,香港问题最好留到战争胜利后去解决。我发现英国人都能正确理解中国收回香港的愿望,包括政府官员和一般公众。他们公开对我说,香港理应归还中国,有的说它是中国的领土,居民都是中国人;有的说中国战后将成为强国,香港是中国的国防前哨,对中国有用,而英国要防守香港,终归是个问题。甚至邱吉尔本人有时候也流露出上述看法来,这我以后还要提到。一些议员也直率地说,香港应当归还中国;对英国来说,它是个负担,难于防守。从商业上说,香港是个前哨基地,对英国很重要。但把它交回中国,中国将成为对英友好的国家;香港在中国手里,对英国的商业同样可以发挥作用。换句话说,英国既懂得从政治上说香港必须归还中国,也明白英国这样做不致有多大损失,而且英国还有所得,就是可以赢得中国的友谊和好感。

我跟邱吉尔长谈过几次。他说他不反对归还香港,不过目前时机还不成熟,要等到战后再说。他说英国希望有条不紊地交还。也就是说,对诸如养老金制度的延续,治理香港对公众所应承担的义务,某些公共财产的照顾、私人财产的保护等问题,都应作出具体安排。他们强调有必要像处理威海卫问题那样有条不紊地处理好这件事。那时曾对各项具体问题通过谈判达成了临时协议。

然而1942年我回国协助政府接待英国国会访华团时,在中英关系上遇到了一些意料未及的困难,特别是来自委员长那里的困难。

珍珠港事件以后,美、英两国为了再次表明对华友好,希望中国坚持抗战,不投降,不同日本媾和,因此提出了终止在华治外法权,同时缔结新约,把中国法院根据中国法律审理各该国籍公民的权利交还中国。我到重庆时,英国大使同外交部的谈判已经开始,同美国的谈判也正在华盛顿进行中。华盛顿、重庆两地谈判的进展情况,随时都通知我。不久,华盛顿的谈判即告圆满结束,只待确定签字日期。

记得是在12月间,中、英双方在重庆的谈判触礁了。礁石就是香港问题。原来订在1943年1月1日签约,但到12月中,外交部告诉我说,他们遇到了麻烦。薛穆约见我,他向我解释说,什么都谈妥了,就是香港问题解决不了,真叫人灰心。他认为这个问题他不能去请求政府解决,因为他知道英国政府的态度是"急事先办",而当前最急要的问题是打赢战争。他说香港肯定要归还的,可是先要经过谈判商定一个切实可行的计划。

宋子文找我谈这个问题。我已把英国国内的舆论状况,我对英国各阶层人士以及政府的态度进行调查研究的结果向他作了报告。他说条约内如果不包括收复香港,委员长是不会同意签字的。我又再一次向他说明了英国的态度和立场,并说在目前情况下,英国人这样做也不无道理,我觉得英国人保证战后把香港归还中国是有诚意的。这时宋说,这一切他已经向委员长报告过了,可委员长就是不相信。美国政府还连连敦促中国政府安排好在1月1日签约,算来不足半个月了。可是在重庆同英国人的谈判陷入僵局。宋要我去见委员长,亲自向他详细报告我的看法。我说我已向委员长提过这件事,他知道我的看法。宋说,也许委员长听了我的详细报告后会回心转意,改变他的立场。我同意再去向委员长谈一次,但我要求宋先为我约好,这样可以表明是他作为外交部长要我去的;还有一条是,他得陪我去。他说由他约可以,要求我原谅他不能陪我去,因为他已经同委员长争论过,同去也没有什么好处;他在场不但毫无用处,甚至可能反而有害。我经过斟酌,决定还是我自己单独去。

见到委员长是在下午7点钟,我们照例先随便谈谈。我不想自己先提出这个问题。有半小时工夫,他只是问问我对英国人的作战有何印象,对美国的政策和美国人的个性有何见解等等。晚餐以后,他终于提出了这个问题。他问我对英国关于香港问题的无理态度有哪些想法。于是我尽可能全面地向他讲了这方面的情况。我试图给他这样的印象,就是依我看来,英国是诚心打算归还香港的,不过他们正在打仗,处于生死存亡关头,情况确实十分危急,欧洲大陆几乎全在德国的势力之下。英国人真是忧心忡忡,焦虑万状。这次英国既然有意表示友好,建议缔结新约,我想他们这项努力如果没有结果,将会非常失望。如果我们因为新约不包括香港问题而拒绝签字,英国会认为这样未免缺乏谅解,太不近情了。这次是由英国首先采取行动同我们磋商的,他们没有料到会提出香港问题。我说,这是送上门来的礼。当然我也说了,我明白委员长的意思,该送来的礼物应当一次送来;可是英国愿意分两次送。我说依我看还是先收下这第一份礼为宜,可以在收礼的同时暗示一下我们在等待着第二份礼的到来,这样可以不致引起什么误解。战争期间,盟国应该表示团结一致,这点极为重要。我说这回英国开始看到自己过去的政策错了,或者至少看到现在需要作某些改变了。我举出各种理由,讲了英国各方面领袖的答问和反应。我认为先缔约不失为外交上有利的一着;同时我们可以公开讲明,希望英国在战后归还香港。他听得很仔细,最后说道:"我再考虑考虑。"

我又回去见宋。他说我最好再去一趟,请委员长作出答复。我说,他可以去向委员长请示最后的决定,就说我已向他汇报过了。经过一番争论,他才同意由他自己去。他要我陪他去,我说我还是不去的好,委员长同他两人面谈随便些,有第三者在场,也许他会感到有些拘束。于是他一人去了。当晚十点左右,他回来了,说道:"你成功了。"原来委员长已命令他径行签约,香港问题留待战后再说。

这些日子里薛穆一直在找我。我曾对他说过我将尽力而为。他说他之所以为难,是因为英国的处境太困难。他本是送礼而来,满以为中国会感激、赞赏,不料却落到如此。他的政府还以为是他把事情办糟了。这回他再来看我,就可以告诉他困难已经排除,可以去签约了。

约在新年前一个星期,来自华盛顿的报告说,中美条约和中英条约译成中文费时较多,初译之后还需修改审校,因此 1 月 1 日来不及签字。结果,延至 1943 年 1 月 11 日才签署,中英条约在重庆签署,中美条约也于同日在华盛顿签署。

两个条约签署以后,委员长按历来新年期间的惯例,设晚宴宴请各国外交使团。席间,我看出虽然香港问题最后被搁置,但是中、英两国在这个问题上的龃龉,仍然给委员长和英国大使间的关系留下了阴影并且形诸于色。可以察觉得到,委员长对香港问题仍然萦绕于怀。条约是缔结了,可是香港问题排除在外,使他不悦。委员长要我讲几句话,我照办了。当然那是一番即席发言,因为事先没有通知我要讲话。我借机着重说了一下实现我国建国目标之一的这一伟大成就,即废除不平等条约和在完全平等的基础上同西方国家缔结新约。我不仅表达了我作为职业外交家的喜悦心情,因为我们长期以来所努力不懈、孜孜以求的目标此刻终于实现了;而且我还特地向委员长表示了祝贺之忱,因为这项提高我国国际地位的功绩是在他兼任代理外长之际建立的。这是由衷之言。我看到委员长显然对此深为赞赏。

四、印度独立

解放在西方国家殖民统治下的各国,是孙中山先生在"三民主义"中制定的宗旨之一,属于所谓"民族主义"。国民党领导下的国民政府,其外交政策当然要致力于实现这一重要目标。尤其是恢复印度独立一事,他们认为这不仅是为了印度本身,同时也是为了整个亚洲的福祉所必须实现的目标之一。委员长是中山先生的忠实、虔诚的信徒,忠于党的信条,因此他对推动印度独立的事业不遗余力。

印度问题成了我国同英国发生摩擦的主要原因之一。我尽量同邱吉尔,艾登,特别是艾默里先生等领袖进行说项。后者当时是印缅事务大臣(内阁成员)。我发现很难弥合两国政府间的这一鸿沟。由于独立问题,印度国内骚乱四起,委员长对这一情况的后果极为关切。他担心英国、印度双方对这一重大政治问题,长期不能达成协议,可能促使以甘地先生及其忠实信徒尼赫鲁先生为首的国大党采取不合作态度。在战争中英国政府要求印度给予合作,这显然是印度方面可用以讨价还价的主要筹码。

委员长也深深感到,为了取得印度人民的真诚合作,英国人必须同印度人和解。然而英国政府似乎不以为然。他们经过同印度一些领袖以及同委员长进行多次商讨,最后作出的决定还是否定的。

我自出使伦敦的最初几个月起,就不知不觉地同印度问题发生了关系。例如在 1941 年 12 月 22 日,我接待梅农先生来访,他给我带来了刚从狱中获释的尼赫鲁写来的问候信。信中表示赞赏中国在他入狱期间所给予的同情和对印度独立的关心。梅农对我说,英国人的思想方法依然如故,有一位英国将军对他说过,如果日本占领了印度,英国还能收复;如果英国现在允许印度独立,那就再也不能收复了。梅农说,实际上在上次大战中,驻印英军总司令就告诉哈丁总督不要鼓励印度人参加英军,因为这些印度人既然能在欧洲为自由而战,到头来就要为自己的自由而战。他说艾默里的思想倒很开明,可是无法说服邱吉尔放弃或者改变观点。

梅农同我们使馆不断保持着联系。他对作为帮助印度争取自由而奋斗的少数国家之一的中国,看来甚为赞赏。

尽管我国政府协同印度领袖们努力促使英国采取开明政策,但是邱吉尔和他的同事们仍然决心采取镇压政策。这一决定是艾默里在 1942 年 7 月 22 日转告给我的。几天过后,国防大臣詹姆斯·格里格爵士又把作出这一决定的种种考虑向我作了说明,格里格在印度呆过五(十二?)年,自认为很熟悉那里情况。他认为甘地是机会主义者,排外而且政治上野心勃勃;尼赫鲁是"从来摆脱不了甘地影响的共产党人"。他认为国大党统治不了印度;由于种族和宗教分歧,国家四分五裂,毫无希望。贱民竟不能和婆罗门住在一个村里。英国要保持对印度的控制,唯一的办法就是让各不同种族保持各自的地位,否则少不了引起激烈的斗争,以致发生内战。格里格相信,如果英国撤出来,印度非大乱二十年不可。我问他印度接触西方影响已有二百年,怎么还认识不到必须团结起来呢？他说，西方影响只渗透到印度上层社会，广大人民的生活方式，几百年来没有什么变化。

英国人对印度问题的看法也不尽相同。工党的主张是：如果不让印度独立，也应立即给予自治领地位。有好几位工党代表来访时就这样对我说过。另一方面，保守党和自由党人则完全同意政府的镇压立场，认为印度谈不上是个国家，而是不同种族、不同语言的人的混合体；印度要是独立了，他们就要彼此打内战，从而极大地危害亚洲全面战争的进程。1941年底到1942年初这段时间里，来访的英国人士很多，各阶层都有。他们在回答我的问题时，也都反映出对政策的看法各不相同。据一位刚回到伦敦的新闻部驻新加坡和重庆的协调官员说，在英国外交部里，人们对重庆所持的态度极为不满。他们认为中国受了被迫害和自卑情绪之毒，这就是中、英之间出现不同观点的原因所在。他们甚至认为英国驻华大使薛穆过分同情中国人，因此正在考虑另派别人把他换下。以上情况我是从叶公超那里听来的，他同那位协调官员交谈过。

委员长对英国政府的决定当然不满。8月12日，宋子文从华盛顿发来一电，要我转交给当时正由华盛顿回英述职的哈里法克斯勋爵。宋是中国政府名义上的外交部长，他出国期间一切均由委员长兼代。电报的内容是对英政府就印度问题所作决定的意见，措词极为强烈。我觉得这份电报如果语气委婉一些，也许更能受到充分考虑，于是向宋提出了这一劝告。8月14日，宋回电仍要求我转致该电，但同意将语气改得缓和一些。当时的行政院（委员长兼任院长）政务处处长蒋廷黻也在重庆向报界发表声明，说中国对印度问题的解决，不能满足于一点良好的愿望，而要采取政治性的步骤以影响舆论。哈里法克斯在给宋的回电中则为英国政府的对印政策辩解。

重庆决心由中国报界对英国的对印政策采取强硬路线，并为此给中国派驻欧洲的新闻代表们发了指令。据外交部来电，委员长已亲自将中国对印度问题的官方观点通知了英国大使。估计他的言辞就像中国报纸上的文章一样强烈。大使把中国政府对这一问题的政策告诉了我的新闻参事叶公超,之后,他说他怀疑重庆的做法是否明智。他认为甘地和尼赫鲁统治不了印度。

叶还对我说,英国新闻部远东司司长方才打电话给他,说英国政府要通知重庆,它不欢迎任何调解印度问题的说法,他要求中国打消这种意图。那位官员说,关于调解问题,美国同英国的立场是一致的。(实际上与其说美国对印度问题的立场接近伦敦,倒不如说和中国更接近些。不过美国无意担任这种吃力不讨好的调解工作。)

不久,我同艾默里就印度局势作过一次长谈。他的谈话证实英国政府对调解的意图很敏感。谈话一开始,他就显得很严肃。他要求中国不要干涉英国自己的事务,说话时一字一顿,以加重语气。他说依他看来,只有这样,两国才能继续维持同盟关系。

印度方面,国大党代表们却在以不同的方式推动他们的共同事业。1942 年 8 月 13 日,尼赫鲁派驻伦敦的代表梅农来访。他请求中国站在印度方面出面调停。哈里·辛格爵士也给我写信把他同俄国驻伦敦大使迈斯基的谈话经过告诉了我,还向我说了他个人的建议,即以英国所提的给予印度自治领地位为基础,同英政府达成一项折衷方案。他提出了执行这一建议的办法,即在大战结束以前把印度的自治领地位列入威斯敏斯特法案,并设立一个一百人的顾问团,以便就一些重大问题作出决定。同时,授予印度总督以进行战争的全权和职责。哈里·辛格显然属于战时同英国合作的温和派,但是他也面临着印度争取自由运动所引起的危机。显然,温和派对印度能像澳大利亚、加拿大、新西兰那样取得自治领地位感到满意。但印度国大党则坚持印度应完全独立。

印度领袖对中国支持他们的独立运动非常感激。尼赫鲁本人 1943 年曾亲自到重庆访问。人们当时都把重庆看作是亚洲自由运动的堡垒,因为它不仅抗日,而且还在推动着整个亚洲的自由和独立运动。那时我不在重庆,但我从私人通信中获悉,尼赫鲁抵渝后受到热烈欢迎,并和委员长以及其他党政领袖进行过多次长谈。后来1945年我第二次赴渝时,听说尼赫鲁上次访华给重庆各外交使团领袖中他的一些朋友(也是我的朋友)留下这样的印象:他对中国政府同情和支持印度摆脱英国以求光复的运动感到高兴和满意,但他本人对中国的政局感到失望,甚至私下里还持批评态度。例如他对一位英国朋友说过,他在这里看到的无非是另一个独裁者;政府根本没有真正的民主精神。这是我的一位朋友(也是尼赫鲁的朋友)说的。此公的话通常是可信的。也许是尼赫鲁访华时间太短,和委员长会见的时间不长,还不太了解委员长或委员长的品格。对于中国政府的办事方式,他肯定知之不多;因为中国政府是根据约法施政的,其行政方式不同于其他传统的民主政府。

然而,中国国民政府对印度独立运动的支持,尤其是委员长个人的一片热忱,则是诚挚而坚定不移的。委员长对这一运动抱有至诚的希望。后来他为了表示同英、印在世界自由运动中团结友好,并作为世界反极权民主阵线盟国之一的首脑访印时,决定向当时身陷图圄的甘地先生进行礼节性拜访。那次拜访受到自总督林利思戈勋爵以下的英国当局的强烈反对,以致局面一度很尴尬。委员长认为这次拜访很重要,非去不可。英国人则对邻邦这样一位杰出的抗战领袖偏偏要去访问触犯当地法令而被投入监狱的印度革命领袖,感到难堪和不好办。由于英国人千方百计阻挠这次拜访,而委员长则坚持要去,几乎形成僵局。最后总督提出把甘地由狱中解至加尔各答,以便委员长个人与他会见,这才解决了问题。

这件事是我最要好的老朋友王宠惠给我讲的。他曾陪同委员长出访印度。我重提这段故事,目的在于说明委员长对印度的独立运动是何等地诚挚和热心。在委员长看来,像他这样的外国领袖访问该国时,向这个国家的领袖之一作礼节性拜访,这是东方人应有的礼仪。当然英国人提出反对,如果委员长不理解,那么他的随行人员也是完全可以理解的。最后采取了照顾到双方情面的折衷办法。

我出使伦敦期间,印度独立问题使我很感苦恼。这个问题很重要,我完全赞同我国政府的政策。这不仅是国民党的一项政治目标,全中国人也都希望、都愿意看到印度能够挣脱英国的殖民统治枷锁,获得解放。赞成印度独立的不限于中国,美国朝野各界怀有这种感情的也大有人在。可是我奉我国政府之命处理这个问题时,由于提出问题的时机以及为谋求解决这个问题而不得不与之打交道的英国政府中某些领袖人物的态度,使我感到很不好办。

中国之所以支持印度的解放运动,其原因是显而易见的。因为这是总理遗嘱中为国民党所规定的基本目标的一部分,同时也是顺应全世界支持民族自治运动的舆论潮流。第一次世界大战以来,世界已经进步了,争取建立独立的国家,已被公认是各民族有权实现的自然而合法的目标。可是,当时英国政府的首脑是邱吉尔,他在这个问题上起着重大作用。罗斯福也曾力促英国让印度独立和交还香港。从邱吉尔对罗斯福的答复中,人们便可以清楚地看到邱吉尔的政策,个人意愿和政治信条。据说,邱吉尔答复是:他不能当清算大英帝国的英国首相。不过在实际谈判过程中,我感到邱吉尔对印度独立问题还比较通情达理,不太僵硬,而对香港问题却相当顽固。

很自然地,我国政府同英国政府间为了印度问题函电往还,交涉频繁。委员长同邱吉尔间一封封连篇累牍的电报都是由我这个中国大使传递的。我曾多次收到明确的训令要我迫使英国同意印度独立。我本人经常同英国的领袖们商讨这个问题,特别是 1944 年的两次谈话,我记忆犹新,一次是同艾登,一次是同邱吉尔。

我已记不起是哪天会见了艾登。但我清楚地记得,在他看来,不可妥协的倒不是原则问题,而是解决这个问题的时机。总的说来,艾登同邱吉尔采取的是同一个立场,就是说着手解决这个问题的适当时间要在战争胜利以后。他看我坚持要立即采取积极行动,便建议我去见邱吉尔本人,他说,只有首相才能作出最后决策。我接受了他的建议。不过据他所知,邱吉尔同样坚持不应在战时作出解决这个问题的决定,而应等到战争胜利结束之后。这种意见看来是合乎情理的,基本上反映了整个英国政府的观点。因此我要求就这一问题会见邱吉尔。

会谈是在 1944 年下半年进行的,也是我同邱吉尔最后几次谈话中的一次。地点在唐宁街 10 号,谈了一个多小时。我们两人你来我往,各抒己见。我一个接一个地摆出了我国观点的各种理由,并论证说,英国哪怕是作个姿态,就有利于盟国的共同事业,就能对各盟国全体人民以至被轴心国所占领各国的人民带来莫大好处。

邱吉尔说,这些论点和想法他都赞成,主要是现在还不到时候,办事应当急事先办。当前最重要的事是赢得战争的胜利。为了支持他的立场,他又说,印度问题很复杂,涉及到许多困难的问题;只有妥善解决了这些问题,才能让印度完全独立。他指出,在他称之为印度次大陆的这块土地上,种族不一,语言多样,不同民族之间存在着强烈的敌对情绪。他说,如果仅仅给以独立,而不解决所有这些问题,那就只能引起混乱,造成更多的问题,甚至发生内战。我对他说,我明白他的意思,但是考虑到他和英国在这方面极富经验,要找到适当的解决办法,在他来说并非不能。他说这一切都得花费时间。务必请委员长谅解,英国同印度问题打交道毕竟已有二百年经验,他认为英国对这个问题了解得比较深透。他强调这个问题的复杂性和敏感性,并非夸大其词,而只是为了正视现实。

邱吉尔要我请委员长相信,他说以下的话是十分诚恳的,就是:他懂得这个问题困难在哪里;一俟战争取得胜利,他一定要首先处理这个问题。眼下首要的问题是打仗,不仅对英国是如此,对中国来说也是一样。盟国应当齐心协力打赢这场战争,而不应提出任何可能分裂它们或削弱它们间合作的问题。邱吉尔要我告慰委员长,他也时时惦记着这个问题,一旦战局好转,他就要采取措施,为印度问题制订最公平合理的解决方案。他说他本人没有要在战后使印度保持现状的想法,他知道政府也没有这样的想法。但是现在不是试图解决这个问题的时候。

我认为邱吉尔所说的话是认真的、诚恳的,内容很重要,因此打算把这次谈话尽可能完整、精确地报告重庆。为此,我问邱吉尔能不能在他将谈话口授给秘书笔录后给我一份草稿。邱吉尔坦率地说,他当然可以这样做,不过那会花费他不少时间,他问我是否愿意给他效劳一下,由我来写谈话记录。我说如果真要我写,我就写,不过有个条件,就是要他毫不客气地修改,以便力求准确,让委员长明白他的确切观点。他说他乐意这样办,并问我能不能在当晚九点以前送去。我看了看表,时间已是七点一刻,便说不行。他又问最快什么时候能行。我说第二天下午一点钟送到他那儿。事情就这样商妥。

回去之后,我马上口授记录了谈话的全部内容,并吩咐抄好,以备我第二天早上脑子清醒时再检查一遍。正午时分,一切备妥,可以送交邱吉尔。我请邱吉尔作必要的改正,并将改正后的记录稿退我,以便据以向委员长拍发电报。傍晚六点左右,稿子送回来了。出乎我意料之外,稿件上附有邱吉尔的亲笔回信,说他认为记录极为准确。稿子上他只改动了一两个字。

我于是据此向委员长作了详尽的报告。我认为这份报告很起作用,使委员长把这个问题暂时搁下了。

五、作战方针

最后,我对全盘作战方针问题也很关心。在这个问题上,重庆和伦敦间的鸿沟也很深。英国的方针是坚持先将欧战进行到底。这里所谓英国,我指的是邱吉尔。邱吉尔认为只有西方的战争取得了胜利,才能有效地在太平洋作战。换句话说,邱吉尔的方针是欧洲第一、亚洲第二;他认为同时在两条战线上作战,既分散注意力,又分散物力,这种方案不明智,还可能带来灾难,或至少会使战争拖延下去。另一方面委员长则认为应像打希特勒和墨索里尼那样,尽快把日本打败;如果集中力量打西线,则中国有崩溃之虞。

争论主要是在华盛顿进行,中、英两国在那里都派有代表。起初美国看来颇赞同中国的观点。虽然亚洲对英国有很大利害关系,可是美国人似乎比英国更重视他们在太平洋和远东的利益。从实质上看,问题就集中在武器弹药的供应和三国参谋长对军事重点的看法上。

英国感到自己岌岌可危。法国崩溃后,实际上欧洲就只有英国单枪匹马地在力图抵抗和迎击纳粹军队的猛攻了,这是毫无疑问的。英国生产作战物资的工业生产能力比中国先进得多,但因原料匮乏,当然也缺少人力,其实际生产能力也十分有限。因此英国渴望说服美国采纳英国的政策路线,这是可以理解的。看来美国受到了英国观点的影响。华盛顿政府虽然没有百分之百地接受邱吉尔的方针,但它终于同意执行邱吉尔的方针,而又不完全置远东战线于不顾。换言之,看来美国已决定把主要精力集中在欧洲,同时又给中国一些帮助,使中国得以支撑下去。也就是说,美国的政策是对中国也提供一些实际帮助,免得中国垮台。

这个折衷方案也遇到过一些困难。美国经印度运往重庆的武器弹药一再在印度受到拦截;英国人把东西扣下来供自己军队使用,这是常有的事。这种行为接二连三地发生,既无助于重庆、伦敦间的谅解,也不可能改善两国间的关系。当然,最后出面调停的少不了还是美国。美国到 1941 年底才参战。那时的美国,由于欧战的需要,加以英国方面又不断向它施加压力,国外订货愈来愈多,其战时工业已经高度发达了。

英国虽然把主要力量用在欧洲战场上,但对防守印度却也颇为关心。各种武器物资,只要能弄到手的,他们决不放过。英国也很希望印尼、泰国和马来半岛的防务有所加强。显然英国认为要在这一地区顶住日本主要是靠英国,而不能指望中国。英国人经营帝国数百年,当然明白他们在亚洲和在整个世界上处于什么样的政治地位。总之,亚洲的战局非常复杂。依英国看来,中国没有能力组织大规模的对日作战,如果没有外来的领导,中国的战斗力也不起作用。它认为这种领导理应来自英国。

看来罗斯福同意了邱吉尔的看法。不过驻扎在亚洲的美军中,许多普通士官并不满意这一方针,其中包括美国空军和负责给中国运送作战物资的许多美国军官。因此,不仅中、英两国间不断产生摩擦,中、美两国某些人士也都对美国政府所采取的政策表示不满。对日战争,实际上是在 1945 年 5 月德国投降之后才全力进行的。

这方面的作战问题,从一开始便存在。后来又出现了其他方面的问题,特别是中苏关系问题,我在下面一些章节中还要谈到。

第三节 初期概述

1941 年 7 月—1942 年 10 月

一、英国公众早期对中国抗战的态度

首先我想谈一下我在 1941 年 7 月初抵达伦敦任职时英国人的情态。当时,尽管日本推行侵华计划已达十多年之久,可是英国和美国一样,仍然同日本保持着外交关系。所以,英国官方对日本的态度十分审慎小心。至于民间,除了一些工党和自由党人

士外,人们普遍对远东战事不甚了了,漠不关心。

我一到伦敦,照例受到了各方的招待。这些招待会大都属于社交性质,但也有公众组织或机构邀我讲演。我总是尽可能有请必到,以广交游,唤起对中国的关心。1941年7月22日那天,伦敦各大学中国委员会在萨沃伊饭店为我举行午餐会。委员会主席尼尔·马尔科姆爵士祝酒后,我应邀致了答词。7月24日,伦敦中国协会为我举行招待会。招待会由该会会长珀西瓦尔·耶茨教授主持。在这次会上,伟大学者、世界和平和世界组织的倡导者戴维斯勋爵向我大谈特谈他最得意的论点,就是由英帝国、美洲、苏联和一个亚洲联盟这样四大联盟结成的联合组织来维护世界和平;而那个亚洲联盟在日本战败后肯定要由中国来领导。但他对中国的战事却很少提及。在他看来,当时要筹建世界大会或世界议会未免为时过早,因此才提出由四大联盟来维护和平的主张。

我还应邀出席了威尔斯先生举行的宴会。这次宴会的目的是研究即将在9月底召开的商讨科学与世界秩序会议的程序。讨论时,威尔斯打断赫胥黎的话说,英帝国早在1922年国会通过威斯敏斯特法案时就不存在了。现在英国在交战,可是爱尔兰却保持着中立,南非也近似于中立,他问道:"英帝国现在在哪里?"会上,美国大使怀南特先生提议请爱因斯坦参加,威尔斯和赫胥黎都表示反对,认为爱因斯坦的相对论十分含糊,他可能会东拉西扯,最后钻进一些令人费解的概念里去。

中国协会是在中国经营贸易、银行、保险、航运等行业的业主的一个组织,颇具影响。8月7日,该会设午宴招待我。主持人是著名的太古轮船公司的斯怀尔先生。看来,他对中国有些不满。很快我便找到了原因。他在回答我提出的一个问题时说,他感到他的公司在中国经营业务困难重重。中国政府垄断得太多,不利于一般贸易的发展。他告诉我说,由于政府的挤入,太古公司的汽车运输公司只好停掉重庆、缅甸间的营运业务。

伦敦《泰晤士报》设午宴招待我。主人梅杰·阿斯特把我介绍给编辑部同人。目的很明显,就是对我出任驻英大使表示欢迎。

8月14日,《每日电讯报》和《晨邮报》也在伦敦设宴款待我,并由报业大亨卡姆罗斯勋爵向我一一介绍编辑部的各位成员。席间很少谈起远东战事。卡姆罗斯勋爵提出了一个很难回答的问题:蒋将军如有不测,继承人可能是谁?我说,这个问题也使不少中国人深感忧虑。军事上,也许能找到另一位同样优秀的指挥官,但要找出一位政治、军事双全的领袖,确实是个难题。

珍珠港事件以前,大多数英国人都不大关心远东局势,但也有例外。其中较为突出的是援华运动委员会的成员。这个组织是当时唯一赞助中国抗日的团体。9月22日,他们邀我出席露天宴会。宴会是在著名的工党领袖、海军大臣亚历山大府邸的庭院里举行的。他的夫人对中国的抗战特别关心。

另一位特别关心中国的是英国驻重庆大使馆一等秘书伯克利·盖奇先生。他在9月29日来访,说他很想在英国开展赞助中国抗战的运动,以便使英国人充分理解这一事业。他跟我说,援华运动委员会似乎不了解英国过去为中国做了哪些事。支持这个委员会的主要是工党和自由党人士以及一些开明人士,他们对政府的对华政策和容忍日本侵华都持批评态度。盖奇说,该委员会不了解英国办的很多事情都有利于中国。他说他本人很同情中国的抗战事业,他在滇缅公路关闭时,曾经想提出辞职,另谋发展。他很高兴英国现在能为中国多做一点事情,但是还远远达不到中国的真正需要——组织一支国际空军部队。他说他认识陈纳德,准备和陈纳德谈谈这个问题。他也认识德国军事顾问团总顾问法根豪森将军。这位将军本人虽然并不是纳粹分子,不过,他认为德国人都是一路货。盖奇正在考虑视察一下刚刚重新开放的滇缅公路,他曾和英国空军大臣布鲁克·波帕姆先生研究过向中国提供更多援助的问题。他说,英国没有条件向中国输送飞行员。至于是否有可能吸收一部分部署在马来亚的英国空军参加一支空军志愿队,或是在中国边境附近配合这样一支空军志愿队作战,这是个事关战略决策的问题,不容易解决。

主要由于英国传教士和英国红十字会的努力,这才真正引起了英国当局的注意,开始向中国提供实际援助。9 月 30 日,曾在中国传教多年的戈登·汤普森博士来告诉我说,在他的推动下,英国政府已决定拨款 5 万英镑作为援华基金,用以缓解中国的苦难。并说外交大臣将在下院宣布这项决定。

10 月 2 日,我应邀在查塔姆大厦发表演说。听众很富同情心。我讲了中国的抗战和中国抗战对世界和平与自由的重要性。与会者围绕着我的讲演从各个方面纷纷提问。我猜测听众大部是研究国际关系的学生。他们对中国战争所引起的一些问题及其对战后世界可能产生的影响都很关心。

英国人对远东战局虽然反应冷淡,但对中国显然普遍怀有友好的感情。即使在珍珠港事件前也有一个场合特别体现了英国人民对中国的友好情谊,我愿在这里提一下。

那是 1941 年 10 月 18 日,罗斯伯里勋爵邀我访问爱丁堡。他是那个地区的民防司令,我一到,就受到他和他的同僚们的迎接。他们陪我视察了指挥部。这里的军官人数不多,但组织得很好。指挥部里到处都是地图,上面用不同颜色的旗子标出了敌机投下的各类炸弹。这里还配有遥测仪和一个收发侵英敌机报告的电话中心交换台。在地图上,以一平方英里为单位把整个英国划分成许多小方块,一旦敌机到达或接近联合王国的任何地区,转瞬之间即可发现并将情况报告空军部、伦敦空军部队及全国各地所有的民防司令部。午餐时,因为罗斯伯里夫人去邓迪主持一个仪式,由前英国驻法大使克鲁的夫人代她出席作陪。

下午三点,我开始演讲。会议由罗斯伯里勋爵主持。会场设在一座大礼堂内。约有一千二百人出席。第一、二层挤得满满的,第三、四层的楼座也有三分之二的地方坐满了。会议秘书建议我不要一上来就放幻灯片,最好在讲了一半后再放。这是个很好的建议。我共放了 24 张幻灯片,包括那张特地制作的中国地图,上面标有占领区和非占领区。演讲后举行招待会。我和罗斯伯里夫人出面接待,和很多的人见了面,其中有不少人说,他们曾旅居中国多年或出生在中国。听众很富有同情心。我讲演后,会议秘书告诉我,听众这样频繁的鼓掌是异乎寻常的。而后,罗斯伯里勋爵、克鲁夫人陪我出席了中国学生在中国学会举行的茶会。曾在英国驻北京大使馆工作过的格雷博士和夫人也在座。这些学生大都来自海峡殖民地、槟榔屿和爪哇。有四名是从上海来的。事后,他们又请我坐汽车观光,开车的是派去为罗斯伯里勋爵服务的军运女司机,也是一身戎装。

晚宴由罗斯伯里夫人主持。她是位高雅端庄的女士,通晓政治、国际问题。晚餐和午餐一样,都没有男女侍者,一律自己动手。我们在一张边桌就餐。桌上有一个酒精炉,用来温热菜肴。罗斯伯里勋爵几次起身给我斟酒。这一切使人清楚地感到,战争在严重地影响着英国人的日常生活。虽然战争明显地给人民带来很多困苦和不便,但大家都丝毫没有怨言。

二、珍珠港事件前夕几个主要国家政府间的关系

1941 年夏,我到伦敦就职时,正值历史重要阶段。在未来的同盟国之间和在美日之间同时进行着头等重要的会谈。我虽然没有参与,不晓内幕,还是竭力保持消息灵通。

使我感兴趣的是英国人对西方首脑的一次特别会议,即罗斯福和邱吉尔在大西洋中部举行的会议的反应。《大西洋宪章》就是在这次会谈后产生的。

1941 年 8 月 8 日,我出席了卡姆罗斯勋爵在摄政公园举行的午餐会。他是《每日电讯报》和《晨邮报》的东家,也是英国报界两三位杰出领袖人物之一。大家入座后,他宣读了一则电讯,据

称这是当日下午三点即将由艾德礼宣读的广播电讯预发稿。该电讯中载有罗斯福和邱吉尔在大西洋某地会谈后发表的声明。座中一位客人说："美国并不是交战国,却参与签署了有关战争目的的声明,真是咄咄怪事。"

同一天,美国大使馆透露,哈里·霍普金斯目前在英国,但谢绝与外界接触。记得在威尔斯的宴会上,迈斯基曾告诉过我,霍普金斯陪着罗斯福和邱吉尔在外地。事实上,当时我就想到艾登星期五在萨沃伊饭店举行的午宴上,也曾间接提到过大西洋会谈。

当我要求约见比弗布鲁克勋爵时,他们答复使馆说,他不在伦敦。我就想他一定是陪同邱吉尔赴会去了。我的想法在当天下午艾德礼发表的声明中果然得到了证实。

美国发现自己在多事的太平洋地区越陷越深,似乎急于同日本达成某种解决办法,以避免公开冲突。但当时美国公众舆论越来越同情中国的困境,希望政府向中国提供更加切实的援助。中国也一直在恳求美国更积极地提供作战物资和财政援助,特别是希望多多提供飞机。另一方面,日本人日益感到美国对它封锁、禁运作战物资和武器所产生的影响,因为禁运物资中包括日本军工生产所需的重要原料和飞机、装甲车辆所不可缺少的汽油。

美国为改善两国关系,主动提出谈判解决一些悬而未决的分歧。华盛顿看出了日本的最终企图可能不仅仅是占领中国,而且还要越过中国,把战火烧到菲律宾以至新加坡等英国殖民地。换句话说,美国人想必已经意识到日本将推行它经常鼓噪的计划,即日本军国主义者所说的日本统辖下的"大东亚共荣圈"。

于是,日本把驻布鲁塞尔的来栖大使派到华盛顿。此人向以对西方友善著称,他的夫人是美国人。他的助手是日本海军中将野村。野村曾任日本驻华盛顿海军武官,他在美国,特别是在军事部门颇结识了一些朋友。中国对这次美日谈判既寄予希望,同时也不无隐忧。寄希望的是,美国或许能使日本恢复理智,认识到它在中国冒险实属愚蠢;令人担心的是,美国对日本在外交上居心叵测、诡计多端的把戏了解不多,难免上当受骗。中国希望看到美国在尊重中国的自由与独立、反对日本侵略等一些基本原则上立场坚定。为了缓和紧张局势,使日本恢复理智,谈判终于开始了。但一切都是在高度机密的情况下进行的。

我当时在伦敦。英国当局,甚至英国外交部对这次谈判的情况好像都不大了解。各界领袖对谈判进展十分关心,纷纷来我处打听消息。可是我的消息也仅是从我国政府获得的一鳞半爪。我意识到谈判的结果关系重大,但对中国来说,一切当然主要看美国当局在同日方全权代表谈判时所持立场的强硬程度而定。

1941年8月21日,我见到艾登时,他显然已经意识到远东事态的发展对英国的利益乃至世界和平大业的重要性,所以,对远东极表关注。但是,他好像对刚刚开始的华盛顿谈判的进展情况毫无了解。

我见到美国大使怀南特时,和他谈得很有意思,但是他对华盛顿的谈判情况也是一无所知。此公言谈徐缓有致,字斟句酌,给人的印象是心胸开阔,极为诚挚。他的相貌使我顿时想起了我收藏的那幅林肯像——在他端庄的相貌后面显然充满着愿为人类而献身的远见和理想。

我会见了外交部常务次官贾德幹爵士,和他研究了中国飞机使用缅甸机场的事。我借机向他打听华盛顿谈判的情况。可是,他不大爱谈。大概他本人也缺少这方面的可靠消息。

英国公众都知道美国为了阻止日本在军事上冒险,正在同日本进行谈判以达成某种协议。英国新闻界人士,像路透社、伦敦《泰晤士报》等记者几乎每天都向我探询华盛顿的谈判情况。伦敦方面普遍担心,美国政府的谈判代表会姑息日本。伦敦《泰晤士报》远东事务编辑来我处打听消息时说,他特别担心美国代表对日本采取绥靖政策。他知道美国人有意要放宽执行对日本在美股权和资产的冻结令。

合众社的一位代表来对我说,他不赞成美国对日本实施绥靖政策的打算。

我给我国驻美大使胡适发电报询问有关美日谈判的详情。他回电说,从他本人就谈判问题与赫尔国务卿和罗斯福总统进行的会谈中得知,他们无意调停中日冲突问题。

8月29日,苏联大使举行午宴。出席的有英国政府和驻英外交使团的许多领袖,其中包括邱吉尔、艾登以及挪威、比利时、捷克斯洛伐克、南斯拉夫等国的首脑。波兰总理瓦迪斯瓦夫·西科尔斯基将军隔着桌子坐在邱吉尔对面。他告诉邱吉尔,空军大臣辛克莱不肯给他派一架卡塔琳娜式座机,以致不能如邱吉尔所切望,尽快去莫斯科任驻苏大使。西科尔斯基将军接着说,尽管如此,空军上将却还要求他再提供两中队波兰飞行员。虽然辛克莱拒绝了他的要求,可他还是签署核准了辛克莱的要求。这使邱吉尔觉得很窘,当即指示艾登设法给西科尔斯基将军派机。

邱吉尔接着谈了总的形势,他回顾了第一次世界大战中曾竭尽全力地为1919年的春季攻势作好一切准备,包括坦克、大炮等等。但战争一经结束,这些东西便全无用场了。我感到他话中有话,是针对各方提出的种种关于作战物资和装备的要求而发的,其中也包括中国的要求。于是我说,侵略者的力量看起来总是气势汹汹,不可一世。但是他们的力量犹如倒置的金字塔,塔尖一动,整个塔身便会翻倒。相反,民主力量有如基底宽阔的金字塔,四平八稳地坐落在地面上。邱吉尔说,他希望我说的对,但是大量历史事实证明侵略者往往获胜。显然,他想到了当时德国在乌克兰和俄国其他战线上正在取得的节节胜利。

9月3日,我收到一份秘密报告,苏联政府通知英国政府:6月22日以来,没有任何远东部队调往欧洲;并称莫斯科无意出让领土来讨好日本,苏联政府反对这种政策。可以看得出,英国一方面正注意美日举行谈判,希望能达成妥协以维持现状。因为英国正倾全力于欧洲战场,深恐一旦日本继续前进,英国就毫无余力保护它在亚洲的利益。目前唯一能对日本施加影响的只有美国，所以当然要寄希望于美日谈判。另一方面，当时俄国正遭受德国侵犯，英苏已经结成同盟，英国又急于探明莫斯科的袖里乾坤，会不会背着英国同日本暗中勾搭？此外，英国希望华盛顿与东京达成谅解，使日本不再进一步在远东扩张，苏联是不是同情英国的这一愿望？秘密报告指出，美国已建议日本从中国撤军；日本准备撤出一些部队，但不是全部；美国还向日本提出撤走它在印度支那的部队。作为交换条件，美国保证解冻日本在美资产，保证经济合作。但是，日本提出要一笔贷款，作为维持远东现状的交换条件，并且要求美、英不得进一步加强各自在远东及太平洋的力量——这一原则也适用于日本。

英国为了保留它在亚洲的领土利益，非常急于同日本达成妥协。实际上，它的政策就是在不损害自身利益的情况下，竭力讨好日本，而不惜牺牲别国利益，特别是中国的利益。英国人企图使日本不要在中国以外的地域打仗。

当时英国政府在对日关系上小心翼翼。为了说明这一点，我不妨谈谈我同英国广播公司打交道的一次经历。

英国广播公司请我作一次对海外广播讲话。双方同意在9月21日进行。按惯例，我应在事先交一份讲稿副本。那时，英国广播公司显然受外交部的监督，至少外国代表作对外广播是要受监督的。广播公司接到我第一稿的副本后，英国外交部派了一位扬先生来见我们使馆的秘书翟凤阳。他说，出于政策方面的考虑，建议最好把有关日本人企图诱骗美国妥协的那一段删去。在我提到中国作战需求的地方，他建议最好用"装备"二字，不要说"大炮、坦克、飞机"。并解释说，华盛顿已答应了重庆提出的要求，眼下英国的处境已很困难，实在不能让它难上加难了。这是以外交方式来解释英国对待复杂时局的情绪。他还建议把关于日本军国主义分子在中国公开助长各种犯罪行为的那一段说得缓和一些。在中国，特别是在上海，日本军方头目和他们的代理人,为了密切监视中国老百姓,竟不得不筹集资金,以补东京所拨经费之不足。他们筹集资金的方法就是助长各种犯罪行为,像走私、贩卖鸦片、海洛因等毒品,这在中国已是臭名远扬的事实,甚至成了日内瓦会议讨论的议题。但是,英国政府那时显然不愿办任何可能激怒日本人的事。

我同意更动讲稿,不过我通过翟凤阳指出,这一段是根据重庆的指示写进去的。讲话是针对日本的,毫无批评美国之意。

10月初,我在路透社格林先生举行的一次午餐会上和著名下院议员约翰·沃劳-米尔恩攀谈起来。我们谈论了苏德战争、英国政策和远东的局势,很有意思。他认为目前俄国局势吃紧,急需援助,甚至会要求盟国进攻欧洲大陆借以减轻德国对它的压力。对于我提出的以全球总体战略为基础,把各国的力量协调起来,首先制服日本的计划,他认为为时已晚,要是早一年提出来,那倒是可取的。但时至1941年夏,他认为还是不要把日本扯进世界大战为好。他说,美国可能情愿和日本打一仗,但那一定是在日本挑衅的情况下才打,美国不会先下手。当然,我心里明白美国决不会发动战争。我觉得约翰爵士的观点反映了英国政府的态度。

害怕日本的不仅是英国,苏联也害怕,因为当时苏俄刚刚遭到德国进攻,需要同德寇作生死存亡的斗争。我曾和苏联派驻挪威、波兰等各盟国政府的大使鲍格莫洛夫先生谈论过此事,当时他驻节伦敦。我们的话题很自然地涉及到了全球战局。他很关注日本对苏俄的态度,并怀疑他的国家还能贡献多大力量来阻止日本的进攻,因为当时苏联迫在眉睫的危险是在欧洲战场上。我则强调有必要制订一个全球总体战略来对付来自多方面的侵略。

我和曼彻斯特《卫报》总编克罗泽先生也交谈过。他急于了解我对战争的看法。他本人认为日本已作好了打南亚的准备。我对他说,日本大有可能首先北上进攻苏联。只有在英、美在欧洲或近东完全陷入与德国鏖战,抽不出手脚的情况下,日本才会南下。如果北上南下都行不通，那么日本会再度进攻中国。我再次阐明观点，加以重申，为了使各盟国能取得胜利，有必要采用长远的总体战略，其最佳方案是：首先打垮日本，以解美、英后顾之忧，而后倾全力对付德国。这样，中国到时候也能出一把力。不然的话，日本会效法1940年意大利对法国所干的勾当从背后给美、英一刀。这种危险肯定是存在的。我对他说，我看不出欧战有速战速决的希望，所以极力主张有必要联合全世界的力量同轴心国作战。他表示同意，但认为德国人在俄国节节胜利，势如破竹，前不久德国人又攻陷了哈尔科夫，足资证明，不知道是不是还来得及采用这个计划。

有一位澳大利亚新闻社代表问我，在以中国为一方和以英、美及荷属东印度群岛为另一方之间，是否曾经就合作抗日问题达成过协议。他以为，一旦日本进攻西伯利亚，英国就会同日本交手。我说，同他想的恰巧相反，并不存在这样的协议。他听了十分惊讶。我说，这种协议也许存在，但是中国没有参与。

曾任美驻法大使蒲立德私人秘书多年的美国朋友奥菲先生从美国来到伦敦，来我处见面，谈到了英国对日政策的实质问题。他说他的老上司蒲立德应邱吉尔之邀将出访英国。以前，蒲立德曾谢绝蒋委员长邀他访问重庆并担任蒋的顾问。这以后，蒲立德被任命为美国援华抵抗同盟的主席。奥菲认为，只要罗斯福在参战问题上号召一下，美国人民就会兴高采烈地跟着跑。他正在考虑促成另一次邱吉尔和罗斯福的会谈。这样，罗斯福一回去就可以宣布说，欧战的胜利少不了美国的参战。如果总统紧接着再向国会建议美国出兵欧洲参战，事情就成功了。

奥菲告诉我，亨培克曾对他说，邱吉尔若能把远东问题交给外交部和华盛顿去办就好了。美国政府就会更快地解决这个问题。邱吉尔反对任何可能惹怒日本的举动。亨培克说，邱吉尔在大西洋会议上还提请罗斯福注意这一层。从此罗斯福对日本就手软了。奥菲赞成我的长远战略主张，先在远东消灭日本，而后再打败德国。他还说,美国与日本开战会深得人心;但是英国的影响一直起着障碍作用。打败德国是旷日持久的事,而奥菲不知道美国什么时候会参战。

11月初,我访问了牛津大学。7日,齐默恩博士和著名学者汤因比来接我出席一个专为我举行的讨论会。与会者约二十人,都是远东问题专家,像弗雷德里克·怀特先生、赫顿博士、郝播德先生、沃尔特斯先生等。我讲了总的世界形势,也讲了中国所面临的特殊困难。接着进行了一个小时的讨论,人们向我提出很多问题。我着重强调必须采取长远战略,即首先打垮日本,使太平洋以及整个亚洲可以和西半球一起形成反对轴心国的战略基地。我反问他们对这一问题的见解。汤因比表示,他们都是公务员,对政策问题不便表态。他们都受雇于外交部,工作就是为指定的问题准备文件、备忘录等——为外交部提出的一切现实问题提供背景材料。

在牛津时,我到万灵学院院长林赛博士家中作客。在他家里的那次谈话最能说明英国人对一些政治问题的态度,特别是对它在亚洲的殖民地这类问题的态度。林赛夫人认为,缅甸总理吴苏先生想趁英国忙于作战之机,硬逼着要求什么自治领地位,真是没有脑筋。林赛的妹妹表示不同意。林赛同意他夫人的看法,说由于缅甸的战略地位,英国当然要考虑这块殖民地对印度,对英帝国其他部分以及对中国等问题的影响。这不仅仅是一个缅甸的政治地位问题。

(一周以前,我在使馆宴请吴苏先生时,问起他在英国的使命,并问他对此行是否满意。他说,如果不给机会试一试,哪个国家也自治不起来。言外之意是英国拒不给缅甸以这种机会。我向他的秘书吴丁杜先生询问总理对同邱吉尔和印缅事务大臣艾默里的会谈到底怎么看。吴丁杜反复说英国人始终含糊其词,他们告诉总理说,战争期间,他们忙于打仗,无从讨论缅甸的自治领地位问题。缅甸总理感到英国的答复只是把问题拖下去的一种口实。)

三、美国参战

1941 年 11 月底，我们十分注意华盛顿谈判的进展，英国政府也是一样。由于这方面报道不一，相互矛盾，他们和我都摸不准日美会谈的结果如何。各方面普遍担心华盛顿会过分屈从日本；另一方面，一些来自可靠方面的报告又使我感到美国方面已放弃了寻求权宜解决的作法。比如我国驻美大使和宋子文博士答复我问询的回电就给我这样的感觉。这两位中国外交官确信美日妥协的可能性实际上已不存在。但是，12 月 2 日我在英国外交部同艾登谈话时，这位外交大臣还不敢肯定美日达成协议的可能性已完全不存在。

曾在中国居住多年的英商领袖之一约翰盖西克先生在动身前往重庆之前来访。他认为日本是在恫吓人。日本的前途要么是一场革命，要么是一场战争。若是革命，极端分子将起而控制东京，这也就等于爆发了战争。

伦敦《泰晤士报》的代表前来访问。他对日本是否真的想和美国交战表示怀疑。但是，他说，日本军部认为日本作了过多的退让，必须有所行动，以挽回面子。不过他认为，虽说日本军国主义分子讲究面子和荣誉，他们也懂得实力，一旦面对强手，要挟恫吓失效时，也就顾不得面子了。他认为，日本向印度支那增派部队，也是为了保全面子，特别是做给日本国内的人看的。

12 月 6 日下午，为了推动中国在远东的抗战事业，我向援华运动委员会发表演说。讲到最后，我说，日本正在大陆和海上加紧军事部署，其一，可能打算突袭东南亚某国；其二，可能是为了要挟华盛顿让步，摆出一副咄咄逼人的架势。如果日本真的轻举妄动，那将是一次疯狂的赌博，是一场冒险。民主阵线将会接受它的挑战。这样终将导致它的灭亡。

当天晚上，我收到一位法国记者的报告，说他刚刚见到了日本新闻社(同盟社?)的桥川先生。桥川告诉他日本同英、美之间很可能要爆发战争。桥川本人是反对打这场战争的,因为他感到日本肯定会打败。同时,这位法国记者告诉我,几乎所有的法国人和到过远东了解日本的人都认为,日本不过是使用诈术。但也有几位他遇见过的英国人则认为日本人已经走得太远,骑虎难下了。而且经济封锁严重打击了日本;它拖延的时间越久,封锁的作用就越明显。

换句话说,当时形成了两种见解。一种认为最后摊牌迫在眉睫;一种认为日本无非就是虚声恫吓,终将适时收场。然而曾几何时,全部奥秘便大白于天下了。

1941年12月7日的夜晚是令人难忘的。那晚我在莫尔公园度周末,还出席了那里一次举行得较晚的夜餐会。午夜时分,我接到郭秉文参事打来的电话,告诉我英国广播公司宣布日本大举进攻檀香山和马尼拉,同英、美打起来了。消息实在令人振奋。所有与会者都感到此事到头来可能对中国是件大好事。我表示同意。但是,这消息来得突然,着实令我惊诧。我早就料到日本会选择有利时机大举进攻的,但决不认为现在就是它下手的好时机。事实上,这天早些时候,英国广播公司还广播说,罗斯福总统以个人的名义向日本发出了呼吁。这使我感到美国还在努力避免一场冲突。我对赫尔的绥靖政策可能产生些什么后果,感到有些担心。

日本进攻的消息震惊了整个伦敦,震惊了英国政府,震惊了外交使团,也震惊了公众。波兰大使拉琴斯基伯爵后来对我说,就连哈里曼在12月6日的午餐会上也没有想到日本会对美国发动战争。《每日电讯报》的一位记者告诉我,美国大使怀南特是最先从美国打来的电话中获悉日本发动了进攻的。

这一消息对我也是突如其来,事先毫无察觉。我一直逢人便讲,日本人是在虚张声势吓唬人,除了中国以外,它不敢当真进攻别的国家。因为它完全清楚,如果那样做的话,它就得对付整个美英中集团。当然,我一直期望英、美在和日本打交道时,立场坚定,不要屈从迁就。但是我总认为,日本不至于愚蠢到敢于孤注一掷冒举国覆没的危险。现在,我立刻意识到这是一次机敏大胆的行动,因为美国人事先不可能料到日本会进攻,一定是毫无防范,被动挨打,结果损失惨重。

1941年12月8日星期一,我预料到报界免不了要我讲话,就提前准备了一份关于日本进攻珍珠港事件的声明。下午三点,我去下院听邱吉尔发表演说。刚要走进外交使团席,瑞士外长对我说,这是个对中国具有历史意义的日子。波兰大使说,这回我应该对局势的发展感到满意了,不过这样可能要使战争拖长。这是典型的波兰人论调。(显然他考虑的是美国对日作战将会对欧战的进程产生些什么影响。)我说:"也有可能使战争缩短。"

首相发表了具有历史意义的演说。他颂扬了中国的英勇抗战和伟大领袖蒋委员长,对此,下院两派一致热烈鼓掌。李-史密斯首先代表反对党发言支持首相的声明。他的讲话言论正确,但感染力不强。霍尔-贝利沙代表保守党发言,也表示支持首相声明。(他后来在内阁中任陆军大臣。)当他讲到美、英、苏现在结为一体,共同打击侵略者时,至少有十几个人喊道:"还有中国。"于是他赶紧补充说:"还有中国。"

内阁部长们坐在政府阁员席,一个个表情严峻,很多议员也紧绷着脸。这与当时的场合和发言的调子是相称的。发言的人都提到了新的事态发展对英国将产生什么样的影响。会上讨论了供应和海运问题,并号召英国工人要作出巨大的努力。大家一致表示有信心克服一切困难。

发言结束后,比利时大使对我说,邱吉尔对中国大大地恭维了一番,这一定使我高兴。我的确很高兴。我在日记中写道,这天过得非常兴奋、紧张,也令人十分称心。我的意思是,中国从此不再是孤军抗日,现在有了美、英这样强大的盟友。

新闻报道纷纷传来,都详细报道了珍珠港发生的一切,以及日军在马来亚、菲律宾登陆的情况。伦敦到处议论纷纷，都说美国是在睡梦中挨了一闷棍。一位英国陆军部官员感慨系之地说："美国是在光着屁股解手的时候挨打的，而且手头连一张手纸都没有。"

《芝加哥太阳报》常驻伦敦代表问我对日本这次进攻的目的有何看法。我说："一旦可能，就夺取珍珠港和新加坡这两个英、美称霸太平洋的海上堡垒。"日本的直接战略目标显然是要击溃美国舰队。

12月8日下午6点30分，我从广播里听到罗斯福总统向国会参众两院联席会议宣读文告，要求对日宣战。他讲话的声音激昂异常。从国会大厅响起的阵阵掌声中就可以感到美国人同仇敌忾、坚决对日的强烈感情。罗斯福总统说，珍珠港遭受的损失要比最初估计的惨重得多，实在令人心情沉重。

转天中午，有消息说英国最新式、最有威力的主力舰"威尔士亲王号"和巡洋舰"却敌号"被日本飞机炸沉。我大吃一惊，简直不能理解这到底是怎么一回事。起初，我很怀疑报道的准确性，急于想得到证实。下午一点左右，我得知邱吉尔刚刚在下院宣布了这一噩耗。我请海军武官陈少校到海军部走访一趟。他回来说，海军部的人也不理解这两艘战舰怎么会被打沉，特别是"威尔士亲王号"，它装有特制的厚甲板，至少能经得起六次直接打击。但是，《新闻记事报》记者文森特·希恩在费城却报道说，美国在珍珠港损失的军舰比英国在开战以来损失的全部军舰还要多。这就更令人痛心了。

各种报道源源不断地传到使馆。从这些报告中可以看出，整个伦敦出现了一股悲观论调。人们预料德国就要进攻直布罗陀和北非，以阻止英国船只驶入地中海——至少这是外交界人士的普遍推测。英国军方人士认为，它的远东舰队在该地区已无所作为，并且担心美国会完全放弃远东。由于轴心国好像一时占了上风，压过同盟国一筹，人们自然会产生悲观情绪。但是，我在日记中写道,战争的命运就是起伏跌宕,一时一变的。使馆收到过一份颇为肯定的报告,说美国正在苦劝苏联对日宣战,进攻日本。很多人认为这是挽救远东和太平洋危急战局的唯一手段。

我在这几天里记下的日记,说明了我对世界各地层出不穷的事态发展感受很深。罗斯福发表演讲后,12月8日,我写道,现在就看苏联怎么办了。它会不会也对日宣战,填上这个缺口?"看来近期不会。"次日我记道:我觉得,论打仗民主国家就是不行。它们总是难于提高警惕和做好事先准备而处处挨打。"但是,真正的关键不在开始,而在结局。至于最后结局,则是毋庸置疑的。"

12月9日接到我国外交部来电,通知我中国已对日宣战,同时也已对德、意宣战。外交部指示我通知英国政府,我立即照会了艾登。但是,我对金问泗大使说,中国除对日宣战外,同时也对德、意宣战,这出乎我的意料之外。而我前此也致电蒋委员长建议推迟对德、意宣战。金表示完全同意我的看法,说外交部的声明实在使他吃惊。

12月11日,我作为贵宾出席帝国新闻协会在里茨饭店举行的午宴。出席宴会的有澳大利亚、新西兰、印度、马来亚、锡兰和香港的记者约三十人。席间提出不少问题,由我逐一解答。我答话的要点是,建议制定一种战略,以对付日本迫使盟国分散其军力的企图。我的建议是盟国此时应制定一个对日协同作战的计划由中、美、英三国同时实施,四面出击。

当天下午,我接见了新西兰高级专员乔丹先生。他在近东和开罗巡视了在那里作战的新西兰部队刚刚回来。他说美国人在珍珠港如此疏忽大意,致使美国舰队损失惨重,对此他感到吃惊。他说他刚收到一份密电,说美国在夏威夷损失惨重,太平洋舰队被打得不能行动了。

我竭力向记者们宣传要制定协同一致的战略计划,可是我的一腔热忱很快便以失望告终。一次我去英国外交部,外交大臣艾登不在,奥姆比·萨金特爵士接见了我。会谈中,他通知我,英国不打算支持委员长首倡而多少得到美国认可的成立远东联合司令部的建议。英国人反对联合司令部的理由同他们反对美国建议在欧洲战场成立联合司令部一样。英国人显然不愿把英军交给美国人指挥,除非在欧洲战场上有一支占优势的美国部队。否则,英军指挥官们若是不愿接受外国总司令的指挥,政府将难以处理。此外,英国人也无余力对远东的战事作出重大贡献。英国人历来都念念不忘自己的威望,自然不愿接受由一名美国人为统帅的某种联合司令部。不过,我并未因英国的领袖们如此缺乏气度而丧失信心。同天晚上,一位新闻界代表来采访有关中国在这场大战中的作用问题。我再次强调了以协同一致的战略计划为基础,结成统一战线以抵抗轴心国的重要性。

12月11日,希特勒对美宣战。使馆的王先生听了希特勒的广播讲话后说,希特勒整整讲了一个半小时,把战争的责任全部推到罗斯福身上。那天早晨,轴心国缔结了军事联盟协议,保证共同向美、英发动战争,但只字未提苏联。

12月12日,我设午宴招待苏联派驻流亡英国的各国政府的大使鲍格莫洛夫。席间,英国前首相伯纳·劳(?)之女伯纳(?)·卡特小姐谈起太平洋局势,对美国在夏威夷和英国在马来亚如此缺乏警觉大表惊讶。她赞成苏联对日宣战。接着,我和鲍格莫洛夫进行交谈,他坚决反对苏联介入太平洋冲突——他说,至少目前不能介入。

英国各界领导人对中国向日、德、意宣战反应热烈,十分赞赏。除了邱吉尔在下院宣布日本偷袭珍珠港、美国对日宣战时对中国称颂一番之外,其他政界领袖对中国加入抗击德、意的联盟也同样表示高兴,甚至欢欣鼓舞。英国航空委员会在克拉里奇斯饭店举行的招待会上,空军大臣辛克莱爵士向我喊道:"现在我们是同盟国啦!"荷兰外长范·克莱芬斯向我驻荷兰大使金问泗也表达了同样的感情。

中国加入同盟国,抗击轴心国的消息传到英国,英国人民群情振奋,热烈欢迎。记得霍尔本商会举行的一次午宴,就是很好的证明。这次宴会有很多知名人士光临,主持人把他们一一介绍给大家。坐在我旁边的霍尔本市市长在我发言之前就对我说,在今天的会上我将大受欢迎。果然如此,当主持人介绍到我时,人们起劲地鼓掌欢呼,表达了热诚的欢迎。

但是,有的日子也很令人沮丧。某日中午,来自英国最高统帅部的报告说,英国部队将撤离马来亚,虽然他们还要守住新加坡。尼尔·马尔科姆在另一次我们俩人都出席的会议上,对马来亚海上损失两艘英国军舰极为不满。

由于战局发生了变化,特别是由于澳荷部队跑在日本人之先占领了帝汶岛,英国大使①取消了原订于 12 月 18 日举行的午餐会。当时传闻日本人已在婆罗洲沿海两处登陆,而且马尔科姆告诉我,他已得到消息证实这一传闻。有一次探讨日本海战的目标时,我对《芝加哥太阳报》代表说,目标不外乎两个:占领新加坡和摧毁美国在太平洋的基地。下午,我接到报告说,邱吉尔已离开伦敦前往华盛顿;艾登在同一天抵达莫斯科。我 12 月 19 日下午拜访萨金特时,他证实了有关邱吉尔出访的传说,同时告诉我一条令人沮丧的消息:日本人在香港登陆了。

那时,中国正竭力想从盟国那里得到些实实在在的援助,例如想从荷兰取得一些进行空战的援助。不难理解,英国人从马来亚、缅甸撤退后,东印度群岛就无法防守了,纵然如此,荷兰人在印度支那仍然保持着一支颇具实力的空军。中国希望荷兰派出一个空军中队,投入东亚战争,支援中国。我国政府要求我和金问泗大使着手办理此事,并要我指示金问泗去拜见荷兰外长。他们两位为此进行了多次会谈。结果是荷兰倾向于原则上准许荷兰飞行员参加中国空军,而且他们还要采取步骤,设法绕过因荷

---

① 原文如此。——译者

兰法律规定而产生的难题。但是,他们感到真正的困难还是缺少飞机。荷兰原有的飞机已经用去支援英国人防卫马来亚和新加坡了。这样,和荷兰人的谈判拖得很久,任何实质性的结果也没有取得,特别是在新加坡、香港和荷属东印度群岛失守后就更无进展了。我列举这些事例无非是要说明,中国为了支撑自己的空中防务,是怎样想方设法争取外援的。

12月24日,《论坛》周刊刊登了艾默里十年前在下院讲话中的一个片断,从中可以看出在这一段时期中英国人的思想方法变化有多大。

> 对于1931年9月18日日本进攻满洲这件事,我们有什么理由要单独地或同其他国家一道反对日本呢?坦白地说,无论是在行动上、口头上,还是在感情上和日本为难,本人都看不出这样做有任何道理。日本以在满洲建立和平与秩序为己任,以保护自己免于遭受激烈的中国民族主义不断侵略为目的,我们当中有谁要首先谴责日本不该这样做?如果我们谴责日本,那么我们对印度的全部政策以及对埃及的全部政策也应该受到谴责了。

艾默里是英国主要的政治家之一,也是邱吉尔最亲密的朋友之一。毫无疑问,在30年代日本侵华问题上,他的观点在英国具有普遍的代表性,1938年,英国就宣布对华北日本政权给予一种事实上的承认。当时我在巴黎,为此写了那篇由《世界合作报》发表的文章。这家报纸在全世界发行量很大。

1941年12月27日,我应美国大使怀南特之请,和他进行了一次长谈。我们在克拉里奇斯饭店一边进午餐,一边纵谈欧、亚、非三洲战事的种种问题。他告诉我,他最初获悉日本进攻珍珠港和马来亚的消息是在12月7日深夜,当他在切克斯首相官邸同艾登叙谈并送别他前去苏联之后。怀南特认为,目前当务之急是向各个战场,也就是向亚洲的中国战场,英国在欧洲和近东的战场以及向苏联,提供所需的物资装备,使他们各自都能尽量顶住敌人的进攻。他认为,各战区的部队应遵照总的战略计划,继续在本地区的指挥下作战,等待军需生产跟上战争的需要,以便能够向敌人发动总攻。我大体同意他的意见,但是我主张在此同时各战区要从四面八方协同进击敌人。我问他,是首先解决日本,还是仍以欧洲作为更重要的战场,两者之间,何者为上策?对于这个问题,他说,就俄国而言,最最重要的是让它牵制住德国。他还说:"要赢得亚、欧两洲的战争,必须在陆地上打败敌人。因此必须全力支援中、俄两国。"言外之意,在他看来,中、俄两国兵源丰富,论打陆战,主要应由他们去打。

他证实说,澳大利亚人不满意英国的远东政策。由于日本人迫近澳大利亚,他们特别担心这个自治领的前途问题。我问他,是否新加坡和马来亚只得放弃。他回答说,要不惜代价守住新加坡。并说,美国的援助物资已经在途了。(这个计划最后完全破产了。英国人没有像样地打过几仗,不仅是马来亚,就连新加坡也相继被日本人攻陷。)怀南特侃侃而谈,颇有外交家风度。每当发表他们的见解时,总是以"我的估计是……"开头,而且一再要求我勿在其他场合引述他说过的话,也不要向国内汇报。此公温文尔雅,只是在衣着方面,多少有点不修边幅。

四、太平洋战争初期
1942 年 1 月—9 月

我就任驻英大使时,从欧洲到远东的整个局势都处于一片混乱之中。法国在日本坚决要求之下,刚刚在东京签署了一项协定,同意把印度支那的两个省交给泰国,并且同意日本在印度支那建立基地。这就使日本俨然变成了印度支那的真正保护者,而其最终目的却是还要控制泰国。到 1941 年冬,日本已在东南亚牢牢地站住了脚跟,于是便发生了偷袭珍珠港事件,紧接着又入侵菲律宾。尽管麦克阿瑟将军麾下的美军曾力图抵抗,但菲律宾终于还是陷落了。这样一来法国和美国就不可能有什么真正的作为,至少在短期内是如此。

英国人完全明白远东局势的严重性。1942 年初,情况变得已很明显,英国在远东就要成为下一个遭到进攻的国家了。日本掀起了一场反英宣传运动,其目的显然就是为消除英国在亚洲的势力作好准备和寻找借口。这就使人们进一步加强了上述的认识。英国政府完全明白此点,下院已经提出质询,要求政府说明其政策,以及面对日本侵略者迫在眉睫的进攻,政府采取了哪些对策。

英国对中国的态度虽在不断改善,但仍存在不少误解。当然,英国历来对亚洲的情况,尤其是中国,很不了解。一提到亚洲,他们往往认为日本是那里的主要强国,或者是唯一的强国;其他地方大都是欧洲的殖民地。日本在西方享有较好的名声。并且自从 1905 年打败沙皇俄国以后,它就一直在炫耀自己在国际舞台上取得的辉煌成就。此后,日本就在西方各国的首都纷纷设立使馆;而中国则直到 30 年代才向外国派出使节。因此日本这个国家和日本的事物一向受人瞩目。毫无疑问,日本书报杂志的影响也较大。中国,不仅在声望上,而且在商业、贸易和银行等领域中,在国外的形象都比较差,事实就是这样。

为了说明英国对亚洲的看法,我不妨简要地谈谈 1942 年 1 月 20 日斯韦思林勋爵和夫人(与化学工业关系密切,是有名的巨富之家)举行的宴会上的一番谈话。宴会进行中,我问斯韦思林,英国人是否仍然普遍主张集中力量战胜希特勒,而把远东问题放在一边,以待日后再说。他说是的,并解释说,这些岛屿,就是说大不列颠诸岛,非常重要,必须给予最大的注意。其次是大西洋和地中海,大西洋把大不列颠诸岛和美国连在一起,各种物资从大洋彼岸源源而来;还有地中海,则是英帝国的交通干线。他解释道,即使丢了远东,英国还可以继续打下去,因为"英国本土是一切的枢纽和中心"。对英国来说丢了马来亚或印度,苏伊士或地中海,都不是致命的。没有这些地方,战争仍然可以打下去。他说:首相说过,即使丢了英国本土,战争仍将在加拿大进行,英国人还会打回来收复失地。斯韦思林认为,这种打法显然将十分艰苦,不过他又说,从另一方面看,如果失去了中心,也可能一切都完了。这种态度出自英国人之口是可以理解的,这种观点当然也有一定的道理。日本攫取了香港,后来又占领了新加坡、马来亚,使得英国这个泱泱大国感到莫大的失望和难堪,虽然上述情况已经使英国政府和人民对远东局势的深远意义开始重视起来。不过像斯韦思林这样的人对此似乎还没有认识到。

斯韦思林夫人也参加了我们的谈话。她谈得更直率;我知道,她的看法不仅仅限于她那个圈圈里的人才有。她说在她看来,人们对待日本不公平。英国犯的第一个错误在于废弃了和日本的同盟关系,而后在 1927 年的裁军会议上,日本又再次被抛在一边。我对她说,日本的军国主义者们在宪法上享有特殊的优越地位,他们一心只想向外扩张。田中奏折透露了一项业已确定的征服计划。可是斯韦思林夫人不信。她说在她看来,当初要是把满洲让给了日本,并且承认满洲国的话,日本就不会打进华北了。对此,斯韦思林勋爵和我都对她说,即使那样,也根本不可能使那些日本军国主义者就此罢休。

新闻大臣布伦丹·布雷肯先生和斯韦思林持同一观点。我和他作了长谈,他主张多给中国一些作战物资,同时又表示同意这样的观点,即:德国的作战体系比日本强大,欧洲战场更为重要。我则强调远东战场的重要性,以及万一远东国家落在日本手里,局势将变得多么危险,多么严重。他同意我的看法,不过还是认为德国是主要的敌人。虽然这样,他对日本即将在两个月内建成的两艘超级无畏战舰感到不安。我强调说,中国需要的武器,相对说为数很少,不过这些少量武器起的作用比较起来却很大。他对我的话好像不感兴趣。他说他赞成让中国同美国、英国及苏联一道,为战后重建和维护世界和平共同制定计划。但是他和斯韦思林一样,主张把所有兵力和物资集中投入欧洲战场。

各地也有一些英国人同情抗日,对中国坚持抗战的重要性认识得比较清楚,主张给中国以更多的物资援助。诺埃尔-贝克先生就是其中之一。他在下院发表演说,呼吁给中国更多的物资。他认识到了英国在这次大战中处境的严重性,同时又正确地强调说,英国给与中国小量的援助,对自己不会有多大影响。但他的话几乎没有引起任何反响。珍珠港事件发生后不久,英国人几乎毫不抵抗就撤出了香港。接着,日本便集结兵力进攻新加坡。

菲利普斯博士和化学战专家贝克特先生的见解同英国一般观点相反。但是同诺埃尔-贝克却很一致。贝克特对我说,他对远东的局势很不满意,并抱怨说,战前的殖民思想应对远东的灾难负责。他还说,在他看来,邱吉尔在印度问题上是个"死硬派"。

换句话说,当时最普遍的看法是全力投入欧洲战场。我对这种看法已经不感到奇怪了。当然,英国要给远东调拨足够的物资,确有许多困难。1月26日,艾登为新任命的英国驻华大使薛穆爵士举行午宴。席间,艾登同我谈话时暗示了一个情况。我们讨论了远东的局势,特别是由于日军直逼马来亚和新加坡,该地区的局势趋于危急。艾登说,陆、海、空增援部队现正赶往该地,英国潜艇也已抵达,大批印度部队正在途中。鉴于太平洋局势严重,澳大利亚提议在伦敦成立一个由英国、澳大利亚、新西兰和荷兰组成的太平洋委员会。(荷兰自然很担心印尼的局势。)艾登说,伦敦和华盛顿都会向中国征求意见。可是他说,要以一个帝国战时内阁的形式成立太平洋委员会不好办,因为加拿大和南非不喜欢这样一个组织,澳大利亚本身也无法向这个拟议中的委员会派出全权代表,更不会派出他的总理。艾登说,这件事使澳大利亚感到很棘手,因为澳政府在议会只以一票之多获胜,力量不可能很强。看来,这些话是他个人的观点。

尽管英国人对亚洲了解有限,而且他们正全神贯注于欧战,但是中国的长期抗日还是越来越受人钦佩。英国政府官员和公众领袖对中国坚持抗战的决心和勇气大加赞扬。例如,邱吉尔 1 月 27 日在国会开始进行战争问题的辩论时,就热情地称颂了中国和蒋委员长。

马来亚及其重要属地新加坡一直是英国的防御堡垒及其在亚洲海上力量的标志,如今受到了严重的威胁,特别是两艘英国战舰在马来亚沿海被击沉以后。这一惨剧是日本对新加坡发动进攻的信号。英国原来预料日本会从海上进攻新加坡,结果他们采取了取道陆路从后方进攻的战略。英国高级指挥官显然万万没有想到日本陆军能穿过新加坡以北马来亚半岛上的丛林。可他们就是穿过来了,结果把英国人打个措手不及。日军向前推进时,英国人只好破坏了马来亚与新加坡间的公路,就是这样也没能阻挡住日军的前进。不过几天,即 2 月 15 日,新加坡就不战而降。英国人实有兵力七万,但他们显然自认为不足以与日本侵略军一战。

这次大败显然使英国政府和人民更加佩服中国人民的抗日持久战了。布雷肯告诉我,邱吉尔访美回国后在下院说,中国差不多是赤手空拳地进行了四年半的抗日战争。邱吉尔内阁的飞机生产大臣比弗布鲁克勋爵此刻对中国人的英勇战斗赞不绝口。他说英国人过去认为日本人很坚强勇敢,可是中国人却以极少的武器,或者说根本没有武器,硬是把日本打得欲进不能。因此他们得出结论说,中国人一定是比日本人更为骁勇善战。

2 月 17 日午间,我在下院听邱吉尔讲演,内容是关于英国在东南亚的防御工事惨遭破坏的情况。下院的气氛对首相不很友好。台下不时出现不礼貌的现象,甚至有人叫嚷要改组内阁,因为首相不同意确定日期就这一局势进行辩论。

使馆武官唐宝黄上校向我报告了英国人多次拒绝接受中国自愿帮助防守马来亚和香港(已于 1941 年 12 月 25 日陷落)的情况。中国方面只要求英国在马来亚和香港分别为中国的军事调遣提供海空支援。拿香港来说,英方的答复是香港可以长期固守下去;可是等到香港遭到进攻时,香港总督和司令却派了一个代表到重庆紧急求援,而他们却依然拒绝为中国部队的调动提供海空支援。中方问这位代表,他们认为香港能守多久,英国代表这回回答说六个月。早在珍珠港事件以前,中国军事当局就向英国人表示过,香港最多只能守两个星期,香港的英国当局应当立即着手清除岛上的第五纵队,作为安全措施之一。据唐上校说,这些建议遭到了英国的坚决拒绝。赴重庆的英国代表是魏菲尔将军,他是个干练的军官,但是,他的手脚显然被上级的指令束缚住了。他是到重庆求援来的;但他坚持要中国接受他的条件和要求,而对中国提出的一切反建议则坚决拒绝。唐上校还说,1941年1月以来,中国曾经反复提出派部队到缅甸去帮助保卫滇缅公路,但是英国当局一直加以拒绝。甚至在中国政府提出派部队去香港时,魏菲尔还坚持要把部队的活动范围限制在九龙附近的一个地区里。

当然,如果英国人没有拒绝提供必要的海空支援,如果他们不坚持自己的条件,而中国当真派了部队去香港、缅甸,是否就能防守得住,这也很难说。然而,谈判的性质和未达成协议的事实,都清楚地说明英国人对中国的友好合作精神,还没有理解,也没有领情。

局势对盟国来说是糟糕的,但从英国人的观点看,倒并非毫无希望。新闻大臣布雷肯和空军大臣辛克莱在埃及使馆的一次午宴上一面对新加坡的局势表示叹息,同时又对我说:只要等美国人生产出足够的军火,盟国便可打败日本,这仅仅是个时间问题。邱吉尔在2月15日的广播演说中宣布了新加坡失守的消息,并且讲述了总的战局。就在那次讲话中,邱吉尔也表现了同样的乐观情绪。

现在出现了一线希望,那就是拥有巨大潜力的美国业已被迫参战,已经成为全球自由事业中的一个盟国了。那时,欧亚两个战场上的局势仍很混乱。1942年2月20日,我同曾在法国多年的美国大使馆参赞弗里曼·马修斯进行过一次颇有意义的谈话。我从他那里得知,法国敌占区内百分之九十五的人都拥护盟国,但只有百分之五的人拥护战斗法国的首脑,当时驻在伦敦的法兰西民族委员会主席戴高乐将军。马修斯说,美国的参战给了贝当元帅以极大影响和感召。魏刚将军是北非的一个力量,但他因受到达尔朗上将和皮埃尔·皮休的猜疑而离开了那里。他的离去削弱了法国在北非的地位。不过,马修斯认为贝当不会在让法国舰队向德国投降或允许德国充分使用非洲海军基地等问题上屈服。贝当将尽可能顶住上述要求而不使德国采取任何军事行动。但是,维希法国无法以武力进行抵抗,贝当元帅在任何情况下都不会这样做,从而人们很自然地得出一个结论:不可能指望维希站在盟国一边。他说,德国巴不得美国驻非洲的观察员罗伯特·墨菲先生离开非洲。一旦他真的走了,德国肯定不会让他再回去。法国人不相信英国人,认为英国人会对他们发号施令。但是他们完全信赖美国人。他们认为,盟国打胜以后,法国光复和恢复大国地位的希望完全要寄托在美国身上。当时法英关系十分紧张。戴高乐在英国既不受欢迎,也得不到信任;而贝当元帅则对英国人怀有很大疑虑。关于成立作战委员会的考虑意味深长地反映出盟国在亚洲的军事形势有多么严重。作战委员会这个国际组织是澳大利亚为了便于各抗日力量间进行磋商和协作而倡议的。但是在着手实现这种理想,组织这样一个委员会时则不无困难和稽延之处。

英国政府同澳大利亚、新西兰自治领经过协商认为应该邀请中国参加这一拟议中的太平洋作战委员会作为成员国之一。2月24日,邱吉尔在下院宣布中国已接受邀请参加该委员会时立即引起了一阵热烈的掌声。蒋介石委员长并以中国武装部队最高统帅的身份任命我为中国驻太平洋作战委员会的代表。

3月3日,作战委员会在伦敦举行第一次会议。这里引用一段我当天的日记:

荷兰流亡首相盖尔布兰代伊问道:鉴于西南太平洋的敌人海军力量如此强大,日本近海一带就不可能有什么了不起的舰队。难道英美舰队就不能在日本附近采取些行动吗?这一问,听之令人伤感,全场一片沉默。随后,佩奇爵士问道:魏菲尔将军曾建议在不久的将来准备对日发动反攻,现在准备得怎样了。英国方面有人发言说,由于无法在行军途中提供空中掩护,因此无法运送印度尼西亚人去保卫爪哇。对此,戎装整洁、仪态安详的英国将军和第一海务大臣以及空军元帅均表同意。

正如新西兰驻伦敦高级专员乔丹所透露,当时的局势显得十分困难。他在会上说,驻利比亚的新西兰部队可能要派往中东和锡兰去接替坚决要求回国的澳大利亚部队。英国在欧洲承受着重压;而由于对日本偷袭珍珠港、进攻菲律宾的紧急情况缺乏准备,当时美国的处境也好不了多少。英国连自己的殖民地都不能保卫,显然更谈不到采取积极行动,帮助荷兰人去抗击日本,保卫印尼了。

失利的消息一个接一个地传来。3月7日,我们从英国广播公司的广播里听到了巴达维亚驻军撤出后被日本人占领的消息。荷属东印度群岛的副总督范·莫克先生总算逃到了澳大利亚的阿德莱德。他一到那里就发表声明说,毫无疑问,荷兰人本来是指望盟国来增援的。虽然美舰和澳军英勇奋战,可是他们人数太少,为时也太晚了。

同一天下午六点,英国广播公司播出了一条来自万隆的电讯说:"这是我们最后一次发出消息。即日起暂停业务,以待时局好转,再会。女王万岁!"(3月15日英国派亚历山大中将取代赫顿中将。新上任的将军虽以精明能干闻名,但这次指挥人员的更迭显然办得太晚了。如果早就由他全面负责,也许能扭转局面。)

增进中英间军事合作的努力仍在不断进行,但因经常发生误解而受到阻碍。在防守香港的问题上,我们已经看到这类问题是怎样引起的。香港失守后,英国的注意力全部集中于防守缅甸。但是这种企图几乎一开始就夭折了。日本拿下仰光后,委员长曾提出缅甸英军余部归刚委派去的指挥中国部队的史迪威将军统一指挥。但伦敦却不以为然。3月24日,太平洋作战委员会开会,邱吉尔报告了英美两军实行合作的困难情况,并宣布他断然拒绝委员长关于建立联合司令部的建议。

日军的推进迫使英军不得不放弃曼德勒和腊戍,撤至印度。在该地区作战的中国军队因无法向东北方向撤回国内,只得随英军行动。中国方面对缅甸失守指责英军指挥不当;而英国方面,特别是军方,则设法对此败局轻描淡写,并授意英国报界贬低中国军队的作用。这种态度当然不利于增进双方政治、军事首脑的感情和改善他们之间的关系。

就连日本也都知道了当时中英关系的状况。日本企图用提出媾和以结束侵华战争的办法,来进一步加深中英间的鸿沟,并在3月下旬发表了和平条件的概要。英国首脑虽然对两国关系感到不满,不过还是切望中国继续打下去。至于日本,一方面为了离间中英关系,一方面也真心想结束侵华战争,以便把它的力量更多地放在它扩张计划中的亚洲其他地区,因此它提出了一些虽说不合理但至少表面上看来还相当温和的建议。据报道,日本所提的条件是:(1)日本承认重庆政府;(2)日军占领某些港口,但撤出所有省份;(3)双方均不索取赔偿;(4)建立日中关税同盟;(5)建立中缅联盟,确定仰光为自由港,以此补偿日本占领中国某些港口的损失;(6)中国退出盟国;(7)一旦发生日苏战争,中国采取中立态度;(8)中国北平、南京两政权实行政治联合;(9)中国接受所谓亚洲新秩序。这项解决办法如果实现了,中国各海域实际上也就变成了日本的内海。不过中国在印度洋上将会得到一个出口。

英国政府和人民同美国人一样,他们焦虑中国会接受日本的条件;而蒋委员长和中国政府则是下定决心,继续抗战,直到取得共同的胜利。实际上,早在珍珠港事件以前,中国人还在孤军抗日的时候,日本人就不时设法诱使中国停止抵抗。现在中国既然已经成为西方列强的盟国,就更没有理由答应同日本谈判了。何况日本人认为合理而温和的条件,在中国人看来则是远不能接受的。

为了援助中国的抗战,英国曾宣布向中国提供战时贷款。双方对此也有不少摩擦。中国原来指望能像美国的五亿美元借款一样,英国官方所宣布为支持中国抗战而向中国提供的五千万英镑贷款马上就能使用。然而,重庆方面并不完全理解英国的意图。中国政府一再要求立即使用这笔款项。但是英国人表示碍难同意中国的要求。在伦敦,两国间官方和半官方的谈判不断在进行。我和大使馆财务参事郭秉文竭力想通过折衷方式取得一些实际效果。郭在英国财政部进行努力,我则主要是对外交部。我们了解到伦敦的财政状况后,便设法使重庆明白,至多只能采取某种折衷的解决办法。但是,中国政府正迫切需要财政援助,特别是迫切需要加强中国的货币。当时通货膨胀日益严重,大有失去控制之虞。

英国财政当局也很坚持他们的论点。不仅艾登向我解释,就连财政部代表霍伯器等人也这样说:英国之所以将原来不到一千万英镑的数字增加到五千万英镑,是因为事前有所默契,重庆所要求的仅是一种姿态,藉以鼓舞中国财界的精神。英国人认为,那五千万英镑只能在某些条件下使用。他们还提出了若干可以使用或可能考虑使用的情况,例如购买在战后交付的设备,等等。这就是说,战争结束以前英国不能供给作战物资和机器。至于机器,至少是生产作战物资的机器,甚至在战后也不一定能够向中国交货,因为英国为了获得外汇,很可能需要向其他国家出口机器。其次,虽说中国可以用这笔款子去偿还中国政府在伦敦市场上的债券,但他们怕引起中国的其他债权国如美国等出来反对,又怕降低中国的整个信用,因此认为需要慎重考虑。也考虑过在英国以外的英镑区购买补给品,如买印度的棉花等。但是他们指出,由于印度一直在向中东和西非提供棉花,恐怕没有剩余棉花可供出口到中国了。霍伯器认为,远东战争肯定要比欧战拖得更长,等欧战打完了,中国就可以买到更多的东西。鉴于我国政府急于多多筹集战时贷款并加强中国法币的信用,我提出将原来保证货币的贷款一千万英镑增加到两千万英镑,下余部分用于购买补给品。霍伯器表示,这项新的货币保证贷款,其成功的前景比中国政府历次发行的债券都好。不过,他又抱怨说,对于前年发行的那些公债中,中国竟没有通知英国就把五千万英镑借款包括在内作了保证金。我重提这段旧话,是为了说明这五千万英磅贷款是战时中英两个盟国间产生误解的一个主要问题,它给这两个战时盟国的关系蒙上了不幸的阴影。

说起整个世界大战的政策和有关军事战略观点上的分歧,也就是说,在如何看待亚洲和欧洲两个战场的相对重要性上的分歧,当时不仅对如何保卫中国领土的战略和合作问题上存在分歧,对保卫英国领土也是一样。英国人坚决主张将盟国军事力量集中投在欧洲战场上,这种主张最后赢得了美国的同意。这就在中英关系上留下了难以愈合的创伤。尽管美国,尤其是罗斯福总统出力帮助中国,给中国送去数量有限的作战物资,并派美国空军给中国运送军需品。这些只不过是聊胜于无的措施,从中国人的观点看,它根本满足不了中国战场的全部需要。这就在委员长和中国政府官员们思想上激起了极大的失望和不满,这种情绪特别是针对着英国对亚洲战争所采取的政策和态度。

中英关系不断恶化,使我越来越感到不安。于是,我在5月间要求同艾登进行一次非正式晤谈。会晤日期定在5月30日。那天,我们在宾德顿大厦晤谈了一小时。这座大厦坐落在奇切斯特附近,离伦敦大约60英里。站在我们谈话的地方往下俯瞰是一座宁静而宽阔的花园,满园古树参天,景色宜人。我把谈话的记录收存起来了,目前不在手头。不过我要说,当时艾登十分热情谅解,表现出具有全面看待问题的才干。谈话结束时,他说他想安排我和邱吉尔会见。艾登说,邱吉尔权重当时,他一定能使我放心。

我和邱吉尔的会见是在 6 月 3 日。这次会见是他要求举行的,显然这是出于艾登的建议。我感到首相对最近一些不愉快的事态发展全都知道,他显得有些严峻,不像平时那样亲切。考虑到我所听到的重庆方面的情况,对他这种神情我并不感到奇怪。虽说我想知道,如果我不开口,他会怎样打开话题,可我还是首先提出了中英关系这个问题。他直言不讳地说,英国人并不像重庆所说的那样颓废或充满失败主义情绪。我从而更明白他为什么那样生气和郁郁不乐了。我告诉他我并不把这事看得很严重,劝他也不要对他听到的重庆如何如何过于认真。我故意表现得镇定自若,力求排除不安或烦恼的神情,以我惯常心平气和的语气谈话。邱吉尔很快就平静下来,恢复了他平日温和亲热的神态。邱吉尔问我对战局有何看法,这使我感到出乎意料。我回答说,经历了多年的战乱,我们中国人变得更懂得哲理了,我们把军事上的暂时挫折当作战争中吉凶起伏的正常现象。真正决定结局还要看最后一仗。我们不会因利比亚战事的暂时结果(英军刚刚遭到惨重挫折)而气馁。

我们谈了足有一小时。由于邱吉尔显然还愿意和我谈下去,我感到有些不便起身告辞。我把记录保存起来了,只是此刻无法查考。

我认识邱吉尔好几年了。记得在第二次世界大战爆发前的日子里,我们曾有过多次友好的谈话,对一些国际问题和英国的政治交换过看法。那时他在野,对张伯伦的政策大加批评。因此,即使在现在这样多事的时刻,我要见他也并不太难。

他的情绪显然不佳,也可能要归因于当时伦敦的政局。英国在远东军事上的失利造成香港、新加坡、马来亚和缅甸相继沦陷;在北非,英军又连遭挫折。所有这些,已引起政界人士推测邱吉尔内阁有可能要倒台。人们对可能成立一个以斯塔福德·克里普斯爵士为首的新政府议论纷纷。

事实上,早在 2 月 17 日,下院就曾爆发过一场争论,使邱吉尔不得不迅速改组了内阁。然而,新内阁并未能使批评平息下来。3 月上旬,我接获密报说,再过两个月,邱吉尔内阁就会要垮台。下一任首相将由斯塔福德·克里普斯爵士担任。(斯塔福德爵士当时是英国驻莫斯科大使,我从报告中获悉,他已毅然决定辞去大使职务,回来从政。他的辞职似乎并非完全出于政治野心,因为据说他在莫斯科实在无法展开工作。他见不到斯大林,只能偶尔和米高扬打打交道。他要求与这位大元帅面谈,但等了九个月也没有见到。德国人对苏联发动了侵略,使他不得不返回莫斯科,从此他不仅在英国,而且在世界舞台上成为非常显要的人物。)

5 月 15 日,我出席了土耳其新任大使举行的午宴。这次宴会上使我对外界揣测邱吉尔政府要倒台的印象更深了。出席宴会的有一些使团的首脑和几位英国要员,如新闻大臣布伦丹·布雷肯、卡姆罗斯勋爵、温特顿勋爵、麦高恩勋爵、艾克特上校、莱顿爵士等。温特顿对我说,邱吉尔如果下台,英国仍能继续作战。他说,这位首相之于英国丝毫比不上蒋委员长之于中国。在他看来,邱吉尔不该过多地干预军事战略,英国应当开辟第二战场,以支援苏联。哪怕是进行一次大规模的空袭,对苏联也有好处,因为那样会转移德国最高统帅部的注意力。温特顿的这番话使我明白,当时邱吉尔政府的政治处境实在是摇摇欲坠。直到 6 月间,还有人反对邱吉尔,还有人在议论让克里普斯爵士执政的事。6 月 24 日德拉韦尔勋爵在盟国俱乐部举行午宴,有几位议员出席了宴会。当话题转到政治局势时,德拉韦尔勋爵说,反对首相的情绪越来越强烈了,但是他本人反对抛弃邱吉尔。他主张首相另外任命一名国防大臣而不打乱整个政府机构。只要邱吉尔抓住国防大臣的职务不放,他就必须对军事上的一切挫败负责。这就是问题所在。

那时国会里有一个监察委员会,最初是为了撵走张伯伦而设立的。这是个强有力的组织,由上下两院和各主要政党的成员组成。上院的索尔兹伯里勋爵是这个委员会里的活跃分子。委员会的代表经常去找首相,告诉他必须在这一点上或那一点上修改政策,否则后果由他负责。委员会原先提出,一旦邱吉尔就任首相,委员会即行解散。但是在邱吉尔本人的请求下,这个委员会没有解散。下院6月24日的辩论表明,这个委员会的委员们对利比亚战役的失败感到很愤怒。

因此,邱吉尔6月3日和我会晤时,一开始显得那样不高兴是有多种原因的。不过我认为最主要的原因是中英两国政府之间关系的不断恶化。

英国货款问题仍在干扰着中英关系。我劝说重庆接受关于条件的几项修正,并在眼下急用的贷款总额上作出让步。然而,仍然未能同英国人达成协议。甚至美国大使怀南特出面斡旋,也无济于事。6月11日,我访问了外交常务次官、前驻北京公使贾德幹爵士,他告诉我一个令人失望的消息:财政大臣根本不打算修改英方提出的协议草案。

英国财政部误解了中国政府的意图。一位名叫阿瑟·韦利的代表告诉我的财务参事郭秉文说,多于一千万英镑的钱,英国拿不出来。他抱怨说,当初中国要求英国宣布这笔贷款时,其目的仅是为了造成某种心理效果,只要作出一种姿态就行了,英国这才宣布了这项贷款。可是后来,中国却当真要求取得英国宣布的这笔贷款。外交部璧约翰爵士还坚持说,英国本身就是个负债国,所谓英国应当像美国一样慷慨的说法是毫无道理的。他对郭说,中国的要求是多多益善,中国的财政部长是永远不知足的。他尖锐地讽刺说,中国总是说,中国人的道德如何如何高尚。现在他看出来了,原来中国人的道德高得把英国人放到脑后去了。这话简直像一支利箭。璧约翰说,委员长在和英国驻重庆大使寇尔爵士的谈话中说得很明白,中国只希望把这笔贷款当作一种象征,就像一幅字画拿来挂在墙上看看就行了。然而,中国财政部长孔祥熙却要个没有完,真是永远也满足不了。他表明,英国方面,已无让步余地,英国实际上无力多给。

6月17日,我应约往访艾登。我们进行了长谈,举凡贷款问题,从空中支援中国军队问题,日本人使用毒气的报道,以及荷兰飞机由印度尼西亚飞抵印度供中国使用等都谈到了。但主要的议题是如何改善两国关系和消除误解,这是我们双方都认为很重要的问题。后来,艾登又派英国外交部中国科科长阿什利·克拉克同我继续就中英失和及其原因,以及可能的补救办法等进行了研究。

关于贷款问题,我国政府不久以后就决定暂时放下不提。

英国人坚持贷款为一千万英镑不能再增加。这就意味着谈判没有取得成果。委员长当时对英国在印度问题上的政策已感不满,此时又发现英国人对贷款的态度如此令人失望,甚至有时使人生气。到了夏天,我接到委员长的密电,指示我再不要向英国人提贷款的事,也不要向他们乞求任何援助。他说他认为不可能再指望英国政府对贷款问题给予更优惠的考虑了。在这方面,他说得对。事实上,在我接到电报的第二天,又收到了艾登关于贷款问题的复信。果不出预料,他的回答是否定的。

6月22日我必须去沃辛。在那里,我将作为沃辛市的贵宾,受到市长和市长夫人的接待。这是温特顿勋爵事先为我安排的,并且嘱咐我非去不可。我是坐勋爵的汽车去的。抵达市政厅后,大约有一千五百名听众兴致勃勃地听我演讲。我讲了四十分钟。他们听得很感兴趣,其中有半数人是来自各盟国的青年。他们高举着各国的国旗来到会场。温特顿讲到原来盟国在利比亚的堡垒图卜鲁格陷落时说,这应该说是赤裸裸的失败。他不喜欢把军事上的失败遮遮掩掩地说成是什么挫折之类。他说他也不喜欢什么采取"拖延战术"的说法。显然他这时插入一段他对军情的见解,是因为那天伦敦的晨报上,几乎每家报纸都就这个问题发表了社论。

我继续在英国公众中唤起他们对中国抗战事业的关心。7月7日援华运动委员会在金斯威大厅召开大会。我是会上的主讲人。整整一年之前我从里斯本赶来讲演,也是在这个委员会。这一回是卢沟桥事变五周年,到会的有英国政府代表,有议员,还有土耳其大使,挪威大使以及美国、希腊、捷克斯洛伐克、波兰、比利时和自由法国的代表。那真是个难忘的大会。

我讲话前,已有几位在会上讲了话,其中一位是菲利普·乔登。他着重说了马来亚和缅甸陷落的事。他在讲话中谈了一桩惊人的事:魏菲尔将军因为伦敦曾经答应派增援部队,因而谢绝了中国派军队去缅甸的建议。可是白厅却忘了履行自己的诺言,而把援军转派到锡兰去了,对魏菲尔将军竟连个招呼都没有打。谈到委员长访问印度时,乔登对听众说,印度总督派他的低级副官去接委员长,这说明总督对于中国人不是平等相待,还是把中国当做一块殖民地看待的。他还讲了一段亲身经历:有一天,他的汽车在路上抛了锚,当时正下着雨,有一位中国卡车司机主动帮他换上了新轮胎。这位司机不肯接受他的酬谢,他说,因为英国人现在是中国的盟友。

议员欣韦尔接着讲话。他对英国政府大肆抨击。他首先引述了约翰·西蒙爵士的话,并且戏谑地冠以尊称"right honorable"(阁下)然后加上一句"他既不 right(公正,正确)也不 honorable(可敬)"。接着便开始攻击邱吉尔。这时楼座里有人喝令他停止讲话。欣韦尔回敬说,不是他自己要求来讲的,而是有人邀请他来的,他还得讲下去。这种情况很不寻常。许多听众喊道:"我们是声援中国来的,不是谈政治来的。"欣韦尔反驳说,他是一个政治家,谈话时不能不涉及政治。他还说,如果人们没有勇气面对事实,那就没有资格赢得这场战争的胜利。

许多讲演者的语气和某些听众的反应使我感到很窘。总算休息时间到了,我才松了口气。(休息期间,人们纷纷捐款援助中国抗战,仅伦敦合作社就捐款一百英镑。)

我并不赞成在政治上对英国政府进行抨击。可是在场大多数人都与欣韦尔有同感,这使我感到很不好办。于是,我在讲话一开始就说,我觉得会议开得很鼓舞人心,原因是多方面的,其中之一是,会议体现了言论自由,这是民主政府的一个基本特征,是轴心国无法比拟的。尽管他们目前在军事上显得很强大。会议使我对民主产生了信心。但是,我补充说,我理解这次会议完全是非政治性的,我特别强调"非政治性"这几个字。接着,我发表了事先准备好的讲话。我的话一结束,拉斯基教授提议大家鼓掌表示感谢。而且,使我感到吃惊的是,他又加上一句说:英国应当把香港交还给中国。

这次扰扰攘攘的集会遗留下相当多的令人不快之感。戈兰斯先生不仅与援华运动委员会有关系,还是一家大出版社的经理。他事后来访,并对会上发生的一切情况表示歉意。他还向我介绍了该委员会的起源和历史,以及它的组成情况和政策等等。

不管怎样,金斯威大厅的会议还是产生了积极的效果。它促使英国政界和社交界的某些团体另立新的援华组织。参加金斯威大厅会议的许多人都感到很不好受,希望另外组织一个团体。7月9日自由党领袖戴维斯勋爵来访。他告诉我援华运动委员会太"左"了,代表不了英国人民。他说,许多原来并不关心中国抗战的保守党党员,现在愿意并且迫切希望捐款救济中国,可是他们对援华运动委员会的活动感到吃惊和厌恶。他认为再没有比欣韦尔和拉斯基更粗鲁的人了。他还告诉我,甚至援华运动委员会现有的某些成员都想参加另外一个组织。

接着,一个名为"联合援华基金会"的新组织诞生了。7月29日在伦敦市长官邸召开了成立大会。大会由伦敦市长主持。许多知名的政府官员和他们的夫人参加了大会。其中有邱吉尔夫人、克里普斯夫人、苏联大使迈斯基和外交大臣艾登。到会者约四百人,听众和援华运动委员会开会时迥然不同。艾登作了主要讲话,他宣布国王和王后捐赠一千英镑。这使我感到又惊又喜。我简短致词,恰如其分地提及了上述捐赠,并致以谢意。讲话结束时,我宣读了蒋介石夫人发来的贺电,这是我建议她拍发的。

当天晚上我在日记中写道:"这是英国人为中国召开的第一次团结一致的大会,是我和其他几位朋友奋力以求的目标,以免让左派充斥的援华运动委员会独占援华阵地,而把许多同样渴望帮助中国的其他朋友吓得退避三舍。"

本来要请艾登夫人担任基金会的主席,后来,斯塔福德·克里普斯爵士的夫人在大家的劝说下,接受了主席职务。因此,是她在指挥这个组织的活动。

令人遗憾的是,尽管我不断设法改善英、中两国政府间的关系,但是两国关系仍在不断恶化。正像克里普斯爵士在7月11日对叶公超所说的,两国关系"处于极坏的状态"。他说,双方都犯了很多错误。他认为中国的知识分子是排外的。他说他认为蒋委员长印度之行不仅没有加强两国关系,而是害多利少,并且留下了一系列的误解。蒋夫人说给美国人听的讲话则把事情弄得更糟糕了。

约翰·盖西克先生来我处作礼节性访问。他是一位著名的英国商人,怡和洋行经理,最近刚从重庆回来。谈话中他讲到重庆普遍在批评英国。蒋夫人在《纽约时报》上发表文章后更是达到了高潮。在他看来,中国的评论反映出中国人对香港的沦陷无论从私人还是政治上说都感到忧心忡忡。我向他阐述了我的看法。我认为问题在于观点不同。对英国来说,香港、缅甸和马来亚只不过是英帝国的局部地区,可是对中国则是生死攸关的问题。就战争而论,这些地区沦于日本人之手,已经对中国产生了直接的不利影响。

产生误解的另一原因是英国人认为大西洋宪章不适用于亚洲。罗斯福和邱吉尔制定这个宪章本来是为了促使同盟国之间的目标统一起来。可是邱吉尔和邱吉尔政府所持的观点却是：大西洋宪章的原则不适用于印度。后来政界内部也有流言蜚语说，英国认为宪章也不适用于中国。英国政府是否正式发表过这个观点，我不敢肯定。倒是 7 月 27 日有位殖民部的官员曾对一位我们双方都熟识的朋友说，新闻部已接到密令，说宪章对中国和印度均不适用。似乎就在那年夏末，邱吉尔在下院关于外交政策的辩论会上说过类似的话；不过，这件事还有待证实。不管怎么说，英国这种态度使重庆方面大为不快。

在印度问题上伦敦和重庆的误会仍没有结束。委员长认为，要顺利进行远东战争，就必须得到印度人民全心全意的合作；只有满足印度要求独立的强烈愿望，答应印度在战后独立并立即赋予自治领地位，才能取得印度的真心合作。另一方面，邱吉尔却深信，打赢这次战争是首要的任务；谁要是想立即解决印度的政治问题，只会在印度各民族间播下不和和冲突的种子，从而损害持续作战的第一需要。鉴于很难使这两种相反的意见一致起来，我得出结论认为双方都需要耐心一些。于是我在 8 月 21 日给蒋委员长发出一份电报，建议他在三个月内采取观望政策。在此期间我们尽量不要伤害英国人的感情，也不要做危及中英关系的事。与此同时，我还给在华盛顿的外交部长宋子文发出了一份内容差不多的电报。我向他讲了我和艾默里谈话中的要点，并且转述了我向委员长提出的建议。

9 月 4 日，我和查塔姆研究所的格雷先生进行了一次交谈。查塔姆研究所是英国研究对外关系问题的机构。格雷曾旅居中国多年，在国内堪称中国问题专家。他告诉我查塔姆研究所交给他一项工作，要他为前往美国出席太平洋学会会议的英国代表团准备一份备忘录。他说他的同胞们公认他很了解中国的观点，给他起了个外号叫"中国"。可是他说，近来重庆方面的新闻评论越来越表现出反英的态度，至少英国官员和商人是这样看。一个人遭致攻击时当然要自卫。现在英国人，也就是方才说的两个领域的人，都在向中国提出质问：中国本身的政策是不是也变得帝国主义化了。香港、马来亚、缅甸等地有那么多中国人，莫非中国对这些地方心存觊觎？他接着说，那些英国人担心在日本的威胁消灭以后，中国将成为亚洲的新威胁。他本人觉得重庆的新闻评论有些过火。那些评论无非是中国编辑们为了填补每天的社论栏而倾吐出来的东西。不过他感到无法解释蒋夫人在《纽约时报》上发表的那篇文章。

格雷说，他认为蒋委员长去印度时并不了解印度问题有多复杂。假如英国撤出印度，印度会立即陷入一片混乱。他强调说，英国对缅甸也负有特殊的责任。英国必须为缅甸人收复国土。如果中国以马来亚的华人众多为理由，提出要马来亚，那么马来亚人自己的权利到哪里去了？缅甸人恨英国人，更恨印度人。英国决心按照对待伊拉克、埃及和阿比西尼亚等的先例，恢复缅甸的自由。不过这是个"面子"问题。任何地方的人民只要还没有为进行自治作好准备，英国就有责任照看他们。

格雷想听听我的意见。我告诉他中英关系问题使我非常担心。中国的新闻评论并不都代表中国广大人民的情感。中国的社论撰稿人往往从学术观点观察国际问题。人们必须正视如何反击日本宣传这个问题。日本宣传说缅甸是缅甸人的，印度是印度人的，等等。尽管这是欺人之谈，但对有关各族人民是有一定影响的。我也认为重要的是首先要打赢这场战争。日本了解亚洲广大人民的普遍情绪，它只是利用这种情绪来为自己进行战争宣传。英国只要宣布一下对亚洲殖民地人民的最后打算，就可以有效地回击日本的宣传。格雷说，他不知道英国政府是否确定了什么计划或政策。他认为战争结束后，美国有很大的发言权。他希望这个问题应在美国召开的下一次会议上加以研究。

为了进一步说明中英关系和中英双方人民对此所表现的关切心情，我想提一下瓦莱特先生来访的情况。瓦莱特是新闻部远东科科长，即将以政治作战联络官的身份前往澳大利亚。他提出了如何竭力促进中英两国间更好谅解的问题,并就如何在战后解决马来亚问题征求我的意见。他说有一份关于这个问题的备忘录正在政府各部和各自治领中传阅。不过据他了解,殖民部对于战后如何解决各种殖民地问题,还没有制定出什么政策。

此外,关于中英关系的趋向如何,当时英国朝野普遍焦虑不安。关于这一点,听一听英国另一位中国问题专家默思爵士对我讲的话颇有意思。默思那番话是在他提及我们双方的朋友王芃生先生时讲的。王是我国的日本问题专家,在重庆是委员长的顾问。在谈到两国间的关系时,默思说,远在伦敦的人对中国和中国人并不总是很了解的。当他们看到反对英国的新闻评论时,他们以为中国人恨英国人,这就使他们不禁要问英国人为什么就应当信赖中国人呢? 他们说英国商人也担心战争胜利后中国将要求收回全部英租界,甚至要求承认中国对马来亚、缅甸和香港拥有主权。他说英国商界反对在光复缅甸问题上求助于中国。中国人有权提出他们的看法,但看法只能按看法来对待,正如英国人在这个问题上也有英国人的看法一样。

他和我都认为,有些比较极端的看法并不代表全体中国人民或身负重任的领袖们的成熟观点。我补充说,中英分歧就像一家人的分歧一样,他们之间可能有不满,有争论,但这不等于他们就永远不能和好,也不等于他们的主要利害就不一致。我也同意他的说法,英中两国不仅在战争中,而且在战争胜利之后,都需要合作;欧洲或亚洲一切重大的重建规划.都需要这种合作,因为合作对双方都有利。

还有一件事足以说明中国人要了解英国人的态度有多么困难。这件事发生在 9 月 18 日沈阳事变十一周年纪念日。当天我在使馆里招待新闻界人士,出席的约有一百二十人。我谈到这个纪念日在世界反侵略斗争中的重要意义;我强调,早在"九一八"事变之前,中国已经认识到日本变得多么危险了。可是就在当天午夜,英国广播公司播出了日本外务大臣谷正之关于沈阳事变的一篇声明,大谈什么"满洲国"的友谊。我听到后感到不胜惊讶。该公司只字不提重庆方面或大使馆举行的纪念会。使馆新闻参事兼宣传部驻伦敦代表叶公超 9 月 20 日打电话向我报告说,他已就英方只字不提中方举行纪念活动,特别是英国广播公司广播日本对这一纪念日的说法,向英国新闻部长布伦丹·布雷肯和该部副司长富特提出抗议。他说富特对此也很感震惊。他为出这样大的错误道了歉,并答应请部长给予答复。

英国人对中国误解和不安的情绪相当普遍。有一次我和内政大臣赫伯特·莫里森搭乘同一架飞机由亨登去伦敦。他问我战后中国会不会像日本、罗马尼亚、波兰在上次大战胜利后那样,对别的国家变得顽固而苛求。我对他说,中国的社会基础和别的国家不一样。现在中国的军队是属于国家的,所以中国没有成为军国主义或专制独裁的危险。

关于贷款问题,重庆和伦敦的观点仍有很大距离,这是造成两国误会的直接原因之一。通过同英国外交部和其他内阁部长和议员们进行谈话,我已理解英方的观点。可是重庆方面迫切需要一大笔贷款,并且认为英国给中国的财政援助即使不可能像美国那样多,也应该远远超过眼下的数字。斯塔福德·克里普斯是英中友谊的积极支持者,他告诉我们为什么中国要求大笔贷款的愿望不能实现的真正原因。他让郭秉文转告我,英国在战后将成为最大的负债国,所以这信贷即使留待战后使用,也无法同意。战后,英国希望以出口英国成品来换取中国的原料。如果以通货的形式提供一笔信贷,那英国就无法取得中国的原料。他还说,即使是自治领,他们也不给这种贷款。战争开始以来,由于英国在印度采购和征购物资,使印度积累的英镑资产储备日益增多,很不利于英国。印度政府已经在伦敦市场上收回了好几笔未偿的公债,而战后,在英印之间,将使英国的金融状况处于不利的地位。英国同意过以一千万英镑作为中国战时公债的保证金,这笔款当然要延续用到战后,但中国不能以此为理由而要求给予更多的货币储备金。英国的财力也不允许这样办。克里普斯最后说，如果能够另外想出一种符合英国财政状况的办法，他当努力促其实现。

五、计划回国述职和接待英国国会访华团

鉴于我国政府同英国的关系变得如此尴尬，我考虑最好还是回重庆一趟，亲自向蒋委员长报告，商讨各项事宜。委员长同意我回国，但回国日期要稍后才能确定。

拖延此行的原因是英国当时正拟派出国会友好代表团访华，以期改善两国关系。派出访华团的计划是个好主意，从一开始我就乐于支持。此事是上院议员纳逊勋爵首先向我透露的。纳逊向来很关心中国。据我所知，他在亚洲拥有庞大的商业利益。他本人希望参加拟议中的访华团，不过最后未能如愿。继纳逊同我交谈之后，外交次官理查德·劳也同我讨论过派遣访华团的想法。我当即给予支持，只是建议应由蒋委员长以中国政府的领袖和最高作战司令官的身份出面邀请。这个建议获得了同意。接着，我便向委员长请示。他很快复电表示十分乐于发出邀请。于是，我于5月1日将此事通知了劳。正式邀请书按时发出。

英国政府和人民对中国人民不屈不挠的精神越来越赞赏，他们知道，正如邱吉尔所说，中国人几乎是赤手空拳地在奋战。他们对于中国在战争中所作的努力，以及在战后世界维护国际和平事业中将起的重要作用，给予越来越高的评价。在与英国各界领袖人物的接触中，我发现他们不仅一致钦佩中国的抗日战争，而且一致瞩望中国在战后建设中发挥重要作用。我应贝利奥尔学院院长林赛博士和万灵学院学监亚当斯博士之邀访问牛津大学时的情况就是一个例证。林赛博士在介绍我时，称委员长是个伟大人物，并说委员长访印时给当时在印度的英国人留下了深刻的印象，那些英国人事后还给委员长写了信。

5月27日,我在牛津大学第二次发表讲演,地点在罗兹楼,听众是中国协会成员。会议由亚当斯博士主持。著名国际主义者吉尔伯特·默里教授在向大家介绍我时说,增进苏联和英美民主国家之间,中国和美英之间以及英美两国之间的相互了解和友好关系,非常重要。他认为我在这项伟大的国际事业中能发挥很大作用。这次战争结束后,缔造和平同样有赖于这四大国之间的紧密合作。我讲话后,人们就远东战事各个方面的情况,以及中国对于战后建设的看法等纷纷向我提问。该校一位教授齐默恩博士提议对我的发言鼓掌致谢。他说,战后中国将成为大国,中国对战后建设事业能作出重大贡献。他强调说,美英中苏四国必须共同解决战后重建问题。林赛博士在万灵学院举行的晚宴上讲的也是同一个调子。那次出席晚宴的都是一些热心人,有国际法教授布赖尔利,前牛津大学副校长查尔斯·罗伯逊爵士,伟大的共产主义者麦克杜格尔教授、赫顿博士和麦卡特尼博士等。

一些大城市的市长,包括伦敦市长在内,纷纷发出请柬邀我去讲演。除此之外,还有其他种种表示友好和钦佩中国的活动。威斯敏斯特大教堂举办过一次祈祷会。威斯敏斯特中央大厅也举行过一次向中国致敬的集会,约有一千人参加。会上宣读了英国政治家艾德礼、艾登以及美国和其他许多国家的大使等来的信和电报,并有十几个盟国政府的代表出席。

正是在英国人民的这种共同心愿的背景下,孕育了派遣友好代表团访华的主张。

我向英国外交部打听访华团的组成情况,他们告诉我将于接到邀请书后,由上、下两院议长遴选访华团成员。据告上院有保守党议员一名、自由党议员一名;下院有保守党议员一名、工党议员一名。最后正式通知我的访华团组成情况是这样的:保守党议员艾尔文勋爵、自由党议员泰莽亚勋爵、保守党议员卫德波上尉和工党议员劳森。

英国向中国派遣友好访问团,这是一个空前未有的新主张,受到了中国的热烈欢迎。9月10日,议会正式宣布此事。我觉得这件事很重要,为此再次致电委员长,请准我赶在访华团到达前几天回国。此行除了报告和商量中英关系这个总的问题外,我还要帮助筹备接待访华团的工作,安排参观路线,让访华团成员尽可能地多看看自由中国。我的建议立即获得了委员长的批准。

　　泰莆亚是特别希望访华成功的人之一。从他那里得知,访华团可能不按英国外交部的意见行事。在访华团团员们看来,这些规定只能使他们的行动受到限制,以致使访华团此行流于形式,没有结果。访华团全体成员深知中英关系令人不快的状况,迫切希望这次访问能使两国关系有所改善。

　　9月22日,我在使馆设午宴招待访华团。来宾除访华团四位成员艾尔文、泰莆亚、卫德波和劳森外,还有外交大臣艾登、上院议长约翰·西蒙、殖民地事务大臣克兰伯恩、印度事务大臣艾默里和约翰·沃德洛-米尔,诺埃尔-贝克,尼尔·马尔科姆将军等人。在我致欢迎词,艾尔文致答词后,艾登发表了极精彩的演说。他说,派遣访华团还是空前第一次,承上下两院议长及时相助,使他免得为了程序问题在议会里不知所措。艾登说访华团将让中国人了解英国在战争中所作出的努力,并把中国人在战争中取得的成就带回来转达给英国人民。他隐约地提到了两国关系中存在的问题,并说我坚持不懈地致力于促成派遣访华团。他夸奖我是个理想的大使,他向我祝酒,把我称为"英中友谊的主人"。艾登无意中把访华团的四位团员称作"四位英吉利人"。上院议长抓住这句话开了个玩笑,他说恐怕其中两位成员马上就要退出访华团,因为他们是苏格兰人。

　　访华团的组成堪称理想,在我看来,它很能代表英国人民:两名保守党议员,一名自由党议员,一名工党议员。艾尔文以十分亲切的语气对我说,他的三位同事都是政治家,唯有他与政治无干。西蒙在就座进餐之前,把他和下院议长准备委托访华团带交蒋委员长的信稿给我过目。这封信写得很好,对中国在战争中作出的努力表示钦佩,并向中国保证英国决心帮助打败日本,创造正义与和平的新秩序。

当时,准备旅行必须打预防伤寒、斑疹伤寒、霍乱、黄热病等一连串的针。我打算10月上旬启程,没有时间分期打针,只好从9月23日开始连续注射。结果引起了不良反应,当天夜间身上发抖——事实上傍晚就开始发烧了。9月24日,我感到不舒服,发烧到华氏102度,躺在床上起不来了。

令人讨厌的反应持续时间不长,第二天我就恢复了正常的工作日程,继续进行公务的和社交性的各种约会。当天,我出席了在摄政公园举办的联合援华网球锦标赛。这次比赛由墨尔本市市长和夫人出面组织,威林顿夫人主持,并由英国广播公司派出管弦乐队助兴。

下午,我去曼彻斯特参加为我举办的大型招待会。阿·维·洛公司一万名工人的四名代表交给我一张二百三十五镑的支票作为捐给联合援华基金会的捐款。招待会组织得很好,十分感人。不同派别的许多组织都派来代表参加,出席人数共约六千人。本来内定由内政大臣赫伯特·莫里森首先讲话,接着由我发言。我抽不出时间准备发言稿,本指望听了他的讲演后能从中得到一些启发作为我讲话的基础。没有想到,会议主持人市长请我发言,事先也不给我打个招呼,就递过来一张便条,上面写着:"时间耽误了,歉甚。"并立即让我向大会致词。我没有办法,只好硬着头皮即兴而谈。不过结尾的话我在路上早已想好,是参考了艾登在利明顿发表的演说而来的。他那次讲了英国同美国和苏联合作的必要性后,接着说中国必然是第四个伙伴。我的发言虽然毫无准备,看来还颇受欢迎。赫伯特·莫里森讲话后,地区民防司令哈特利·肖克罗斯先生发了言;此人现在已是勋爵。美国领事乔治·阿姆斯特朗也讲了话。肖克罗斯提议向我和莫里森鼓掌致谢,美国领事表示赞同。接着,莫里森代表我和他本人向他们二位及市长表示谢意。

准备回国之际，我还得给使馆人员作一番指示。于是在星期二，大概是 9 月 29 日，我在使馆召开了一次馆务会议。与会者除使馆人员外，还有财政部代表郭秉文、宣传部代表兼使馆新闻参事叶公超，还有两位空军武官。我要求他们在我离职期间继续通力合作，并宣布陈维城博士担任临时代办。我又指派了一个以梁鋆立博士为首的委员会，每周向外交部报告情况；一个由郭、陈和驻伦敦总领事谭葆慎组成的委员会，继续处理海员问题（此事以后还要谈到），由钱先生担任负责文件档案的秘书；另由郭、叶、陈三位组成一个委员会，负责选定人员出席各种援华集会发表讲话。

为了在伦敦收集到最新的情报，以便向委员长和重庆政府报告，我先后拜访了伦敦的一些显要人物。我走访了苏联大使迈斯基。他一直在敦促开辟第二战场，并为促成此事，不断在伦敦开展某些活动。前天他刚就这一问题开过一次记者招待会。我还走访了斯塔福德·克里普斯，就两国间的各种问题，特别是贷款问题进行了亲切的交谈。此外，我还会见了邱吉尔，以便在我临行之前就两国政府共同关心的问题交换意见。一开始他看来有些不知道该同我谈些什么。但同往常一样，过了一会儿，他逐渐变得热乎起来，谈话变得随便、坦率、格外亲切。第二天，我去外交部分别拜访了艾登和贾德幹。然后，我去殖民部拜访了殖民地事务大臣克兰伯恩。9 月 30 日，又拜访了艾夫里尔·哈里曼，并同他作了一次有兴味的谈话。

六、返渝旅程

由伦敦到重庆，费时近两星期。时间所以如此之长，是由很多情况造成的，由此可见战时旅行之难。我偕同陈维城参事和使馆另外三人，于 10 月 2 日星期五下午三点半离开使馆，前往帕丁顿车站，打算乘火车去斯温登皇家空军基地。站长出来迎接。火车原定四点一刻开出,可是到四点十二分时,站长对我说,外交部来电话通知飞机推迟一天,改在星期六下午一点一刻起飞。当时我已向约三十个到站送行的人道别,其中包括罗纳德·坎贝尔爵士和夫人。我的行李也已放到车厢里。飞机突然推迟起飞,使我颇感意外,疑惑不解。陈参事急忙给外交部打电话查询此事,可就是打不通。一个戴着宪兵袖章的铁路运输官跑过来对我说,空军部也来电话了,让我推迟到星期六下午一点一刻起程。于是我又回到使馆,并按金问泗的建议,当晚住在郊区。

星期六我再次前往帕丁顿车站时,前来为我送行的,除站长、铁路运输官和我国使馆人员外,还有外交部的阿什利·克拉克和璧约翰爵士。璧约翰问我要离开多长时间,我说最多不会超过三个月。我对克拉克说,宋子文博士为访问伦敦的事刚打来电报,克拉克接着说,艾登也已电告哈里法克斯,要他向宋发出邀请。艾登向宋保证,他什么时候访英都行,都很欢迎;不过艾登认为等我返英后再来作用更大。

在车上,美国助理海军武官邓肯上校和我同坐一节车厢。他是要去内罗毕和德班照看海军基地的。我到达斯温登车站时,遇到一位名叫威廉的美国空军中队长,他是去亚历山大港的。偏偏英国方面却没有派员到站接我。邓肯和威廉对英方如此疏于安排都表示不满,邓肯说,皇家空军在天上很有一手,在地上却不怎么样。亏得我的秘书翟凤阳找到了铁路运输官。他急忙来向我解释,说不知道我坐这趟车来,他没有接到伦敦任何通知。他打电话给机场,才知道机场也没有作接待我们的任何准备。于是他匆匆找了两辆汽车和一个司机,这时空军上尉纽曼也赶来,表示非常抱歉。然后我们便驱车来到了离拉恩姆机场四英里的一处寓所。

五点半钟,我们得悉由于技术故障,飞机要到星期天夜间才能起飞。纽曼问我是回伦敦还是在寓所住宿。那是一所两层小楼,挺干净,只是设备简陋些。邓肯上校决定留下,也劝我住在那里,说在那里安静地休息一夜比回伦敦好。我也同意,就这样办了。邓肯上校对我说,原先他在 9 月 25 日就去过帕丁顿车站,火车开动前五分钟,他才得到通知要他改乘 10 月 2 日的晚班飞机。到了那天,他又去车站,不料在火车离站前十分钟,他又接到通知说飞机又推迟了。这次飞机再度推迟起飞,他反倒不觉奇怪了。那位空军中队长威廉两次乘火车,一次坐飞机,外加两次汽车,为的是在星期五赶到伦敦搭乘这趟帕丁顿开出的火车,结果也是白辛苦了。

那天晚上和两位军官在一起,过得挺不错。我们海阔天空,兴致勃勃地谈论了许多问题。纽曼的政治观点使我感到有些过激。他是一位靠个人奋斗成功的人,为了挣钱糊口,早年不得不中途辍学。看来他很能干,是个实干家,做不来官样文章。他给我们讲了好些有趣的个人经历,有一件事给我印象特别深,同时也反映出政府的官僚作风。他说有一回为了买几张地图,他毫不费劲就领到了二百英镑。可是要领款买个作标记和修正地图用的细钢笔尖,就得通过一道道不计其数的繁复手续。原因是钢笔尖得向文具处领,非经规定的申请程序便领不出来。即使要求自己掏钱买,然后凭收据报销都办不通。

对于重建和平问题,威廉主张废止战争,提倡集体安全。不过邓肯上校和威廉中队长两人都怀疑这种想法是否能实现。邓肯认为战争总归难免,人类经过这场斗争,会回到孤立主义的思想境界中去。他主张建立强大的军队,而对以国际武装力量为后盾的任何和平机器都没有信心。我表示希望说,盎格鲁萨克逊民族有强大的海军和空军,会形成强大的核心,今后哪个侵略者都不敢碰它。可是两位军官却担心不同国家之间不易合作,特别是要组织运用一支国际警察部队不好办。邓肯还说,1934 年他曾接到过为了满洲问题要打英国的命令,因为英国不支持美国,还可能帮助日本。这话使我不胜惊讶。

当时也在座的特伦查德勋爵也发表了一通似非而是的见解:

他说在他的工作领域内,偏向对提高行政效率很重要。我们大家都不解其意。纽曼和其他在座的人对这句话的理解也是仁者见仁,智者见智。纽曼的谈吐很有风趣,我还记得他讲过两个故事。一个是他说美国参谋长马歇尔将军去年7月间同英帝国作战参谋部首脑会谈时,想用电话向美国大使馆要几个数字,电话打了半天也没接通。他越等越不耐烦,最后抓起话筒问接线员:"大姐,是不是我得娶你才给接?"还有一个故事说的是一个美国兵想娶一位英国姑娘,于是写信给他在美国的未婚妻,要求解除婚约。未婚妻回信问道,那个英国姑娘在那些方面胜过了她自己。那士兵回信说,"她并没有胜过你的地方,不过她现在在我身边。"他还讲了这样一个故事:一帮波兰人最近来到伦敦,说话间谈到俄国战场的战事,一位波兰军官说,他钦佩俄国人英勇善战,可是他不愿看到俄国人挺进德国,倒愿意看到俄国人同德国人继续打下去,互相厮杀。别人问他苏联是不是波兰的同盟国,他说是的,不过波兰人比别人更了解俄国人;是盟国也罢,不是盟国也罢,他爱看的是这敌对双方相互毁灭。说到这里,纽曼插进来说:"可不是么,要是苏俄打赢了,英国人要生存下去,就得和苏俄打一仗。"

　　星期天上午十一点五十分,纽曼从机场打电话来说,他要晚些时候才能回来,不过一切旅行事宜都已安排妥当。十二点四十分,我在去机场的路上遇见了邓肯。和他在一起的是一位从伦敦来的空军上尉。他向我作了自我介绍,并说中校派他前来对未能事前通知纽曼到站接我,深表歉意。我说务请不必介意,不过我很感激他的好意。至于这次旅行,纽曼说一切都已安排好了。他说了一下时间安排,要我在五点四十五分到机场,以便听取使用氧气面具、降落伞等的方法以及其他细节问题。到五点三十分,纽曼领着帕克中校一起来见我,后者说飞机还得推迟起飞。我问他是何原因,他说有个汽缸出了毛病,可机械师又找不出是哪个汽缸。威廉说,中午时分,他还看见这架飞机在空中飞行。帕克说他也看到了,但又说飞机的声音说明有问题。显而易见,这架飞机的性能不稳定。我们问帕克是不是只有这架飞机可供使用，他说是这样。目前使用的三架飞机，一架在开罗，一架在返航途中，第三架就在这里。（后来纽曼解释说，种种不便和耽搁，实际上都是由于飞机短缺造成的。）

帕克说，他不敢肯定星期一准能起飞。因此，我决定返回伦敦。回去也不太好办，因为那天是星期日，使馆找不到一个给我做饭铺床的人。纽曼真是周到，他马上给陈维城挂了电话。到达帕丁顿时，我正有点不知所措，忽然看到我的汽车和陈维城、施肇夔都在那里，真是高兴。他们说我的男仆也早已到了伦敦，一切都为我安排就绪了。

刚回到使馆，叶公超就来报告说，查塔姆研究所刚刚就战略问题通过了一项决议，包括两点：第一，对德战争当前在精神上和军事上都必须采取攻势；但对日本则只应采取政治战和防御战术。第二，英国不能同时在两个战场作战，必须说服现在两个战场上同时作战的美国不要在对付日本方面耗费过多力量。这一情报令人关切，使我益发急于回国。

我让陈维城去外交部研究一下我的旅行问题，但不要发牢骚。第二天，就是10月5日，外交部打电话给我，通知我飞机待命起飞，请我尽快返回威尔特郡。一点十五分，我又一次前往斯温顿，到那里时已有一部汽车在等着我。当时皇家空军军官、南非司令部霍恩准将也要去机场，我便请他同车前往。在机场接待室里，纽曼告诉我，我、邓肯上校，还有霍恩准将三人乘一架飞机，其他的人乘另一架。他向我介绍了军事情报局的费尔韦瑟少校，少校请我出示护照，并说这是他唯一要麻烦我的事。纽曼向邓肯说，安排他第一个去接受海关、移民局的检查请他不要介意。晚上十点半钟，陈先生来报告说，由于天气不好，起飞又推迟了。（下午七时左右，当时任陆军次官的邱吉尔的女婿邓肯·桑兹偕同肯尼思·波斯特上校和另外两名军官也来到机场，准备飞往开罗。晚餐后，他们听到要推迟起飞，又折回伦敦去了。）

次日上午,我散步良久,焦急地等着飞机起飞的消息。纽曼来报告两三次,说迄今一切均称良好,可望当晚起飞。晚餐时,最后消息还没到来。夜间九时来消息说,直布罗陀天气仍不好,二十四小时内飞机不能起飞。那位皇家空军军官赶紧用电话通知桑兹,叫他不要来,可是为时已晚,桑兹已经离开了伦敦。晚11时才决定飞机次日清晨即起飞。

10月7日上午七时,我们的飞机终于准备好起飞了。这架飞机是美国 C—46 型军运机"突击队员号",机舱里有两张床,两把折叠椅子。邱吉尔就是坐这架飞机去埃及和俄国的。这架飞机的驾驶员是美国人范·卢伊顿上尉。当时就是他给邱吉尔驾驶飞机,现在这架飞机所载的乘客大概是七位,我是其中唯一的文职官员,其余的不是军官,便是陆军部的高级官员。

临起飞前,我们又在机场接受了一次简令。每人都给了一副降落伞,并教给大家一旦飞机被打落时怎样使用降落伞。我们每人还给了一只小铁盒,里边装有维持生命用的药丸,还有意大利里拉、德国钞票等两三种不同的货币,以及一张南地中海、非洲、近东的袖珍小地图,印在很薄的丝绸上。他们不仅教给我们使用降落伞,还告诉我们着陆后怎样用所带的东西坚持三两天。这番简短的讲课,再加上我们如此这般的装备,很现实地让我意识到这次旅行离交战区很近。这并不使人害怕,却足以让人体验一下另一种经历。正因为这一切都不是想象以外的事,所以倒颇有意思。

我们先飞直布罗陀,接着飞往开罗。但为了避开北非隆美尔所部高射炮火的袭击,我们不得不先往南飞越中非。飞行途中,我不时查看我带的一本袖珍地图册,好弄清经过了哪些地点。坐在我对面的邓肯·桑兹向我借地图册看一下。显然他在看过之后,也许是在我打盹的时候,把那本地图册放回我的椅子上了,没有告诉我。我醒来后,问他还看不看那地图册,不看就还我。他说他已经还给我了。我向周围找了一下,发觉自己正坐在那地图册上。从此以后,只要我们一碰上,他就老向在场的朋友说我赖他偷我的地图册。

从直布罗陀到开罗,中途不降落,一共飞了十一个小时,几乎都在黑夜中飞行。这倒不失为一次有趣的经历,就是飞机很小,机舱内空气不好,使人感到很疲惫。飞抵开罗时,心情才大为放松。早晨的清新空气使我感到精神为之一振。军用机场上一片繁忙,人们进行着各种备战活动,宽宽的大马路上也是这样。沙漠滩上布满了一座座帐篷。

英国大使馆用车子把我送到政府大厦,侍从副官邀我同桑兹共进早餐。稍过一会儿蓝普森爵士也下楼欢迎我们来了。他在北京当过英国公使,是我的老相识,现在是英国驻埃及的高级专员。此人十分热情,同我谈起了战争问题、消灭隆美尔及其部队的事,也提到了我们在中国都认识的一些朋友。蓝普森爵士夫妇还请我们吃了午餐。爵士的夫人是意大利人,长得很漂亮,蓝普森才和她结婚不久。

下午,我拜访了驻近东的副国务大臣莫因勋爵。我同他讨论了中东和埃及的战局、犹太人问题及犹太人希望在巴勒斯坦组织武装部队的愿望、日本进攻所罗门群岛等等。辞别莫因勋爵后,我又拜访了美驻埃公使亚历山大·柯克。他强调埃及的重要性,说它是世界大战的中心。他说,必须把德国人赶出北非,以保持埃及;只有这样,才能在意大利开辟第二战场。我说日本也是危险的敌人。他答称他一贯主张从中国沿海对日本进行密集的空中攻势。他认为这种攻势比零星袭击边远地区的日军有效。我还去了我国驻开罗公使馆,并同代办汤武先生一起吃饭。我们讨论了我国海员问题。这个问题中国驻伦敦大使馆同英国军事运输部一直在谈判,金问泗大使同荷兰人也一直在谈判。

我在开罗还会见了刚从重庆来的刘瑞恒博士。那时刘任卫生部长。他对重庆的政情颇感悲观,并举出通货膨胀、走私贩私、生活费用高涨,许多生活必需品都靠黑市买卖等为例。他那番话很有意思,使我对重庆的情况思想上有所准备。

这次旅行,最后乘坐的是英国海外航空公司的"水上飞机"。航程很长,途中至少在六七个地方降落,最后才到卡拉奇。飞机先后飞抵卡利亚、汉巴第尔湖(伊拉克)、巴士拉(在该地过夜)、巴海因、杜比克和吉瓦尼,到卡拉奇的时间是10月9日当地时间下午七时。机场上一个迎接的人也没有。英国海外航空公司的一位官员说,政府大厦和中国代表总办事处都曾打电话来问过我抵达本埠的日期和时间,人们告诉他们说,我得在一星期后才能到达。为节约时间,那官员用他的吉普车把我送到省督府,由侍从武官斯迈特少校出面接待,把我领进房间,当晚,信德省省督休·道爵士夫妇设晚宴招待我。

宴会前,省督同我进行了交谈。他对我说,他刚把他的首席部长免了职。据他说,首席部长把勋章还给了国王,在信德省以外发表演说,给人以一种印象,即把议员投入监狱的是省督,而他首席部长却是反对此举的。据休·道爵士说,事实是国大党命令这些议员辞职,但他们不愿意,唯恐这样会永远丢掉他们十分珍视的议席;因此他们要求坐牢,这样反倒可以保留他们的议席。省督还说,几天过后,有一位女议员声称母亲有病,要她照料,要求假释出狱。省督说他不希望她假释出狱,提出干脆放了她。另一议员也以某事为由,借口什么要看他的兄弟,提出同样的要求,实际是想去做生意。省督又说,信德的穆斯林并不支持穆斯林联盟,首席部长一方面坚持这一态度,即不支持穆斯林联盟,一面又在省外谋求国大党的支持,为的是组成全国政府时好取得一官半职。

10月11日星期天早晨,我们离开了卡拉奇。飞到拉杰萨曼德加一次油,中午到瓜廖尔。稍事停留后,又继续飞行,到加尔各答降落。我受到了一大批英、中人士的欢迎,其中有代表孟加拉省督来欢迎的西摩上尉,我国总领事和各部驻印代表。七时四十五分,省督约翰·赫伯特爵士来我下榻处,说他未能到机场欢迎,表示歉意,因为他在医院里,他太太刚动过手术。省督在政府大厦为我举行宴会。那地方是个宫殿,很大,过去是印度总督的官邸。省督问我此行有何计划。我说我希望去西姆拉拜见一下印度总督林利斯戈勋爵。他示意不妨待我回国后返任时再去。过了一会儿,军事秘书皮尔上校又来问我有何计划。他说,很难在飞往新德里的魏菲尔将军座机上弄到个座位,坐火车路途又太远。飞机既少,而且用约翰·赫伯特的话说,西姆拉机场"就像碟子那么大"。第二天我对约翰·赫伯特说,我去会见总督倒没有什么任务或特殊用意,不过那是艾登向我建议的,总督本人也曾邀请过我访问西姆拉,我接受了他的邀请。他劝我等西姆拉的回话再说。

12 日中午,我出席了中国总领事馆的自助午餐会。出席欢迎我的大都是中国军政部、经济部、财政部、交通部、驻兰伽陆军、中国银行、中国国防物资供应公司等驻加尔各答的代表共约三十人。

回到政府大厦,我接到了林利思戈勋爵的来信,信中向我表示热忱欢迎,还对此次旅途中不克接见我表示遗憾。这样,西姆拉之行就作罢了。虽然总督曾经请信德、孟加拉两省省督劝我往访西姆拉,但我早已预感到他想必已改变了接见我的打算。中国总领事保君健说,里德爵士(他作为总督的联络官即将前往中国)曾打电话问他这次我来印度要住多久,他告诉里德我没有去西姆拉的使命,他又问我是否不准备和一些印度领袖人物会谈。因为当时温德尔·威尔基曾几次明显地示意希望访印,总督都拒不邀请。他感到要是接见了我,就说不过去了。保总领事对我说,威尔基本来想从军事角度提出一项解决印度问题的方案,从而使这个问题看来是盟国间的问题,而不应由英国人单独去解决。

当天晚上,我还出席了孟加拉省督为魏菲尔将军、菲茨·赫伯特海军中将和史蒂文森空军少将举行的晚宴。

10 月 13 日上午十时,我检阅了黄将军管理的中国劳工团。

当时约有七百名中国人正在那里受训,他们都是海员。这些人经常拒不干活,还在华人区赌博、吵架;为此,正在对他们进行纪律教育。我对这种作法印象很深,觉得这种方法也可以用来对付英国的华籍海员问题。

我出席了中国银行代表举行的午宴,为的是好同驻在印度兰伽的罗将军的代表晤谈,因为那里有美国军官在帮助训练中国士兵。那时约有八千中国部队在兰伽。我去到那里,看到他们吃得饱饱的……说实在的,他们吃得比在中国要好得多。我知道这支部队经过训练编成一支独立的部队后,会派更多的中国部队来。史迪威将军 18 日就要回重庆,去部署派遣更多的部队到印度和西藏去。

下午四时,我同魏菲尔将军在政府大厦进行会晤。当时他是驻印英军总司令,同时负责缅甸战役。我想那时恰好是在亚历山大将军接替他之前。他向我谈了他收复缅甸的计划、日本的意图、他希望给中国多供应一些飞机、他认为日本不大可能在目前进攻印度或西伯利亚等等。他还强调说,由于缺乏足够的条件,兰伽要接受更多的中国部队确有困难。

10 月 14 日清晨,我飞离加尔各答,在阿萨姆邦的汀江停留了一小时。汀江有许多中国航空公司的人,还有一些中国运输机停在那里。我对那里人们取得的成就印象很深。机场是用美国推土机在丛林中开辟出来的,地上铺一层钢丝网就成了跑道。

汀江到昆明这一段最后的飞行,是令人激动的。我们越过重重高山,看得见日本人占领的缅甸赫茨堡。在远处,我们可以看到地面上一队队的飞机,甚至士兵也可以看清。不过多数时间是在喜马拉雅山脉上空飞得很高,日本人的高射炮火达不到。一次我们发现远处有一架飞机,大家担心是日机,但是一直没有弄清楚。我们的飞机里没有空气增压装置,空气流通很差。在这种情况下,人们很容易瞌睡。一次我正要打瞌睡,乘务员硬把我叫醒了,他说这时睡着了有危险,并请我到驾驶员旁边去坐。我答应了,结果呼吸了半个小时的氧气,精神为之一爽。

进入中国后的第一站是云南省会昆明。我看到中国这一带确很落后,比之东部沿海一带的主要城市差得多。在这里停留的瞬间,我会见了拉铁摩尔博士和中、美两国许多空军军官。拉铁摩尔显然是在等候见史迪威将军。

昆明到重庆一段航程,开始十分愉快,空气很凉爽,我们在万里无云的蓝天下飞行,一边看着下面红色的土壤和绿茵茵的田野。后一半航程就大不一样了。我们在浓雾中飞行,奇怪的是驾驶员毫不费劲就找到了重庆。最后,我们看见了长江同嘉陵江汇流处的岬角,那便是重庆。

第二章　归国阶段

1942 年 10 月—1943 年 3 月

第一节　与国内领袖们的谈话和为争取
支持中英结盟而奔走

1942 年 10 月

　　我们于 10 月 14 日下午四点四十分到达重庆。飞机在长江中一个小岛上着陆。约有三十人前来迎接我,其中有代表委员长的陈仪将军、行政院副院长孔祥熙和王宠惠。随后坐滑竿离开机场。我感到坐滑竿并不舒适,特别是自江边上坡登上几百磴石阶时更不舒服。重庆这座城市就坐落在高坡之上。滑竿只不过是一把没有遮盖的籐椅。当轿夫抬着我上石阶时,我的脚和腿悬在空中,比我的身体还要高。

　　我在嘉陵宾馆孔祥熙的一套房间里下榻,这个地方还算雅静。我听说这是重庆设备最好的旅馆,必要的卫生设备齐全。但不足之处甚多。房间里的电铃没有电,不响。抽水马桶因水管损坏,不能自动冲洗。夜间,灯光十分昏暗,我不得不用鼻子闻一闻来辨别是那种食物。但是,这是整个重庆最好的旅馆,所以,我对这一切闭口不谈。旅馆的经理十分殷勤周到,尽力使我感到舒适。对这样一位好心人,我不忍心再抱怨什么。因此,对我房间的寒冷、潮湿泰然处之。我睡在一张类似我在国外监狱看见过的那种简陋的铁床上,又小又窄,而且油漆剥落。我暗思,中国处在战争状态中毕竟已有五年之久了。

我在英格兰和苏格兰,特别是在伦敦,同英国政府、企业界、金融界和教育界的杰出领袖人物以及社会知名人士进行过多次谈话,感到英国人渴望英中两国建立更为友好的关系。他们都认为中国幅员辽阔,人口众多,自然资源丰富,在战后将在世界上起到非常重要的作用。他们认为,英国应该发展同中国人民的关系,促进两国间的合作。持这种观点的尤以企业界的名流为最。他们认为,英中两国的经济可以互为补充。英国可以向中国提供技术经验,而中国可以为英国的制造业提供自然资源。他们认为由于在战时中国的能力定然有限,所以他们对于在战争期间与中国合作并没有抱很大的希望。但是,一旦取得胜利,中国可望在维护世界和平事业中起到世界大国的作用。而维护世界和平则是全体英国人民的强烈愿望。

基于这样的认识,我反复考虑过中英关系问题。我深知中国有很多理由同英国合作,正如同美国合作一样,不仅符合本国的利益,而且也符合整个世界的利益。我认为,首先应该解决使两国政府产生隔阂的各种问题。我认为,在相互理解彼此的处境和特殊困难的基础上,在战争期间和战后我们都是能够合作的。我很想就英中两国以及和美国结成联盟的可能性了解有关各方面的意见,并促进各方就此问题进行磋商。我清楚地知道,美国在政策上不赞成其他国家在战争期间结盟。然而,中美两国一直是朋友,两国人民之间素有好感并互相信任。中美两国在相互关系上虽然有过纠纷,但都是暂时性的问题。两国人民的情感从根本上说来是友好的,他们有为两国利益和世界利益而合作的自然意愿和倾向。我反复考虑应敦促结成一个 ABC(美、英、中)联盟,这个联盟可在战后世界发挥作用。我回到重庆时就持有这种想法。我决心了解一下我国各界领导人对此事的意见。

抵达重庆的第二天按照安排我去拜访委员长。我们谈了半小时,然后共进午餐。之后,又继续谈话。我向他汇报了英国的情况,英国对中国的打算以及对中国政策的态度。我还谈及缅甸战役以及最终收复缅甸的问题;印度问题;英国贷款和中国的新闻报道问题。我同委员长的谈话是以我和邱吉尔、克里普斯、艾登、艾默里以及魏菲尔的谈话为基础的,也是以我在大使馆里得到的机密情报为依据的。委员长深知解决印度问题的希望不大。他也同样知道尼赫鲁的软弱和虚伪,理解英国的疑虑以及英国无意在战争期间过多考虑此事。我告诉委员长,印度总督曾邀请我去西姆拉访问他,后来又变了主意。我还谈及了弗雷德里克·怀特爵士在利物浦所作的抨击中国的演讲以及就此事我向英国当局提出的非正式抗议。委员长认为英国向中国提供援助的可能性很小。他告诉我,劳克林·柯里先生代表罗斯福总统来到了重庆。他还向我讲了他所认为的英国政府希望我尽快来重庆的真实原因。

我离开委员长的办公室,来到了王宠惠家。王宠惠不仅在民国元年曾任外交总长,在日本入侵期间(1936—1941年)的五年多时间里又任外交部长这一职务。现在他是国防最高委员会的秘书长,蒋是该会的委员长。王宠惠是我在国内和政府中较亲密的私人朋友之一。所以,我自然很想见他。我向他强调指出,中英关系对中国来说很重要,并指出,目前中英关系不能令人满意。

同一天下午我拜访了孔祥熙,并同他讨论了英国贷款问题。他认为英国在"讨论还价",对此他深感不满。我向他解释了英国在这一问题上的困窘处境。他强调说,中国已经对英国作了很大的让步,但是,他不明白英国为何拒绝考虑他最近提出的建议,特别是他已对这项建议作了解释,即中国政府需要用英镑贷款来偿付中外商人。因为自滇缅公路关闭以来,中国政府征用了这些商人用外币在国外购买并进口到中国的外国货物。孔祥熙提出此建议,偿付被征用的货物,是为了使货主重新进货,补充业已枯竭的货源。

第二天,我拜访了立法院院长孙科。他主要向我询问了欧洲的战局、英国战时生产情况、开辟第二战场的可能性以及我对战争还会持续多久的看法。在中英关系问题上，他谈了英国人在缅甸和马来亚的低劣表现。

我还拜访了监察院院长于右任，他对英国战时生活极感兴趣。我们并未深谈中英关系问题。我又见到陈仪，当时他仍然是委员长最亲近的军事顾问之一。委员长还曾派他前往重庆机场迎接我。陈仪对英国在印度和远东问题上所持态度极为不满。他认为，希特勒战败后，英国最终很有可能与日本妥协。他对日本甚为了解，认为日本很可能以归还美、英在远东的领土，甚至撤出满洲和中国本部为条件来与英、美寻求和平解决，只求日本的海军不受触动。陈仪认为，此种妥协求和对中国将是极大威胁，并将在远东为新的冲突种下祸根。10 月 16 日我见到了王世杰，他对英国却有不同的看法。我们讨论了中英关系以及相互间的责难。王世杰强烈希望消除两国间的隔阂。他对形势的了解远胜过我已会见过的政府首脑。

同天下午，我出席了委员长夫妇为苏联大使潘友新夫妇举行的茶话会。潘友新大使即将回莫斯科磋商有关事宜。出席茶话会的有行政院副院长孔祥熙、经济部长翁文灏等六位中国客人。苏联大使刚同经济部长翁文灏进行了商谈。我过去曾经见过蒋夫人，但是，在公共场合上见到她还是第一次。她讲话半开玩笑，半认真，十分健谈，看起来，她完全控制了茶话会的气氛。潘友新大使的夫人远不如蒋夫人文雅得体、妩媚而有神采，谈起话来也不如蒋夫人深刻。

10 月 17 日星期六，我应邀出席了在委员长总部召开的一个周会。党政领袖以及国民参政会副议长张伯苓也出席了会议。我对张伯苓的讲话十分感兴趣，因为他含蓄地呼吁，要在中国更加迅速地实现民主化。委员长左右研究各国情况的专家也出席了会议。郭斌佳博士汇报了欧洲的局势、俄国的抵抗以及第二战场问题。张忠绂先生汇报了美国的局势。陈博生汇报了日本的局势。陈博生指出,日本已开始有踌躇不前的迹象,因为日本手中有很多大事要去做,而力量却是有限的。会上,人们要我讲几句话,我就谈了英国、欧洲和中东的情况,并表示基本上同意郭斌佳、张忠绂以及陈博生方才所做的报告。我指出,在明年春季以前,战事不会有什么重大发展。最后,委员长作总结:(1)所罗门群岛的形势危急;(2)明年春季以前不会出现第二战场,战事也不会有重大发展;(3)日本一定会进攻俄国。

会后,我去和翁文灏交谈,他当时是经济部长,也是委员长的一个亲信顾问。他向我叙述了新疆归顺中央政府的情况,有趣而富戏剧性。他作为委员长的代表同新疆省政府主席盛世才进行谈判,终于使盛世才接受中央政府对新疆的管辖。翁文灏强调指出,西北地区不仅对于防备俄国,而且对于防备印度都处于重要的战略地位,他强调指出了新近顺利开发的油田的重要作用,并谈到为此而在该地区作了军事部署,已派遣了大批军队到西北,保护这个地区。他解释了政府为何取消了我们开采石油的特许权(远在 1930 年,政府将开采石油的特许权授予了前往新疆、甘肃勘察石油资源的一批人,这批人是由我亲自组织的),并谈了甘肃、新疆交界处的玉门油田已经开发的情况。他告诉我,政府已经花费了二亿多元的法币,大约一万人已在该地工作。9 月份的石油产量一跃为 455,000 加仑。由于新疆的政治局势已经安定下来,翁文灏预计产量会有进一步的提高。

在孙科作东的宴会上,我很高兴见到了委员长的私人秘书和密友陈布雷。我们安排了一次私人谈话,我发现他对中英关系的各种问题很有见地。谈到印度问题,他详述了 8 月份邱吉尔对委员长答复的细情及其引起的震惊。很明显,我就此问题发出的电报产生了好的效果,使局面得到了较为慎重的处理。我们还谈论了英国贷款问题。之后,我们又讨论了是否应该请美国进一步介入中英关系问题。我们还商讨了我是否应退出伦敦太平洋作战委员会一事。换言之,陈认为,中英关系已经非常紧张,委员长对英国在对待中国和远东战争上所持的态度十分不满。起初,他打算把情况告诉罗斯福总统并呼吁罗斯福总统过问此事,同时,为了表示不满,他还想指示我退出伦敦太平洋作战委员会,这一举动意味着两国政府间的关系严重破裂。

我发现王宠惠和张伯苓都认为委员长对待印度问题的态度是很强硬的。他们都劝我不要十分直率地反驳委员长的意见。他们认为,如果想使我的意见起到更有效的作用,就不宜直言反对委员长的意见。

第二天上午,我拜访了陈立夫,我们的主要话题当然还是英国对远东的政策。他强烈谴责英国在印度的政策。他说,印度迟早是会独立的。印度不同于缅甸,它有自己的独立文化,他认为,独立文化是一个民族得以存在的一个极其重要的因素。在马来亚、缅甸和香港的英国军队士气涣散,这引起了陈立夫的注意。他说,英国指挥官让印度军队打头阵,随后是澳大利亚和新西兰的军队,英国军队总是在最后压阵。然而,英国士兵的待遇和军饷最高,澳大利亚士兵次之,印度士兵的军饷则最少。

我拜访了参谋总长何应钦,同他的谈话是十分有趣的。他给我的印象是记忆力极好,对一些数字和事实记得很清楚。对中国军队的需求和存在的问题以及对整个世界战争中的战略问题也了如指掌。例如,他对我说,中国自产的子弹已达到每年一千万发[1]。就经验说来,这足以满足(?)五百五十万名现役士兵和五百五十多万名训练中的预备役士兵的需求。

在同一天,大约有十二位朋友和政府要员来拜访我。但是,我只接待了其中的两位。其他的人来访时,我碰巧外出了。王宠惠对我谈了邱吉尔答复委员长一事以及为平息有可能引起的一场风暴所需要的巧妙外交手腕。贺耀组将军清楚地阐明了部队的给养问题。他指出了西北油田的作用以及日本图谋经宁夏、兰

---

[1] 数字疑有误。——译者

州切断一切供应的计划,为此中国政府派遣了一万多士兵驻扎在玉门地区。

10月19日我晋见林森主席,他气色很好,比七年前我见他时黑了一些。在我们谈话的过程中,他对我说,中英关系不佳是因为英国人不能理解中国人的思想。他认为,在放弃在华治外法权这个问题上,英国本不应要求达成一项特别协议,不必拖泥带水。他提及了英国提出的关于放弃治外法权实施细则的建议草案。他说,东方人,特别是中国人的心理是"要送人情,就大大方方地送"。中国人收到礼物,总是想回赠价值更高的礼物。我向他报告了英国国会访华团的组成情况和来访意图。这次来华是英国为了和中国建立友好关系采取的一个前所未有的步骤。

每天都有十几位客人来访,由于我大部分时间都用来拜会战时首都重庆的各界人士,所以未能接待所有的客人。10月19日我会见了陈光甫。他是中国最大的一家私人银行上海商业储蓄银行的总经理,也是外汇平准基金委员会主席。他曾代表孔祥熙同华盛顿财政部长摩根索就向中国贷款一事进行过谈判。陈光甫对我讲述了谈判的情况。他曾和施肇基有过纠葛。施对他仍有怀疑猜忌。陈说,摩根索对我十分钦佩,并一再表示,我将是驻华盛顿的最理想的代表。

我会见的另一位客人是徐道邻,他是委员长的次子蒋纬国的私人教师,徐树铮将军的儿子。他是一位留德学生,很好的中文学者。如同国民参政会的胡霖和其他一些人一样,他向我讲述了当时的政治局势和中国政府面临的经济问题,非常有趣。他认为,政治局势令人不满是造成经济局势危机的根本原因。经济危机有一系列征兆——物价飞涨,囤积物资和粮食,走私,以及公务员和教师的极度贫困。

我拜会了陈果夫,他是国民党组织部部长,也是委员长最亲近的拥护者之一。他认为,尽管英国不愿给予印度自由,印度终究会成为一个自由、独立的国家。因为印度有自己独立的文化,而独立文化对于国家生活一向起着极其重要的作用。我记得陈果夫之弟陈立夫也对我谈过同样的观点。他对我说，朝鲜颇有希望取得独立。但是，从这一重要因素来看，他不知道缅甸是否会获得完全的自由。

第二天，李惟果来拜访我。他是一个聪明、能干的青年人，头脑冷静，谈吐清楚。他过去是委员长的机要秘书之一，委员长接见讲英语的外国客人时，由他记录。他对我说，委员长要派中国部队去缅甸协助英国人进行防卫，但是遭到了魏菲尔将军的拒绝。当马来亚被侵时，中国军队本来准备越过边境，也不得不作罢。后来魏菲尔将军要求中国部队进入缅甸，条件是一次只能进入一个团，而且不能越过掸邦。当缅甸的毛淡棉被占领时，魏菲尔将军要求所有的中国部队向曼德勒进发，后来发现交通、运输均有困难，给养也不充足。突然，亚力山大将军又要求中国部队进击日本人，解救在仁安羌被包围的英国部队。

孔祥熙博士来访，我恰好在家能够接待他，甚感高兴。我们谈得非常融洽。他对我讲了任行政院院长一职后又辞职，而仍任行政院副院长一职的理由。他说，根据宪法规定，副院长没有什么责任，只是当院长不在时，副院长可以行使院长的全部权力并承担院长应负的一切责任。但是，委员长不这样认为。孔博士非常有趣地向我描述了在过去的八年间，他和委员长之间的关系。他说，每当委员长因一时冲动而采取与先前的决定有矛盾的行动，使人难以理解而引起混乱时，他自己总是坚决维护委员长的威信。他的谈话很有内容。

10月23日国民参政会通过了一项建议，邀请我做关于英国及欧洲形势的报告。这对一个回国的外交官是难得的荣誉。我很高兴能得此机会，所以，我立即去见王宠惠和他商量怎样报告。我对他说，我准备作一个全面而又相当具体的报告。根据我对战后英国重要地位的估计，我向他概述了我对印度问题及将来采取何种对英政策的看法。总的来说，他支持我的看法。他对我讲，劳克林·柯里出使重庆的真正目的是执行罗斯福总统的使命,调和中英关系,并提出了一些具体建议。我在前面说过,在涉及战争的许多问题上,重庆和伦敦的关系日趋恶化,这使罗斯福总统深感不安。

我拜访了军事参议院院长白崇禧,发现他急切希望了解英国的政策,英国对中国有何打算,他给我的印象是对欧洲的局势很了解。总的来说,在印度问题和中英关系问题上,他的观点和我的观点十分相似。他同意促使中英两国更紧密地合作。

当时的宣传部长王世杰同我讨论了中英关系问题。他对中英两国互相指责表示惋惜,并强烈希望消除两国间的隔阂。他基本上支持我主张促进中英两国间更进一步的了解和更紧密的合作这一观点。

著名报纸《大公报》主笔王芸生是公认的对国际问题很熟悉的人物。在同我讨论中英关系问题时,他十分强调促使中英两国进一步了解的重要性,他还强调指出,与英为敌,对中国自己的利益来说是不明智的。

杭立武是留英学生,也是一位专门研究英国及其社会制度的学者,他的谈话很有内容,向我介绍了出现在重庆的反英情绪的由来。他认为,中国的不满情绪产生于天津的白银问题以及在天津英租界逮捕了被指控与暗杀程锡庚一案有牵连的四个人。我们还谈论了在缅甸的中国物资问题、印度问题以及英国贷款问题。他对中英关系的情况表示惋惜,并且指出,尽管许多人认为英国衰落了,可是战后英国的影响还将是很大的。他自然同意我关于同英国更加紧密合作的想法。杭立武是当时中英文化协会的主席,在政府中也任职。

孙科在回访我的时候,就中国外交上有待解决的一些问题全面阐述了自己的观点。他还谈了自己对印度、越南、印度支那、西藏、外蒙、新疆、缅甸、香港以及英国贷款问题的看法。他还讲了劳克林·柯里访问中国的意图。他对我关于结盟的建议表示赞同,我们的观点基本上是一致的。认为战后需要很长的时间重建国家并与所有的邻邦建立友好关系,即使对敌人也要实行宽容的政策。我们又一次讨论了中英关系问题、印度问题和中英关系中的一般问题。他对这些问题的看法和我的看法是一致的。这使我了解到,包括委员长在内的许多政府人士对英国的误解和敌意并不是十分普遍的,其他一些党政领袖们的看法和态度是不同的。

蒋梦麟来访,我们进行了一次颇有启发的讨论。他清楚地对我说,中国同英国、美国和苏联的关系是不能令人满意的。他还和我谈了委员长对寇尔的看法,谈了令人哀叹的经济状况以及柯里给罗斯福总统的报告。他说,这报告详述了重庆的争吵、腐败和混乱。

孙(?)博士来回访我。他向我询问了英国对印度的态度、英国贷款问题以及其他一些问题。他对我谈了美国对印度问题的态度。他说,在印度问题上,美国的态度和英国的态度一直是背道而驰的。

我见到了王芃生先生,他是委员长日本问题顾问之一。他强调指出了中英关系的重要性,他认为和英国对抗是不明智的。

在同一天,10 月 26 日,委员长设宴招待国民参政会参政员。使我感到惊喜的是委员长向前来赴宴的参政员表示欢迎后,提到了宋子文外长和我在国外竭尽全力工作以改善中国的外交关系。他特别指出宋和我为了中国的抗战一直在寻求国外援助,他还要我们两人讲话。当时适逢伦敦和华盛顿同时提出放弃在华治外法权,这自然使人异常振奋欣慰。委员长对英、美这一表示当然格外感到高兴,因为那时宋外长在外,委员长负责外交部的工作。

考试院副院长、国民参政员莫德惠也来拜访我。我很高兴同他见面,因为他是我在中国北方,特别是在东北的一位老朋友。他是张学良的得力助手之一,也是所谓东北系的一位重要领袖。1929 年东北和苏联之间发生武装冲突,他作为特使去和苏联政府谈判解决此事。结果在哈巴罗夫斯克(伯力)屈服于苏联的最后通牒。莫德惠和我谈了物价飞涨以及公教人员普遍贫穷的情况。我从各方面了解到的关于经济状况日益恶化的情况,得到了进一步证实。

同天晚上,我同蒋廷黻博士一道出席了吴铁城将军举办的宴会。蒋博士向我介绍了委员长对印度、西藏等问题的看法,非常有趣。他告诉我,所谓的交通系的人一再强调运输路线的重要性,以及对西藏、蒙古事务的一贯猜疑和英国对这些地方的企图。也谈到了英国代表在拉萨的活动,驻拉萨的中国代表曾建议派遣一支远征军到拉萨。委员长已经命令我国军队前往。很明显,委员长是向刘存厚将军下达的命令,因为他的部队驻扎在四川和西藏的边境地区。由于委员长下达了命令,刘将军提出,在派遣一支军队到拉萨以前需要一笔钱。蒋博士还向我介绍了重庆讨论英国贷款问题的情况,英国人在缅甸没收美国送给中国的物资的情况,缅甸战役的情况以及中国战时经济混乱的状况。

后来,我又一次会见了王宠惠,并同他共进了午餐。我借此机会又一次向他阐述了我的观点。我主张中、美、英三国结盟,以作为战后重建世界的核心,也作为中国国内建设的保障。我向他指出,防止英国倒向日本一方是很重要的。总的来说,他同意我的观点。但是,在促使中、英结盟这一问题上,他并不积极。这是重庆人士十分普遍的观点。只有孙科、白崇禧等一些人在这个问题上同我的观点相当一致。

在同一天,我参加了国民参政会的一个会议。会场里挤满了人,很多人没有座位,站在那儿。我讲了一个小时,比我预计的时间要长。然而,我的讲话很受欢迎。除了参政员以外,包括委员长在内的政府要员也出席了会议。委员长建议对物价实行管制,在请我讲话之前,宣读了一个草案。

第二天,我见到了商震将军,他向我叙述了他出访印度、缅甸和新加坡的情况。他对我说,新加坡的布鲁克·波帕姆爵士从来不相信日本人会进攻新加坡,更不相信会从北面进犯。他对我说,他曾写过一个备忘录,交给了波帕姆,提醒他谨防日本从槟榔屿进攻新加坡。结果,日本人果真这样做了。他说,波帕姆认为,新加坡是坚不可摧的,所以,他认为缅甸的防卫是没有必要的。新加坡沦陷时,缅甸处于孤立无援的境地。商将军认为,新加坡失守前,英国拒绝中国军队前去保卫仰光的建议导致了最后失败的命运。

在同一天上午,我拜访了交通部长张嘉璈。在谈话过程中,他清楚地向我讲述英国人反对修建一条通往莎车的运输线,莎车位于西北的公路线上,和印度西北部的铁路相距六百公里。他说,军队渴望修建一条西昌—西藏公路,委员长也已下令部队进藏,迫使拉萨同意(西昌与西藏毗邻)。张先生说,他曾建议通过商业机构来办理此事,以便消除英国所谓西藏反对的借口。

在嘉陵宾馆我出席了孔祥熙博士及行政院的人士为国民参政员举办的宴会。我们吃了一顿既经济又富于营养的饭。每人一个盘子,盛着三样东西:肉、蔬菜和米饭。豆浆是唯一的饮料。另外还有一碗汤、一碟甜食,主要是些水果。孔博士致了欢迎词,他措辞巧妙。国民参政会的一位女参政员吴贻芳女士致了答词,她口齿清楚,很会讲话。大多数参政员都颂扬了委员长,这在当时的重庆是普遍的习惯。

宴会结束后,孔祥熙、郭泰祺、陈光甫和蒋廷黻来到了我的房间,广泛地进行了交谈。陈说,美国人,特别是美国的飞机驾驶员和传教士对官方规定的美元汇率不满;官方汇率是法币 20 元,而黑市则高达 35 至 40 元。孔表示不能接受对法币的这种评价,并说,他对他们在黑市上倒卖美金一事将闭目不管。孔离开房间后,我们又到了陈的住处,继续交谈。我建议让这些美国人从中央银行借款,用他们的美元津贴作担保,战争结束后再结算。蒋清楚地分析了经济困难的局面。他说,越控制,物价上涨得越厉害,而实际生产却在缩减。从他在制定预算方面的经验,以及从主计长和岁计局得到的情况来看,新的机关与日俱增,增加的数量远远超过被撤销的机构。

10月25日,具有外交部长名义的宋子文从华盛顿回国。我渴望和他就中英关系问题深谈。他到达的当天我就见到了他,并向他提出了我一直在思索的问题。我们约好第二天好好谈一谈。于是,26日这一天我们又见面了,并交换了有关英、美局势的情况。一周之后,即他向国民参政会汇报后的两天,我和他就外交政策又进行了广泛的交谈。他向国民参政会做的报告使我对他的观点大致有所了解。在报告中,他曾经强调了一些对英国不利的论点。例如,他认为美国完全有可能在欧洲和远东两条战线上同时作战,而英国对此持相反的观点。宋在报告中说,印度拒绝了斯塔福德·克利普斯爵士的建议后,美国的观点起初对印度的独立事业是不利的。但是,继印度国大党领袖被捕、邱吉尔和艾默里在英国议会上发表讲话,英国对印度人民采取报复性的措施后,美国的公众舆论转变,开始对印度人民有利。他说,美国先前主张进行干涉的人和亲英分子开始反英了,并声称美国决不应为维护大英帝国而战。

会谈过程中,我对宋说,我相信美国比英国更渴望中英结盟。但是,他对美国是否有意促成这种联盟表示怀疑,因为美国人对英国强烈不满,他们不愿意看到中国和英国结为盟友。他说,英国和美国相互嫉妒。宋也表明了自己的观点。他认为,中国不会从我建议结成的这个联盟中得到任何好处。他认为,相反,这个联盟会破坏中国在亚洲小国中的影响。但是,我为中英结盟力陈了三点理由。第一,虽然我们并不期望英国会给予我们大量援助,但是,在盟国取得战争胜利后,由于英国的海、空军力量,以及它的驻世界各国使馆所采取的总的政治和外交策略,它仍然会具有相当大的影响和实力。我说,最好不要让英国在战后与日本打得火热,并倒向日本一方。我指出,英国仍然有一些重要的亲日分子。第二,我认为,英、美合作和团结一致是符合整个世界的总利益的。我们应该力争结成美英中三国联盟,在战后的世界中起主导作用。中英两国之间的纠纷将妨碍这个目标的实现,我强调指出,如果美国被迫从英国和中国之间选择一个作为自己的盟友,它定会选择英国。第三,中英结盟将有助于巩固中国在世界上作为大国的地位。由于只有美国认为中国是大国之一,所以,中英结盟是很必要的。为了阐明第一点理由,我说,战后日本人很可能会同苏联携起手来共同与英美集团对峙。如果我们能在两个集团互相对抗时,起到决定性的作用,那将是有利的。如果我们只同美国合作,而对英国十分冷淡,那么英国就能在苏日联盟和中美联盟两方之间起仲裁人的作用。然而,宋对此看来并未信服。他说,美国认为我们是在它的保护之下,它希望我们支持美国,不希望我们太靠近英国。他认为,我们应该采取一切措施来消除我们和英国的纠纷,并通过解决两国间悬而未决的问题来改善两国关系,但是不要结盟。他问我,中英之间存在着哪些具体的悬而未决的问题。我列举了印度问题、贷款问题、西藏问题、香港问题、缅甸问题、马来亚问题、新加坡问题和生活在当地的中国居民的问题。

身为一个研究国际事务的人,我认为战后同英国结盟对中英双方及整个世界都是有利的。中英结盟对英国是有利的,因而英国人民是愿意同中国结盟的。从中国的观点出发,我深深地感到,为了使中国不仅在国际社会中享有大国的地位所带来的权利,而且能够履行大国的职责,战后中国需要一段重建时期,以便使国家强大起来。由于我对英国和英国人民有长期的了解,我认为,如果两国能够结盟,中国在国际舞台上能够从英国的支持中得到许多好处,英国方面也会由于和中国发展和扩大贸易和商业关系而得到许多好处。英国人民看得很清楚,战后他们也需要有一段时间来恢复自己的力量,弥补经济上的损失,并努力为英国工业和技术寻求国际市场。事实上,当我在伦敦时,当战争还处在白热化的时刻,就有两三批英国企业界领袖们来会见我,同我谈论战后能否同中国建立商业和贸易关系。他们表示愿意向中国提供资金及技术经验来帮助中国开发自然资源。我之所以特别想促进中英结盟，并非单纯由于我是中国驻伦敦大使，这乃是从战后中国对外关系的全局出发来看待这个问题的。我认为，中国要想真正能够履行大国的职责并具有大国的影响及声望，是有很多事情要做的。如果我们保证能够得到英国的支持与合作，那将是极其可贵的。我对委员长说过，战后的英国将比战前虚弱得多，在经济上和军事上都要求助于美国。作为朋友，英国可能不会给予我们很大的帮助，但是作为敌人，它却能使我们蒙受很大的损失。

在这几周了解政府人士及公众意见的过程中，我断定，由于意见如此分歧，特别是政府领袖人物的情绪很大，误会很深，推行中英结盟这一主张为时尚早。但是这些谈话、会见和讨论是非常有价值的，从中我不仅对中国同主要盟国的外交关系情况，而且对中国的政治、军事、经济情况，有了清楚而全面的了解。

当时，签订英、美两国主动放弃在华治外法权条约一事是急待研究和解决的重要问题。两国放弃这些权利是要表明对当时形势下的中国的同情。实质上，这是对中国的一种友好表示。但是当宣布这一可喜的消息时，却发生了几个问题，特别是与英国有关的一些问题。宣传部副部长董显光亲自向我介绍了这方面的情况。他说，起初委员长决定在庆祝双十节集会的答谢讲话中只提及美国，不提英国。虽然英国已经通过英国大使馆将上述决定通知了委员长，但委员长尚未收到正式文件。在董的劝解下，委员长最后决定在答谢讲话中也对英国表示感谢。

10 月 31 日，在委员长的官邸召开了一个会议，会上就英、美两国宣布放弃在华治外法权签订条约一事进行了讨论。这个会对我颇有启发，它使我对与会的不同人士的态度有所了解。我发现人们普遍对英国持有歧视态度。讨论是围绕着中国与英、美两国的条约草案展开的。在讨论英国条约草案时，大家提出了收回九龙租界问题。尽管此问题明显地与香港问题紧密相关,大家还是普遍赞成向英国提出此问题。在讨论西藏问题时,我指出,这个问题可以在以后单独研究,否则,研究这个问题将要花费很长时间,致使条约问题的讨论受影响。再说,西藏问题是个复杂的,涉及面很广的重大问题。但是,委员长却主张立即提出此问题,他担心以后再解决这个问题会出现困难。在中国同美国签订条约是否应该先于中国同英国签订条约一事上,王宠惠认为两件事可以立即同时着手解决,因为同英国研究的特殊问题与美国无关。在这一点上,我支持王的看法。大家就在华美国侨民是否享受一般国家侨民待遇,还是享受最惠国侨民待遇这一问题也进行了讨论。结果决定以后再考虑这个问题。

第二节　与国内领袖们进一步谈话

1942 年 11 月

在重庆期间,我进行过多次讨论并出席了一些高级会谈。我出席过外交部、委员长办公室和国民党中央党部召开的会议。虽然我不是国民党中央执行委员会的委员,也不是国民参政会的参政员,但是我在重庆时这两个机构正好开会,我也出席了他们的一些会议。我的目的当然始终是要消除造成中英不和的根源。虽然中英结盟在短期内希望不大,但是我仍然希望为此铺平道路。

11 月 3 日下午,我应蒋夫人的邀请与她共进茶点。谈话一开始,我就告诉她,英国人民对委员长和她本人十分钦佩,他们希望邀请她作为政府的贵宾前往英国访问。我对她说,英国王后对她的工作很感兴趣,好几位著名的英国女士也建议邀请蒋夫人去英国访问。她的回答很友好但也很坦率。她认为她个人出访英国不会成功。因为她会向白厅官员坦率地陈述自己的观点,而这样做将无助于她的访问。她希望还是由外交家施用外交手腕去解决这些问题为好。

我表示十分赞赏蒋夫人文章的内容和形式。她认为她在纽约发表的那篇文章一定会使英国人大为不快。她说，不过她写这篇文章丝毫没有反英情绪。她接着说，总要有人站出来为中国说话。她不是以委员长夫人的身份，也不是以中国官方发言人的身份，而是以她个人的名义写这篇文章的。如果英国人对别人写文章谈论他们而敏感的话，那么英国家长式专横跋扈的受害者对其所受待遇产生敏感就更加自然了。

我问蒋夫人，依照她的意见，在中英两国关系问题上有哪些主要障碍需要排除。她说，英国人基本上没有给予中国援助，连一架飞机都没给过。魏菲尔将军到来时，他的言谈及态度十分令人反感。她说，魏菲尔曾经当着许多高级军官的面表示，他不能说出对缅甸采取什么措施，因为这是军事秘密。蒋夫人说，魏菲尔承认，他要向本国政府报告，他来中国是劫掠钱财的。委员长对英国没收美国提供给中国的包括飞机在内的物资一事十分气恼（我想她是指途经印度运送的物资）。她说，这位英国将军言语十分粗鄙，当中国秘书用委婉的语言将他的话翻译给委员长听时，蒋夫人向委员长讲明了真情，并将他的话原原本本地翻译过去。如果蒋夫人不是身为女主人的话，她会以同样的语言反唇相讥。还有英国在贷款问题上一味讨价还价。连温德尔·威尔基都认为贷款问题业已解决，而事实并非如此。

蒋夫人说，印度问题是整个问题的症结所在。她给我讲述了她随同委员长访问印度以及在那里的所见所闻。那里的英国人似乎不知道正在进行着战争。每夜加尔各答实行毫无意义的灯火管制。缅甸沦陷后，印度人的反英情绪更为强烈。从缅甸逃出的难民有"黑""白"两条出逃的路。后一条路上能得到供应并有栖身的住所；前一条路则一无所有。印度人在无人照顾的情况下，饿着肚子跋涉。当印度的慈善家要派出救济人员前去救助这些难民时,却得不到许可证。蒋夫人就曾对总督说过,应该给印度人自由,这样他们才能有为之而战的目标,才能认识到日本人是他们的敌人。

当我建议她考虑接受邀请访问英国时,她说,如果她去英国,她一定坦率地向英国王后和邱吉尔阐明自己的观点,而他们是不会理解她的。我说,英国王后是一位既有同情心又很开明的王后。邱吉尔虽则可能会直截了当地反驳夫人,但即使如此,我想他也会理解她的,他会赞赏她明辨是非的勇气,并因此会更加钦佩她。她的谈话最终定会对他们有所触动并收到效果。她说,不,最好还是由我以外交方式处理这些问题。她又补充说,英国应该认识到中国已经不是昨天的中国,英国不应该再以旧日那种家长式的、傲慢的态度对待中国。她要求英国和中国打交道时改变以往的态度。她特别强调这一点,说话时很激动。

她赞扬我是中国一名卓越的代表,时刻考虑本国政府的威望,而从不考虑个人得失。她说,说到底,谈到她和我所做的工作,最令人感到满意的是我们的工作完全是以国家的利益为重,丝毫没有考虑个人的利益。她说,“为了使我们的未来比过去更为美好,为了使下一代不会责备我们失职,我们一定要大胆地申明观点,尽职尽责。”

我对她说,她所进行的大量活动在国内外都得到赞赏。她回答说,人们知道的一些表面事情只是她所干的工作中的一小部分。她的文章和工作都是经过周密组织安排的,她只需加以督导和作决定。这些活动都是例行公事,按部就班的。我说,鉴于她通晓国内外的问题,因此,她一定是委员长的得力参谋。她说,“不,委员长毕竟重任在身,须亲自决定国家的重大问题。我并不为他出谋划策,但是我要照管他的文件、函电和讲话稿件。由于国际事务大增,此项工作也已成为重大负担。”

我当天日记的结尾是这样写的:

　　她极为娴美聪慧,无愧为国家第一夫人和我国政界一位身负重任的领袖。同她进行了五十分钟的交谈以后,我不禁感到她理应得到那些认识她和没有见过她的人们的称赞和钦佩。她才华出众,办事干练,而不失美丽文雅的妇女本色。她有一副漂亮的容颜和苗条的身材,穿着也很华丽。她有着强烈的爱国激情,是委员长这位国家领袖、民族英雄的忠实的妻子。

我认为蒋夫人很好地概括了中英两国政府领导人之间存在隔阂的原因。由于英国人未能在亚洲战争的第一阶段取得战绩,因此,他们给中国官员以至企业界留下了不好的印象。我已经提及了一些中国著名领袖们在这个问题上的经验及见解,不过由于我在日记上有记录,因此我愿意再赘述几句。

任广东省政府主席一职多年和所谓反国民政府的粤系领袖陈济棠将军,向我讲述了他和英国人交往的经历。他说,由于英国人未能并且不愿在香港与日本人作战,他自己险些未能逃出香港。

另一位企业界领袖连瀛洲先生,曾多年在新加坡任商会会长,他也对我讲英国人不愿意冒险同日本人作战。还讲了英国军官让印度士兵打头阵,随后是澳大利亚士兵,压阵的则是英国士兵。他说,槟榔屿的英国当局迅速撤退了所有的白人而没有通知中国人和当地人。他接着说,在新加坡,虽然政府表示对中国和英国居民平等相待,但是,日本登陆的前几天,总督本人却偷偷地离开了此地。当中国人向他询问军事局势的真实情况时,他未把局势危急的真情告知他们,致使许多年老的中国领袖未能逃离新加坡。连先生本人在一次偶然的机会见到了正准备离开新加坡的中国总领事高凌百。在说通了总督府的一位中国秘书发给他出境许可证之后,他才得以上船与高同行。他还是假称为中国总领事送行才得以离开新加坡的。

国民党的一名要员,重庆市市长贺耀组对我说,在印度问题上他不赞成对英国采取强硬的反对态度。他对我说,对这个问题他已申明了自己的见解,其主要理由是中国迫使英国改变政策在法律上无根据。这个问题损害了两国之间的关系,并成为解决经西藏运送军用物资问题的障碍。(他指的是重庆同外国,特别是同美国之间的交通运输情况。当时中国急需军用物资及工业设备。人们提出了两条路线,一条途经西藏和印度,另一条途经新疆和西伯利亚抵达北极地区像摩尔曼斯克这样的港口。)贺将军对中国政府对待英国所持的态度和所采取的政策感到遗憾。贺将军认为中国应该首先顾及自身的利益,在至少三十年内是无力解决或协助解决印度问题的。中国插手干预此事很自然会引起英国的猜疑。他问道,如果现在英国放弃印度,那么英国为何而战呢?如果大英帝国不复存在,它就没有多少东西为之而战了。他认为中国应该发表一个声明向英国保证中国在印度没有任何利益,以期换取英国不干预西藏事务的声明。

(实际上,我在伦敦时,中国政府就向英国驻重庆大使馆提出了这个建议。这个建议也可能曾向邱吉尔的私人代表德维亚特将军和印度政府提出过。我记得英国作战部的两名官员曾来到我驻伦敦大使馆会见我。他们询问大使馆是否可以向他们提供几份西藏地图,特别是提供西藏的两个湖泊深度情况的地图。我想,他们提出这个要求是因为英国海外航空公司全部使用"水上飞机",我从开罗飞抵加尔各答就是乘坐的这种飞机。这样的飞机只能在水面上降落。中国政府并未同我谈过前面提及过的建议,然而我和英国外交部就西藏的一些政治问题进行过交谈。例如,交谈过西藏和中国的边界问题,特别是被称之为"前藏"和"后藏"的边界问题。)

我和董显光进行了长时间的谈话。他的见解给我留下了深刻的印象,因为在和我交谈过的许多人中间,他能以较深远的洞察力看待一些问题。他懂得中英两国在未来的和平会议上的重要性,并赞同尽力改善两国关系。事实上,他还就改善两国关系提出了一些具体的建议。第一点是要求英国派遣一些重要人物作为英国的代表前来重庆。他指出,中国人很注重代表的声望。第二点是蒋夫人应该接受英国王后的邀请,访问英国。第三点是撤换英国驻重庆的人员。第四点是中英双方应该就各自的利益和观点进行无拘束的交谈。同时要充分认识到,如果双方不协同一致,就会互相伤害。最后一点是中英两国应该签署一个互助合作条约。他问我签署这样的条约的可能性如何。我说,鉴于英国渴望在建设战后世界,建立世界新秩序中与中国合作,把中国看作一个永久的、完全平等的伙伴,因此,从英国方面来看,签署这样的条约的前景是美好的。我对他说,我赞成结成一个美英中三方联盟,在战后的国际合作中起到核心作用。我说英国人民对中国寄予很大的同情和希望。我的话深深地打动了他,他表示愿意安排我与蒋夫人和史迪威将军进行会谈。

但是宋子文博士不同意中英双方订立条约和结盟。他的一个理由是美国不愿意看到中英关系过于密切。身为外交部长,加之在委员长手下对实施外交政策负有直接责任,他的观点自然起着举足轻重的作用。他给我的印象是他与罗斯福总统和其他美国领导人交往甚密,对美国的观点十分熟悉和理解。

宋还非常有趣地向我讲述了珍珠港事件发生前美国对日本的态度,以及两国政府谈判的情况。他说,有一个时期,双方实际上已同意签署一项临时协议以达成妥协。因此他不得不竭尽全力加以阻止。由于他强烈反对并扬言要公开谴责这一协议,才使这一协议未能签署。他说,当时美国国务卿科德尔·赫尔是一个和平主义者。为了和平,他尽力同日本和解。宋认为罗斯福自有主张,但他是一个政治家,总是惧怕美国的公众舆论。宋对自己做法十分得意。但是他对我说,中国驻华盛顿大使胡适博士不同意他的观点。所以,宋还须驳回胡适的观点(作为外交部长,宋的权限当然高于大使)。由此看来,不仅美国总统和国务卿之间存在着意见分歧,而且中国外交部长和中国大使之间也是如此。这是完全可以理解的,因为我知道胡适是赫尔和亨培克的密友。当时亨培克任中国科科长,直接负责中国和远东各国关系问题。胡适经常会见这两位先生,所以当我获悉他和国务卿持相同观点时,丝毫不感到奇怪。

我拜访了陈布雷,我曾经提及过他和委员长关系密切。他是蒋的机要秘书并为蒋起草了许多重要声明、文件和讲话。我坚信中国在与英国谈判订立废除英国人在华治外法权条约时提出西藏问题是不明智的,所以,我提出这一问题与陈先生共同研究。我设法使他相信,催逼西藏问题不仅不明智,也会危及条约的签订。我告诉他,这时候提出西藏问题无疑会陷入僵局,使英国再次表示出的友好姿态变成中英双方又一次发生摩擦和误解的根源。他完全同意我的意见,但认为,要说服委员长改变他的观点还需要一段时间。

陈详细地讲述了不久前委员长在国民参政会上做的秘密报告。他说,委员长在一次秘密会议上对参政员们说,他的作战方针主要包括三点。第一,他主张组成一个包括所有盟国在内的攻守同盟;第二,必须建立一个在美国领导下的盟军统一司令部;第三,应该向我们的共同敌人全面宣战。蒋在报告中说,第一点已经实现;第二点被搁置起来,这是因为英国拒绝,故而迟迟未能决定;至于最后一点,蒋认为,迫使苏联对日宣战是不妥当的,苏联正与德国作战,它不愿对日宣战是可以理解的,况且苏联的这一政策和态度对中国并不一定是不利的。委员长解释说,苏联的对日政策并非只是涉及其本身的国策,因为日本一旦在亚洲打败苏联,日本就会有足够的力量进一步威胁中国。

我们讨论了印度问题。陈说,中国希望亚洲的弱国恢复自由,但是中国无意成为亚洲的领袖。日本热衷于在亚洲居首位,只表明它渴望称霸亚洲。中国仍然希望英国能满足印度的愿望,以解决印度问题。陈说,委员长已经向罗斯福总统陈述了这些观点,并向他拍发了一份对英国表示不满的电报。他还说,八月间劳克林·柯里来重庆就是为了转达罗斯福总统的答复。他说,总统陈述的美国观点同中国的观点基本上是一致的。鉴于英国坚持自己的意见,总统认为目前中国采取谨慎的政策是最明智的。

陈布雷对我谈的内容得到了胡霖先生的证实。胡霖当时是大公报的编辑,而且是国民参政会中代表无党派人士的参政员(后来,他作为中国友好使团的一员回访了英国)。胡认为委员长对英国不满可能是由于以下原因:(1)英国未能为中国对日作战提供切实的援助;(2)英国反对设立盟军统一司令部;(3)英国拒绝给予印度自由,并对中国出于无私的动机支持印度独立产生误解;(4)英国未能给予已经承诺的贷款。

另外一次有趣的谈话对于了解中英两国间误解和纷争的原因十分有帮助。这是我同翁文灏的一次交谈。他当时是资源委员会的主任委员。他对我讲了他同薛穆的谈话,并表示赞同薛穆的看法,即甘地作为一个民族领袖不足以成事,但就其影响而言则可败事有余。他认为,逮捕甘地只会加速他的死亡,这会引起极大的反响,反响之大将导致不可弥补的损失。翁先生认为,关于穆斯林和印度教徒难以合作或无法合作的问题,完全取决于英国的政策。他说,至于贷款问题,实际上美国的看法距离中国的看法较远,而与英国的看法接近。美国希望中国在使用贷款问题上与之商榷,但是,使它感到惊讶而又失望的是中国没有同它商量就擅自拨出两亿美元用以发行国内公债和美金储蓄公债。他说,实际上没有别的办法能用掉五亿美元这笔巨额贷款,而华盛顿则希望将这笔贷款完全用于战争目的。他对我说,至于战后重建问题,罗斯福总统的私人代表柯里和美国全国资源委员会的负责人威廉·格雷迪认为,中国的资源并非像想象的那样丰富,他建议利用这笔贷款支付向中国出售一些使用过的机器。委员长希望战后以租借方式进口重工业机器和工厂设备。但是,美国希望将这笔贷款用于战争。格雷迪是一位经济专家,他建议盟国在主要原料方面互通有无,通力合作,而对轴心国进行抵制,直至他们悔悟并决定改变其态度和主张为止。格雷迪所说的原料是指中国的锡和钨,马来西亚及荷属东印度群岛的橡胶和锡等。翁先生说,英美集团将不可避免地继续存在下去,他认为,中国与美国友好而与英国对抗是愚蠢的。

翁还对我谈了有关中苏关系的一个问题。他叙述了一次事件的经过。这次事件发生在孔祥熙和何应钦将军同意苏联卡车进入甘肃之时。在(当天?)午夜,委员长突然下达紧急命令,要求苏联卡车立即撤离甘肃,其原因是卡车是由身穿制服的苏联运输人员驾驶的,被地方当局误认为是苏联军队。这次事件使莫斯科和苏联驻重庆代表极为不快,苏联立即撤回了驻重庆的代表。

翁对我说,1941年英国要求从香港驱逐二十名左右的华人,其中包括孔祥熙的儿子令侃在内。孔祥熙夫妇对此非常不满,并因而产生反英情绪。令侃被指控从事间谍活动,参与暗杀汪精卫手下的一个人,并参与建立南社的活动。英国人查抄了南社的社址,收缴了一些电文。之后孔祥熙向当时的外交部长王宠惠提出了公开的抗议,并声言,他认为王不适于任外交部长。他坚决要求王向英国当局提出抗议。王确实通过杭立武向薛穆进行交涉。然而,由于孔执意认为处决一个汉奸是完全正当的,纵使是在英国的土地上,中英双方出现了更严重的僵持局面。他还认为,学生成立校友会是无可非议的。结果,孔决定最好的解决办法是送子赴美完成学业。

钱端升是西南联大的教授,国际问题专家。在同他的一次谈话中,他表示中国对英国在缅甸失败的指责是比较片面的。他指的是拟向中国出席太平洋学会会议的代表团发出的指示。这个会议即将在加拿大召开,指示要求在会上评述缅甸战役的失败原因并指出英国人缺乏准备、按兵不动是造成战役失败的原因。他说,就缅甸局势而言,中国的看法是不正确的。会上英国人也一定会提出自己的看法。他说,在缅甸战役中,中国第六军的表现也不好。他们用在当地征用的汽车做买卖,他们甚至还以一些缅甸僧侣充当日本第五纵队为理由,焚烧了一些缅甸寺庙。11月

10日在委员长官邸召开的讨论中英条约草案的会议上,我应中国外交部长的请求解释了"关于日本占领期间没收财产的法律效力"这段话的含义。经讨论一致同意将这段话删掉,留待和平会议讨论。王世杰反对在中英条约草案中删去关于废除1860年将九龙永远租让给英国的条约这一问题。委员长开始同意他的意见,但是后来就搁置一边了。因为,曾任外交部条约司司长多年因而对条约特别熟悉的外交部次长钱泰解释说,原先租借给英国的九龙已于1860年10月改为割让给英国了。戴季陶争辩说,英国在新条约第一条中规定了适用该条约的领土范围是别有用心的,因为英国拟定这一条的目的是为了在最后的和谈中确保自己目前在华占据的领土。然而,他的看法遭到前外长王宠惠、现任外长宋子文和孙科的反驳,他们认为条约不会影响和谈。

考试院院长戴季陶对中国的外交关系极感兴趣。在11月11日的一次谈话中,他向我讲述了他率领一个友好代表团出访印度的情况。他说,他打定主意对英国总督和印度的政界领袖平等相待,所以尽管尼赫鲁本人正被监禁,为了表示友好,他还是在尼赫鲁家中度过了一天。戴强调说,印度有权利恢复自由,因为印度具有自己独立的文化。很明显,他对那里的英国当局没有什么好印象。他说,总督夫人当着戴先生的面任意指挥印度部长,就好像他们是些无足轻重的人一样。戴先生的谈话表明,他对英国并不同情,而对印度争取自由的事业则是一位忠实的支持者。

宋子文博士邀请我出席11月12日在外交部召开的一次会议,并参与讨论了我以前提及过的经俄国或印度运输军用物资一事。出席会议有英国大使薛穆、资源委员会主任委员翁文灏、中国驻苏俄大使邵力子、交通部的刘景山,还有陈立庭以及其他一些人。在会议上提出的报告说,中国和苏俄的协议要求每年经由苏联向中国运输二万四千吨物资。但是,苏联坚持返回的货车要装载中国的物资,用以交换或是支付苏联的物资。根据中国方面的估计,应运回苏联的物资价值约为二千四百万美元。而根据苏方估计,价值达二千八百万美元之多。协定规定苏方每月向中国提供二千吨汽油,中国要求苏方每月额外再供一千吨,苏联则答应额外最多只能再提供三百吨。根据翁的估计,由于运回苏联的物资体积较大,价值最多是八……(?)美元。①

关于中英条约草案,宋子文问我,在他将中方草案递交薛穆时应该说些什么。我建议他扼要地表明中国政府提出的几点修改意见实际上并未超出英国所提草案的范围。例如,提起九龙租借问题,中国只是希望英国能够接受中国的意见,并尽早签署条约。我的看法是,在向英国大使递交草案时就一些细节进行讨论是不明智的。然而,应该建议英国大使在确定讨论草案的下一次会议前,仔细考虑中国方面的答复意见。

11月12日下午,我又一次同翁文灏讨论了英国贷款问题。翁说,他已经提出一个想法,即用贷款购买像维克托·沙逊在印度开设的纺织厂那样的机器。他说,他愿意接受在必要时将剩余的三千万英镑用来担保发行债券的方案。我很清楚,鉴于英国对如何使用贷款所持意见,翁并没有为促成贷款协定的缔结而在态度上作重大的改变。

至于重庆对英国的看法,我想说一下我和史迪威将军的一次谈话。这次谈话是在中国外交部长举办的一次茶话会上进行的。他认为,为了训练中国军队夺回缅甸而在印度兰伽建立的训练中心可以扩大,以便再接纳八千人。我对他说,印度的英国人表示,兰伽这个地方不能再接纳更多的部队了。然而,史迪威说,这个地方能够接纳大约二万五千名中国士兵。(我不知道英国人实际上是否反对中国派更多的士兵去兰伽,但是,他们对此显然不大热心。从一个方面来说,这是可以理解的。因为,增派中国士兵就意味着加重英国供给的负担。他们甚至对我说,每天上午他们用卡车运送供应时,为了保证每个人都分到应得的一份,英国人

---

① 原文如此。——译者

亲自分配食物。这样,工作量当然是相当大的。)史迪威对我说,正在为兰伽的部队配备九连 75 毫米、六连 105 毫米和三连 155 毫米口径的野战炮。

史迪威说,魏菲尔将军是位精明的军人。但是,英国人为夺回缅甸所做的准备工作进展缓慢。他们以和平时期的节拍和悠闲品茶的态度做事情,美国人对此甚感惊讶。

11 月 17 日我回访了英国财政部代表霍伯器先生,他的副手卡斯尔先生也在场。我们讨论了贷款问题以及解决此问题可能采取的各种办法,以求消除两国由此而产生的摩擦。我提出了四种可能使双方均感满意的贷款使用方案。第一,中国可以购买船只以及自己急需而英国乐于卖掉的剩余的军火工厂设备,可在战争即将结束时交货;第二,此款可用来偿还持有以中国的关税及其他税收为担保的中国债券的英国人;第三,如果需要的贷款超出已经答应提供的一千万英镑的话,贷款可用作保证金发行新债券;第四,此款可用作战时货币储备,然后归还英国财政部,由英国财政部对维持中国货币及其汇兑价值提供保证。

霍伯器就我的建议坦率地谈了自己的意见。关于第一方案,他认为,战后英国自己将需要一笔钱从国外购买货物。关于第二方案,他认为是个好主意,但是,公众舆论将反对只有某一类英国人得益于贷款。英国政府也会认为这样做无助于战争的进行。关于第三方案,他认为是可行的。但是,他说,如果中国政府采纳这个方案来应付经济局势并抑制中国各银行的"比期"放款以迫使囤积货物的人抛出他们囤积的商品,那么物价就会降下来,人们就会用手里的钱购买英镑债券,从而回笼一部分发行的货币。(比期放款是重庆金融市场一个特有的现象。这是一种不受任何限制的高息放款,利率高达月息 12% 至 15%,结果,当放款到期时,借款人能履行放款条件还清本金者寥寥无几。这样,越还不起放款,放款息率就越高,严重破坏了金融市场,造成法币进一步贬值。)霍伯器说,他将考虑我的建议,并将我所说的话向薛穆汇报。不过，我向他明确表示，虽然孔祥熙和宋子文都知道我这次拜访，也了解我同他谈论贷款问题的意图，然而，我不能代表他们之中的任何一位。但是，我坚信这个问题应该予以解决，使这个问题不致成为我们两国间商讨其他事项的障碍。

霍伯器还谈到了当时的中国法币法定汇率问题。他觉得这样的汇率是根本无法保持的。他说，在昆明，一美元价值已达法币五十五元。

两天以后，在孙科举办的宴会上，薛穆告诉我，他已将我和霍伯器所谈及的贷款问题的内容电告伦敦。

11月23日，在我陪同英国国会访华团前往中国西部地区访问前夕，我和委员长又进行了一次长谈。我们谈话的中心是分析和比较了日本、德国、意大利、苏联、英国和美国这几个国家的相对潜力和影响。我们还讨论了战后中国的需要，以及目前应为战后做的准备工作。我又一次强调了中美英三方结盟以作为战争胜利后必定出现的新形势中的核心力量。除非中国实现这个目标，否则就有陷入孤立状态的危险，而孤立中国则正是日本所要做的。我指出，日本的亲英、亲美分子和英国的亲日分子有可能协同一致来利用英、美之间的自然纽带。中国所处的地位可以使自己成为英美集团和俄日集团之间起决定性作用的因素。我指出了第一次世界大战的先例，并特别指出了战后俄日重新和好这一事实。中国对印度摆脱英国的桎梏、争取独立的愿望自然表示同情，而中英恢复友好关系将有可能影响印度对中国的感情。但是，我指出，就印度领袖而言，对此产生疑虑的危险不大。即使有疑虑也不会对国际局势有多大实际影响。印度必将在适当的时候取得独立，而中国所要考虑的主要问题是争取战后有十至十五年的时间休养生息、壮大自己的力量，因为，只有中国真正强大起来，在国际会议上说的话才会有分量。我说，中英"结合"是十分有益的，美国可以充当"媒人"并提出这一建议。这样美国就会从道义上负责并以保证人的身份支持中英联盟。

我说,就美国而言,结成一个一直延续到和平时期的联盟是根本不可能的。由于美国四年一期总统大选,使美国的对外政策往往缺乏连续性。

　　委员长本人表示赞同结成三方联盟,但是,他认为最好由英国向美国提出建议,而不是由中国要求美国提出建议。看来,委员长已在认真地考虑这一问题。在谈话即将结束时,他又一次表示他非但不反对而且十分赞成这一想法。他要求我在陪同英国国会访华团访问昆明归来时再与他商讨此事。

　　(我尚未同英国领袖讨论中英结盟的问题。然而,我知道他们渴望看到战后中英两国密切合作。政府以外的企业界领袖们也同样期待着这一合作。因为中国有丰富的自然资源和无数的劳动力。在地理和文化上,中国在亚洲所占的重要地位就更不用说了。英国政府领袖曾一再向我表示,为了解决战后必定会出现的许多问题,两国间的密切合作不仅是双方的愿望,也是十分必要的。但是,我没有同他们详谈此事,因为,我须首先确定我国政府是否同意这一联盟。我甚至没有向英国国会访华团成员提及此事。)

　　我拜访了宋子文外长,我同他谈了陪同英国国会访华团访问的计划,谈了我同霍伯器就贷款问题所进行的谈话,我还讲了陪同英国国会访华团的工作结束后,我返回英国的打算。我们一致认为,贷款问题不会在重庆取得多大进展。他对我说,他将于1月份返回美国,之后于2月份去英国。他也认为贷款问题只能在伦敦解决,因为罗斯福总统可以施加政治压力,我们二人也可协同工作。看来,他迫不及待地想返回美国,他说,在重庆,对任何重大外交问题都不可能有多大作为。他就贷款问题谈了几点意见,并说这一问题并非十分重要,其原因是即使英国同意如数贷款,也不可能用来加强中国的货币。他说,中国发行美金债券一事也尚未成功。

　　关于同英国合作问题,总的来说他表示赞同,但仍反对同英国结盟。他认为,印度问题的确使英国深感头痛。如果中国向英国明确表示不过问印度问题,英国就会热衷于同中国结盟。

第三节　英国国会访华团访问中国

1942 年 11 月—12 月

11 月 10 日英国国会访华团到达中国,准备进行为期一个月的访问。代表团成员是经过精心选择的。据回忆,代表团成员有艾尔文勋爵、泰莱亚勋爵、卫德波上尉和劳森先生。代表团的成员分别代表英国三个主要政党及议会上下两院,他们被选为代表团成员主要并非由于他们具有显赫的地位,而是由于他们性情善良、和蔼可亲,特别适合从事友好活动。他们对具体问题并不囿于成见。实际上,他们的讲话也并不代表各自的政党或英国政府。但是他们带来了乔治国王、邱吉尔、艾登和其他领袖们致国府主席和委员长的信。

我曾在伦敦使馆设宴为代表团钱行。艾登在祝酒辞中说,代表团此行的目的是向中国人介绍英国为战争所做出的努力,同时也要了解中国所取得的成就,回国后向英国人民汇报。除了艾登这种泛泛的说法之外,代表团实际上是要使中国政府和人民了解欧洲的紧急战局。英国人认为,面对这种局势英国必须首先集中力量击败德国,然后才能把注意力转移到远东战场上来。所以,代表团成员虽然没有专门谈这个问题,但却总是不时地在不同场合、在谈话的过程中提及欧洲的形势,并表示击败德国与击败日本同样重要(他们还含蓄地表示,德国问题应该首先解决)。当然,代表团的真正目的是要了解中国一直在干些什么,中国在力量十分有限的情况下是如何抗击日本的。代表团不提任何建议,也不就两国间任何悬而未决的问题进行谈判。它首先是一个友好代表团,它的任务是转达英国人民对中国的友好情谊和寄予的同情,与此同时研究中国的局势。这是英国历史上第一个友好访华代表团。

派遣代表团这个实际行动本身就是很有意义的,表明两个战时盟国希望增进合作。考虑到这一目的,加上我一直支持派遣友好代表团这一主张,我愿为促进实现双方都渴求的这一共同目的而努力。因此,与政府商定后我先于代表团抵达重庆,以便协助拟订接待计划。我希望能为代表团拟订一个合适的参观、座谈和款待的计划。这一计划既要考虑到使代表团尽可能多看一看,同时也要考虑到这是战争时期,不能过分铺张,欢乐气氛也不应太浓。我觉得我应该亲自同代表团所将访问的政府领袖和各省主席直接取得联系。

代表团要访问的省份即使在和平时期也很少有外国人前去参观。在经济发展和总的现代化水平方面,这些地区都无法与较发达的沿海省份相比。中国内地的条件十分差,总的来说,那里的居民都比较贫困。因此,为这些习惯于最高级的生活方式的人安排一个合适的接待计划是煞费苦心的。所以,我回到重庆后就建议召开几次由党、政领袖和国民参政会的领袖们出席的筹备会议。我还建议召开一个由将要接待代表团访问的各省主席参加的会议。记得四川省(重庆所在地)主席张群将军和陕西省主席熊斌将军都被请到重庆共同商量代表团的接待计划。这些一般和特别的会议经常是由委员长亲自主持的。计划的主要目的是要使代表团尽量多了解一些情况,从而使访华团对中国人民的斗志、军事形势、自力更生制造武器弹药的精神和方法,以及为发展继续抗战所必需的各种工业所做的努力,有一个概括的、良好的印象。最后制订的接待计划内容十分丰富。

到达重庆后的头几天,代表团受到了中国政府当局和许多个人的热情欢迎。访华团应邀参加了一系列的宴会、午宴、茶话会和招待会。在这些场合上,中方代表和访华团成员一般都发表讲话。经常谈到的话题是中英关系问题。例如,11 月 12 日中英文化协会举行招待会欢迎英国代表团。王世杰博士在招待会上讲话,对这些贵宾表示了热烈的欢迎。随后英国大使和我也发表了简短的讲话,表达了我们对代表团到来的喜悦心情。前任驻伦敦大使郭泰祺也讲了话。郭先生从伦敦离职后,任外交部长六个月,随后被突然免职。现在他不担任任何职务。所以,在会上他是以普通公民的身份发言。郭和我持同样的观点,他也认为发展中英友好关系是十分重要的。在讲话中他强调指出,代表团交了好运,他们抵达中国之时正值英国在利比亚获胜。然而他令人惊讶地补充说,甚至委员长也未能预见战事会有如此的进展。郭接着又强调了在中国要实行更多的民主。当然,这含有向政府提出批评之意。事实上,在座的人从他的讲话中都清楚地意识到,他不仅对国家总的状况不满,而且对自己的处境也十分不满。

在这期间,国民党中央执行委员会正在召开第十次全会。中央执行委员会是由一百五十名委员组成的一个庞大机构,每年或每两年举行一次会议。虽然我不是委员,但是我曾应邀参加过几次会议。我认为中央执行委员会完全可以邀请英国代表团出席一次执行委员会召开的公开性会议,以表达国民党对英国代表团的感谢。于是我就提出了这个建议。在党的中常委的一次秘密会议上,我应邀阐明主张采取这一前所未有的做法的理由。我强调指出,代表团的成员不仅是友好代表,而且是各自政党的领导成员。因此,国民党可以利用这个机会接待这些人,并通过他们与英国的主要政党取得联系。看到国民党是中国政治力量的源泉和基础之后,代表团成员一定会把他们的感想转告各自的政党。这样,英国代表团的来访就有可能使中国这个起领导作用的政党和英国各党之间建立联系。我的提议得到了戴季陶、李文范、邹鲁、居正和孙科的支持。孔祥熙起初坚决反对,最后也同意了。从而向英国代表团发出邀请的主张得到了批准。

我应邀参加由中常委任命的特别委员会来起草会议宣言(英国代表团将应邀出席的那次会议)。戴先生对我解释说,我参加特别委员会的会议是十分重要的。我对戴说，我必须和委员长一道陪同英国代表团去黄山。① 他说这个委员会是委员长提议成立的，他很重视这个委员会。我答应同委员长说一下这件事情，并表示尽量来出席这个会议。

11月14日下午我和卫德波一起离开了重庆。英国大使薛穆被安置在一间正房里，我被安置在餐厅后面的一间房子里。我的房间小些，但还算过得去。原来打算把我们两位大使安排在一处，把英国大使馆的秘书盖奇和董显光安排在另一处。黄将军对我说，委员长要我去见他。于是我们一起到"柯里楼"去见委员长（罗斯福总统的私人代表劳克林·柯里曾在这里住过，这所房子就以他的名字命名）。黄将军向委员长汇报了住房安排情况。委员长听后立即说，我应该住在柯里楼，因为在薛穆大使住的那所房子里安排给我的房间不够舒服。尽管我说房子满不错了，委员长还是命令黄将军把我的行李立即搬到柯里楼。委员长亲自带领我看了卧室和浴室，并说这里的房间比原来的房间好多了，事实也确实如此。于是我自己独住了一所房子。

然后，委员长和我坐下来就英国大使对中国答复英国条约草案的评论交换了意见。他对我说，他知道英国大使是要保留在中国领海的航行权。委员长认为这个要求还是留待通商条约的谈判代表去考虑，这个权利现在应该予以取消。他的理由是，对英国人来说并不存在永远失去这个权利的危险，根据中国的法律，英国人仍然可以在中国进行贸易。他还对我说，薛穆曾经说过，九龙问题不在条约草案范围之内。而委员长则认为这个问题一定要包括进去。委员长对这两个问题的看法已在我8月份(？)参加的一次由行政院长主持的会议上讨论过，但是了解委员长目前对这两个问题的观点是很必要的。

至于戴季陶要求我参加中央执行委员会中常委会议一事，委

---

① 黄山是重庆南岸的一个地名，有蒋介石的别墅。——译者

员长认为可以,但是我得赶回来与代表团成员共进午餐。

我发现黄山管理得很好,这里的房子布置得既舒适又朴素。在与蒋夫人的一次闲聊中,我说,这个地方正合适,既不过分豪华,也不显得太寒酸。她立即答道,她十分高兴地看到这地方既体现了战时所需要的简朴,又达到了掩盖中国极端贫困的境况。

委员长和蒋夫人在薛穆爵士的住处举行了茶会。我想,这是委员长对英国大使的一次回拜。在茶会上,劳森讲了很多故事(我给委员长当翻译)。他是一个精神饱满的人,能为他所出席的任何聚会带来生气。劳森当然是工党党员,但是他讲了邱吉尔如何与下院的共产党议员加拉格尔斗智。有一次,当加拉格尔像往常一样企图攻击邱吉尔和政府时,邱吉尔警告他当心一些。他说,加拉格尔先生也许会收到第三国际下达的新指示呢。他又说,还有一次,邱吉尔在议会上对批评他的人说,在中国,抨击政府的人总是以自尽来表示自己的诚心。委员长听后大笑,他十分喜欢听这些故事,并不住地说,邱吉尔先生真是厉害,他的确是一个精明、强干的领袖。

当天晚上,委员长在自己的住所举办了一个中餐宴会。蒋夫人以妩媚而庄重的风度和安详自如的举止主持了这个宴会。委员长也十分殷勤,他一直照顾着客人,并不断掉转头来让侍者为客人续酒。他还不断询问下一道上什么菜,怎么上菜。几杯酒下肚,劳森讲话的速度越来越快,他讲的故事也就越来越难翻译了。我请求蒋夫人帮忙,她却夸我翻译得十分好。劳森讲了驻利比亚的一位英国兵的故事。这个兵提出他一定要活捉隆美尔,后来打电报说,隆美尔已被捉到。结果发现被俘房的原来只是一个叫隆美尔的上校。蒋夫人让我们看她书桌上的一本法文词典。这本词典已经破成两半,保存在一个特制的有玻璃盖的盒子里。她说,这本词典是日本空袭黄山时她九死一生的纪念物。有几位将军被炸死了,有三十多个人受了伤。蒋夫人以娴雅妩媚的举止招待了代表团的成员,整个晚上大家都感到轻松愉快。在席间和客厅里薛穆没有和大家交谈,他为人和善,但却有些羞怯。

那次周末交谈的主要内容都属于社交性质,但我也很希望谈论一些严肃的事情。一天晚上,我启发泰莆亚提出一些严肃的问题,并就这些问题谈一谈他自己的观点。于是泰莆亚谈了他所做的关于化肥对人体影响的研究。他还谈了他对战后赔款的看法。他认为应完全由盟国来掌握。他赞成对所有的国际电报、电话、邮费、提货单征税,并以此种税收作为担保,发行一种国际证券。税是普遍征收的,但证券只分配给各盟国。劳森问起政府为中国人民都做了哪些社会改革工作,委员长立即给予了中肯的答复。他说,中国政府的政策一直是奉行孙中山先生民生主义的原则,即"节制资本,平均地权"。

11月6日,根据预定的计划,英国国会访华团列席了国民党中央执行委员会召开的大会。此事十分引人注目。这是破天荒第一次邀请外宾莅临此种会议(过去许多外国人曾要求坐在旁听席上,但总是遭到拒绝)。如今,除了英国国会访华团的成员外,到会的还有包括罗斯福的私人代表拉铁摩尔以及澳大利亚部长弗雷德里克·埃格尔斯顿在内的其他国家的贵宾。

当英国国会访华团到达时,孔祥熙正好结束他的政治形势报告。正常的会议进程暂时停止,以便欢迎贵宾。委员长讲了话,事实上这篇讲话是我应他的要求为他起草的。讲话不长。四个英国人的讲话也很简短。英国客人的话题各不相同,讲话很有分寸。泰莆亚的讲话特别引人注目,原因是他每次提到孙中山的名字,都转身向这位民国创始人的遗像鞠一躬。他对委员长表示出的敬意也是显而易见的。外交部长宋子文、邵力子大使和我分别就美国、苏联和英国的形势讲了话。宋子文还以外交部长的身份概括了整个形势。他的讲话是照稿宣读的,致使讲话有些逊色。邵力子和我讲话时没有看稿子和笔记,效果好得多。这次会议由孙科院长主持。委员长和林森主席坐在第一排。据参加会议的王宠惠博士说,很多人事后告诉他,对我发言的内容和风度都印象颇佳。我觉得几乎整个会议进程都是令人愉快的。后来所有与我交谈的中央执行委员会成员都说会议极为成功，都对代表团成员的发言和态度感到满意。

11月17日，代表团应邀参观一些工厂，由我陪同。我们访问了裕丰纱厂、渝鑫钢铁厂和动力油料厂。然后，我们坐民生轮去参观中国工业合作社。我们看到的情形给代表团成员们和我自己都留下了深刻的印象，特别是他们用原始的工具和部件拼凑起来的简陋设备，以及工人们饱满的精神面貌。他们显然为自己的成绩和工作感到骄傲。一些工人看上去非常年轻，好像只有十几岁。代表团员问起他们的年龄时，人们告诉他们说四川人的个子比外省人小。人们还谈到送代表团来的民生轮是中国人自己制造的十条船之一。我们看到为满足制造各类产品的工艺需要而采用的生产方法虽然原始却非常巧妙，赞叹不已。炼钢炉炼出的钢锭需用冷水迅速冷却，冷水通常要用铁管输送。由于缺少铁管，工人就用去掉竹节的竹管送水，水流得很通畅。工地上来往送料的小推车车轮都用破烂不堪的旧轮胎包着，那是小汽车和卡车废弃不用的旧轮胎。

11月19日，二十四个文化团体联合设晚宴招待代表团，目的是让代表团了解中国人民对研究各个国家的文明与文化很感兴趣。

为了让泰莩亚有机会与中国专家讨论他热衷的两个题目，我为他安排了一次茶话会，使他会晤了农业部次长钱天鹤先生和该部的金宝善博士，与他们谈论了他的化肥理论。另外还和财政部次长顾翊群讨论了他对轴心国向同盟国赔款的主张。

11月23日，我陪代表团访问谷正纲先生领导的社会服务处总部，访问结束后设午宴款待。我们惊讶地发现难民的伙食不仅可口而且卫生。我们得知所有的陶制餐具和竹筷都是由难民自己制作的。这些来自全国各地的难民全部由谷先生负责。同一天，我还陪同泰莩亚访问了农学院。

11 月 24 日,朱绍良和熊斌二位将军来向委员长辞行时被介绍与代表团相见。朱是陕、甘、青、宁四省(第八战区)的绥靖公署主任;熊是陕西省主席。委员长告诉他二人立即返任,在代表团到他们那里时给以照料。

我经过几天的努力,与国民党秘书长吴铁城商妥同代表团举行一次圆桌会议。会议于 11 月 24 日晚在吴的官邸举行。中国方面与会的除吴铁城外,还有王宠惠、陈立夫、王世杰、翁文灏和我。王宠惠问代表团,照他们看来,战争结束以后,同盟国组织应该保留,还是应该解散以待日后建立一个和平组织。代表团一致回答……(原文此处空白——译者)。

翁文灏主张中国必须发展自己的工业,以便遏止日本的剥削和侵略政策。陈立夫阐述了他的保持永久和平的理论,说不能逼迫战败国太甚,以免播下仇恨的种子。他说,应该防止互相仇恨,在国际交往中要打消损人利己的念头;否则,国际间的冲突便会经常发生,其道理与私人间的交往一样。他还说他对商人甚少敬意,因为他们一味追求利润。我想他这是拐着弯反对翁文灏的主张。(但陈的意见并未得到与会者的赞同。事后泰莆亚和艾尔文对我说陈是个梦想家。我说他是个理想主义者。)王世杰谈了战后关系问题。我发言说,会谈中提到的所有问题实际上都包含在孙中山先生的三民主义里,并邀请吴铁城以国民党秘书长的身份发表看法。参加会谈的每个人都感到这次讨论对了解中英双方各自的看法很有启发。

11 月 25 日,我陪代表团飞往西安。同机的还有朱将军和熊将军,英国大使馆武官洛维特·弗雷泽上校,空军中队长奥克斯福特、冈瑟·斯坦先生,《纽约先驱论坛报》的斯蒂尔斯先生和福克斯电影公司的摄影师。我的随行人员有沈昌焕先生、皮宗敢上校和沈鸿烈先生(农林部长)。在飞机上艾尔文和泰莆亚都说对在吴铁城家中进行的会谈极感兴趣,受益不少。他们表示希望在西安和成都也会有同样的体验。

西安机场很堂皇。在代表团汽车所经街道上的欢迎场面同样出色。沿街道两侧站满了欢迎的队伍,似乎西安人倾城出动来欢迎代表团。宽阔、笔直的街道,雄伟的城楼,使人难以忘怀。代表团下榻在一处豪华的招待所里,房间宽敞,备有现代化的设施。晚间,代表团在省主席官邸受到官方设宴招待。宴会设七桌,席间有乐队演奏。宴会组织得很好,在中国宫灯的柔和光线下,大厅中洋溢着一种典雅的中国气派。这给代表团留下了深刻印象。我现在特别提起这一点,是因为这是在中国中北部一座为欧洲人罕知的省城里。

第二天一早,我们乘火车去华阴。途中在潼关下车,目的是看一下前线的情形。我们乘小汽车前往潼关城,开到了黄河岸边距对岸日军最近的地方。通过望远镜,我们清楚地看到对岸的敌军。我们看了一个设有火力点和岗哨的掩蔽工事。壁垒森严,令人很感兴趣。我们还观看了一次战斗演习,以"拿下"一个机枪掩体而结束。演习很逼真,给每个人留下难忘的印象。接着,我们又乘火车到达赤水,在那里观看了七十八师的实弹射击演习、白刃战表演等等。部队集合听代表团成员和我的讲话时,动作迅速而整齐,朱将军和熊将军都在场陪同。陪同我们的还有蒋纬国上尉。他待人亲切、为人勤奋,说一口流利的英语,使我们印象极深。

11 月 27 日,去朱绍良将军处做礼节性拜访后,我们前往华清池。这一处历史名胜内有唐明皇建造的著名浴池。1936 年委员长突遭"少帅"张学良和绥靖公署主任杨虎城的卫队袭击时就逃到了这里。当时委员长正在中国北部视察军队。他在西安与少帅举行了会谈。会谈时张竭力敦促中央政府采纳武装抗击日本侵略的政策。我们被引到委员长遭袭击时居住的招待所卧室。当时虽然蒋本人得以逃生,他的几位文武随从却被打死,其中有监察院副院长邵元冲。我们看到卧室的一扇窗户上打破的玻璃和华清宫侧面墙上的累累弹痕。我们还观看了委员长藏身的巨大岩石,当时他的卫士们正竭力抵抗一心要捉拿他的叛军。我们还看了委员长半夜逃离卧室后翻越的墙壁。越墙时他跌伤腰部,至今留有伤疾。这些景物引起我和访华团员们的很大兴致,使人感受颇深。我们一致认为这是标志着中国历史上一个转折点的历史遗迹。从这里回南京后,委员长即从缓慢备战御敌的政策转为迅速、积极抗日的方针。

下午我们回到西安,出席了三民主义青年团的一次会议。这个组织看来是按军事纪律管理的。团员们个个朝气蓬勃。两小时后,我们出席了国民外交协会举办的晚宴。席间艾尔文和我讲了话,我谈的主题是外交关系问题,着重提到人民在促进和维护世界和平中的重要作用。

转天,我们访问了中央干部训练团。学员们斯巴达式的简朴生活使我们很受感动。尽管他们大都是省市一级政府的重要官员,他们在这里的生活看上去十分简朴,纪律严明。每间房里设十四张地铺,每张地铺上只有一个枕头和一床毯子。房间里没有家具,连椅子都没有。劳森和我讲了话,赞扬委员长在解决为中国现代化培养人才问题上的英明决策。我鼓励学员们充分利用这样的机会。从训练团出来,我们又去了中央军官学校第七分校。

趁着访华团观看学员操练的机会,我私下拜访了胡宗南将军。胡将军统帅着驻守陕北的五十万军队。这是国军中力量最雄厚的一支队伍。这支军队驻守在陕西省北部,名义上是抗击日本侵略者,实际上是为了严密监视延安附近的共产党,并且从事于限制他们的政治和军事活动。当时胡在国内享有很高的声望,一是作为军事将领,二是因为他是委员长最有影响的拥护者之一。他不仅是委员长的忠实支持者,而且在党政核心内部,他还常常被说成是蒋的两个最有希望的继承人之一(另一位是张治中将军)。

在我的建议下,我俩单独在一起共进午餐,以便能无拘束地交换看法。虽然胡是一员武将,但他对于政治和外交问题很为关心,我当然也发现他对这些问题很有研究。我对他谈了自己的看法,认为中国应该采取明智稳妥的外交政策。我说中国必须争取到十至十五年的和平时间,以求能够实行建设计划。我告诉他美英中三角联盟将是建立一个新世界的最佳核心,它将会帮助中国在这个新世界里占有应得的地位。要达到这一点,与英国的友谊是不可缺少的。我还讲了我关于中英签署一项条约的想法。看来他很赞同,尽管他没有明确地表达出来。他问我是否与委员长谈过,委员长是如何表示的。考虑到胡的地位、名声和权力来源,他这样问并不意外。很自然,他要在表示个人赞同之前确知委员长对这一问题的想法。但我得到的印象是:如果委员长赞同这个计划,胡就一定支持。

返回军校后,访华团和我应邀给青年学员们讲话。然后被请到一个茶话会上,再次讲了话。我借此机会谈了英国的战时生活。这个问题自回国后,不少人曾向我询问。晚餐时,蒋纬国上尉把场面搞得很活跃,使大家兴致勃勃。然后,我们返回西安,观看了一场芭蕾舞,演员都是战争孤儿,主要是阵亡将士的后裔。

第二天一清早我们离开西安。通往机场的路上排列着成千上万的人群,向我们挥手告别。路上我们停车参观了渭惠渠水利工程。然后继续乘车到宝鸡,机场就在宝鸡附近。在那里,我们看到工厂和纱厂如何建在山坳里面,以避免敌人的轰炸。我们观察了工业合作社。这些合作社是战时向人民提供日用商品的重要组织。在到达机场的最后一段路上,几百名小学生和工业合作社的工人们站在路的两旁。他们的热烈欢呼和集体歌唱,给访华团留下了极其深刻的印象。在机场上,陕西省主席和一些负责各项工作的地方官员前来欢送。

经过两个小时的飞行,我们抵达四川省会成都。走出飞机,我们受到省主席张群和其他四川省政界和社会领袖的欢迎。像在重庆和西安时一样,街道两旁站满了两三层欢迎群众。访华团的成员们显然被这种热烈的欢迎场面所感动。使他们感动的不仅是政府方面的接待,更重要的是老百姓的热情。正像我对访华团所说,这实在是全城百姓的迎接盛典。将访华团团员安顿到他们下榻的宾馆的各个房间之后,我到张主席家中和他吃一顿安静的晚餐,畅快地谈心(我很快发现他请我吃饭的目的是要我看看他为第二天官方招待会准备的讲话稿)。我还赶紧给委员长发了一封电报,报告说结束了在西安的愉快访问后,代表团已安抵成都。

第二天,张主席和夫人为访华团举行欢迎会,并设晚宴招待。我陪同代表团出席。代表团成员们和我在两次会上都应主人邀请讲了话。

第二天是12月1日,我们开始了参观活动。首先参观了万耀煌夫人负责的一家合作社。然后参观了由万耀煌本人任教育长的中央军校。在这里我们观看了一系列军事演习,其中包括一项在各种条件下攻打敌人战壕的表演。两队士兵以短刃对长刺刀的搏斗表演。接着是骑兵冲锋表演和炮兵演习。事后在军校为委员长盖的一所房子里吃午饭。午餐会上劳森和我给学员讲了话。万给我们讲了一个有趣的故事,讲的是日本人在山西中条山打的一次包围战,中国军队当时处于道清铁路、平汉铁路和另一条公路三面包围之中。

随后,我们出席文化团体为访华团举行的欢迎会。订好由劳森和我在会上讲话。绥靖主任邓锡侯和川陕鄂边区主任潘文华设晚宴招待代表团。我们发现邓将军非常幽默。他妙语连珠,笑话不断,使晚宴趣味横生,一片笑声,以致一位访华团员高兴得饮酒过量,使他的同伴不得不催他提前离席。

泰莕亚发烧病倒了。我立即让人请医生来为他治病。请来了钱、胡两位医生。张群主席也很焦虑,来看望了一次。我给委员长打了电话,他要我向泰莕亚表示他的良好祝愿。泰莕亚的病主要是嗓子疼,并不严重。致病的一个原因大概是访问日程太紧。这些天来我们一直是一个活动紧接另一个活动。在去潼关的旅途中我们全都要坐在没有玻璃的破旧汽车里,沿着尘土飞扬的道路颠簸。在西安的访问日程也过于紧张。看来参加招待的单位太多了。有省政府、绥靖公署、第四军军部,还加上陇海铁路管理局。这些机构互不相让,又没有一个公认的权威来协调决定。在成都,我们就设法将访问项目减少一些,以使访华团不致过于劳累。

我和访华团访问了设在附近的航空学校,学校领导人是毛邦初将军。我们会见了学员和教官们,观看了他们的演习。他们驾驶着苏式教练飞机,P—43 型机和 P—56 型机。编队飞行极其出色。熟练的空中机枪打靶给我们印象很深。按事先的安排,又是由劳森和我讲话。我讲的大意是:空军是陆军和海军的眼睛和耳朵。虽然中国的空军建立不久,历史不长,它的进步却是显著的。我表示相信,一旦出击迎敌,这支队伍定能不负众望。毛将军设午宴招待。随后由他带我们视察学校的教室。

接着,我们访问附近的皇家空军营地。他们是缅甸陷落时被迫飞到中国来的英国飞行员,现在中国不得不照料他们。那里的情形和飞行员们的外表使人感到一阵怜悯。寓所破烂不堪,零乱而没有炉火(由于缺少木炭取暖),周围环境也很肮脏。尽管这些人身体看来还不错,境况却令人可怜。当访华团和飞行员们会面时,出现了很长时间的沉默。飞行员们明显的愁苦情绪立即反映到了访华团员们的脸上。在回答询问时,英国军官们说他们无事可做。我们也看出他们对这里的生活已经很厌倦。劳森问了他们几个问题。一些军官回答说,由于缺少汽油,已经两个星期没有足球比赛了。每星期他们能得到一百元中国币的零花钱,可是一张电影票就要用六元钱(?)。当问他们最想干什么时,他们都说想回到他们的"小鸟儿"——飞机里去。我个人对他们很同情,觉得政府应设法改善他们的生活条件。我在日记中写道:"在宣传上花了上万元钱,却让这些人在此不高兴,真是不上算。"

下午,访华团(除泰莱亚以外)与四川大学的教授们举行座谈会。会议室里人很多。访华团和教授们互相提出问题。中国方面提出的问题和回答有的不尽明智合宜。但有一个问题很有意思,是询问英国对于印度问题的意见。卫德波重申了伦敦官方的说法,并补充说,印度局势已经随着动乱的平息而平静下来了。劳森补充说:甘地的后台是资本家。那些人想要剥削印度的廉价劳动力,以便和其他国家竞争。他在自己国家里经常与这样的资本家斗争。艾尔文举出三条理由为自己的回答做解释:第一,一旦甘地死去,印度的局势将会大大改变。他的意思是甘地阻碍了在英国方案的基础上解决印度问题。他说,到那时一个新的领袖,而不是尼赫鲁,就能与其他各党派达成协议。第二,印度全国人口中只有一千万男子可以服兵役,现在被征用的已有四百万人。第三,他说国大党用来解决问题的计划与民主的原则和目标背道而驰,原因是这个党主张一党独裁。以上就是英国的观点。

当天晚上,华西大学的五位校长为代表团举行晚宴。

12月2日,我会见张群将军。虽然他现在任四川省主席,但从1935年至1937年他曾担任外交部长的职务。我与他商讨了中英结盟的想法。中英结盟再加上美国会成为指导战后恢复和建立新秩序的核心力量。我向他解释了我的看法后,他表示赞同这样的结盟。他说英国人民很保守,对往事记忆很牢。一旦感到受了别国的侮辱,他们是不大会轻易忘掉的。他说这样的结盟很可取,对中国有益处。他认为,尽管在中英之间不可能发展成像现在中美这样牢固的友谊,但忽略和轻视英国,对中国是危险的。他说,我应该再次面陈委员长,建议促成中国与英国结盟。

在谈到和英国的关系时,张讲了个有趣的故事。他说,温德尔·威尔基到成都拜访他时曾讲道:斯大林元帅在欢迎威尔基访问莫斯科的宴会上为英国祝酒时,当着英国大使寇尔的面称英国是偷别人飞机的国家(美国应中国紧急要求经印度向中国运送飞机,可是,英国却扣住飞机,攫为己有)。显然,斯大林是在设法丑化英国的形象来为威尔基说话。

12月3日，代表团和我出席成都市参议会和华阳县参议会举行的午宴。我应邀讲话，强调了三点：四川省在张群领导下发扬了民主；这次聚会体现了团结精神；英国国会访华团的来访是为了促进两国人民间的友好关系，是联结两个爱好民主民族的纽带。特别这最后一点，我认为对世界的民主事业极为有益。

下午，皇家空军人员与中国大学联队比赛足球。双方都踢得不错，最后以二比二言和。我看这是个令人愉快的结局。因为无论哪一方取胜都会令人尴尬。赛球时的场面使人难忘。观众有数千人，其中不仅有学生，还有各行各业的民众。中间休息时，人们陪我们到博物馆参观汉藏艺术。引人入胜的展品和巧妙的陈列使我们难忘。球赛结束后，人们要求我们向在场的广大观众讲话。接着，学生们拥过来纷纷要求我题字留念。经过两位大学校长的反复说服，学生们才放我离开球场。

英国侨民在加拿大传教会为代表团举行晚餐会，由传教会的贝尔博士主持。张群、卫德波、劳森、欣克利和我都讲了话。我谈到，这次聚会由于皇家空军军官的光临而具有特殊的意义。并谈到，英国教士、医生、科学家和教师们的无私服务，为帮助中国现代化而不倦地工作。我还特别强调了中英关系的新精神。

访问灌县是一次令人难忘的经历。我们去那里是为了参观三千年前修建的水利工程。午餐后，我们一起步行了很长一段路去看一座悬索桥。据说，这是世界上第一座悬索桥。它是用竹索和木板构成的，看上去已磨损殆半。泰莽亚徒步过桥，的确够大胆。我走过桥时真是胆战心惊，因为当我们一步步小心翼翼地在桥上挪动时，吊桥在空中来回摇晃。一步失足就会掉入下面的激流之中。这座桥大约有五百码长。

我们从灌县赶回成都，已将近六点钟。我赶到军校，就英国和战后时期的情况做了一个小时的报告。我坦率地讲到，盟国取得共同的胜利后，英国仍将在军事上和外交上占有重要的地位。

我要求学员们从战后我们的外交政策这一角度来仔细地研究英国。我强调指出,英国和美国都具有很大的影响,英美阵营将会在战后统治世界。

12月5日又参观了一些古迹。我们去望江楼观赏了长江支流,又看了武侯祠。访华团的一些成员上街买了些东西。我们去了一座佛寺,在那里看到和尚念经,并参观了他们的住处。晚上,轮到我为张群将军和夫人以及访华团举行宴会。出席宴会的客人有四川大学校长黄季陆(后来在台北任"教育部长")、空军学校校长毛邦初和国民参政员吴贻芳女士。

关于这段时间,我在日记中记下了这样一段话:

> 每天的安排太满了,正像泰莼亚对我讲的那样,人的大脑不可能把所见所闻都吸收进去。然而,总的印象不错,尤其是中国年轻人机警活跃,富有进取精神,热切地要表现出中国的最佳面貌。他们充满自豪感和雄心勃勃的精神。缺点是缺乏经验,未能或不注意研究对方的心理以及不善于与人交往。这是成长中的一代很难避免的。

> 他们过分迫切地希望给外国人好印象,并怀有极大的好奇心。但是如果考虑到中国的这些地区极少有外国人来,特别是像英国国会访华团这样的外宾,便会感到这一切都很自然了。如果人们曾经看见过外国人的话,他们见到的也只是外来的传教士和教师。可是在我看来,总的印象,尤其是对年轻一代的印象,是令人满意的。他们渴望学习,求知欲强,而且精力旺盛,生气勃勃。当然,访华团遇见的人并不都是四川人或陕西人。从全国各地来的难民中,有的住在诸如重庆的沙坪坝,那是南开中学的所在地。有的住在华西坝,医生和学生步行了几千里来到这里,往往还要冒着生命危险偷越日本人的封锁线。我们所见到的人们,无论是难民还是当地人,确实使我们感觉到中国的未来是大有希望的。

> 我遇见的地方领袖也给我留下了很好的印象。他们工

作效率高,大都受过一些现代教育,并对世界各地很感兴趣。其中有胡宗南、朱绍良、四川大学校长黄季陆和张群。我看他们是真正出类拔萃的领袖人物。邓锡侯常常被人看作是那些老式军阀中的一个,但在和访华团会谈时也是谈吐自如。所以,访华团和我对所遇到的人们的印象都是良好的。这也证明中央政府和委员长用人得当,对人尽其才这方面特别注意。

12 月 6 日十一点我们离开成都飞往昆明,于两点十分到达。由于逆风,这三个多小时的飞行时间比通常长了一些。同机的还有十个年轻的中国飞行员,他们去印度把美国的飞机开回中国。我们在昆明受到了盛大的欢迎。欢迎的队伍整齐地排列在飞机场上。首先是省政府的官员们,跟着是昆明市长、军方代表和男、女童子军等群众组织代表,以及中小学学生、民兵、工会等等。他们把花环戴在我们的脖子上;然后我们离开机场前往驻地。

我首先拜访了省主席龙云,这是我第一次见到他。他看上去性格坚强。他是一个旧式军人,充分意识到自己的力量。他给我的印象是,全省都在他的严密控制之下,尽管在昆明郊区驻扎着中央政府的一两个师。这些部队到这里来说好是为了去缅甸。龙云把省会完全地掌握在自己的手中。但是中央政府在昆明以外云南其他各地的影响还是明显的。宋子文既是省主席的朋友又是委员长的亲密同僚,所以成了委员长和省主席间不可多得的联系人。虽然在短暂的停留期间,我也曾听到省里官员对中央政府关于云南政策的不同意见,有时是抱怨,但从表面上看,双方的关系是相当和睦融洽的。省里有些人似乎担心中央政府实际上想控制这个省。

龙云看上去非常精明。他对欧洲及世界各地的局势非常了解。这对一位从未出过国、甚至在国内都很少走动的人来说是很不简单的。通过他就欧洲提出的问题来看,我断定他是同情法国的。这并不奇怪,因为在他的省政府和滇越铁路管理局之中有相当一批法国顾问。

后来,访华团正式拜访了龙云,当时我也在场。泰莞亚对会客厅的天花板和墙壁上的装饰物感到好奇,询问甚详。主人解释说,壁画实际上是法国画家罗萨·博纳尔所作。主人用法国香槟酒招待客人。有人告诉我省主席喜欢客人久坐,所以我尽量拖长时间,尽管访华团的成员们看上去很疲劳了,而且没有多少问题可问。省主席非常活跃,提出了许多问题。看来四十五分钟的访问使龙云很满意。

晚上,省主席在省政府为访华团举行正式宴会。这次宴会很堂皇。通往总部的路上铺满了松叶,这是对外国贵宾表示崇高的敬意。道路两旁点着中国纸灯笼。省主席的军乐队奏乐迎接我们。中餐西吃是件很费事的事情。菜肴中也有特别风味菜,如熊掌和烤乳猪。按照惯例,主人致欢迎词,访华团的四位成员分别作适当的答谢。

翌晨,访华团开了一个会,请我参加。目的是说服我向当局建议缩短日程安排。访华团的三个成员很想得到一些休息时间,不过劳森的要求正相反。他想尽可能地多看一些,特别是工厂,因为他担心没有机会再来中国了。为了符合大多数人的愿望,我便会见了接待委员会的人,包括黄仁霖将军。黄仁霖是委员长派来协助我照顾访华团的。我们压缩了日程安排,满足了访华团大多数人的要求。

翌日一早,艾尔文好像觉得不舒服。听说他告诉访华团秘书多尔森,他夜里浑身发冷,非常难受。早餐时,他也对我讲了这些话。我随即吩咐侍者在他的床上铺一条毯子,因为床上根本没有床垫。他似乎有些发烧。我派人请聂大夫给艾尔文看病。聂大夫过去在约翰尼斯救济院看病,现在主持昆明的四所医院。

按照日程安排,第一项活动是去参观龙门的名胜太华寺。那天天气不够理想,下了薄雾,五十码以外什么也看不清。我们在寺内一间宽敞的大厅里进午餐。大厅的门窗都被卸掉,因为这是庆祝重大场合的中国习俗。但是,时值十二月,厅内没有取暖设备,大块的四方石板地上也没有地毯。风吹到访华团成员和我的背上,冻得我们浑身发抖。我告诉负责午餐的人把长形大门安上,再想办法拿一个炭炉来驱驱寒。可是炉子上没盖,加上炭是匆匆忙忙地点燃的,大厅里到处是烟,弄得大家都很难受。这一件小事表明了各国的风俗习惯的不同,因为除了非常现代化的房屋之外,整个中国的生活方式就是如此。重大场合就是以这种形式庆祝的。在场的人,无论是客人还是主人,本应都穿上厚厚的棉衣来御寒。可是,对于欧美人来说,事先没有思想准备,这种滋味是料想不到的。我本人尽管是中国人,也没有预先想到这一点。所以,我和英国客人一样感到很不舒服。

下午,同访华团开了一个会,讨论的主要内容是关于访华团在行将回国之际要向中国人民讲些什么。几个草稿都读给我听了。我建议提一下是委员长邀请他们来中国的,同时表示希望将来有一天英国能够迎接一个中国代表团。我还建议给委员长本人发一个电报。他们一致同意了后一个建议。至于表示希望中国派代表团访问英国的建议,艾尔文有些犹豫,因为他不能肯定委员长是否赞成派代表团访问英国。我不好为这个建议争执。可是,我后来告诉泰莎亚说,这样做是适宜的,完全可以表示欢迎中国代表团访英的希望。访英代表团不必是一个议会代表团,因为,正确地说,中国还没有议会。可是中国是可以组成一个合适的访英代表团的。例如,从国民参政会、中国新闻机构和大学等单位各出两人即可组成一个代表团。他完全赞成在给委员长的电报里提到这件事,结果确实这样做了(一年后,中国派出一个友好代表团赴英访问)。

12月8日访问了由陈纳德将军指挥的美国空军司令部。这次参观既有启发性又有意思。在泰莎亚的建议下,我告诉其他人员不要跟着我们,因为他觉得,这样陈纳德在谈到他的需要和计划时会感到更随便。这位美国将军首先对我们讲了他的空军在中国的活动。他说,美军轰炸机多带一箱汽油便能从昆明飞到香港空袭那里的日本人。我们看到各个目标被轰炸后的照片。很明显,空袭取得了巨大的战绩。陈纳德强调指出,空袭是十分成功的。因为日本人从未想到会有这样的空袭。从照片上看九龙码头的损失尤其重大。他告诉我们,若是得到更多的支援,便可轻而易举地到达台湾。这个岛是敌人海上交通总部的所在地,也是对盟国威胁很大的空军基地,是当时敌人在西太平洋上最重要的基地。泰莱亚说也可以让在印度的皇家空军仿效陈纳德的飞机的做法——不时狠狠地打击一下敌人,然后飞回在印度的基地。泰莱亚说,这样做所需代价很小,执行这项任务只用英国全部军火生产的一点点就够了。他还说,他将运用代表团的最大能力敦促将所需供应送到中国。陈纳德给我们看了霍克式和B—40飞机,后者在速度和灵活性方面不如B—43,可是在火力方面胜过B—43。

我们从陈纳德的司令部匆匆赶到西南联合大学。它是由清华大学、北京大学和南开大学联合组成,全校统一领导,有三千多学生。当我们于上午十一点到达学校的时候,听说大部分学生从九点半就在露天等着我们。我们见到的一切给访华团和我留下了深刻的印象。学校里几乎没有坚实的建筑,都是比较简陋、破旧的土坯房,三三两两散布在校园里。校园内还有很多日本人空袭留下的弹坑尚未填平。可是男女学生们都显得精神振奋、敏捷而聪明。清华大学校长梅贻琦介绍了访华团成员以后,卫德波以访华团的名义向露天里的广大学生讲了话。散会后,我们被领到会客室。可是,有几位教授来说,人群不肯散开,非要我讲几句话。于是我去讲了五分钟。话题轻松而幽默。因为我注意到,在寒冷的上午等了两个多小时以后,人们的注意力渐渐减弱了(事实上,在卫德波讲话期间,就有两三个学生晕过去,被赶紧抬走了)。我简短的、带有诙谐笑话的讲话似乎使听众轻松了一些,因为他们发出了阵阵的欢呼声和笑声。

为了不使访华团成员过分疲劳,又能完成参观的日程,我们安排访华团成员分别在同一时间里参观不同的地方。劳森去参观工厂;泰莱亚在农学院就农业和化肥对人体健康的影响做了讲演。事后我们会合去吃午餐,然后参加了由国民党省党部、三民主义青年团、昆明市政府、抗敌后援会和战地服务团等单位联合举行的欢迎会。这次大型欢迎会是在过去的省议会举行的。大约有四千人出席,人们一直挤到了通往大楼的道路上。会议组织得十分出色,非常感人,以至泰莱亚和卫德波都要求讲话,虽然事先只安排劳森以访华团的名义在会上发言。大会主席也让我讲几句话。我开头讲了几句轻松的话,以打破大厅的严肃气氛。欢迎会的秩序井然和与会者的良好神态都给访华团和我留下了极好的印象。

　　由于艾尔文感觉不舒服,我向省财政厅长缪云台建议把艾尔文的情况报告给省主席,并派人代表省主席看望一下。我感到这种礼节性的关心是适宜的。

　　晚餐后观看了京剧,戏的音乐节奏对外宾来说似乎慢了一些,但他们认为汾河湾和黄天霸这两出戏很有趣味,非常喜欢看。尤其是泰莱亚看得津津有味。我给他解释戏中动作的含义和剧情。

　　访华团即将离开中国,因此为他们安排了一次记者招待会。泰莱亚希望让修中诚教授(牛津大学中文教授)出席。可是,多尔森似乎反对这样做。他们就记者招待会征求我的意见,我说招待会是为访华团召开的,访华团愿意说什么我都没意见,无论访华团愿意讲什么,都由自己决定讲话的内容。最后,艾尔文和劳森以及其他两位都同意了。

　　出于礼节,泰莱亚还给我看了致委员长的电报,对访华团受到的盛情款待表示谢忱。

　　艾尔文出席了记者招待会。他看上去很不舒服,他这样的健康情况实在不该来开会。多尔森到我的房间来告诉我,艾尔文对一直在他那里不断和他谈话的两位中国人感到厌倦。虽然他明白受命去照看他的中国人这样做是出于礼貌,他还是愿意一个人呆着。我说这件事我来办(事实上,我事先知道他们可能去看望他)。我发现艾尔文对接待委员会派去照看他的两位中国先生显得不耐烦,尽管我早些时候曾经向他建议过,他如果愿意上楼休息,而把那两位先生留在楼下,他就会十分适意了。另一次,泰莱亚用略带抱怨的口吻对我讲了楼梯口卫兵的事。每当他在夜里去我们所住学校大宿舍另一端的厕所时,卫兵都向他敬礼。他对我讲,三次中仅有一次他得以避开卫兵的注意。他感到穿着睡衣受人注视很难为情。这些虽然都是小事,却表明了两个民族的不同习俗和生活方式。中国人总是尽一切可能表示最大程度的礼貌,然而过分的礼貌并不总是令人愉快的。我当然懂得这些,于是采取了必要的步骤来改善这种情形。

由于天气的缘故,卫德波病倒了。他感到很难受。我们劝他设法去住旅馆。因为聂大夫也病了,我们便请美军的医生马歇尔少校给他诊治。发现他有些发烧,便劝他立即卧床休息。我把自己吃剩下的一种叫做"盘夫拉温(黄色素)"的药给了他治嗓子。这种药在昆明是不容易弄到的。

我们参观了第一中学。学生们纷纷出来迎接我们。高中生一律身穿校服,低年级的学生穿着童子军服。他们列队站在校门口。我们一到达,指挥员高喊立正。访华团对参观学生的宿舍及饭厅尤其感兴趣。我们参观时,迎接我们的学生显然很迅速地解散回到各自的教室了。所以当我们进到教室时,他们都已整整齐齐地坐好,一人面前一张小桌。当时正接近午餐时间,我们见到餐桌上摆着很简单的饭菜。有三个菜:一份素炒土豆,一碗清汤和一碟炒豆子。每张桌子八个学生,一点儿肉也没有。

云南大学的两位教授来请我去他们大学讲话,大厅里聚集着大约八百名学生。当我讲话的时候,他们看起来都聚精会神地听。我讲了世界局势,这次世界大战和战时英国人民的状况。我同教师们谈了一阵。他们告诉我,云南大学遭到了敌人轰炸的严重破坏,二十一颗炸弹落到了校园里。教师和学生自然都感觉生活很艰难。每个学生一个月要花三百元才能吃到米饭和一份青菜。这确实难以维持他们的营养。许多学生不得不在城里花一部分时间干活,以获得一点收入。有些学生已完全放弃了学习而去谋生。教师与学生们一样也是生计艰难。

我急于要向访华团了解他们对中国的印象。泰莱亚说,他发现中国人诚恳、果敢和勤劳。返回英国后,他要促进中英合作,以帮助中国发展经济。他说,中国的一些工程师干得很不错。但是他怀疑这类人才是否够用,而且中国是否有财力投资建设大型工厂企业。他认为,英国派遣金融家、企业家和工程师到中国来是一个好主意,这些人可以研究合作的可能性,并且商谈具体事项。他们不一定急于立即得到订货单,但可以为战后的起步铺平道路。他的一番话证实了我在英国时的印象:英国最感兴趣的不是在战时如何援助中国,而是怎样在战后促进双方的贸易、商业和投资。

后来,在访华团行将离开中国返回英国时,我同泰莱亚又进行了一次谈话。他对我简述了他回国后的打算。他说他将就访华团的调查结果在上院提出辩论,力促英政府采取行动加强同中国的合作。他认为这也许是在战争期间引起人们注意中国及其重要性的唯一途径。当然,在战后的和平时期肯定会引起注意的。他提及了贷款一事,并且说他不赞同伦敦政府的态度。贷款总额只及三日的战时开支。至于印度,他认为问题非常复杂,现在还根本没有弄清楚。邱吉尔在代表团临行前夕对他们讲,给印度以自由是可以的,但是,如果印度由国大党来统治,将会有什么样的民主呢?泰莱亚热衷于战后的企业前途,急于先派出一些工程师来研究在中国投资的可能性。他认为,成功之道在于同中国资本家合作,共同担风险,共享所获利益。他认为中国局势的稳定不再成问题。他看到了一个强有力的政府,而且会继续保持这种状态,同过去的不稳定状况不一样了。他说,他发现各省主席均富有才干,思想进步,人民同心同德,群情振奋。

访华团于12月11日离开中国。像他们来时一样,通往飞机场的道路两旁站满了代表不同组织和社会团体的人群。其中有自愿来的,有中学生、三青团等等。人们请访华团检阅欢送队伍,可是泰莆亚却急于去飞机场,不愿走出汽车。但在我们的劝说下,他还是出来代表其他成员检阅了送行群众。省主席龙云来机场为访华团送行,并用香槟酒送别。到机场上送行的人非常多,因为这里面不但有中央政府的文武官员,还有省政府的人员。

英国国会访华团历时一个月的访问至此结束。这是中英两国历史上前所未有的大事。

两天后,我飞回重庆,就访华团的访华结果向在黄山的委员长进行了汇报。他让我把客人们的印象以及他们所到之处受到招待的情况讲给他听。我就自己所见将访华团的印象概述如下:(1)在他们看来,中国已确实实现了统一,政治局势看起来稳定,最近十年或十五年之内不会发生任何严重的动乱。(2)他们都感觉到,中央政府的权力已有力地扩展到各省份。(3)服务与献身精神非常明显,在重庆之外的各地均可感觉到,这些地方在维持和平与秩序方面取得了实质性的进展。他们还注意到,驻扎在各省的中央军、三民主义青年团、干部训练团以及各学校的童子军和学生军训营都保持着严格的纪律性。(4)中国的国土辽阔,人口众多,给访华团留下了异常深刻的印象。(5)尽管从物质的角度来看,中国的发展仍是很落后的,然而他们对中国人民在物质方面用有限的简陋工具和物资取得进展的丰富才智表示钦佩。他们清楚地看到这样一个事实:中国人虽然穷,但没有一个人有饥色,相反,他们看上去很快乐。在这些方面,他们发现中国人显然不同于印度人。(6)他们对各省官员的才能也印象很深,看上去都富有才华,治理有方。(7)中国人民对访华团表现出的极大关注使他们感到高兴。(8)他们觉得四川省会成都是个非常令人难忘的城市（成都确实如此，我们中国人常常称之为"小北平"）。

委员长询问访华团是否得到什么不良的印象。我先讲了几个使访华团感到不舒服及不便的例子，这些事情本来可以不发生的。最近的一起是他们在昆明的住处条件不好。在陕西，他们讨厌飞扬的尘土。我还举例说，他们在成都对司机的冷漠无情的态度感到吃惊。那些司机飞车驰过熙熙攘攘的街道，对行人的安全不屑一顾。在重庆，他们对路上照看他们的警察表现出的过分热忱和对待老百姓的不必要的严厉态度感到不安。其中一位代表对中国到处都有严密的组织表示忧虑。访华团似乎有些担心中国最终会成为一个军人国家。

我还告诉委员长，访华团在成都郊区看望了皇家空军人员。我清楚地看到他们两方相见时激动的神色。我告诉委员长，为这些军官提供的住所好像不太整洁卫生，军官们曾对访华团流露出抱怨之词。我建议委员长采取步骤改善一下他们的状况。鉴于这些军官生活单调乏味，我建议在即将来临的圣诞节时委员长可以用他个人名义派人送给他们食品和皮背心。倘若可能的话，再由一个民间慰问团体送去一些娱乐用具，如象棋和一些国外的英文画刊等等。委员长显然有些触动，用笔记下了我的话。同时，他好像对我的评论有些敏感。他问我，毛邦初将军在访华团看望时是否在场（毛是附近航空学校的教育长，负责照料皇家空军军官）。我说我已把这些情况告诉了毛。毛解释说，这个地方遭水灾，到处摆满了涉水用的石头。现在院子里水干了，便显得比过去零乱。我绝非说某个人的坏话，我热情地赞扬了毛将军的航空学校。委员长对我的报告表示嘉许。可是他指出，皇家空军军官是出于他们本国政府的意愿来这里的。我建议向英国大使馆的空军武官了解一下，中国当局可以在哪些地方帮助改善这些人的状况。

访华团在如此短的时间内见到了比任何普通旅游者所看到的多得多的东西。总的来讲，这次访问是成功的。访华团对战时中国的精神面貌、政府的政策、人民的气质以及中国在战争中面临的问题均获得了一个总的印象。另一方面，这次访问使一部分住在过去被认为是闭塞地区的中国人对英国取得了一个激励人心的印象。因为访华团是由三个主要政党的成员组成的。英国在中国人民心中是民主之乡，是第一个与中国大规模交往的国家。英国国会访华团的到来使中国人民知道，英国人民对中国怀有十分真挚的钦佩之情，愿意和中国人民友好。这次访问对促进两国间的同情和了解肯定是十分有益的。因此人们完全可以认为，派出一个友好访华团的想法是十分可取的。而且这次访问使访华团对中国的状况和中国人民的抗战精神了解到如此多的情况，得到如此现实的印象，的确是一次成功的访问。

但是并不是说访华团成员的印象全是良好的，或者任何一件事都会增进两国间的了解。一般来说，他们会带着这样的想法回到英国，即中国政府的某些领导人是反英的，尤其不喜欢珍珠港事件之前的英国对日政策，因为这个政策被视为有损于中国。再者，访华团的某些成员觉得他们有一两次受到了委员长和蒋夫人的有意轻慢。总的来说，他们觉得中国政府的领袖们不了解英国的状况，不清楚英国政府在欧洲面临的问题，并且不了解世界各地的实际情况。

然而，我认为，通过他们向英国政府的报告和英国各地人民的讲演，这四个人在促进英国人民对中国的了解方面产生了深远的影响，从而进一步增强了英国人民对中国人民的感情。我将在以后再叙述这些事。

第四节　在国内的其他一些谈话

1942 年 12 月

我同一些中国领袖人物继续进行了重要谈话。实际上，我留在国内的一个目的就是商讨关于中国国际事务的若干问题。当然,我主要关心的是如何改善中国同英国的关系。而我的许多政界朋友也想和我讨论中国对外关系的其他方面。此外我还探讨了中国的抗战和其他的国内事务,如重庆政府与共产党的关系等问题。

在昆明期间,我接待了来访的一些政界、军界和教育界人士,其中有杜聿明将军,他当时是赴缅甸的中国远征军司令长官。我们于1942年12月9日进行了交谈。我请他叙述了战前为中英合作进行的谈判。他证实了商震和李惟果过去告诉我的话。杜还给我讲了在缅甸各方关系的现状,叙述了中国军队撤入印度和中国本土的经过。他说商震访问马来亚以后,中国曾于1941年2月主动提出可以提供三至五个军的兵力。当商震在新加坡见到布鲁克·波帕姆时,两人一致认为主要的危险是来自陆地方面的攻击。太平洋战争一爆发,委员长便命令三个军立即开赴缅甸。然而在英国当局的要求下,他们停止前进,留在中国境内,只要了一个师去缅甸东部监视敌军的动向。但是,当仰光于1942年2月20日受到威胁时,英国人突然要求中国增兵。这一要求立即得到了满足。部队于2月底到达缅甸的指定地点,可是发现并没有进行战争的统一计划。英国的真实目的似乎是想逐渐撤回印度去。但是中国军队决心打败敌人,若是不能成功,则撤到缅甸北部的山区进行游击战。委员长的命令是:"只准成功,不准失败,得进则进,不得进则退,撤入山区开展游击战。"

杜将军说,他同意去援救仁安羌的英国人,可是不愿意把一个师派到彬马那以西,从而分散他的兵力。据他得到的情报,那个方向并无敌军经过。派去一个师就会把他的左翼暴露出来。由于敌人新增加了三个师的援兵,左翼已是勉强维持了。但是,那个地区的总司令史迪威非要这样做不可。卢汉[①]将军起初也这

---

① 卢汉当系罗卓英之误,下同。——译者

样坚持。杜将军去见卢,向他解释了这样做的危险。此时卢已经命令这个师向西开进,但是他同意取消这个命令。前面所说的两个月的拖延和 3 月份的错误是盟军在缅甸失败的原因。杜将军主动把他的装甲兵撤回本国,从而挽救了十分之九的兵力。卢将军的队伍本也可以如此行事。事实上,(卢军)在战斗中死亡六千人,伤九千人,而在向印度的撤退中,大约有七千人死于疾病。他们涉过害虫孳生的河流沼泽,吃野草、喝脏水,一直到他们接到命令改走山路,行军才不再那样艰难。可是他们仍不得不穿越丛林。至于英国方面,杜断定它从未打算用武力把缅甸从日本人手中解放出来。他说英国的理论是,如果缅甸丢给日本人,英国还能重新把它弄到手,而倘若缅甸在中国的援助下得救了,把中国人请出缅甸将会非常困难。

我在昆明郊外的温泉同龙云省主席、蒋梦麟和梅贻琦在一起度过了一天半,然后我于 12 月 11 日同缪云台飞往重庆。飞机于上午十二点三十分降落,礼宾司司长和外交部的其他三个人来迎接我。我得知委员长已给外交部总务司长李惟果打电话,让他派车接我。

翌晨,我的一些朋友来拜访,其中有邵力子。当时他是包括有共产党在内的各党派组成的国民参政会的秘书长,还是委员长的亲信机要秘书。他来了解我返回英国的计划,还给我讲了中央执行委员会的政策声明。它主要是强调国民党与共产党关系的重要性以及国际关系诸方面的问题。关于前一点,他说委员长作为国民党的总裁主张对共产党人实行宽大为怀的政策,但是党的一些领袖仍坚持严密监视的政策。邵评论说,实际政策是表面上宽宏大量,与此同时对共产党的活动予以极其严密的监视。他说,共产党领袖也赞成双方保持和平关系,而实际上,他们或许也同样对中央政府抱怀疑态度。至于国际关系方面,他告诉我说,我国政府提议在重庆建立一个国际委员会,由中、英、苏、美四国代表组成,以期为中国与盟国之间修建道路和交通设施作出安排。苏联方面觉得此举多余,因为中国业已同意在莫斯科直接与苏联政府讨论和谈判这一问题。

12月12日,我出席了王宠惠举行的晚宴。他还邀请了甘乃光和程沧波参加。他们二人新近分别被委任为国防最高委员会副秘书长和宣传部副部长。我们商讨了如何进行宣传工作的问题。王不赞成定期召开记者招待会,也不赞成让各部代表轮流担任记者招待会的发言人。他们征求我的意见。我说定期举行有中外记者参加的记者招待会是有好处的。可是我认为,每次让不同的发言人主持招待会的想法未必可取。我还告诉在场的诸位,尤其是新上任的负责宣传的两位官员说,与英、美、苏直接有关的各条战线的战况都相当活跃,而中国战区在他们印象中则显得很平静。因此我说尽可能多地发出中国在战争中所作出的努力的消息是十分必要的,以便能扭转国外普遍存在的印象:中国毕竟不是世界大战的一个重要因素。

翌日,我到委员长的住所做了一次有趣的会见。他派总参谋部的(?)皮宗敢上校接我去黄山。同车前往的还有委员长的私人医生吴麟孙大夫。他自1927年起一直照料委员长的健康。我们于十二点三十分抵达委员长的黄山别墅。委员长首先和我讨论了英国国会访华团的情况,如上文所述。然后他问我何时回英国。我说这正是我要向他请示的一个问题。如果没有重要的原因需要我继续留下来,我希望年底前动身返英。委员长说,及早返回英国很好,因为我呆在那里非常重要。(是日晚些时候,他问我是否已同薛穆见了面,并建议我先不要把即将动身的事告诉他。此外,当我们讨论我需要在重庆做的全部工作时,我明白我不会很快动身赴英返任。)

我告诉委员长,英国报纸报道说蒋夫人有可能访问英国。如果这一消息属实的话,我愿意及早回到伦敦为她的访问做必要的准备。他回答说,英国大使送来艾登的电报,邀请蒋夫人访问英国。他说,如果蒋夫人认为可以在从美国归国途中以个人名义在英国访问几天的话,他便赞同这一想法。

我还告诉他,伦敦大使馆武官唐宝黄上校对我表示,希望我国政府派一个代表团去英国访问英军司令部,研究最新式武器和作战装备。关于这一点,委员长说他已经考虑过了,并已让熊式辉将军在返回华盛顿的途中去英国。

午餐后休息了三十分钟,委员长来看望我们,并陪我们出去散步。他显示出了相当的毅力。我们步行了一个半小时,登上了几座坡度很大的小山,顺着难走的石阶下山。在一座山顶上,委员长发现有一个地方不整洁,立刻命令他的随从告诉附近的值班警察把它清扫干净,并逐日照看。散步时,我给他讲了英国国会访华团员的几件轶事:有关钱财的事;卫德波的酒量;他们对成都皮货和丝绸的喜爱和温特顿关于邱吉尔继承人问题发表的议论。我给他讲了英国政界的几件事情,如邱吉尔的牢固地位,他的继承人问题,英国选举制度和现任议会还能维持多长时间等问题。这一切看来都使委员长深感兴趣。他不停地提出问题以便多了解一些情况。

散步后,我们在一起喝茶。委员长给我讲了英国大使寇尔的"蛮横无理",举出了好几件事;他为英国派到重庆的货币专家罗杰士的问题给委员长的无理来信;寇尔辞去大使职务之事;委员长对大使要求会见一事交给董显光的答复;以及委员长拒绝见他达半年之久。寇尔曾经请求委员长帮助他让艾登允许他在中国长期呆下去,而这显然是委员长所不愿意的。他随后任驻莫斯科大使是委员长推荐的结果。委员长说,他曾对寇尔表示了极大的诚挚和友好的态度,但是这竟被后者利用来图谋个人利益,寇尔的确非常喜欢做官。委员长告诉我,薛穆虽然能力略低,却是诚心诚意,不像寇尔那样滑头和无礼。

委员长还告诉我,邱吉尔8月份写来一封信,我想信是有关印度问题的。委员长说来信非常无礼,不屑答复。他还觉得倪米亚的可憎态度十分可悲(倪米亚是英格兰银行派来解决贷款问题的金融专家,同时来研究中国的货币问题)。

这次谈话使我清楚地看到,除了造成中英摩擦的几个重要问题之外,还有私人关系以及与几个英国驻重庆代表之间的争论。这一切都只会加剧两国间的隔阂。

后来,我们又花了一个半小时讨论中英关系。一个时期以来,我一直在向他请示(在伦敦通过电报,在重庆与他谈话),现在他给了我指示,指示很清楚:(1)在西藏问题上,英国必须停止会使中国发生恶感的阴谋活动。否则,两国关系将不会得到改善。中国此时不要求很快解决这一问题,是中国对英国的很大让步。(2)关于不丹和尼泊尔,委员长对仍然不许中国人从印度经不丹和尼泊尔进入西藏表示不满。我对他讲了尼泊尔公使在伦敦对我的友好访问。委员长说尼泊尔王储也拜访过他。他让我对驻伦敦的尼泊尔公使表示友好,甚至建议我回去后送他一件适宜的礼物。(3)中国应该在英国多介绍中国的文化,使英国人更好地了解中国。我对他讲,我在英国曾努力使英国修改中学教科书中的中国史部分。他让我告诉教育部长陈立夫,对中国教科书中的英国史部分也进行修改。(4)我应特别对斯塔福德·克里普斯和李滋罗斯表示友好。这两个人曾经为中国说话,而后来他们在英国失势可能就是受此影响。他让我给克里普斯带去一件中国绸袍作为他的私人礼物。(5)英国威胁要终止中国在萨尔温江上的航行权,以此对中国提出取消英国在中国的内河航行权进行报复。有鉴于此,并由于英国坚持其主张,他表示中国可以提出废除同英国的其他许多条约。(6)至于印度,中国乃是为了英国本身在那里的利益,否则中国无意插手其间。他说他同甘地和尼赫鲁的会谈记录可以证明这一点。国大党本来即将接受得到了委员长和罗斯福总统保证的克里普斯计划。英国非但没有采纳这个计划,反而逮捕了甘地和尼赫鲁,把他们投入监狱。倘若甘地死于狱中,委员长说,他将在印度人民的心目中成为更伟大的英雄,而印度人民将愈加痛恨英国。他说英国的政策实在愚蠢。如果英国现在大大方方地使印度获得解放,印度将会非常乐于尊重英国在那里的经济利益,因为印度自身没有资本或技术来开发本国的自然资源,而且在三十年内也不会有这种资本或技术。中国毫无支配或统治亚洲的意图。赞同解放弱小国家是中国的一项基本国策,但中国无意采取任何积极步骤以使之实现,尽管这些国家把中国视为他们的当然领袖、把中国的文明视为亚洲的巨大遗产。他说穆斯林并非完全忠于英国(我想他指的是英国的一个论点,即穆斯林反对使印度完全获得独立)。(7)英国在治外法权条约谈判中的态度尚需大加改善。(8)关于经济合作,他说中国欢迎来自英国的工业规划专家、机械和运输设备。(9)他让我与孔夫人谈一谈,她对起草一个接待外国外交人员和贵宾的礼仪规定很感兴趣。他建议我在返回英国之前确定一套准则。

翌日,星期一,用过早餐后,委员长来说他希望我陪他同车去重庆。在车里他向我询问了一些驻外公使和大使的情况。他特别问及了钱泰、金问泗和胡世泽。这几个人都是我的亲密同僚,并把我看作是他们的"后台"。关于驻比利时大使钱泰,委员长问我是否应把他派回伦敦。我对此表示赞成,并说这将对中比关系很有益。此外,我说钱泰将有助于我的工作,成为我在伦敦的耳目。伦敦现已成为一个重要中心,因为有九个盟国政府设在那里。委员长询问钱泰与金问泗相比如何。我给他讲了两人在性情上的不同之处,以及他们的特长和各自的优点(巴黎和会时他俩都同我在一起)。我还提起了当时驻秘鲁公使李骏。我告诉委员长李的法语很好,他懂得怎样同外国人打交道,怎样融洽相处。李先生在巴黎受过一段教育。最初是我把他引进外交界,在巴黎协助我工作。以后他被任命为驻巴黎的副总领事。时隔不久,即被派为驻秘鲁的公使。他婆了陈篆先生的女儿。陈篆是一位老外交官,是民国初期我在外交部的同僚。以后,他接替胡世泽的父亲胡惟德出任驻巴黎公使。

我认为同委员长度过的二十四小时非常有益,而且很愉快。

我了解到我想知道的有关政府政策,尤其是委员长的个人见解。这次访问还使我更清楚地了解到委员长与英国人之间的摩擦和误解的诸多原因。其中的一个主要原因就是英国大使与委员长之间的关系恶化。我猜想,我带给他的消息及我对各个问题所表示的看法对他也很有用处,使他更透彻地了解到两国政府之间的隔阂所在。

回到重庆后,我继续按计划尽可能地同政府人士接触会晤。李宗仁将军访问我时,我趁机试探他的看法,特别是他在对英关系问题上的观点。我们谈了很长时间。他认为中国在战后应该同英国合作,而不应与之疏远。至于对日战争,他认为日本当局失掉了两次机会。倘若他们在攻陷南京之后立即以四十个师的压倒优势进攻汉口,中国就无法坚持下去。或者,如果他们在珍珠港事件之后立即进攻澳大利亚,使盟国失去这个太平洋基地,局势也许会彻底改观。李将军认为日本从这时起在任何一条战线上都无法严重地威胁中国,它不能发起任何决定性的进攻,因为那样只会更加分散它的力量。他说他从不相信日本会进攻苏联,虽然为了刺激苏联,中国的宣传总是散布日本会进攻苏联。在他看来,这个行动过于庞大,日本不会这样做。他说德国也失掉了两个机会——它未能在 1940 年夏季尽全力打击英国,而且未能在 1941 年 6 月进攻苏联之前占领土耳其和叙利亚。他说他曾力劝委员长使美国和英国注意到首先消灭日本的重要性,以便日后全力对付德国。

我见到了宋子文,报告了英国国会访华团回国的经过。我们还商谈了即将签订的中英条约,我将在后面提及此事。关于我动身回英国之事,他让我在重庆再住些时间——到 1943 年 1 月上旬——他预料到那时条约将签订完毕。他很愿意我同他一起去美国,但是告诉我不要专为他而去,尤其是委员长已叫他过了旧历新年再动身。他说他对委员长的要求感到有些惊奇,因此转而问委员长从何时开始用中国的旧历的。至于贷款,宋说薛穆大使在提到此事时对他说,他认为这件事在重庆无法解决,唯一的办法是等候宋访问伦敦。那时,在我的协助下,事情可以取得新的进展。宋说这不是他访问英国的主要目的,可是他认为这个问题在英国得到解决的希望最大。

我拜访了财政部长孔祥熙。他也与贷款一事直接有关。在访问时,我对他讲了英国国会访华团的旅行及其对中国的印象。我还告诉他熊式辉将军即将访问英国。我建议推荐他的儿子孔令傑上尉做熊将军访英期间的联络官(孔上尉就学于英国、熟悉那里的许多军人)。但是孔说,他的儿子即将前往美国看望蒋夫人。他还说熊式辉在美国并不成功,因为美国政府期待一位久经沙场的将军,而不是一位口谈政治经济的政治军人。关于贷款,他仍要我在重庆解决。他说他的次长顾翊群曾经建议用贷款来买印度的黄金,但霍伯器说,印度的黄金储备已只剩下 18%,再减少就有可能严重影响卢比的稳定性。

次日,我见到了国民党组织部长朱家骅。同我先前和宋讨论的一样,我和他商讨拟定一个去英、美讲学的人名单。这些人将就中国在战争中所做的努力等题目进行讲学,其目的是使国外对中国有更好的了解。我脑子里已有几个名字,曾对宋提过,这次又告诉了朱家骅。鉴于缔结新条约的谈判正在进行,我还与他商谈了保留还是重新组建中英庚子赔款委员会之事。

在为中国与国际间建立可靠的交通和运输通道的问题上,我接待了曾养甫和刘景山二位先生的来访。他们是为解决交通运输问题而特设的委员会的正、副主任委员。曾还是交通部长。刘毕业于宾夕法尼亚大学、并在北京任交通部路政司长多年。这两人向我讲述了他们的工作和成绩。曾经考虑过几项国际道路和修建工程,但后来又决定先把它们搁置一边。例如,决定不修建印度和新疆之间的公路,而是先建立一条航空线。由于政治原因,印藏公路的修建工程已中断。和苏联之间经新疆伊犁的道路过长(人们一年里只能来回走三趟),已经断定投资不合算。他们还对我说,希望英国在交通和运输事业上帮助中国。他们认为,说服英国允许中国购买运输机尤为必要,以便扩大和加强欧亚航空公司的亚洲航线。他们还建议请英国培训一大批公路、造船和无线电专业的工程师和技工。最后,他们要求敦促英国同意在中英之间建立无线电话和电台的联系。

他们向我讲述了委员会在公路、铁路和其他运输设施建设方面的实际成就,讲得很有意思。他们说,为修建滇缅公路用了二十三万人,十五个月中伤亡一万一千人。昆明军用机场是五万多工人用三个多月的时间建成的。美国人估计建成这个机场至少要花八个月的时间,但一条长六千英尺、宽四百五十英尺的跑道在很短的时间内就竣工了。他们说,美国曾借口中国没有足够的大军用机场,不肯给中国更多的轰炸机和战斗机。现在这两种飞机已经送来。

下午,我访问了孙科院长,一方面为了告诉他英国国会访华团得到的印象,同时也和他讨论一下西藏问题。孙说,西藏人对中国抱怀疑态度,特别是因为中国在新疆、西康和青海驻有军队。但是他说,我们不必过分焦虑西藏问题。他认为英国对西藏并无险恶用心,而西藏却完全依靠英国作后盾以防范中国。他赞同对西藏采取宽大政策,反对一些政府人士提出的派军队进驻西藏威慑藏人以便易于建立通往印度的交通线的主张。

杭立武先生来访时给了我一包资料,是关于如何最大限度地利用英、美、法等国退还的庚子赔款的意见。他说教育部愿意接管这个委员会,直接掌握这笔资金的运用。他说同法国商定的办法最不能令人满意。中华文化教育基金会在美国对这笔资金的处理也不顺利。因为,同英国一样,这笔钱不掌握在政府手中。他还告诉我,关于英国的贷款问题,孔祥熙赞成立即谈判解决,而宋子文却告诉薛穆此事只能在伦敦解决。薛穆已将宋的想法电告英国政府。因此,他告诉我,我向霍伯器提出的建议虽然已由他报告给伦敦,但是这个建议不大可能会被考虑,重庆也不大可能得到答复。我不妨补充一点:此事表明财政部长与外交部长之间缺乏密切联系,他们也没有就贷款的程序问题取得一致意见。虽然财政部对贷款问题负主要责任,可是宋领导的外交部对它也不无兴趣。

委员长于 12 月 17 日召开了每周例行的党政首脑的联席会议讨论国际形势。我同其他二三十人一道出席了这次会议。开会前,准备在会上做报告的委员长身边的两三个工作人员与我进行了会商。委员长主持这次会议。他表现出对国际形势了如指掌。

第一位报告人郭斌佳先生(他后来任联合国托管事务部主任)。他的报告内容是北非情况。他说,各大使馆及公使馆的报告都表明,德国在北非的力量仍相当强大,盟国要将之击垮尚需一些时日。接着发言的是张忠绂先生。我记得他是武汉大学的一位国际法教授,也是委员长的一位秘书。他强调了美国下届总统竞选的意义,提醒人们对候选人托马斯·杜威州长加以注意。他说,如果孤立主义者赢得竞选,将给美国外交政策带来巨大的影响。之后,陈博生先生报告了有关日本方面的局势。陈曾任北京《晨报》编辑,以后作为日本问题专家成为委员长的研究人员(他曾就学于日本)。他对大会讲,据最新报告,日本公众逐渐开始对这场战争感到厌倦。军人当局仍在竭力促使日本人民坚定起来,为增加工业生产而努力。但是很明显,日本军人当局感到了船只的缺乏,他们甚至在征用中国造船工程师和中国人在香港和上海的造船设施。日苏问题专家王芃生先生说,日本经济形势日趋恶化,并指出苏日渔业公司的股票价值大幅度下跌。他说,日本人已命令向北方开的列车停止运载普通旅客,而只运载军队——四个师的兵力——北上。他推断,这预示着日本将要进攻苏联。

但是,委员长说,中国必须等到日本确实开始进攻苏俄的时候,才能把可能性认作事实。他说,日本一定要等到它确信德国能够占据斯大林格勒,才会发动对苏俄的进攻。那时,日军将进军西伯利亚,直奔贝加尔湖,以保证日本不会受到苏俄飞机的空袭。至于欧洲的战局,他说德国的力量仍相当强大,在短期内不会被歼灭。就中国来说,军事实力是毫无问题的。换句话说,军事问题并不是最重要的,重要的是应该对外交和经济形势予以特别的关注。他说,英、美似乎担心中国会变得过于强大,他们似乎对中国抱怀疑和吹毛求疵的态度。事实证明,中国对外关系的道路并不平坦。他料想,在这一方面还会出现更多的困难,所以要求人们都要特别注意。

我对王宠惠博士做了短暂的拜访。他要和我商讨他为委员长起草的给罗斯福总统的复信。然后我出席了国民党秘书长吴铁城将军在党部举办的晚宴。宴会后随即举行了圆桌讨论会。题目是战后世界重建与新中国的关系问题。出席会议的有孙科、后来担任台湾立法院长的张道藩、曾任驻德大使的程天放、宣传部副部长程沧波等。我被邀第一个发言。我讲了英国人民的新态度。他们现在赞成一个有效的集体安全体制来维护战后和平,改变了国家享有绝对主权的观点,支持一个由空军组成的强有力的国际警察部队,作为保证和平的最恰当的手段。

讨论后,我又出席了孔祥熙夫妇举行的晚宴。他们曾邀我和他们一起进餐,以便就中国对英国究竟应采取何种政策私下商讨一下。我们谈吐自由,各抒己见。我在日记中记录下了如下的一段话:

> 我们一致同意,英国虽然过去是侵略中国的魁首,但是在战后的世界中仍将是一个重要因素。因此,我们必须妥善相待,而不应幼稚地感情用事。他们赞同合作,认为合作是可取的,但是怀疑与英国结盟是否可取或适宜。我觉得,在他们的内心里仍隐藏着一种不信任感,怀疑同英国进行合作的政策是否有益或者明智。他们认为,美国和英国全然不同。他们对我讲了罗斯福夫人命令卫兵在纽约保卫蒋夫人的这种特殊关照。他们使我感到,蒋夫人可能不去英国了。

他们说她讲话或许过于直率。

晚间十点十五分，我又一次拜访了王宠惠博士。他告诉我说，委员长在1941年7月尚赞同中英美缔结三方盟约。王还对我讲了他本人在印度为安排委员长的访问设法消除种种困难时所做的巨大努力。他认为，伦敦对委员长拜访甘地没有意见，但总督林利思戈勋爵不同意。总督在委员长离开印度时，不去为委员长送行被认为是严重的不礼貌行为。对印度的访问很不理想，当时弄假成真了。我猜想，王的意思是英国总督急于阻止委员长与印度领袖，如甘地和尼赫鲁，进行任何接触，千方百计地加以留难。当委员长不理睬他的反感时，他便采取了十分不明智的手段。

王还谈到了其他诸事。他说，寇尔爵士一再试图利用委员长对他的友好态度谋私利，这是委员长产生恶感的一个原因。关于蒋夫人的美国之行，他说她曾提出由他陪同，而且十分执意。但是他同样地坚持认为他的身体不适宜出行。

另一件事也表明中英两国的关系不令人满意。担任了近半个世纪中国海关总署总税务司的梅乐和爵士来拜访我。他告诉我，他在珍珠港事件之前为了保持中国海关的完整而没有离开上海。他对中国财政部对待他的态度表示强烈的不满，因为中国财政部突然将他辞退，任命了一个美国人负责海关总署。他说他已经为中国干了将近五十年，然而，他的工作和献身精神却没有得到承认。正是由于他在中国政府任职，他在上海拘留营被关了十二个月。现在他只要求中国方面为大约二百名原先在中国海关工作而现在生活贫困的欧美人付清工资，保护那些绝非自愿而是被迫在傀儡政府的海关工作的中国海关人员。很明显，梅乐和觉得受到了轻视。我则尽量安慰他说，孔祥熙博士的确非常赞赏他的工作，他会得到应有的褒扬。只是当英国大使馆在治外法权的谈判中提出海关人员是否廉正的问题时，孔博士或许才起了戒心。

12 月 18 日,我同张道藩讨论了中国在英国进行宣传工作的计划。我说我们应该向英国人报道中国人的生活,尤其是战时老百姓的生活。应该大力宣传中国对日本的长期而成功的抗战,以及我们为提高工业生产所做的一切。他赞成这些建议。但是谈到宣传部能否每周都举行记者招待会时,他显得有些迟疑不决。他说王宠惠不赞同这种做法。我猜想他们的理由是,由于实行着严密的审查制度,再加上整个政府是在委员长一个人的监督与控制之下,因此任何主持招待会的官员都要冒风险。看来他们两人都认为还是以慎重为上。

是日晚间,我在中美文化协会为我召开的一次会议上发言。会议是在中央党部举行的。我到达时,院内站着一百余人,大约有六百人把里面的会议室挤得满满的。杨格博士主持会议。我用英文谈了这次世界大战及其意义。从向我提出的问题来看,我断定听众是非同寻常的知识界。

次日,我又一次会晤了宋子文。我们讨论了有关对英关系的几个问题。我们首先商讨了关于英国竭力限制中国在西藏的影响的一些报道。我说,中国政府派一位高级官员进驻拉萨的做法是可取的,他可以送回局势报告。这比起靠间接报道获得消息要好得多。随后,我询问了蒋夫人去英国访问的可能性。他说,这完全取决于正在谈判中的中英条约是否能够早日取得圆满的结果,以及其他悬而未决的问题,比如贷款问题,是否能够解决。我问他,贷款问题是否应着手在重庆解决。他说这天上午委员长还对他大动肝火,问这件事为何仍未解决。他希望我有机会同薛穆商谈一下这个问题。最后,我们讨论了结束治外法权的中英条约问题。

我同农林部长沈鸿烈就中苏关系问题进行了交谈,这也是当时人人关心的一个重大问题。沈很有才干,是一位颇有名望的海军上将。他曾任青岛市长,在青岛以领导有方、办事干练著称。他过去与东北系的领袖如张作霖、张学良和盛世才等关系密切。

日本人占领东北后,盛世才从东北逃到新疆。因此,沈鸿烈对中苏关系问题,尤其是涉及新疆的问题,十分了解(后来盛于1944年接替沈担任农林部长,沈成为全国总动员委员会秘书长)。

沈很有兴趣地对我叙述了他的一次新疆之行。他把新疆与苏联的关系问题讲得很清楚。他说新疆是一个富饶的地区,占中国整个面积的六分之一。他说那里的四百万人口中,仅有二十万汉人,其余的大多数是穆斯林。众多的穆斯林人口现在多少是个问题。由于新疆的人口稀少,中央政府愿意向那里输送汉族移民。盛世才想要至少一百万移民,但实际上,由于运输困难,仅仅送去了一万人。沈说那里的文化水平十分低下。穆斯林中虽然有些人会讲俄语,但不会讲汉语。甚至有些汉民的俄语也讲得比汉语好。那里的大多数人完全受苏联影响。他说,新疆与中国内地之间没有贸易往来,但却把葡萄干和瓜果送往苏俄,换回苏俄的工业品。新疆使用的工业品都是来自苏俄的,甚至火柴都要从西伯利亚进口。

关于新疆的军事形势,沈指出俄国仍有几千人的军队驻扎在哈密。当盛世才宣告独立时,这些部队被派去防备中央政府的军队。现在盛将军终于归附了中央政府,而且正在试图取得中央的保护,以抵制俄国人的影响。正像他自己说过的,他未能帮助保住东北,他决心不再失掉西北。但是,要使这一地区不受苏俄的控制看来并非易事。甚至那些自称中国公民的人们看来也处于俄国的影响之下。但是,现在至少有一个外交特派员吴蔼宸驻在哈密,而且盛督办也开始把重大而困难的外交问题提交重庆了。盛世才自己的部队还不错,是以二万至三万精锐的东北军为核心组成的。他可以调动由两个将军指挥的两个整师。(这两个师曾于1929年被俄国俘获,并被作为俘虏送到西伯利亚。俄国人发现照看他们成了问题,伙食和看守问题愈来愈大,最后终于把他们遣返回新疆。这就是盛世才将军得以征用他们,并把他们编入自己的部队的来历。)用步枪和几门轻型大炮就足以对付那些穆斯林。

沈还很有兴趣地对我讲述了他任青岛市长时如何建立起一支抗日队伍的经过。起初,他的人寥寥无几,而到后来发展成了一支十五万人的军队,负责山东的防务。他说原山东省主席于学忠将军错误地让共产党人做他的部下。沈说,这一步最终导致了于的垮台。

12 月 19 日,我同吴忠信先生商讨了西藏局势。他是国民党的元老,任蒙藏委员会委员长。吴说英国历来的政策是把西藏变为中国、印度和俄国之间的缓冲国。但是,这三个国家在西藏的影响交错起伏。几年前,在他应西藏摄政之邀去西藏帮助筹备达赖喇嘛的坐床大典时,就不得不请求印度政府允许他穿过印度。这一请求很容易就获准了。在经过印度期间,他很小心地避免进行宣传。但一入拉萨,他就不仅仅是一位参加典礼的使者了,而俨然行使起一位"驻藏大臣"的权力。他说他完全是按照乾隆皇帝在 18 世纪颁布的典章制度行使他的职责。当西藏政府不同意依循古老的"金瓶掣签"方法从几位合格的候选人中确定达赖的人选时,他便立即与他们达成协议,要求西藏政府向他这位中国大员正式递交一封信,并由他转交给中央政府,请求中央政府主席下令公布新的达赖喇嘛人选。就这样,他设法恢复了中国在西藏的主权,使西藏承认了中国的主权。他说,在坐床大典时,他坚持要求并终于得到了达赖身旁的席位,从而夺回了英国代表所窃踞的席位,致使英代表拒绝出席典礼。他对自己对付印度政府的经历颇感自豪。起初,连英国人都欢迎他的访问。他认为西藏是中国领土的一部分,英国应撤出它在拉萨的军队和电台。既然中国已经恢复了它在西藏的地位,它就有权向西藏派驻军队。这对于支持中国对这一地区的主权要求是颇为必要的。这次谈话使我了解到英国对西藏的权力要求的背景,以及它为何拒绝修建一条从印度通向西藏以向中国运输军用物资的公路。只有它对西藏的要求得到承认,英国才同意修路。

12月23日，我为薛穆举行晚宴。席间我告诉薛穆：克里普斯已致电委员长，敦促蒋夫人访问英国。薛穆同我一样，深信这将对中英关系产生巨大的影响。他还告诉我，英国政府愿意继续（？）支付在中国的皇家空军人员的费用，不让中国出这笔钱。并说伦敦正逐渐调走这批人，其中许多人已经回国。他说这是照管他们的好办法。

次日教育部长陈立夫来访。这大概是我对委员长提出的一项建议的反响。我们讨论了如何促进中英两国的文化合作。我告诉他，委员长期望见到中国教科书中的英国史部分得到修改。他说委员长已为此给了他亲笔手谕。他说，只有英国史应该修改。至于英国的长期政策，陈认为，它在欧洲将支持德国反对俄国，在亚洲支持日本反对俄国。他特别提到，他不会为英国再次支持日本政府感到惊讶，因为英国人没有感情，唯利是图。这就是他为什么相当坦率地对泰莽亚讲，在国际事务中转变观点和原则是很有必要的。他还建议我请一些英国团体赠给中国一些可以代表英国文明和文化精华的各类英文权威著作，比如，文学、科学、医学和建筑学等方面的书籍。他说，必要的话，他宁愿出钱买这些书。他希望把它们译成中文出版。他也愿意送给英国人一些类似的中文著作，加以翻译后在英国传播。我提议在中英之间互换教授。这些中国教授应是各自学科的公认权威。最好是中国史方面的。这种交往应当持续下去，每过一二年就派去一些新人。他告诉我，他正安排一些获奖学金的学生出国，由文化基金资助。他要派大约四十名学生去英国，包括一些应英国工业协会邀请去的学生。

12月27日，我出席了吴忠信为我举行的晚宴。我们讨论了西藏问题。吴重申了他对这个问题的见解。他说英国控制着西藏的武装力量。同时，由于英国在那里的影响，西藏政府有一种狂妄自大的劲头。他这样概述了西藏局势：外交上，西藏被视为英属印度与苏联之间的缓冲地区。经济上，中国在近期内可能所得甚微。然而,军事上,西藏则十分重要。我们只须把喜马拉雅山脉看作是保证中国领土完整的屏障。他本人在拉萨期间曾力劝西藏政府不要拥有任何军队,因为它的军队无论如何不会强大到使西藏能与印度或中国对峙。

12月27日,我同王宠惠讨论了西藏问题。我听他说,他刚刚就这个问题递交了一份条陈,提议把这一问题留在战后解决,对此我感到很高兴。他曾指出,我方的任何行动都将引起英国的猜忌,激起伦敦方面采取对抗的行动。英国对西藏的兴趣主要是为了保证印度的安全。如果印度问题解决了,西藏问题也就迎刃而解了。同时,他还建议派一些中国和尚去西藏,与西藏喇嘛结交友情。他还认为,不妨向西藏派一位经验丰富,深孚众望的中国外交官,对西藏采取安抚政策,而不是在任何场合下都坚持中国的主权得到承认,那样会激起恶感。

关于对法国维希政府的政策,王给我看了他正打算递交委员长的报告初稿。他在报告中极力主张审慎、耐心,避免关系破裂,以致印支政府对那里的中国人采取敌视行动。如果日本人进攻云南的话,上述情形就只能有助于日本人;而且还会中断印支当局与中国在交换情报方面的合作。我告诉他,那些鼓动与维希政府决裂的中国人的根本愿望是至少要夺取一段滇越铁路。我对他说,为夺取铁路而激起与印支的关系破裂是不可取的,特别是滇越铁路上的法国技术人员对执行中国方面的指示非常顺从。关系破裂将意味着我们无法再从印支取得铁路备件。倘若如此,铁路连一年也运行不了。我还告诉他,过去在滇缅铁路上干活的大约一万名工人,由于日本人占领缅甸,现在失业了,所以他们鼓动夺取滇越铁路。

12月29日傍晚,我同自1939年就一直担任中国银行副经理的贝祖贻先生一起去参加戴笠将军举行的便宴。戴是军统局局长。他对委员长的影响之大是人所共知的。晚宴是在重庆郊外地下约四十英尺深的他的家中举行的。我发现,戴个性极强,说话坦率。他向我解释了有关军事情报方面的政策,并说我的武官唐宝黄上校确实被委员长召回了,这事发生于我在黄山向委员长赞扬过他之后。戴还告诉我关于唐上校担任驻伦敦大使馆武官时曾在香港被捕之事。英国大使和香港总督都对此表示歉意,说这是误会。他还告诉我,约翰·盖西克试图征募中国游击队来抗击驻香港日军。

戴将军说,英国的远东政策业已过时,并探问我的看法。我告诉他说,英国对中日战争持这种态度的真正原因就在于它一度不想看到其中任何一方取得决定性的胜利。重要的是,战后英国要以战胜国的姿态出现。同样,法国原来也不希望中日任何一方能取得决定性胜利,这样法英在远东的影响就可继续维持下去。但我告诉他说,在西方列强中,中国只和美国友好是不够的。我说,美国的对外政策总是缺乏连续性。同美国友好固然重要,但还不够,我们应当尽力改善和英国的关系。戴对英国的对苏政策极为关心。他确信,这两国之间的根本利益有不可调和的矛盾,最后必然发生冲突。

第五节　1943 年 1 月 11 日的中英条约

1942 年美国政府同意废除在华美侨享有的治外法权。在美国的影响下,英国同意照样行事。在华盛顿同美国进行的条约谈判相当顺利。但在重庆同英国签订条约的情况就完全两样。我上文所述的几次有关谈话,已足以说明谈判的进展并不顺利。

英国国会访华团离华后几天,我和外交部长宋子文谈了一次话。我们回顾了条约谈判情况并交换了意见。中国一直力图说服英国终止它对九龙的租借权,并以此为签署条约的条件。宋子文说,英方的回答是,它认为九龙问题不在原先英国所提出的承诺范围之内；但他说，除非收回九龙，否则中国舆论是不会满意的。他告诉我，他已派杭立武去拜见英国大使薛穆，告诉他中国公众对此问题的反应极为强烈。

此后不久，杭立武告诉我，英国大使馆通知他，不论九龙问题还是贷款问题都不能和条约谈判一起讨论。如果中国执意要谈这两个问题，英国大使担心，那只会拖延谈判时间，甚至完全可能缔结不了条约。

1942 年 12 月 17 日，在我和王宠惠的一次谈话中，他敦促我竭力寻求解决九龙问题僵局的办法。他担心，如条约谈判破裂，真正的危机可能就会接踵而来。

12 月 19 日在我和宋外长的一次谈话中，他告诉我，他觉得九龙问题十分棘手。吴国桢和傅秉常两位外交次长和英国参赞台克满爵士还在争论，坚持要把九龙问题纳入谈判范围之时，宋子文不得不吩咐他们中断讨论。但他已要求薛穆电告伦敦重新考虑英国政府的立场。宋子文认为九龙问题应予解决，应纳入条约谈判之中。我对他说，我认为如果我们想及早结束条约谈判，就必须制定一项把两个问题分开的方案，以便先签署条约，以后再讨论终止九龙租借权问题。看来他很重视我的看法，并告诉我，他将把谈判记录和有关文件统统给我送来，嘱我次日再去见他。同时，他将嘱杭立武再去英国大使馆，以便弄清伦敦是否已电复大使馆。一俟杭立武查明伦敦回电的情况后，他想让我去会见薛穆。

12 月 22 日晚，外交部条约司司长王化成把台克满给吴国桢的复函交给我。翌晨，薛穆来见，并和我讨论条约问题。他对中国提出的问题表示担心，并认为如果双方各执己见，僵局便不能打开，条约也就缔结不成。我同意他的说法，并敦促他竭力避免这种僵局。

圣诞节我应邀去王宠惠寓所参加宋子文召集的会议。会上讨论了谈判情况，特别是九龙问题，并向与会者分发了当天上午宋子文和薛穆的会谈记录。英方提出双方互换照会，由我方说明，九龙问题不属于当前条约的范围，但如需讨论租借权的终止期可在战争胜利后进行。王宠惠、吴国桢和王化成都说，委员长对九龙问题颇为坚持，如果找不到克服障碍的方案，谈判就可能破裂。如果问题得不到解决，委员长宁愿不缔结条约。宋子文征求我的意见，并问我有何妙计。我说，看来要在条约和九龙两者之间有所取舍。如问题在于是缔结条约，还是坚持收回九龙，那就是政策问题；如果除非九龙归还中国，否则我们宁愿不签署条约，那我相信，任何方案也无从打破僵局。如果是想签署条约，则不难找到处理九龙问题的办法，这种办法能使我们体面地退让而又不放弃原则，其关键是要英国声明两件事情：一是有将九龙归还中国的意愿，二是随时准备为实现这一意愿而进行谈判。我从口袋里掏出前一天晚上拟好的一个计划草案。大家看了一致都说计划可行，但说这应该是我们解决问题的最低限度。如这一计划遭到拒绝，那还不如不缔结条约为好。会上有人建议，把方案首先呈交委员长，但我主张先不呈送书面草案，而只向他汇报总的情况并解释我们打算提出的方案。我觉得，即使这一方案，英国也未必接受；并担心一旦委员长批准这一方案，定为不可再让的最低谈判条件，则和英国的会谈反会陷入僵局。宋子文问谈判破裂的后果将会怎样。吴国桢认为，英国终将让步，因为既然美国已成功地缔结了条约，它不会想让人家看到自己的失败。但我却不以为然。对英国来说，九龙租借权是香港问题的一部分，而后者是事关原则的领土调整问题。他们认为，这类领土问题应在战后根据当时情况，通过与其他盟国协商来解决。英国人担心，如现在提出这些问题，盟国之间会产生意见分歧，从而损害盟国的团结。再者，所谈的领土仍在敌人手中，因此这种争论只是空谈。王宠惠和吴国桢都强调除非九龙问题解决，否则中国舆论是不会满意的。条约草案的文本变动如此之多，中国民众是不会把缔结这样的条约视为成功或胜利之举。

王宠惠又问，如不缔结条约，英国将会如何，条约谈判失败在美国又会产生什么影响。我说，英国很可能会发表一项声明，说他们原来的提议是废除治外法权及其有关权利，而且已就此草拟了条约并达成了协议，但中国提出并一再坚持归还九龙，并坚持以废除九龙租借权为签署条约的条件。英国还会解释说，它并非不愿讨论这个问题，但目前九龙不在英国手中，因此建议战争胜利后再行讨论。我说，它发表了这样一个声明，就可任凭世界舆论来评论是非了。英美舆论看到这个问题并非当务之急，就会采取现实的态度，并觉得首要之事是协同作战，争取最后胜利，而非就现在敌人占领下的领土问题进行争吵。另外，他们会看到这个问题并不在英国承诺的范围之内。宋子文认为我们可以要求英国政府不发表任何声明。我回答说，这是不可能的，因为这个问题肯定要在英国议会中提出来。

最后大家一致同意把这个问题呈报委员长，并极力主张尽量避免和英国的谈判破裂。在今后对付苏联时，与英国的合作是至关重要的。中英谈判在目前破裂肯定会使两国关系进一步冷下来。（我们觉得，这种政治论点对委员长会比对其他领导人更有作用。）王宠惠说，公众舆论和党内舆论均须加以考虑；其舆论未必合理，但决不容忽视。

大家要求我起草这个方案，但我谢绝了。于是大家一致同意请王宠惠起草。我们要求英国声明归还中国九龙租借地的意愿，并随时准备同中国进行谈判以便实现其意愿。宋子文提议，谈判应不迟于战争结束后六个月内进行。我认为可把谈判日期定在战争结束之前，但宋子文说，战争可能一周之后就结束了。言外之意，他根本不想承担谈判的任务。

当天晚些时候，我又来到王宠惠寓所，看见吴国桢和王化成已在那里草拟中英条约的文本。他们让我看了即将呈交委员长的备忘录的定稿。我发现文本最后一行是这样写的：如英方拒绝所提的方案，则应由其负条约谈判失败之责。他们三位认为，委员长批准这一方案的可能性只有百分之五十,并问我英方会做出什么反应。我估计他们接受这一方案的可能性连百分之五十也不到。他们说,备忘录的措辞已大大压低了调门。我们确实不能再退让了,或者至少说,这一方案应呈交委员长。一俟委员长批准,并遭到预料之中的英方拒绝之后,我们便可进一步劝说委员长重新考虑他的意见。

宋子文如期把备忘录呈报了委员长。12月27日上午宋子文给我打来电话,并派他的车来接我。他让我看了委员长同意我们所提方案的批示。他亲笔批示强调这样一句话,大意是:英方要宣布愿意归还九龙租借地。宋子文要我去会见英国大使,十一点三十分我和大使谈话时,台克满也在座。我们的会谈详尽而坦率,有时气氛还很紧张。我指出条约谈判有破裂的危险,并说我们应尽力避免。薛穆面带忧色,郁郁不乐,颇为沮丧。他说,他已竭尽全力设法提出一项合适的折衷方案,并已在圣诞节交给了宋子文;如谈判破裂,那不是英国的过错。他认为中英关系具有一定程度的"厄运"。

我离开大使馆,立刻去见宋子文。我们共进午餐,进行了交谈。我建议和委员长密谈一下,以便向他汇报薛穆的答复和评论。我告诉宋子文,我个人的印象是,英国在九龙问题上不会过多迁就我们。这是英国政策上的重大问题。然而我觉得,宋子文应该再次会见薛穆,亲自看一看情势的严重性,也许他还能进一步施加压力。我认为即使暂时牺牲九龙,也要签署条约。英方并没有拒绝就归还九龙问题进行谈判,他们只是不愿在战争结束前讨论这一问题。宋子文则认为,他和我应一起劝说委员长目前不要在九龙问题上坚持。宋子文一定是在我们谈话后立即和委员长进行了联系,因为当晚六点四十五分我就接到电话,要我去和委员长共进晚餐。

去委员长官邸前,我先拜会了王宠惠。他向我建议说,只有两个论点能说服委员长:第一,谈判的破裂将意味着盟国团结的破裂;第二,在我国对苏关系中需要英国的影响。我认为这些建议合情合理,慎重而周密。

在去委员长官邸之前,我还必须顺路去吴忠信将军邀我参加的宴会上打个照面——关于这次宴会我已在前面谈到。前些日子我接受了他的邀请,因此出于礼仪,我必须到场。

我从那里赶到委员长官邸。王宠惠、宋子文和吴国桢已经在场。晚宴前,我向委员长汇报了我同薛穆的谈话。饭后,我们继续进行商讨。委员长问我,威海卫是怎样从英国管辖下收回的,中国是否先向英国提出了要求。我讲述了当时的情况,并补充说,这两个租借地的条款是不同的,尤其租借期限不同。他问我,如中国提出的方案只说要就九龙问题继续进行磋商,这对中国是否合适。我告诉他,采取这个立场是稳妥的;还说,我们应向所有人表明,有关这个问题的磋商事实上将继续进行,这样便可使公众放心无疑。委员长说,条约对中国是有利的;因此,如坚持归还九龙会导致条约谈判的失败,目前他就不再坚持。这真使我又惊又喜。

这样,讨论的主要问题似乎就已解决。王宠惠提到当天早晨的《中央日报》发表了一篇报道,声称中英和中美两个条约都将在1月1日签署,他问这是怎么回事。委员长说,他已训斥该报编辑缺乏常识。宋子文汇报说,他已告知美国大使,这项报道实出于该报编辑之疏忽大意,为此他们已受到训斥。

进一步进行磋商之后,大家一致同意由外交部长告知薛穆,九龙问题解决后才能缔结中英条约。对英国大使这样说,旨在使他进一步做出有利于我方的努力。至于刚才在会上商定的方案,只有等英国大使收到伦敦的指令,我们弄清了到目前为止英方的表态是否确为英国最后立场时,才能告诉他。我们决定至少等上一两天才可将方案通知英方。委员长说,即使等到31日,我们仍有足够的时间为在1月1日签署条约做好准备。

王宠惠和我原都认为会上的讨论会拖延很长,但正如上面所说,并没有进行多长的讨论委员长就宣布了他的决定,这真使我们又惊又喜。委员长一定是在下午会见宋子文听取他汇报我同薛穆的谈话情况时,就已经权衡了这一问题的利弊。(后来,在王宠惠寓所举行的一次研讨会上,王在分析委员长态度迅速转变的原因时认为,美国一直在敦促中国尽力改善与英国的关系,如中英谈判破裂,会影响美国,这大概是一个重要因素。)至于条约的条款,当时也在场的钱泰阐述了废除有关伊洛瓦底江通航权条款的含义及其对缅甸三十多万华侨可能产生的深远影响。从委员长官邸出来的一路上,我们继续讨论了中国对外关系中的各个方面。

在我的建议下,宋子文于次日即12月28日早晨会见了薛穆。后来他告诉我,他向英国大使强烈暗示了情势的严重性,并敦促他电请伦敦重新考虑在条约问题上的立场。宋子文对我说,他认为英国不迁就中国的要求,并非必然的结局;他觉得英方有进一步让步的可能。他已告诉外交次长,当天早晨不要和英国使馆的任何人员谈话,以便让英国人更深地感到局势的严重性。宋子文嘱我为委员长起草一份声明,以便在元旦按内定计划和英国签署条约并和美国也签署类似的条约后发表。第二天我即拟妥。

12月30日宋子文打电话邀我去见他。原来薛穆刚刚就九龙问题向他做了口头答复,并交给他一份拟议中的草案文本。这一文本的基础就是他先前关于在战争胜利后再行讨论九龙问题的承诺。但宋子文觉得,这一建议空话连篇,比第一个方案更糟,显得很沮丧。然而我说,英国的反应并非出乎意料,现在的问题是要不要签署条约。他同意我的看法,对于这两种抉择,缔约肯定对中国有利。我说,现实的方针是,取现在之可取,其余则留在以后再争。而且,国策中的所有目标不是一蹴而就的。一次不行,我们再来第二次、第三次。但我又补充道,即使决定缔约,我们仍须在九龙问题上努力争取可能的最好方案。如不能争取到我们满意的方案,我们就必须提出保留意见,阐明我方的观点和立场。

保留意见应于条约签署后送交英方。宋子文说,这个问题只能由委员长定夺,于是便打电话安排我们晋见委员长。不巧委员长外出散步了。到了五点十五分,宋子文确信委员长已返回官邸,我们便一同前往晋见。我建议请王宠惠一同前往。我们大家都可以就签约的利弊和委员长密谈一番,当然我们可以力陈签约。我说,在这样一个只有数人参加的会议上,易于坦率直言;当然,如委员长认为有必要,也可以安排一次大一点的会议。

这样,我们三人就晋见了委员长,并向他如实地汇报了当时的情况。一开始,他说,对待目前的局势可能有两种办法。其一,拒绝签署条约;其二,目前根本不提九龙问题,而在以后用我们自己的军队收复它。(他出此方案是很自然的。)宋子文说,目前这个条约还是不错的,我们不妨把现在能得到的先弄到手。由于最惠国条款的关系,拒绝签署中英条约将会在某种程度上使中美条约失效。九龙问题并不是迫在眉睫的实际问题,而由于双方在九龙问题谈判期间不能达成一致方案就不签署中英条约,这在美国看来将是不可理解的。我说,在签署中美条约后未能签署中英条约,将给人以这样的印象,即盟国内部存在着严重的分歧,盟国阵线的团结有缺口。目前可遵循的最佳途径似乎是先签约,然后声明保留随时再次提出九龙问题的权利。这样就向公众澄清了政府的立场,同时也可确保我们对英国的法律地位。委员长问英国是否会反对保留意见,而仍愿签署条约。我说,提出保留意见是单方面的行动,完全在我们的权限之内,也就是说,英方不能反对。如英国想阐明自己的立场,它也可以这样做。我说,无论如何保留意见应在签约后送交英方。委员长说,他要把问题再全盘考虑一下然后做出决定。

王宠惠又提到《中央日报》声称1月1日签约的报道,并询问发表这项报道是否曾得到批准。委员长说,那是极端无知的行动,他已下令适当惩处应对此次错误负责的人员。他谈这件事时,十分气愤。

宋子文请我同他一起回他的寓邸以进一步研讨当时的局势。关于委员长谈的第二点,他嘱我现在不要向英国人透露。在这一番旷日持久的争辩和奋斗之后,英国人会觉得我们生气了,而且打算采取出人意料的行动。他们可能认为我们有出人意料的计划,有锦囊妙计。提出保留意见很妥当,而且也是在他们料想之中的。

即使我们想以后使用武力收复九龙,也仍要向英国政府谈九龙问题,因为 1898 年的租借条约在法律上仍然有效。遵照他的要求,我起草了一份保留意见,准备由他在早晨晋见委员长时呈交。尽管宋子文认为委员长愿意签署条约,我对整个情势还感到不安。

我又去见王宠惠,和他一同审阅了保留意见的草稿。我同意照他的建议删去"中国民众联想到中国对外关系中令人不快的一个时期"这段话。我还起草了一个简短的保留意见(?),准备由宋子文送交英国大使,告诉他我们决定签署条约,但不作任何解释。王宠惠对我说,不签署条约将给中英关系带来灾难。他建议说,如英方拒绝接受书面保留意见,或者如果委员长决定我们目前不就九龙问题发表正式声明,那么最好把保留意见记在谈判记录中。他断定,委员长可有三种选择:第一,提出正式书面保留意见;第二,提出口头保留意见;第三,签署条约后提出一份简短的照会,明确而简单地说明中国政府保留日后提出九龙问题的权利。这三种选择都以签署条约为前提。

我请外交部美洲司司长张谦协助宋子文和我把这三种选择译成中文,以便送呈委员长定夺。次日,也就是 12 月 31 日,清晨,我们在宋子文寓邸备妥了这项文件。我又向宋子文解释了这三种选择。宋子文将向委员长呈递一份说明这三种选择的条陈,并和委员长研讨当时的局势。我说,这次晋见委员长事关重大,他必须做好充分准备,译文要字斟句酌,含义确切,不能到时再考虑。他动身去委员长官邸,我们于是分手。上午九点四十五分他又打电话邀我见面。见面后,他立即告诉我和委员长交谈的要点。他说,他起初得到的印象是,委员长仍然不想签署条约。宋子文不得不用强有力的言辞,使委员长意识到他所做出的不论什么决定都是至关重要的。外长力陈如不签署中英条约,将使中美条约实际上毫无价值;并力陈中国需与英国保持友好关系,因苏联的态度总使中国感到忧心忡忡;而且九龙问题目前并无重大的实际意义。他对我说,最后委员长决定签署条约,并批准了正式保留意见的文本,但建议在把中国政府的决定告知薛穆时,宋子文应说明,只是出于盟国团结的考虑,中国才决定签署条约。宋子文和我正研究口头通知薛穆的措辞时,委员长又打来电话。他说,应该在保留意见里加上一句话,大意是中国民众自然对英国拒绝讨论九龙问题感到不满。中午宋子文会见了英国大使,把中国政府的决定通知了他。他还按我的建议补充说,中国当然要保留今后再次提出这个问题的权利。

当晚,孔祥熙和夫人举行除夕招待会。各外交使团、各盟国军事代表和中国政府要员都出席了。孔夫人由孙中山夫人陪同站在迎宾行列中。孔祥熙、薛穆和我陪同孙夫人和孔夫人到为这次盛会搭起来的各个帐篷里转了一圈。我们都试着去打纸糊的希特勒、东条和墨索里尼的人像。薛穆小声对我说,他刚接到伦敦的消息,美国人已建议把签约日期推迟到 1 月 5 日,并让他等一等再签署条约。

次日上午我分别对委员长和林森主席作了礼节性拜谒。十一时三十分我又拜访了宋子文。我从那里得知,薛穆来电话说,他得到的命令是,除非美国人在 1 月 1 日签署,则不要在 1 月 5 日以前签约。宋子文面带愠色。前一天,他曾致电中国驻华盛顿大使魏道明,告诉他条约将于 1 月 1 日签署。他还通过美国驻华大使高思致电赫尔国务卿,告诉他如果中美条约的翻译工作不能按时完成,中英条约可能在中美条约之前签署。当天上午我们收到魏道明的回电。他报告说,美国建议签约日期推迟到 1 月 5 日。

（宋子文感到很不安，吩咐外交次长立即电询魏道明，电报何以迟至 12 月 30 日才发出，并嘱魏道明以后办事迅速些。）当然，是九龙问题拖延了谈判时间，但宋子文对我说，他从未同意在终止治外法权的条约谈判中提出九龙问题。他认为，目前这项条约无疑对中国是有利的，但即使到现在，委员长还认为中国在条约谈判中吃了败仗。委员长虽已授权签约，并同意有关九龙问题的保留意见，但对目前的情况还是极为不满。

　　1 月 2 日晚，在出席外交次长钱泰为他的继任者胡世泽举行的晚宴后，王宠惠请我到他的寓邸，向我谈起 12 月 31 日他参加的一次党政联席会议的情况。他告诉我，委员长已表明，由于九龙问题未能解决，中英条约对中国来说是一次失败。他把失败归咎于《中央日报》12 月 27 日透露的那条消息。委员长还告诉与会者，他已下令对责任者予以应有的惩处。（我认为委员长的这种看法可能是正确的，即把可能签约的日期公之于世对此事不利，因为这给英国人提供了信息，从这个信息中他们完全可以断定，中国政府只是为更有利的条款而讨价还价，实际上已经决定签署条约。问题显然出在党部对报纸经营的控制和管理体制上。但总编辑及其同僚也应该像对其他事件一样，对条约谈判的进展加以密切关注。委员长之所以觉得报社编辑部玩忽职守，其原因无疑就在于此。）

　　在这个时期，中英间还有一些其他误解以及政策和利益上冲突的征象。宋子文曾告诉我，他对薛穆关于中英关系出现厄运的说法印象极深。他还告诉我一件使人遗憾的事。蒋夫人赴美时，曾取道印度。由于是在战时，便采取了严格的保安措施，只同拥有必要交通工具的美国军方秘密安排了那次旅行，就连英国驻印当局也不知道。他们只是在蒋夫人离境后才得悉她曾在印度逗留过。后来，宋子文收到印度总督致美国军事长官信件的抄本，信中把蒋夫人的过境说成是一桩美军偷运案。宋子文说，他已告知薛穆，他不能让委员长得知此信，并要求薛穆把信收回，或告诉宋应怎样处理此信。

在委员长按照惯例为党政高级官员和领导人举行的一次午宴上，我获悉了另一件使人遗憾的事。出席宴会的国民党秘书长吴铁城对我说，他对英国国王的新年贺电来得如此之迟感到十分吃惊。他认为，这一定是后补的。他还说，如英国怠慢中国的态度继续下去，总有一天两国会发生冲突。所有这些小事可能并非蓄意，但却加深了中英两国的误解。

1月4日，星期一，我和宋子文共进午餐，以便再次研讨有关中国对外关系诸问题。我们首先谈到缔约日期。他告诉我，缔约日期又再度推迟，原因是在华盛顿对两个词语持有不同意见。美国人不同意中文文本中"管辖"一词。他们争辩说，这个词不是英文文本中"jurisdiction"一词的对应词。他们提出，中英条约的中文译文应和中美条约的中文译文一致，但英国人拒绝接受美国人对两项条款的译文。在吴铁城看来，这是无关重要的。但我告诉他，这是一个声誉问题，因为我们提出英中两种文本具有同等效力。这一点双方已一致同意，所以美国人才极端小心谨慎。由于中美条约将在华盛顿签署，而中英条约则在重庆签署，这使局势更加复杂化了。我说，不然的话，某些词句的翻译问题可以在重庆由三方代表组成一个小型委员会，毫无困难地迅速予以解决。其次，宋子文告诉我，他希望能起草一份节略交外交部存档，以备今后对两个条约中各项重要条款的含义查考之用。节略中应包括中国方面提出的维护中国权利和为中国所作让步作出保证等问题所进行的辩论的记载。我同意他的意见，但问他有没有谈判记录。他说，除了达成谅解的问题被记录下来以外，没有别的记录了。然后，宋子文谈到准备发表有关九龙问题的声明。我说，这项声明对英美所产生的效果，总的来说不会太好。由于柏林、罗马和东京很可能企图利用中英之间的不和而从中渔利，设法使英国人在即使是伙伴加战友的中国人心目中也呈现出一个坏人的形象，因此英国人对这些声明会更加反感。我说，这还可能导致英国发表一项反声明,或导致外交大臣在下院发表一项声明,从而发生争论。向英国提出保留意见主要是为了应付我们国内舆论,使中国公众对政府的立场无可非议。中国报界的宣传路线将是举足轻重的。如中国政府打算采取强硬路线并要求报界持批判态度,就会使事情恶化,并使中英关系更加紧张。宋子文告诉我,委员长希望报界进行批评,对未能谈判九龙问题表示遗憾。我提出一个解决办法,即中国报界可以发表中国提出保留意见的消息,并加上温和的批评或评论,但不发表保留意见的全文,至少不要立即发表。我说,废除在华的治外法权的条约的缔结应该视为一件喜事,全文发表保留意见将和整个局势的气氛不相协调。

接着,宋子文和我谈起他的个人计划。他认为在不久的将来访英是根本不可能的。我对他说,条约问题很快就可解决,他现在访英将会容易得多。我又问他为什么改变计划。他说,他不知道何时才能脱身,或者,何时他能获准离开重庆。在他看来,这两个条约从来就不是他应关注的重大问题,他只不过是顺便处理一下而已。他对战事,例如,将要进行的缅甸战役,一直十分关注。他说,大战结束后,他想好好度一次长假,尽管那时会有大批重要问题要处理,他担心他是轻松不了的。他希望能自由自在一些,但他感到颇难如愿。

(几天之后,宋子文又和我谈起他个人的活动和计划。他给我的印象是,他不久即将离渝赴华盛顿。后来他确实去了。那时他劝我在回伦敦时取道美国。他说,近来他又和委员长谈论了租借问题。他发现,由于中美双方对各自办事方式不同而缺乏谅解,发生了一些不必要的障碍和摩擦。他想消除误解;由于两国政府的基本方针并无根本分歧,就更需要这样。他诙谐地补充说,由于他的工作十有九成都是军事性质的,真应该使他成为一位将军。)

1月5日,宋子文派外交部美洲司司长来请我起草一份回复英王乔治致委员长新年贺电的电文。他没有把英文原文带来,只有《中央日报》上发表的中文译文。中译文有一处提到一切被压迫民族在 1943 年获得解放。我发现这一句很费解,于是坚持要看一下英文原本再起草回电。后来在电话中从王宠惠处了解到原文,他有英文原本。知道了原电内容,草拟回电就不成问题了。旋即动笔起草。

当天上午晚些时候,外交次长吴国桢打电话问我,可否由军政部长何应钦转递英国武官的一份报告,内容是英国陆军大臣詹姆斯·格里格爵士指示那武官转告委员长,遵照英王命令,鉴于中国战绩卓著,1942 年 10 月 14 日的记录上记载了委员长的大名。这里的战绩大概是指与缅甸有关的战果。我提议说,至少要派皮宗敢上校去见英国武官,进一步问清这一礼仪的历史和来源等细节,以便在送呈委员长批准的签呈中提出这个问题。

次日,张谦通知我,中美条约定于 1 月 11 日星期一上午十一时在华盛顿签字,中英条约则将于同日夜间十一时在重庆签字。三天后,1 月 9 日下午四时,吴国桢打电话通知我,中英条约的签字仪式确定于 1 月 11 日(星期一)下午四时举行。这是一个折衷办法,是由高思大使提出的,因为美国曾要求在夜间十一时在重庆举行签字仪式。他还转告我,外长请我届时出席。

王宠惠当天晚上对我说,考虑到党政领袖们对新的中英条约内容的反映,遵照委员长的指示,他在国民党中央党部做了一次汇报。与会者似乎对谈判结果感到十分满意。除了他自己的汇报外,外交次长以外交部代表的身份,逐条逐款地汇报了条约的全文。这样一来,似乎反而使与会者更难于领会新条约的意义。因此王宠惠亲自向他们进行了言简意赅的解释,说明双方一致同意的条约草案所涉及的范围确比当初伦敦所提出的要大得多。由于我方的坚持,中国所得到的超过了英国原来所提出的。

中英条约的签字仪式终于在 1 月 11 日下午四时在外交部举行。这里我可以提一下,外交部部址原是个商店,夹在一条繁华街道上的两家商店之间。我曾对委员长说,外交部设在这么一个地方,而且一直找不到更合适的处所,我真感到惊讶。我向他指出,外交部应设在一所大楼里,即便不富丽堂皇、令人瞩目,至少也应该庄严一些,因为这是各国使节和其他外交代表常来常往之地。这一点非常重要。不久就有了变化,外交部搬进了重庆住宅区一所新建的洋式房子,这就好多了。

我刚到举行签字仪式的房间,薛穆和宋子文就走了进来。宋把我喊到一旁,低声告诉我,保留意见不会立即发表,十天之后才会以答记者问的形式发表。到那时他打算说,英方认为目前不可能讨论九龙问题,这是令人遗憾的,但他已提出了保留意见。他显然想知道我的一些反应,所以我说,采取这个办法更为明智,因为条约的缔结毕竟是中国外交史上划时代的事件。我还肯定地认为,条约的发表将使公众十分满意。国民对条约的缔结会感到高兴,这特别是因为条约中有废除内河航行权的条款,这确实是英方原来所没有提出的。

薛穆问我准备何时回伦敦。他以为条约既已缔结,我不久即将返任。我只是转向宋子文,说听从部长吩咐。宋子文说,他愿尽量多留我在重庆呆一些时候,以便协助工作。他还说我参与了这次缔约工作的整个过程。我说,我所做甚微,并希望不久能离渝返任。印度驻重庆代表黎吉生也在场,并经介绍给我。因为条约内容也适用于印度,所以他也应邀出席了仪式。

在举行签字仪式的大厅里,有六位外交部工作人员,还聚集了一大群新闻记者和摄影记者。签署一式四份的条约文本和各一式四份的两个互换照会,实际只用了二十分钟。接着上香槟酒,我向薛穆和宋子文表示祝贺。英国大使对条约的缔结喜形于色,但他的参赞台克满看来并不像他那么热情。台克满一直坐在大厅的一个角落,只在薛穆签字时,曾站起来注目观看。宋子文显得严肃而庄重。

签字仪式后,大家在草坪上合影留念。天气很冷。尽管其他人都勇于抗寒不穿大衣,我却依然穿着。(我当时身体欠佳,刚患过肠道型流感和卡他性黄疸病尚未痊愈,所以对天气不免要小心一些。)

签字仪式后,宋子文还通知薛穆,将交给他一份关于九龙问题的正式保留意见,但这份保留意见不会立即发表。签字仪式后,外宾纷纷离去。宋子文邀我同车而行,以便路上谈话。他同意我的看法,即条约的缔结确实是划时代的事件,是本世纪中以中国为一方所签署的最伟大的条约。他告诉我,关税自治条约也是他签署的。那也是一个了不起的条约,但无法和这个条约相比。至于九龙问题的保留意见,他已在上午和委员长谈过,并力主不要发表,因为那样做将会同当前气氛很不协调。我在早些时候也曾强调过这一点。宋子文说,现在委员长也表示同意了。他又说他过去也曾力劝委员长,但发现当时和他争论是没用的,于是决定等委员长冷静下来再说。他说,他已在上午向国民党中央执行委员会常务委员会做了汇报,告诉他们在处理谈判过程中,王宠惠和我对他的帮助很大。他发现中常委各委员对条约十分满意,尤其是在他强调指出了英国原来许诺的范围有限,而我们从最终签署的条约中实际所得却多于其许诺这一事实之后。宋子文说,现在条约已经签署,他感到如释重负。

1月12日,即签署条约的次日,中国报纸以通栏大字标题刊登了这一消息。另据中国驻华盛顿大使馆电告,美国报界也对签署两个条约的消息做了详尽的报道。

第二天外交次长钱泰来访。显然他是奉外长之命前来的。他先问了我的健康情况,然后向我讲了委员长召开的战况及国际形势周会的情况。我曾接到出席周会的邀请,但因病未能出席。他告诉我,王世杰在会上汇报说,张公权(张嘉璈)和我因病未能出席。委员长问我患了什么病,王世杰说,他不知道,只知道张公权有点发烧。钱泰告诉我,他说我患了胆囊病,已经三天不能吃东西了。会上,委员长严厉地谈到有些人对两个条约的缔结不感兴趣。他说,这两个条约废除了过去的不平等条约,从而消除了一个世纪以来的耻辱,对中国的意义十分重大。但他抱怨说,有些政府领袖似乎认为条约无关紧要。他请政府领袖们,特别是与会的各元老撰写文章,以引起国人对两个条约意义的重视。

钱泰就外交部长拟向英国大使颁发勋章一事征询我的意见。这显然是宋子文的授意。他还问,如授予薛穆勋章,那么美国大使高思和英国大使馆参赞台克满是否也应授予。我回答说,台克满应当授予。如果我们在5月份同时向英国大使以及其他一些人颁发勋章,即使高思不在授勋之列也不会太引人注目。我认为,鉴于美国国务卿赫尔和英国外交大臣艾登在促成条约的缔结上所起的作用,他们也都应该获得勋章。尤其是赫尔,他亲自参加谈判,更应受此荣誉。至于是否应把勋章授予高思,可在查明美国国务院对此看法后再作决定。我说,美国人没有国会授权佩带,一般是不能接受外国授予的勋章的。英国官员的情况也是这样,须经英王的准许。在伦敦摸清情况更为方便,因为即使遭到谢绝,也不会露出任何迹象。

王宠惠的助手曹树铭(音译)来访,也谈到委员长对人们不重视两个新条约这一情况是如何讲的。他告诉我,王宠惠将亲自发表声明,并暗示我步其后尘。我估计这就是他来访的目的。我起草了一个声明,送请外交次长钱泰指正。声明是十一点三十分写完的,由王思澄送交中央社发表。我的声明实际上是在第二天和王宠惠的声明并排刊登的。转天,即将辞职的外交次长钱泰和他的继任者胡世泽来问候我的健康情况,并告诉我委员长已命令给我和魏道明大使以及三位次长颁发勋章,以表彰我们在缔结两个条约中各自所起的作用。

废止在中国的治外法权的两个条约缔结了,它给委员长的印象是重要而有意义的。尽管他认为中国未能收复九龙是一次失败,但他内心还是认为条约本身是一次巨大的成功。因此1月17日(星期日)在中央训练团举行的一次会上,他发表了长达两小时的演说。他说,一个人在按预定的目标奋斗时,难免会碰到失败。

他又说,每个人都必须问问自己,哪些事情获得成功,哪些事情未能做成。他强调说,他本人在 1942 年里就有几件事情未能做成。我看,他大概是指和谈判及缔结中英条约有关的若干问题,还有国际局势方面的其他一些问题,可能包括印度问题,他对成立盟军联合司令部的愿望以及英国贷款问题。第二天,钱泰次长来说,委员长在一次总理纪念周上发表讲话,严厉批评了中国官员消极怠惰,缺乏为预定目标努力奋斗的干劲。委员长对与会者说,英国国会访华团对中国的印象很糟——其实并非如此,他这样说是为了激励大家——他们发现警察太多(这一点自然是我告诉他的);他们看到自来水龙头开着没人管等等。委员长说,不平等条约的废除其实只是艰苦工作的开始,而非工作的终了。

外交部条约司司长第二天来和我进行磋商,把准备递交给澳大利亚和荷兰的中文条约文本拿给我看。大家知道,新签署的中英条约也适用于澳大利亚,因为它属于英联邦。部里的意见是不和澳大利亚互换照会,他问我意下如何。我说这也未尝不可,但最好是交换信件,明确英国放弃的权利,澳大利亚也同意放弃。至于与荷兰的条约,我想最好能解决华侨在荷属东印度群岛的地位和荷兰当局对他们的待遇问题。如不能通过条约解决这个问题,那么,荷兰政府应以换文的方式提出保证,改善华侨的地位和待遇。另外,中国应保留在将来任何时候重新提出讨论和解决这一问题的权利。这种做法对我们来说是明智的。

国民党元老邹鲁的来访富有深意。他讲述了他对新条约的看法。他认为这是中国外交上的一大成就。我说,如果说取得了什么成就的话,那实在应归功于中国五年之久的坚决抗战和委员长的领导。他高兴地说,实际签署的条约比英国当初只同意废除治外法权的许诺对中国更为有利。我解释说,由于英国对领土问题的全盘方针,以及它害怕会在世界范围内引起其他类似的领土归属问题,因此未能解决九龙问题。

第六节　中国的总形势

1943 年 1 月—2 月

中英条约虽然算是缔结完了,但两国关系中仍存在一些有待解决的问题。这些问题引起了两国间许多误解以至恶感。其中最突出的是贷款问题。

1943 年 1 月中旬的一天晚上,我应邀参加孔府晚宴,主人是孔祥熙夫人。我原以为她大概要和我讨论有关制定接待外交使节和外国代表的礼仪规章问题。所以,尽管身体稍嫌不适,还是赴约了。不料这次宴会是为即将赴美的宋子文而设的。宾客中有中央银行副总裁陈行和粮食部部长徐堪等财政金融专家。

晚宴后,我向孔祥熙和宋子文提出了贷款问题。我极想和他们讨论这个问题,因为过去我和他们分别讨论所得的印象是他们的看法很不一致。我告诉他们,薛穆刚把伦敦关于贷款问题的答复通知了我。但这项答复于我不利,中国政府提出的四项建议均遭拒绝。英国认为这些建议战后才能实行,而战后形势将有所不同,届时英国还得考虑当时经济和商业状况。我问,我们可否先取现在之可得,剩下的问题将来再行讨论。宋子文好像同意我的观点,但孔祥熙认为中国应坚持当下就取得全部贷款,而不是在以后。宋子文说,贷款将以英镑支付,因此问孔祥熙英镑怎么用法。孔祥熙说,可以在印度支付中国士兵的薪饷,以及为他们购买粮食等等。宋子文立即回答说,他们的薪饷、粮食和服装均已由英国支付。孔祥熙于是说这笔贷款可用以购买布匹运回中国,以应急需。

这次简短的讨论对我很有启发,因其表明,即使是在这两个部之间,对于中国应怎样使用这笔贷款,也不能取得一致意见。我在进行谈判时之所以为难,这次谈话也揭示了其中原因之一。

我个人的意见一贯是把可以得到的先拿到手,不要为总额争论不休。而且,既然英国特意相助,我们就应考虑它的难处。英国毕竟在作战,它的财政经济资源无法和美国相比。

那天晚上,孔祥熙夫人还告诉我,蒋夫人来电邀她赴美。电报说,倘若她不能赴美,孔夫人幼子孔令傑就不能再在美国久候,而要返回伦敦。我想孔夫人会去的。我很清楚,蒋夫人在离纽约去华盛顿进行正式访问之前,急切盼望孔夫人和宋子文能去美国。(1943年1月11日宋子文还曾告诉我,蒋夫人盼望她在纽约出医院去华盛顿前,宋能到达美国。他还说,蒋夫人不会访问英国,估计蒋夫人不久即将回国。)

1月22日下午,我会见了王宠惠和吴一飞。王系国防最高委员会秘书长兼委员长的外事高级顾问;吴一飞系孙科的外事顾问兼中央设计委员会委员。吴告诉我,孙科主张由国家控制贸易之议尚未为政府采纳作为一项政策。他说,这个问题和工业化方针有关,但又不同。我谈了自己的看法,强调中国已接受美国有关中美租借计划而提出的重建经济的某些原则。这些原则和英美及苏美租借协定的原则相似。

我们讨论的另一个问题是美国的排外政策和种族平等原则。王宠惠认为美国报界有些人已提出这个问题应在和平会议上加以解决。吴认为应通过制定一项消除歧视中国和中国人的准则加以解决。王宠惠说,像印度、日本和暹罗这样一些国家对这个问题均很关心。我建议我们应强烈呼吁,使平等和不歧视的原则得到承认。然而,我们在强烈要求的同时,不要伤害和美国的友好关系。我认为,和美国达成双方都满意的解决办法是可能的。

我们还讨论了中国保护海外华侨,特别是保护荷属东印度、马来亚和泰国华侨的政策问题。王宠惠把它称为这些国家的少数民族问题,并建议这些国家对我们在那里的侨民实行“最惠国待遇”原则。如果这一点不能被接受,也应实行对外国侨民的待遇原则,也就是说,华侨应和其他国家的人享有同等地位。我指出双重国籍是首先要解决的问题,因为这可以使承认我国侨民平等地位的问题简单化。

吴和王宠惠都认为战后对苏关系是最棘手的问题。他们说,这个问题的存在已从新疆问题上反映出来。他们告诉我,1939年斯塔福德·克里普斯爵士取道新疆前往北京时,未能见到督办盛世才。盛世才甚至没有出席以督办名义为克里普斯举行的宴会。他说,国民党元老梁寒操曾赴新疆视察,作短时间的逗留,但被告知,不要担任国民党省党部主任委员职务,以免对他不利和损害他与盛世才的关系。事先采取这些措施是为了不至触怒督办,因新疆和苏联关系密切,新疆之所以有现在的地位是靠苏联的支持取得的。这种支持甚至包括驻在该省的一支苏军部队。

关于中国战后经济重建问题,我简述一下和黄炎培先生进行的讨论。黄炎培过去曾被任命为教育部长,但未就职,当时我在内阁任外交部长。他的活动主要是在江苏省建立和指导职业学校以及与中华职业教育社有关的一些工作。所以他主要是一位教育家。但他在重庆被任命为动员委员会常务委员会委员。这个组织负责动员物力、人力以及国家其他资财的工作,以适应战时需要,和一般意义上的动员并无关系。他向我指出了他遇到的主要困难。首先,他说,政府管理物价的政策只限于消费品,并不涉及生产方面。第二,他说,有关棉织品和棉纱价格的管理及其调整掌握在财政部手中。但是,他说,经济和财政实属两个不同的范畴。财政部所关心的只是收税以增加政府的收入。对扩大收入来源,它既不关心也不愿去做,尽管这样做对改善经济状况是必要的。第三,他提到运输方面的异常困难。当局在计算生产成本时,拒绝承认运输上的实际费用。例如,检查员常在货物运输途中向商人索取额外款项。支付这笔钱就是行贿,而且用来贿赂的钱常常比实际运输费用高出一倍之多。如不付这笔额外的钱,他们就要求商人把货从车上卸下来,检查员一件一件地仔细检查,结果大大浪费了时间,还可能损坏货物。第四,是对制造业的不平等待遇。对一个规模可观的工厂来说,平均生产成本自然是低的,所以有利可图。但是一个小厂,由于要应付法定和非法定两方面的开支,则无利可得。他说,政府当局不仅未能看到这些困难并在税收政策上采取必要的调整,而且似乎对中小企业家的困难全然不顾。这次有关经济问题的讨论对我很有启发,并对战时中国的经济萧条,除法币贬值外,提供了一些解释。

钱泰给我讲了一些有趣的轶闻。他刚接到指示,要他再任设在英国的驻比利时大使。他已辞去外交部次长职务,但和外交部仍保持着密切的联系。他告诉我,委员长召见了他。委员长在谈到对外关系现状和存在的误解时告诉了他一些情况,这些情况说明某些事情做得完全没有必要。尽管这些事情是无意识做的,但于中国对外关系并无裨益。他说,委员长亲口告诉他,当美国人为得到来华访问的邀请,而向他试探时,他一开始不明白他们为什么要访华,有时就让他们等待十天之久。美国人想得到这样的邀请时,一般要通过外交部,外交部则又呈请委员长批示。钱泰说,在这类事情上,他常常负有长时间耽搁的责任。据我猜想,钱泰当时即将离开中国,所以想表示他为曾使委员长为难而感到内疚。我还和王宠惠谈论过这件事情,他认为钱泰的话靠不住,或至少他不了解详情。王宠惠说,要是人家不告诉他为什么申请访华,他也不知道该怎么办。王宠惠认为,委员长在美国人要求访华时,是不会迟迟不做答复的。他说委员长没把事事都告诉钱泰,这是很自然的,不一定是有意的,而是因为委员长脑子里的事情太多了。我想钱泰告诉我的话是可靠的,因为他说那是委员长亲自对他说的。

围绕中国驻巴黎大使馆的问题发生了一场小题大做的风波。驻法大使住在维希,以便和设在那里的法国政府靠近些,但大使馆和大部分使馆人员仍留在巴黎。其原因有二。其一,维希的食宿条件不足,很难把整个大使馆迁往那里。法国人十分明确地表示,很难为大批工作人员找到提供食宿的地方,即使是各国大使也只能在一家旅馆分到一个房间。其二,我们想在巴黎留一些人员,以便注视德军在法国北部的调遣和活动情况。钱泰告诉我,德国曾迫使维希坚决要求中国大使馆撤出巴黎。后来,新任外交部次长胡世泽曾来我处说,维希通知郭则范,德国施加压力要中国使馆撤走,这个消息来自驻重庆的土耳其代办。外交部现已指示在我离开法国去伦敦后任代办的郭则范,如果他被迫撤离,应请土耳其大使馆照管中国的权益。事实上德国人没有把我们逼到那么严重的地步,所以这事情并没有成为事实。那只是从安卡拉偶然得到的一则报道。

驻加尔各答总领事保君健回重庆后,访问了我。他是何应钦将军的亲戚,何已保荐他晋升。他不仅和印度华侨有密切联系,而且和重庆各部、局驻印代表,尤其是和在兰伽的中国军事当局及训练营有密切联系,因此他对当地局势一清二楚。他说,陈诚将军已被任命为远征军司令长官,罗卓英为副司令长官。史迪威将军任远征军的总指挥,是司令长官的部下。但同时他又是远东盟军总司令蒋委员长的参谋长。就这个职务来说,史迪威实际上比远征军司令长官的级别为高。这两位将军之间常常发生摩擦。中国军官的译员和史迪威将军的译员常发生口角和争执,这就使情况更加恶化。史迪威将军的译员主要是从上海的买办里招来的,英语不怎么好,又没受过训练,在工作中纪律松弛。

2月3日我会见了宋子文外长,这是一次富有成果的长时间会晤。他行将赴美,告诉我他决定访美后去英国,并说将请吴国桢在他出国期间暂代其职务,遇到重要问题时,吴可请示委员长。

我们讨论了许多问题,并就出国讲演的人员名单取得了一致意见。我们还谈到一些人员的晋升问题,我驻伦敦使馆的外交人员也包括在内。这些中国外交官员的晋升应该说是当之无愧的。他说,他完全同意并答应指令提拔我推荐的人选。他认为我想提升和增加使馆人员的愿望很合理。他说,英国驻重庆的一位代表瓦莱特曾告诉他,中国驻伦敦使馆唱的是独角戏,大使什么都干。

据瓦莱特说,使馆人员十分随和,深受英国人喜爱,但他们对中国国内情况却不了解,有的人(指陈维城)从辛亥革命后就没回过中国。宋子文要我做一些人员变动,我愿怎么变动都行,特别是换下年事较高的人,而代之以年轻有为的人。他说,他出于自愿而且没和我商量就和委员长谈了增加中国驻伦敦大使馆津贴的问题,委员长完全同意。

我急于想了解宋子文对中国对外政策上一些问题的看法。我问,前几天刚结束的邱吉尔与罗斯福之间的卡萨布兰卡会议,中国知道多少。他说中国只是在会议结束后,他们的使节于 1 月 25 日来访的时候才得到消息。

他把罗斯福和邱吉尔联名打来的两份电报作为密件拿给我看。第一份电报通报委员长关于会议的情况,并说他们所得出的结论之一是给予中国更多的物资,以增加对日本的压力。至于他们对缅甸以及 1943 年的反攻战略的看法,电报说,阿诺德将军已动身去重庆向委员长汇报。在第二份电报里,两位首脑共同保证,打败德国之后,他们将全力以赴地派遣大量海、陆、空军对日作战,直到日本也被打败。我对宋子文说,电报看来颇令人满意。但他告诉我说,委员长对斯大林应邀赴会而自己未被邀请一事颇为敏感。很明显,对待这两位首脑的态度是不同的。但宋子文也认为,就内容来讲,这两份电报是好的。他说,他将等阿诺德将军抵华后再动身赴美。

我提出了另一个问题。我说,去年 8 月,美国人曾试探委员长对邀请邱吉尔访问重庆的看法。当时邱吉尔刚从莫斯科回到开罗,不得不在那里等待达十日之久,最后还是未接到委员长的邀请。宋子文说,他所知道的情况是这样的:在华盛顿,美国人告诉他说,邱吉尔正为访华做技术上的准备工作,但没有让他向国内转达这个消息。可是宋子文还是打电话告诉了委员长。不过当时的看法是,印度问题已发展到严重关头,邱吉尔的访问恐怕会使印度疏远中国。再说,中国为了自己的利益已同英国达成谅解,听任印度自行其是。因此,没有向邱吉尔发出邀请。我不清楚这是委员长的意见,还是宋子文的意见。我的印象是,这大概是外交部长的看法,他在给委员长的电报里谈了这个看法,并得到了委员长的同意。换句话说,宋子文大概是表示了这样的看法,即鉴于印度政局,当时不宜邀请。

我问他,当时是否有通过缔结一项像英苏条约那样的条约以寻求和英国进一步谅解的可能或愿望。宋子文说,有某种倾向或愿望,但还不具体。他认为我对国家的贡献很大,并说,薛穆曾向他表示,自从我回国后,在重庆,中英关系的气氛大有改善。薛穆认为,中国报刊的反英观点不见了。由于我个人的力量和关系,我国主要领导人进一步认识到英国在战时和战后的重要性。但宋子文认为一纸协议不会对局势有多大改善,必须首先解决一些具体问题或困难。

我问贷款的事怎么样。他说,薛穆告诉他,伦敦对中国上次建议的最后答复是否定的;他希望宋子文到伦敦去讨论这个问题。但宋子文回答说,他即将访英,但不是为了这个目的。到当时为止,大使一直是两国联系的纽带,没有高级政府官员访问过英国。他的访问得到了政府的批准,这是因为希望他去考察一下英国的国内情况。换言之,他的话给我的印象是他此行的目的并不是解决贷款问题,这个问题实际上属于孔祥熙的职责范围。

我又问到蒋夫人访英的事。他仍然认为这不会实现,她不久就要在纽约出医院,并对美国进行正式访问。我问,她不能顺道访问英国,对英国应如何解释。我还说,不访问英国必然会显得其中有蹊跷。他也认为应提出一些理由来,比如说,因重庆有急事请她回国。

我还提出了按租借法所提供的物资的运输问题。中国专家提出了几种方案,而且实际上已和有关国家的代表就这些方案进行了磋商。宋子文说,苏联显然是怕触怒日本,所以采取了拖延政策。美国人也不愿通过俄国运输这些物资,而宁愿继续发展经过缅甸的空中运输。

这次谈话后，我在日记中总结了我得到的印象，并作出了如下的结论："子文显然是个话不多的人，但想法很实际。短短三十分钟，我们讨论了很多问题，我明确感到，谈话中毫无旁敲侧击之处。"

钱泰再次来访。交谈中，他向我表示祝贺，因为他刚刚获悉，委员长已指示即将访问英、美的何应钦，今后中国应设法谋求与英国的良好关系，改进两国关系的现状。钱泰说，何应钦对此颇为惊讶，因为他一直站在主张与英修好之列，而委员长则与此相反，对英国颇有意见。他说，表面上的原因是缔结了中英新条约。何应钦还告诉钱泰说，蒋夫人将访问英国。鉴于外交部长当天上午刚告诉我的情况，第二条消息特别使我吃惊。钱泰告诉我，外交部长不是经常和委员长保持联系，而且委员长也并不经常把一切都告诉他。

钱泰走后，傅秉常来和我研讨中国对外关系问题。他是第二个卸任的外交次长，并已被任命为驻莫斯科大使。他对我说，委员长将于次日和他在黄山讨论一些问题，据信委员长想进一步弄清苏联大使潘友新从俄国返回后将谈些什么。大家记得，委员长和夫人在潘友新回莫斯科述职前夕，曾举行茶会为他送行，当时我也曾应邀出席。现在他刚返回重庆。傅秉常的印象是，潘友新回俄国之前，曾和他讨论过一些具体问题，并曾说应进一步努力改进两国关系。傅秉常发现潘友新回来后，言论更加空泛。在独石子油井问题上，傅秉常发现这位大使的态度也不那么好了。

我问他，委员长在对苏关系方面有何看法。是打算使关系密切起来呢，还是仅仅对事态的发展采取观望的态度？对运输问题，也就是对通过俄国把物资运送到重庆的问题，怎样看法？苏联对日本的态度如何？击溃德国后，它有何打算？苏俄对英美的真实态度是什么？我指出，苏俄似乎仍旧害怕触怒日本，因此似乎对中国玩弄拖延政策。苏俄对英国或美国是不会满意的，现在它既在军事上取得了胜利,就一定会对英美集团对它缺乏理解和在军事上不合作不支持更加感到失望。本来在 1942 年就有可能击溃德国人的。傅秉常说,他曾探询委员长关于中国对苏政策的几点意见。第一,关于运输问题,在他看来,苏联害怕日本会有所反应,所以一直应付拖延,推说苏联政府在原则上完全同意,但在技术上是否可行尚待仔细考虑。宋子文提出的经过俄国试运五百吨军需物资的建议,已遭苏联政府拒绝,理由是最好等待问题的全盘解决。苏联怀疑中国想借运输问题把它拖进对日战争。第二,至于外蒙古问题,傅秉常说,他建议中国不要首先提出。他主张采取与处理内蒙古问题相同的方式。他说,我们在这两个地区帮助当地人民改进教育和卫生设施的努力已取得良好效果。第三,他也同意暂不提出共产党和国民党关系的问题。第四,至于俄国驻在新疆的部队,他在条陈中建议现在不宜迫其撤出,因为不仅苏俄而且新疆省主席盛世才也会起疑心。在他看来,派政府军队进驻新疆是不适宜的。

傅秉常说,他同何应钦及孙科进行的讨论表明,他们同样认为最好细心统观战局,以便看看苏联对英美的不满情绪怎样发展。如果苏联在战后和日本握手言欢,势必影响中国,这就会迫使中国去阻止它和日本眉来眼去。如果英美在欧洲采取扶德反苏的防御方针,并在亚洲支持日本反对中国,那必将迫使中国和苏联携起手来。我告诉他,我们和英国的关系将起重要作用。傅秉常说,何应钦已告诉他,委员长指示今后中国应尽力改善同英国的关系,也就是说,委员长已转而同意我一贯主张的观点了。傅秉常认为委员长可能是出于担心苏俄的态度而改变主意的。我告诉他,我曾在 10 月份就英军的实力问题、北非新攻势获胜的可能性,以及英美集团的不可分性等问题做了汇报。我还说,这些预测现在看来越发正确了。我们和美国的摩擦会使我们更急于改善同英国的关系。傅秉常说,何应钦告诉他,蒋夫人将访英。我请他准备一份密码,以便我们之间进行私人秘密联络。傅秉常说,尽管委员长确信日本会进攻苏联,他却不认为这样。

晚上新任次长胡世泽来访。他说,他认为日本不会进攻俄国。这两个国家之间甚至还可能订有密约。他说,对中国来说,问题是日苏战争是否对中国有利。他认为,假如俄国获胜,它就少不了占领东三省;假如它被日本击败,它在欧洲战线上也不会削弱多少。俄国很容易撤退到贝加尔湖地区,在西伯利亚对日作战。我认为胡世泽对俄国的看法很重要。他是一位卓越的俄国问题专家,自幼就在俄国学习,能讲一口很流利的俄语。(在这方面,我想起了三十年代在日内瓦的一件事来。当时驻国际联盟的苏方首席代表李维诺夫来和我讨论俄国和芬兰之间的岛屿问题。我们谈话之间,他听到有人说俄语。他以为那也是一位苏联人。当他听说那是胡世泽时,他说,胡的俄语说得甚至比他还好。)我建议胡世泽在外交部特别留心俄国问题,并希望他能够拨冗研究俄国期刊报纸,以供委员长之需。我说,不久的将来我和其他许多人都要靠他来处理对俄关系。他与潘友新交谈所获得的印象是,潘友新不敢多谈,似乎有一种自卑感。他说,他发现和宋子文共事或为他效劳,并非总是那么容易的,但他对自己能被晋升为外交次长深表感激。

朱光沐将军是宋子文处理中文函电的头把手,但胡世泽告诉我,宋子文几乎事事都要找拉西曼先生商量,就连委员长打来的电报也要找他研究。把电报译成俄语的工作都由胡世泽亲自动手。

2月8日星期一,孔祥熙来旅馆询问我的健康情况。他对我说,宋子文已离华赴美,战后才会回国。委员长嘱他照管外交部工作,因委员长不能事必躬亲。这使我有些诧异,因我听说吴国桢将代理外长负责外交部工作。但实际情况却是委员长没有专门下达训令,而只是指示两位次长应按宋子文出国前的安排向他请示汇报。他指示孔祥熙协助他而不要直接和外交部打交道。

由于我对政府领袖对英国的态度和感情很为关心,我便向孔祥熙提出了这个话题来。他讲述了 1937 年他以特使身份参加英王乔治六世加冕典礼颇饶兴味的情况。他用亲身的经历说明了英国人非常死板。他说,他身为特使,在入境港口受到了隆重的欢迎,可是抵伦敦后,尽管他早就告诉过英国人他在另一家旅馆定了房间,但还是被安置在兰格姆旅馆下榻。送他去兰格姆旅馆的是皇室提供的汽车,英国人向他保证,那部汽车尽可随意使用。但当他想去中国大使馆时,英国人却说不行,因为那部汽车只能送他去参加加冕典礼。他听说潘兴将军得到一张英王和王后的合影,他也想要一张,但得到的回答却是由于潘兴本人和英王和王后陛下旧有私谊,所以才得到照片。他想把远道从中国带去的礼品送给他们,却被告知他们不能接受。之后,当他催问原因时,又被告知只能接受不十分贵重的礼品。

孔祥熙得出的想法是,蒋夫人不愿访问英国的原因之一,正是这样一些小事。另一个原因是,她对委员长和她在印度受到的接待感到不满。他们抵印时,印度总督没有亲来迎接,也没有给予他们作为国家重要领袖所应受到的礼遇。我告诉他,英国的印度事务大臣曾和我谈起此事。他向我解释说,原打算按国家元首的规格接待委员长,但被谢绝了。我记得当时英国政府要求印度总督给予尽可能高的礼遇,但委员长谢绝了。委员长这样做是明智的,因为他当然不想接受只有国家元首才能享受的荣誉,当时林森是中华民国的主席。

以上可以说明,小事会造成多么大的误解。但如何增进中英两国的相互了解,已是委员长十分关注的问题了。他对我的建议完全赞同,例如,同意把中国历史书籍译成英文,使中国历史在英国家喻户晓。我们还商定选派一批优秀的演说家去英国各地发表演讲,使英国人民更多地了解中国。实际上,根据他的指示,教育部长陈立夫已和我讨论了这些问题,我们已试拟了一个派往英国的演说家的名单。

在委员长官邸举行了一次午宴。陈立夫、吴国桢、顾孟馀(国立中央大学校长)、冯友兰、卞白眉(中国银行经理)和我都应邀出席。那是一次非正式交换意见的便宴。委员长照例向各主要宾客寒暄几句。我坐在委员长右边,我们随便聊着。他问了我的健康情况,我感谢他在我病中对我的问候并送去食品。他还问我打算何时回英国。我回答说,外交礼仪规章草案一经完成,我就可回去,到时候我再向他请示具体的动身日期。我希望能在 2 月份启程。他对我的工作十分感兴趣,我的工作实际上是他亲自指派的。他还问了许多问题。午宴后,他问我是否将取道美国赴英。我回答说,如果他同意,我可以这样做。至于交通,那是很便当的。顺路访美只不过使我在返英途中耽搁十天或至多两个星期。他问起华盛顿和伦敦之间的交通情况。我向他说明,交通情况相当好。虽然没有开辟商业航空线,但是英美的军用飞机在冬季只消两天一夜,夏季只需一天零十二至十七小时即可抵达。他不住地说:"好、好。"我获得的印象是,他不愿向我提出访美的建议,然而希望我尽可能早些启程,并取道美国。(后来,我与委员长就蒋夫人即将对华盛顿进行正式访问一事的交谈,证明我的印象是对的。)

午宴席间,委员长、陈立夫和我就如何使英国人进一步了解中国的问题交换了意见。我告诉委员长说,我已就挑选中国史专家访英一事和陈立夫商议过。委员长说,他很赞成,并嘱咐我们尽可能多地罗致精通中国历史和文化的中国学者去英国承担这一工作。他建议专门用英文编写中国历史(这正是我以前曾建议过的),并且不仅在英国,还要在其他英语国家尽可能多地发行。我告诉他,这项工作已在进行中,而且英文稿可送往英国在当地付印。我说,由于英国公众对中国及中国人民颇感兴趣,有些机构将愿意承担印刷费用并协助发行这些书籍。

两位新任外交部次长之一的吴国桢出席了午宴,胡世泽却没有来。胡的缺席使我迷惑不解,因为就在午宴前,吴国桢曾对我说,他打算向委员长呈递一件条陈,并就应对维希法国政府采取什么态度和政策问题请示委员长。钱泰后来告诉我的话解开了我的疑团。钱告诉我，虽然胡世泽已就任外交部次长，但他在外交部的平级同僚却没把午宴的消息告诉他。胡世泽提到了有关对法政策问题。委员长似乎曾亲笔指示吴国桢和胡世泽就这一问题呈递条陈。外交部便准备了一份。当胡世泽得知吴国桢要去委员长处汇报时，便问他是否应一同前往。吴国桢建议先打电话问一下委员长的侍从室。后来他告诉胡世泽已经发给他请帖邀他去参加午宴并讨论这个问题。吴说，他已收到请帖，并问胡世泽是否也收到了，胡世泽当然没有收到，因此就没有出席。我想，这就是中国的官场政治。

吴国桢想见我，当即约好，在晋见委员长请示一些重要问题之前，在委员长官邸的候客室见面。见面时，他把那件条陈拿给我看。那是对维希法国大使高思默用电报发来的一份报告的评论。高思默当时仍留在北京法国大使馆。那份电报说，维希政府提出交回法国在中国的租界。法国政府建议由法国单方面发表一项声明，宣布放弃法国租界，交还给中国地方当局，并和地方当局商定实现这一安排的办法。电报说，这项建议是考虑到中法两国政府之间的友好关系而提出的，尽管日本大使施加压力表示反对。

外交部呈递的条陈提出了两项建议供委员长斟酌定夺。这两项建议主要基于如下考虑，如接受法国建议把租界交给地方当局，就等于事实上承认了南京的傀儡政府。两项建议是：第一，以容忍的态度采纳法国提出的这一程序，但同时对此向维希方面提出抗议；第二，同维希政府断绝外交关系。吴国桢告诉我，前一天深夜在准备条陈时，曾与王宠惠研究过，要不是时间太晚，他们也会来找我商量。他请我先阅读条陈以及法国大使的电报和所附的一份法国代办与宋子文的谈话记录，然后对条陈直抒己见。我读了这些材料，获得的印象是，法国确实切望维护与重庆政府的友好关系。所以我告诉他，虽然法国建议的程序有些反常，但看来是出于避免损害两国友好关系的愿望。如果中国表示强烈反对，并以激烈的方式作出反应，结果会迫使维希政府以牙还牙，甚至会把他们逼到承认南京傀儡政府的地步。我这里特别是指条陈中提到的断绝外交关系的建议。我建议说，最好是警告法国方面，在采纳诸如电报中所提出的任何程序的时候，他们决不得含有事实上承认傀儡政权的意思。在采取任何明确的方针之前，我们最好先等法国政府对这一点的答复。我建议，当前最好不要请委员长就如何处理这个问题做出决定，也不要请求他对两项建议决定取舍。

吴国桢问，如中国按照条陈中两项建议之一采取行动，法国将能怎样报复。我说，法国政府可以很容易地做以下两种事情之一，或两者并举。它既可以在外交上承认南京傀儡政权，这就意味着不再承认国民政府；也可以把局势处理得使印度支那地区亲维希政府的法国商业界和金融界领袖们对中国的行动感到恼火，而被迫去和日本合作。我头脑里所想的当然是印度支那的法国人所默默地给予中国政府的合作，以及他们在促进滇越铁路经营方面的合作。当时，除了跨越边境的两条公路之外，这条铁路是主要的交通运输路线。吴国桢似乎懂得了两项建议可能引起的全部后果。他对我说，他同意我的观点，他只准备把条陈呈交委员长参考，而不请他立即做出决定。

关于中国与西方盟国之间所发生的误解这一总的问题，对我来说，显然英美的批评和抱怨并非全部没有根据。和郭泰祺交谈时，他给我讲了一些发生摩擦的实例。他说，由于我方人员工作效率低，华盛顿即将派遣美国人员来华处理美国军用物资的运输和分发事宜。他还说，驻新加坡英军司令曾亲口告诉他，英美两国提供给中国的各种物资和装备都堆积在仰光，一直未能运走，雨打水浸，损坏严重。郭泰祺曾亲自去仰光察看，看到有好几千吨物资堆在码头上。其中有用木箱包装的钢铁机械，木箱一半浸在水里，机器已经锈蚀，再这样下去将无法使用。但他发现负责运输工作的中国人员不是对实际情况一无所知,就是对此一筹莫展。我想,仰光这种具体情况部分是由于日军进逼,中英军队仓卒撤退的混乱状态所致。当时既无空运,而滇缅公路又常常不能通车,因此无法解决这一问题。但我不敢说,有关负责人员就没有玩忽职守或漫不经心之处。

中英条约的成功缔结使薛穆爵士如释重负。2月14日(星期日)他前来造访,对我在促成条约的签署方面所起的作用表示感谢。他还询问了我的健康情况,并主动提出要请印度政府邀我赴大吉岭这样的地方疗养,以便在黄疸病后复原。(他的秘书曾在早些时候代他向我提出此事,但我犹豫不定,因自己的旅行计划尚未确定,尤其是我正在考虑取道美国返英。)

同一天,王世杰来访。我们的谈话进一步说明了当时中英关系的状况。他提出了两个问题。第一个是关于印度独立的问题。他告诉我,甘地已开始绝食,目的是就印度摆脱英国统治获得独立解放的问题向英国施加压力。他说,委员长已指示中国报界对印度表示理解和同情,但要有限度,只能说希望英国能早日找到令人满意的解决办法。王世杰说,国民党内的意见不一。一些要人极力主张中国报刊,尤其是私人报刊,应表示更加强硬的态度,并敦促英国当局早日释放甘地。但王世杰说,他认为印度英国当局会对中国报刊评论的发表实行新闻检查条例,因而印度人民无法知道中国报刊的言论。另一方面,如果伦敦得知这样的报刊评论,只会加深英国对中国政府的误解。

王世杰和我讨论的第二个问题是中国对法国维希政府应采取的方针。他提出了这样一个问题,即中国是否应该和维希断绝外交关系。我告诉他,就我所知,维希政府对我们采取的仍是友好方针。尽管德国正对维希政府施加压力,让它和我们断交,这显然是为了实现日本军事当局的愿望,但它还不打算照办。因此,我们这一方面不应采取反对维希的任何极端措施。另外,如果我们和它断交,其结果可能是迫使它承认南京傀儡政权,以及迫使印度支那亲华的法国人停止和我们合作。王世杰说,国民党要人中很有一些人主张中国对维希政府应与盟国采取同样的态度和政策。英、美、苏都已和它断绝了外交关系。他们的论点是,中国采取这种态度是适当而体面的。但王世杰最后说,看来我的看法是对的,他十分倾向于我的见解。

杨格博士的来访具有特别意义。他是一位经济学家,当时是中国政府财政问题顾问。后来在华盛顿任宋子文主持的中国国防物资供应公司顾问。这位 Young(杨格)不是那位满洲问题专家 Young(杨沃德)。杨格告诉我,他拟向孔祥熙建议对外国持有中国政府所发的黄金债券者进行登记,以便在和平来到时,中国可以宣布没收敌国政府所持有的债券。敌国私人持有的债券应交还中国政府,敌国政府要对没收这些债券承担责任。敌国政府将不得不拨专款赔偿私人债券持有者的损失。

杨格告诉我,他认为通货膨胀是中国经济困难的主要因素。前一年的 10 月他曾向中国当局提交一份备忘录,指出强制实施物价管制制度将无济于事,甚至是危险之举。他告诉我,货币发行量已达战前的二十倍。在他看来,对付危机的唯一办法是削减国家预算。军队过多,对国库是一项巨大而不必要的负担。它导致生产人员减少以及士兵吃不饱饭。他说,减少军队不仅可以节省开支,还可使政府足以给余下的部队较好的给养;同时就会有更多的人从事工农业生产。他认为,重开俄国之路会对人民产生心理上的影响,增加他们对法币的信心。目前局势急剧变化,不仅是由于纸币发行量的增加,更由于在市场交易中法币的周转一直在迅速加快。大家都愿意储存一些货物和生活用品,而不愿意持有纸币。他说,这就是物价上涨快于实际货币发行量增长的原因。

美国人总是坦率地说出自己的意见,和英国人比起来尤其是这样。举例说,三天后我和牛津大学基督学院的多兹教授进行了一次谈话。他由英国使馆的布洛菲尔德先生作陪。谈话中他告诉我,中国人富有魅力,中国菜比西菜好吃。他还说他对中国学生生活之艰辛感到吃惊(我也有同感)。但英国客人不像我的美国朋友那样,他们对经济、政治和外交情势闭口不谈。

那天下午,我拜访了孔夫人,和她讨论了我起草外交礼仪规章的工作。她对这项工作很感兴趣。我们刚开始讨论,委员长就走了进来。他和我进行了简短的交谈,主要谈到起草外交礼仪的问题以及工作进展情况。但我察觉到委员长可能与孔夫人另有他事相商,便退了出来。我告诉孔夫人,如果他们谈话时间不长,我就等一等。委员长说只消几分钟。他走后,我们接着讨论。但使我吃惊的是,她要和我讨论礼仪问题之外的事情。谈话转到了中英关系问题。我再次表示我的观点,赞同蒋夫人访英。我相信英国将表示欢迎,而且这样一次访问将有助于改善两国人民的关系。从孔夫人的谈话中,我得到了这样的印象,即我的希望是不能实现的。她说,她妹妹十分清楚国内对英国的批评,她未必能出访英国。她补充说,蒋夫人本人对这种批评很敏感,并建议我作出努力以纠正人们认为蒋夫人反英的错误看法。

关于罗斯福和邱吉尔在卡萨布兰卡达成协议的报道,对以中国为一方和以英美为另一方的现存关系产生了不利影响,并使之恶化了。卡萨布兰卡会议后,阿诺德将军和迪尔陆军元帅分别代表美国总统和邱吉尔来到重庆,向委员长进行汇报。正如王宠惠对我所说的那样,这次会晤变成了一场大吵大闹。双方讨论的结果是不能令人满意的,委员长突然离席而去,会晤不欢而散。王宠惠没有详细叙述当时的情况,但显然是对远东的共同敌人日本应采取什么方针,双方意见不一致。在重庆,不论是民众还是政府,普遍情绪都迫切要求早日向日本发起攻势,而英美则坚持首先给德国以决定性的打击。

陈光甫来访。当时他正协助政府管理外汇。他曾不止一次地和美国政府就财政金融问题进行谈判。他还是颇有影响的上海商业储蓄银行的总经理。这家银行在中国可能是最大的银行。

他觉得中国同英美的关系不好。他对这一现象的解释是:五年半历尽艰辛的战争,其压抑情绪对中国产生了不良影响;其后果表现为一种反对外国人及一切外国事物的民族主义感情。

当时,反英情绪尤为强烈。不过英国大使对我为改善局势所一直进行的努力还是赞赏的。作为一种礼遇,他派使馆工作人员蒲士培来问我,是否已决定接受印度政府的邀请去那里休养。邀请书建议我住在加尔各答以南三百英里处的一所政府大厦里。他们提出这个地方,主要是因为他们听说我喜欢游泳,因而把原来建议的地点大吉岭换了一下。我当时无法答复,便对蒲士培表示感谢,并请他向台克满转达我的谢意。当天上午我刚收到他代表薛穆给我寄来的一封十分友好的信。

蒋夫人访问华盛顿后是否访英的问题,我心中十分惦记,英国政府对此也十分关注。由于他们和我都急于促成这次访问,我一直试图在一切可能的场合施加我的影响。因此,2月24日陈布雷来和我讨论礼仪规章草案时,我便和他谈起此事。当时礼仪规章草案已接近完成并将呈送委员长。我表示希望蒋夫人接受英国政府邀请访英。我说,如果她访问华盛顿后不访问英国,相形之下亲疏悬殊显然可见,会引起英国的种种推测和误解。那就可能使我们的共同敌人有机可乘,在盟国之间播下不和的种子。我告诉他说,我认为,在不影响中国的最高利益,诸如国家主权、抗击共同敌人的政策,或我国的尊严和荣誉等问题时,处事以巧妙灵活最为可取,这一点甚为重要。我又说,英国人甚至比中国人更重视所谓"面子"问题。如中国故意采取步骤亲近美国,而对英国冷淡,这种不同的态度将会产生深远影响。陈布雷给我的印象是他理解我的观点,同意我的看法。

陈布雷谈起了委员长即将出版的《中国之命运》一书。我很快明白了,原来这才是他的真正来意。他向我转达了王宠惠的意见,大意是那本书过分强调了所谓不平等条约。王宠惠担心美国人和欧洲人会对此深感不安,因此建议进行彻底修改。但是陈布雷说,如修改过多,就会不仅背离原书宗旨,而且大部分需要重印。他说,委员长认为该书主要是为国内读者而写,翻译时,可将原文口气缓和一些,内容精简一些。但王宠惠担心外国学者可能根据中文本自译。那样,外国人就会进而推究为什么中国学者有意译得不精确。

陈布雷向我解释了这本书的写作背景。他说,委员长注意到近年来中国的青年人参加共产党的问题。他感觉,他们之所以被共产主义学说所吸引,只不过是因他们误解了作为国民党基本政策的所谓三民主义的含义。中国青年似乎认为,三民主义不足以有效地反对和战胜帝国主义。因此,他们当中很多人跑去参加了共产党。他引证了曾经是委员长得意门生林彪的情况。林彪曾对委员长说,他参加共产党是因为他对国民党极为失望。他极愿为中国的富强而效力;为达此目的,就必须打倒在中国的帝国主义。他觉得国民党的政治哲学,由于其固有的妥协精神,是不适当而且不起作用的。陈布雷解释说,实际上,委员长历来的信念便是使中国富强起来。他看得出日本对华推行的是侵略政策,但是中国首先须有一个准备时期,方能进行反击。因为就中国目前的软弱状态而言,既缺乏有效的组织,也没有在各方面进行建设的方针,因此无力有效地对付日本的侵略。他说,委员长写这本书的根本目的是要阐明,感情用事是不明智的;我们应该高瞻远瞩,宽容忍让,努力工作。与此同时,那本书还要指出摆在中国前面的伟大命运,指出务须同心协力,继续执行国民党的三民主义。换言之,委员长意在唤起中国民众的精神。现在不平等条约已经废除,中国的前途是既光明又充满希望的。陈布雷说,委员长不仅是中国武装力量的统帅,而且是中国青年的导师。他在书中所述,都出自他深厚的爱国热忱。他是在给中国青年指明道路,犹如教师指点学生。因此,书中语言是真诚而坦率的。

他说,中文版将于 3 月 12 日出版。届时将向各国驻重庆的新闻记者散发内容提要,供他们电告海外各报。他说,在编写提要时,将小心慎重。我告诉他,我认为在提要中应强调中国对未来的决心和打算。特别鉴于中国正在努力与其他盟国协力作战,因此不应强调中国对于过去不平等条约的感情。为了得到盟国的充分理解,最好不要在过去的事情上表现出对西方过多的情绪。

然后,陈布雷向我透露了一些关于那本书的由来。他说,书的初稿原由他和陶希圣合撰,仅约四万字。可是委员长反复进行了修改和补充,结果目前的稿子已多达十万字。他最后说,尽管委员长身负重任,黾勉从公,与此同时却对写作表现了极大兴趣。很多人担心他这样努力写书会使他政躬劳瘁。陈布雷也这样担忧。可是他说,他发现委员长对这种工作确实极感兴趣。他觉得委员长实际上多少把写作视为一种消遣。

这里,我想就一次在委员长办公室召开的关于战争和国际形势会议上的讨论情况作一概述。政府首脑都出席了这次会议,其中包括五院的院长,国民党中央执行委员会的领导成员,委员长侍从室的人员和外交部各司司长。有趣的是,在到会人士中,我不仅见到了国民党的领袖们,还见到了我的几位老朋友。他们都是其他政治团体的知名人士,其中有曾经是阎锡山将军得力助手的贾景德、民社党领袖张君劢、东北派领袖莫德惠,以及所谓政治独立派的领袖黄炎培。郭斌佳先生首先报告了罗斯福同邱吉尔在卡萨布兰卡会晤的情况。他说,有两件重要事情值得注意:第一是苏俄要求盟国开辟第二战场;第二是为消除英、美、法三国间的种种误解所做的努力。他说,在卡萨布兰卡,这两个问题都未获解决,张忠绂先生在报告中强调了为将来的和平会议做好准备的重要性。他极力主张中国应该列出一个有待向盟国特别是英美两国提出的主要问题清单。我们应当弄清他们的态度,然后决定中国在哪些问题上应采取坚定的立场。

日本问题专家陈博生先生做了一个很有意思的报告。他在报告中强调了三点：第一，他提到作为内阁首相的东条对于中央政府和地方政府所能控制的程度。但在内阁中，东条却想把各部的权力统统集中在自己手中。第二，东条致力于开发日本占领区资源遇到了极大的困难。第三，东条建立"大东亚共荣圈"的方针同样进展不大，因为各国人民极为疑惧。他建议我国政府针对各日占区进行宣传，告诉那里的老百姓，日本的方针会如何损害他们的利益。

张君劢提出了一种有趣的见解，与国民和政府的一般看法比较一致。他指出，罗斯福总统认为没有必要专门就英美所主张的先打败德国，再倾全力对付日本的政策达成一项协议，因此，他没有接受邱吉尔要求签署这样一个协议的建议。然而，张君劢认为，中国力促缔结中英美条约，保证盟国在战胜德国之后，集中力量共同对付日本，这一点是很重要的。中国军队会因此而士气大振。签订这样一个条约比废除不平等条约更能给中国国民的精神和士气以积极的影响。委员长说，邱吉尔已经向他转达了保证，说可以这样办，但是他本人还未答复。王世杰问道，虽然卡萨布兰卡会议已决定同心协力在九个月内战败德国，然后共同对付日本，但如果在九个月期限内不能达到预期的目的，盟国是继续在德国鏖战，还是挥师东向日本？他认为这一个军事方针问题首先应向美国提出，否则，在向日本发动进攻之前，中国仍然只能等待。

王世杰还说，由于具体情况，攻取缅甸的计划看来得推迟到10月份之后。他觉得，中国应首先向英美提出这个问题，并和他们共同制订进攻缅甸的计划。他认为，中国不应满足于仅仅这样一个保证，即一俟时机成熟，英美将分别派海军和空军与中国陆军配合攻打缅甸。他认为，为了从东、西两路对日军采取钳形攻势，应要求美国派遣一支二十万人的远征军。美军可在沿海登陆；中国军队则从本国西部推进。

孙科问道，委员长在重庆同迪尔陆军元帅和阿诺德将军举行会谈时，是否做出了什么决定。委员长说，那两位将领告诉他，一俟北非战争结束，就会采取步骤对付日本。他还说，苏俄对英美大为不满，它要求英美军队从法国发起联合进攻，以便对共同敌人开辟名副其实的第二战场。英国政府对苏联的要求甚感头痛，邱吉尔确信，盟国支持苏联军事地位的唯一有效方法是从土耳其发动进攻。在邱吉尔看来，这个设想其利有二：一、它将使土耳其在同盟国一边卷入战争；二、战争胜利后，同盟国将足以制止和限制苏俄推行扩张政策。委员长表示，重要的是中国应对苏俄特别注意。

孙科提出了另一个问题，即那两位军事代表是否提出了向中国提供作战物资特别是飞机的具体计划。他说，据他所知，美国已经建立起来的设备能够制造航程为□□①英里，载重量为五十吨（二十吨汽油和三十吨物资），中途不用加油的飞机。如果中国要求美国提供一二百架这种型号的飞机，整个运输问题就会迎刃而解。

会后，我和委员长就其他问题进行了谈话。我再次提出了蒋夫人正式访问伦敦的问题。我还说，我希望能取道美国返英。委员长问我何时离重庆出国。我说，我正想就此聆听他的指示。如重庆无他事需我滞留，我想立刻进行安排，乘飞机启程。委员长说，宋子文已抵达华盛顿，我是否愿意与他一起赴英。我说，我们本来是这样安排的，但为了提前安排他的访英日程，我觉得最好还是由我先行一步。我告诉他，薛穆最近来问候我时，也表示希望蒋夫人能够访问英国。我还说，外交大臣艾登前一天在下院曾提及此事，表示希望蒋夫人访英。委员长说，克利普斯最近写信给他，询问蒋夫人身体怎样，希望她能成行。委员长已经复信说，一俟她身体健康，或可如愿访英。他向我解释说，他故意回答得

---

① 此处原文空缺里程。——译者

有些含糊其词。我说，我取道美国返英的目的之一就是想面见蒋夫人，了解她是否愿意访英。如她去，我们就应会同英国人提前制订接待计划，以免在蒋夫人到达之后再制订计划时忙乱而不便。他说，这样很妥当，建议我同蒋夫人商量解决。

外交部次长吴国桢前来同我商谈几件事。谈论话题之一就是拟议中的蒋夫人访问伦敦一事。他说，我离委员长官邸后，他见到了委员长。他也向委员长提起了访英的事。但委员长只回答说，这事可另行研究。委员长显然在思考其他的事。他说，前几天，他向委员长报告了英国大使希望蒋夫人访英。委员长的反应给他的印象是他倾向于同意进行访问。委员长又对他说，报界不必在甘地绝食问题上偏袒印度，这进一步证实他的印象。委员长说，中国新闻界应取中立态度，报道双方的消息，而不偏向一方。吴国桢由此推断，委员长的这项指示表明，他对英国的态度逐渐趋于和解。至于蒋夫人访英问题，他推测委员长的想法是俟我去美国同蒋夫人安排之后，再向他汇报。

离华前，我有几件事要和外交部进行磋商。一件是中国驻伦敦大使馆的经费问题。我同总务司司长李惟果研究此事，当时他还在委员长侍从室兼差。2月28日，他来通知我说，部里决定给大使馆增加津贴，是部长亲自决定的，因他觉得，伦敦大使馆尽管不如华盛顿大使馆重要，但仍应尽可能予以加强。李惟果个人认为，虽然两国间存在着很多摩擦，但是引起摩擦的一些实际问题却并非十分严重，而且是能够得到解决的。他认为，无论如何，英国在世界上的地位仍然举足轻重，中国不能忽视它。他还主动提供这样的消息：薛穆最近对他说，如蒋夫人不能访英，英国政府和人民将大失所望，并会感到不快。他认为蒋夫人应尽量实现此行，并敦促我再去向委员长劝说。李惟果对我提到了他在普林斯顿大学所写的博士论文是关于西藏问题的。他认为，西藏问题是损害两国关系的问题之一，应当解决。他说，1904年在拉萨的所谓荣赫鹏会议上签订的协议应由双方同意予以废除。那次会议确定了中英在西藏的各自地位,以及中国人和英国人各自在那里的权利。例如,会议规定了外国警卫的人数及其与达赖喇嘛的关系。当时,荣赫鹏上校带领部队远征西藏,所以这次会议被称作是荣赫鹏会议。在中国人看来,那实在是一种明目张胆的干涉行径,标志着英国在损害中国的情况下在西藏树立自己的影响,奉行一种独断的,甚至是侵略的政策。李惟果认为,英国在西藏的真正目的是戒备俄国觊觎西藏。中国由于近年来国力大增,已经完全有能力保卫西藏,抵御俄国可能采取的扩张行动。既然苏俄目前并不打算而且也不敢在西藏采取任何政治行动,那么,英国原来的目的也就失去了重要性。李惟果最后说,废除那个协定就能大大改善中英关系。

我很想多了解我国的一些日本问题专家的想法。因此,2月28日,与我国著名的日本问题专家王芃生进行了一次长谈。他不仅是学者兼作家,而且一直为政府从事情报工作,并且是委员长的一位顾问。他说,早在1936年他就得到了关于日本计划侵略中国的确切情报,并且当即向政府作了报告。他认为,我们的抗日不仅是为了中国本身,而且也挫败了日本对英美的图谋。日本原来打算迅速扩充海军,以为到1940年时,其军力将足以在陆上击溃苏俄,在太平洋上遏制美国海军。日本军国主义者制订的计划是用闪电战进攻中国,速战速决。与日本的速战速胜方针针锋相对,中国的方针是对日继续作战和持久抵抗。如果我们不作出长期抗战的决定,如果我们向日本投降,那么,日本就能够按照其时间表持续推进。他说,日本当时的打算是在西方国家之间的战争中暂守中立,其目的是倾其全力,一举征服中国,使中国丧失独立国的地位。

我对王芃生说,1932年我在法国时,一些在政府中供职的朋友写信埋怨我和出席国联的中国代表团成员,不赞成我们敦促政府奋勇抵抗入侵淞沪(上海和吴淞)地区的日军。此后,他们又于1937年对呼吁全力制止日本侵略的建议(委员长对此表示赞同）予以指责。那些朋友在信中认为，这一抵抗政策几乎导致了中国军队全军覆没。我询问他本人的看法。他说，那些批评实际上并没有充分根据。尽管中国军队不幸一时丧失了精华，但是起到了一个很有益的作用。世界舆论关注的正是中国对日本侵略者的英勇抵抗。这是一个调整军事方针，使之与我们的外交政策步调一致的典型事例。正由于外部世界目睹了中国的壮志，英美两国才采取了援华政策。这就使得日本在其远东政策上犹豫不决，对其行动的可能后果有所顾虑。日本认定，为遏制英美集团，以防他们采取积极的反日政策，必须保存一部分实力。他认为，卢沟桥事变后几年来中国所奉行的方针政策是理所当然的，特别是做到了外交与军事方针协调一致。因此，日内瓦的中国代表团呼吁和建议政府全力抗战，以向全世界显示中国抗日的决心，也是正确合理的。因为这样做激起了特别是英美的同情，使他们采取援华政策。当战争终于爆发时，日本就不可能在世界战争中采取中立政策而又同时推行其征服亚洲大陆的计划。

我还向王芃生提出了另外几个有关日本的问题。我问他，1942年年底前，日本显然在力图全面加强侵华的军事行动，其目的何在。他回答说，那是为了鼓动日本国会迅速通过一项拟议中的庞大军事预算以暂时强化日本政府。我问，日本是否会进攻苏联？他说，1943年1月6日前，一直存在着极大的可能性。但以后的事态发展使这种可能性减小了。皇太后害怕发动进攻会招致对东京的空袭，所以去皇宫极力劝阻进攻。此外，还有卡萨布兰卡会议，以及苏军在战场上的节节胜利等原因。除非德国能在明春对苏俄发动一次大规模的进攻，否则，日本就不能也不敢发动它所谓的北进行动。他说，日本国民中某些人的革命情绪和革命活动正在与日俱增。因此，日本人民有可能下决心打倒本国的军阀，并鼓吹建立民主政府。

我问王芃生，日本究竟能把空军扩充到什么程度。他回答说,据可靠情报,日本还不能制造远程高速高空飞机。它自己能制造的仅仅是用来防卫本土的战斗机。日本也没有能力制造足够数量的轰炸机。它只能为自己贮存一万四千八百架单引擎飞机的发动机。如果它生产双引擎的轰炸机,飞机数量就减至七千四百架。如果它生产三引擎轰炸机,产量就将少于五千架。由于缺乏可供炼钢的铁矿石,日本海军也不具备建造更多舰船的能力。综观为战争目的服务的工业生产,由于工作母机不足,其能力也很有限。而这一点仍然是由于日本不能进口更多的铁矿石。这样,日本工业生产的能力就很有限。

我问他,他是否认为日本不久将再次对中国发动大规模进攻,以期迅速结束所谓支那事件。他说,那不可能。1938 年日本进攻武汉时,征用了总吨位达一百七十五万吨的船只用以运送军队。如它现在进犯重庆,仅就运送足够数量的军队而言,其所需吨位将为上述数字的两倍。他认为,日本不敢对重庆发动进攻,因为在进军期间,它将冒英美袭击的风险。况且,决定性的战役不是在中国,而是与英美进行。他接着说,1941 年 11 月 18 日,东京最高统帅部决定对英美开战,并任命了马尼拉、香港、新加坡及荷属东印度群岛等战区的司令官。中国于当月 22 日就得到了可靠情报,并及时转告英美。然而遗憾的是,英美政府对之既不重视,也不相信。他们认为那不过是中国想把他们卷入战争。由于英美不相信上述情报,所以他们对这一情势未能采取必要的措施。

我觉得王芃生提供的有关日本的情况,一般来说是可靠的。如前所述,他是一位日本问题学者。他不仅能听懂日语,而且还能阅读和写作。据原先在北京的一些日本朋友说,他的口语说得和日本人一样好。日本人同他攀谈时,听不出他是中国人。他的外貌也酷似日本人。他积极从事情报工作,经常接触日本报刊和密报。他告诉我,他提供的很多情报都很机密,请我暂时保密。

第七节　在国内的最后几天

1943 年 3 月 1 日—9 日

　　1943 年 3 月 1 日，我回拜了已经就任宣传部长的张道藩先生。我们就宣传政策问题进行了有趣的谈话。我对他说，我认为重要的是中国应本着同一目标做到对内对外宣传协调一致。我希望我们两人能够保持联系。为了联系方便，我请他为我准备一本专用电码。他完全同意我的意见，也希望保持联系，尤其是在对英政策以及中国在对英及国内宣传方面保持联系。我特别要求他向我转达政府在某个特定问题上的宣传方针，因为以前我曾在这方面遇到困难。他说，即使在国内，他同样也感到困难。

　　据他了解，在宣传工作上还没有一个总方针。出现问题，才下达指示。然而，临时按指示办理并不容易。他举例说，当迪尔陆军元帅和阿诺德将军前来重庆对委员长磋商战略问题时，他曾建议宣传部发表一个公报，但没有得到批准，直到伦敦和华盛顿发表消息后，才最后批准。可是刚批准又下令制止发表，结果，引起了外国记者的抗议，因为连中国报纸上发表过的东西都不准他们向国外发报。他还引证了中国报纸刊登的关于我驻法大使馆可能撤回的消息。这条消息也不准外国记者向海外报道。他说，《中央日报》曾登载了一则发自华盛顿的消息，说罗斯福总统携其爱犬前往车站迎接蒋夫人。这则消息招来了委员长对宣传部及他本人的一通申斥。实际上，他原来亲自等着有关蒋夫人的消息，一直等到凌晨一点也没来。他不能再等下去了，然而，电报却偏偏在凌晨三点和五点相继发来。他当然不可能在部里等那么久。结果他一走，消息便发给了中国新闻界。

　　在宋子文的坚持下，取消了例行的每周一次的记者招待会。张道藩说，他的日子也因此而好过一些。每次开会回答外国记者的提问时他总是说无可奉告,都说得难为情了。但与此同时,他认为他不能作他认为最好的回答,因那只会引起更多的纠纷。我问他,关于迪尔和阿诺德同委员长就卡萨布兰卡会议的结果举行的会谈,采取了哪些宣传步骤。他说,这两位将领即将到达的时候,委员长派警卫员到机场去迎接,同时命令把摄影记者统统送到开会地点黄山去。但当命令送到张道藩办公室时,会议业已结束,这两位高级军事使节也已离去。显然,张道藩想给我留下这样的印象,虽然他身为宣传部长,但在宣传工作中并不完全有权按照他认为恰当的方式行事。

当天晚上,我出席了杭立武举行的宴会。有几位英国人出席,其中有英国大使馆的盖奇、香港教区主教霍尔和英国文化协会(英国领事馆?)的史密斯。盖奇要求我尽最大努力说服蒋夫人访英,并告诉我,已经邀请她下榻白金汉宫或温莎堡,任她挑选。这再次使我看到,英国人多么渴望蒋夫人访英。

次日,我拜访了监察院院长于右任。我告诉他,我即将取道美国返英,以便再与宋子文磋商他访英的事。于右任立即说,他知道英国政府极其渴望蒋夫人访英,并说,依他所见,蒋夫人很难推辞。我说,我也同样渴望她能访英,也许由宋子文部长陪同她从美国前往是个好办法。于右任很机敏;他说,由宋子文陪同蒋夫人访英会给接待礼仪带来很多困难。这表明他不仅对此事关注,而且也显示出他很通晓外交礼仪。不过,我认为困难是可以克服的。如宋子文与蒋夫人一起访英,解决那些困难并不要费很大力气。

这位国民党元老游弥坚是我的老同事,他向我一一介绍了当时重庆政界的要人与派系,很有意思。他告诉我,各派系及其领袖的情况如下:第一,C.C.系与孔祥熙有一个时期彼此误解和对立,现已同意合作。第二,政学系支持黄埔系(当时叫作复兴社)。第三,黄埔系以外的军人全都支持何应钦将军。游最后说,当年夏天即将召开的国民党代表大会非常重要,它可能导致新的派系联合和政府改组。如果派系的重新组合有利于政学系的方针，宋子文将返回重庆，因为这派的政策是支持任何反对 C.C.系的人。

李奇武和曾在巴黎任总领事多年的廖世承来访。他们简要地给我分析了法国政局，然后向我提出一项建议。他们说，法国有三大政治派别，即维希派、戴高乐派和吉罗派。中国可同各派都保持联系。至于印度支那问题，法国一家橡胶公司已经和英国橡胶业资本家携起手来，目前双方正进行合作，以期遏制中国在印度支那的活动并为法国保住印度支那。法英集团认为，英、美、中对印度支那的政策各不相同。他们想玩弄手段，使三国中的每一方反对另外两方，以使法国最终仍能为自己保全印度支那。

当天下午，我又和王宠惠交谈了关于拟定外交礼仪规章草案的事。但他还告诉我说，根据他的情报，蒋夫人访英的可能性极小。她和委员长有很多原因对英国不满。他还注意到最近迪尔及阿诺德同委员长的会谈不欢而散，主要是因为斯大林元帅应邀出席了卡萨布兰卡会议，而委员长却未接到邀请。外国报界对这种不同待遇还作了不必要的渲染。

我出席了委员长为行将离任回国的美国驻华大使高思举行的宴会。中国许多领导人照例出席作陪，其中有孔祥熙、王宠惠、何应钦、吴铁城、陈济棠、吴国桢、胡世泽、钱泰和陈布雷等。值得回忆的是，席间，高思问委员长，日本有无进攻俄国的可能性。委员长说，可能性相当大。他接着说，过去中美之间的联系不够密切。（我想，委员长所想到的，其中之一是中国向英美转达日本密谋进攻美国的情报一事。）如两国在战略上密切合作，日本可能已经进攻苏俄。大使问他，如何才能实现更密切的合作。委员长建议同盟国即英、美、中举行一次会议。当高思谈到蒋夫人访美极为成功时，何应钦说，印度总督林利思戈的夫人和赫伯特夫人（我想可能是西孟加拉省省督的夫人）都希望蒋夫人也去英国访问。我想何应钦的意图是请委员长就此谈谈看法，但委员长未予评论。吴国桢谈到了《泰晤士报》发表有关蒋夫人访美成功的社论也有此意思。他问委员长是否得到了关于蒋夫人健康情况的消息。委员长说没有。孔祥熙告诉我,高思将不再返回重庆,美国政府拟另派人来,此人是赫尔和罗斯福的朋友但从未到过中国。

宴会结束后,高思告辞离去。这时,委员长嘱我和钱泰移椅就近一谈。他问我准备何时动身返英。我回答说,暂定在 3 月 10 日左右。接着,他又问我有何来自英国的最新消息。我说,中国大使馆为熊式辉将军率领的访英军事代表团举行招待会时,英国有好几位领袖出席,其中有外交大臣、陆军大臣、海军大臣和空军大臣,这表明他们愿同中国密切合作。委员长可能不大赞成我这种乐观的解释。他说,英国一贯看重礼仪。我想他的意思是这种姿态不值得如此看重。

他又问钱泰对国际形势有何看法。钱泰说,卡萨布兰卡会议表明,英美在对法政策上意见分歧,苏英之间以及美苏之间也会出现难题。不过无论如何,英美两国将继续密切合作,是不会分开的。他表示,中国应该为召开和平会议而研究各种问题,并至少该就这些问题先同美国磋商,以求得美国的支持。他认为,英美两国肯定不仅就欧洲问题,而且还就远东政策问题在卡萨布兰卡达成了某种谅解。委员长说,英美两国今后意见不会永远一致,至少在经济领域内会是这样。钱泰说,英国当然要尽量保留其殖民地,但很难获得美国的同意。委员长说,依他看来,英美两国将来少不了有摩擦。

何应钦也加入了谈话。他说,他在印度呆了三个星期。在那段时间里,他对印度人民由于宗教原因而形成的分裂状况感到震惊。实际上,他们根本没有团结的精神。英国在印度只控制着十一个省。印度有六百来个不学无术的土邦主。看来他们对外国知之甚少,尤其不了解中国的情况。其中一位土邦主居然不知中国距印度有多远。当他得知何应钦花了四天时间到达印度,显得惊异万分。使何应钦啼笑皆非的是另一个土邦主竟问他,从中国乘船到印度得用多少天。他说,印度人似乎生性悲观,学不出众,才不惊人。那里还有六千来头凡人不得冒犯的神牛。所有的开发工程,像交通、工业等,全都由英国人承担。他的印象是印度人没多大能耐。他还评论了种姓等级制度。就连佣人也分成三六九等。侍者不愿与等级比他低的苦力在一起干活;厨子则自成一等。他问道,这样一个民族又怎能实现并维护自由和独立。

委员长对他这番长篇大论显得有些不耐烦。他说,何应钦不过是看到了英国当局想让他看的那些东西。"你很可能没有跟印度人谈过,没有听过他们自己的想法。"何应钦说,他曾经同几位相当重要的印度领袖交谈。有一位土邦主告诉他,至少在他的邦里,并无一个国大党员。何应钦说,那六百名土邦主生活奢侈豪华,他们的宫殿富丽堂皇。对此,委员长说,英国人存在着根深蒂固的帝国主义情绪,他们是一个狡猾的民族。我告诉委员长,在西印度群岛的一个岛屿上,居民成立议会已有二百多年,但他们始终未能享有彻底的自治权。英国人答应让他们自治,但迄未确定具体日期。这种态度同美国确定菲律宾在六年之内实现完全独立的做法截然不同。

我记得何应钦在宴会入席前就已经告诉我,他的印度之行何等有趣。在他眼里,英国人是一个办事有条不紊而且纪律严明的民族。他们在安排宴会和社交活动方面讲求细节,一丝不苟。而印度人则实在还不宜独立,因为他们根本就没有有才干的领袖。他认为,中国应尽一切努力与英美和苏俄进行合作,否则,中国本身便没有能力开发经济资源,发展工业。这一点尤其同英美密切相关。中国只同美国友好是不够的。我说,我始终希望推进中、英、美三国合作。然而,他却认为中国也应与苏俄合作。

杨格博士来找我磋商同英国解决贷款问题的办法,目的是消除使两国产生摩擦的一个根源。他说,他已经向孔祥熙提交了一份备忘录,建议对"战争用途"一词予以广义的解释,以便包括为补充中国商人货源而购买的货物。那些商人的货源得到了补充,中国政府就能使部分货币回笼。备忘录还建议专门就战后使用信贷的问题达成一项协议。显然,为了促成贷款协议。他的建议尽量投合英国人的意向。他说,备忘录还建议对国外的中国政府债券持有者进行登记,目的是一俟战争结束,敌国政府手中的债券即可宣布作废,而敌国私人手中的债券则成为其政府的负担。孔祥熙要他找我商量贷款问题,而他(杨格)如果能为解决这个问题穿针引线,他将十分高兴这样做。

我向他介绍了伦敦和重庆前一段的情况,特别是去年 12 月我与霍伯器和英国大使的会谈情况。我说,我赞成他所建议的对"战争用途"一词予以广义解释的想法。但我觉得,为了最充分地利用那笔信贷,中英两国应签订一个五千万英镑信贷的总协议;与此同时,通过换文形式具体规定一千万英镑用于发行债券,下余四千万英镑用于购买供应品和稳定货币。我还建议任命一个由专家组成的中英委员会,以研究并报告英国、印度、澳大利亚和其他自治领及英镑区的可供物资。杨格非常同意设委员会的想法。我指出,我们已经整整丧失了一年的时间不知怎样最好地使用这笔资金。

孔祥熙来看我,并商讨了英国提供信贷的问题。他说,罗斯福总统认为战争不会在 1944 年结束,因此他确信自己将会第四次当选美国总统。总统的同僚也希望他再连任一期。孔祥熙似乎认为,战争会拖长。但他说,中国的经济形势已经极端困难,每天要花一亿元。通货膨胀已达到有完全崩溃的危险程度。美国知道我们已经想不出自救的办法来了。

他说,他不同意宋子文在英国贷款问题上的看法。他说,就在宋子文离开重庆的前夕,他曾就如何圆满解决这个问题征求宋的意见。宋的想法是,如问题在中国得不到解决,就由他本人到英后设法商讨。但他又表示,中国无须争取十全十美的解决办法,有八成满意,就可以同意。孔祥熙希我能协助解决这个问题。他说,当他把宋子文的打算报告委员长时,委员长也说,贷款问题应交给我去解决,还问怎么把这件事交给外交部长了。孔祥熙对我说,他准备动用一部分拟议中的信贷赎回中国政府在伦敦市场上的黄金债券。中英两国政府应就公布这笔债券的赎价问题达成一项协议。如英国不同意此项办法,那么,中国就干脆拒绝赎回债券。我向他指出,这些债券中国政府有义务偿还,我们在任何时候都难以拒付,孔祥熙说,这些债券是以中国海关税收作担保的,但是战争结束后,中国肯定不会允许英国人继续控制中国海关。他于是问我,英国政府已提供的八百万英镑信贷是不是最终一定得偿还。我说是的。但他想用拟议中的五千万英镑信贷的一部分来偿还那笔预付的八百万英镑。从这次谈话使我认识到,第一,财政部长与外交部长的想法是何等不同;第二,孔祥熙关于偿还现有债务的打算未免有些新奇,恐难以付诸实施。

我很想聆听一下林森主席对中国对外关系各方面问题的意见,于是同他进行了一番有意义的长谈。我早就知道林森在这方面的关心和学识。我记得,就是他,在1931年代表国民党出席了我就任南京政府外交部长的典礼。当时他发表的讲话,给人的印象很深。他指出了我任职后应特别注意的各个问题,尤其是保护客居异邦的海外华侨;他们一直在遭受不平等、不公正的待遇。这次,林森清楚而明确地谈到那些影响中英关系的基本问题,又给我留下了深刻的印象。显然,他对那些问题是经过深思熟虑的。

主席首先说,我返英后可把战时中国的实际情况介绍给英国人。因为这是我亲见目睹的,所以我返英后的谈话将比以往有分量。英国人了解的情况大都来自英国传教士和商人。传教士为了赢得英国人对他们在中国工作的同情和支持,总要强调中国人民的落后状况。一般说来,传教士既不了解中国的政策,又不了解中国的政局。而那些英国商人的目的历来就是赚钱。他们以为,不平等条约一废除,他们在中国的生财之道必然减少,因此对中国兴趣减少,甚至悲观。他们不了解中国所取得的政治进步,也不很注意中国人民的精神面貌。今日之中国已迥异昔日。他认为,英国及其国民对中国和中国人民的认识和了解应当跟上时代。

接着,他谈了第二点。他说,英国应该明白,它不能长期占据香港九龙。中国为了维护国家主权,深望收复这些领土。香港居民中十分之九是华人,所以对英国来说,归还香港与否没有多大关系。要是这些中国人拒绝与英国人合作,英国就不好办了。再者,他说中国收复这些领土后,会继续把香港作为自由港。此举显然对英国有利。由于英国将继续占有新加坡,所以香港归还中国不会给它的防务造成什么影响。此外,香港这个港口不易防守。如中国今后继续拥有海南岛,并控制住安南(印度支那北部),由于安南起到保卫新加坡的有效屏障作用,就不再有保有香港的必要了。(?)这一点英国也应当充分了解。它不如反过来主动提出把香港归还中国,则能得到中国的赞赏和感激。

第三点,林森表示了这样的看法,即中国文明的精神实质,历来强调正义与和平的重要性。中国人从来没有侵略别国的野心。翻开中国历史,这一点显而易见。所以英国政府及其国民无须惧怕中国、疑忌中国,也无须利用日本抗衡中国,以期保持英国人所谓的力量均势。

我即将离华返任。根据中国的礼节,我得拜访一些党政要人,向他们辞行,特别是我在国内期间盛情款待过我的人。我拜访的人物之一是张厉生。那时,他任国民党的秘书长。(后来他被派到日本去任大使。)我知道他对外交问题很感兴趣。我对他说,中国应不遗余力地维护盟国之间的友谊,以便在战后不怕外国的侵略和反对,从而能一心一意把国家建设得繁荣富强。只有与西方各盟国保持友好关系,我们才能制止日本企图进一步掠夺中国,才能防止日本挑拨英美对中国的恶感和猜忌。中国有效地同西方友人保持和睦友好,就可以放心地全力投入建设和开发工作。完成建设和开发工作至少得用十至十五年的时间。张厉生则认为需更长的时间,很可能是二十年。其他则与我的看法完全一致。他补充说,战后的建设问题十分艰巨,困难重重。在经济和政治方面,困难都多得很。中国人总的教育水平不高,很多改革颇难实施。总的来说,领导是出色的,但各阶层给予的支持太少了。

我在行政院见到了该院的政务处处长蒋廷黻。我们讨论了为终将举行的和平会议进行准备的问题。他同意我的想法,也认为这项工作很重要,并且说,为了制定参加和平会议的计划,有些部委已经设立了一些委员会,但是工作还未取得什么成果。他认为应该加快工作进度,各委员会之间应加强合作。看来,以王宠惠为首的委员会所讨论的问题及起草的文件,学术性很强。他认为,首先应加以考虑的是最后要敌国接受的那些停战条件,一个或几个和平条约的缔结只能过一段时间才进行,而且这段时间不会很短。我说,要缔结的各条约的原则多半是以对各敌国的停战条件为基础。我们最需要的将是复兴和重建饱受战争之苦的国家的资财。我们的主要需求应包括或隐含在停战条件中。例如,战后哪些财产和资产应该归还中国?我认为应研究诸如此类的问题,并以明确的措辞起草,以便向英美提出讨论并达成协议。

3月6日上午,我拜访了何应钦,向他辞行。他说,他写了一个条陈准备呈递委员长。条陈主张中、英、美,也许还有苏俄,作为战后的世界核心,达成一项协议。他在条陈中指出,美国宪法规定每四年举行一次总统选举。每当选出一位新总统时,美国的政策就随之发生变化。它的外交政策远不像英国那样稳定。战后的英国在世界上仍将保持巨大影响。它的工业颇为先进。他举印度为例,指出在长期受到英国的统治之后,仅塔塔钢铁公司一家的产量就可供中国全国之用。他说,中国在很多方面都大大落后于许多国家。为了实现工业化,中国需要各友好国家提供资金、技术和原料。中国需要大量外援。如果中国与富强国家的关系处得不好,就不能指望他们特地帮助中国建设。要是这样,中国的重建和大规模工业化计划必将遭受挫折。

何应钦说，他在条陈中接着论述了印度问题。他说，出使印度期间，他看到印度士兵多系穆斯林，看不起印度教徒。印度老百姓既不能干，又无权势，不能指望他们起来革命。中国忙于本国事务，哪能再去帮助印度？中国的这种政策只能加剧中英之间的摩擦。我说，我一向认为中国应首先注意首要问题，而当务之急是努力作战，尽快打败敌人，取得最后胜利，然后建设国家，以扩大中国在国际交往中的影响。中国增强了国力，就能以较高的地位跻身于世界各国之林，说话就有分量了。

随后，何应钦向我问起了英国的贷款。他认为应千方百计加快贷款的议定。在他看来，这事很简单。如别人愿意送礼，我们就只管收下，然后再谈还能弄到什么。我说，英国第一次只给苏俄一千万英镑信贷，第二次就增加到两千五百万英镑。苏俄在接受这两笔信贷时，宣称它将于战后偿还，而不愿把贷款当礼品收下。何应钦对我的这番话印象很深，并建议我把我所说的告诉委员长。他还说，在议定美国贷款之前，宋子文于1942年2月电告政府称，美国建议以每月两千万美元的数额资助中国的军费开支，并表示愿意劝说英国在战时每月对华提供五百万英镑的援助。两笔款项加在一起总合计每月四千万美元，或每年五亿美元。将用以帮助中国解决通货膨胀问题。每月有这两个盟国提供援助，即使战争旷日持久，中国也不必担心通货膨胀。何应钦认为，如我们接受了美国的建议，那笔财政援助的效果就会大大超过最终同意的那笔贷款。遗憾的是，委员长认为必须维护中国的荣誉，因此拒绝了那个建议。何应钦希望我继续努力，说服委员长同意早日同英国解决贷款问题。

何应钦还向我询问了有关蒋夫人访英的问题。他认为如蒋夫人不去访问，必将波及中英关系。根据他的情报，目前的问题是蒋夫人希望王后亲临车站或机场迎接。据他了解，这个问题还没有解决，因此，是否接受英国邀请也未决定。

接着，何应钦谈起了中共问题。他说，最近共产党的一位代表李先生来见他,要求解决两党代表在历次会议上提出的一些问题。问题之一是要求恢复新四军。何应钦回答说,新四军已经解散,这个问题不能再提。其余的问题,也就是以前何应钦致电中共领袖所简要提出的问题,则可以讨论。

何应钦告诉我,关于收复缅甸的问题,将于当年年底或1944年年初进行。所传英国不愿在拟议的反攻缅甸战役中要求中国军队参战一事是不真实的。关于所传邱吉尔曾做好访华准备,而中国并未邀请之事,他一无所知。

我觉得这次谈话很有启发,但不得不及早告辞。谈话表明,何应钦对中英关系中出现的种种问题十分关心。由于我还要过江去黄山晋见委员长,只得匆匆与他道别。当我踏上对岸时,委员长的轿车已停候在那里。

我于中午十二时三十分到达委员长的官邸。他邀我同他共进午餐。进餐时间要到一点钟,于是我们先坐下交谈。他一开始就问我对中英关系得出了哪些结论。我回答说,总的说来英国人似乎已认识到,而且实际上是深切感到他们的政府在第一次世界大战后所奉行的外交政策业经证明行不通,是失败的政策。当时的政策是不积极参与任何旨在维护世界和平的联合行动。英国人痛感第二次世界大战给他们带来的苦难和牺牲,因此确信并主张英国现在应加入其他国家的行列,共同保卫世界和平。其次,英国人认识到这场战争的财政负担沉重,担心战后财政和经济状况恶化,因此普遍认为,英国应在战后扩大海外贸易,集中力量振兴经济,以保持其生活水平。第三,英国人忧虑的是盟国取胜后苏联对欧洲大陆各国的影响。战后的形势必将给共产主义抬头之机。因此,英国政府和英国人民认为有必要与美国携起手来,形成一个集团,以有效地对抗以苏俄为首的共产主义集团。这个反共联盟,只能由英美两家带头。在经济上,英国对美国资本的实力自然又害怕又嫉妒。它认为美国对全球经济即使控制不了,至少也会努力施加其影响。这种发展的趋势,将使英国很难在世界上谋求经济上的利益。

综上所述,我说,英国面临两大难题。政治问题的中心是苏俄;经济问题的中心是美国。为了处理这两大难题,英国确实感到有必要同中国合作。这正如它在上个世纪下半叶那样,为了在亚洲谋取利益,感到不得不同日本或中国这样一些有影响的国家合作。1894年至1895年的中日战争前,英国同中国合作。中日战争后,它同日本合作。现在,它又想求助于中国。在政治上,委员长的反共态度引起了它的注意,它相信委员长的这种态度是不变的。它确信委员长领导下的中国政府无论如何不会向共产主义演变。英国人还认为,一旦最坏的情况发生,如果有必要的话,英国可以凭借中国的合作来对抗苏俄。其次,在经济领域中,英国人认识到中国是一个有巨大潜力的原料供应地。由于中国人口众多,中国即使不是英国制成品的最大市场,也是有限几个市场之一。英国不愿看到美国独占中国市场。我接着说,英苏联盟固然是事实,但英国缔结这项盟约的目的主要是用它作为宣传武器,而并非想把苏俄当成可靠盟友。至少这是英国一开始时的看法。当时,邱吉尔突然表示愿和苏俄结盟,以共同对德作战。但实际上,在整个战争过程中,英国为了使俄国能接着打下去,不得不向它提供各种各样的物资及财政援助。与此同时,英国还有这样的打算,即这个联盟将保证两国在战后不致发生重大冲突,并且作为促进双方战后合作的桥梁。

我对委员长说,至于中国最好对英采取什么政策,应予早日决定。主要决定一经做出,即可作为解决两国间目前悬而未决的各种问题的基础。我说,我回国的主要目的是希望就此获得明确的指示。此外我还希望能与政府取得直接联系,以便明确应如何处理诸如香港和九龙、缅甸和新加坡、马来亚、安南和荷属东印度群岛,以及暹逻等问题。我觉得,为了交换看法,我应当把这些问题非正式地向英国政府提出,以便了解他们的意向,并说明我们的希望和要求。这样,对那些我们能够采取相同或近似观点的问题,我们就可以顺利地预先达成谅解。在谈判和约之日到来时,我们就不至于在双方各持己见的问题上措手不及。

我说,我非常愿意了解政府对于中英两国谈判和签订类似英苏之间那样的盟约的看法。尽管英方在这个问题上并没有明确表示这一愿望,但我的印象是他们希望缔约,因为我认为战后英国的基本政策是维护世界和平,它愿意与中国合作,共同努力实现这一目的。唯有和平得到保障,英国才能执行它的重建与复兴的政策。我认为,英国今后不会再抱有殖民扩张的野心。它的目标将是通过和平手段寻求并努力实现英帝国的发展。换言之,英国仅仅希望保持和发展既得利益,以便在世界各国中继续维持其财富和威望。这也是英国人当真很厌恶战争的根本原因。看来,委员长聚精会神地听了我的讲话。

我说完后,委员长邀我入席。他说,饭后他再给我答复。饭后,他果然有条不紊地谈了起来。我的印象是,他的讲话肯定是经过认真思考的,而且多少经过一番组织。首先,他说,关于建议缔结中英盟约问题,他之所以犹豫不决,是因为他考虑到可能引起苏俄的猜疑。那样做不仅会使中国在同苏俄打交道时被捆住手脚,行动自由受限制,而且使中国在同日本打交道时也同样被动。不过,一旦英国提出建议,我们的回答应该是这样的,即最好缔结一项中英美三国条约,因为美国对付德国必须同英国合作,对付日本则又必须同中国合作。三国条约对英国同样有利。如中英一起向美国提出缔约,那对美国的作用就会更大,也更容易实现这一共同目标。但是,如最终不能签订包括美国在内的三方条约,则改而缔结中英盟约便成为有益之举。尽管他认为三方条约比双边条约的作用大得多,而且能使中国处于比较有利的地位,但是他的意图与我上述谈话的主张相似。既然美国几乎不可能在和平时期从属于某个联盟,那么它加入三方条约的希望就很小。因此,第二个最佳方案就是结成中英双边联盟。

接着,委员长又说明了他考虑这个问题的思路和想法。他说英国的外交手腕历来诡计多端。同它合作，其他国家休想得到多少好处。英国人看来能说会道言辞动人，但委员长认为，他们将顽固地坚持其传统政策。他回顾了邱吉尔就印度问题写给他的信，信中说中国的共产党问题同英国的印度问题性质相同。委员长说，这种言论简直粗鲁已极，令人无法容忍，因为中共问题是中国的内政，岂能与印度的解放和独立相提并论。只是由于委员长的宽容，才决定不在复信中予以严词驳斥。

然后，他又告诉我另一件事。半年前，委员长为寇尔大使举行饯别宴会，并在宴会上向他祝酒；而这位大使在答谢祝酒时，却措词粗野而悖理。委员长在祝酒时说他已致函英国外交大臣艾登，希望寇尔爵士继续留任驻华大使。艾登复信说，如无紧急使命需要大使执行，英国便无意把他调离中国。可是，当时寇尔已经委以重任，即将任驻莫斯科大使。艾登对于未能满足中国政府希望寇尔留任的愿望深表歉意。委员长的祝酒词明明是赞扬大使，而这位大使不顾或未能领会委员长的赞扬，竟在致答词时说，他本人感到，他如果不被派驻莫斯科，肯定会被赶出中国。委员长说，这话无礼之极。委员长还说，这位大使甚至用完全不符合其大使身份的语言给他写信。因此，半年来他拒不接见这位大使。他感觉这位大使的言谈举止实在有些卑鄙。他嘱我有机会时把这些情况告诉英国政府。

关于西藏问题，委员长说，英国应停止它的阴谋诡计。虽然我们还未获得英国在西藏活动的确切情报，但据他已经收到的一些秘密报告，看来很清楚，派到西藏的各路英国人马正在从事的活动显然旨在挑起藏民仇汉情绪。这些人马不是投机冒险，就是惹是生非。当然，他明白，英国是打算用这种手段来牵制中国，并对中国在印度问题上所采取的态度进行报复。但实际上，中国对印度问题并不想采取干涉或干预的政策。中国在印度争取自由与独立的问题上所采取的政策，完全是基于希望看到各民族都获得独立与自由地位的愿望。从这一基本原则出发，中国不能采取其他态度。然而,从一开始中国政府就从未采取过任何行动来支持印度人民实现其目标。中国的政策是同情和道义上的支持。实际上,我们自知无力帮助印度人民恢复独立。因此,英国没有理由怀疑我们的动机。如果英国放弃在西藏的全部秘密活动,并尊重中国对它的主权,我们当然要克制任何有损于英国在印度利益的言行。他说,国大党始终同中国保持着联系,但中国政府一贯敦促该党放弃它对英国战争努力所采取的非暴力的不合作政策,并帮助盟国赢得战争胜利。一言以蔽之,西藏问题与印度问题极为相似。我说,中国若选派一位资历深、名望高的外交官任驻拉萨的高级特派员,那可能是着好棋。走这一着,对英国和对西藏都有好处。委员长连声表示赞同。他说,他一直在物色称职的人选。

接着,我们讨论了香港问题。他告诉我,宋子文刚给他来电称,罗斯福总统向他表示,香港也好,台湾也好,都应归还中国。总统提出的唯一条件是由中国主动继续保持香港作为自由港。委员长说,中国对此没有异议。他认为,罗斯福肯定在卡萨布兰卡会议上与邱吉尔重提了这个问题。

关于新加坡、缅甸及马来亚问题,他说,中国唯一的愿望就是保证那里的华侨享有与英国侨民同等的待遇。对于如何处置这些领土的问题,他说,我可以表示中国准备同英国及其他盟国一道探讨解决问题的最佳办法。他补充说,没有必要说明中国在此问题上尚无具体想法。据宋子文最近来电称,罗斯福告诉他,英国反对其他国家在这些领土问题上给它出主意,邱吉尔想使这些领土仍归英帝国所有。从宋子文的报告中,委员长推测,美国提出让这些领土逐步实行自治的主张遭到了英国的拒绝。

在遏罗问题上,委员长说,中国的唯一要求就是恢复泰民族的独立,但美国主张通过任命顾问的方式,实行监管体制,由这些顾问与遏罗政府共事。困难的是在泰人中没有卓越干练的领袖,老百姓也缺乏起码的才智。关于印度支那问题,美国赞成对那里成立的任何政府实行中美联合监督。美国认为,这个方法适用于整个印度支那问题。他们并不打算将印度支那北部交还给中国管辖。至于朝鲜,中国的政策是希望它能获得独立。为了维护其独立,中国愿意向它提供各种援助。然而,华盛顿却举棋不定,因为美国担心朝鲜不具备维护独立的能力。

委员长同我讨论的第二类问题是经济问题。他说,中国非常乐于在这一领域同英国合作。我们欢迎英国的实业家、资本家或技术人员前来中国。如果这些人有对华投资和在华兴办实业的具体计划,中国愿同他们进行商讨。在这类谈判中,中国将记住美国人提出的建议。中国特别欢迎在通讯、机械和航运等领域进行合作。我说,英方成立了一个名为国际开发公司的机构,这个机构已经指派若干专家访华,同我国政府讨论帮助中国发展的可能性与机会。这些专家对电力、采矿、筑路和水利等方面特别感兴趣。委员长说,发展电力最为重要,但是我们欢迎他们都来。他说,他在《中国之命运》一书中提出了一个十年计划,这是他认为可能实现计划的最短期限。他说,即使是德国的技术人员,也会受到欢迎。德国人民对中国抱有好感。除去像希特勒和里宾特洛甫那样几个头子之外,德国政府始终在努力维护两国人民之间的友好感情。大多数德国领袖对中国还是友好的。

我对蒋夫人访美成功表示高兴,并说,我很挂念她的健康情况究竟如何。委员长告诉我,她感觉非常疲劳。我说,英国驻重庆大使馆的人员新近告诉我,英国国王和王后已经向蒋夫人发出访英邀请,并请她在白金汉宫下榻。委员长说,邀请已由英国驻华盛顿大使哈利法克斯勋爵向蒋夫人转达,但是她还未决定是否接受。他建议我抵美后不妨设法说服她接受邀请。他问我打算在美国逗留多久。我回答说,少则七天至多不超过十天。

他随即递给我一本《中国之命运》,要我看完后予以评论。然后我告诉他,按照他的意思,我已准备了一些礼品带回去给中国的几位朋友,其中有克里普斯夫妇,给他们的礼物将以委员长的名义赠送。还有给尼泊尔驻伦敦公使的礼物,将以我的名义赠送。我向他索取一张照片,他表示非常乐于给我。

关于我们以前屡次谈过的贷款问题,他对我说,只要拟议中的这笔贷款对中国有实际好处,特别是有利于我国的法币,我可在宋子文外长抵英后同他一起设法解决。我说,这样做很好。中国对英国的基本政策既然已定,那么,贷款问题便可通过一项考虑到英国方面种种困难的适当折衷办法,顺利予以解决。委员长对我所说的表示赞同,他说,这样做很对,也很好。我又说,我这次回重庆途经印度时,发现印度政府对在那里受训的中国军队待遇极好,因此以在适当时机公开对此表示赞赏为宜。

我感谢委员长对我无微不至的照顾和一再盛情款待,包括指示外交部长给我报销我返国期间在嘉陵宾馆的全部费用。我准备起身告辞时,他又问我一个问题。他想知道我如何看待以中国为一方和以日苏为另一方的关系。我回答说,这两个问题都十分重要,应该引起我们极大的注意。我觉得,日苏两国好像仍然有可能联合起来。这部分地将取决于英美对苏俄的态度和政策,也将取决于英美之间的相互关系及友好合作的程度。我说,早在义和团动乱时期,寇仁勋爵就主张不采取当时广为议论的瓜分中国的作法,而建议给中国十年限期,看它是否能够想办法自救。委员长似乎对此很感兴趣,还提了许多问题。

这是我离华前与委员长进行的最后一次长谈。我觉得,他肯定非常认真地考虑过我在以往同他谈话时提出的个人见解和建议。他对我提出的种种问题,回答得不仅全面,而且简明扼要。我觉得他的话全都是明确的论断。

我有许多问题急待与孔夫人商谈,其中包括礼仪规章草案问题,特别是蒋夫人访英问题。所以,当天下午很晚时,我前往见她。关于后一个问题,她证实了,英王和王后事实上邀请蒋夫人不仅访英,而且在白金汉宫下榻。但孔夫人认为,为了尽可能使双方对这次访问都感到愉快,最好先解决一两个悬而未决的问题。这将表明英方的友好,并消除由于委员长夫妇访问印度时受到异常而颇为离奇的接待所引起的不满情绪。我同孔夫人的这次谈话更清楚地说明了阻碍蒋夫人接受英国邀请的内情。

第二天,我拜访了考试院院长、国民党的著名领袖戴季陶。他刚率领文化友好访问团访问印度归来。当我提起印度问题时,我发现他很愿意谈论。他认为甘地的绝食在一定程度上是为了警告英国人,但也是为了推动对消极抵抗的崇拜,并向印度人民表明,无组织的暴力行动并不能给印度带来独立。戴季陶叹道,由于种族、宗教和等级等因素,印度四分五裂;印度人的文化教育水平也很低。印度的教育制度很像中国的宝塔。纵看塔身高耸,横看,塔基狭窄。在高等学府中,学者的研究成果渊博深奥,给人的印象是深刻的,有些为中国人所不及。然而,印度老百姓孤陋寡闻也比中国老百姓为甚。印度的全部对外关系,以及国防和通讯等方面的所有机构,统统控制在英国人手里。印度要实现独立并非易事。他注意到英国人力图统治印度,但遇到了重重困难。然而,他说,不论印度人能取得多大成就,他都不相信他们能成为一个独立自主的强国。他认为,印度最好能取得自治领的地位,以便有一个准备时期来锻炼管理国家的能力。对印度的威胁,北有苏俄,南有日本。如果它猝然独立,它将无力抵御外敌的进攻。

西藏问题是中英关系中的难题。他认为,我们的当务之急是培养与西藏人民的友好关系,以使他们对中国不再怀有恐惧或不满的心理。如果做到了这点,英国要离间我们就无能为力了。他说,英国侨民在西藏的所作所为与日本的浪人没有什么两样。这些人没有教养,胸无大志。如中国有一项对西藏的切实政策,在那里就无须担心英国。

戴季陶意识到,尼泊尔历来对中国十分友好。他认为,如果中国授予尼泊尔大君以国王称号以示友好,使尼泊尔只向着中国,倒是一着妙棋。中国有了友好的尼泊尔在它一边,英国和西藏便会有所顾忌,就不敢继续和中国作对。他说,王正廷任外交部长时,他曾向王建议授予尼泊尔大君以国王的称号,但王正廷提出了很多反对意见,最后只同意授予大元帅衔,殊不知大君的称号更为高贵,大元帅不能为他增光。他说,后来政府已决定派一位特使去授予大元帅称号,但王正廷又坚持要从外交官里选派。结果,他选派了并非第一流高级官员的驻加尔各答总领事张铭先生前往。张铭一到尼泊尔,就受到了一连三天的盛大欢迎,其热烈程度不亚于昔日迎接北京朝廷的钦差大臣。对此,英国提出了抗议。英国大使也对王正廷表示不悦。王正廷随即否认了一切,并说,张铭不是政府派的,而是自己去的。接着,外交部下令将张铭革职,永不叙用。这种处理方法使张铭恼怒之极,终于精神失常。

他说,西藏问题主要是我们自己早先的行动造成的,那就是我们单方面标定西康与西藏之间的分界线,把德格作为分界线的西端。实际上,中国的管辖不能越金沙江东岸一步。西藏人看到我们未经他们同意便任意标定分界线,而且于他们十分不利,因此成为不满的缘由。戴季陶认为,我们这种做法实在愚蠢。

戴季陶说,中苏关系问题是同新疆有联系的。在新疆北部,苏俄占据了所有的邮局、电报局和中继站,并置于其控制之下。南疆根本就没有这些设施。为了制止苏俄扩大影响,他认为有必要利用第三国即英国来挫败苏俄的阴谋。鉴于中国没有足够的力量单独对付苏俄,所以有必要以这种政策相对抗。

戴季陶说,在南方,香港和九龙都应归还中国,至少应将九龙立即归还中国。它与香港不同。看来英国仍想把马来亚和缅甸据为己有。(至于越南北部,他说,唐时安南即隶属中国,史称为广东的姊妹省。)他认为,英国已经不再怀有领土野心,只想维护英帝国的疆土。但他又告诉我,他在印度买了一幅印度政府印行的亚洲地图,上面表明的西藏东部边界竟然把四川和云南的一部分也包括进去了。那幅地图还标明外蒙古是一个单独的国家,并称东北四省为满洲。他回到重庆后,有一天请寇尔爵士去看那幅地图,并且非正式地问他,印度政府何以印制这样一幅地图。寇尔把错误归咎于印度政府的地图绘制部门,并称不必在意。戴季陶说,委员长去印度访问时,这幅地图全部已被查禁,各书店都不准继续出售。

与国民党秘书长吴铁城将军的一次谈话使我对中国的外交关系和对外问题有了进一步了解。他就中国与各缔约外国之间的各种悬而未决的问题给国民党领袖们准备了一份节略。这份节略是根据中国各领事和领事代表的一次会议上的研究报告整理而成的,主要在于探讨侨居他国或在国外经商的华侨因受居住国法律歧视而应予以保护的问题。他答应送我一份抄件以备参考。他说,华侨在许多亚洲国家占有重要位置,所以应享受与欧洲人同等的法律地位。华侨的双重国籍问题是个棘手的问题,不易解决。关于荷属东印度群岛的华侨问题,他请我返英后告知金问泗大使,荷兰新任驻重庆大使向他保证说,一俟他任荷属东印度群岛的外事局长,荷兰政府将给当地华人以较好待遇,并将他们同荷兰人一视同仁。吴铁城曾遍游亚洲,目睹华人在各国的情况。他说,在荷属东印度群岛,华人在政治上和法律上受到歧视,但在经济上则不受歧视,唯其如此,他们才能在当地确立仅次于英国人和荷兰人的重要经济地位。在马来亚,华人在法律上地位平等,但在经济上却受到当局的歧视。在菲律宾,华人在法律上以及在经济竞争中都得到与菲律宾人同等的待遇,但社会上却不承认他们享有平等地位。

3月8日上午,我访问薛穆爵士,告诉他我将取道美国返回伦敦。请他向印度政府转达我的感激和谢意,感谢他们为我安排在那里休养的盛情。他再度提起蒋夫人访英问题。他说,他盼望实现这次访英,因为他觉得,如不能实现,英国政府和人民一定会大失所望,他也盼望看到贷款问题在英国得到解决。他认为,战争会拖延下去,而在战争结束前,贷款就会用尽。

同日上午晚些时候,我拜会了粮食部长徐堪。我们的话题自然而然转向了战时中国的粮食及其供应问题。他说,华盛顿曾建议召开一次国际粮食会议,并已邀请中国政府派代表团参加。他说,总的看来,中国的粮食问题并不严重,战后粮食供应还可能有余。因此,如果美国提出向中国出口剩余粮食,以低价在中国市场上倾销,中国是不能同意的。诚然,中国在战前不得不大量进口稻米、小麦和面粉以供沿海城市消费,但那并不是因为中国粮食产量不足。战前的困难是缺乏交通运输设施。战争结束后,公路网将得到大力发展,交通运输状况将大为改善。中国的政策是借助西方技术来提高粮食和纺织品原料的产量。我们还要修建仓库。他说,中国的主要问题是如何顶住暹罗和安南的稻米,并与之竞争。广东人喜欢暹罗稻米而不喜欢中国稻米,因为暹罗米水份少,米质坚实,而多数中国稻米,尤其是东南各省及长江流域所产的稻米米性太粘。再者,他们喜欢进口稻米,因为那些稻米一向质量稳定,分量足。徐堪这番话对于我进一步了解粮食进口的情况很有启发。

我访问了中央通讯社社长萧同兹先生和该社总编辑陈博生先生。我们谈起了中国政府在发行外国新闻和驻华外国通讯社工作等问题上所采取的政策。他们说,在这方面,恢复中国主权的工作取得了很大进展。多年来,我们一直实施的做法是,每月付给路透社一万美元,由它发行外电中文稿。而现在则所有外国新闻译稿的发稿权都操在中国政府即中央通讯社手中。根据协议,路透社除上海分社和北平分社保留发稿权外,它收集的所有英文电讯都统统由中央通讯社接过来。目前,中国政府已经接管了路透社用来接收国外电讯的所有无线电站。原商定的每月一万美元也已减至六千美元。而且他们正打算收回重庆的英文电讯发稿权(政府迁都重庆前,曾允许以重庆代替北平)。路透社的一个华人代表,一位姓赵的,一直从中作梗,试图推迟双方达成协议。但他们现在已经通知他,政府将在三个月内结束目前路透社在重庆发行英文电讯稿的权利。为此,必须达成一项新协议。否则,中央通讯社将停止为路透社发行英文电讯稿。

然后,我到最高军事委员会去见委员长的两位外事顾问王世杰和张忠绂。王世杰很强调战后英国对于中国的重要性,认为蒋夫人无论如何应接受访英邀请。他说,他已经向委员长进言支持接受邀请。

两小时之后,当我见到孔祥熙夫妇时,我知道了更多关于蒋夫人访英问题的情况。孔祥熙向我透露说,罗斯福总统曾劝蒋夫人不要访英,因为他认为那不会取得成果。但是我说,据我所知,邀请是以国王和王后的名义发出的,所以最好不要拒绝。孔祥熙说,罗斯福的劝告很可能是在邀请发出之前提出的。于是,我们就总统劝告的真实用意进行了猜测。孔祥熙认为,罗斯福很可能对蒋夫人访美成功十分得意,并认为她访英不会取得同样成功。他问我怎样理解。我说,总统视中国为最亲密的朋友,而且可以经常依靠中国在国际上支持美国。他想让英国记住,在有关中国的问题上,美国总能够施加有利的影响,让中国同它一致起来。总统向蒋夫人提出劝告的时候,可能就是这样想的,特别是他同邱吉尔磋商几个处置战后亚洲殖民地问题的时候,发现很难同英国政府达成协议。

孔祥熙谈到了贷款问题。对这个问题我急切想在返英之前了解他的最后看法。我发现他对英国及其政策仍然极为不满。但我对他讲了我最近同委员长进行讨论的情况。我感觉委员长已就我国对英国政策做出决断。我的确切印象是,委员长赞成增进和维护与英国的友好和合作关系。我觉得,既然我们对英政策的原则已定,那么,就宜于解决各项悬而未决的问题;为了执行友好合作的主要方针,如有必要,还应努力达成某种折衷的解决办法。我接着说,中国想在国际上同世界列强平起平坐,就不仅应该同美国,而且也应同英国合作共事,以形成世界的三角重心。如果还能同苏俄合作,以形成四强中心,那当然就更好了。在任何情况下,要紧的是中国推行这样一项消除外来忧患和危险根源的对外政策,以使我们在战后能一心一意地投入国家的恢复和发展工作。为了实现这项政策,有必要不仅得到美国的而且得到英国的大规模援助。如果没有这两个国家的巨大援助,中国战后恢复与发展工作在财政和技术方面将会遇到巨大的困难。关于贷款问题,孔祥熙说,他希望动用其中一部分来偿还英国已经提出的两笔信贷,和赎回中国政府在伦敦市场发行的黄金债券。他希望我能在伦敦同英国人商讨这个问题,争取他们同意用一部分贷款购买伦敦市场上的那些黄金债券,或者至少共同商定一个限期,使中国政府在限期前能按固定价格向债券持有者买回债券,条件是除非他们同意按固定价格出售,中国将拒付债券的本息。

最后,孔祥熙论述了减少战后中国债务的另一个办法。他打算对外国的债券持有者进行登记,特别是对那些持有1913年善后借款债券的外国人进行登记。这种债券不仅曾在伦敦市场发行,而且在巴黎、柏林和圣彼得堡也发行过。他考虑,由于相当一部分债券,特别是俄国投资者手中的那部分债券,已为苏联政府所没收并被宣布为政府财产,所以中国应把这部分债券作废,以免中国只是为了苏联政府的好处而偿还这些债券。

与陈布雷的谈话又一次使我深入了解了中英关系。陈布雷明确表示他本人赞成蒋夫人接受访英邀请。我就西藏问题表示了自己的看法。我认为,这个问题完全取决于我们的政策,就是说,我们是打算执行和解政策,还是执行僵硬的政策。我认为,最好向西藏派遣一名资历深、有威望的高级特派员去处理与西藏当局的关系。但是,他说,政府中的军界人士对此难题持一种相当简单的想法,他们一直主张诉诸武力,以求速决。委员长已命令驻守甘肃与新疆边界的马步芳将军和驻守西康与四川边界的刘文辉将军部署进兵西藏。当刘文辉复电主张对西藏问题实行政治解决,并指出武力政策的风险时,委员长命令他执行指示,还说军人不应参与政治。

次日,即3月9日,是我在国内的最后一天,我同孙科又进行了一次谈话。我们谈到了西藏问题。我说,中国不要过于急躁,关键是如何培养与西藏人的友情,使他们信任中国。这个问题不是靠武力所能解决的。我随即陈述了自己的道理。中国与西藏之间的通讯联系极不发达;运输相当困难;西藏又人烟稀少,所以出兵易而退兵难。再说,在努力解决问题的过程中,我们突然诉诸武力,势必会引起英国和苏俄的猜忌。孙科认真地听取了我的意见,并表示赞同。

然后,我们谈论了战后的重建工作及有关问题。我知道他对此颇感兴趣,并且一直在研究和草拟建设计划。他说,虽然未作具体决定,但是他感到,中国是个在工业发展上极其落后的国家,如不采取某些保护制度,就难于实施发展重工业的政策,为了使中国能够在世界市场上与富强国家进行有效的竞争,重要商品的贸易应由政府管制或经营。(这种观点多少流行于一些国民党要人中间,但我本人甚难苟同。)

我同军令部长徐永昌将军进行了一次谈话。他说,他不相信英美军队能轻而易举地在欧洲迅速打败德国。战局将取决于敌军春季反攻的结局,以及苏军能在多大程度上阻止并击退德国的军事冒险。他还说,在亚洲,轻视日本的军力仍然是危险的,因为日本军力强大,已能以组织严密的进攻达到任何具体军事目的。我问他,日本的下一步打算如何,因为很多人指望着日本进攻苏俄或中国。徐永昌说,日本统帅部近来一直在研究这个问题,但是根据他得到的报告,还看不出日本人已经作了最后决定。

蒋纬国上尉来我的旅馆,送我一张由他父亲、委员长亲笔签名的照片。他说,他父亲嘱他代向我道别。

我去向外交部两位次长辞行,并趁机向吴国桢询问了西藏的局势。他说,吴忠信将军力主以武力恢复中国在西藏的地位及在拉萨的声威。委员长看来也决定采取这一政策。我说,中国政府在此问题上应十分慎重,发动战役固然容易,其结局则难逆料。再者,我们正努力寻求改善中英关系的办法,如我们突然对西藏采取军事行动,那肯定会引起英国政府的极大怀疑。吴国桢说,他愿向我透露,政府已经作出了执行这项政策的决定。我问他,此举是否只是为了做做姿态,而不是为了贯彻武力政策。他说,不是这样。这样做的目的是派一支远征军进藏,直至占领西藏的某些地方。他要求我记住这一点,以便在与英国政府会谈时,不至于突然被中国政府在西藏采取的行动弄得慌乱失措。

吴国桢通知我说,英国大使已经照会中国外交部,邀请中国参加讨论惩处轴心国战犯问题的同盟国委员会,要惩处的战犯不仅有挑起第二次世界大战的罪魁祸首,而且包括对被占领区人民犯下累累暴行的元凶。照会说,英国赞成由一位美国人担任这个拟议中的委员会的主席,并建议将委员会设在伦敦。委员会的核心将由中、英、美、苏组成。他问我有什么看法。我说,关于由美国人担任主席和委员会的地点,中国似可表示完全赞同。为了表明我们的合作精神,即便在选派什么样的代表方面,我国政府也可先试探一下美国政府的意见。我们还可以弄清美国政府遴选代表的方法,这样,中国就能任命一名与美国代表地位相当的人选。如果华盛顿只派遣一位专家,我们就可以任命精通国际法的优秀律师梁鋆立博士。如美国任命除去它驻伦敦大使之外的任何一位大使,我们可以任命钱泰大使或金问泗大使。如美国任命驻伦敦大使,那么,外交部也可以考虑任命中国驻伦敦大使。(后来,虽然美国政府任命了退休的驻葡萄牙公使,但中国政府还是任命了我。)

在何应钦将军举行的一次宴会上,我向他询问了西藏问题的最新情况,并谈了我从重庆各方面人士所得的印象。他说,派远征军不过是做做姿态。它对中英关系的影响,我可以尽管放心。我又说,听了委员长和孔祥熙所谈之后,我觉得蒋夫人访英的可能性大了一些。

当天晚上,我与孔祥熙夫妇在他们公馆进行了一次饶有兴趣的谈话。孔夫人嘱我向蒋夫人解释一下她没有给蒋夫人写信的原因。她说,原因很简单,那就是她每天忙于蒋夫人和委员长之间往来电报的译码工作,往往持续十小时以上。她大惑不解的是,蒋夫人来电很多,但只字不提自己的健康情况。我问她,蒋夫人是否已经决定访英。她回答说,有可能进行一两天的短暂访问。由于重庆有许多事情需要她处理,所以她必须尽快回国,她的回答使我感到,他们一直在反复思考这个访问问题。孔夫人的话似乎与委员长的话一致,就是说,一切将由蒋夫人自己决定。

我和孔祥熙谈到了贷款问题,以及整个中英关系问题。他说,实际上他在内心里并非对英国不友好。他似乎觉得英国人令人难以理解。他说,当他以特使身份前往伦敦参加英王加冕典礼时,英国人表现了感激的心情。他还把他如何力争任命宋子文为中国银行董事长的详细情况告诉了我。他接着向我解释了在外国人心目中他不如宋子文的原因。他说,那是因为宋子文对于外国顾问和交谈者一向表示言听计从,而他本人为了维护中国主权和民族权益则往往感到有必要表示不同意或反对。诚然,他经常对宋子文的建议提出异议,但是,他那样做不是出于个人原因,而是考虑到中国的利益。他说宋子文十分信任的罗杰士先生并不是对中国最合适的人。委员长对他就十分反感。不过,梅乐和先生现已官复原职,又当上了海关总税务司。我说,这是明智的做法。梅乐和为中国海关效劳了半个多世纪,这样对待他是公正的。他已年近七旬,不久就要退休。

从孔府出来,我直奔王宠惠公馆。正在与他交谈时,我突然想起了与中央银行总裁贝祖贻先生的约会。我叫王宠惠的仆人给我的住处嘉陵宾馆打个电话,说我很快就回去。仆人告诉了刘明钊,他是外交部派给我的私人秘书。刘明钊要他告诉我,委员长由蒋纬国陪同刚到过嘉陵宾馆看望我。他们逗留片刻,由刘明钊照料。

我觉得委员长可能有话要对我说,于是直接前往他的官邸。但名义上我是去感谢他的看望和对我关怀备至。委员长表示要和我再谈一谈。我刚坐下,他就问我这次回重庆有什么印象。我回答说,我感觉好像已经确实实现了统一。几年来,委员长致力于改善行政管理,同时又努力制定复兴国家的方针,对此,我十分钦佩。我说,凡是我所到之处都可以感受他的精神所在。我亲见目睹了各项工作的具体成效。尽管还没有什么建设项目说得上正式竣工,但是,不容否认,工作已经取得了巨大进展。我特别高兴地看到中国人民的抗战精神无比坚定,他们对未来充满希望。委员长好像听得很认真,并连连点头。

然后,他递给我两本精装的《中国之命运》,嘱我到华盛顿后交给宋子文和魏道明。我乘机对他赠送亲笔签名照片和多方关照表示感谢。

我返回旅馆时已是深夜了。吴铁城、曾养甫和张谦正在等我。吴国桢等了许久,后来只得回外交部去了。吴铁城给了我一部电码,以便同他进行联络。曾养甫交给我一份要略,他在里面把中国的需求概括为如下四个问题,请我向英国政府提出:第一,由英国培训五百名中国技工和三百名工程师;第二,购买运输机;第三,安装电报、电话及无线电传真设备;第四,修建一条印度至新疆运送作战物资的公路。委员长派副官给我送来一封信,嘱我面交蒋夫人和宋子文。

已经是凌晨一点了,我才开始整理行装,书写临行前最后的函电。三点十五分,我稍稍睡了三刻钟。清晨四点,我同王芃生和刘明钊出发去机场。使我惊讶的是,有很多人在机场上给我送行。六点十五分,飞机起飞。

第三章　在美停留

1943 年 3 月—5 月

第一节　由重庆至华盛顿

1943 年 3 月 10 日—23 日

1943 年 3 月 10 日，我们所乘的飞机离开重庆后，在昆明和汀江曾作短暂停留，下午六点四十五分在加尔各答降落。我谢绝了到政府大厦下榻的邀请径去东方大饭店过夜。

由于我想去看看在印度受训的中国部队，保君健领事第二天一早就来陪我去兰伽。我们乘坐中国航空公司的专机，飞行两个半小时到达兰契。委员长的参谋长，也是史迪威将军在印度的代表，鲍德诺将军来迎接我。（史迪威是中印缅战区美军司令。）迎接我的还有在兰伽受训的中国部队司令郑洞国将军、师长廖耀湘①和其他中美军官。我们乘车一个半小时之后到达兰伽。我发现那里是一个大兵营，各处都布有中国哨兵。他们带我至各处视察，直到午后三点半。我看了士兵们受训和文体活动的情形。那里大约有四五千人。我向他们随便讲了几句话，然后参观他们的营房，看他们学习操作和射击美国武器。午餐由鲍德诺将军在食堂招待。就餐时麦凯德将军也在座。他是训练学校的校长。这里对鲍德诺将军和中国指挥官之间的摩擦议论纷纷。当鲍德诺

---

① 此处原文为 Chen Yao-hsiang 和 Liao Tung-po，应为郑洞国和廖耀湘。——译者

和郑、廖二位将军同时邀我乘他们的汽车时，我感到为难。我坐上了两位中国将军的汽车，但后来有一次我又请鲍德诺将军坐在我的右边，郑将军坐在我的左边。营地的士兵看来伙食很好，身体也健壮。多数人在我看来都年轻得出奇。有些才十六岁，比同年龄的一般中国孩子身材要矮小。我想他们主要是从云南和四川南部征募来的。这一带的人，身材比中国其他地方的要矮。廖将军向我介绍了他带部队经缅甸来到此地的经历。他谈话时很激动。一路上有六千多人死于饥饿和疾病。他对驻缅英军的印象不佳。他认为英国根本没有打算认真防守缅甸，只不过是在利用中国军队的掩护进行撤退，以便他们撤退时付出尽可能小的代价。

回到加尔各答后我接待了很多来访的客人，主要是中国各部、各委员会派驻印度处理各种与战争有关事务的代表。其中有财政部代表沈祖同，他负责物资转运，特别是转运在美国和英国印制的钞票。他过去是张学良少帅的机要秘书，先在东北，后又到关内，为张效劳多年，最后到中央政府做事。他告诉我，运入中国的钞票数字确很惊人，每月平均要运入二千二百箱，平均每箱法币五百万元。合计每月一百亿元，一年一千二百亿元。他说这么大的数量，需要占用全部空运能力的四分之三，因此影响了其他紧急物资的运输。有时在紧张情况下，还由委员长亲自下令优先空运钞票。

沈和我一起用餐继续谈话。他讲了少帅所奉行的他称之为愚蠢的政策。他说枪杀少帅的得力助手杨宇霆将军完全是少帅本人的主意。传说出自张学良夫人的唆使是不确实的。关于少帅由欧洲回国这件事，委员长是不同意的，必须向委员长作解释，东北系的两位元老，万福麟和莫德惠都尽了最大努力向委员长说情。（1931 年 9 月 18 日沈阳事变后，东北失陷，国内群情愤激，指责张学良，委员长送张到国外去避避风，也给他一个机会看看世界，长些见识。张事先没有得到蒋的同意，即自行回国。）所有张的东北旧部属,都替他感到不安。沈说张的秘书长王树翰苦劝他韬光养晦,暂时不必多所作为。少帅建议把张群将军从湖北调到河北,把于学忠将军调湖北,这一来得罪了张群,造成两人之间面和心不和。结果少帅被调到西安,远离长江流域。

关于西安事变,沈说阎锡山将军曾答应出面当调解人,为少帅帮忙。阎派赵戴文为代表去见少帅,劝他释放委员长。王树翰陪赵同去。可是少帅在赵到达之前,突然释放了委员长。他作出这一出人意外的行动,是不想要阎锡山在释放委员长这件事上有功可居,因为这会增进阎的声誉并提高他在委员长那里的地位。少帅这一鲁莽的行动,使他失去了阎对他个人安全的保证。这些情况是沈从莫德惠那里听到的,莫当时在西安和少帅在一起。

我有机会听到一项有关中英部队从缅甸撤退情况的简短但可靠的叙述。那是在保总领事夫妇家中的晚宴上。出席的客人有高思大使、曾任缅甸英军司令的海恩兹将军、美国领事佩顿和中国航空公司的邦德先生。在回答大家都问起的缅甸作战情况时,海恩兹将军说,那里的战斗跟在欧洲和别处完全不一样。在缅甸的日本人肯定是着了魔。在全部几个月的战争中,只有一个日兵被俘,还是一个伤员。一般的日本兵都是奋战至死。英国的小伙子们对战争却没有那么高的热情。他们想不通为什么千里迢迢为缅甸这样的地方去卖命,又没有什么信念鼓舞他们。并且各方面的条件都难以忍受,毒蚊成群,气候酷热,当地人心怀敌意,生活环境极不卫生。重武器在缅甸虽无大用,可是他们也从未得到过足够的重武器,或他们所要求的东西。所以,海恩兹认为目前不如耐心等待,等在欧洲打败了德国,然后再认真在远东大举行动。他认为不经周密的准备,没有充分的弹药武器供应,休想有所作为。他认为在远东,运输问题压倒一切。军事行动所需的一切,甚至连给养,无不要从外边运进来。

3月14日星期天我离去时,保总领事等前来送行。飞机在晨六点十五分起飞,我在飞机上感到胃痛。主要由于这三天来饮食过于油腻和睡眠不足。去卡拉奇这段路飞了十二个多小时。飞机上没有空调;气流奇冷奇热,我一天都没有吃东西。到达卡拉奇时,我儿子(当时任中国空军驻印代表)和他的很多同事,还有重庆各部门的驻外代表在机场迎候。信德省省督休·道爵士派他的副官汤普森上尉用他的汽车接我到政府大厦。我因疲劳过度不能和省督一起进餐,只好请他原谅。我喝了一杯茶,吃一片烤面包之后即上床休息。

第二天下午五点十五分我拜会了省督。他问起中国的局势。我告诉他战局保持稳定,对敌人不必担心,可是中国战时的经济情况却令人忧虑。我们谈论了物价管制,他向我介绍了卡拉奇粮价管制经验,颇为有趣。他说虽然印度政府要求取消管制,可是他没有答应。管制仍在实施而且效果总的说来是令人满意的。他说事实上卡拉奇的粮价比附近各省为低。在管制体制下,防止走私非常困难。由于他运用了在上次大战中所取得的经验,因此他能在今日应付裕如。

转天早晨我的儿子和汤普森上尉来接我去民航机场。在机场入口,一个岗哨拦住了我们的汽车。汤普森虽有省督副官的正式通行证,但这还不管用,不得不下车去办了另一张通行证。他不无牢骚地向我说,现在真不知该怎么办。他那张官方通行证是经过三个月的奔波才弄到,原说是能各处通行的。我猜测问题在于这个民航机场现由美国人管辖。

飞机六点四十五分起飞。在飞行途中曾几次停下来加油或吃饭,航程一千零九十七英里,足足飞了十三个多小时,最后在晚八点四十五分到达喀土穆。霍尔少校领我到军官宿舍,我又渴又累。天气非常热,别人告诉我荫凉处都有一百一十二度,且是干热。这位少校说蒋夫人一行也曾经过这里,只是没有过夜。我们在食堂吃饭,每人一美元,而在阿拉伯海岸色罗拉吃午饭是每人五十美分。有趣的是飞机场分为两部分,一边是英国皇家空军,一边是美国空军,各有各的机场指挥官和调度员。夜里的气候凉爽舒适。同机旅伴王将军和我同住在这位少校的房间里。室内有松软的弹簧床和蚊帐,隔两间屋有个浴室和抽水厕所,倒还干净。

王将军是中国空军的高级军官,谈起去年夏天重庆对英国人的强烈反感,原因很多。主要的是魏菲尔将军第一次来重庆要求得到留在仰光属于中国的美国租借法案物资,并要求将一队驻在开罗原定飞往中国轰炸日军的美国解放者式轰炸机小队转作他用。他说,出于英国人的密谋,马歇尔将军把这队飞机派去轰炸了罗马尼亚油田和西西里岛外的意大利舰队。委员长对此非常生气,罗斯福总统只好派劳克林·柯里去重庆作解释,平息他的怒气。使中国大为恼火的是,这一队空军是中国在华盛顿经过好几个月努力交涉美国才派来的。这队飞机是为配合杜立特将军从太平洋空袭东京时,前去轰炸浙江衢州的日军。但是轰炸东京的任务被迫提前执行,飞机原定在离日本海岸二百英里时出发,但因这艘航空母舰被一只日本拖网渔轮发现,舰长坚持飞机应该立即从那里起飞离舰,以便该舰能迅速驶走,免遭日本俯冲轰炸机的袭击,于是不得不提前在远离海岸六百英里处就起飞了。

第二天早晨六点我们离开喀土穆。由于霍尔少校睡过了头,差一点误了飞机,我们飞抵中非洲的迈杜古里,这里荫凉处气温也高达 130 度。午餐有焖牛肉,几样蔬菜,最后一道甜食菠萝。在战争期间,能吃到这样的饭可以算是很丰盛的了。虽然穿的是最薄的伦敦服装,还是热得我几乎晕倒。飞机继续飞行,直到西非海岸的阿克拉。阿克拉是美国空运司令部在本土之外最大的基地。我们于喀土穆时间下午七点乘军用飞机离开阿克拉。

在达喀尔有英美两国的军官迎接我们,安排我们在机场附近的军官总部过夜。王将军和我又同住一室,和喀土穆那间差不多同样舒适。通风很好,只是有点潮湿。我们在军官食堂就餐,吃的开胃什锦水果、焖牛肉、新鲜土豆、当地青菜,甜食是加州罐头桃。洛吉少校报称,英国在西非的最高负责人斯温顿勋爵要在九点见我、高思大使和王将军,届时派车来接。这样安排晤面的确是很罕见的。高思和王将军托辞谢绝了。我答应去,因为我也想和他好好谈谈。虽然斯温顿勋爵常驻在西非,仍然是英国战时内阁的成员。他被派到这里来协调有关黄金海岸、冈比亚、肯尼亚和英属西非四处殖民地作战方面的行动及处理重要的决策。

我到达时,斯温顿给我以极为热烈的欢迎,显然他很乐于见到我。我们谈得很好。他说一个月之前曾和宋子文晤谈。他问起我中国的情形。我回答说,虽然敌人不断试探中国的实力,战局始终稳定。但是经济上很令人担忧。解决困难的唯一办法是由盟军重开缅甸战场。斯温顿说,据他了解,空运已达到每月四千吨。我告诉他,实际数字要少得多,差不多是一半。

谈到北非的战局,斯温顿强调说英美对突尼斯德军发动的攻势,事实上吸引了德国在俄国前线的大部空军力量。他说前美国陆军部长赫尔利到过斯大林格勒前线,那里红军和俄国老百姓的高昂士气给他留下了深刻的印象。那些人民,无论男女,都参加了对敌的游击战。他告诉我,当俄国人反攻时,德国人似乎并没有进行任何较强的防御。前线的德国空军好像已经被俄国人肃清,至少在斯大林格勒战区是如此。

在回答我的问题时,斯温顿说戴高乐将军和吉罗将军业已取得进一步的协议。吉罗刚刚宣布停战后维希政府的一切行动概属无效。前任陆军部长卡特鲁将军已去看过劳森将军,并即将返回非洲。斯温顿告诉我,把法国代表布瓦松说成是个坚强的人未免估计过高。因为只要吉罗将军一坚持,布瓦松就会随风转舵。在达喀尔的法国舰队已加入盟军方面,听从英国的指挥。考虑到英国舰队已接管了法属赤道非洲的一大部分,为便于指挥,英国将一部分英国领地——冈比亚海岸划归法国舰队保护。斯温顿将他管辖区的重要性向我作了一些介绍,颇为有趣。他说现已证明黄金海岸在供应英国方面,作用突出。自他到任之后,为增加供应量下过很大力量。现在运往英国的椰子油、花生油和其他籽油达七十五万吨。锰的年生产量是十八万吨,其中一半供应美国。这里还生产矾土(十四万吨)、黄金(价值三千七百万英镑)、橡胶(四千吨)。这一切对英国都是极为宝贵的,在英国已经失去远东主要殖民地的情况下尤为明显。

洛吉少校随后带我去见柯林斯上校并告我柯林斯是那里的第二号人物,代理菲茨杰拉德将军的职位。他是负责该地区的美国代表。柯林斯上校告诉我,蒋夫人和她的随从曾在这里停留一个下午。斯温顿巧妙安排,前去拜望,并和她一起吃茶。在这位上校的处所,有斯温顿的几位参谋人员和两位年轻英国姑娘,可能是秘书。这里的美国人和英国人相处融洽。斯温顿说他可以对航运公司的美国代表发号施令就像他指挥英国代表一样方便。来船都在远离浅水区之外抛锚停泊,并由海军的小艇卸货运到海岸,达喀尔已开辟了港口和船坞,在欧洲抗击轴心国家的战事中,这里将继续成为盟军的重要海港。

我们回到住所十一点就寝,但清晨三点就被叫醒。四点早餐,吃的香肠、枫蜜荞麦饼、咖啡和柚子汁。(在每一处美国空运司令部,我们用餐都要付钱,高思大使和他一行人也如此。收费很公道,早餐五十美分,午餐八十五美分,晚餐一美元至一美元二十五美分。)早晨六点三十分我们又从达喀尔起飞,飞往大西洋中的阿森松岛。这段旅程在飞越炎热非洲大陆之后,显得清爽愉快。一路上飞机下面蔚蓝色的海洋清晰可见。我由于不舒服,在饮食上十分当心,很少进食,避免煎炸油腻食物。我发现少吃早饿,才有胃口,从而避免饮食过量之苦。

午后一点十五分在阿森松着陆。该岛位于非洲阿克拉与巴西的纳塔尔的中途,是个直径六英里的闷热小岛。我是第一次到此。毫无疑问,若非战争我决不会来到这里。岛上除了三千英尺高的山顶以外全无植被。这些树木植物是无线电电报公司的英籍人员栽种的。此岛是葡萄牙人在 1594 年左右首先发现,几年之后被英国人占领。拿破仑被放逐到圣赫勒拿岛时,英国在此岛驻有军队以防止他被救回法国。阿森松岛是美国空军极为重要的基地,约有四千步兵驻防。机场上零落地停了不少驱逐机,任务是在岛周围约二百五十英里的范围内巡逻,以防敌方潜艇袭击基地。由于我们飞机起飞的时间推迟,罗塞因上校陪王将军和我环岛一览风光,还给我们讲了许多故事。其中之一讲英国曾一度利用这个岛来医治黄热病,可是送来的患者,无一例外全病死在这个岛上。

我们终于起飞,到纳塔尔时已是午夜十二点五十分。分配给我一间附有淋浴和盥洗间的屋子,既凉爽,又舒适。我们要了一大罐橙汁。第二天起飞又推迟,因为飞机引擎出了毛病。没有人来告诉我们何时可以修好。王将军是空军军官,他看出毛病所在,告诉我们下午五点以前可以修妥。克里斯蒂上校领我们去参观纳塔尔市容。那天阳光灿烂,天朗气清。城里干干净净,颇像一座葡萄牙城市或法国外省的城镇。看上去居民血统混杂。有些是黑人的肤色,弱小而骨瘦如柴。另一些人发色淡黄,皮肤白净。我们看见美国航空公司的机场修建在一个小湾里,听说罗斯福总统曾在这里着陆来和巴西总统瓦加斯举行会谈。从飞机场到市区由美国人修筑的沥青路看起来很好。保卫基地的则是驻扎在基地管辖区外的巴西军队。午饭后,克里斯蒂上校带领我、格伦将军和一位美国上校去海滨游泳。格伦将军是在去昆明的途中。他将在那里担任陈纳德将军的参谋长。陈纳德是新建的美国第十四航空队司令,这个航空队是专管中国战区的一个独立单位。他说他组织过美国第一航空队,辖区是从缅因州到佛罗里达州。他还曾在美国第五航空队赫赫有名的空军司令斯帕茨将军手下服役过。

沃尔什将军是这里的司令官。他请我们和高思大使一行人共进晚餐。这位主人告诉我,蒋夫人曾于 11 月路经纳塔尔,下榻美国空军租用的一所市区住宅内。她来纳塔尔乘的是一架同温层飞机,降落后感到十分疲乏。这位将军曾接到伦敦发来的指示,要他派一架飞机带一位医生和一位护士去中国照应她。但蒋夫人把派去的医生和护士留在重庆,而带上了她自己的护士起飞。通常从纳塔尔到迈阿密要另换机组人员,蒋夫人不愿意有任何变动,所以仍由从中国飞来的原班人员驾驶飞往美国。

我们 3 月 20 日早晨五点飞离纳塔尔,八个半小时后在英属圭亚那着陆。听说那里的空军基地完全是美国陆军工兵在丛林中辟建的。乔治敦离基地大约二十五英里,市区和基地之间,既无公路又无航线,只靠步行。基地司令坎宁安上校来迎接我们,又带我们在各处走走。我们只能走马看花,因为飞机定于两点半(当地时间一点半)起飞。

和王将军闲谈,他谈了很多见闻。他说中国军官有时要执行很多意想不到的任务。商震是上将,曾任阎锡山部下总司令、河北省主席,在注意细节的委员长命令下,却不得不到魏菲尔将军行将下榻的房间去检查有没有臭虫。一位上将还得做这样的事未免奇怪,但这也说明训练有素的外宾招待所管理人员是多么缺乏。这件事使我想起委员长非常周到,尤其在对外宾的接待上更是无微不至。

我们继续飞向波多黎各。傍晚七点到达,柯林斯将军来接。由于前面气候不稳定,我们停飞过夜,住在一所没有服务员的美国军官招待所里,给了我们一把钥匙,房间很舒服。我们在军办的"旅馆"吃晚饭,这顿饭简直像丰盛的筵席,有牛排、龙须菜和冰淇凌。第二天早晨五点十四分我们起床去自助食堂早餐。在食堂里,我们手持托盘排队自取食品。我们吃到非常好的咸肉、鸡蛋、果汁、咖啡和烤面包,共价七十五美分。七点三十分飞机起飞,一路顺风,十一点三十分到迈阿密。迎接我们的有一位美国上校和曾在 1939 年到过中国的一个上尉,还有美国国务院的德特。驻在迈阿密的麦克奈尔将军来电话,邀请王将军和我乘他的飞机于星期一午后一点飞往华盛顿。由于我们已经买好泛美航空公司的飞机票，于是婉言谢绝了。3 月 23 日上午九点三十分，我们从迈阿密起飞。

第二节　在华盛顿

1943 年 3 月 24 日

1943 年 3 月 23 日星期一，午后五点，我们的飞机在华盛顿着陆。在飞机场迎接我们的有中国大使馆的代表和宋子文的代表。宋本人这时在纽约。

第二天早晨我就去拜会宋子文，他是头一天夜里回到华盛顿的。我告诉他，蒋委员长赞成蒋夫人接受访问英国的邀请。我还把委员长对西藏问题、借款问题以及对英一般政策的指示通知了他。宋对邱吉尔在前一天所发表的战局声明感到极度不安。该项声明谈到战略方针及战后问题，还特别谈到由英、美、苏三国来组成一个理事会。在击溃德国之后，不等打败日本，就成立这个理事会，以便拟订建立世界和平的计划，中国被排除在外。此外，谈到远东方面时，邱吉尔说战胜德国后，只将一部分英国军队部署在远东。因此，英国陆军将有部分复员，用不着使用英国的全部兵力去"挽救"中国。将中国排除在战后理事会之外，和使用"挽救"这个词，使宋子文极度反感。宋认为这是有意轻蔑。宋很不高兴，我也实在不高兴。邱吉尔诚乃典型的帝国主义者和现实主义者。看来邱吉尔一心在求得美国的青睐、讨好公众舆论，其次才是补助中国之不足。邱吉尔这个声明的目的，我想也有可能是做出一个含蓄的威胁：如果美国现在将实力分散布置在太平洋，而不集中在欧洲，那打败德国之后，英国就将把对日作战的大部分重担留给美国。

宋子文扼要地告诉我他在华盛顿和艾登的谈话。艾登还表示想见我。宋向艾登说，尽管伦敦了解中国，并对远东局势从大处着眼，但英国的殖民官员仍局限于狭隘观点，在处理中国和远东的事务时,始终还是按旧习惯办事。宋还向艾登谈了西藏问题,并说中国自然愿意将那里的主权完全收回,但是在开辟那里的交通线方面,中国没有得到英国的有力合作。(宋指的是中国想新开一条由印度到西藏的公路以便运输军用物资。)艾登说,关于西藏问题,他想先充实一下这方面的知识,然后再进行讨论。换句话说,他就是不想进行讨论。他主要谈的是中英关系的发展,对废除治外法权的新条约在中国受到欢迎表示满意。我请宋子文注意英国的友好感情。宋同意英国签订新条约的行动是对中国友好的象征。据艾登说,这仅仅是激励英国同中国交往的真实精神的一种表示。谈及宋访英问题,因为没有什么需要他立即处理的迫切问题,他打算在 5 月份去。艾登还重申他对蒋夫人访英的期望。

　　我应邀又去见宋。我重新提出蒋夫人访英的事。宋说如果他处于蒋夫人的地位,他就不去,邱吉尔的那篇讲话使访问显得更为不妥。他说这样做就像中国挨了一记耳光还陪笑脸。看来我们将受到一个被英国挽救的流亡政府的待遇。但是,他说反过来,说不定正是为了这篇演说,蒋夫人更应该走一趟。有一派人就是这样主张。他刚给蒋夫人写了一封长信,说明他自己的看法,但是访问与否请她自己决定。我力图使他认识到保持英国对华友谊的重要性,并表示担心,英国如此费力邀请她,她若拒绝,可能影响到中英关系,那将是最为令人惋惜的事。宋同意我的看法,承认争取英国的必要。他还说虽然委员长极力主张不签订中英条约,特别是为了九龙和内河航运这两个问题,他曾极力陈请委员长不要在这两个问题上坚持,他在和委员长谈这个问题时态度很坚决。但是邱吉尔的演说是个重要的新发展,值得我们仔细研究。他刚打电话给委员长,提请他注意这篇有关中国演说的含意。他说我可以和蒋夫人讨论一下邀请问题,并对他信中提出的看法做些解释。他说无论如何她应该及时作出决定,不要总叫英国等待。

要想理解英国邀请蒋夫人访英的重要性以及她本人对此事的想法，就得考虑当时的形势和气氛，以及中英、中美与英美之间的整个关系。在战争结束已差不多二十年后，用今天的眼光来看，这次访问看起来只不过是国际礼节的问题。但在当时，考虑到欧洲的战局、远东的战局，特别是英国自己所感觉到的在亚洲的处境，以及中国对战时盟国合作的需要等等，就不难看出这是英国采取的多种措施之一，其重要的用意在于表明英国愿意和困难重重而英勇不屈的盟邦中国加强两国之间的关系，并且借以让敌人知道各盟国之间团结合作坚如磐石。在和平时期，一般的国事访问甚至半官方的访问，并没有什么重大意义。但在东西方盟国团结如此重要的时刻，不仅为了协调步调，而且还要成立联合战线，其意义就非常重大了。这个问题必须从几个不同的角度来看。美国既已给了蒋夫人非常隆重和优渥的接待，倘若英国不邀请她访问，中国和中国人民很可能认为英国是有意冷落，表现出英国缺乏友好的感情。因此，了解了英国政府和英国人民的看法，知道他们很愿意蒋夫人去访问，尤其在她接受了罗斯福总统的访美邀请之后，不论从中国在同盟国中的地位这一角度考虑，或是从蒋夫人在中国的地位来看，她出访英国，将大有助于增强对英国政府和英国人民的友好关系。

　　谈到借款问题，宋子文给我看了 3 月 23 日孔祥熙的来电。他要我以后和艾登一同讨论这件事。他还提起孔想提名前美国驻广州总领事充任中国海关总税务司。宋认为这个提名不合时宜。我也同意宋的意见，我说这样做会进一步引起英国人的反感，甚至加深两国已经存在的嫌隙。宋完全同意我的看法，并说如果梅乐和爵士退休之后，派一个中国人去接替，情况就不会这样。

　　驻加拿大大使刘师舜来和我谈中加关系。他说麦肯齐·金总理和他的同僚们都对中国很友好。总督已邀请蒋夫人访问渥太华。艾丽丝公主也发出了邀请。都尚未被接受。他说公主侍从曾函询是否已作出决定。信直接写给蒋夫人,这被认为是一种侮慢。因此由蒋夫人的一位秘书回了信,说尚未作出决定,以后有消息,将由秘书长通知她。总督曾建议 4 月 12—13 日或 14—15 日为访问日期,因为加拿大议会 4 月 16 日休会,总督本人将开始出巡。刘说建议的这些日子都不行。因此整个事情仍悬而未决,甚为尴尬。

我的老友,法国前总理并几次任外长的肖唐来电话说想来看我。他一直安居在华盛顿。在法国时我们交往密切,因此由我去看了他。我们谈了半个小时,他很想知道我对世界局势的看法,由于他在法国政治生涯中曾起过重要作用,我也很想知道他的看法。他对流亡生活牢骚满腹,但对法国的政治和法国的当前形势非常关心。他对法国内部的不和深感痛心。他说法国在华盛顿的代表吉罗要比戴高乐靠得住。吉罗虽然是个右派,但他宣称要保卫法国民主制度,态度是认真的。然而戴高乐在伦敦的机构里,却对共产党人与法西斯分子兼容并蓄。

我去拜会了布雷肯里奇·朗先生。他是国务院中我的一位老朋友。我 1916—1920 年首次出使华盛顿时,他曾担任主管远东事务的助理国务卿。我们友好坦率地畅述己怀。他担任过驻意大利的大使,因此我去看他是想听听他对意大利的看法。他说意大利境内驻有一百万德军,处在德国的牢固控制之下。墨索里尼即或想和盟军单独媾和也办不到。墨索里尼的女婿齐亚诺伯爵夫妇都恨透了德国人,他们真是不受德国欢迎的人。任命齐亚诺为驻梵蒂冈大使是墨索里尼要和外部世界,特别是盟国,保持联系的一种手法。意大利新任命了一位驻马德里大使和一位驻安卡拉大使,柏林很不以为然。驻马德里的大使虽然提名已获同意,但由于德国人作梗,仍不能走马上任。

关于中国局势和中国与西方盟国的关系,我想回顾一下我和亨培克博士的一次谈话。亨培克曾任国务院远东司司长。他历来消息灵通,并对国际问题很有研究,对中美关系尤为熟悉。他说军事专家们本来估计中国的抗战坚持不了六个月,预言当然没有应验。同盟国之间,无论在战争时期或和平岁月,合作都不容易,他甚为惋惜。英国希望的是先打垮德国,要求目前一切可能到手的作战物资全部用于欧洲战场。但是他知道中国的想法与此不同。麦克阿瑟将军和金尼将军都呼吁要更多的物资,以便对日作战更能坚强有力。和平时期的协作也不容易。英国想维持它的帝国,不喜欢别人提出意见。苏联的态度变为自行其是,且很隐密,对其他盟国最不开诚布公。他认为苏联战胜德国之后,其国际地位将空前提高,发言将更为有力。西面是战败的德国,东面是战败的日本,本身领土广袤,政策坚定,无求于人,它将成为坚不可摧的强国。中国经过多年的浴血奋斗和牺牲,现在站起来了,也开始提出要求。他认为有些要求是合理的,应该得到满足。有些要求,时间还没有成熟,但是中国似乎有点急不可待。虽然美国在尽其所能以满足中国的愿望,可自己也有难处。像胡适、施肇基这样的人是理解这些困难的。但是其他人并不理解而颇不耐烦。他举废除治外法权为例,其原则早在 1902 年即已确定,但经过四十年的时间才得以实现。英国 1926 年的备忘录和美国 1927 年 2 月的照会把事情推进一步。1928 年中国关税自主的问题得到解决。但是直到 1942 年才全部废除了治外法权。现在的问题是移民。这件事也需要时间才能得出解决办法。他说大国之间的合作是绝对必要的。但这不是一蹴而就的事。

我计划在那天下午去旧金山见蒋夫人。临去飞机场之前,我去大使馆见魏道明大使。他告诉我他也认为英国首相的声明对中国极为不利。他回忆在华盛顿举行的四强会议上,为组织粮食(?)与复员会议中央理事会问题,哈里法克斯勋爵拐弯抹角地反对美国提出只由四国参加理事会的议案,他提出要加上荷兰和加拿大。当美国代表直截了当地质问这样做的理由时,中国说,有加拿大参加,无非要给大英帝国增加一票表决权,这不过是重复国际联盟的故技而已。那次虽然哈里法克斯让步了,但他还说如果会上有的国家再提出这问题时,他保留表明他的观点的权利。魏说这一切和邱吉尔有意将中国排除在四强之外都是一脉相承的。

第三节 在旧金山和蒋夫人商谈访英问题

1943 年 3 月 25 日

当时蒋夫人正在美国各地巡游,呼吁对中国抗战的支持,并敦促美国政府投入更多力量于对日作战。在我离开中国之前,委员长要我在她的使团里呆些时候,以便在她有需要时提出建议和予以协助。我到华盛顿时,她正在加利福尼亚。因此我飞到那里去见她。我先去芝加哥,3 月 24 日在那里过了一夜,次日一早到旧金山。

上午十一点我打电话给孔令侃,请他约时间会晤蒋夫人。午后不久孔回电话要我去皇宫饭店,蒋夫人就下榻在那里。我想她必是要见我,因答说我立刻就去。但我到达时,孔令侃先问我对蒋夫人访问英国一事看法如何。他想先了解一下我的看法,然后再为我安排和蒋夫人谈话。我感到有点困惑不解。只好说这件事要取决于我国的对英政策。就我个人看法,我认为如果她能去,还是件好事。孔令侃看出我对他用这种方式问话有些不耐,不愿作答,于是他说他现在要陪蒋夫人下楼去参加记者招待会,叫我夜里十点之后再来。这是我第一次会见这位年轻的先生。他那时在哈佛大学读书。蒋夫人访美期间,他担任秘书长。我回答他说,十点钟之后我来不了,因为我太累了。

我见到了蒋夫人,我们整整谈了一小时。(若不是护士进来告诉她该休息了,我们还会谈下去的。)她躺在沙发上,显然在那天晚上的活动之后已经累了。她还是那样漂亮,娓娓健谈,总是具体而扣题。我们讨论了英国的对华态度和政策以及邱吉尔最近那篇广播演说。她也像其他很多人一样,对这篇演说很不满意。我指出英国不仅在战时,即使在战后,也将继续起着重要的作用。我向蒋夫人说,中国北方有个取得了胜利的俄国,不再对德国和日本担心,并且极力要使中国和盟邦疏远,如果我们不能维系英国的亲善和友谊,我们战后景况恐不会太乐观,甚至还会有困难和危险。美国的友谊是必不可少的,但这还不够。即或无法劝说苏联和其他盟国进行战后协作,至少应该以形成ABC(美、英、中)核心为目标。不取得英国和美国的友谊以稳定和确保我们作为大国之一的国际地位,中国很难指望有能力进行一项需要十到十五年时间的国内开发和建设计划。我们既需要美国、同时也需要英国在经济和技术上给予帮助。我们一定要讲求实际,不要意气用事。比方说,可以先把意气放一放。如果拒绝邀请,将使英国丧失体面,感情受挫,以致可能完全放弃其争取中国友谊的希望。因为英国的政策从和平发展帝国的愿望出发,目标是在欧洲寻求一个军事强国作盟友,在亚洲也要寻求一个。

她听得出我的论断具有充分说服力。她虽然强调邱吉尔发表的演说"约翰牛"味道太浓,而且和美国友好慷慨的支援对比,英国的帮助微不足道,但还是同意对国际局势要采取现实主义的观点。不过,她思想上还有些顾虑:到英国将受到什么规格的接待呢?会不会有伤害印度感情的危险呢?我建议她的出访应作为礼节上的访问。发言不涉及政治或联合国的问题。但是她说恐难避免谈到这些事,且仅仅作为礼节上的访问此行似不值得。我争辩说,跟邱吉尔那种人,关起门讲话可以毫不客气,他完全能听得进坦率之词。邱吉尔还是有既能打人也能挨打的风度的。换句话说,我了解她对英国的看法,因此向她建议在私下的个人谈话中,她可以表达她的想法和意见,想说什么就说什么。

这时蒋夫人说罗斯福总统曾向她示意,去英国一行不会有什么收获,因此可以不去。事实上,这是在权衡了访英的正反两方的意见后告诉她,美国可能不愿意看到她去英国。听了我的预测她好像很感兴趣。她说,只要对国家有利,即或华盛顿不完全赞成,她也要去。她的态度和她这次在美国发表演说的做法完全一致。在她发表演说之前,虽然罗斯福总统和夫人都表示想先看看讲稿,可她不给他们看。她在美国各处,受到空前热烈的欢迎,尤其是罗斯福总统无微不至的关切照应,使她深受感动。例如,罗斯福把自己的特工人员和保镖甚至把他的专用列车派给她用。事实上她是受着像女王般的待遇。她说,如果英国的款待不一样,那可不行。我向她保证,英国也将同样热诚隆重地欢迎她。英国人民比英国政府更热情地希望她去。倘不接受邀请,他们会感到非常失望,也许会伤害他们的感情。她答应仔细考虑之后和我再作研究。

当时,在英国的苏格兰卫队当上尉的孔令傑来看我。他说他完全赞成蒋夫人接受访问英国的邀请,认为应当接受。他还说他哥哥孔令侃不赞成访英,并设法阻止此行。他同意我的看法,认为英国在战后的作用很重要,中国需要它的友谊。他说蒋夫人自己仍在犹豫,希望我能劝她决定接受邀请。

3月27日下午我又见到蒋夫人。她告诉我经过一番考虑之后,仍然不知是否应该去英国。她说美国对她的接待非常热情隆重,去英国,可能会疏远美国人民。不管如何,她想先和艾登谈谈。艾登那时正在华盛顿。她觉得艾登比较胸襟开阔,能体谅别人。她一直在注意艾登的事业。她说,艾登在日内瓦的演说以及慕尼黑协定后的辞职,都证明他同情进步的思想。她认为她和艾登能互相理解。我向她说,艾登已定在3月30日离开美国。我虽然肯定艾登会乐于与她见面,但我怀疑他能否变更既定行期。不过我说,我愿意去问一问他,向他作一个私人建议。她告诉我她还要回华盛顿去见总统。因为总统坚持不论她是否去英国都要再会见她。这显然是孔令侃已把自己的见解灌输给她,意思是如果艾登不到旧金山来见蒋夫人,不去英国访问的责任就该由对方来负。可是在我看来,这与访问毫无关连。

董显光来看我。他看上去有些消沉,好像对蒋夫人的计划,持漠不关心的态度。他显然现在对什么事都不接头。我问他情况怎样。他说蒋夫人在纽约麦迪逊广场花园发表演说之后,召集她的随行人员开会,用前所未有的气势严肃宣称要改组她的班子。由孔令侃任秘书长,所有的人都要听孔令侃的指挥。她的函件和约会由孔掌握处理。她还说如果谁不同意这个计划,可以说明,就送他回国。到目前为止一直由孔主持她的秘书处,只有他本人(董)和刘锴(华盛顿中国大使馆参事)还或多或少地管一些事。显而易见,这没有什么上下级关系。现在宋子文也已经退到一边了。不经过孔令侃,任何人不能见蒋夫人。夫人也依仗孔来出主意。

午后我参加了蒋夫人举行的茶会。举行茶会是为招待加利福尼亚、内华达和犹他三个州的州长和旧金山市市长,以及十几位美国名流。我还被邀请参加在市体育场举行的正式欢迎蒋夫人的大会。从旅馆出发的行列极为壮观,一路上特工人员和警察的汽车和摩托车环绕着她的座车鸣着警笛前进。孔令侃和她同车,我和魏夫人的车后随。到达体育场时,魏夫人往前跑。我不明白她为什么那样慌张,想追上去叫她别跑。我们赶到体育场的后门时,一位特工人员将一扇大铁门迎面推来,砰地关上,阻止我们入内。向他多方解释,说明身份,才让我们进去。大厅里挤满了人,估计至少有一万。他们都兴高采烈,目不转睛地看着中国第一夫人。她也确是雍容华贵像个女王。她用她一贯的柔和动听的声音讲话。我感到这篇演说比起她过去讲的更具学者之风。我不知听众是否能抓住演说的重点及其深邃的含义。不过,讲得的确非常之好。

第四节 华盛顿

1943 年 3 月

我回到华盛顿之后就去见宋子文,谈他计划去英国的事。他好像对蒋夫人的演说担心着急。他认为那些演说太学究气了。我从他的话里体会到,白宫也有些迷惑。因为她在演说里一次也没有提到过美国总统。她讲到美国人民愿意看到太平洋方面有更多的行动,特别不合白宫的胃口。宋子文还说罗斯福已经向英国建议把香港归还中国,而且还建议中国主动使香港成为一个自由港。他说英国好像也很同意这个建议。关于英国计划分设两个理事会,一个是欧洲的,一个是亚洲的,美国不同意这个意见。但是后来美国又好像有意接受。

宋子文和我随后去白宫拜访艾登。艾登立即为邱吉尔的演说作解释。他说那只是对欧洲讲的。邱吉尔一直在考虑着打败希特勒后的局势发展。艾登向我们保证,英国政府的政策没有变。他本人的演说中也反映了这一点。他说那篇讲话代表了政府中他的同事们的意见。换句话说,艾登知道邱吉尔的演说对中国人很不中听,想作解释以消除那篇演说造成的不良影响。对蒋夫人拟议的英国之行,他问已否作出决定。我说蒋夫人希望能去,不过身体仍感虚弱,特别是最近这次巡游很感吃力。我表示如果他能和她面谈倒是好事,我将乐于作出安排。这位外相说他本想在纽约见到她,可惜只差了一天而未见到。现在他就要去加拿大,周末必须赶回英国。我问他有没有可能在从加拿大回来之后和蒋夫人会面。艾登说这样会晤显得太神秘,在他国内可能引起各种怀疑和猜测。宋希望艾登能去重庆,保证受到热情欢迎。我说蒋夫人正式访问过的唯一属于大英帝国的地方只有印度。艾登立刻接过去说,她在印度受到的接待并不是按照他的想法安排的。他保证如果这次英国人的接待不能使我们满意"你们可以砍掉我的头"。他说一定会用最最庄重堂皇的仪式来接待蒋夫人。

然后宋谈到借款问题。宋向外相说他收到孔祥熙的电报谈到这件事,但还没来得及仔细研究。因此他要我和艾登讨论这个问题,我觉得讨论借款既非其时,又非其地,因为这位外交大臣即将离开美国了,于是我仅仅说艾登和我在伦敦已多次谈过这件事,我们都急于想解决这个问题。我觉得外相不准备讨论它,我说或者我们在宋来伦敦之前再继续讨论。艾登同意这个办法,说宋去到那里时就可以签字。这也是一般的惯例,一切工作先由外交代表来办,一待诸事就绪,然后外交部长来签字。

艾登再次问起蒋夫人的行动安排。他说如果她对英国之行还没有决定,无论如何,他希望宋到英国去一趟。宋说他将在6月份去。艾登随后问我何时回伦敦。我回答说我想尽早回去,因为我离开的时间已超过预定计划了。我称赞他美国之行意义重大。他说在美国的洽谈很有作用、很成功。新的方案不仅是如何早日取得胜利,而且还涉及战后重建问题。宋希望能尽快收复缅甸,遗憾的是魏菲尔将军攻打实兑之役未能成功。艾登说这是由于运输力量不够,运往远东的物资不足所致。虽然建造新船的速度已超过船只损失的数目,但运输的需要也同时在增加。印度的海空运输力量已大大增长。不过他恐怕在北非战役结束和季风来到之前,情况不会有多大好转。

夜里,我将与艾登见面和谈话的情况,给蒋夫人写了报告;又将我和蒋夫人的谈话电告委员长。

第二天孔令傑上尉又来电话,问我和艾登的谈话情况。他还要我去洛杉矶,说蒋夫人还有些事想和我进一步研究。我把我和艾登的谈话扼要地告诉了他,并说报告全文已寄给蒋夫人。信中已对情况作了充分说明,如果确有必要,我再去洛杉矶。我向他说,我估计蒋夫人在回华盛顿见到总统之前,不会对英国之行作出决定。但是孔令傑要求我无论如何去一趟,因为蒋夫人要见我。

第二天早晨,我和赫尔国务卿进行了一次有趣的交谈。我到国务院时听说李维诺夫正在和国务卿会商战后谈判的问题。不久,苏联使节走后,我被请去见国务卿。他非常亲切友好,说他不愿让一位世界闻名的外交家路过而不得一见。他说他头一次见到我时,是在伦敦的经济会议上。我尽力使谈话泛泛一些,以免使他为难。我感谢他对我来美一路上给予便利,因为我是搭乘美国空运司令部的飞机来的。他说这是美国能做的最起码的事。我说他和我一定会同样为非洲战局的消息而高兴,并暗示希望远东和太平洋方面也会较为活跃起来。我说中国的政局非常平稳,而经济情况令人焦虑,人人都盼望滇缅公路能重开。他说那涉及是否有充足物资分送到所有急需之地的问题。很多人喜欢许各式各样的愿,但是他总是尽量从实际出发,面对具体情况。

随后他谈到盟国之间需要相互了解与合作,还提到战斗法国对美国,对维希政府,甚至一开始对吉罗将军的谴责和怀有敌意的宣传。他还说法国的几个组织好像对个人利益和政治争权比群策群力的必要性考虑得为多。美国对维希一直非常有耐心,因为需要利用法国舰队和法国在非洲殖民地的部队参加作战。现在的事态证明这个政策是正确的,可是反对维希政府的法国人却看不出这个道理。他对戴高乐的态度毫不同情,并认为他不会成为统一法国的优秀政治领袖。至于战后的法国,他说已经草拟出多种计划,正在仔细研究对比,他希望能从中得出某种共同纲领来。维护和平的组织工作将是一项艰巨的任务,联合起来的四个国家,中国、美国、英国和苏联,一定要在这项共同的工作中起带头作用。

中国驻新加坡总领事高凌百来访,对我讲了一些日军进攻新加坡时的情况。使他痛心的是新加坡的失陷,主要是因为英国准备不足而对中国提出愿予支援态度冷淡,待到想要接受时,又已为时过晚。在新加坡撤退时,只照顾自己侨民,偏心之至,甚至不许中国妇孺搭上英国撤侨船只。有一艘运载英国军用物资的美国船即将到达时,美国领事打算利用这条船撤退美侨妇孺。英国航运委员会竟出面反对,理由是船是英国租用的。两天之后,美国物资卸船完毕,英国就用这条船撤走英国居民,惹得美国领事大为恼火。他还告诉我一件中国军官的事,这位军官在英国陆军服役,他请求准许他的妻儿搭英国船撤退,遭到拒绝,那是在仰光。这位军官气极了,脱掉军装,留下来照应他的家属,因为敌人只有几小时的距离了。

那天下午我打电话给孔令傑上尉,问他是否真的需要我再去加利福尼亚见蒋夫人。他说,如果我确实太累,可以过些时候再去。若能去的话,他当然希望我走一趟。因此,三个小时之后,我便起程前去洛杉矶了。

第五节　与蒋夫人一行在洛杉矶,
并陪同去美国东部

1943 年 4 月 1 日—14 日

我从华盛顿取道南线飞往洛杉矶,途中在纳什维尔、达拉斯和长滩稍作停留。战时飞机上没有卧铺。到洛杉矶飞机场,有孔令侃、刘锴和当地的中国总领事来接。他们领我到中国官方人士一行下榻的大使饭店。

蒋夫人为大约四十位电影制片公司负责人举行茶会,我也被邀出席。蒋夫人坐在台上的一把扶手椅中。这些人向她提出的问题,有些很欠考虑也不恰当。例如有人问电影制片业在中国可以做出什么贡献,对中国有无可效力之处? 第一夫人对这类专门具体的商业问题显然颇感意外,但她还是作了回答。她谈到总是用"中国佬、中国佬"的态度来表现中国,那是愚蠢的,特别是用

"中国佬"（Chinaman）这个词来称呼中国人很不应该。她这些话一说，顷刻间气氛紧张，全场寂然而局促起来。茶会很快结束，因为有人来提醒她，楼下还有另一个会等着她去出席。

第二个会请的是主要的制片商和电影明星。主要电影演员有嘉宝、贝克馥、瑙玛希拉、安娜贝拉、洛丽泰杨、泰隆宝华、屈赛、路易丝·芮娜等等。蒋夫人坐在那里由别人一一向她介绍。她和每个人握手，稍作寒暄。她的一言一行在此场合倒非常得体。半小时之后她离开了，留下我们几个人继续招待客人。（蒋夫人在出访期间身体不太好，各式各样的招待会、演说使她过度劳累，例如，她有时一天里要参加三个招待会，接待所有的客人。客人太多了，连握手都会是很累人的。）

第二天早晨我和哥伦比亚大学的一位老朋友畅叙往事，十分有趣。他提起好多我已忘记的事。这位来客是斯科特博士，他过去做过穆尔教授的助教。他谈了许多我已完全想不起的学生时代的往事。我选定《英国对中国的要求》为博士论文题目，就是出于他的建议。他还记得问过我将来喜欢什么职业，想做什么样的人。他说他建议的论文题目，将使我在日后的外交工作中有很大的方便。因为我能看到中国是如何受到不公正的待遇和被剥夺了一个主权国家按照国际公法所应享有的权利。他说是他推荐我参加了华盛顿美国国际法学会。那个时代，一个中国会员的出现不是什么受欢迎的事。他不喜欢那些"大美国人"以恩主自居对待中国的态度。他祝愿我为终身事业作准备，能获得最好的锻炼和经验。

斯科特又说他还发现了吉布森和博恰德这样的人才。博恰德出身贫寒，聪明，但没有门路。他不得不帮他在国会图书馆找到一个工作，甚至还替他买了一张去华盛顿的火车票，以便他能一面工作一面攻读博士学位。博恰德是我的同班同学。我们上讨论课时面对面坐着。我们都在穆尔教授指导下攻读博士学位。他后来在耶鲁大学当了多年的国际法教授，写过一本出名著作，讲对国外侨民如何进行外交保护。斯科特说他曾担任美国政府研究外国法律的委员会主任,还当过石油巨子杜赫尼的律师。他说他1928年在西海岸创立了胡佛俱乐部,而那时很多人都认为胡佛没有竞选成功的希望。

他说他支持罗斯福总统的外交政策。如果罗斯福再度竞选,他还要投他一票。参议院里恨罗斯福的人比恨希特勒的人还多。他担心战后的美国人会具有比任何时期更为浓厚的孤立主义思想。人们太有钱了,生活太优裕了,对战争考虑得太少了。他认为经历一下英国人现在受到的遭遇,敌人连续狂轰滥炸,唤醒他们认识到真正的危险,这样的灾祸也许是最大的好事。他说中国会发现美国靠不住,美国不是一个能共患难的朋友。中国应该发展与英国和苏联的友谊。这两个大国,在战后的世界舞台上将是举足轻重的。

孔令傑上尉午后来说蒋夫人想在晚间宴会散席之后见我。尽管她心里不愿意,可还是得在宴会上发言。孔令傑要我代她拟出几条内容,不是正式的演说,只是随意的即席讲话。我不知道我的建议是否中她的意,但还是写了四条投美国人所好的餐后非正式谈话,并在近六点时送给了她。七点半我们全体下楼参加为蒋夫人举行的晚宴。有大批客人和看热闹的人,熙熙攘攘,颇为混乱。我们下楼一个半小时之后,直到九点,才进入餐厅。(原来宣布的是蒋夫人将不来和我们一同进餐,但在九点时,即晚餐完毕后,下楼来讲话。)大家都在等待,谁也不知道等什么。最后魏道明夫人请市民接待委员会主席史密斯进入餐厅开始晚宴,但他说孔令俊小姐要他等候她的两个哥哥来到再进餐。其实用不着等,因为他们既然是要伴随蒋夫人下来,当然也不会来就餐。但还是要等,到我们确知他们两人不来吃饭时已经九点了。蒋夫人九点四十五分到来,简短地讲了话。她引述了中国历史上的四件轶事,最后以“童口出真言”这句话作为结束。她谈话的主旨是中国和中国人有两大优良特性:责任感和荣誉感。四件轶事足以说明此点。由于时间已晚,我未能按原安排和蒋夫人谈话。我到此地已经三天,但仍未能和她谈上话。

最后,4月3日孔令杰上尉来向我解释为什么蒋夫人还未接见我。但是我已经知道她是忙于准备在好莱坞圆形音乐厅发表旅程中最后一次演说。孔说蒋夫人答应对访英问题认真考虑。但是孔问我是否最好现在暂不接受邀请,而在她回国之后再去。我告诉他,这份邀请是由在美国的访问而引起的。一位在重庆的外国大使向我说过,薛穆爵士曾表示,如果蒋夫人不接受邀请,英国会感到很伤面子。

董显光、刘锴和魏夫人都来过电话,随后又来约我和他们一起吃晚饭,饭后看戏。他们也感到我身体并不健康,两次长途跋涉,让我在这里无所事事地白等了三天,仍然见不到蒋夫人,很不恰当。孔令杰说蒋夫人感到很疲乏。魏夫人说房间里的空调使蒋夫人着了凉,只好躺在床上口授她的讲稿。

晚饭后我和魏夫人去看了场电影,之后我们一起散步,谈论了蒋夫人此行在美国舆论中造成的影响。我们两人都感到不安。她对我讲了在纽约和芝加哥发生的一些事。她谈到蒋夫人在最后一分钟拒绝了访问芝加哥的计划,坚持要作修改,使得赛拉斯·史特朗非常不快。史特朗在芝加哥是极有地位的人物,是一家著名律师事务所的负责人。他还是一个研究中国法律制度和法院的国际委员会的美国成员。蒋夫人去芝加哥的访问就是他亲自安排的。魏夫人告诉我魏大使很坦率地向蒋夫人进言,希望能挽回局势。他表示,在必要时他不惜丢官,但为了中美的友好关系,他主张她的旅程安排应该改动一下才好。魏夫人说她也曾直言向蒋夫人谈过晚宴让人久等和座次安排之事,但是不起作用。蒋夫人坚持她两个外甥,孔令侃、令杰的席位一定要排在她旁边。负责旅程事务的美国官员认为把孔家两兄弟排得那样高,甚至在州长和市长之上是很不合适的。魏夫人也像许多人那样,担心这次旅行会影响美国人民对中国的感情。她说对待美国委员会主要人物和政府要员这样生硬,已经引起不少反感。由于斤斤计较安排上的细节或因过分敏感挑剔而引起摩擦不快的事已有很多传闻。她说,可怜的蒋夫人,自己也许还不知道。

第二天,4月4日,孔令傑打电话来要我去圆形音乐厅听蒋夫人演说。魏夫人也来电话约我去,还约我下楼一起吃饭。孔令侃也参加到我们桌上来和我说话。他说蒋夫人由于我来到这里,已有七八成准备接受英国的邀请。他建议我为她准备两份演说稿,下院和上院各一份。我说我乐于为她拟稿,但一定要她按自己的意见删改。至于发表演说的地点,是伦敦的市政厅,还是下议院,应该和英国人商定。孔说英国人一定会建议市政厅,可蒋夫人应坚持在议会发表演说。这又是一件不好办的事。我不记得英国议会是否也像美国国会那样对外开放。英国对外国重要人物,甚至帝王和国家元首,都是在伦敦市政厅举行正式欢迎仪式并请他们在那里发表讲话。孔嘱我现在先不要告诉英国人说邀请已肯定接受。暂不宣布,在某种程度上有利于对接待程序的交涉。我说到宋子文去年9月已接受邀请,准备去英国访问,孔说宋将在6月份去英国,还说反正宋是不赞成蒋夫人访英的。我推测蒋夫人在再度访问白宫之前,不会作出决定。可是孔说他现在只能说她有八成将访问英国。我说英国的接待将是最热烈的,但和美国表现的方式不会一样。英国的生活要朴素得多,英国人的战争观念要比美国人强烈得多。因此接待的仪式可能简单一些,但肯定是真心实意的。孔建议我把这个情况,事先向蒋夫人说明,让她思想上有所准备,他的建议十分正确。

那天下午蒋夫人的车队驶向好莱坞圆形音乐厅,我和孔令傑、孔令俊坐在第二辆车里。会场里坐满三万人,听蒋夫人讲话,她赞颂了罗斯福总统的领导天才并保证中国将尽自己的一份力量促使全世界获得"四大自由"。

三时三十分,我们全体出席在大使饭店颁授学位的仪式。这个仪式是由天主教学院负责人主持的。该学院将授予蒋夫人法学博士学位。坎特韦尔大主教、学院院长和董事会主席三人显然事先已安排好各有所司。后两个人分别宣读授予学位文件,然后大主教将学位服的垂布披在蒋夫人的肩上。蒋夫人作了简短得体的答词,说她母方一位祖先,明朝徐光启是一位虔诚的天主教徒。会后,蒋夫人举行茶会,招待以塞尔兹尼克为首的洛杉矶市民接待委员会成员、陆海军高级将领、以及米利金博士和夫人,还有影星贝克馥。

　　蒋夫人一行,计划当晚乘火车离洛杉矶东行。我决定陪同前往。想一睹蒋夫人风姿的人群,从晚上七点,我们离旅馆两个多小时之前,就聚集在饭店门前。去火车站的车队浩浩荡荡。我们到车站后登上由六节车厢组成的专列,十时正点开出。同行的有十位特工人员和六位新闻记者。

　　第二天孔令侃到车厢来看我,我们谈论蒋夫人访英之事,他说很可能去。他问我是否有把握英王英后会到车站来接,并请她去白金汉宫。还有,她是否会被请到议会去发表演说。他建议我为她准备一篇演说,因为我了解英国人的心理。我同意尽力为她写一个演说草稿。至于英国的接待计划,我不清楚。小孔说,最好由我亲自和艾登商量,不必让陈维城去和贾德幹那些人洽谈。他说美国的空前的特殊欢迎使他深受感动。他认为英国也该有类似的场面,不过最好出于英国主动,不要由我们提出要求。他说蒋夫人要到月底才去华盛顿,离洛杉矶后不直接去那里。因为罗斯福将外出休假,两周后才回来。他还告诉我,他给霍普金斯去过电话,知道他对蒋夫人在圆形音乐厅的讲话中称颂罗斯福总统非常满意。霍普金斯说,那篇演说帮了总统很大的忙。孔还说罗斯福在华盛顿曾请蒋夫人帮他发起一百三十亿美元战时公债的征募运动,但她没有答应。她不愿意参与美国的国内事务,不愿表现出正在为美国政府效劳。董显光同意刘锴的意见,他对我说,关于蒋夫人去或不去英国,表态同样令人为难。他相信宋子文是不赞成她去的。当然,如果她去了,宋子文访英就没有意义了。

下午,蒋夫人终于找我谈话了。通知我时,我正在车厢跟孔令侃说话。他刚来告诉我说蒋夫人访英的事可以说已成定局,要我进行各种准备工作。首先,他要我去伦敦之前拟好两份演说稿,一份去加拿大用,一份去英国用。演说的时间二十分钟就够了。他问了一个我还从没有想过的问题,一份四十分钟的讲稿为什么我要用十个小时去口授。我告诉他,因为我在口授时经常会停下来查核事实或寻找资料。随后,他说关于蒋夫人在加拿大和在英国要讲的话我认为怎样写合适就请我怎样写。

我见到蒋夫人,她还是那样风姿动人,但看上去有些疲劳。她说火车颠簸得太厉害,睡不好觉。她秘密地告诉我,她现在计划在 5 月 3 日左右飞往伦敦。可是她希望我在和艾登谈话时,先不要替她做许诺,实际上,我甚至连暗示她可能去都不会,因为她自己对健康情况还没有把握。她打算取最短的途程,从北线飞往英国。她逗留的时间,准备不超过两周。她想在 5 月下旬就回国,因为天气很快就会炎热了。我说从英国回中国最短的路线是经由开罗。她问起这条航线安全不安全。她说刚刚逃过种种战争风险出国,她不希望在路上出事。我说她在英国以及返国途中的安全,英国政府当然会极为关注的。

至于她的访英之行,我相信英国会像艾登说的那样,给她以最隆重的欢迎。英国人也许不像美国人那样感情外向,但同样是诚恳和热情的。当然,条件有些不同。因为欧洲的战火逼近他们,英国人的战争意识更重一些,更为紧张一些。我认为英国一定会尽一切可能对她本人和对中国表达出敬意和钦佩。我问她想在演说里讲什么内容。她说她太疲倦,想不出什么特殊意见和题材。她放手由我决定该讲什么。她相信我最理解英国人的心理。她要我至少准备三篇演说稿,以供她在加拿大和英国之用。

第六节　在纽约地区

1943 年 4 月 15 日—5 月 3 日

　　4 月 15 日晨八点十五分,蒋夫人的部分随员在纽瓦克下车转道去纽约。其余的人继续前进去熊山。我们早上十点到达。魏道明大使和于焌吉总领事在车站相迎。这个地方是魏夫人选的。魏大使显然并不赞成,认为那里人太多,给保卫蒋夫人安全的特工人员增加困难。

　　蒋夫人要魏大使竭力促成肯尼迪法案的通过,以便取消对中国的移民限制。她说美国做这件事正是时候,因为她的来访,已使对中国的同情达到最高潮。于焌吉告诉她说,她在洛杉矶的演说,报界评论非常之好。提及她赞颂罗斯福的那些词句,她说她并不怎样喜欢那些话,只是不能不那么说,那是她此行最后一次演说。我们辞别了她,不过几分钟之后,魏夫人又陪着她到我们的住处(也就是李石曾的住处)来看一看。她改着长裤和绒线衣,兴致勃勃,到各处看了一番。我们陪她回去并向她告别。午饭后我便前去纽约了。

　　我刚在旅馆安顿下来不久,胡适、李平衡、李国钦、何士和陈介大使都来看我。胡适说他认为他们要我二次去西岸显得不够体谅人。我说去一趟洛杉矶倒使我得到一次很好的休息。

　　根据孔先生从熊山通过电话安排,我于 4 月 15 日(?)晨八点四十五分住进了哥伦比亚基督教长老会医院住院部。我要在默布斯医生亲自指导下作一次全身检查。在我住院期间,朋友们仍继续来探询我的健康情况。第二天早晨默布斯医生说有几点可疑之处:(1)我的心肌,(2)尿糖,(3)溃疡。他建议我留住(纽约)到下星期二,以便他能作第二次检查。

　　我儿子德昌来接我到罕布什尔大厦去见宋子文。宋想和我讨论一项机密事件,即中国海员问题;这我将在以后篇幅中叙述。我们还讨论了整个战局。宋说他已打电报给委员长,建议他排除日本进攻苏联的可能性。宋认为日本不会这样做,可是重庆的首脑人物,包括委员长在内,或多或少确信日本人将会发动进攻。我说苏联甚至会讨好日本,希望在战争结束时以此当做王牌和英美集团讨价还价。宋子文认为俄美关系不好,但英美关系也不十全十美。罗斯福总统曾经告诉艾登说他不喜欢欧洲理事会这一设想。他说为什么不来个美洲理事会? 美国有什么理由加入欧洲理事会? 赫尔也曾这样对艾登讲过。宋认为艾登这次美国之行收获不大。说到苏联,他相信苏联会欢迎这样做,这样它就能控制欧亚两洲了。中国还未发展到足以对苏联构成威胁的地步,苏联在两大洲的地位都将稳如泰山。

谈到缅甸,宋说雨季一般在 10 月份结束,在那之前不会发起认真的反攻战役,很可能明春之前也不会动手。英国刻下的作战目标是想占领实兑半岛,以此作为作战基地,最后挡住日本的进攻。在缅甸西北某处前线已有中国军队两个团,但是缅甸北部有日本人的第十八、三十六、五十五和六十六师团,英国的进攻完全失败。日本在缅甸的空军力量已增加了约一百五十架飞机。澳大利亚要求加强那里的作战行动,马歇尔、霍普金斯、赫尔及总统本人,都认为目前不会有日本入侵澳大利亚的危险。盟军在太平洋的地位是够巩固的。宋子文认为可能要用两年的时间才能将缅甸收复,中国被隔绝的处境才会得到改善。中国的经济情况虽然严重,但大概不会进一步恶化。

我在华道夫-阿斯多里亚饭店见到孔令傑上尉,问候他的健康,他的脸仍然肿得很厉害。可他还是一心想尽快回英国去。我劝他留下,或者至少等我一起走。不久,孔令侃来看我,说蒋夫人也将打电话给孔上尉,希望他同代表团一起在这里暂留。(显然是两兄弟之间,或蒋夫人和这位年轻上尉之间有些摩擦。因为他想回英国看看前方的实际战斗。)

4 月 19 日我在医院度过漫长而又繁忙的一天。给我作了多种化验,X 光透视和瘘管检查。在日记里我记下了仅在那一天里给我检查的医生就有:默布斯医生,普通内科的戈德曼医生,X 光专家巴内姆医生及其助手,还有很多护士。星期二默布斯医生一早就来了。他给了我各项检查的最后总报告。听到他肯定我尿里无糖我很高兴,以后可以随便吃糖了。戈德曼医生也满意地说我没有溃疡的迹象。只有一点不令人满意,我的心肌有些疲劳现象,但心脏尚无器质性病变。肝脏很好,由于我最近犯过黄疸病,暂不宜作胆囊检查或照 X 光。他竭力劝我遇事放开一些,只处理最紧迫的事。他还给我一份牙齿检查报告。(默布斯医生是哥伦比亚大学内外科医学院院长。)

第二天早晨我乘车去纽约的戈申给蒋夫人撰写三篇演说稿,预计 4 月 25 日复活节(星期日)可以完成。孔上尉从熊山来电话,问我何时起程回英国,并说我可以提前为蒋夫人访英进行准备。我想蒋夫人是希望我尽早回英国。我对他说三篇演说稿已写妥,只等打字。他说他去找人打字,但我愿意由我自己的打字员打。4 月 22 日(?)星期四孔令傑又来电话,要我在星期三(4 月 28 日)而不是星期四去熊山以便将讲稿面交蒋夫人。

4 月 28 日午后我和我儿子德昌同去熊山。孔令傑在院子里迎接我,告诉我陈纳德将军刚从中国来。这位年轻上尉看来对蒋夫人访英的信心不大。他哥哥和妹妹都去纽约了,他只好留在美国。宋子文从华盛顿来电话,询问蒋夫人何时去华盛顿。

我去见蒋夫人。她请孔令傑带我的儿子同去。她接待我们非常和蔼可亲,还问起我的其他孩子们。她见我手里拿着一个信封,知道那是演说稿。她说她要我准备在英国和加拿大的讲稿,主要是想弄明白什么样的思想适用于英国,倒不一定要用它们。她说如果到头来没有用我的讲稿希望我不要介意。我说完全没关系,她可以愿意怎么办就怎么办。我完全理解,准备这些讲稿,主要是对英国将希望听到什么提供一些意见,并不一定真的使用这些稿子。我说她有她自己的文风，别人是模仿不来的。她对我的话欣然同意，并且说，我的演说也恰恰有顾维钧之风。她常用一些可能被看作是独特的词句，不过这正是她的文风。一个人的文风和他的性格是分不开的。

我说她的演说集可以出版。她说瓦伊金出版社已提出这个要求，还预付第一期稿酬五万美元。她要将稿酬的半数赠给韦尔斯利学院，另一半给她所办的孤儿院。我说她将是第一位中国毕业生给该院这样一笔可观的捐赠。她说在 1937 年她那一班毕业生举行二十周年返校节时，她设立了一笔美龄奖学基金，因为她对韦尔斯利的培育铭感在心。美国报业辛迪加提出要订一年合同，请她每周写三篇专栏文章，每周给她三万美元。这笔钱数目很可观，但她恐怕难以胜任。因为虽然她觉得这笔钱对她办的孤儿院很有用，但她回到重庆后还有很多别的事要料理。她一直觉得政府应该把孤儿院的经费承担起来，不要由她去向各方人士募化，如果能够有充足的经费，她就可以不再四出求援了。我提出她可以在重庆觅人代为准备资料，减轻她自己的写作负担。她说每个人都有自己的文风。显然，她误解了我的意思。

我让我的儿子先走，以便我能和夫人谈一些机密事项，因为我意识到夫人好像有些紧张和不自然。她谈到拟议中的对英访问，说身体一直不大好，荨麻疹更厉害了。也许根本去不成了。在孔令杰和我的儿子走后我在告辞前问起她的计划。我提起英王和王后想尽早知道她的决定。如果接受邀请，需要一段准备的时间。她告诉我，哈里法克斯勋爵也向宋子文说过这样的话，不过她仍感不适，难以成行。委员长一直在催她早日回重庆。她问我，现在先回国，今年晚些时候再去英国是否合适。她还得再来美国一次，那时她将取道英国，这样她像是在专程访英。现在美国人给了她那么热情和前所未有的盛大欢迎，都把她当作自己人。如果现在又去英国访问，她到那里当然不能不说很多好听的话，美国也许会感到不受用。我说我能理解推迟访英的好处。但是由于英国对她的访问盼了那么久，又那么诚心诚意，不趁这个时机去，会影响效果。她现在不立即从美国去，英国必然会感到非常失望。无论如何，我请她在我返回伦敦和艾登商谈之前不要作出最后决定。

蒋夫人说她要在 5 月 3 日星期天去巴尔的摩，第二天早晨到华盛顿。罗斯福曾问过她是否愿意在 9 日去，随意停留多久。因为波利维亚总统要在 5 月 5 日至 8 日住在白宫。罗斯福觉得 5 月 3 日至 5 日对她也许嫌时间不够。她回答说要在 3 日访问华盛顿，5 日一定要走。她告诉我她此行的目的是结束以前的各次会谈并确定实际收获。史迪威将军和陈纳德将军都来了，她要趁热打铁，取得成果。

我们谈论了罗斯福连任第四届总统的前景。我告诉她我的一些有声望的朋友，其中有的也是罗斯福本人的朋友，都竭力反对他连任第四届。可是她的看法是：如果战事持续到 1944 年秋季，罗斯福会再度当选的。但是他的健康情况，也许不允许他做满四年。她觉得罗斯福最近去吉塔里兹视察日本人拘留营，同他的对华政策没有什么关系。

在我告别时，她说她很高兴由于我去太平洋海岸，还同她一起回东部，她得以对我有更多的了解。她要我注意身体，照顾好我的孩子们。她还说我有这些孩子可以感到自豪。我请她多保重。她应该像一位医生向我说的那样，暂时放开一些。我说，她虽然表面上在休息，可是恐怕精神上并没有休息。她凡事太认真了。听了我这些话，她说这正如罗斯福总统谈到她身体时所说的一模一样。可是她发现让精神放松实在不易做到，因为她不得不去想那些对我们国家十分重要的事。我知道宋子文曾在几天前去见过她，因此我问宋对她拟议中访英一事的看法。她犹豫了一下，说她习惯于自己作决定，所以她没有向她的哥哥详谈她的计划。她举一对父子和一头驴过桥的故事作了比喻。

辞别她以后我和孔令杰谈了片刻。他认为蒋夫人对访英之行仍迟疑未决,看来不像前几日那么有意成行。他说,不是有了什么新情况,仅仅是她的健康问题,近几日她感到很不舒服。

第七节　在华盛顿与罗斯福总统等人会谈
1943 年 5 月 3 日—6 日

由于我想在离开美国之前看望我的老朋友罗斯福总统,我打电话给华盛顿大使馆的游建文,请他为我安排约见。他回电话说总统已安排在 5 月 4 日星期二接见我,具体时间容后通知。因此我在 5 月 3 日星期一离开纽约去华盛顿。正好蒋夫人一行在纽约和巴尔的摩各住了一夜之后乘火车去华盛顿,也在星期一中午十二点半到达。

5 月 4 日上午十点半我拜会了宋子文,想要知道所传他不赞成拟议中的蒋夫人访英是否属实。他说他觉得这件事悬得太久了,最好不要在最后关头拒绝。为了结束此事,她还是去的好,不过委员长现在不那么想让她去了。宋子文自己要在 8 月去英国,如果届时没有什么紧急要他处理的事情的话。宋想去更好地了解一些现在地位还不太高、但日后会对英国政治有影响的人士。

谈到国内的军事情况,宋认为相当严重。他说史迪威将军和陈纳德将军都到华盛顿了。史迪威主张派遣美国军队,陈纳德主张增派空军。两位将军意见不一致,美国政府召他们回来商量。这并不意味着总的战略有什么变更。宋子文说,只要卡萨布兰卡会议加强中国力量的决议得到贯彻,那就都是当前所应做的事。问题集于两件事:收复缅甸和全面反攻。他说他想以后和我细谈,现在他要赶紧去陆军部听听那里的参谋长会议。

十二点十五分我去白宫拜会总统。我和魏大使同往。宋嘱我这样办,因为白宫曾问他谁陪我去。总统先伸出手来和我握手,还说他真高兴能见到我。他向魏说,从上一次大战他在海军部工作时我们就是朋友。我钦佩他的记忆力。我向他说我在中国、印度、非洲、巴西、荷属圭亚那以及美国见到的美国空军设施，获得深刻的印象。他听到此话显得很高兴。他说美国正在尽自己最大的力量。这一次盟国一定要打败轴心国并彻底解除他们的武装。

他问起委员长对邱吉尔演说的反应。我告诉他那时我已不在重庆。他说艾登第二天来看他，向他讲了对演说的看法。这篇演说使艾登大吃一惊，在表达他的情绪时只说了一声"中国"。总统同意艾登的看法。他还告诉艾登，美国人民对欧洲理事会不感兴趣。要是太平洋理事会，美国倒可能会有兴趣。但美国人主要关心的是一个全世界的理事会。这次制定条约一定要从全世界着眼。我说我希望在他英明领导之下，与其他盟国合作，可以建立一个真正的世界新秩序，至少能为此奠定一个基础。罗斯福说，他正在为此努力。

总统说日本和德国都必需彻底解除武装。所有在日本岛四周的岛屿，如琉球群岛等，都必须交出。我马上插言说"还有台湾"。他说台湾和琉球群岛都应该归还中国。至于加罗林和马绍尔群岛，在中国海军建立和发展之前，由美国以联合国名义照管。一俟中国做好准备立即归还中国。（原文如此。——译者）至于印度支那，这个国家不应该归还法国。法国统治那个地方已经一个世纪，那里人民的生活，实际上还不如过去。那里应该由中国、美国、可能再加上一个第三国来暂时管理，直到它在一个规定的日期取得完全独立为止。

他告诉我，去年荷兰女王威廉明娜来访时，他问她对荷属东印度群岛打算怎么办。她说将由爪哇、苏门答腊和菲律宾组成一个联邦。至于婆罗洲，则需要等四十年的时间，那里的人民才能具备条件加入邦联。而关于新几内亚，女王则说要二百年。但是总统反对委任统治这个办法。他认为委任统治国一旦得到授权，就把委任统治地当作自己的殖民地。他问我蒋委员长对这些亚洲地区有何看法。我说委员长和我谈过几次,原则上赞成解放与独立。但是这些事他主要信赖总统的看法,他一向对总统的看法非常重视。总统说实际可行的办法是给当地的人民规定一个独立的日期。我说对菲律宾采用的办法很理想。他说1934年他指派了一个由菲律宾和美国人组成的委员会讨论这个问题。会上问菲律宾成员,他们什么时候可以做好独立的准备,他们回答说1946年。最后就决定采纳他们的意见。这样就给了他们明确的希望,他们也就为独立而努力准备。我称赞这个政策既明智又切合实际。

总统说,在张伯伦内阁时期,英国大使林赛来见他,说:"你们想要占领恩德伯里岛和坎顿岛,这可不行,因为两岛主权属于英国。"总统回答说:"我们试过了,能行。"林赛听了非常生气。三天之后又回来说,我们两国一定要找出个解决办法。两国不能为这两个小岛开战。总统说,只有这一点双方意见是一致的。他向我解释说,这两个岛实际是半截浸没在水中的礁石岛。最初有些美国捕鲸船在那里停泊,作过一些调查后向他报告过。后来英国人也去作了些调查。又过些时候美国捕鲸船在岛上插上了美国旗。然后英国人又去也插上了他们的国旗。事实上,这些岛上一无所有,谁也不会真正在乎谁在岛上行使主权。美国政府确实丝毫不在乎主权属谁,只不过想利用这两个小岛作为越过太平洋到澳大利亚和新西兰商业航空线的适当中途停留站。他说,在英国人闹了一阵之后,他最后以个人名义给张伯伦写了封信,提议把主权问题暂时搁置,留待1988年左右再去解决;当前,两国都可以继续用两岛作为机场。总统对我说,五十年之后他和张伯伦都已不在人间,谁也不知道那时情况是什么样。一个麻烦的问题,就这样迎刃而解。我说这样处理充分显示了政治家的风度,因为主权的概念不过是一个形式,最要紧的是促进世界和平和普遍福利。总统首肯说,这正是他的想法。

在返回大使馆途中,魏大使向我说,总统故意滔滔不绝一人独讲,因为他怕我们问起一些难于回答的问题。但是我的印象觉得交谈很坦率,尤其是就总统来说。

在华盛顿期间,我利用机会去看望一些美国老朋友,了解到一些他们对战事和对整个世界大势的看法。我拜访了前任美国驻巴黎大使蒲立德。他是我在巴黎时的多年同仁。我们谈到一些问题,特别是中国的局势。他对共产党情况特别关心。我告诉他,我认为共产党和红军的影响在逐渐衰落。中国的青年正开始对重庆抱有新的希望,寻求指导。他听了感到又惊又喜。我们还对欧洲的战局交换了意见。他对德国人民的士气,表示出一个引人注意的看法。他认为那里士气很好,不像从欧洲传来的那些没有根据的报道说得那样坏。他认为日本在空战中受挫不见得会影响日本人民的士气。

蒲立德认为第一次世界大战期间,威尔逊政府对战时和战后都有明确清楚的计划,由威尔逊向全世界宣布。相形之下现在华盛顿的上层领导缺乏战后重建计划,蒲立德对此深以为憾。他更进一步为那些身居高位的人把精力过分地耗费在耍政治手腕上感到痛苦。如果不制订出一个战后重建的计划并事先公布,他恐怕这场大战将会徒劳无益。他认为促成在苏联和西欧之间建立一个缓冲国地带的设想是非常危险的,因为这会导致苏联将这些缓冲国并入到它的领域之中。美国和苏联的合作仍然很不稳定。如果确定以大西洋宪章作为战后世界重建的基础,美国就可能乐于为保证和平而努力。他新近在纽约发表过一篇大意如此的演讲作为"试探气球"。但在第二天,华盛顿的上层领导发表声明说,大西洋宪章绝不可过分按字面去理解。换句话说,他们想以对战后解决办法的每一个重要问题都持保留态度来降低苏联的作用。我对这点特别注意,因为我已经在伦敦得出这样的印象,英国当局似乎不太热衷于在远东和亚洲实施所谓的大西洋宪章。华盛顿当局在维护大西洋宪章上表现得犹豫不决不知是否受了邱吉尔等人很大的影响。

第二天我去拜访了陆军部长史汀生上校,征询他对俄国前线战事的看法。他微笑着说,双方都提供不出多少情报,所以他也没法说。可是他对整个战争,和对正在激烈进行的非洲战役的结局是毫不怀疑的。提到远东,他称赞史迪威将军,并说他对史迪威的意见充满信心。我说一位西方将军而通晓中国语言,确是很少见的。我们很感激美国为中国所做的一切。他显得非常激动,说他总觉得我们两国之间,有那么一种亲密和友好的情感,这是任何其他两个国家之间都没有的。

我正准备离开五角大楼时,宋子文来拜访一位陆军部的人。他匆匆走过来对我轻声说,蒋夫人告诉他,她不去英国了。这对我简直是当头一棒,因为从近来的情况看,似乎她去的成分居多。仅仅头一天夜里,孔令侃还告诉我她要去的。

这天中午,我去拜会总统个人的参谋长李海海军上将。在维希一起共处过那么久之后又见到了,他很高兴。那时他和我都是驻法国的大使。我说,在他现在的职位上见到他我很欣慰。我从别人那里听到他在跟总统工作。他说总统使用他是因为他有外交、政治和军事等方面的经验。总统不和其他军事顾问商量政治问题,只有他一个人有此荣幸。也许因为总统知道他现在已没有野心。

海军上将问到中国的局势。我说自一年前缅甸沦陷后,中国在很大程度上被隔绝起来,经济上和其他各方面的压力越来越大。如果能收复缅甸,情况当会有所改善。他说这正是美国政府准备要做的,也就是说要推动收复缅甸的战役。不过委员长曾通过宋子文要求对日本本土进行空袭,美国的军事领袖有不同的意见。他们都认为只有重新打通缅甸,才能减轻中国所受的压力。现在当务之急是增加美国空军的实力,以期能使运输得到保护和进一步加强。他说即使运输量增加到每月八千吨,这个数量对于认真发动一场收复缅甸的战役来说还是不够的。这位海军上将接着说,我们现在应该集中力量向敌人发动空中攻势。由于敌人会在缅甸集中全部空军力量,干扰或切断空中运输,使保护运输的工作不可避免地受到影响,这也会推迟收复缅甸战役的准备工作,因为那时将不得不把大量工作转向在印度修建和扩建飞机场。他不清楚英国人在这件事上能合作到什么程度,我在伦敦正应该推动此事。不过他猜想如果美国赞同这个建议,英国也不会不同意。

李海对委员长的建议是否得当尚有怀疑,但是委员长作为中国战区的最高统帅,总该懂得需要做什么。就李海本人来说,他将遵从委员长的意见,在总统面前支持这个建议。陆军将领虽还不相信,不过估计可以说服陆军同意他的观点。但目前尚未作出任何决定。他认为最后还是会赞同委员长建议的。我告诉上将,委员长所要考虑的不仅是军事方面,还要考虑到中国的全局,特别是从心理上和经济上着眼。长期被隔绝使经济急剧恶化,对日本进行全面进攻可以提高士气,特别是由于日本过去空中力量特强,对华战争占有优势,那就更为如此。上将说我的话也许有道理,不过陆军的那些人当然只是从军事角度上来看待这个问题。我问他拟议的对日进攻,对南太平洋战局将产生什么影响。他说那会使日本人将他们的空军力量调往缅甸。陆军人士认为帮助中国的唯一有效办法是协力将日本人从中国赶出去。这个任务势必发动全面进攻不可。美国想做的大事是打通华南沿海的某部分或印度支那。但这也只有美国人在附近岛屿建立空军基地成功之后才办得到。我问是否能收复菲律宾的部分地方,如果能办到,菲律宾是否可以提供必需的空军基地?这位上将说棉兰老岛正是这类理想的地方。我又问起香港,言外之意是收复广州。上将认为那将是一个大战役,附近没有空军基地不行。可是他向我保证,这一切都是美国不久就要做的事。

李海海军上将说,作为全面进攻的一部分,美国将发动一场海战,日本人必会觉得难以招架。我问他日本舰队的主力在哪里。他说他自己也搞不清楚,很可能在日本内海里。他说前些时候日本派了两艘战舰去南太平洋为运输船护航,被美国的飞机和潜艇双双击沉。日本人无法迅速补充损失的船只。他们现正建造木船,不仅用来进行沿海运输,而且还作长途运输。日本造船能力究有多大,缺少确切情报,只知道正在造船。日本舰队倘若公开露面,那将是最令人高兴不过的事,因为美国海军一直在寻找它们。

当天晚上我去见宋子文,扼要地告诉他我和罗斯福总统以及和李海海军上将的谈话。他告诉我他不仅力促空军进攻,还要求派美军三个师去缅甸和中国人并肩作战收复缅甸。宋说三个团日本兵打垮了六个旅的英国兵,这说明英国人不认真、不积极或者就是打不过日本人。他说中国士兵发现很难跟英国兵配合作战。中国方面不满的主要原因是缺少空中攻势。国内战局每况愈下。日本有强大的空军配合,而中国没有,所以国军节节败退。

关于蒋夫人取消访英这件事,宋子文告诉我这是蒋夫人早晨向他说的,原因未提。我把蒋夫人在熊山所说的情况告诉了他,那时她犹豫不决,想将访英一事推迟到下半年。宋说她回国后还要再到美国来。我问是否美国人劝她现在不要去访问英国。他说他不知道。他告诉我,哈里法克斯勋爵有急事明天早晨要来见他,大概是与蒋夫人访英有关。因为他一直很慎重,对这件事根本不催问。美国人告诉过哈里法克斯,对访英事不要催得太紧,因为蒋夫人的身体不很好。我告诉他,我明晨十点半也要去拜会哈里法克斯,对这件事我不会多谈。我的话要和宋子文的口径一致。

第二天,5月6日,我去英国大使馆会见哈里法克斯勋爵。他先问起中国的局势,中国对苏俄的态度和我对东京任命重光葵为外相的看法。他说有人告诉他重光葵的任务是设法促成德国与俄国的媾和。我对他说,他在伦敦曾同上层人物讨论过的重光葵的建议是使日本置身于世界大战之外,其别有用心的目的不过是坐山观虎斗,一俟旷日持久的世界大战结束,日本能保持最强大的力量,从而能够在交战国之间取得调停人的资格。但他的使命失败了,日本军人们必须考虑和英美两国作战意料中不可避免的后果。因此,日本军人们把他请出来在外交舞台上施展才能,无非想分裂离间同盟各国而尽量拯救日本免遭灾难性的惨败。哈里法克斯说我这是小看了日本的力量(?)。我接着说中国对俄国的意图和俄国的战后重建计划了解不多。可是我的看法是日本对于拉拢莫斯科不会迟疑,那样就可以免去后顾之忧,集中全力在南方应付英、美、中的联合阵线。

我说起中国人民渴望在远东前线加强活动,并对缅甸失陷后与外界隔绝而造成的经济情况日趋恶化极为关注担心,哈里法克斯好像很受感动。我说,以积极行动支援中国,使之能加紧抗击日本是很重要的。中国军队的士气仍然旺盛。哈里法克斯说他理解中国的观点。他虽然不知道军事战略机密,但确信非洲局势明朗之后,地中海航路畅通,更多的物资就可毫无困难地运到远东。他认为德国将在那年夏季进攻列宁格勒和莫斯科,以迫使俄国人投降或至少摧毁俄国陆军。不过他相信德国今年夏天不会比去年夏天更有成功之望。我说如果盟国能在德国发动对俄国的新攻势时进军西欧,这样会加速德国的崩溃。哈里法克斯对这一点未作表示,可是他说德国仍然很强大,虽然受到封锁,经济资源并不拮据。打败德国尚须时日。没有迹象表明德国何时才会采取防守的战略。

只在送我出门时,哈里法克斯勋爵才问起蒋夫人和她的健康。我说她是时好时坏,这一切都是过去五年在国内长期紧张工作造成的。我告诉他蒋夫人很想到英国去,但是她的健康情况不稳定。她的医生们正在犹豫是否应该提出她可以去的意见。哈里法克斯说我一定很清楚,如果她去,英国人民一定会热烈欢迎她的。

午后,我去拜会了苏联驻华盛顿大使李维诺夫。我向他祝贺红军的辉煌战绩,但他说战争并未结束,德国人在年内非常可能还要发动一次攻势。我说如果英美盟国在那时进军欧洲大陆,德国在东线绝不可能取得胜利而是注定要失败。李维诺夫说困难在于盟国是否会这样做。他说盟国仍在讨论从意大利去进攻德国,他认为这个方案将正中轴心国的下怀。因为这样一来,供养意大利人的责任就落到盟国的身上。德国很可以退到阿尔卑斯山的背后。他的看法认为这是白费力。我向他提出另一问题:俄国是否从盟国得到充分的物资供应? 李维诺夫承认得到了供应,但还不够。北边的供应线几乎被切断,因为夏季来临,昼长夜短,容易遭到空中袭击。现在唯一的供应线路是由伊朗运进军用物资而从海参崴运进美国来的一般物资。他说战斗将更趋激烈。红军损失了不少年轻的第一线部队,目前只好征召三十岁以上的兵员。德国也损失了很多训练有素的年轻战士。不过它可以征调卫星国的后备兵员,而且实际上已经在这样做。我问他对东京任命重光葵为外相如何看法,李维诺夫说有些人认为他是个开明人士,任命他作外相来增进和俄国的关系,这完全是胡说。重光葵也是个军国主义分子。他在莫斯科担任大使时很不受欢迎,只好调走。很可能他会先向某个盟国暗送秋波,然后再耍外交手腕。

我说如果李维诺夫在 1937 年在日内瓦提出的集体安全(裁军)计划受到了重视,全世界就不会遭到今天的苦难。李维诺夫说他告诉过艾登,如果英法不支持国际联盟的集体安全体系,希特勒将把欧洲投入一场残酷的战祸。在新加坡,他告诉过那里的总督,日本随时都可能发动进攻,从日本的历史来看,日本在进攻之前从不预先警告或宣战。但是总督不相信他的话。甚至在檀香山珍珠港受到偷袭前夕,他告诉肖特将军说,日本人很可能在它派出的使者正在进行谈判的时候,就进袭夏威夷群岛。这位将军不同意这个看法。第二天真的遭到进攻,人们还以为李维诺夫事先得到情报,俄国人是实际的同谋者。

李维诺夫说战后德国必须彻底解除武装,但这还不够。盟国决不能容许在德国建立一个可能有侵略意图的政权。不干涉德国内政的说法是一句空话,制止侵略的唯一保证是成立一个由盟国选定的政权。他说德国的社会民主党在上次大战后声名扫地了。我问他认为美国战后将采取什么政策。他说美国拥有雄厚的资源和生产能力,可以而且应该作出一个负责承担维持和平的计划。如果等到战争结束后再研究恐怕会太迟了。美国应该负起责任,参加一个维持世界和平与防止侵略的国际警察部队。他说他就要回俄国去。

送别我时,李维诺夫问蒋委员长是否要来美国会见罗斯福总统。我对这个问题感到惊奇。我回答说不知道,不过我觉得近期内他离不开中国。

与李维诺夫会面后,我去和宋子文共进午餐并作密谈。我告诉他哈里法克斯没有提到中国海员问题,但却渴望知道我们对重光葵出任日本外相的看法。我还告诉他李维诺夫对这一任命的看法。宋说哈里法克斯在十二点时曾来见他,提到蒋夫人4月15日的声明中促请释放尼赫鲁一事。哈里法克斯坚定地说,他希望把他的话当作是个抗议,并希望宋把这个抗议转达蒋夫人。宋回答他说,这件事并不足为奇,因为蒋夫人是位妇女,说话时会感情重于理智。此外,这是她个人的发言,英国不必过分认真。他将不把抗议转达,以免事情更僵。他还要告诉哈里法克斯勋爵,印度政府有一封致美国当局的信,抗议"偷运"蒋夫人经过印度。宋说,对蒋夫人这样身份的人,用这类语言是不可宽恕的。这是印度政府的无礼和失态。他已要求薛穆爵士收回那封信,因为他不想将这件事报告委员长和蒋夫人而使事态恶化。现在哈里法克斯既然严肃地对他抗议蒋夫人的声明——而他认为英国政府大可不必那样认真,他也请哈里法克斯将这个事件向艾登报告。事实上宋要求哈里法克斯向英国国王陛下的外交大臣汇报,是为了显得更郑重其事。

宋告诉我,他也见到了李海海军上将,讨论了在中国发动另一攻势的争论。史迪威将军主张加强地面部队。因为他认为解救中国的唯一办法是收复缅甸,而中国军队不行,承担不起这个任务。但3月份史迪威将军还曾说过中国军队很行。军队还是原来那些军队,两个月的时间,不可能有那么快的变化。宋说中国需要的是飞机,以保护中国军队免遭敌人的空中袭击。我提出由于食物昂贵,中国军队营养不良,体质不强。宋说营养倒不那么坏,不少的师不足员,可以将这些空额的钱省下来用在其余的人身上。

我问宋访问英国的打算。他说想在6月份成行,行前他要去梅奥诊所检查身体。他要我替他摸清英国人对他拟议的访问的真实态度——他们是否认为在那时访问合适。这显然是由于我说我不知道英国人为什么要那么严肃地提出蒋夫人关于尼赫鲁的声明之故。我接着说,虽然给哈里法克斯的指示一定是通过艾登从外交部发出的,但肯定是印度政府的意见。难道英国现在已完全放弃抚慰中国的希望,而真的不再期待蒋夫人前去访问?换句话说,这是不是想对蒋夫人的访英泼冷水?至于宋子文的访问,宋希望接待不要太正式,只打算拜会一些虽然重要,但目前在政治舞台上还不是显赫的人物。

谈话回到他对空中攻势的要求时,宋告诉我说,他相信他会得到他所要的东西,即五百架飞机。李海上将说过,且不管他个人的看法如何,他相信委员长一定清楚他所需要的和需要得急的都是哪些东西。因此,这件事他将向总统陈述。如果日后事实证明这是个错误,责任也就由委员长自己承担。

下午我走访魏大使辞行,因为我即将去纽约。我向他说起中国政府公债登记的事。这是孔祥熙要我办的。魏说他不记得曾接到或看过重庆发来有关此事的指示。可是他将乐于和我保持密切联系并采取一致行动。我告诉他哈里法克斯急于想知道重光葵出任外相的意义。魏说重光葵想促进德国和俄国之间的和平,而德国却在试图和英国谈判。这样让美国独自在两条战线上作战。他说他曾问过美国的重要政治家有关美国对俄国的态度。他得到的回答是美国人不相信斯大林在 5 月 1 日对英美盟国颂扬的话。魏的美国朋友说,谁也摸不透斯大林心里想的是什么。

从中国大使馆出来我去财政部拜会摩根索。他面带病容,正在服用瓶子里取出来的大白药片。他问起中国局势。我说中国被隔绝对它的经济情况影响很大,造成物价飞涨。他马上说,有五千万美元的平准基金中国还几乎没有动用。我感谢他过去在巴黎时答应研究给中国贷款之事是帮了大忙。他记得很清楚,说那是在蒲立德家里谈的。他问起陈光甫,说陈是个很能干的好人。我祝贺他战时公债的劝募成功。他说那是五十亿美元。又说"美国人民都很不错"。看样子,他当天好像不大想多说话。

5 月 6 日下午的晚些时候,我去机场搭飞机去纽约。刘锴和大使馆的十多个人来送行。在候机室等飞机时,我看见罗斯福夫人和摩根索夫人坐在候机室的另一端。我们上飞机时,魏夫人和她们打了招呼。魏夫人告诉她们,来此是为送行,还把我指给她们。我走过去和她们握手。罗斯福夫人说她很高兴又见到我,还说她丈夫那天见到我感到很愉快。她们在等另一架飞机。使我感触很深的是,尽管她们都有那样高的地位,只是两个人,无人陪伴也无人注意。

这次去纽约的飞机很快,只用了一小时十五分钟。

第八节　在纽约

1943 年 5 月 6 日—7 日

我抵达纽约大使饭店时,正碰见郭秉文。他刚从伦敦来美国出席即将在弗吉尼亚温泉举行的粮食会议。他告诉我,英国国会访华团成员从中国返英之后,在各处演说中表达了深切感激之情。代表团的成员说感谢中国给他们那样隆重的欢迎。郭告诉我泰茀亚勋爵已在上议院提出贷款问题,要求英国政府撤销附加的条件,要使这项贷款像美国的贷款一样不附条件。中国政府并没有向他们提过这件事,只是在重庆的记者招待会上有记者问过他们。泰茀亚告诉郭,克兰伯恩勋爵不作明确回答,闪烁其词,只说谈判尚在进行。但是外交部私下向泰茀亚抱怨说,他们对他的行动不满意。

郭说泰茀亚和其他所有的人一直在问蒋夫人何时访英。泰茀亚更切望蒋夫人去访问。在问他蒋夫人访问期间将受到什么样的欢迎时,他说一定以接待罗斯福夫人访问英国时的规格和同样盛大的仪式来接待蒋夫人,但是郭说蒋夫人4月份有关印度的声明已使局势有所变化。泰茀亚勋爵私下告诉郭说,政府里的人把那个声明看作是在干涉英国的内政,还说"这种行为对事情没有好处"。我说这个声明也使我感到吃惊。我不知道她为什么要说这个,尤其是她在熊山休养,用不着接见记者。我问郭,他对英国人民对蒋夫人可能进行访问的态度有个什么印象。郭说在那个印度声明之前,泰茀亚说他可以安排一次国会议员集会请蒋夫人演说。上下两院没有一个地方能容纳两院全部的人,所以就定在过去听史末资将军演说的大厅里。过去还没有先例曾经邀请过外国客人向任何一院发表演说。但是在看到声明,听到上层人士反映之后,泰茀亚也感到没有信心了。泰茀亚说他们怕她会对英国议员们发表类似的爆炸性言论而造成极为困窘的局面。关于这项声明,我记得在华盛顿时,宋子文曾告诉我,说中国驻加尔各答总领事曾被一位印度议员问起,报界引用夫人的话是否无误,为什么甘地受到歧视。印度人对声明不满,显然因为蒋夫人要求释放尼赫鲁而没有提到甘地。

第二天,5月7日郭秉文来访继续交谈,特别是关于英国贷款的事。他从英国财政部那里知道我在重庆时曾讨论过这件事,并曾提出偿还中国政府过去在伦敦发行的公债,和为战后供应中国物资合同提供资金的想法。关于偿还公债一事,价格过高或过低都不合适,而且选择一个心理上合适的时机也很重要。为战后的物资供应合同提供资金一事,这是"一种避免规定限期的巧妙办法",因为这实际是个战后承担的义务。

这天晚些时候我见到孔令杰少校。他说蒋夫人访英之行肯定作罢,因为罗斯福不赞成她去。孔相信哈里法克斯已知道。因为在一次白宫午宴上,罗斯福总统被问到蒋夫人是否要去访问英国,总统回答说:"我希望她不去。"我问孔她为什么不去。孔说蒋夫人会亲自向我说明。关于访问加拿大的问题,他同意我的看法:如果她不去英国,最好把加拿大之行也推迟一下。他要我把这个意见和蒋夫人谈一谈。至于在他回到英国后,遇见人问起这件事他该如何回答,我建议他把此事推到我身上,只说他比我先离开美国,我可以做更确切的回答。我告诉他最好先不要宣布推迟访问英国的事,等到我去英国见过艾登之后再说。

晚上,蒋夫人和罗斯福夫人一起喝茶之后回来时接见了我。她见我比上次清瘦而吃惊,要我好好注意身体。她本人身体好了一些,但还不是很好。她照医生的意见服用了六个月的安眠药,现在停药了。因为她不愿意养成习惯,宁愿全凭坚定意志去克服。她已经两夜不吃药,因此一直感到不太舒服。我劝她有机会就多睡一会儿,哪怕是在白天。她是神经系统的毛病,睡眠比体力休息更为重要。她说这恰是问题所在。

谈到她的计划,夫人说她已经决定推迟访英。她说罗斯福总统已经告诉哈里法克斯勋爵,今年夏天德国可能要入侵。她对中国太重要,不便冒生命危险去访问英国。此外,她健康条件也不够好。夫人说委员长一直在劝她回国去。我说重庆该是夏季了,气候酷热。她说最怕炎热和潮湿,回去后又有许许多多事等她去办。她还要治病,不过不打算住医院,嫌医院气氛难受。她要留在饭店里,需要照 X 光照片时才去医院。她一点都不能受凉,一着凉立刻就会胃痛。

我问起她访问加拿大的事,并说也可以推迟,她回答说不能不去。我说既然推迟了访英,英国人和英王、英后可能会对访问加拿大产生想法。她说英国可以谅解的,因为加拿大是英帝国的一部分。我说英国人在心理上认为自治领像子女,而英国才是家中的母亲。他们仍然以监护人的态度对待自治领的人。她说访问加拿大只不过一天,仅仅是跨过边境的一次旅行,这不像飞越大西洋长途跋涉。我说尽管事实确是如此,但去加拿大也会使她身体吃力,而且也显得她是专程去访问加拿大的。她说罗斯福总统认为她应该访问加拿大。而且她本人觉得她对加拿大的邀请曾书面作答明确接受,不便再作更改。我想再往下苦劝也不会有用,因此说,既然已经决定去访问加拿大,我将尽力向艾登解释,以免英国政府多心。她说希望我把在英国谈话的情况报告给她。我建议直接用她的密码,她答应让孔令侃送给我一本密码簿,不仅在美国时使用,在她回国后也用。

晚上董显光来旅馆和我一起吃晚饭。他不赞成再在英国花钱作宣传,可以等到英国政策和上层人士对中国的感情有改变之后再做研究。他说在目前情况下不值得再花钱,虽然我们在伦敦新闻处的实际支出每月一万五千美元,不过是在美国同样开支的十分之一。董告诉我,迪尔将军曾向马歇尔将军说过,派飞机去中国,或在那里修建飞机场都是白费劲,中国自己掌握不了这些东西,也打败不了日本。如果中国真能做得到,中国就会强大得可能给美国造成麻烦。董还告诉我说,战略情报局长说在一次由英美双方举行的收复缅甸战役讨论会上,有人说中国赞成实施大西洋宪章。英国代表说这些话不必认真对待。美国人说中国会坚持这个意见,这时英国代表说这件事叫他头痛,中止了讨论。我记得何士先生曾告诉我说,在泛太平洋会议上,英国人竭力主张和平条件不要过分削弱日本,以免中国构成军事威胁。按英国的想法,最好的政策是在亚洲建立一个均势的局面。

董显光来到美国之后,受到蒋夫人的冷遇,对此感到非常抑郁。特别是吴贻芳博士向他说的话更使他沮丧。吴说孔祥熙夫人在重庆对吴说过,若不是她的两个儿子和一个女儿协助,蒋夫人的美国之行,说不定会糟成什么样子。这番话使董感到愤懑,因为是他曾担任蒋夫人的秘书长。

第九节　安排蒋夫人与邱吉尔会谈未果

1943 年 5 月

　　我离开纽约市到劳伦斯农场(在纽约州芒特基斯科附近)小住几天。但是在 5 月 12 日下午接邝兆荣来电话说,孔令侃要我当晚回纽约。他们派车来接,并在华道夫饭店订妥房间。

　　我见到孔令侃时,他说罗斯福夫人刚才来看了蒋夫人,告知邱吉尔那天来到了华盛顿,愿意有机会见见蒋夫人。罗斯福夫人说她相信重庆也愿意蒋夫人会见邱吉尔。孔的意思是要我去华盛顿见哈里法克斯勋爵,作为我的主意提出约会,以看反映如何。我说自从听到邱吉尔到达美国时,我就想,邱吉尔和蒋夫人见面是个好主意。这将是邱吉尔和她见面细谈的好机会,对中英关系能有很大影响。唯一的问题是邱吉尔是否打算来纽约,那样对他拜访蒋夫人就比较方便。如果他觉得占用时间太多而不来纽约,但是他又愿意和蒋夫人谈谈,我问孔,这如何安排才合适。我说我想到两三个可能的安排:或者由魏道明作为大使,或者由宋子文作为外交部长,或者由我本人出面,设午宴请两人都来参加。或是由蒋夫人自己请他到她在华盛顿的旅馆吃茶。孔好像不以为然,说他有理由相信,邱吉尔很希望见到蒋夫人。我需要做的只是向他提提此事。他说蒋夫人是一位女士,由邱吉尔去拜望她比较合适。我请他放心,邱吉尔一定切盼有这样一个难逢的机会,问题是如何具体安排。我想由我找哈里法克斯去问邱吉尔的反应,不如我直接去见邱吉尔把事情确定下来。特别是因为我认为邱吉尔必然会问,倘他自己不能离开华盛顿时,怎么样才能会晤蒋夫人。孔说不管怎样,夫人当然会有机会见到邱吉尔的。总统肯定会请蒋夫人和邱吉尔一起参加宴会的。然而他认为这两位在没有罗斯福夫妇在座时,谈起话来更随便得多。这点我也同意。如果邱吉尔不来纽约,他们或可以在海德公园见面。蒋夫人不久将去那里,罗斯福一定也会请邱吉尔去那里。我们说妥第二天早晨我去华盛顿。孔嘱邝兆荣为我买火车票,预订火车厢房。

第二天早晨我去华盛顿,在那里见到了宋子文,并告诉他我此行的目的。我问宋是否要去见邱吉尔,如果他要去,我就想不必再另行约会。宋说那天下午他要去谈军事方面的问题。意思是他需要和邱吉尔单独谈话。宋叫我自己去见邱。(其实我并没有想跟宋一起去,只不过我认为他可能把这件事向邱提出,这样就省我的事了。)宋说邱吉尔的随员中有海、陆、空三军的领导人,英国政府召他们回伦敦解释实兑战役失败的情况。邱吉尔在伦敦等候他们汇报,可是罗斯福总统建议邱吉尔把他们都请到华盛顿来作汇报。

我告诉宋子文,蒋夫人已经确定今年夏天不去访问英国。尽管我苦口相劝:既然拒绝了英国的邀请,加拿大还是不去的好,但夫人还是要去加拿大。我还说她决定不去英国的话,先不要跟哈里法克斯说,等我回到伦敦之后,由我策略地向艾登婉言解释。宋表示同意,可是说要不然由我去向邱吉尔谈谈这件事。

我没有见到邱吉尔,不过在 5 月 15 日我见到哈里法克斯勋爵。我告诉他在我看来蒋夫人和邱吉尔有极好的机会见面。他们两人谈一次话,胜过我们谈十次,这对我们两国的关系也有好的影响。我请他把我这个意见转达邱吉尔。哈里法克斯完全同意我的想法,说他能理解这一会晤的好处。如果邱吉尔要去加拿大,他可以轻而易举地在纽约稍作停留去拜会蒋夫人。不过邱吉尔已经打消了去加拿大的念头,因为加拿大总理麦肯齐·金要来华盛顿。另一方面,他肯定邱吉尔也不愿麻烦她专程来华盛顿见一面。如果蒋夫人是在华盛顿,事情就容易安排了,邱吉尔肯定会愿意去拜望她的。我说蒋夫人正在进行第二次身体检查,而且我听说邱吉尔现在不在华盛顿。但是哈里法克斯说邱吉尔离纽约也不很近。我说邱吉尔如果觉得我的想法有道理,总能有办法安排见一面。他说他不打电话,因为他和邱吉尔都不大喜欢使用电话。他将立即写封短信给首相。我问第二天——星期日能否给我回信。他说大概要星期一。

可是5月16日,星期日,哈里法克斯来电话说邱吉尔有消息给他,罗斯福总统要请蒋夫人在5月23日、星期五去白宫参加午宴。我说这一来蒋夫人可以和邱吉尔见面了,他说那就要由我去安排。我说我将把这些话转达,并向他道谢。电话一说完,我立刻给纽约的孔令侃去电话,把我和英国大使的谈话告诉了他。孔说他认为蒋夫人不会接受罗斯福的邀请。我要他等请帖到了再说,并请夫人仔细考虑。我想法回纽约和他们研究此事。

午后不久,我就去见宋子文,告诉他我两次谈话的内容,还说哈里法克斯明显地把重点放在宋的态度上。宋说总统请蒋夫人参加午宴很好。我告诉他孔令侃的反应。宋说她无论如何都应该接受邀请,并嘱我尽力劝她参加。中英关系不大好,他恐怕再来一次误会会使局面更糟。他将亲自写信给她,劝她不要拒绝。我说在方式问题上可以得到满意的解决,蒋夫人在目前身体条件下可以不慌不忙地提前于星期四去华盛顿,到后由邱吉尔去拜访她。我可以告诉哈里法克斯,我们认为这是最好的谈话机会。地点可以在宋的住处,也可以在大使馆或夫人下榻的旅馆。宋说如果她愿意,可在他的住处接见邱吉尔,或者在大使馆也行,由她自己选择。我说在宋家里是最理想的地方。宋说还是由她自己决定好。

我乘火车回纽约,去和孔令侃研究这件事。我告诉他我与哈里法克斯和宋子文谈话的详细内容,还竭力主张劝说蒋夫人去华盛顿。但是孔说她不会为了一次社交活动而接受邀请。我说我的想法是如果她星期四能去华盛顿,那时就可跟邱吉尔谈话。邱吉尔可以向罗斯福说他想拜望蒋夫人,然后作一次安静的会谈而不会引起罗斯福的怀疑。我说我很清楚想在宴席上或宴后进行畅谈,既不方便也不可能。我估计邱吉尔午宴后就会告辞,而罗斯福会请蒋夫人在白宫住下。孔建议我再去华盛顿,想法见邱吉尔探听他是否会来纽约。但是我说邱吉尔正在策划在欧亚两洲向轴心国发动另一次进攻,任务紧迫,不大可能接见我。他随行的人全是军事首脑,没有一个外交部的人。邱吉尔已经知道我要求约会的目的,用不着我再去见他。无论如何,我想最好是等请帖来到再说,并且在作出谢绝的决定之前慎重考虑。

我告诉孔,宋子文非常赞成夫人接受邀请。在宋看来,这是个可以解释她不能访问英国的机会。由她本人当面去说,能缓和她不去访英造成的影响。我还告诉他宋正要给蒋夫人写信或派人告诉她宋对白宫邀请的看法。我说中英两国的关系已经不很融洽,如果她再拒绝参加午宴,就只会把关系弄得更不愉快。蒋夫人有双重身份。在她处理公务的时候,如果能注意到方式方法,就会收到更佳的效果。我把我的电话号码告诉孔,请他在收到请帖时通知我。

5月18日星期二,我约董显光午饭便谈。他因孔令侃的怠慢和蒋夫人的冷漠而很不舒服。对他这样无情无义,使他再难忍受,他说如果再叫他出面,他坚决不干。

下午我见到孔,他说罗斯福夫人星期日晚上来电话,请蒋夫人星期五到白宫参加午宴。蒋夫人说因另有安排而谢绝了邀请。他还说罗斯福夫人也明白这是个断然的拒绝,因为她补充说她的身体还不适于远行。我听说宋子文曾派他弟弟子安去劝蒋夫人接受邀请,还建议她应该避免中英关系恶化。宋子文还转达给蒋夫人一个信息,说为照顾蒋夫人和医生们的约会,白宫已建议把午宴推迟到下星期一举行。在问到蒋夫人对延期的意见时,孔说他仍不相信夫人会接受邀请。他解释说作为妇女,应该由邱吉尔来拜会;作为政治家,只能双方迁就。她最多可以在海德公园接见他。在那里可以被认为是双方迁就。按孔的看法,现在中国对日战争不很顺利,蒋夫人不应该显得过分迁就。不然的话,他们会爬到她头上去的。因此,蒋夫人一定要比以往更为坚定,保持尊严。他说夫人的意思是要我到华盛顿去见邱吉尔,问是否有意在海德公园拜会她。如果邱吉尔仍不肯,我们也就清楚他的立场。那么蒋夫人就去英国,直接和英国人民讲话。英国人民是更了解中国的。

孔对这话题又详加阐述。他说蒋夫人刚刚进行过的旅行演说是史无前例的。一般说来,有名望的人只访问纽约或芝加哥。外国来访者多数都小心谨慎,避免说出一些会使白宫疑虑和担心的话来。蒋夫人行程的主要目的是使美国公众对远东战争感到关心,从而促使美国采取积极支援中国的政策。蒋夫人预料如果能唤起美国大众认识远东战区的重要性,他们可能受激发而给白宫施加压力。这一作用会影响总统在远东战区采取更为积极的政策,以满足美国公众舆论的要求。孔说新近白宫曾派人到全国各处去收集群众对总统的反应。这些人回来报告说发现各地的人民,都对政府疏忽太平洋和远东战区的政策表示不满。这些情况与过去拥护总统的公众舆论大不相同。孔说总统认为人们的不满,主要是针对整个政府,而不是针对他个人。不过孔又说,曾有人告诉总统,人们的不满实际上是针对他本人的,而且人们在听到蒋夫人的演说后,这种不满还有所增加。

我把我的想法又向孔说了一次,我说,我再去华盛顿也无济于事。邱吉尔已经知道我上次求见的目的,而且也知道总统已在亲自处理这件事,可能不想牵进这一微妙的局势之中。此外,海德公园是总统的私人产业,我很难建议蒋夫人和邱吉尔在那里见面。然而孔却说这点好办,罗斯福夫人那天晚上说,她猜想蒋夫人比较喜欢海德公园。孔说宋子文插手这件事,使情况更加复杂。他建议我不要找宋商量,找宋事情更不好办。

那天我乘晚车赴华盛顿。行前我打电话给大使馆请刘锴为我联系约见邱吉尔。如果有必要,可以说我将替蒋夫人转话。到华盛顿时,刘告诉我,首相的私人秘书罗恩说邱吉尔相当忙。宋子文也已在星期四给邱吉尔带信去。罗恩答应得到首相指示后,第二天早上回电话。

第二天宋来电话说他愿意再和我谈谈。我见到他时,他问起在纽约的情况,我把我和孔令侃谈话要点相告。当然,纯属私人谈话部分未谈。他证实蒋夫人已回绝了星期五的邀请,白宫现在建议午宴改在星期一,以便她能不误医生约定打针的时间,虽然总统认为就医不过是个托词。总统清楚这种情况,还告诉宋子文说,在这种时期,不必过分拘泥礼节。这表明总统对全部事态的看法。宋和我都感到不安,认为没有必要触怒总统。坚持要邱吉尔去海德公园使他丢面子,也使总统面子不好看。宋觉得邱吉尔不会去,他认为麻烦的根源是孔令侃。宋已打电话给蒋夫人转达白宫建议将午宴改在星期一。总统还在等候回信。宋认为总统的请帖多少有点像命令。当总统有意在微妙的局势中提供解决办法的时候谢绝邀请是很不礼貌的。

晚上,我打电话问宋,有无新发展。他说,蒋夫人已回绝了星期一的邀请。这次拒绝再无回旋余地。他感到情况非常尴尬难堪,要我第二天早上和他仔细商谈。

刘锴参事和驻伦敦大使馆我自己的参事、一等秘书游建文来和我一起吃中饭。刘锴认为坚持要邱吉尔来会晤很不明智。至于去海德公园,邱吉尔很可能以作为总统客人,在未和总统商量之前,不便回答可否。何况总统已经关心这件事,并已提出解决的途径。刘的意见和我的想法完全一致。他的意见,蒋夫人回绝邀请,很可能使邱吉尔和罗斯福都非常难堪。刘说孔令侃只想挤对方摊牌,却毫不理解此举后果。

星期四早晨我把情况用电话告诉孔。我说邱吉尔也一定感到为难,因为总统本人已经关注这件事。孔证实蒋夫人已回绝改在星期一的白宫午宴,并说总统的请帖是通过宋子文发来的。显然是宋子文见到蒋夫人不肯接受星期五的邀请局面尴尬,于是和总统商量,午宴推迟到星期一,以便蒋夫人不误既定的约会,以此来解决问题。孔让我不必催邱吉尔,只在华盛顿等待即可。他又说如果需要的话,蒋夫人自有办法来应付局面。如有新情况,他会通知我。他问我从哪里听到蒋夫人回绝星期一的邀请。我告以从大使馆听到。

一早(同日早晨?)大使馆新闻参事来电话,说哈里法克斯的秘书来说邱吉尔很忙,抱歉无法见我。他请哈里法克斯勋爵代他见我,有话可以向哈里法克斯说,时间可在上午十点半或十一点十五分。我告诉他那个时间我正有事,稍迟我再通知哈里法克斯。随后我打电话问刘锴有什么消息。刘同意我的意见,最好不去见哈里法克斯。我又打电话给宋子文,知道没有新情况。但是他说这样多的方面都在参与此事,有些乱了。他说罗斯福总统已经知道第二次拒绝,不过他想邱吉尔尚不知道。

才过中午我去拜访哈里法克斯,把蒋夫人托带给邱吉尔的信息告诉他。他首先说邱吉尔非常抱歉不能见我,因为要开各种会议,时间非常紧。首相让他来见我,带回我转达的信息。哈里法克斯感谢我倒先来看他。我说我来看他是因为他大概要比我忙得多。哈里法克斯说,这些日子人人都忙。我说蒋夫人希望和邱吉尔见面谈谈,但是她正在进行一系列医疗。她的医生认为疗程不宜中断,而坐火车到华盛顿这个旅程,使疗程停歇过久。医生虽然是这样劝告,蒋夫人知道邱吉尔一定特别忙,不能来纽约,她还是准备坐两三小时的汽车去见他。我因此想请邱吉尔建议一个对双方都方便的地方。(我不想提海德公园,因为那里实际比纽约市还远。)

哈里法克斯说,他两天前听总统说蒋夫人要来参加星期五的午宴,事情已经解决了。我说我了解她因我刚说的原因,实际上已经谢绝了星期五的午宴邀请。也许在我离开纽约后又有新安排。不过昨天晚上我和蒋夫人办公室的孔联系时,情况还没有变化。我说但我愿哈里法克斯勋爵的消息正确,因为那样一来,事情可以认为是圆满解决了。可是他们却让我传达上述口信。在回答他的提问时,我说我只见到了孔,而孔说这个口信是蒋夫人的话。如果蒋夫人自己能来华盛顿,那我刚才的话就毫无意义了。哈里法克斯问了情况细节,记在纸上:我什么时候见的孔,什么时候离开纽约和昨夜跟他打电话时的回答。哈里法克斯说这消息把他都搞糊涂了。我说我要立刻打电话到纽约,弄清楚是否我的印象有误,我将尽快将情况告诉他。他说在把口信转给邱吉尔之前,希望知道我进一步了解到的情况,直到午后六点我才接通孔的电话。不出所料,哈里法克斯的印象全都不对。蒋夫人确已回绝邀请,不去参加星期五的午宴。孔说,是英国人切盼这次会晤。他证实我的消息,说罗斯福夫人要和蒋夫人商量,想作出一些安排。罗斯福夫人尚未到,不过随时都会到的。我立刻将这些确切的情况通过邱吉尔在白宫的秘书汤普森转告了哈里法克斯。

5月21日星期五我和宋子文,对他在华盛顿与各国首脑进行的接触,作了长时间的交谈(此事下面就要谈到)。鉴于英国对中国的态度,和他与邱吉尔不大顺利的会谈,在我们谈话行将结束时,他嘱我不要去促成蒋夫人和邱吉尔的会晤。

同一天,大使馆游建文告诉我陆军运输司令部在24日有飞机去伦敦,他给我定了飞机票。我一直在催促早日订到去伦敦的飞机座位,可是现在我倒觉得有点为难。因为蒋夫人是否去华盛顿还悬而未决,我不便这么快就走。

第二天宋子文告诉我蒋夫人肯定不来华盛顿会见邱吉尔。总统告诉他说,很遗憾她不能来。我本人知道罗斯福夫人又去见过蒋夫人。我现在认为在邱吉尔首相访问美国期间,蒋夫人和他在华盛顿或别处,都不会见面了。

我正想知道邱吉尔是否在华盛顿以外的地方度周末,是否真的到海德公园去过,这时,我在报上见到他星期六在英国大使馆过夜。因此我知道他没有去海德公园会晤蒋夫人。随后，我打电话给纽约的孔令侃。我知道蒋夫人和邱吉尔会晤的问题现已结束，我问他是否还需要我留在华盛顿。孔也已经知道这些情况，说我若愿意，可以来纽约。

到纽约后，我打电话给孔令侃约期谈话。我见到他时，他说邱吉尔不来见蒋夫人实在有点太傲慢。当我问到时，他说罗斯福夫人来过，但对访问一事说得不多，因为夫人已谢绝去华盛顿。说到午宴推迟到星期一的建议，孔说他猜想那是因为宋子文已经替蒋夫人答应总统星期五的午宴。

由于孔和我当天晚上都另有约会，我们说好第二天继续谈。5月26日我们在午饭时见面，孔告诉我说委员长来电话要蒋夫人回国，还要她顺便访问一下英国。不过，孔说国内局势很严重，她很担心，想尽早回重庆。

孔问我一些问题，都是关于邱吉尔在战后继续掌权的前景如何。我说目前还看不出有人能接替他。我相信他将紧接胜利到来就举行大选。就像第一次世界大战结束时，劳合乔治所作的一样，想在选举中取得胜利。如果保守党在选举中获胜，邱吉尔肯定会继续执政。他要组织政府，不一定非是联合政府不可。当然，对他来说，最理想的是战争取得胜利后就引退，但邱吉尔不像是采取这种步骤的人。他的性格不会这样做。不过艾登可望继任。工党刻下没有众望所归的领袖。我们又讨论了许多工党和自由党的现有领袖人物。我再次强调维护与英国友好的重要性。我特别提到美国外交政策缺乏一贯性，尤其是对中国。孔同意这个说法，但是他表示不喜欢邱吉尔。

说到他自己，孔令侃说他不喜欢人们把他当作孔祥熙的公子来看待。他说他在中央信托局工作时给局里赚了三千万港币。这是他在外汇经营上具有远见的结果。他现在还不能肯定是否投身政界。

那天晚上蒋夫人请我到她的公寓去晚餐。另外两位客人是艾奇理和洛布两位大夫。这两人都在哥伦比亚医疗中心基督教长老会医院工作。他们是她的私人医生。洛布也是我的私人医生。他说我是她的"病友"。我们漫谈各种各样的问题，包括如何促进健康增加体重。蒋夫人夜里不能入睡，有时就起来煎火腿蛋吃。医生们认为这样反比躺在床上睡不着要好一些。

九点十五分她送走了这两位美国客人。我们两人接着谈到十点四十五分。她先说起邱吉尔目中无人，一定要她去华盛顿见他。她谢绝了。因为在国际关系和个人关系上，礼仪和尊严都至关重要必不可少。她说无论如何她在政治上没有外交部长之类的职位，所以有条件表现坚决一些。她强调我们与外宾及来访者保持礼节的重要性。我告诉她，我按委员长的指示草拟了一份接待外宾的规章制度，她听了很高兴。她说常见我国政府成员在晚宴席上，用刀叉敲打酒杯和玩弄餐具，惹她十分恼怒。她同意我说的，在外交上个人仪表和风度至关重要，缺少这些，就会处于不利的地位。她想知道如何才能为我们的外交工作物色到更多的合格人选。蒋夫人还说，如果有一天她担任中国代表出席和平会议时，希望我答应协助她。她说赢得战争固然重要，但是赢得和平却更重要。和平对中国会是个棘手问题。

蒋夫人说在她回国之前，将再去会见罗斯福。目的是在了解她访问美国以及和总统会谈取得了什么结果。1月间总统答应派两大队飞机去中国，现在已经准备妥当两个中队，可以立即出发。但是由于重庆对电报密码不能及时译出，造成延误，还由于重庆有人反对，嫌飞机不够好，所以没有派去。她说这些飞机如及时送到，在前线作用很大。总统还答应派一师美国军队去缅甸，倘若英国人反对，就把这师人调到中国。尽管她身体那么衰弱，她还为国家工作尽了最大努力。

她说她曾告诉罗斯福总统，中国的不幸遭遇好像倒使英国感到宽慰，使它和美国打交道时采取更为不受约束的立场。在战后问题上尤其如此。她在美国各处旅行归来后告诉罗斯福总统说，美国的公众舆论支持在太平洋和远东投入更为积极的作战力量。总统派人去复核这个情况,结果证实了她的说法。我说当前邱吉尔因为在非洲的胜利已有把握,希特勒的实力在日益衰落,他一定感到可以对罗斯福略施压力,而且不必像过去那样谦恭。此外,邱吉尔觉得罗斯福在政治上的地位,不如他在英国那样巩固。蒋夫人说她亲自告诉总统说,人们一度把邱吉尔看成是总统的恭顺听命的下属,现在可不是了。珍珠港事变之后,邱吉尔匆匆赶到华盛顿,一定要罗斯福承认先打希特勒的战略方针。那时的罗斯福肯定是被珍珠港一击打昏了头脑。邱吉尔现在虽然有时还要吹嘘吹嘘,但他还不敢完全反对总统或者想不要美国这个靠山。希特勒筑成的欧洲堡垒还不是容易摧垮的。仍然需要美国的支持,甚至必不可少。罗斯福既已承允了欧战的战略方针,就不能撒手不管。

蒋夫人说乔·肯尼迪、詹姆斯·法利、温德尔·威尔基都来看过她几次。在政治上他们都反对罗斯福。前总统胡佛也要来看她。罗斯福显然对她的活动感到不安。罗斯福夫人曾建议她住在海德公园,说她在那里会感到更舒适。但是她觉得纽约是便于与各方接触的中心。只是她稍有被困于公寓的感觉,因为不便出门太多以免被人识出。从她的话里,我猜想总统和总统夫人都知道她很受人尊敬。全国的政界领袖人物,尤其是那些看来并不支持总统的人,都来看望她。

蒋夫人还说她希望我去告诉艾登,说她在保养精力以便能乘飞机回国。若不是因为身体不好,她定会接受英王、英后的邀请。她愿意保留邀请,却不肯作日后专程去英国的承诺。她可能再来美国,促成罗斯福把承允她的事兑现。在我表示有些美国人愿意见到委员长出来和总统会谈时,她说这样做不对。委员长不会讲英语,听他用中国话演讲,会使美国人不耐烦。完全由译员来读他的讲稿也很不得体。说到此,她讲了她的深邃观察。她非常敏感,总希望委员长以最好的形象出现在大众之前,尤其在美国人面前。可是这样的考虑对委员长出访的整个问题能起到多大作用,仍然是个问号。在重庆,委员长亲自接待外宾时,确曾出现过一些窘迫难堪的场面。最后她说,肯尼迪告诉她,邱吉尔非常想和她见面。我说这样当然可以给邱吉尔脸上增光。蒋夫人说,放心,她不会帮他这个忙。

我回到旅馆,董显光来闲谈。我们一直谈到午夜一点一刻。他告诉我好多事,其中一事非常有趣。他说前美国驻汉口总领事顾临曾向委员长和日本人建议在汉口划一中立区。(我猜那是在国民政府要从南京迁到汉口的时候。)他还告诉我说新近委员长命令他通知美国总领事,要求美国政府召回史迪威将军。因为委员长有来自华盛顿的私人报告,说史迪威玷辱了中国军队。(这一点很有意思。大家都知道史迪威将军主张利用中国共产党的军队去肩负具体抗日战争的任务。)

第二天5月27日我要回华盛顿。孔令侃陪我去火车站。我从他那里获知蒋夫人将不去访问加拿大,因为时间不够。她急于想回国,虽然委员长在最近一份电报里告诉她,情况稍有好转,请她不必担心。不过,她最后还是去了渥太华,并在加拿大议会发表演说。

不出所料,蒋夫人拒绝在华盛顿见邱吉尔,更不用提不去访问英国,果然引起了反响。这对我谋求改善中英关系的努力,自然没有帮助。这段时间,由于种种原因,中英关系受到了挫折。邱吉尔回到英国之后,我驻伦敦大使馆新闻参事叶公超于6月11日和克利普斯爵士谈过一次话。据说邱吉尔讲过,罗斯福请蒋夫人到白宫去会晤邱吉尔,蒋夫人回答如果邱吉尔想见她,他可以在任何时候到纽约。这使罗斯福感到很恼火。克里普斯爵士认为这非常不幸。邱吉尔说这番话时有他的内阁成员艾登、莫里森、布雷肯在场。克里普斯为此事感到遗憾的是艾登是邱吉尔的虔诚崇拜者。由于这一事件,克利普斯恐怕即使蒋夫人现在要来英国,英王、英后和首相恐怕也不欢迎了。(在此之前,克里普斯曾告诉我的一位参事施先生,说在听见蒋夫人拒绝去华盛顿见邱吉尔时,总统大呼,"那个女人疯了"。)

一个星期之后,我收到驻伦敦大使馆一份私人报告。内容是邱吉尔的女儿在一次宴会上说,蒋夫人不来英国是因为她不喜欢这个国家。同一份报告里还说英国国会访华团成员艾尔文勋爵从中国回来后说过,人们对他都很热情,唯一例外是蒋夫人。她对他"不友好"。

为了理解像蒋夫人那样的人对英国的态度,就要追溯到中英关系的历史背景。在中国的英国人,尤其是英国的外交代表,一向置身中国社会之外,不和中国人民交往。不只是在中国的英国人如此,在整个亚洲的英国人莫不如此。英国在中国有租界和租借地。由于他们不与中国人民接触,他们总是不了解中国人的观点。在许多事情上,即或以维持和平与秩序的名义作出某些决定,这些决定在中国人看来也未必无可非议。从中国的外交史上来看,英国同德、俄、日、法各国一样,一向被视为帝国主义列强,根本不受欢迎。人们普遍认为中国的重重困难,大都来自包括英国在内的西方国家在中国实行的殖民主义和政治控制政策。作为中国人,我完全理解政府里和社会上人士对事物的反映。尽管如此,蒋夫人的种种做法我却完全无法解释。

我非常钦佩蒋夫人。在某些方面,她才华出众,尤其聪明、辩才、魅力和精湛的英语,更非常人所能及。但是进行官方访问对她说来还是缺乏经验。记得有一天我向她说起我和哈里法克斯勋爵的一次谈话。哈里法克斯向我表示蒋夫人迟迟没有回复英王的邀请使他颇为困窘疑惑。他说邀请发出至少已有三四个月。当时我对这件事不知情,我答应去查询。他说邀请是由英国驻重庆大使递交的。我当时不好回答,只能说回去查询。后来我确实查询了。蒋夫人听了之后对我说,倒是有过一份邀请,她记得好像已经回复了。是口头回复还是书面回复她没有说,现在她说无法肯定能不能接受邀请。我说无论如何希望在回绝之前务必非常慎重地加以考虑。英国是我们的盟国,英王邀请她做国事访问,肯定是一种表示深切友谊的姿态。这是给中国的荣誉,很少给别的国家。她说她认为已经作了回复,可是又说不论怎样去不去还没有决定。

但是她正在考虑接受加拿大的邀请。我对她说,加拿大也请她去访问,我很高兴。但是首先,我希望她既接受加拿大的邀请也接受英国的邀请。我说她应该先去伦敦,因为英国人对涉及英国在英联邦里的地位很敏感。如果她去英国而不去加拿大,那是容易理解的,没有人会感到不满。相反,如果她接受加拿大的邀请而不去伦敦,届时英王、皇室家族、英国政府和人民,可就都会受到很大刺激。我说,这件事当然要由夫人来决定。不过,我作为中国派驻英国的代表,以前我也到过那里,我理解英国人民和他们的心理状态。我特别强调,按访问程序,应该是先去伦敦,后去渥太华。虽然加拿大离美国近,渥太华却不可放在首位。她默然倾听而整个问题尚未确定。可是事后得知,她所作的决定与我的建议完全相反,这使我感到不胜惊愕。她访问渥太华,向加拿大议会发表了演说,又回到美国而没有去英国。

原因可能是妇女往往比较主观,或许蒋夫人在这件事上又比较感情用事。我不知道她是否曾和委员长充分商量过。无论怎么说,被邀访英和在美国未同邱吉尔会晤这两件事,处理欠妥。我对两事均甚惋惜,我深知英国人也不愉快。

第十节　宋子文和邱吉尔及罗斯福的会谈

在我试图安排蒋夫人和邱吉尔首相会晤的同一时间,宋子文正在同邱吉尔和罗斯福进行有关总战略的讨论。5 月 13 日我见到宋,问起对日开展空中攻势的问题。宋说还没有决定。我问空中攻势是否像李海上将所说意味着推迟缅甸战役。宋说那只是个借口，他所要的是二者兼而有之。事实上他正是如此要求的。可是收复缅甸须有一个复杂周密的计划，需要派多少师步兵，多少团装甲部队和多少大炮等等。如果不是全心全意而想收复缅甸则绝无成功希望。如果他们果真在严肃认真准备收复缅甸，宋也会满意的。我问，他们准备现在就行动，还是等雨季一过就行动。宋说他们的真实意图，在目前是尽可能压缩派往远东的飞机数目，以便能够集中力量先击溃希特勒。现在如要发动对日空中攻势，就得抽调更多飞机到远东。但是中国的形势非常危急，如果不能很快得到援助，就有可能崩溃。他写了一份备忘录给罗斯福总统，把局势直截了当明白讲清。他要求，如果他们不能立刻支援，解救当前中国的危机，就请坦率相告。他准备用同样干脆的方式去和邱吉尔会谈。中国的情况严重，他将直言不讳。邱吉尔应该了解实情，因此我们理应坦率直陈。宋子文愁容满面，忧心忡忡，目光中流露出抑郁的怒火。

5月16日星期日我和宋子文谈话，前文已经讲过，其后，他去拜访捷克斯洛伐克的贝奈斯，途中我搭车同行。在车里我问及他和邱吉尔会谈情况，以及对首相印象如何。他说邱吉尔赞成在缅甸全面进攻，也认为半心半意将无济于事。美国也想有所举动——也就是企图收复缅甸。我问宋本人如何选择：以后进行全面进攻抑或马上开始空中出击。宋说他赞成全面进攻，不过那就要推迟半年。而他很担忧中国维持不了那么久。如果全面进攻，定要在打败希特勒之后才能实现，在这段等待时间中，我国怕难以坚持。因此，为了鼓舞中国军队的士气，立刻开展空中攻势实属必要。他说邱吉尔说过英国会帮助解救"久经折磨"的中国。宋有意问他将如何具体行动，因为缅甸失陷后中国全面受围，要求解救刻不容缓。我问他邱吉尔与罗斯福比较，谁是强者。他说毫无疑问是邱吉尔。邱吉尔更精于韬略，了解下属的将军们，充满信心。而罗斯福在军事政策或战略方面不敢批驳下属将军们的意见。宋说,他要在第二天(星期一)参加参谋长联席会议,然后星期三和总统、首相一起会商。他预料星期三会商可以作出决定,而在星期四太平洋作战委员会(由上星期三推延下来)上公布。史迪威将军主张全面进攻,有史汀生上校和陆军部支持。但那实质上是拖延行动。在另一方面,海军想在缅甸立刻有所行动,或是从中国进行空中攻势。因为这样做可以牵制日本人在南太平洋的部分军力。

5 月 18 日十二点半,我听了邱吉尔在国会两院联席会上的演说,整篇语言铿锵有力,显然是为回答国会内外要求在太平洋远东采取更为积极战略的呼声而发。全篇演说措词得当,足以平息安抚听众焦急的心情,同时支持了总统首先打败希特勒的战略方针。虽然演说是向公众保证,他有对日本进行激烈战斗的认真意图,话中却有许多限制性词句,这使两位领袖在执行他们原订计划方面,仍有充分活动余地。实质上是为先打败希特勒的原则决定作辩护,一切照旧,没有更改。

5 月 21 日星期五晚我去见宋子文,发现他极度不安。他说他参加了太平洋作战委员会,会议开了很长时间,和邱吉尔发生了"尖锐冲突",争论关于雨季之后收复缅甸的计划。这件事在重庆已经商定。是迪尔将军和阿诺德将军分别代表首相和总统,在卡萨布兰卡会议之后来重庆谈妥的。以委员长和何应钦为一方,英、美两国将军为一方讨论过几次。在这之后,三个盟国的军事首脑在新德里开会,参加这次会的还有印度军队总司令兼空军司令魏菲尔将军和几位美国军事代表。中国的代表是何应钦将军。2 月 9 日达成协议,并将雨季后立即行动的计划细节正式记录在卷。双方各自立刻进行准备。宋认为承诺应当信守,在会上他要求执行。邱吉尔却否认这是承诺。宋提到 2 月 9 日的协议,邱吉尔说他这才头一次见到。此话一出,激起了中国外长愤怒反驳:"怎么可以这样!"邱吉尔说有时事情就是这样。一时会上的人,总统也在内,竭力敦劝双方平息。但是二人就所谓丛林作战困难,英国人收复实兑的努力失败等等相互冷嘲热讽,唇枪舌剑,继续了一些时候。

宋子文说邱吉尔就西藏问题所讲的话,尤其不堪入耳,令人愤慨。邱吉尔说,他希望中国人不要浪费精力去进攻独立的西藏。这马上引起宋的反驳。宋说中国虽然在西藏边境驻有很多士兵,但他可以向首相保证这些部队不会进攻这块土地,但应指出,这块土地是中华民国领土的一部分,而不是什么独立国家。随后邱吉尔吞吞吐吐说到中国对这个偏僻荒凉国家的宗主权,又说英国对之不感兴趣。宋反驳说,如果西藏不那么偏僻荒凉,说不定英国早已对它感觉兴趣得多了。反驳确很尖锐,足证双方都已克制不住。宋不知这一冲突对他行将去英国的访问会有什么影响;也不知邱吉尔是否能抨击别人,也能经受得住别人的抨击。邱吉尔对率直的言语并不介意,尽管有时也会不高兴,尤其是在人多的场合。宋的印象是总统感到相当有趣。参加这次会的麦肯齐·金事后向宋说宋的立场无误。宋在会议结束时说,如果他讲话有些鲁莽,那只是因为事关国家存亡,且他的英语不够纯熟所致。邱吉尔说他恨不能说好中国话。我如果处在宋子文的地位,也会像他那样争论。我当然也要为中国说话。需要交锋时我决不会犹豫。保卫国家利益只得如此。我的表达方式也许会略为婉转一些,但那也要看当时感情激动到什么程度。

宋告诉我他这几天在美国参谋长联席会议和英美联合参谋长会议上力促实现两项要求:(1)立即对侵入中国的日军发动空中攻势,(2)进军收复缅甸。他的印象是美国军方领袖意图推迟收复缅甸甚或也推迟空军出击。因为他们认为远东战区仅居次要地位,影响不了别处的主要战场,也起不了决定性作用。在联合参谋长会议上,宋已说得很明白,他不是在提新要求,他只不过要求执行该两国已同意的一些措施。这项协议若不履行,会对我国产生不可估计的严重后果。尤其是英国人和美国人所曾指出宋也承认的那种严重局势,如恶性通货膨胀,生活费用猛增,军队营养太差等等。协议若不履行,中国人民和中国军队将认为已被盟国抛弃。宋力图说服英美两国当权者,而希望渺茫,使他说起话来激动而紧张。在委员会上澳大利亚外长伊瓦特支持宋子文,说丛林战并非不可进行。在瓜达卡纳尔,日本人比美国和澳大利亚人,更为疟疾和痢疾所困扰。菲律宾的奎松在委员会上发表声明,说美国空军新近在中国的增援谅已取得一定成效。宋感到这个声明令人不快。我问罗斯福总统是否有意请蒋委员长前来美国。他说委员长如果来美那会是件错事。委员长曾致电罗斯福总统表示完全信任宋子文充任他的代表。

5月22日星期六,我又和宋谈起他和邱吉尔、罗斯福对缅甸进军的讨论。宋说有人告诉他,甚至邱吉尔本人,对宋在委员会上强硬的讲话也留下深刻的印象。加拿大总理告诉他直言不讳是对的。澳大利亚总理说那次委员会开得最好。宋又去见过总统,他预料下星期一会作出决定。我说美国人应该赞成中国的立场。宋说整个事情实际都在围绕一种意图进行,他们都想自己付出最小的代价来进行这场战役。美国可以进军,但希望英国也全力以赴。英国人可以同意计划,条件是美国须肯于肩负重担,尤其是海军增援。宋进一步告诉我说,邱吉尔最初说没有承担义务,又说承诺未经批准,随后又说他才刚刚看到。可是陪邱吉尔前来的首相军事顾问伊斯梅将军事后跟美国人说,新德里2月9日会议记录,写明是承诺。

宋向我分析美国人和英国人的真实思想后说,首相和总统都是政治家。他们说起来头头是道,搪塞起来八面玲珑。那是他们的看家本领,否则他们不会有今天。宋说一定要想出办法,一定能有办法。他顾虑的是他们只作一些姿态给人看,因为李海上将曾告诉过他,如逼得太紧,必然会是那样一种后果。可是宋也告诉李海,事情还是要由总统来作决定。宋要求的是郑重其事的全面进军。如果办不到,中国的抗战就难以支持到来年。他必须对总统和首相同样坦率,告诉他们犹豫不决可能招致什么后果。我问到空中攻势。宋说这自然是全面进军的一部分。

5月27日我见到宋时,我问他和罗斯福总统及邱吉尔首相商议军事支援的结果如何。他说总的看来他感到满意。全面进军收复缅甸的原则已取得同意,当前主要的是兑现。他说将由亚历山大元帅和蒙哥马利元帅两人中选择其中一位来接替魏菲尔将军,还要委派另一位司令主持运输工作。发动重大战役,运输工作至关重要。空中攻势要进行,英国人答应调三个中队空军。他接受这个计划并表示谢意。美国很可能告诉英国人,把他们的三个中队留在突尼斯。美国将把自己的中队调来中国,以便统一指挥。

我说他完成的这些工作异常艰巨,并对他取得的成就表示祝贺。头一阶段的工作既已胜利完成,现在可以一步一步来应付其余的工作。宋说重庆人士丝毫也不知道争取有利决议的斗争是何等艰难。最激烈的斗争是在联合参谋长会议上进行的。现在终于作出了决定。重要的还是要使决定付诸实施。我问他,在我回到伦敦之后,如果英国外相问起我们对此结果是否满意,我应如何作答。他要我重点强调的是凡已答应中国的要具体执行。他不久亦将访英,也是为此目的。他不打算再提出具体问题,如西藏或借款等。但我无妨在与艾登谈话时探询他对这些问题的意见。他特别要我判定一下,由于他新近与邱吉尔的冲突,艾登是否认为他访英仍为合宜。我说维持同英国的友好关系对中国非常重要。他说我们二人通力合作,定能在改善中英关系上取得良好效果。

第十一节　中国海员问题

1943年春我几度到华盛顿,多次商讨过中国海员问题。问题的发生是由于在英国和美国有大批中国海员,尤其在英国。在叙述此事之前,需要提一下它的背景。

有一个时期,中国海员问题曾在伦敦、重庆和华盛顿广泛谈论。此事和战事密切有关,特别从英国的观点来看更是如此。人员和货物的运输,对作战至关重要。德国人击沉了很多船只。英国许多海员应征入伍,商船缺乏人手营运。于是中国海员在维持英国的海运上起了重要作用。问题的关键是中国海员每于船到英国后拒绝回船,除非提高工资,以及诸如“茶钱”和与英国海员享受同等待遇之类的要求得到满足。他们是英国的航运公司从亚洲各口岸,主要是香港、新加坡,还有些是从锡兰招募而来的。他们的工资和印度人一样。战事爆发以后,作战物资和兵员的海运任务日益重要。这类船只被敌人潜艇击沉的数目不少,大量中国海员牺牲了生命。虽然英国政府对受难家属发给抚恤金,但是领受人认为过于菲薄。事实是这些抚恤金比英国海员所得的标准要低得多。(我记不清具体数字,但可在大使馆与英国军事运输部、抚恤部和外交部的往来信件里查到。也可查阅我和军事运输大臣莱瑟斯勋爵及外交部官员的谈话记录。我没有亲自参与每一细节的谈判,而是派我的财务参事郭秉文、驻伦敦总领事谭葆慎和驻利物浦领事陶寅处理。)

甚至早在1941年莱瑟斯头一次向我提出这个问题之前,我已听到过海员的抱怨声。我特意到伦敦市东区、利物浦和布里斯托尔等地海员聚居处和英国的港口观察。为了安抚海员的不满,英国人试图改善海员的生活。英国人为船只返航登岸休假的中国海员组织了俱乐部,这是英国海员多年来就享有的。我也鼓励这个做法。财务上组织上由英国人资助,中国方面合作,在伦敦、利物浦和布里斯托尔都设立海员俱乐部以改善福利待遇。但是所有这些设施,都没有触及根本问题。问题的核心是中国海员对英国海员和英国官员的不满。在一两次具体事例中,如在“俄罗斯皇后号”轮上,英国人和中国人发生殴斗,互有死亡。

这个问题是在1941年下半年,英国方面由莱瑟斯以军事运输大臣名义,通过外交途径提出来的。我也在1942年初收到外交部发出的备忘录,事情涉及六七千名中国海员。英国政府为他们本身的困难辩护,说这些海员是航运公司直接招募的,他们的工资待遇服从公司的管理条例。政府曾设法帮助这些公司解决各种问题。但是这些公司对政府干涉并不欢迎,都坚持这是他们私营公司的事情。他们认为政府提出的妥协方案失之过分,给船主们强加了沉重经济负担。

　　我以为不满的真正原因是中国海员的工资比英国海员低,并且航途风险过大。但处此战争时期,英国是中国的盟国,因此我力求通过互相让步来促成问题解决。最后在1942年4月24日由我和莱瑟斯在军事运输部签署了一项协议书,规定了雇佣条件。这个协议书是双方让步达成的,它使海员们对补发工资和抚恤金方面感到一定程度的满意。

　　可是好景不长。事实是有些海员不肯接受这项解决办法而仍然罢工。随后在纽约发生了一次严重事件,六艘英国籍船的船员弃职离船。中国各工会的插手更使事情复杂化。工会驻英国代表朱学范来和我谈他们的福利问题。朱的观点一般说来我能接受。英国共产党,尤其是下院共产党议员加拉格尔也关心起这件事来。加拉格尔来见我,提出他要尽力协助促进中国海员的福利。我对他提出帮助表示感谢,并告诉他大使馆正在尽最大努力办理,肯定不会接受不能显著改善中国海员工资待遇的任何协议。我们接见了海员的代表。他们来找我坚持他们的主张。在我看来,这些海员的不满和抱怨确有很充分的理由。例如"俄罗斯皇后号"轮海员告诉我,说他们的工资甚至比现在正在罢工的"日本皇后号"轮上的中国海员的还低。这两条轮船同属加拿大太平洋轮船公司。

　　大使馆几乎每周都讨论这个问题。整个1942年,大使馆和英国有关各部曾不断会谈和交换信件。双方政府对问题都抱宽容的态度,愿意妥协。但是那些轮船公司却很顽固,而海员们也不示弱,不仅坚持要较高工资而且要求同工同酬和一些其他待遇。

海员在组织上取得一些进展。过去他们没有组织起来,因此和公司的任何谈判都处于无力的地位。英国海员有组织,他们总能向他们的工会或支部报告,使他们对轮船公司的要求得到有力的支持。可是中国海员却任凭船主们摆布,只要他们自己的要求得到满足,英国政府就不干预。几个俱乐部,如伦敦东区和利物浦的由我促成并由我主持了开幕仪式。英国人答应在财务上支持。在寻找合适的人选来组织和经营这些俱乐部上遇到些困难,为此我和朱学范商量解决。我们还研究过这些俱乐部是否应该加入英国海员联合会。朱赞成这样做。不过他指出在那个组织里中国人将是极小的少数派,地位很不利。朱在和联合会商讨之后,于1942年7月15日向我说联合会不接受中国海员俱乐部作为会员,但是他们答应可以设一个专组,就像他们曾经为别的盟国所作的那样。朱认为这并不理想。(这次我们同意要求英国公司指示各船英国海员尽力帮助中国海员。)中国海员组织俱乐部的计划是个新事物,一时还来不及为它起个名字。伦敦和利物浦的俱乐部才组织起来,会员们就急于开始工作,并要求为俱乐部取名字。他们的代表到大使馆来征求意见,大使馆的人请他们稍等。一俟英国其他地方的俱乐部分部都组织好,可以取一个统一的名字。

经过数次会商后,我终于在1942年7月30日明确指示郭秉文在为海员与轮船公司纠纷和英国军事运输部代表交涉时所应采取的步骤。我还为妥协解决问题,拟出了一些方案。

一个月之后,我在大使馆召集一次会议,请陶领事、谭总领事和郭参事参加。在这次会上通过了抚恤金问题的解决条件。我们还拟出同抚恤部和军事运输部的代表再次开会时的下列指导原则:(1)对战时失踪或死亡海员的家属抚恤金,在中国和英国双方提出的金额间求一个折衷数。这个数字应以战时中国日益上涨的生活费用为依据。(2)中国人的地位,应该放在印度人之前。(3)因为在中国,对家属的抚恤金是一次付清。一次付给合计十二年的抚恤金是可以接受的。英国和印度对家属一年一付的办法对中国家庭不适用。(英国和印度的寡妇再嫁,抚恤金一般停发。)

谈判由于出现其他因素而趋于复杂。如英国人坚持要惩办在船上殴打某英国高级船员或是殴打上船捕人的警察的中国海员。1942年9月16日驻利物浦领事又来电话说海员们愿意结束罢工返船工作,但不回原船,也不许惩办他们的人。军事运输部在与外交部协商后,倾向于不惩办的主张。他们表示,如果中国海员愿回原船工作,全体海员均可不受处罚。但是当局却坚持要惩办为首的十二个人,以维法纪。警察局则坚持要把持斧砍伤几个警察人员的人送交法院。此外,未受惩办的水手,须签字声明同意返回原船,今后安分守己等等。事情复杂起来,海员准备诉诸暴力,问题急待解决。

1942年9月18日午夜,谭总领事来报告他去利物浦实地调查的情况,说那里的海员仍在罢工。他按我的指示翌晨和郭秉文一起去军事运输部。我约郭秉文一家来乡间度周末时,军事运输部格思里来电话找郭。他们从上午十点一直谈到十二点,商讨问题的迅速解决办法。郭征求我的意见。我认为格思里这时来电话很不寻常。我同意起诉推迟到星期一。

此后不久我就回国了。虽然我对事态保持联系,真到1943年3月我到美国之前,我并未真正管这件事。在美国,我和宋子文,又和随邱吉尔同来华盛顿的莱瑟斯,讨论了好几次。在美国的情况是中国海员们集体拒绝返回英国船。他们向中国总领事呼吁。总领事将这件事报告给在华盛顿的外交部长宋子文。海员们要求得到和英国海员一样的待遇。英国海员们表示赞同中国海员的要求。英国代表按照伦敦指示,竭力为自己的观点辩护。他们援引 1942 年 4 月在伦敦达成的协议,拒绝中国海员的要求。因为英国人迫切需要作战物资,源源不断运到他们的国家,所以很着急。我到华盛顿时,有人向我报告,说英国人在敦促美国通过一项法律,把罢工的海员,驱逐到船舶所属国去。无疑是由于英国大使馆和在华盛顿的英国军事运输部代表的强烈要求,美国海运管理署竟支持这种做法。美国国务院也支持这一法案,众议院已经通过,但参议院尚未通过。

1943 年初我在纽约作身体检查期间,曾和宋子文谈论过海员问题。这时美国国会已通过要驱逐海员的法案。宋告诉我说他已在设法要求重新考虑这一问题。两位参议员,塔夫脱和范登堡要求国会复审这个议案。理由是该案号称一致通过时他们二人都未在场,没有机会发表他们的意见。宋还和派到华盛顿处理海员和运输等具体问题的阿瑟·索尔特爵士商量过。索尔特不同意宋对中国海员应得同等工资的观点,并打电报到重庆,要求中国政府履行责任。宋承认在伦敦达成的协议里,中国海员的工资已提高很多。但是他争论说还没有达到英国海员所得工资的水平。宋觉得有希望使英国接受同酬的要求,嘱我在伦敦推动这件事。

我到华盛顿不久又要处理这个问题。外交部长、驻纽约总领事和中国大使,都切盼和我商量如何解决。宋召集了一个会,邀我参加。到会的除宋外还有他的顾问前任中国驻华盛顿大使施肇基,现任大使魏道明,经济顾问杨锡志,商务条约顾问李幹和施明博士。宋和魏都强调和英国海员完全同等待遇的必要。这是中国海员所坚持的作为回船的先决条件。我指出这虽然是个很好的理由,但还并不是唯一的,甚至不是中国海员拒绝回船的真正理由。目前情况关键是害怕继续在船上服役要冒被敌人潜艇击沉的风险。实际上已有许多中国海员服役的船舶被击沉,使许多海员丧命。不少罢工的海员,因为已得到很优裕的工资和战时津贴,生活已经不错,自然不愿再冒战时海上的风险。他们的士气很低,只愿在岸上工作,尤其是在美国工资特高。魏提出美国国会刚通过一项法案,要把弃职离船的海员全部驱逐出境,海员对此坚决反对。到目前为止,办法是把那些离船人员送到驻在印度的中国劳工队,还有可能按中国法律征募他们入伍。我告诉他说我在印度到劳工队去看过,觉得培训战时服务人员的工作进行得很好。可是宋和魏都说,只要中国人的待遇达不到英国人的标准,他们就有充分的借口,政府也不便对他们采取强硬措施。他们力主完全同等待遇是英国人应该接受的必要条件。宋说他将在下星期一向索尔特再提出这个问题。

我在伦敦的财务参事郭秉文,于5月初来美国参加国际粮食会议。他向我报告,头天晚上和总领事于焌吉商讨和争论了海员问题。我告诉他,外交部长、魏大使和总领事意见一致,希望驻伦敦大使馆能极力促使英国政府签订一个新协议,给中国海员同英国海员同等的工资待遇。

此后不久我又和宋商讨此事。我告诉他莱瑟斯要为此事来见我。宋已见过哈里法克斯,最后同意他提出的,要英国在工资待遇方面采用完全平等的办法,原则上同意和我们谈判,还同意谈判在伦敦举行。这项原则协议一经公布,中国海员就应返回船上。谈判结果有追溯效力。至于参议院正在重新考虑的驱逐法案,我建议取消其中B款,中国离船海员应去何处,交由中国政府决定。

下午我趋访魏大使。他将他和美国政府商讨海员问题的情况告诉了我。他说国务院的贝利一上来有些坚持己见。副国务卿韦尔斯写了封信给参议院,声明驱逐法案对中国有好处。但魏的看法是那个声明使人易生误解。为此他亲自求助于赫尔国务卿,终于把那个声明扣发。他尚不知道哈里法克斯自己的方案,我告诉了他。魏仍然主张立即实现工资同等的原则,尽管他明知所谓工资问题只不过是海员们的借口,而并非真正原因。

莱瑟斯如约来旅馆和我研究此事。他开始谈起邱吉尔及其随行人员来美时将乘"玛丽皇后号"轮,他只用了五天的时间就准备妥当了。在战争时期,把军用运输轮重新改装为客轮并非易事,可是他顺利完成了。谈到目前手上之事,他说他之所以想来见我,是因为他觉得只有我能帮助解决中国海员这一棘手问题。他提到了参议院待决的驱逐法案,说海军上将兰德(当时的海运管理署署长)告诉他,美国政府在通过这项法案之前,先要听听他的意见。但是兰德海军上将又希望他访问中国人,了解了解他们的景况。由此可见,英国人正在竭力促使美国人通过这一法案,比美国海运管理署更为积极。该署正切盼通过法案以满足英国人的愿望。与此同时,中国方面无论大使馆或宋子文,也在多方活动说明我方立场。我想兰德要莱瑟斯会见中国人和了解中国观点,原因或在于此。

莱瑟斯回忆1942年4月我们二人签订协议时配合默契。他说那次协议是同类协议的首创。船主们对他颇有责难。责备他忽视过去历史,干预工资问题,而工资问题一向全由他们自己作主。莱瑟斯说他对和我签订协议,毫不后悔。过去的错误就是应该改正。不过他说其他国家海员麻烦不大。莱瑟斯说他不明白为什么从去年以来荷兰没有参加。我说我过去不赞成把他们包括进来。多一方面参加,商谈便多一分复杂,且会拖延时间。其次,一旦中英协议签订,可以作为中荷谈判的一般模式。他认为这几点理由固属充足,但是他觉得这些荷兰船只系由一家益格鲁撒克逊轮船公司艾尔弗雷德·霍尔特公司包租,理应视为英国船,或者至少应属于协议适用范围之内。

他认为有一点使中国海员的不满有些根据。他说伤亡抚恤金支付相当迟缓,因为抚恤部坚持必须先找到死者家属,然后才能付款。而这一过程要拖很长的时间。莱瑟斯说他想利用他的影响促使抚恤部支付一笔整数交由中国政府去分发给伤亡者的家属。他甚至还准备凡赔偿数字过低者适当提高。他一向赞成公平待遇,尽管几十年来他本人与航运业有着密切关系。例如,他甚至不顾印度政府的反对,曾建议并增加了印度人的工资。海军也反对这件事,说这打乱了他们的制度。然而他感到印度高级专员私下的这项建议还是公正的。

我告诉他虽然我来美国只是个短期访问,对中国海员弃职离船问题也不完全熟悉,但事态进展也略知一二。情况不断变化,1942年的协议没有估计到今天的条件。莱瑟斯说他同意情况已有所不同。他说可以任意上岸休假,劳动力短缺,在美国可以挣大钱,这些,对海员们都是诱惑。中国官员,尤其是驻纽约总领事,一直在纵容或鼓励海员们弃职离船,这肯定对维护协议解决问题毫无帮助。虽然中国其他官员也有类似的活动,而驻纽约总领事仍然是目前最难对付的人。有人告诉他,更换一个新总领事,会使问题容易解决些。我说那位总领事我很熟识,他的处境也很困难。在美国两个最大的中国社团之一,给了他很大压力。中国驻美官员,如这里的大使,由于英国与中国海员工资不平等,其地位因而受到削弱。海员们不断提出申诉,作为不愿在英国船服务的理由。他们说如果能得到同样的工资,他们就乐于回船。面对这种理由,中国官员很难强逼他们从命。一旦条件解决,得到平等待遇,那时中国政府采取具体措施整饬纪律才会理直气壮一些。莱瑟斯说,就别国海员而言,有时驱逐出境是必要的,也是有效的。他坚持认为,为使航运正常进行,一些必要的纪律性措施是不可避免的,战时尤为必要。我告诉他我的同事们具有同感。我们都愿意为战争尽一切努力,愿意劝说海员继续留船工作。

在我说由于海员工资不平等使中国官员们所处地位被削弱这句话以后,这位部长争辩说协议已对工资作了很大调整,目前差别微不足道。我说这倒也是事实。可有人说既然所差微不足道,那又为何不给他们!但是他觉得这个问题不应重新谈判。自从达成协议以来,他已经被迫答应英国海员增加工资的要求。倘给中国海员再加工资必然又会引起英国海员提出进一步的要求。

这个循环将会无止境地进行下去。如果中国工人过分强调同等工资，可能迫使英国人考虑完全停止雇用中国人。他说要求就业的英国海员不止千人，他个人不愿眼看中国海员失去谋生之道。我说中国海员并不担心战时或战后的失业，他们在别的地方还有很多雇主。虽然我认识到工资问题不单纯是增加一点开支而必须同其他因素结合起来考虑，但我也相信在战争时期付给同等工资可以解决作战的问题，而不至于约束任何人处理战后安排的手脚。可是莱瑟斯却说他不同意重开工资问题的谈判，理由已如上述。我说这个问题不是几镑几先令的问题，而是个政治性问题，想来他心里也是清楚的。中国官员感到事情难于迅速解决，正是由于政治因素。

至于对某些不服管教的海员采取一些纪律性措施，已有在印度劳动队的先例可循。那是将拒绝回船的中国海员，按军队编制组成劳动队。这些人都由中国当局管理。何时何地印度政府有工作时，就派他们前往，并无任何困难。我建议他和宋子文好好谈谈，那会很有用处。知道他也想去，我甚为高兴。他说他要去见宋，但希望我能帮助他，今日来访，正是为此。他希望我把我们的谈话内容报告宋子文，听听宋的意见，在他见宋之前，先把情况介绍给宋。

我打电话给宋说我不能立刻去见他，待他开会回来之后再去。随后我们安排好，5月22日由我去接莱瑟斯，一同到宋的办公室会晤。乘车途中，莱瑟斯谈到他工作异常紧张，凌晨两点才和首相分手，而早上八点就又接到首相电话。

莱瑟斯和宋的谈话一开始很融洽，双方都竭力保持气氛愉快。莱瑟斯选词用句特别谨慎，力避说话过于直截了当。但是宋有两三次好像因莱瑟斯坚持己见而稍不耐烦，讲话渐渐转为惯常的率直方式。宋着重说到英国人民是正直的人民，并特别提到他本人指挥中国军队的能力等等，这些话显然使莱瑟斯颇为所动。

这次商讨之后，我又单独和宋谈了一会。他说他有意提到战后促进两国贸易关系这一点以便消除英国认为战后中国缺乏贸易前景的印象。在回答宋的问题时,我认为他肯定是强调了问题的政治意义,莱瑟斯必定获得了深刻印象。宋向我解释说,他的意思是为了能够向海员说"好了,同等工资这件事正在伦敦讨论。英国人已经接受同等工资的原则。你们一定要回去干活。"我说这个原则可以只限应用于战争时期。这样可在战后不受此约束,以便英国人易于接受。他说他不管海员们战后拿多少钱。和国内的人相比,他们的工资实际上已高出很多。(这肯定是事实。)

在莱瑟斯和宋子文这次交谈之后,莱瑟斯说他要再考虑一下,并和伦敦商量,然后作复。我即将去纽约,因此我打电话告诉莱瑟斯,只要他准备好,不必要我参加,他随时可去见宋子文。

回到华盛顿之后,在5月末,我和莱瑟斯在电话上谈过一次。他从纽约打电话来告诉我,刚收到关于海员问题的伦敦回音。他说他已准备对协议进行复审,并准备向水手们以提高工资形式付一些钱。他说宋热情接待,并解释了中国方面确实存在的困难,给他留下深刻印象。莱瑟斯还告诉我,美国国务院的贝利曾对他说要在国会推动通过驱逐法案,并说他似可和宋谈谈。美国理解了问题的真正关键之后也很同情中国立场。可是莱瑟斯坚持,只有这次努力能够取得一些永久性的结果,他才肯重新研究协议。无论怎样,他认为这件事最好是由他和我回到伦敦后赶快去办理。同时,他要求我做两件事:(1)劝说人们不要鼓励中国海员弃职离船或不回原船。(2)这件事不在新闻界宣扬。(中国方面的情况,美国新闻界已充分报道,英国人对此很敏感。美国人对同等待遇问题和平等原则当然更能理解。而英国人对其他民族一向持不平等原则。)我告诉莱瑟斯说,我也认为报纸宣扬于事无补,但这些报道亦非出于我们的意愿。我要求他在我们回伦敦讨论之前,不要去推动通过法案,让它先搁一搁。(英国人在使用几套武器。其一是说将改用英国海员,解雇中国海员。另一个就是美国国会通过法案驱逐弃船离职的海员出境。)

5月28日我向宋和魏汇报了谈话内容。魏说国务卿赫尔已允竭尽全力，阻止驱逐法案在参议院通过。魏说他见赫尔之后，国务院已派人去取回法案文本，还请几位参议员将此问题压下。看来美国人也不情愿国会匆匆通过这一法案引起中国人的反感。这一切，说明我们各方协调一致努力产生了效果。

这就是我结束美国之行时海员问题的概况。后面我将会谈到回到伦敦之后的事态发展。

第十二节　在华盛顿进行的其他谈话
1943 年 5 月

重庆的交通部长曾养甫和副手刘景山，受命同美国、英国和俄国商讨运输问题，为此来到华盛顿。5月14日刘来向我报告了他和三国政府交涉运输通道问题的情况。计划由伊朗经西伯利亚(？)铁路到兰州。他说苏俄终于同意批准每月通过两千吨作战物资，回程可以接受一千三百吨中国货物，条件是供给莫斯科一千一百一十二辆卡车作运输用。火车运费按每吨(？)十美元计。在两千吨作战物资中，俄国人供应三百吨汽油，其余一千七百吨由别国供应。刘说起初美国人不答应提供卡车，因为他们不相信俄国人，又怀疑英国人。可是后来还是同意了供给卡车而且已经派定二百辆。一千一百一十二辆卡车中有三百辆要作运油之用。这三百辆将行驶于哈密和兰州之间，由中国方面负责。由于缺少油桶，刘已命令用帆布袋装油运送。空袋还有占地较少的优点。他说这些物资用卡车运一段，再用火车运一段。从卡拉奇运到奎达或札赫丹用卡车(部分用火车)，从札赫丹到迈谢德由英国运输司令部负责。走这段路的卡车由印度政府负责，费用从英国贷款里支付。从迈谢德到阿什哈巴德的货物由俄国铁路承运，俄国人负责。从卡拉奇到兰州总路程为六千九百英里，其中从卡拉奇到札赫丹一千二百英里；从札赫丹到迈谢德九百英里；从迈谢德到阿什哈巴德二百英里；从阿什哈巴德到阿拉木图三千二百英里；从阿拉木图到哈密八百英里；从哈密到兰州六百英里。刘说运费奇昂，只铁路运费每吨就要五百美元。我列举这些数字，说明战时运输的不容易。除运费之高外，别的问题还很多，如要和英国、苏联、印度以及伊朗这些国家的政府交涉安排取得同意等。

同日下午我和刘瑞恒博士谈了一次话。刘曾任中国红十字会会长和军医署署长，后来他当了卫生部长。他向我讲述了美国援华委员会同中国军医署的摩擦。他本人对工作很感厌烦。他觉得美国人是轻于许诺而怠于执行。在运送医药品来中国的问题上尤为突出。在承诺给中国需要的一切之后，他们向和医药援华会唱反调的中国救济联合委员会代表要报告。刘瑞恒和美国医药援华会有多年密切关系。这两个机构目标相同，但工作方式显然不一样。这段时期流传着中国军医署内有贪污的谣言。中国救济委员会的代表也说中国现存的奎宁和阿托品已经足够了，而全部美国国内所能找到的这种药品，美国军队都极为需要。我告诉刘，我在重庆时就听说过红十字会收到的捐赠药品，尤其是奎宁，已经流入市场，传说该给病人的药都拿去卖钱了。刘说这些谣言可能在一定程度上是事实，但具体实例只是极少数。他说困难非常多。各医院感到药品总量不足，因此已开始酌收药费。结果是有钱的人才有药吃，而穷人吃不上药在叫苦。他说有些医院的药品很充裕，而存药不足的医院则表示抗议。药品缺乏，勤杂人员和护士有时会偷几瓶药去卖给药店。这一切实难避免，也无法向美国人解释清楚。中国的情况很特殊，美国人不能理解。（这是来自富有国家的西方人很难理解中国情况的又一事例。要充分理解中国，才能与中国当局进行有效的合作。）

5月18日我拜访了魏大使。我们就和英国维持友好关系的重要性以及重庆领袖们轻视这一重大问题的错误态度作了长谈。魏认为中国应有耐心，有克制，领袖们在讲到英国时应该慎重，不应感情用事。他说在处理国际关系时天真幼稚,对国家前途最为危险。他猜想英美两个民主国家并不企望俄国单独战胜,而愿意见到俄德双方相持相消同归于尽。他感到高兴的是参议员钱德勒,号召向日本发动进攻而不要在欧洲浪费精力。他强调提出的论点是,如果美国一味坚持首先打败希特勒的战略,终会有一天只剩下美国单独对日作战。纳粹消灭之后,俄国和英国空出手来还会向美国施加压力解决战后问题。魏对中国的经济危急情况非常担心,深恐不久即将垮台。

5月22日接见中国空军钱昌祚上校。他奉派来美和美国当局商谈要求增多飞机和中美两国空军加强合作问题。照他的看法,中国需要五百架飞机——前线作战要三百五十架驱逐机和一百五十架轰炸机。如持续作战,每月需要一万吨汽油——每中队驱逐机每月耗油七百五十吨,每中队轰炸机每月耗油一千二百吨。起初中国要求一千架前线飞机,但是供应和地勤人员短缺等问题无法解决,说明这个数字不切合实际。甚至维持五百架前线飞机,一年就需要有二千架补充更替。一般说来轰炸机每月要有百分之二十的后备,驱逐机要百分之二十五。钱说已经送了四份计划给美国政府,希望在租借法案拨款内追加,但尚无结果。美国人对这件事好像不认真考虑。他们调配迟缓,所持理由是供应有困难,中国缺少飞行和地勤人员,有经验能掌握现代飞机的驾驶员和管理人员也不够等等。中国飞行员因无经验曾出过事故,但是钱指出美国飞行员把飞机开到中国时同样出过事故。现已查明由于地理和气候条件,中国战区比其他战区需要更高级的飞行人员。

钱上校还告诉我一些有关中国国防物资供应公司的情况。这个公司是在美国还没有参战时组织起来的,以经管租借法案物资为主。它是一个商业机构,由一些美国商人代表中国向美国陆军部及其他美国当局打交道。钱说美国军方不大重视这些非军事人员,美国参战后更加如此。他认为由中国军官组成一个军事代表团更有作用。可是公司首脑宋子文还未作出更改决定。关于中国得到英国空援的可能性,钱说除非在中国另行开辟一个战场,中国并不急需英国皇家空军来华。中国空军不愿意把重庆和成都战线交由外国空军负责。况且中国的西南战线已分派美国人负责,而美国人也不那么喜欢英国人。随后我们谈到供应问题。当时,这个问题很难解决。轰炸机每执行一次出击任务,其所需汽油要由运输机往返印度四趟才能备足。

另一个晚上我和刘锴一起吃饭。饭后我们沿着波托马克河漫步长谈。刘那时是中国大使馆参事。胡适为大使时他就担任了那个职务。那时他也是中国国防物资供应公司主要成员之一,担任该公司和大使馆的联络人。

刘秘密向我讲了委任魏道明为大使的内幕趣闻。他说当重庆宣布魏的任命时,在职大使胡适正外出作旅行演说。胡听见消息大吃一惊。刘说,一年之前宋子文曾推荐过施肇基,不过此次撤换胡适他并未插手。(关于此事我记得宋本人曾告诉我,委员长决定胡适大使免职时,曾致电宋子文征求意见。宋说他提出过两个名字,首选施肇基,次选魏道明。但是委员长选了魏道明。)不管真情如何,刘说是熊式辉将军插了手。按熊的说法,胡适对熊率领的军事代表团未予协助。熊对诸如为中国宣传和美国排外法等涉及外交的问题比较关切,更使他认为胡适不够积极。

可是在委任魏道明之后,美国国务院迟迟不表同意。白宫三个星期之后才同意接纳魏道明,而在这段时期内,美国报界出来大捧胡适,对此次人事更动,公开表示惋惜。刘说魏接任后第一次会见国务卿赫尔时就郁郁不快,原因是赫尔向他致意时说,敬佩他是一位律师,但更加敬佩他夫人的才干。他说熊式辉也生了史汀生上校的气,因为史汀生说委员长是个伟大的领袖,但美国人更爱戴蒋夫人。(这都表现出美国人同外国代表谈话时的坦率,或可说是随便的态度。熊式辉久受中国传统培养熏陶,并在日本受过教育,习惯于东方人的拘谨含蓄,听了史汀生对蒋夫人和委员长的议论,自会感到惊讶。)

刘说1942年(?)8月间他同亨培克谈论胡适解职一事。亨培克问他,为什么对胡适如此不满。刘回答说中国所得支援不足,而美国人只强调欧洲战区,因此人们感到不满。这句话给亨培克的印象很深。他问是否废除治外法权一举能缓和中国的不满情绪。委任魏道明一事使国务院感到迷惑不解,他们把这件事看作是不满的表现。

刘错说到在偷袭珍珠港前的美日谈判,这些谈判旨在求得妥协,同时适当照顾中国的立场和利益。美国政府表面上似在争取时间,实际上确实希望妥协。美国向日本建议三个月和平。但是他说若能达成妥协,休战期限就会一再延长。他说罗斯福还在等待日本天皇对和平解决纠纷呼吁的答复时,军阀们突然进攻,从而彻底粉碎了取得妥协的希望。他坚持认为美国未能与日本达成妥协绝非因中国方面施加了任何压力。(这一看法和宋子文的不同。此点颇饶兴趣,只好留待日后历史学者研究解决。)

刘错说起和美国谈判废除治外法权的事。这项工作他出力不小,而中国采取的方法很不寻常。大使馆长时期坚持要在序言里写进平等原则声明。(在重庆时我表示过疑虑,现刘已证实。我当时觉得在中美两国关系中坚持对平等及互惠作出特别申明并不可取。因为这会立即引起美国人想到长年争论不休的"排外法"这个梦魇话题。刘说,这果然就是亨培克向他所说的。)刘说经过多次劝说后,国务院最后作了让步,但是外交部在最后一分钟来电指示,将提到该原则之处完全删除。

我问刘,英、美两国是谁首先提议废除治外法权的。我告诉他,阿什利·克拉克1942年4月来美国和国务院商谈共同远东政策。伦敦的中国协会和中国的英国朋友,一般都赞成废除,并要求英国把它作为对中国的善意姿态。我告诉刘,我本人曾非正式地向英国人提过,他们最好及早主动提出废除治外法权,这样还可以作为大不列颠献出的礼物。我向他们说,战后这项法权势在必废之列。刘没有回答我的问题,我的印象,废除治外法权是克拉克访问华盛顿时所携计划中的建议之一。也可能美国人同样有此意向,因之不难决定共同立场,实际上主动行动很可能是联合采取的。

我还和徐淑希博士谈过话。徐在我担任李顿调查团中方代表和我率领代表团到日内瓦时曾任顾问。徐曾在国内大学任国际法教授,后入外交界,曾任驻秘鲁大使及驻加拿大大使。他是一位学者,对外交问题著述甚多。他现在还是联合国国际法编纂委员会的成员。1942 年 12 月徐率领中国代表团出席在加拿大召开的太平洋学会会议。关于那次会议,外交部长几次和我讨论过。事实上宋和我曾就各项问题,尤其是有关英中问题如西藏问题、香港问题、战后问题等,给中国代表团草拟过指示。徐告诉我,在会上英国人怀疑中国或将向帝国主义转化,所以建议殖民地由国际共管。在会上徐回答一个向他提出的问题时说,从经济上讲,香港是华南的一部分,不能和华南分割。除非英国存心觊觎华南以使香港生存下去,否则香港必须归还中国。他的话完全符合宋子文在外交部拿给我看的指示。徐说他愿意香港由英国主动归还。中国是英国的盟国,他不愿战时向盟国要求领土。

徐还对我说了他和亨培克有关远东问题的一次谈话。他说他发觉亨培克非常急于安抚中国,力劝中国代表不要大声呼喊。亨培克向他解释,总统的政策是首先致力于欧洲,消灭希特勒。他盼望中国不要提出在远东地区更加积极行动的要求而使他为难。亨培克设法向他阐明中国是个次要的战区,坚持要办一些当时力不能及的事只是徒劳无益。徐说他诘难亨培克,指出美国要从总战略计划中把中国一笔勾销。

就在我返回英国的前夕,我走访了两位哥伦比亚大学教授,他们已成为我的朋友。一是穆尔博士,这位八十二岁的老教授,看上去和我三十年前在他门下受业时神采依旧。他说他希望他对战争的感触和我一样。在谈话中,我们很快就讨论起共同感兴趣的问题。他说建立永久和平的企图不会成功。人类的天性,过去如此,未来也不会两样。上次大战虽然称为第一次世界大战,其实不是第一次。以前就发生过许多次世界大战。如七年战争就曾涉及各大洲。他说每次战争都会使人产生伤感主义或理想主义心情。一旦战争结束,人们又慢慢回到旧思想和旧行为的老路。每一代人必须从自身的经历中吸取教训。现在对历史的学习和讲授少得令他震惊。学校里几乎没有优秀历史教师,专讲偏见和谬误,而非真理。

两小时之后我拜访了巴特勒博士,我们谈得很愉快。他告诉我说,1933 年一位日本老朋友要见他,说为一项重要使命从日本远道而来。这位朋友一见面就告诉他说,日本除中国外还要夺取香港、菲律宾、新加坡、马来亚、荷属东印度群岛,建立一个牢不可破的大东亚"共荣圈"。这位日本人告诉他说,除非美国能安抚日本,否则谁也无法阻止该计划的实现。巴特勒说他把这番话告诉了罗斯福,之后又在伦敦告诉了张伯伦。两个人对他的报告都不重视,认为难于置信。他说美国要在战后建立和平,还准备承担很多责任。他相信总统已树敌过多,甚至包括他往日友好。这是因为他既固执又欠诚恳。随便哪个提出改良主张去找他,他就委谁当个新的委员会主席。这一来机构重叠,开支浩大。他认为政府效率不高,但只要战争继续打下去,罗斯福还会当选连任。尽管他可能像威尔逊总统任期最后几年那样遇到敌对的国会。我告别时,他要我在他的来客签名簿上签名,说他可能再见不到我。甚至在战后他也不想到欧洲去旅行,因为旅行的条件一定会艰苦。

5 月 29 日星期六,我乘飞机离华盛顿去伦敦。我们清晨三点五十分起飞,在纽约停留加油,晚上七点到达纽芬兰的甘德。和我同飞机的有华盛顿州斯波坎人福莱斯特将军,那时他是驻英国的美国空军某部司令官。同机还有戴高乐派驻华盛顿的代表贝托尔将军,他是去阿尔及利亚参加为战斗法国建立一个联合委员会而举行的吉罗-戴高乐会谈。

第二天美国空军的比顿上校请我去游览甘德。这地方是加拿大政府用租借法案拨款修建的,一半由皇家空军使用,一半由美国空军使用。我注意到有几十架轰炸机停在机场,大部分是解放者型和空中堡垒型。

我们坐的美国空运司令部飞机 5 月 30 日晚七点起飞。由于等待皇家空军巡逻队的通行暗号,起飞推迟了半小时。因为如果不知道暗号,在空中受到查问时,就会由于不能发出正确的信号而被击落。

经过整夜的飞行,我们早上六点五十分抵达苏格兰的普雷斯特韦奇。美国人真是慷慨好客。我们免费乘飞机,从格拉斯哥到伦敦的豪华快车也一路免费。我本来想乘英国的飞机返回伦敦,在六周之前就向英国大使馆联系订座。虽然大使馆非常客气,答应尽力办,可是多次耽误和延期,最后我只好搭美国飞机。但是这实非我的本意。因为作为驻英国的外交代表,我自然宁愿接受英国人的款待。

第四章　英国对华关系的发展

1943 年 6 月—11 月

第一节　英国对中国的不满

1943 年 6 月

我们乘坐的列车在 6 月 1 日上午七点十五分到达伦敦尤斯顿车站。我感到有些不适。由于四天来夜间几乎都没有睡觉，我决定到我的乡间住所休息一下。在大使馆吃过早餐以后我就去了。到了那里以后，我立即请泰勒医生来看病。他发现我患感冒很重，并有微烧，叫我马上卧床休息。

我一到伦敦，就收到许多报告和消息，内容都是有关英国对一些事件的反应，其中包括宋子文和邱吉尔在太平洋作战委员会的争执，以及酝酿多时的蒋夫人访英问题。使馆的一等秘书梁鋆立博士告诉我，伦敦报界对宋子文和邱吉尔发生争执之事议论纷纷。叶公超报告我说，斯塔福德·克里普斯爵士对他说，邱吉尔的一个侍从人员反映，蒋夫人对和邱吉尔会见之事表现得很傲慢。金问泗也把他所了解到的，关于宋子文和邱吉尔发生口角的情况告诉了我。

大使馆参事陈维城对这一问题也作了详细的报告。他说，克里普斯夫人给蒋夫人写了一封长达十三页的信，她对孔令侃代蒋夫人所写的用电报拍发的复信很不满意。她认为这封回信写得很草率，而且官腔十足。陈并提到，邱吉尔的随从人员评论了蒋夫人的倨傲态度。并说,邱吉尔确实渴望能和蒋夫人举行一次会谈。陈说,小孔的信和蒋夫人的演讲都对英国进行了严厉的批评,表现了对英国人不友好的态度。他还告诉我,艾登曾亲自对他说,我在重庆时,以驻英大使的身份作了出色的工作,使中英关系得到了加强。艾登说,艾尔文爵士曾对他说,我在观众甚多的足球比赛会上讲了中英关系,使他很受感动,观众们对我的演讲也有深刻的印象,事实上很明显,是访华团的使命取得了成果。陈说,泰茀亚爵士在上院和一次自由党会议上讲话时,曾表示赞成给予中国无条件贷款。事后外交部立即把他找去,告诉他,他不应该讲这些话。拖延的责任应该由中国方面承担。劳森先生曾和卫德波上尉一起,组织议会中各党派成员,成立了一个中国委员会。艾尔文爵士则已开始为建立孙中山博士纪念碑筹集了基金。

叶公超向我报告说,飞机生产大臣斯塔福德·克里普斯爵士夫妇曾请他吃饭,并说他们对蒋夫人未能来英国同邱吉尔会见感到遗憾,因邱吉尔可能会被夫人的品德所打动。他们说,强烈的个人印象,可能使邱吉尔对中国采取同情的行动。他们说,英国人对中国是非常友好的。但是蒋夫人的表现确实令英国友人失望,这些英国朋友们一直在不遗余力地促进中英关系。叶还说,蒋夫人对克里普斯夫人给她的一封十三页的长信,竟然没有作复,而是让孔令侃以她的秘书长名义,轻描淡写地发来个复电知照。尽管克里普斯夫妇并非趋炎附势之辈,也使克里普斯夫人感到很不愉快。他们说,他们对蒋夫人的做法感到失望。克里普斯夫妇告诉他,他们希望把联合基金积累到二十万镑以上。这笔基金将要用于中国的重建,而不是用于救济事业。但是,她们发现蒋夫人实在难于相处。因此,他们也不敢向她建议成立一个委员会来运用这笔基金以推动中国的重建事业。

叶又说,泰茀亚曾在帝国协会发表演讲,主张给予中国无条件贷款,并且批评了英国政府的政策。事后,贾德幹把他请了去,就英国政府的行动向他作了解释。贾德幹对泰莱亚说,外交部很希望改进中英关系,但是中国人的行径不能令人满意。关于贷款问题,他说,中国人自己制造了许多障碍。不过泰莱亚对叶说,他仍然不能理解政府的立场,他将毫不理睬外交部的解释,仍要继续推动贷款的实现。叶说,艾尔文已经约他去吃饭,并告诉他泰莱亚的做法未必完全恰当。

叶报告说,印缅事务大臣艾默里曾约他去,并告诉他说,他(艾默里)对我为英国在印度问题上的立场作解释非常感激。他说,艾默里想摸清中国对印度的态度,以及叶自己的观点。叶向艾默里作了如下的三点说明:(1)中国政府是以一种民族主义原则为基础而建立起来的。对于一个外国民族争取自由的事业,中国义不容辞地要给予支持。不过,中国从未支持过印度民族主义者提出的“英国人从印度滚出去”的要求。(2)共产党的宣传为印度的独立运动辩护,并且批评中国政府缺乏民主精神。这些都迫使中国政府不能忽视印度问题。(3)中国报纸的社论是理论性的文章,它们并不代表官方态度,但也不能加以压制。只有不符合抗战精神的文章才可加以取缔。艾默里又问到蒋夫人会见印度领袖的情况。叶把蒋夫人的观点向他作了说明。他说,如果是那样,蒋夫人的见解有一半是对的。这显然是指蒋夫人提到甘地的思想模糊。

大使馆二等秘书翟先生向我汇报说,英国德文郡俱乐部的一位贵族曾对他说,他认为蒋夫人是极端反英的,还提到了宋子文和邱吉尔口角的事。

金问泗来访并告诉我,邱吉尔在下院发表了一次讲话,报告了他在华盛顿和罗斯福总统会谈以及视察北非前线的情况。首相讲话时语调轻快。他说,两栖作战行动即将开始。还说,将对远东战场也给以同样的注意。他并给我带来了有关太平洋作战委员会在伦敦举行的十月会议的许多文件。他代表我出席了这次会议。

我到艾登的办公处拜访了他。我告诉他许多情况：我的重庆之行，我为改善中英两国之间的气氛和促进两国之间的了解和合作所做的努力，蒋夫人近期不能到英国访问，宋子文行将访问伦敦，以及中国的军事形势等等。他略微说明了一下有关缅甸战役的计划。这一战役在华盛顿会谈时作出决定后就已开始准备。他又把他对欧洲战场下一阶段将如何发展的看法向我作了介绍。我们还就英国政府对新成立的法兰西民族解放委员会的态度交换了意见。

英国人对中国和中国人民的印象普遍地反映出两国之间存在着某些误解。这里我重提一下英国里弗代尔勋爵和我在一次友好交谈中所说的话，可以作为佐证。里弗代尔是中国政府采购委员会的一个成员，也是英国商业界的一位卓越领袖。我告诉他，宋子文即将来英访问。我说，从宋的访问可以推断，战后英国工业界对华贸易的前景是光明的。里弗代尔说，1933年宋也来访问过，但并未产生令人满意的结果。那时宋在英国接触了许多重要人物，他们都渴望能对中国作出贡献。但是后来当宋要离英时，没有一个人想为他办任何事情。因为他们发现，宋在英国争取援助的同时，暗地里却和德国人也在进行谈判。里弗代尔说，这样做不是买卖之道。我记得我向他解释说，那次宋子文并非存心搞两面手法，希望他能设法重新为宋安排与英国商人谈判。他说，看在我的分上，他愿意试试看。不过，宋必须以行为纠正他在1933年造成的坏印象。

关于英国的战时生产，里弗代尔说，以英国工业界现在有条件向中国提供某些机器和母机。近几个月来，已经有三千台各种机床运往中国。现在不像十八个月以前那样感到紧缺了。但是美国人通过他们的租借法案，把英国在海外许多国家的市场夺走。例如加拿大、巴西、乌拉圭等等。英国不能再向这些国家出售钢铁制品，因为政府不愿意激怒华盛顿。另外，还有人叫嚷说，英国人这只手从美国拿来的租借物资，那只手就出口到外国去贩卖牟利。里弗代尔说,出口租借物资的事是有的,那是为了换取外汇。这种事,现在英国在华盛顿甚至连提都不敢提。不过,在他看来,这个问题是早晚要被提到桌面上来的。他认为他终究要使真相大白于华盛顿。在过去三十年中,他曾六十余次横渡大西洋,他懂得美国人的心理。他说,英国战后必须继续生存,如果现在不把这一问题处理好,英国将发现它的大部分市场会永远落到美国人手中。

我和康德黎少校进行了一次闲谈。他就是著名的康德黎博士的儿子。老康德黎在孙中山被囚禁于中国驻伦敦公使馆时,曾救过孙的性命。康德黎少校刚刚从印度归来。他告诉我,攻占实兑之役之所以失利,是由于百分之七十五的战士都得了丛林热或疟疾。他说,在那次战役中并没有出现任何激烈的战斗。中国曾期待这一战役是光复缅甸的重要一举,然而,尽管从一开始就不过是一场有限目标的有限战役,英国却没有采取什么办法来纠正中国的看法。

6月3日晚,金问泗来访。他告诉我,他和熊式辉进行了一次谈话。熊是作为中国军事代表被派到华府的。由于他对工作不满,或者说是无事可作,已经辞职。后来他又奉命访问英国。他在伦敦时受到了很好的接待。金告诉我,熊在中国驻美大使人选的更迭中所起的作用。(关于刘锴对此事的评论我已叙述。)熊对金说过,中国的外交官他一个也不佩服。(当金指名问他对我的评价时,他说,我倒是个外交官,但胆子太小。)他说,熊认为魏道明是个很好的外交官,曾推荐他担任驻美大使。熊对宋子文没有好感。他说,宋在重庆没有一个朋友,在华盛顿的中国人都恨他,美国人也不喜欢他。(这是熊个人的看法,显然有些偏见。)据熊看来,中国的外交官有三种:第一种是没有指示不办事,一遇到新问题就总是请示。第二种是一些唯唯诺诺的人,他们总是站在驻在国的一边。第三种是买办型。熊将军对废除治外法权条约的签订不赞成庆祝。他认为这一新条约的签署没有什么值得欢庆的。因此他既没有参加驻伦敦大使馆的庆祝活动,也没有出席驻华府大使馆的庆祝会。他根本没有想到这些庆祝活动是委员长亲自命令举行的。

据叶公超说,克里普斯曾给委员长写过一封长信,阐明中国政府需要民主化。克里普斯还给叶公超看了钱端升教授的一封来信,钱说国民党和中国军人都是反英的。叶告诉我,钱还曾给首相和英国政府的其他一些人写信,批评重庆政府。

下面是英国新闻部远东科负责人维尔·雷德蒙先生反映的一些日本内幕情况。这位先生在日本住了十六年以上,曾任东京英文日报《日本广告报》的编辑,后来他担任英国驻日大使馆新闻专员。由于他会说日本话,又熟悉日本的情况,所以英日开战以后,他是大使馆人员中唯一受到逮捕和囚禁的人。雷德蒙同意天皇是个失去自由的人,一言一行无不受军人支配的说法。日本人民虽然厌倦战争,但他们是严守纪律的人民,他们对军阀将服从到底。自由分子已完全失去影响,重光葵装出一副反战的姿态,实际是军部的密友。他和所有的自由分子一样,与军部只是在方法上存在分歧,而他们的目的同样是帝国主义的。

《芝加哥太阳报》的弗雷德里克·库来访,他劈头就对我说,"我知道中英关系很糟"。他告诉我,英国人毫不掩饰地谈论他们对中国的不满,不仅在军事和外交部门谈,而且在新闻部也谈。他们普遍认为中国人非常傲慢,中国军队根本就没有打什么仗,也不可能打多少仗。他认为英中之间关于欧洲或亚洲到底哪个更为重要这问题上在观点上的分歧,蒋夫人拒绝访英,以及宋子文和邱吉尔发生争吵等都助长了英国人的怨恨情绪。库的消息似乎很灵通,我颇重视他的报道。我问他上述事件的详情。他说,邱吉尔与宋子文二人曾经尖刻地争吵,以致罗斯福总统不得不出面调停,使双方冷静下来。

上述这些事件和枝节琐事都导致我们两国间的不满情绪进一步紧张和恶化。下面我引述一段 6 月 20 日写的日记来说明这一情况。

> 这些日子我一直反复思考着中英两国之间在感情和关系上所出现的日益扩大的鸿沟。尽管我全力以赴,力图改善这种情况……但两个月来又发生了许多事件,使得局面每况愈下,令人灰心之至。尤其痛心的是,只要稍具常识或略加克制,这些事件和枝节琐事,本来都是可以避免的,实在太不必要了。

6月24日,另外有人报告我说,魏菲尔将军对外交部、新闻部以及英国广播公司的大约五十位高级官员发表了一次讲话。他在讲话中评论了远东的军事形势,以及中国军队对日本发动一次反攻的前景。他批评委员长缺乏进行现代战争的知识或经验,尤其是在陆空联合作战和运用装甲部队等方面特别无能。他在讲话中称赞中国军队纪律严明,但是他们营养不良,而且缺乏应有的常识。高级军官们对运用空军和坦克部队的大规模作战缺乏训练,指挥无方。他并对听众说,中国的战报是不足置信的,往往言过其实,特别是对敌军的伤亡数字,更加夸大。据他说,中国的官方报道声称,在最近的一次战役中日军伤亡超过三万人,这是彻头彻尾的谎话;实际的伤亡数字不过五百人上下。

这股批评中国军队和中国军事指挥官的暗流可能是旨在报复中国报纸对英军在缅甸战役中表现不佳的批评。由于英军在缅甸战役中作战不力,结果使滇缅公路被日军截断,中国军队被迫北撤。这样一来中国从外界输入物资的问题就更加复杂化了。后来英国改派亚历山大将军到缅甸指挥作战,但为时已晚,缅甸战局已无法挽回,英军只好不战而降。这在中国军方和中国公众中造成了极坏的印象。实际上,我从伦敦获得的消息都表明,英国报界都曾接到明确的暗示,要他们贬低中国军队在缅甸的作用。这种对双方作战力量的相互诋毁,当然无助于改善两国的关系,想要促进谅解和合作,就更加困难。

6 月 26 日,我从另一来源得到的消息说,英国武官在报告中把中国军队说得很糟糕。现在即使在私人交往中,英国人对中国的态度也很不友好。这一报道特别指明,魏菲尔在给他的僚属讲话时还是比较审慎的,因为听众中也有中国军官。但是不管怎么说,他的报告已使人们对中国军队留下了极坏的印象。

　　关于英国向中国贷款的问题,我想引述一下 6 月 29 日我和霍伯器谈话的要点,霍伯器曾是英国驻重庆大使馆的经济参赞,借款问题正好是由他经办。我催他把这一问题尽快解决。他说,把贷款数额增加到五千万英镑是因为据他们认为重庆所要求的仅是一种姿态,用以激励中国人民的士气。我们研究了按照中国提出的条件使用这笔资金的各种方式。第一种方式是,中国用这笔基金订购英国的成套设备和机器,待战后交货。霍伯器说,这是不可能的,因为这意味着英国要在战后承担义务;同时这种剩余机器可能要用于出口,以换取外汇。但他个人也认为,战后英国将会有大量的某些种类的剩余机器。关于第二种情况,他说,在伦敦市场上偿还中国公债会引起其他方面的反对,例如美国;并且从总的来说,将会降低中国的信用。关于中国政府的第三点建议,就是在英国本土以外的英镑区采购货物问题,例如在印度买棉花等。他说,不可能买到剩余棉花或剩余布匹。印度一直在向中东和北非供应这两种物资。不过,他强调远东的战争将比欧洲拖得更长;等到欧洲战事结束后,就可以买到更多的物资。

　　我建议,留作中国货币保证金的贷款应从一千万镑增加到二千万镑,其余三千万指定为采购物资的专用款。霍伯器说,如果中国对胜利公债的发行比去年的公债更有把握,还对以此项二千万镑贷款担保发行的作为胜利公债保证金用的债券也有成功的把握,那么英国财政部就会考虑我们的建议。不过,他不能给我打保票。我说,在这种情况下我所设想的保证,就必须是由英国政府作出的货真价实的保证了。这时,他又抱怨中国政府,在没有取得英国政府同意的情况下,就自作主张,把正在谈判中的五千万英镑当作保证金包括到上年度发行的胜利公债中。

第二天，我接待了马杰里·弗赖伊小姐。她是英国政界一位知名的女领袖，又是援华运动委员会主席。她刚访美回来。她问我，委员会能帮助中国做些什么。并说，联合援华会的活动仅限于救济工作范围内，政治事务必须由援华运动委员会来处理。（当时已经有两个团体，一个是援华运动委员会，成立较早；另一个是联合援华会。）她询问了关于中国需要运输飞机的问题。并说，她主张要求英国政府向中国提供这种飞机。尽管我很感谢她的好意，但是，我向她指出，英国也只是去年才开始生产运输飞机，恐怕不会有多余的飞机给中国。我告诉她，水上飞机可能比较容易从英国获得。但我完全同意基督教会联合委员会主席戴切尔博士的说法。他说，英国对中国不够重视，比不上美国。弗赖伊小姐也完全同意这种看法。

第二节　英国对华友谊的表现

1943 年 7 月

正如我已指出的那样，英国看到美国同时对三个轴心国家作战，就越来越感觉到自己确有必要对亚洲的抗日战争，以及力拒顽敌的中国表示更多的关注。1943 年，我确实发现，英国对于继续纵容日本为所欲为，将产生什么样的后果，已经比较清醒。他们已经认识到，即使单纯从英国的利害关系考虑，其恶果也是不容忽视的。英国已经感觉到华盛顿要求它对中国采取更积极的态度和更有助益的政策之压力。这些因素融汇在一起，终于促使英国当局开始对中国采取一种比较同情，比较积极的态度。在国会访华团访华归来以后，尤其是这样。1943 年 6 月，我回到伦敦，顿觉气氛大有好转。

这种转变，在夏天举行的一些大小集会上都可以感觉得到。

例如7月7日,卢沟桥事变六周年纪念日,就举行了两个纪念会。一个是那天上午在中国大使馆举行的,规模比较小,没有英国人参加。这个集会主要是为中国政府机构人员和旅英华人召开的。参加人员不仅有驻英使馆属员,还有中国派驻荷兰、比利时、波兰以及捷克斯洛伐克等国的各大使馆人员。我在会上讲了话。我强调国内人民正在艰苦奋斗、浴血抗战;要求全体海外同胞都要效法国内人民,全力共赴国难。我说,只有这样,我们才能对得起委员长对抗日战争的英明领导,才能对得起为国捐躯的阵亡将士。会上还募集了八百多镑的战时救济金。

晚间在艾伯特大厅举行的一次集会,规模要大得多。特别有意义的是,这次集会竟是英国政府发起的。会堂里挤满了人,据说会堂外面还有四千人。新闻部的副大臣在入口处迎候我和我的夫人,并引导我们穿过大厅,其时艾德礼夫妇、艾尔文勋爵和夫人、约翰·安德森和夫人、卡姆罗斯勋爵和夫人、蒙巴顿夫人、艾登先生和夫人、克兰伯恩勋爵和夫人、怀南特先生等都在那里。在一旁桌子上还摆着许多茶点。七时二十五分,我们及时列队进入会场。艾德礼以主席身份致开幕词,并向大会简短地介绍了各位发言人。接着各位发言人讲话,发言的有加拿大的布罗金顿先生、艾尔文勋爵、艾登先生和我。

在刚要进入会堂之前,艾登把我拉到一旁,拿出他的讲稿,把其中的重点几段让我看。这是他打算在讲话时强调的几段,所以特地拿出来给我看,希望听听我的评价。这种做法,就是英国人表示亲密合作的方式。这几段的要点是:(1)英国政府决心彻底粉碎日本,一如粉碎欧洲的两个轴心国家那样。大英帝国认为它对亚洲的英属领地,对帝国统治下的各族人民,特别是对盟国中国,都负有责任。(2)英国期待出现一个统一强大的中国,它不仅在战时要起十分重要的作用,在战后的重建世界时期仍将是这样。这是大英帝国一贯的政策,过去是这样,现在也是这样,今后仍然是这样。我在日记中写道,虽然这篇演讲中也含蓄地表示英国并未放弃缅甸和马来亚等等,但它仍不失为英国方面为了安慰中国、争取好感和消除猜疑而作出的一次诚恳的尝试。

艾登发表讲话后,当我刚要发言时,奏起了中国国歌,会场全体起立。这确实是个感人的场面,难忘的场面;确实反映了英国要对中国表达友情的真诚意愿。我讲话时,在我准备好的讲稿中适当的地方,插入了几句话,对艾登的讲话表达了恰如其分的谢意。我小心地控制着我的音调,不让它提得过高。事后听说,我的讲话收到了出色的效果。讲完后也没感到疲倦。许多人对我说,我的讲话是最好的一篇。不过,我觉得布罗金顿先生讲话辞藻华丽;而艾登讲话则对我国十分友好,使我高兴。九点正集会结束。接着举行了一个招待会,还上了点心。当我们离开艾伯特会堂的时候,有一大群人向我和我的夫人致意。

这是英国政府第一次公开地向中国表示友好。在此以前,他们对我国一直持有一种保留、审慎的态度,甚至对中国问题应该公开讲话的时候,也沉默不语。英国政府之所以感到有必要作这次公开表示,有许多原因。首先是因为中国一直在对日抗战,在亚洲遏制了日本侵略者,使英国人占了不少便宜;至少在珍珠港事变前的五年内是这样。所以这次集会是做给被压得喘不过气来的中国人看的一种姿态。第二是美国已经成为英国的盟邦,美国不仅自己一直极为关注亚洲的战争,比英国重视得多,而且也一直在促使英国在援华政策上尽可能同美国积极合作。英国政府认识到,既然他们自己要向美国取得多多益善的支援来应付欧洲的战争,那么对华盛顿要求他们积极参与太平洋战争的声音,就不能充耳不闻。不过,我认为最重要的原因还是由于英国人民在了解到中国人民的苦难生活、勇敢和牺牲精神等多方面情况之后,已经走在政府的前头。中国这几年在英国人民心目中,已经成为受到普遍赞扬的英雄。

从此以后,向中国表达亲善的行动就搞得日益鲜明突出。我想再举几个突出的例子。

7月13日，中国协会在考陶尔德学会总部举办了一个孔子展览会。这是珀西瓦尔·耶茨教授组织的。我应邀为展览会揭幕，并受聘为学会名誉主席。

　　同一天，联合援华委员会主席克里普斯夫人对我的夫人说，既然蒋夫人不能来，那么是不是可以请孙中山夫人来英访问呢？她说，她和她的丈夫还希望能在蒋夫人领导下成立一个中英委员会来处理联合援华委员会募集的那笔基金。这笔基金现已与日俱增。她说，如今英国人对中国怀有真诚的友谊，中国对英国人的优越感不要介意。她说，即使是邱吉尔，由于斯塔福德·克里普斯爵士的影响，也已经改变了他对中国的看法。克里普斯夫人又说，她给蒋夫人写的那封很长的私人信件，仅仅得到了一封生硬的复信。她认为这封复信既简慢又冷淡。

　　7月14日，应英国议会中新成立的英中委员会之请，我向上下两院共计约七十位议员发表演讲。人们告诉我，那天听众之多，远胜平日，这是议会高度重视的表现。集会组织人告诉我，有一次美国大使怀南特来向委员会演讲，台下只有十五个人听讲。我讲话那天，先是由塞缪尔勋爵主持会场，后来他请泰茀亚勋爵代他主持。我共讲了三十分钟，接着就回答问题。问题的内容不外乎下述一些方面：能否从中国境内的机场起飞去轰炸日本，中国对这一问题如何看法？中国对朝鲜、澎湖列岛以及琉球群岛有什么打算，中国政府有多少民主，为了使中国变成一个真正的民主国家，中国采取了哪些步骤，中国政府与中国共产党的关系如何，它们是否仍在合作，中国现在正开辟哪些对外运输路线，战后中国的目的是什么，中国的饥荒延续了多长时间等等。

　　为了进一步证明英国对中国更为显著的友谊，我想追述一下7月21日在莫里森大厦举行的一次午餐会。这次宴会是由伦敦市市长塞缪尔·约瑟夫爵士主持的，赴宴的客人有二百人上下。市长告诉我，这次午餐会的目的在于向中国致敬，并向英勇抗击侵略者的中国人民表达友情。

那天晚上,我应邀参加了英国皇家外科医师协会为新会员举办的一次招待会。邱吉尔和蒋夫人都在名誉会员之列。罗亚尔公主是协会仅有的一位女性会员,她光临了招待会。席间还有几位内阁部长,其中包括约翰·安德森爵士、西蒙勋爵、伍尔夫勋爵。蒋夫人由于为慈善事业作出了重要贡献,因而被接纳入会,这是一件值得注意的大事。

还有一件反映英国对华友谊的事例。有一次阿伯丁大学城全体人员和他们的夫人邀请我,并把我作为贵宾接待。该城的警官全部穿着火红的制服。我们先驱车到法学院,我在那里接受了名誉法学博士学位。仪式非常隆重,给人以深刻印象。怀南特先生和我都讲了话。然后,我们被领到音乐厅,在那里接受了该城公民的荣誉证书。虽然美国大使也被邀请了,并且也向他的国家表示了友谊;但同时很鲜明地也向中国表达了同样的友谊。

第三节　宋子文访问伦敦

1943 年 7 月—8 月

外交部长宋子文在 7 月 24 日到达伦敦。他在尤斯顿车站受到英国政府代表、中国大使馆全体人员,以及中国政府其他代表的欢迎。我陪同他到克拉里奇斯饭店他的房间,我们二人在那里就英美的政策,以及战局概况互换了情报。他告诉我,在离开华盛顿以前,他会见了罗斯福。罗斯福对他的伦敦之行有所嘱咐,要求他保持坚定,对全球局势要有信心。罗斯福并告诉他,英国人还是不愿意充分承认中国的地位。因此,和他们谈话时态度要高昂一些。宋也见到了副国务卿萨姆纳·韦尔斯,韦尔斯告诉他,英国将会同意把满洲和台湾交还给中国。关于满洲问题,唯一的困难是要看苏联持何态度。韦尔斯认为西藏不成多大问题。香港问题虽然要棘手一些,但只要在交还的条件上作些讨价还价,中国还是可以把它收回的。

中国外交部长访英的初步印象并不太好。使馆的参事陈维城报告我说,宋到英国那天,英国外交部派布罗德到普雷斯维奇去迎接他。布罗德在火车上告诉他,外交部常务次官贾德幹爵士不能到伦敦车站欢迎他。宋子文当时显得十分恼怒,他问陈,怎样才能把他访英的日程缩短到至多不过三个星期。这是第二件使他不高兴的事。第一件是艾登也不亲自到伦敦车站欢迎他。但我认为这二位外交首脑不去车站迎宋,并非存心侮辱或有意冷遇。他们实在是为大小会议忙得不可开交。后来事实证明,那时他们正在准备离开英国、随同首相去同罗斯福总统举行会谈。

由于宋子文在华盛顿时曾写信告诉我,他想找个清静处所度周末,因此我在韦布里奇给他租了一处舒适的住所。7月25日,星期天,我驱车把他,还有李滋罗斯爵士一起带到韦布里奇的住所。在那里,李滋罗斯告诉宋和我,英国财政部对中国贷款问题的态度丝毫未变。财政大臣金斯利·伍德爵士总是"无所作为",而依靠凯恩斯勋爵找些论点来支持他自己的无所作为。英国外交部现在对这一问题更是无能为力,因为他们接到重庆的报告称,委员长倾向于同意目前的条件,只有财政部长孔祥熙还在争取向伦敦把条件搞得更优惠些。这就是问题被拖延的原因。

宋子文告诉我,美国愿意向中国提供价值两亿美元的黄金以维持法币的币值;并且商诸英国,希望借用印度的黄金库存,以免远道从美国运往中国。但是英国的答复颇令人沮丧。他们说,把黄金送到中国去,只能助长那里的投机风,受惠的仅仅是银行家们。更有甚者,他们说,把黄金从印度拿走会动摇印度货币的信用,政治影响不好。

宋和我私下里商议我们应该对艾登说些什么,以及从大体上说,他此行应该争取达到哪些目标。他认为如果西藏问题能够取得保证,缅甸的作战方案也能定下来,他就应该满足了。他对贷款问题倒不急于求得解决,特别是在听到了李滋罗斯的那番话,以及我所作的估计,认为要想修改英国人最后提出的条件没有多少成功的希望之后,就更不去想贷款问题了。宋告诉我说,他此行的首要任务是推动缅甸战役的准备工作加速进行。雨季只剩下两个月了。他要摸清英国人到底是打算积极推动计划,以便在10月中付诸实施,还是采取拖延政策。如果是后面这种情况,他就打算把他的访问缩短到三个星期左右。

第二天,我把宋带到白金汉宫去在金册上留名,然后按照预定的安排去访艾登。我们来到外交部时,贾德幹已经在那里迎候。我们见到艾登后,宋首先提出了西藏问题,一时气氛有些紧张困窘。艾登说,关于中国对西藏的宗主权问题,他的政府和中国的立场是不一样的。实际上,双方的见解是截然不同的。我建议双方各自提出一份备忘录,表明各自的观点,以利商谈。我提出这一建议的目的是为了尽快结束这一尴尬局面,防止局面进一步恶化。他二人都表示赞成我的建议。这样,会谈才得以继续进行,而再没有发生其他障碍。

英国政府预定在7月28日晚间为中国外交部长举行一次正式宴会。上午我和宋在一起,帮助他起草晚间他要在宴会上发表的演讲稿。下午一点,艾登打来电话说,他记得宋博士已经同意不发表正式演讲。但是他现在了解到宋打算发表。(他这个不完全正确的消息肯定是从他自己的下属那里得来的。)我说是的,宋正在起草他的讲稿,这是因为他看到了一份艾登的讲稿才动手的,尽管那稿件上确实写着"此稿尚未经艾登过目"。艾登说,这是天大的误会,应该由他的秘书来负责。他不打算发表这样的演讲。我说,宋实际上也同样乐于不发表正式演讲。这样,宋的讲稿就重行改写,大大缩短,有关政治方面的内容基本上全部予以删节。下午四点,我给艾登送去一份副本,供他参考。他也同样好心地给我送了一份讲稿副本,还加上了他的说明。

宴会是由艾登代表政府主持的。赴宴的有四十来人,其中有八个中国人、美国大使、英国战时内阁和三军的代表,还有许多英国的其他显贵。这一盛会确乎不同寻常。艾登发表了措辞适当的讲话,既诚恳又不拘形式。他表达了热情和诚意,至少他给我的印象是如此。他在讲话中甚至还提名赞扬了我。他说:"从大使这个词的崇高含义"来认识,英国政府能有我这样一个人作为中国大使,驻在这里,"实在感到十分幸运"。他指出,在复杂、微妙,有时是十分费力的外交事务中,我起了有益的作用。我得到的印象是,至少艾登本人强烈希望,战后英国能同中国,以及美国、苏联一起,共同携手合作。

宴会以后,宋和我在他卧室内又谈了一个小时。他问起了我在袁世凯总统手下工作的经历。他告诉我,他渴望和邱吉尔会谈,摸清邱吉尔对缅甸战争有多少诚意,并以此决定他自己在英逗留的久暂,换言之,他的主要目的是要求英国合作,以便促使早日光复缅甸。

第二天,邱吉尔夫妇为宋举办了一个招待会,那完全是个社交集会。与会的总共有十来个人,其中包括蒙巴顿勋爵夫妇和克兰伯恩勋爵夫妇。席间谈笑风生,话题广泛。例如墨索里尼的倒台,意大利濒临崩溃,以及议会工作经验等等。邱吉尔对我承认,他在反击下院某些反对他的人时曾说过,中国古代的御史,为了表白其忠贞和纯洁,常采用自杀行动。邱说,他是说过这样的话。不过,当他自己是反对者时,那就又当别论了。我的夫人坐在邱吉尔右侧。邱吉尔对她说,他很遗憾,未能会见那位伟大的夫人,意思是说蒋夫人。他又说,他现在老了,不能到中国去访问了。(表面看来,他是随随便便说了这么一句。但是可以体会到,他确实是由于没有会见到蒋夫人而感到失望。)

那天下午,我陪宋去访问财政大臣金斯利·伍德爵士。我们仅泛泛的谈了一会,双方都避而不提贷款问题。

宋子文出席了我大使馆为英国议会内英中委员会举行的午宴。席间,利斯托韦尔勋爵、卫德波上尉和海军上将比米什都坚持认为,要从缅甸出击打败日本,代价太大。比较好的方案是直接进攻日本本土诸岛。他们说,这是英国政府内部普遍的意见。

第二天上午,宋要我到他那里去,帮助他制订一个约会计划。他说,他打算在 16 日前往美国。这比他原定的日期提前得多。他说,他已经把这一行动计划急电报告委员长。他给我的印象是,他认为邱吉尔不够直率,不够友好。另外是新任印度总督魏菲尔也访问了他,但没有谈什么重要的事,是一次纯粹的礼节性拜访。约翰·迪尔爵士也访问了他,这个人比较坦率。迪尔说,英国海军已经向远东方面增援,一俟印度的局势得到澄清,还要继续增派。宋认为邱吉尔应该把这一情况告诉他。但是相反,邱却说,他现在还无法获得任何海军增援部队。

同一天,财政大臣在萨沃伊饭店为宋举行午宴。在座的有财政部大臣艾奇逊、战时储蓄局首脑金德斯利勋爵、凯恩斯勋爵、凯特尔、肯尼特及凯恩博伊……也就是说,所有的财政和金融巨头都到了。财政大臣两次举杯祝酒,第一次是为英王,另一次是为中华民国。祝酒后非正式致词,欢迎宋子文来英访问,并赞扬了他的成就。宋也即席讲话,讲得既得体、又庄重。

下午,我陪宋去会见劳工大臣欧内斯特·贝文,谈得很融洽。贝文给宋的印象是个典型的劳工领袖,但比艾德礼精明能干得多。他告诉我们,英国四千五百万人口中,已经有二千五百万成年男女军事化。宋问,战后工党打算追求什么样的目标。他说,英国将执行一种介于不分贵贱的美国式资本主义与苏联式共产主义之间的社会主义化中间路线。他并且告诉我们,他正在号召为飞机厂和飞机工业增募新员。因为要在远东打败日本,空军对飞机的需求正在增长,而且将继续增长。英国人民将会怎样来对待这一局面?政府的决心早已昭告于全国。英国人民会不会认为远东离他们遥远得很,打败日本人是个长期的任务,因而不支持政府?这是个盘旋在贝文脑际的问题。

魏菲尔将军拜访了宋子文。不过据说这仅仅是一次礼节性拜访,并未提到收复缅甸的事。

星期六,即 7 月 31 日,我再次陪同外交部长和他的随从人员来到韦布里奇住所。我们就各项问题进行了长谈。他谈到对中国政局的看法,需要一个民主立宪式的政府,或者至少要用民主宪政来装装门面,他和委员长打交道的经验以及他二人之间的矛盾,他在广东创办中央银行的情形,他对中国经济复兴的兴趣,他对外交工作的厌恶,保留外交部长这一职位,仅仅是使他在国外有资格同美国以及其他国家政府打交道。今年回国后,他打算辞去这一职位,并希望我接着担任起来。他感到自己拙于辞令,而我则最适于担当这一职位。

8 月 1 日,我们得到了林森主席逝世的消息,是路透社和英国外交部报道的。到下午两点才得到中国外交部的证实。这使我们大家都感到震惊,虽然这不是意外,因为他从 5 月份以来就已经病倒了。中华民国主席溘然逝世,这一突如其来的噩耗使人感到悲痛,也使宋在伦敦的既定活动计划变得复杂起来。英国外交部希望知道,宋是否还能出席那天预定的鸡尾酒会,以及蒙巴顿爵士夫妇准备在 4 日为他举行的午宴。于是我们马上对这些问题进行了研究。开始我想宋可以出席这些招待会的,宋的随行人员拉西曼博士和施明博士也都同意我的看法。但是大使馆全体人员和总领事全都逼着我把一切社交约会都取消。我被他们说服了,并决定不采取任何折衷办法。国内的人不会理解这次宋因公出访所遇到的特殊情况。但是,不管如何悲痛,我国和一个盟国的关系应该延续,尤其是在战时。我决定夜间去找宋,告诉他一切社交约会均取消。

8 月 3 日,宋和我一同去参加了一个参谋长会议,这个会议是为了研究中国的需要,发动收复缅甸的战争,以及重开滇缅公路等问题而召开的。会议由帝国参谋长艾伦·布鲁克爵士主持。英国方面有八九个人参加,其中包括空军上将查尔斯·波顿爵士、海军参谋长路易斯·蒙巴顿勋爵、空军参谋长达德利·庞德爵士、联合作战司令伊斯梅将军及太平洋作战委员会霍利斯将军。布鲁克将军办事很有条理,他把英国人的观点表达得既简洁又坚定。英国方面在滇缅公路收复后,能否重开这个问题上,意见有分歧。宋在会上做得很得体,他大胆发言,说得铿锵有力。我所得的印象是,英国人并没有决心通过一场大战来收复缅甸,他们只不过想收复滇缅公路。他们的计划是在别的地方进攻日本,把它包围起来,用较短的时间将其打败。而且这也要等到德国被全面击溃以后方能实现,还是老问题。我们中国人迫切希望发动一个战役,以收复缅甸,同时打击日本人的气焰,使他们不敢对中国发动进攻。可是英国人却渴望首先打败希特勒,把日本和远东问题暂时搁置一旁,等打败德国以后再说。

我立刻赶回去,为宋草拟了一个电报,把这次会议的结果报告委员长。

我又陪宋到威斯敏斯特去见艾登。贾德幹也在那里。

我在大使馆主持了宋子文举行的记者招待会,并把他向八十来名记者作了介绍。宋毫不迟疑地回答记者们的问题,他的坦率程度给记者们的印象很深。会上的记录相当完整,但是宋不希望向外界透露。他要求把记录全部销毁,包括修正本在内。他要求这样处理有个理由:就是澳大利亚记者提的问题和当地公布的文本都使他很不放心。当然,已经说了出来的话是很难收了回去的。而且记者们都已赶忙去打电报发新闻。当然,没有官方公报,总是可以说这段报道并不准确。

在 8 月 4 日举行的太平洋作战委员会的会议上,这位外交部长谈得很自信,也颇自如。他讲的主题是重开滇缅公路的必要性,并且驳斥了那些关于要修复滇缅公路,扩大其运输能力,困难很大的托辞。听的人都感到他讲得切实有力。

下午晚些时候,外交部的阿什利·克拉克先生和丹宁先生来访宋子文和我。他们来的目的是想就两国有关的问题与我们交换意见。谈及的问题之一是,打败日本以后如何处理天皇制度。当时非常普遍的意见是要废除天皇制,特别在美国,这种主张最为普遍。这种主张一直流行到日本投降前夕。在我记忆中,那是由于一个美国人,前驻日大使约瑟夫·格鲁的坚决反对和论证,才使罗斯福总统终于同意保留天皇制这一明智的抉择。在我们同克拉克和丹宁谈话过程中,宋坚决主张要把废除天皇制作为和平条件之一。这使我感到相当惊讶。他从未向我透露过这一主张。事实上,这是我第一次听到中国政府的意见。我感到,宋表示的意见是委员长的意见,也是他自己的。但事实上,我不能肯定,我们的外交部长这时发表的意见反映美国人的观点多些呢,还是委员长的多些?丹宁曾在日本居住和服务过十一年,他千方百计地设法打消宋的主张,但无济于事。(后来,我国政府对这一问题的立场终于转变了。)

8月5日,我陪宋去见挪威大使特吕格弗·赖伊博士。我们进行了友好的谈话。赖伊为人爽朗坦率,宋和我对这次谈话都感到愉快。

同一天上午晚些时候,我们会见了休·多尔顿博士。我知道他过去是伦敦大学的经济学教授,入阁不久,他待人和蔼,但书生气比较足。他强调中国、苏联、美国和英国必须携手合作,形成战后世界的四大支柱。宋显得有些不悦。可能是因为他怀疑多尔顿言不由衷,也因为多尔顿只提到中国在战后的重要性而没有提在战争中的重要性。宋答道,有许多人心目中仍然只有飞机大炮,如果以这个尺度来衡量那就肯定不会在平等的基础上把中国作为四强之一来对待。

后来,我们又访晤了赫伯特·莫里森先生。我们之间的谈话毫无拘束。不过,莫里森似乎不太熟悉礼仪,我们站起来告辞时,他仅和我们握了握手,却站在书桌旁,一动也不动,甚至没有把我们送出办公室。多尔顿和贝文也是如此,不过他们把我们送到办公室门口。

我们又去拜访了阿奇博尔德·辛克莱,他谈话很坦率,但在谈话中有些傲慢。他提到有个西南联合大学政治系主任叫钱端升的,给他写过一些信。辛克莱说,钱和他素昧平生,但他的信却很有意思,见多识广。不过,他对英国打算先击败希特勒的政策,颇多责难。

第二天,我陪宋去看詹姆斯·格里格,他是陆军大臣。他曾在财政部任公职十多年,并任过财政部驻印度财政专员五年。他对中国的知识似乎是从顽固分子的报告中得来的。

从陆军部出来,我们又到印度事务部去见艾默里先生。我们之间的谈话大部分是社交性的,但我们确曾触及了滇缅公路问题,以及如同对德国一样,把日本彻底打败的重要性。

宋和我应空军少将格拉泽之邀,同他作了一席谈。谈得非常坦率。他告诉我们一些有趣的情报,有的是关于日本生产飞机的能力的情况,有的是关于德国、英国、美国以及日本等各国的飞机优劣的情况。他说,日本的飞机补充能力是每月八百到一千架,即便是德国也超不过每月五千到六千架。但是仅英国自己的生产能力就已经超过了德国。

原先,经我建议,并得到宋子文同意,我已经为他安排好,还要会见另外许多人物,特别是一些暂时在英国设立流亡政府的盟国领导人。一般情况下,凡我没有陪同他一起访问时,他都把谈话的内容介绍给我。这些人中,我们见到过捷克总统贝奈斯,并感到他对欧洲战事相当乐观。他希望欧洲战事能在1943年内定局。他说,希特勒必须把他的军队撤回到波兰东线以西。他的高级指挥官告诉他,德国军队只能再保住东线六个月;而且德国必须和苏联讲和,才能顶住英美在西欧和南欧发动的进攻。我们问他苏联的远东政策时,他说,苏联没有领土野心,它不会要满洲。

宋子文同荷兰外交大臣范·克莱芬斯的谈话可不太愉快。宋问我,范·克莱芬斯建议把两个中国海员的问题提到海牙国际法庭去是何用意。我说,他想必是打算把这一争论拖到战后再解决。这样,双方都可以保住面子。

宋还访问了斯塔福德·克里普斯爵士。他认为此人有些教授派头,不甚坦率。克里普斯对中英两国间产生摩擦的原因都提到了。他说,同印度的麻烦,实际上是印度政府造成的。还有,香港不能交还给中国。

生产大臣奥利弗·利特尔顿告诉宋,除英国不生产的东西而外,宋所提清单上的项目,有可能全部提供。

外国银行盼望能像在伦敦盛行的那样,在放宽的条件下同中国往来,汇丰银行的海因克曼希望宋子文对这个问题作个明确的否定表态。由于宋不了解伦敦和纽约的情况有什么区别,所以他没有答复。(在纽约,外国银行是不允许接受存款的。)

宋从美国大使怀南特那里获悉邱吉尔将去加拿大参加魁北克会议。至于宋是否需要缩短他对英国的访问,立即去大西洋彼岸的问题,大使答应探明艾登的意见后再告诉宋。(实际上,宋不久就决定飞往魁北克。)

8月8日,美国武装部队的德弗斯将军派一名军事信使送来一份电报。电报是美国参谋长马歇尔从华盛顿打来。电文说,他接到可靠消息,中国政府已经向中国共产党人提出要求,限令他们在8月15日以前解散他们的政权,并把其军队置于政府控制之下。如不照办,政府将采取措施来对付他们。马歇尔将军表示感到不安。我问宋能否设法防止冲突。他显然是感到心烦意乱,要求我马上给委员长发一个电报。

8月11日,宋再度会见詹姆斯·格里格。回忆五天以前,我们三人进行的谈话,并非十分顺当。这次在李滋罗斯爵士的建议下,由他二人单独会见。李滋罗斯是格里格的好友。这样做是希望他们可以自由自在地讨论任何问题,愉快的也好,不愉快的也好。后来宋告诉我发生的事,他说这位陆军大臣谈到了印度以及中国军队的糟糕情况等等。宋老实不客气地告诉他说,他绝不能把中国人和印度人等量齐观。中国对印度没有野心,怎样对待印度人是他们自己的事。不过,在宋看来,英国人应该对印度人宽厚些,因为他们是雅利安语族,而中国则不是。宋毫不犹豫地承认中国军队受到了重大损失,由于缺乏武器,所以中国军队伤亡惨重。他说,这就是为什么中国一直在呼吁要求提供更多物资的原因。至于中国的内部情况,他告诉格里格,在战争结束六个月之后,中国将建立起一个宪政政府。

8月11日宋出席了一次有财政部高级人员参加的午餐会,其中包括凯恩斯勋爵。席间进行了冗长的讨论。宋关心的主要是中国的财政经济状况。而财政部的先生们却逼着他,要他说明,他打算怎样解决贷款问题。他们自己则坚持两个基本条件,分毫不让:

(1)这些资金只能在英镑区使用。

(2)借款不得延长到战后使用。

宋对他们明确地表白自己的立场。他说,他不是来解决借款问题的,因为他不是财政部长。扬还想进一步逼他表明态度,但是韦利小心地打断他说,不能强迫宋博士谈他所不愿谈的事。

那次午餐会拖得很长,以致耽误了宋的下一个约会,和艾登的最后一次会谈。由于宋的迟到,艾登接着还有另一个约会,所以这次会面时间很短。但他们二位把中英两国间存在的所有突出问题都谈到了,其中包括经由西藏向中国运送物资的问题。他们也谈到了邱吉尔同罗斯福在魁北克的会晤,以及中英两国为宋子文访英发表联合公报事宜。宋即将离开英国,他自己把这次访问的重要性总结了一下。他说,这次访问的重要性,主要的不在于解决了什么具体问题,而在于他同英国政府的领袖们建立了联系。

就在这天,宋乘坐一架美国的空军运输机飞往普雷斯特维奇,一路上都由美国人负责。英国外交部代表阿什利·克拉克也是由美国运输司令部负责送去的。就像克拉克说的,这是美国在英国享有治外法权的一个例子。在普雷斯特维奇的安排确实就是这样,我们的食宿问题都是由一些美国人料理的,他们也为我们管行李,送我们上飞机。阿什利·克拉克和我又乘坐当地的一架飞机一同飞回伦敦,途中共飞了三个小时。我由美国空运司令部派车送回大使馆,司机是女的,穿着军装。

第二天上午,金问泗大使来报告说,宋子文同荷兰外交大臣范·克莱芬斯的谈话是不大愉快的。宋说,中国对荷属东印度群岛没有领土野心,并要求迅速解决两起有中国海员死难的不幸事件。

8月22日,英国广播公司报道了魁北克会议。报道说,会议的核心问题是太平洋的战争;并说,会议决定要用对德战事相同的规模来进攻日本。虽然我知道宋也在魁北克,但我对报道是否完全确实可靠,仍抱有怀疑。两天以后我接到报告说,在有罗斯福、邱吉尔、麦肯齐·金和宋出席的一次午餐会上,就对日作战问题作出了重要决定。

第四节　1943年8月底到11月的情况

大使馆的财务参事郭秉文博士从华盛顿回到了伦敦。他此行是奉孔祥熙之命去华府与美国财政部进行谈判的。他报告我说,他负责的用美国国会通过贷与中国的五亿美元中的两亿元购买黄金的谈判已告成功。谈判的胜利完成,使他感到非常满意。虽然美国财政部里的人们反对,但部长摩根索最后还是同意了这笔款项用于稳定中国货币。他们的论点是把这笔信贷保留在账面上,美国政府就总能拴住中国。孔祥熙为了要延缓法币的继续膨胀,热望这一方案的实现。按一万元法币兑换黄金一盎斯计,这两亿美元的黄金可以回笼六百亿元法币。郭说,此外,一旦战争结束,美国随时都有可能取消给予各盟国贷款。他还说,宋子文自己对谈判有兴趣。遗憾的是,这位外交部长跟摩根索的关系不佳。在一次会议上,宋确实拍了桌子,摩根索也这样做了。

郭还报告了他和孔的一次长谈,谈的内容是,关于在伦敦进行的英国对华贷款的谈判,下一步该怎样走。我们商定要从政治角度来看待这一问题,并设法从租借法案中寻求解决问题的办法。但是,我再次告诉他英国人的立场是不可改变的。我并谈到稳定货币协议和中国债券登记的问题。在宋来伦敦进行正式访问前,郭也同他研究过英国贷款问题。那时,宋甚至要求郭跟他同来伦敦,以便协助他签订贷款协议。但宋回到华府后对郭说道,他在伦敦没有插手办这件事。宋说,委员长曾嘱咐他不要向英国伸手要什么好处,因为他这次到英国是一次正式访问。(这仅是他的一种说法,我怀疑委员长在这方面到底给他作了多少指示。)

早先,我还在重庆的时候,曾研究过承认自由法国的问题。那时,我主张稍等一下,以便把问题考虑得更全面些。目前一旦承认自由法国,我们就必须与维希法国断绝关系。半年后,这个问题终于冒出头来,我回到伦敦时,戴高乐将军派了一个代表来见我,催促承认自由法国。艾登也要求我派人去拿一份英国承认在阿尔及尔的法兰西民族委员会的声明草稿。这项声明的内容说明,这是英国和美国达成妥协后的产物;美国显然在很大程度上影响了声明的内容。英国外交部说,这项声明将在星期五公布。那就是说,四十八小时以后就要公布。因此,我马上向重庆报告此事,并提出了我的意见。我建议以英国的声明为基础,准备一份我国自己的声明,但要考虑到我国面对法国的特殊情况。我提出,我们无需急着和英国同时发表。(我们虽然还没有和维希公开分裂,但已从那边撤回了我们的大使馆。)

8月30日,我接到中国外交部的电报,声明中国承认在阿尔及尔的法兰西民族委员会。我奉命把这一声明通知该委员会驻伦敦代表。我立即照办,派陈维城参事去执行这一任务。

正当华府和伦敦的中国代表们在继续推动开辟缅甸战场的时候,整个世界上的大事在飞速展开。墨索里尼已被迫辞职,据报意大利军情不稳。年轻有为的路易斯·蒙巴顿勋爵被任命为新的远东司令部总司令,令人惊喜。众所周知,他是首相的亲信。在首相7月29日举行的午餐会上,我曾见到他。他为人亲切和蔼,给我的印象极佳。他的夫人和他一样,也到过中国,给予我和我夫人的印象也颇深。他的父亲是米尔福德黑文侯爵,邱吉尔任海军大臣时将他解职。据说事后邱吉尔为此深感痛苦,因此特别渴望和他的儿子建立友谊。首相特别热心于培养和提拔青年,尤其是才能出众的青年。

按照医生的嘱咐,我到乡间去休息,我接受了著名内科医生费利克斯·波尔爵士的邀请到他的坐落在拉姆斯伯利的庄园别墅去休养,那地方离威尔特郡的亨格福德不远。我本来打算在乡间至少住上三个星期,这是医生的意见。但是,9月2日大使馆打来电话说,蒙巴顿勋爵夫妇希望我和我的夫人能够出席他们在那天为印度新任总督魏菲尔和夫人举行的午餐会。我知道蒙巴顿,还有他的一位客人,因在缅甸打游击战而出名的温盖特上校都刚从魁北克和华府回伦敦,所以我欣然接受邀请,为的是要和他们以及印度的新总督见面交谈。席间,我问温盖特上校,他是否曾回答过有关远东的许多问题。他答道:他什么也想不起来了。我想,这是推诿。蒙巴顿想向我打听,宋子文是否还能陪他一同去重庆,并能否在10月1日到新德里。因为蒙巴顿接受新任命后,迫切希望到重庆去会见委员长。他还问,他在什么时间去见委员长比较适宜。他很希望知道,重庆的气候是否还是那样热,他是否能穿着蓝色海军制服而不致热得太难受。我告诉他,10月的重庆,有时气温还能高达华氏八十五到九十度左右。

我提出了收复缅甸的问题,接着就进行了讨论。人们告诉我,加尔各答以西的水灾仍很严重。魏菲尔和温盖特都认为,大约需要五个月才能把铁路修复。他们又说,当然,在这期间,新铁路也无法施工。我所得的印象是,在魁北克似乎根本没有对收复整个缅甸的计划作出什么决定,一切还有待于到重庆去解决。蒙巴顿夫人告诉魏菲尔,她曾亲眼看到中国人在建筑滇缅公路,他们没有机器,全靠双手。但魏菲尔依然不感兴趣。她告诉我,虽然英国人民对中国和中国人民了解得很少,但是英国人民对中国却非常关心。她抱怨说,去过中国的英国国会访华团成员都不是英国的重要人物,因此不能号召许多人来听他们讲话;如果派一些知名人士访问中国,情况就会大不相同。我邀请她再度去中国访问。她说很愿意去,不过要等到战后。她现在离不开她的战时岗位,她正在为六万多名女孩子操心。(她是妇女志愿军运动的领袖。)

有一件颇有意思的小事,从侧面反映了蒙巴顿的个性,说明他对他的新任务深感兴趣,并已下定决心,要在新任务中取得胜利。下午四点前后,他派秘书墨菲给我送来一个徽章,这是他自己为他的新司令部设计的。这徽章的图案是一把黑剑刺在一个红太阳上,把太阳的中心给刺破了。他急于了解,在中国人看来,这个徽章有没有什么不合适的地方。我认为这徽章设计得很好,简单明了,易于为普通士兵所理解。当然,它意味着日本的毁灭。因此,每个日本人一见到它便会感情冲动,从而激起顽强抵抗的精神。不过,这不应该作为首要的问题来考虑。这就是我向那位秘书表示的看法。

叶公超来向我报告说,克里普斯告诉他,如果中国人对魁北克会议的成果估计得过高,那就错了。中国未必是对日作战的唯一基地。至于香港,克里普斯提醒说,中国千万不要直接要求收回香港。他说,英国有些进步人士主张把香港交还中国,但是大多数人民希望保留它。中国如果提出什么要求,只能招来更强烈的反对,因为它将触发人民的自尊心。中国最好是要求国际共管香港。克里普斯还提到了西藏,并敦促中国通过派遣教育工作者、公共卫生官员等以帮助西藏的方式与该地建立联系,而不是派军队去威胁拉萨政府。

阿什利·克拉克还问过叶公超,中国对香港和西藏作何打算。关于香港问题,克拉克说,困难在于现在还不能解决。因它牵涉到许多其他方面的考虑,需要在战争结束后与盟国商讨,战后是否应由国际共管等问题尚需研究。他表示,希望中国现时不要对这个问题逼得太紧。

经我的一个朋友介绍,我和威斯敏斯特公爵在他的乡间别墅见了面。他还约请了他的几个朋友与我相会,其中有一位是雷金纳德·托马斯爵士,他是英国驻巴黎大使乔治·克拉克爵士手下的公使衔参赞,而克拉克则是我任驻法大使时期的老同行。这位公爵在英国舞台上起着巨大的幕后作用,是尽人皆知的。我从多方面获悉,他和盟国在法国的政治活动有密切关系。而托马斯爵士的侄女托马斯小姐却说,她似乎一点也不喜欢戴高乐派。(她对法国很熟悉,因为她实际上是在巴黎长大的。)

宋子文在致我的复电中说,他对蒙巴顿的任命感到满意,并把这项任命看作是英国有诚意的表现。他说,一切计划的细节都还有待于制订。

有个年轻的中国军官来告诉我,盟军已经决定在意大利登陆。他说,蒙巴顿提出的在西西里岛登陆的第一方案已被摒弃。因为这一方案要求同时在两个地点登陆,困难太多。最后采纳的是他的第二方案。这位军官还对我说,他认为魁北克会议是失败的,因为邱吉尔对美国关于战后计划的观点不高兴,甚至感到生气。他告诉我,他的英国朋友们给他一种印象,就是在他们这一代在英国及中国掌权以前,中英两国的关系看来是难以改善的。

埃塞俄比亚大使贝拉塔·阿伊拉·加布尔先生前来交给我一张一千英镑的支票,说是埃塞俄比亚皇帝送给中国的,用以对中国在日内瓦给予埃塞俄比亚事业的支援表示谢意,以及对中国英勇抵抗侵略表示敬意。我对这位大使表示感谢,并请他向皇帝转达我的谢意。我说,我将把这事向中国政府报告。然后我们谈了一些关于自由埃塞俄比亚的情况。他说,残暴的意大利人把他的国家破坏得很厉害,所以经济情况很困难。但是他告诉我,还有五百来个意大利技术人员,在他的国家内管理各种通讯工作和工程业务。这使我感到很奇怪。

我拜访了艾登,并向他了解对意停战谈判的情况。他告诉我,双方已经建立了直接接触。不过,因恐德国间谍窃密,许多情况仍在保密。换言之,这位外交大臣有些闪烁其词。不过,他还是答应会让我知道更多的情况。(中国对意大利始终很感兴趣。因为中国空军是在意大利技术人员和驾驶员协助下建立起来的,而且中国的飞机大部都购自意大利。墨索里尼对这一切都特别重视,他让他的女婿齐亚诺伯爵经管这些事。齐亚诺还担任过驻华公使。但是现在我密切关心意大利的情况有着更直接的理由,希望意大利问题一旦解决之后,收复缅甸的准备工作和作战计划就能更快进行和提前实现。)

我出席了英国外交大臣艾登及其夫人为苏联大使迈斯基和夫人举行的饯别午宴。差不多所有战时内阁大臣,以及三军首脑和他们的夫人全都赴宴了。劳合乔治和他的女儿梅甘也在座。此外还有一些国家的大使们。艾登发表了即席讲话。他向苏联大使致敬,说大使为促进英苏关系作出了贡献。他说,这项任务在过去不是一帆风顺的,他也不指望今后会十分顺利。他说,今后还会发生许多问题和困难。不过,他把迈斯基看作是一位了解英国,有时甚至是非常了解英国的苏联朋友。然后,他转过身来,面对着怀南特说,展望未来和战后的世界,他认为英苏两国间的合作是不可缺少的。在美国,已提出了主张英美结成联盟的建议。对此,他这方面没有任何异议,他的国家也不会有。他深信,如果四个大国,英国、美国、苏联和中国在战后能够同战争时期一样,共同合作,那么国际舞台上就不会有任何解决不了的问题。但是,如果这种合作没有保证,那么,世界的前途确实是黑暗的。迈斯基在答词中歌颂了斯大林的领导。他说,他自己对英苏关系作出的任何贡献,都要归功于斯大林。他强调红军所作出的贡献和牺牲。他说,所有盟国的军队都应以红军为榜样,赶上红军。

最后他说,由于苏军的努力,现在战争的前途已经很清楚了。于是他提议为全面胜利的迅速到来而干杯。

9 月 8 日,我应外交大臣之召,前去见他。他告诉我说,意大利已经投降,并交给我一份艾森豪威尔将军准备在当天下午五点发表的文告草稿。由于那天下午接到艾森豪威尔将军一封急电,使他显得有些紧张。这封急电说,意大利的巴多利奥元帅告诉艾森豪威尔,如果他在罗马向意大利人民宣布意大利投降,就会出现德军占领罗马的危险。因此,他决不能这样做。艾森豪威尔派到意大利去秘密安排盟军占领罗马的泰勒将军,那时已回到西西里,但艾森豪威尔说,他还是要按原定计划办事。我推测,这是意味着向罗马外围许多据点增派部队,以便占领意大利的首都。

四十分钟以后,迈斯基大使夫妇来到大使馆向我们辞行,我们一起用了些茶点。他说,迟迟不能开辟西欧战线的真正原因是,盟国要最大限度地节省他们的人力。他说,迄今为止,真正的硬仗是俄国人对德国人和中国人对日本人打的。就"军队"这个词的本义讲,应该说,只存在中国人和日本人,俄国人和德国人的军队,此外就别无其他军队了。我向他祝贺红军的胜利,并说,红军在冬季战役中表现得尤为强劲。战争似乎在今年年底以前就可以结束,因为德国日见衰颓,越来越顶不住苏军的进攻。但是他说,到 10 月份,东线将开始有一段沉寂。因为俄国人要把收复区的铁路恢复到原来的轨距,这大概需要几个月的时间。

9 月 10 日报道德军占领罗马。这是一条惊人的消息。自从 3 月以来,希特勒第一次公开发表讲话,他谴责意大利国王和巴多利奥元帅的背叛行为。同时报道的还有盟军已经占领了塔兰托,还有美军在那不勒斯附近登陆。墨索里尼被希特勒的党卫军救出的消息在伦敦引起了不小的轰动,并且使人们产生了很大的失望。人们害怕,这一事件将使意大利的垮台推迟,这就意味着战事至少还得持续几个月。

从远东方面也传来了一个同样重要的政治领域内的大事。

在国民党的中央执行委员会第十一次全体会议上,委员长当选为国民政府主席,在此以前,对临时约法作了一次修改,修改的精神是加强主席制。根据这一制度的规定,五院的正副院长都要由主席提名任命。他们都要对主席负责,而主席则对党的中央执行委员会负责。主席的任期由二年改为三年。我觉得这一修改非常重要,它大大加强了主席的权力,把权力集中在主席手中。这大概是为了便于主席领导抗战。

第二天我和克里普斯爵士在大使馆作了一次有趣而富于启发性的谈话。克里普斯夫妇要求同我和我的夫人四人一块进餐,以便畅谈一番。我们谈论了许多问题。他对蒋夫人未能来英国会见邱吉尔感到非常遗憾。他说,邱吉尔为人非常善于纳言,过去邱吉尔和斯大林失和,但是他们二人1942年在莫斯科会晤却是一大成就。会晤使邱吉尔全面改变了对苏联和对斯大林的看法。他问,委员长是否能到英国一行。我认为在战争结束前他不可能来。他相信邱吉尔愿意到中国去。但是到那里去要飞越喜马拉雅山,这对他来说实在是太辛苦、太危险了。他建议说,重庆对年富力强的蒙巴顿要多加帮助。蒙巴顿对中国一无所知,应该是非常勇于纳言的。他说委员长最好也要多多起用像我的武官唐上校那样年轻有为的军官。他说,他非常赞成唐去蒙巴顿那里工作。

我告诉克里普斯,委员长已当选为国府主席;以及林森去世后,对约法的修改。他说,他给委员长写过信,敦促中国政府要加快民主化。这里的人们说,他们对中国一无所知。他们还是认为战争结束后,中国仍旧会回复到混乱和内战状态中去,不可能变成一个西方式的民主国家。他说,因此他们作出结论,认为中国不可能对亚洲有较大影响,对整个世界的影响就更要微小。他的政府中的同事们对中国在战后世界中的作用不存多大希望。他自己正在宣传建立美、英、苏、中四强联盟作为战后世界基石的必要性。他敦促道,需要对英国人民作更多的宣传。由于联合援华基金的建立,英国人民现在对中国已较过去关心得多。我给他讲委员长在国民党中央执行委员会第十一次全会上的讲话,委员长在讲话中要求在战争结束一年后组成宪政政府。我还给他讲了全会为此而作出的决议。他说这些都是很重要的宣传材料,他将要求伦敦泰晤士报的巴林顿·沃德就这些情况写一篇文章,加以报道。

我们研究了中英关系中的困难问题。克里普斯说,蒋夫人在印度发表的声明,没有起到好作用。我说,邱吉尔给委员长的复信使用了不必要的尖刻语言,同样于事无补。我说,我在重庆时看到,从委员长以下所有的要人,都理解与英国和美国合作的重要性。在英国,许多人认为中国总是乐意和美国合作,但实际情况是,中国同样乐意和英国合作。只是,经常出现一些意想不到的困难,使两国间的进一步谅解遭到阻碍和不利影响。我告诉他,我回到英国以来,又一次力图推进两国关系,但进展不大。举个例说,贷款问题就毫无进展。在英国,人们似乎对中国持有两种观点:一种是害怕中国会变得过于民族主义化,或者甚至帝国主义化。另一种是认为中国的统一不过是一种暂时现象,一旦战争结束就会再度分裂,以致在世界上不能有所作为。克里普斯认为,这种说法很流行。他说,就是这种观念,使得许多要人低估了中国在亚洲和世界的作用。不过,他相信中国在精神上实际还是民主的,可以扶植起来成为民主世界中的一支生力军。(他同英国和美国的许多向前看的领袖们一样,是个坚定的民主主义信徒,总是把西方的团结同民主联系起来。因此,他和中国的许多自由主义者一样,当然希望看到中国进一步民主化,这样才能同许多西方国家更紧密地携手合作。)

这时,我正在就组织中国友好代表团问题和我国政府磋商。这一友好代表团将对英国国会代表团的访华进行回访。我已把中国代表团的活动计划告知克里普斯。他说,希望代表团中有一位产业界人士,以便与英国工商界商谈。我提了缪云台的名字。

他说,他希望来一位"新派"人物。我说,我也提过刘鸿生,但我不能肯定他是否能来。我们也研究了派遣更多的中国人到英国工厂去实习的问题,如同印度所作的那样,以便为我国的工业化计划提供专门人才。

克里普斯夫人说,孙中山夫人为了办理国际医院,急需更多的资金。并说,关于这个问题,孙夫人和蒋夫人的意见似乎不一致。我解释说,她们二位都为抗战工作,但不在一个单位。

我问克里普斯,英国人对建立永久性中英同盟有何见解。他说,唯一的顾虑是,这样会在英国内部,赞成和苏联合作的人士与赞成同美国合作的人士之间形成一条裂痕。这种意见上的冲突会使国家分裂。这在战时是最不足取的。我又再度提起邱吉尔访华问题。克里普斯说,有一个困难,就是如果邱吉尔经过印度,就不能对印度问题置之不理。但是,在邱吉尔领导下,英国又不能对印度有所作为。他说,魏菲尔为人比较进步,但是在战争期间,实在也无能为力。克里普斯把解决印度问题失败的原因,大部分归咎于布雷思韦特上校的阴谋破坏。此人是林利思戈总督的秘书。他说,新任秘书詹金斯先生是个杰出的人,必将成为总督的得力助手。至于中国在英国的宣传工作,他说,他认为聘请一个英国人来掌握并非上策,宁可从中国派一名性格活跃、熟悉情况的年轻人来。他还说,大使馆内,也有许多人与中国国内事务已经脱节,大使馆确实需要一些机警能干的年轻人。

9月21日,我参加了下院的一次集会。会上,邱吉尔就意大利局势发表讲话。首相显得轻松愉快,赢得了下院的拥护,和往常一样,他有时很幽默,引得听众哄堂大笑。他精神焕发,会场空气也呈现出议会政府中最佳的典型状态。邱吉尔把意大利局势中的悲喜两个方面都讲了。巴多利奥起初曾向盟国求和,以便他能和意大利昔日的盟邦德国作战。邱吉尔说,那时候实际上巴多利奥正在西西里和盟国军队在一起。在意大利的英国战俘德维艾特将军曾应要求到里斯本去向英美的代表们求和。当他们到里斯本时,才知道他的先行者已经从盟方取得了答复,便返回罗马去了。德维艾特将军回到罗马复命后,请求仍旧回到战俘营去。但巴多利奥政府拒绝了他的请求。因此,这位将军回到了伦敦。

九月初,巴多利奥政权的投降是欧洲战局的一个转折点。我希望这一转折能起到盟国提高其在远东对日本作战意向的效果。为此,我愉快地接待了詹姆斯·赖斯顿先生。他是《纽约时报》新任命的驻伦敦记者,并且刚去过俄国和东方战线。他证实,美国人民空前坚决地主张对日本采取更有力的行动。关于同苏联的关系问题,他说,美国对莫斯科的不信任有甚于伦敦。他在莫斯科获得的印象是,苏联自认为有足够的力量把德国人赶出去。因此,宁愿对英美敬而远之;它对英美的图谋深怀戒心。他同意我的看法,认为当前苏军的进展实际是由于德国人在退却。近几个月来,苏军在二千英里的战线上,仅仅抓到了六百个战俘。这一事实就清楚地说明了问题。

9月23日,远东盟军最高统帅蒙巴顿勋爵来访,并和我研究了两个问题。其中之一是,他已约请怡和洋行经理约翰·盖西克陪同他去重庆访问,不知此人是否能得到委员长的欢迎。他说,克里普斯爵士要他来征求我的意见。我说,我曾听说盖西克有意在中国组成一支游击队,此事在中国军界上层引起了误会。我曾受命,在适当时机,向英国方面提出交涉。由于我对此事不知底细,因此,一直未予执行。蒙巴顿说,盖西克是艾登介绍给他的,这是外交部所能物色到的最适当的人选。他表示希望能有一位中国问题专家随行,以便和他的日本问题专家丹宁互相配合。蒙巴顿从未到过中国,深恐在工作中失误,因此切望能有一位资深望重的中国问题顾问随行。他举例解释说,克里普斯曾告诉他,和中国人交谈时,如遇双方意见相反,决不能直截了当地表示出来,而只能在适当的时机,委婉曲折地透露出自己的反对意见。(这是真的。)他提出三个办法,要求我去探明委员长的态度:

（1）如果盖西克可被接受，就带他一同访问中国。（2）如果盖西克不受欢迎，委员长是否可以同意蒙巴顿在第一次访问中把他带去，然后再同委员长面谈适当人选。（3）如果盖西克非常不受欢迎，则不带他前往重庆，但蒙巴顿将会感到相当困难。我暗示他，关于盖西克是否能受到重庆的欢迎这一问题，他可以去向英国驻华大使薛穆爵士打听一下。他说，艾登已经问过薛穆大使，大使的答复是，他不敢肯定中国人对盖西克是否能尽释前嫌。（当时盖西克同英国驻重庆大使馆是有联系的，但不公开。他的所作所为，例如在中国筹组游击武装等等，纵使未经大使馆正式批准或首肯，大使馆也必然是知道的。）蒙巴顿急于获悉重庆是否能接受盖西克，他打算日后把盖西克作为他的私人代表派驻在委员长身边，因为他认为电文来往，终非万无一失。

蒙巴顿爵士还告诉我另外一件事。他说斯塔福德·克里普斯向他推荐我使馆的武官唐上校，而且他已向唐说明了此事。他希望我请示一下委员长，是否同意他把唐引为幕僚。他并说，他不能指名要人，因此他委托我转请委员长指定一位熟悉英国情况的青年军官作为他的幕僚。同时他还需要另一位了解美国的中国军官，也要请委员长指派。我答应他立即给委员长去电请示。

9月27日，蒙巴顿勋爵离英去印度和中国就任东南亚盟军最高统帅前夕，我在使馆为他设宴钱行。席间蒙巴顿夫人和我谈起盖西克的事。我告诉她，我刚才获悉委员长对盖西克出任蒙巴顿的幕僚一事，并无异议。我并表示对她的丈夫寄予极大希望，以及中国对蒙巴顿此次任命深感欣慰。蒙巴顿夫人说，蒙巴顿本人渴望取得成就，并要求我继续耐心等待一年，到那时欧洲战事必将结束，盟军便可全力以赴投入远东战争。我问她，英国人民在打败希特勒之后，是否会感到厌战而不愿继续忍受战争之苦。她说，英国当局对这种危险性是有所警惕的，并已开始就这种局势对人民进行教育。

席间，我也曾与蒙巴顿本人简短交谈，我把委员长的答复内容转告了他。他立刻领会了这一点,并说,他这次一定要带盖西克去中国,以便看看他到底是否受欢迎。盖西克希望同有关方面讨论一下东南亚战争的需求问题。蒙巴顿对我说,英国当局对这一问题已经研究了不少时日了。首相表示恐难满足他所提出的有关武器、装备以及军队的要求。这些条件是要提供的,但现在还不行。一旦意大利的局势明朗化,事情就会好办些。蒙巴顿说,他的要求没有全部获得满足,这使他感到失望,但是,等一等也有好处。其理由是,与其因为力量不足去冒失败的风险,不如耐心等待,积聚雄厚的实力,然后一战成功。我提醒他说,雨季即将过去,如果我们不能抓住时机,迅速发动进攻,则势将无法在下一个雨季到来以前完成这一战役。他同意我的意见,但他说,在这种情况下等待一段会有好处。他已经与陆海空三军首脑以及远东和中东地区的各驻军司令磋商,弄清他们能抽出多少物资和兵力支援远东。并且他已向艾森豪威尔将军请教最近在西西里岛和意大利进行两栖作战中取得的经验教训。

海军上将珀维斯是我的午宴上的客人。他告诉我,正在准备把部分地中海舰队调往印度洋。不过,意大利方面仍然需要占用相当大的力量,特别是需要登陆艇。由于在西西里损坏、沉没了许多登陆艇和其他海军舰只,因此登陆艇成了紧缺物资。我问哈里斯司令有多少意大利海军舰队业已向盟国投降。他说,除一艘"罗马号"主力舰被德国人炸沉外,其余均已投降。他并说,现今的主力舰如缺乏空军掩护,根本没有多大用处。

欧洲战局到底还要拖延多久,使我十分关心,因为它对远东战局有着直接的影响。我渴望经常能从英国的许多负责首脑人物那里听取他们的看法,特别是听取了解内情的人们的看法。我从负责英国飞机制造事务的哈罗德·鲍尔弗那里了解到一些情况,他告诉我,战争将在 1945 年结束。到那时,盟国在空中将取得压倒优势,有能力用炸弹迫使德国屈膝投降。他说,尽管有许多人抱着比较乐观的看法,但是日本人要到 1947 年或 1948 年才能被打败。

约翰·盖西克先生来见我,由于要去重庆,他显得有些局促不安。我力求避免使他丧气。我甚至避而不提我和蒙巴顿的谈话,他也没有问到这些。(蒙巴顿勋爵及其一行到达重庆以后,我曾在一次宴会上与蒙巴顿夫人邂逅相逢。她告诉我,她的丈夫在重庆受到了很好的礼遇,此外约翰·盖西克也干得不错。)

自从缅甸沦陷,新加坡和香港相继失守以后,英国公众对远东的关心开始不断增长。报界十分积极地为公众收集更多的情报。10月7日,《雷诺新闻》的外交记者按约定来我处采访。他特别关心中国国民党和中国共产党之间的摩擦问题。他对我说,他们报社长期以来一直由美国提供新闻电讯,近期收到赛珍珠发来的一份电报。据称,中国政府正在准备向共产党发动战争,而把抗日战争放在次要地位。他说,所有的消息都对重庆政府不利。但他的报纸都没有刊载。我向他解释说,中国的共产党同英国以及其他的许多国家的共产党都不一样。中国共产党是一个少数党,但它要求拥有独立的军队和建立单独的政府之权。他问道,据说重庆把它的大部精锐军队驻扎在共产党政权区域,这点是否属实。我说,到处都有中国军队,以抵抗共同的敌人。外国人不了解中国人的实际情况。中国共产党所在地区并非另一个国家,而是中国领土的一部分。中国政府军队有权在这些地区驻扎,正如它有权在中国其他地区驻扎一样。

我这样一说,他就不再问下去。于是他转而问起,中国一改过去严格限制外国资本的政策,撤销对外国投资的一切束缚,其目的何在。言外之意是,中国旨在与外国资本主义携手合作,藉以粉碎共产主义。我对他说,这种怀疑并无根据。事实是中国政府对外国投资仍然掌握着全面的控制权,特别是在治外法权废除以后,就更便于掌握。因此,这一制度存在时所规定的许多限制已无必要。我并解释说,根据新政策,中国政府将国内企业划分为三大类型:由国家控制的企业、国营企业,以及由国家批准设立的自由企业。看来我的解释使他有所领悟。

英国公众对中国的友谊和关切,越来越多地表现出来。10 月 10 日是中国辛亥革命纪念日。这次革命的结果产生了亚洲第一个共和国。英国教会专门为此举行了一次礼拜,表示纪念。这次礼拜的主题是"为中国祝福",是由坎特伯雷大主教和利物浦大主教,以及其他一些主教们主办的。我应邀宣读了一段圣经,以赛亚书第三十五章。整个活动的精神是向中国致敬。

这天下午又举行了一次音乐会,同样是为了庆祝中国的"双十节"。这次音乐会是由斯塔福德·克里普斯主持的,在迈拉·赫斯夫人独唱之后,艾德里安·博尔特爵士指挥的合唱开始以前的休息时间,克里普斯出场致词,他赞扬了中国坚定不移的抗战,也赞扬了委员长的演讲。委员长在讲话中宣称,在战事结束后一年内提前建成宪政政府,建立政治民主。

有一次,我在使馆举行午餐宴会。席间温斯顿·邱吉尔的女儿邓肯·桑兹夫人表示想和她丈夫一同去中国访问。她说,她对英国生活感到厌烦,他已敦促《每日电讯报》的卡姆罗斯勋爵任命她为记者。她说,如果中国邀请她和她的丈夫前去访问,她将感激不尽。我对她说,只要她的父亲同意,我将乐于要求重庆发出邀请。

1943 年 10 月 12 日,我和我的夫人作为贵宾应邀赴诺丁汉。市长布雷多克勋爵是个工党党员,从前当过矿工。他和市长夫人举行了一次午宴,赴宴的宾客有二十人上下。席间我们会见了特伦特勋爵和许多诺丁汉市的长老议员。

在当地的基督教青年会,举办了一个中国艺术展览会。我应邀主持了开幕式。展品内容,上自商代的青铜器,下至闻名遐迩的乾隆年间的瓷器,规模不大,但很精彩。

10 月 14 日,伦敦同业公会会员俱乐部为我举行了一次午宴。与宴的客人大约有一百五十人。主席是韦尔奇少校。我应邀发表了即席演讲,说了约有十分钟。听众似乎颇为欢迎,使我感到意外。可能是由于我的演讲言简意赅，有时我演说是临时构思，一气呵成，这次也是如此，讲得比较中肯热情。

10 月 18 日，我偕夫人应邀前往爱丁堡赴宴。此次午宴由前英国驻法大使克鲁的夫人代表罗斯伯里夫人主持，因罗斯伯里夫人正在邓迪城主持某一典礼。按照预定的安排，我在三点钟作了一次演讲。演讲是在一个大型会堂内进行的，听众约有一万二千人，正厅和二楼楼座坐满了三分之二。演讲后举行了招待会。会上我会见了许多客人，其中有不少自称到过中国，有的曾在中国住过，甚至还有出生在中国的。我觉得听众们都非常亲切。大会秘书也说，频频的掌声充分说明听众非常热情。晚宴时罗斯伯里夫人赶回来主持宴会。这位夫人端庄秀丽，通晓政治和国际问题。她聪明伶俐，似乎有胜于她的丈夫。这次宴会，形同便餐，既无男仆，亦无女侍。一张桌子上放着许多食品，自行取用。各种食品都用酒精灯保持温度。罗斯伯里夫人频频起立劝酒。这一切说明了战争对社会各阶层人士的生活都产生了很大的影响。不过，人们对战争带来的不便，连一点暗示或悄悄的抱怨也没有。

我打算谈谈关于麦钱特泰勒公会在 10 月 21 日为我举行午宴的情况。这个公会是伦敦十二个历史最悠久的同业公会之一。虽然这个公会名为麦钱特泰勒（英文意思是商业裁缝），但是现在它既与商业绝缘，也和裁缝无关。而是一个只限三百会员的俱乐部。凡是这个俱乐部的老会员的子女都有资格作为新会员。其他人如要参加俱乐部，必须先在一家大裁缝店里登记作为学徒，七年以后，才有资格入会。这种当名义裁缝的传统至今不变。早在 16 世纪有些会员捐助了明兴巷的地产，当时每英亩仅值一英镑，由于明兴巷位于伦敦市中心，与金融及银行区毗邻，时至今日，已地价百倍，不亚于纽约华尔街一带之地产，因此该俱乐部历来财力雄厚。地产收入，主要用作麦钱特泰勒学校的经费。该校位于马尔公园，有学童五百人，校内膳宿均免费。另外部分收入则用于补助已故成员中家属有困难者。换言之，该团体实际上已成为纯粹的慈善机关。而能跻身于该团体，也已成为一种荣誉。在我面前的一张桌子上展示着 1680 年代的几只银杯，另外还有 1580 年代的银质码尺数支。其中一支当年曾被用作检查尺码是否实在的标准。该俱乐部陈设舒适，惜乎其 14 世纪建造的宴会厅已毁于德国人的空袭。俱乐部的气氛及其成员的风貌使我深有感于英国人的保守主义永在，习俗常存。在我左右就座的会长和长老，无论对世界的前途或人生本身，均抱极端保守的观点。（美国大使怀南特也是这次宴会的贵宾之一。）

10 月 27 日，一些名门贵族为我举办了一次午宴，并约请我发表演讲。宴会由克拉伦敦勋爵主持，他是一个极其古老的贵族家庭的后裔。演讲会则由泰茀亚勋爵担任主席。出席宴会的宾客约三十人，而演讲会的听众则有四百人左右。听众中有不少知名人士，其中包括伯利勋爵、麦戈文勋爵、查特菲尔德夫人、赛克斯爵士、伍德拉夫将军、乔治·默思爵士，以及卡斯尔斯等等。

有一部中国影片，在英国新闻部的赞助下，在英国公开放映。这一事件，又一次说明英国政府机构对中国的关心进一步加深了。我出席了这部影片的首映式。我到达现场时，新闻部长布伦丹·布雷肯在那里迎接我。他告诉我一些有关太平洋地区战事的情况。他说，日本天皇在议会发表演讲时宣称，日本的处境十分严重。他毫不掩饰他对日本人的反感。他说，希望看到五千万日本人被杀掉；这样，世界才能得到安宁。那部影片颇饶兴趣。但也明显地可以看出英国在有计划地扩大宣传，同时加深英国人对中国的认识和了解。影片中有部分内容是英国儿童教育的情况，另外还包括艾登和我自己在 7 月 17 日举行的向中国致敬日在艾伯特大厅发表演讲的一些镜头。我认为，这样的安排是完全自然的。因为其用意在促进中英友谊。

10 月 31 日，伦敦木工协会举行了一个仪式。在会上，该协会向中国救济基金会、苏联救济基金会，以及英国红十字会等分别捐赠了五百英镑。苏联大使、红十字会副主席和我都分别致词，向主席表示感谢,感谢他们协会的捐赠。

11月2日,英国国会访华团的成员为我举办了一次特别宴会。西蒙勋爵、下院议长菲利普、布朗、理查德·劳先生、泰茀亚勋爵、劳森先生、卫德波上尉,以及叶公超等都在座。入席之前,他们向我赠送了一项礼品,那是16世纪一个银盒的仿制品,用以对我在代表团访华期间为他们所办的事表示感谢之忱。席间每一个人都应邀讲了话,劳森·卫德波和泰茀亚先后发言。他们都把我捧上天,使我深感惭愧。看来他们是真正感到满意和感激。西蒙勋爵强调,作为一位好大使必须具备两种美德,那就是,既要能使驻在国了解本国,又要能使本国了解驻在国。他说,我在这方面都有杰出的表现,当之无愧,并表示希望我能常驻英国。下院议长说,他能够认识我感到非常高兴,并表示希望今后能对我加深了解。他还表示,希望战后中英两国能更好地携手合作。理查德·劳讲了他在派遣国会代表团去中国这一活动中所起的作用。他同上院议长、下院议长一起安排了这件事。他接着讲到了莫斯科会议,以及中国和另外三大强国共同签署的联合宣言。他认为中国在这一宣言上签署具有重大意义,值得祝贺。最后轮到我发言。我不厌其详地谈论了国会代表团访华期间的各种琐事轶闻,代表团在促进两国人民间相互了解方面所取得的成就,两国人民间互相协调的许多美德,代表团给中国人民留下的良好印象,以及我对中英两国进一步密切合作的希望等等。

为了使英国人民更好地了解中国,英国文化协会选了几位大学教授派赴中国去进行实地考察,同时也使中国人更好地了解英国。11月31日,我招待了林赛·雷斯维克教授。他是在达勒姆大学教英国文学的,已应文化协会之邀,即将前往中国。他说,他准备在重庆讲学,题目是"英国人怎样爱护树木"。我对他说,你还应该讲讲"英国人怎样钓鱼"。在英国,钓鱼这种娱乐恐怕比任何其他国家都更为普及,这也是我自己的业余爱好。此外,我还建议他讲讲英国人如何爱好自由,以及民主精神在英国的发展情况。

现在英国非常希望在它的财力所及和条件许可范围内,对中国作出最大援助。我想提一下温德少校以及劳工与兵役部训练总监的来访,作为例证。当时,中国希望把有经验的技术人员送到英国去受训。关于这个想法,我已同中国政府直接有关的各个部门研究过。因此我就和温德少校商讨把中国青年派到英国去实习的问题。

当时希望这些人通过实习,成为能够操纵发动机和机器的熟练技术人员。我建议说,中国需要成百上千的这种人才。但是两位英国客人认为,开始时最好是每三个月派来五十人左右。关于这些人来英国的路费,以及到英国后的食宿等费用问题如何解决,他们还说不上来。但我建议说,我们可能考虑在英国借款内开支这项费用。实际上,英国工业联合会早已和我使馆人员商定,在某些门类的工业部门中为中国培训学生,而且有四十名中国学生已经到达伦敦。不过这是另外的安排。现在和劳工与兵役部谈的是关于安排大量中国技工、技师以及领班等到英国去学习,以应付中国战时急需的问题。

可是,借款的问题近期还没有解决的希望,双方之间仍有很大距离、不可能在短期内得到解决。9 月 25 日,英国外交部的克拉克曾致函郭秉文和陈维城就重庆发言人张平群博士的声明提出抗议。张称英国借款尚未动用,但有可能用作中国政府日后在英发行公债的准备金。当时中国驻英购料委员会的代表王景春博士向我提出,要求我授权他接受一项新的付款方式。亦即使用英国对我国的五十万镑信贷作为我国在英采购铁路器材的第二期偿付款。因为情况复杂,我未能批准他的建议。他的建议实际上是采用了为五千万镑新借款规定的办法。而新借款正在谈判中,并未定局,我深感这样无必要地、莽撞地去将就英方,会影响主要借款谈判的成功,因此毅然否定了他的建议。

当时在伦敦的英国驻华大使馆代理财务参赞卡萨尔斯来和

郭秉文研究借款问题。他提出的问题中有下列几点：(1)中国政府在关于发行一亿元法币内债的规定中提到英国借款问题，英国财政部对此不能理解。(规定中包含有公债将用英借款作保证之意。)他说，此点必须首先加以澄清。(2)如果这一问题能适当地向英国财政部提出，并作出明确的解释，则英国财政部有意考虑增加用以保证中国公债之需的数额亦即可增至二千万镑。(3)目前中国政府已在重庆发行的公债，可另用新的保证借款来偿付，亦即待主要借款问题解决以后再另行研究。(4)此问题应直接与财政部办理，而不经由该部顾问凯恩斯勋爵办理。凯恩斯对此事极为关心，他对主要借款的态度，较财政部负责人似乎要慷慨大方些。

11月3日，郭秉文向我报告他同英国财政部诺曼·扬谈判借款问题的情况。他说，此次谈得比较称心，扬要求提出一份备忘录。郭没有答应他。不过他感到，用二千万镑借款担保中国政府公债的想法，英方颇有可能接受。扬所要求的备忘录，我看并无不可，因此，我就在11月5日与郭会商了备忘录的内容。该备忘录内应纳入某些由重庆指示的新设想，缮成后将送交英国外交部的贾德幹爵士。

11月8日，我接见一批中国学员，他们刚从国内来到英国，是由英国文化协会的詹金斯带到大使馆来的。看上去他们都是一些诚挚的年轻人，我感到很高兴。他们都是从清华、联大、重庆和燕京等大学毕业，并且已经在工厂工作或在大学任教二三年的人。

同一天，我出席了霍尔本商会为向中国致敬而举办的午餐会，并致词。宴会是由切特维克先生主持的。路易斯·蒙巴顿夫人向我祝酒，加拿大的贝内特勋爵提议鼓掌表示感谢。蒙巴顿夫人宣读了一份他丈夫从新德里发来的电报，内容是向我祝福，与宴的宾客有五百人。外交部、新闻部以及陆海空三军等各方代表们济济一堂，确是一次盛会。

作为说明英国人对中国的友好亲善的又一例子,我想回顾一下联合援华委员会为了提高英国工人对中国的关心所作的努力。工人们当然无法从经济上帮助中国,但是他们都希望为中国作出一些贡献。开始时,他们响应号召,提供了一些手工编织品。后来在英国红十字会的号召和合作下,特别是在该会的巴杰先生建议下,将他们编结的毛织物在伦敦出售,把所获收益送往中国。这是一种很好的办法,受到了中国人的极大欢迎。

还有一个例证,我想提一下派往中国的战地救护队。这个组织需要大量的工作人员,许多年轻人都自愿参加前往中国。11月12日我接见了两位这样的年轻人。特别引起我注意的是,其中有一个青年竟是凯德伯里家族的人,是有名的巧克力商人老凯德伯里的孙子。老凯德伯里在他的村子里为巧克力工业的工人们设立了若干诊所、学校和其他公共设施,真是洋洋大观。凯德伯里家族也很热心于慈善事业,尤其是在社会福利方面。如此名闻遐迩的大家子弟,竟然不远万里,为异国而献身,使我深感英国人民友情之诚挚。

同一天,德文郡公爵设午宴听取救世军专员拉姆的报告,邀我参加。拉姆新近周游加拿大和美国后回来。我感到请我与宴这事本身标志着英国人民已经开始在培植中英友谊。因为这次午宴本来是专为招待英国人而举办的。与宴的共二十六人,其中包括艾德礼先生、克兰伯恩勋爵、哈特利勋爵、莱赛姆勋爵、斯内尔勋爵、麦戈文勋爵、格林伍德勋爵、亚历山大先生(海军大臣)、布鲁斯先生(澳大利亚高级专员)和乔丹先生(新西兰高级专员)。拉姆报告了他在美国和加拿大的见闻,以及他在那里的谈话。他说在美国,人们对事物只谈它的价值,而不问他的历史,这和英国人显然不同。有一次在华盛顿,一个美国向导告诉他,建筑华盛顿纪念碑、波托马克大桥等花费了多少钱。至于纪念碑有什么历史,以及乔治·华盛顿有哪些功绩等等,他却一点也没有讲。在加拿大最使人感到惊奇的是人烟稀少,只有魁北克是例外。即使在魁北克,在过去十年中,法裔人口也仅增长了百分之三,而英裔人口则反而减少了百分之三。他说,如果加拿大不采取鼓励从母国(英国)往那边移民的政策,则它的西海岸必将变成东方人的天下,而它的东海岸则将成为法国人的世界。他的报告显然是仅限于向英国人提供的秘密报告,而我却例外地应邀聆听,实为荣幸。

赫尔市为我举行宴会,并请我致词。这是英国对华友谊的又一表现。在去赫尔的火车上,英国广播公司远东部的詹金斯一直伴随着我和我的随行人员,进行新闻采访。他把我讲的话录下来,还包括了用汉语讲的比较简单的一段话,都是准备向中国广播的。出席赫尔市市长招待我的宴会的有四十余人。大都是赫尔市民防委员会成员,其中休伊特先生是委员会的主席。该会已经募集了捐款一千六百镑,准备交付给我和我的夫人,充作联合援华基金。宴会由市长奥尔德曼·弗赖伊主持。他身体壮实,是一家机械制造厂的厂长。他首先致了简明得体的欢迎词,休伊特也讲了话,并把存款单递交给我的夫人。然后我即席致词,表示感谢之忱。入席以后,主人把宾客们一一作了简短的介绍。其中卡农·博沙姆竟用中国话和我交谈,使我感到惊奇。

次日,市长、行政司法官、镇书记和警察局长等用三辆汽车,载着我们游览市容。我们看到了码头、街道、商店等等。中午十二点,我们到达市商会,并被引入董事会会议室。然后主席宣布开会,并致欢迎词。有位曾在中国经营过商业的人把我向大会作了介绍。接着我作了七八分钟的简短讲话。我强调赫尔市前途光明,并表示赫尔市可以在商业、海运、贸易等方面同中国扩大合作,前景光明。后来我们回到市政厅去出席罗伯特·塔兰先生主办的午宴。他是当地的一位工业巨子。作为一个爱国公民,他以工作为乐趣。他是民防队的首领,同时还领导着十多个福利委员会。宴会在客厅内举行,宾客有四百五十多人。他们大部都是一百三十个民防队地方分队的代表。民防队已经购置了二辆救护车,准备赠送给重庆市民。在此以前,他们已向斯大林格勒赠送了救护车。宴会由塔兰先生主持。市长提议向我祝酒。在我致词以后,另一位先生带头鼓掌致谢。这次宴会,气氛隆重感人。整个大厅内插满了鲜花,皇家空军的乐队频频演奏起轻盈的乐曲。他们演奏的中国国歌,实在是悠扬庄重。一股兴奋和骄傲的热流,随着这乐曲声,流遍了我的全身。

午宴完毕,我们参观了塔兰工厂,该厂有男女工人三千人。我们先浏览了全厂,有些部分使我特感兴趣。他们在四十秒钟内可以做成一个抽屉的粗型……举凡锯、刨、刻、磨光等等工序,都用专门机器施工,每一个零件都是标准化的。现时它的主要任务是供应装运坦克车的板条箱和其他武器的包装箱。塔兰把他的雇员们召集起来,听我讲话,这是一时心血来潮的做法。工人们情绪都很高,看来都很欢欣鼓舞。塔兰讲起话来酷似一位工人出身的人。他和工人们很熟识、亲近。会见完毕,我们用了些茶点,然后赶紧前往车站,搭上回伦敦的班车。我在日记中写道:

> 这是忙碌的一天,过得很有意义,会见了一大批当地的重要人物,观光了一个新地方,参观了一家有趣的工厂,他们正在为战争出力。我情不自禁地希望能够减少些公务,以便从伦敦抽出身来多作些这样的旅行。类似这样的邀请还不少,但在目前情况下,我充其量只能接受其中的百分之十。

中英之间有一种误解,迄今我还未提及,那便是中国当局与英国红十字会之间的关系问题。在战争期间,英国人民渴望竭尽所能援助中国。特别是英国红十字会,作了许多真挚的努力,他们希望为中国军队提供医药用品,他们甚至准备组织一支巡回医疗队。1942年末,英国红十字会曾派出一家流动医院前往中国。该医院配备了医师和护士。可是英国红十字会负责这一医院的代表,没有能够和中国军队的医务负责人进行有效的合作。在重庆时,军医署署长卢致德将军曾告诉我,他同英国红十字会代表们之间合作的困难情况。问题主要在于,中国军队的军医院及伤病员救护工作负责人希望英国官员们能按照中国军医部门的全面计划进行工作。因为这一计划已经确定,并已在实施中。可是英方代表坚持对他的流动医院要保留控制权,他认为不必同中国军医部门合作。这位代表过去曾在中国居住过,他认识很多中国人。但是他主张保持流动医院独立行动方针,给他们的工作带来不必要的困难。困难越来越严重,最后,问题提到了宋子文那里,宋在华盛顿把此事告诉了我。

宋因公到伦敦时,我在使馆设午宴,让他和英国红十字会领导人见面。午宴是在 1943 年 8 月 10 日举行的。我的客人中有陆军元帅菲利浦·切特伍德爵士,他先前当过驻印军总司令;约翰·肯尼迪爵士,阿切尔·亚伯拉罕和欧内斯特·亚伯拉罕爵士。他们都是英国红十字会的人。戈登·汤普森博士自己要求与会,因此也请了他。他过去是一位在中国的美国传教士。此外,在座的还有巴杰先生,他是刚从重庆回来的。宋子文把医疗队在中国工作的失败归咎于他们要自别于中国红十字会和中国军队的医疗机构,独树一帜。而且说得比较尖锐,他并提出,英国红十字会需要派一位代表到中国去;代表的人选,并非必须曾在中国居住过的人。因为近几年来,中国已经变得和从前大不一样,过去在中国住过的外国人的知识已经过时。在宋子文要求下,英国红十字会选派了布伦特先生担任驻中国代表。

欧内斯特·亚伯拉罕爵士特别同意巴杰所作的情况介绍。巴杰不仅是代表中国红十字会讲话,同时也代表薛穆爵士讲话。薛穆曾由于英国红十字会的摩擦而弄得寝食不安。巴杰告诉我,戈登·汤普逊不再担任英国红十字会新任驻华专员布伦特的医药顾问。可能是宋提出代表人选不一定需要在中国居住过的人时,指的便是汤普逊。巴杰对林可胜博士的辞职表示惋惜。他要求我,一旦英国人问起林去职的原因时,要为林说几句好话。巴杰又告诉我,他正在试探陆军部,对于派遣一个军医代表团去华援助中国军医部门持何态度。他说，代表团已经准备就绪，外交部也同意，他并要求我给他支持。我说，此事最好先与中国军医署研究一下，以便使这一措施适应他们的计划。我这样说，是因为有鉴于英国医疗队最近和中国军医当局发生过摩擦。巴杰说，卢将军曾暗示，他欢迎这样的代表团。不过，巴杰认为，不管怎样，首先必须征求陆军部的意见。只有在中国认为适宜的情况下，他们才打算派遣这样一个代表团。

后来，我追补那天的日记写道，我从巴杰口中获悉，宋子文把他同英国红十字会的会见和商谈的详细记录，竟然全面修改后才发出去。此事他对我一言未提，实令我惊诧不已。会见是在 8 月 10 日，宋第二天就离去了。我虽有一份会谈记录，但未获得时间向他核对其中的细节。显然是他回到华府后，将记录全面审阅并修改了一遍。看来是，他觉得自己言辞过于尖锐，而想把口气缓和一下。

11 月 9 日，巴杰来告诉我，他已就对华医药援助问题同伦敦的有关当局研究过。他赞成把对华医药援助由英国陆军部集中管理，统一安排。似乎在英国方面不同组织之间的合作有些问题。他说，采购工作要通过军需部，由国家经手，而不能由各组织自己办理，但付款却要由各组织自己负责。红十字会已经同意这一办法，联合援华基金会主席克里普斯夫人也即将批准。这种办法并未得到英国所有组织的同意和接受。但是他说，非这么办不行。在中国也是这样，国际救济委员会、中国红十字会、卫生署、中英医疗救济委员会等，都主张各自办理自己的采购和运输事务。但是，这种办法实在是行不通的。巴杰举了个具体例子。他说，中国卫生署需要杀虫剂，但在中国遍求无着。他们所提的具体品种，即使在英国也没有。但是另有一种中国所不知道的效果相同的代用品，英国倒是能提供的。后来中国就要代用品，而陆军部由于没有瓶子，无法装运。于是陆军部又得自己向美国订购瓶子。巴杰说，他自己亲自探索了这一问题的来龙去脉，结果发现军需部在二十四小时内就能把瓶子做出来。然而陆军部却已经向美国订货,因为英国制造的瓶子尺寸不符要求。如果要制造符合规定尺寸的瓶子,就得修改制瓶模具,还要改造制瓶机器。这笔费用实在大得惊人。可是,事实上两种瓶子的尺寸,相差不过三十分之一英寸而已。

　　巴杰劝阻了联合援华委员会把工人委员会的编织物直接送往中国,这是一个上好的折衷办法。否则,这批货物有可能长期存放在加尔各答的一些仓库里。因为当时运输任务紧张,确实无暇顾及此事。

第五章 从敦巴顿橡树园会议
到旧金山会议

1944 年 8 月—1945 年 6 月

第一节 敦巴顿橡树园会议

1944 年 8 月—10 月

一、中国为出席敦巴顿橡树园会议所作的准备工作

1944 年 8 月—9 月

虽然我一直对国际组织问题很关心并曾积极参与国际联盟的建立及其日常工作,可是我没有想到会参加敦巴顿橡树园会议。这次会议将为成立一个新的国际组织奠定基础。1944 年 8 月中旬,我收到我国外交部长的电报,要我赶快动身去华盛顿,代表中国出席这个会议,真是出乎我的意料。这是一项义不容辞的任务。

早在第一次世界大战时期,我就非常关心这个问题,即如何成立一个组织来维持和平。我相信我是中国政府中第一个敦促国家关注此问题的人,我曾经提出过一个报告,建议成立某种世界组织来维持国际和平。我说,参加这样一个世界组织是符合中国利益的。由于缺乏一个以国际法准则为指导、能够阻止在国际关系中使用武力的国际组织,中国过去在与西方世界的交往中吃

尽了苦头。国际联盟瓦解后,我依旧非常关心成立一个有生命力的国际组织这一问题。事实上,我自己曾草拟过一个计划,并经常加以修改。

虽然我接受任命代表中国出席敦巴顿橡树园会议,然而,当时我并不十分清楚代表团成员的组成情况,也不十分明确自己在团内的身份。电报列了三个人的名字。有我,有魏道明大使以及外交次长胡世泽。我认为,理所当然要由我率领这个代表团,所以我就草拟了代表团成员组织的计划。但是,大约两星期之后,英国报纸的一则消息报道,中国驻华盛顿使馆于 8 月 17 日发表了一份公报,声言中国代表团将由魏道明率领,我和胡博士将随同前往。这使我甚感不解,所以我致电外交部查明真实情况。不到二十四小时,我便收到了复电,复电说,由我率领代表团,魏和胡将一同前往。并说,这是委员长的指示。电报并表示希望我尽快启程。

8 月 24 日我和中国驻伦敦使馆的一等秘书梁鋆立博士和二等秘书翟凤阳一道乘英国海外航空公司飞机离开伦敦。行程共计用了一天半的时间,飞机中途曾在纽芬兰的博克伍德和新不伦瑞克的谢迪艾克停留。8 月 25 日六点三十分我们终于抵达了拉瓜迪亚机场。约瑟夫·格鲁大使代表国务卿科德尔·赫尔前来迎接我们。格鲁对我说,8 月 28 日星期一,我和随行人员将乘专机飞往华盛顿。副国务卿斯退丁纽斯以及英国出席会议的代表贾德幹爵士将在华盛顿机场欢迎我。在纽约迎接我们的中国朋友中间有总领事于焌吉以及胡世泽。胡将和我一道出席会议。

会议应于下周内召开,但是胡世泽对我说,由于俄国代表每个重要问题都要请示莫斯科,所以会议可能推迟召开。他还对我说,中国就成立新的国际组织一事,拟订了五个草案。这些草案是由外交部的条约司、礼宾司、国防委员会(在王宠惠博士指导下)、国民政府参事室和国民外交协会等分别拟订的。胡还说,中国政府本无正式方案。但孔祥熙博士于 8 月 22 日曾向美国和英国代表团团长斯退丁纽斯和贾德幹分别送交了一份文件,阐述中国对制订国际组织宪章所持的基本观点。这份文件是在指派到中国代表团的技术顾问们的协助下由□□□①和刘锴博士仓促草拟而成的。胡世泽说,送交这份文件是有目的的。俄国人与英、美两国代表团取得协议之后,就可能不再考虑我们的观点。所以,在英、美两国代表同俄国人商讨之际,很有必要让英、美两国了解我们的观点。

这份所谓阐述中国观点及建议的文件已经送交美、英代表团一事确实使我甚感惊讶。尤其是未等我抵达,亦未获得重庆政府的批准就送出了。胡对我说,已经委派中国大使馆的军事顾问朱世明将军将文件副本带回重庆;尽管这份文件尚未实际批准,但是将文件送交英、美两国代表团一事是经外交部和委员长批准了的。我对当时的情况困惑不解。或许发出文件与中国代表团团长人选未定有些联系。胡世泽对我说了孔和魏如何活动争当代表团团长的情况,颇有启示。他说,甚至宋子文都想亲自率领这个代表团。

据胡说,1944年7月罗斯福总统就对孔谈过召开一个促进国际和平与安全的会议的想法。当孔致电委员长汇报这次谈话的内容时,表示他愿意率领代表团参加这个会议。委员长复电没有同意他的要求,他又电告委员长说应委派外交次长胡世泽为团长,理由是英、美两国分别委派外交次官和副国务卿任代表团团长。孔建议自己作幕后指挥。(这是中国式的折衷办法。)魏道明大使也电告重庆,说是其他国家只委派了外交次官或副国务卿。其结果则是出乎他的意料之外,指派了胡世泽。之后魏又一次电告重庆,强调指出,英、美两国代表团阵容强大,中国政府应参照英、美两国代表团组成情况来委派中国代表团。魏发出第二个电报的结果是委员长委派我、魏大使和正在美国的中国军事代表团

---

① 原文此处空缺。——译者

团长商震将军以及胡世泽为代表团的成员。然而,在外交部发给魏的电报中,魏的名字写在首位,我收到的电报中则是我的名字放在首位。因此,魏自然认为他就是代表团的团长。他于 8 月 17日向报界发表了我在前面提到的公报。据胡世泽说,孔为此大失所望并且十分不悦。他再次给委员长拍了电报。委员长在复电中说是委任我为团长。魏获悉后大为吃惊,并把这一事归咎于外交部发给他的那份电报。

所有这一切个人权利之争,对我来说都是新闻。在伦敦,我未曾过问华盛顿发生的事情。现在这种情况使我回忆起在巴黎和会上我们经历的那些不必要的麻烦。这两个事例说明,人选及个人权利之争作用很大,尽管我认为这是全然没有必要的。

胡世泽还向我汇报说,虽然美国代表团表示要经常把英、俄、美三方会谈的进展情况通知中国代表团,实际上他们并未这样做。他说,迄今为止,中国代表团对俄国的草案还一无所知。当我问,在会议结束时,我们的观点能否取得俄国人赞同,他说,美国代表也未做出任何表示,事情复杂的根由是俄国人不愿意和中国人同坐在一个会议桌旁。

孔祥熙从华盛顿来到纽约。我到宾夕法尼亚车站接他。之后,我出席了于焌吉总领事在华道夫·阿斯多里亚饭店为孔举办的宴会。

8 月 27 日(?)星期日,我和孔、胡及其他一些客人共进了午餐。孔向我介绍了中国代表团组成的经过。他对我说,魏道明得知由我任中国代表团团长后,感到十分尴尬,以有病为借口呈请辞职。委员长电告魏不要过于计较谁先谁后这些区区小事,还说委派我为代表团团长主要是考虑到我的业务专长。

由于胡世泽告诉我,中方拟就了五份不同的草案,阐明中国观点的备忘录也已经送交英、美两国代表团,因此我急切地希望同孔及其他顾问就我们对各项有关问题应采取的确切立场进行商讨。我自己也设想了一个粗略的计划,很想听听他们对此计划有何反应。于是订好由孔招待早餐。早餐后，我们开了个会。除了我和孔祥熙以外，出席会议的还有胡适博士、武汉大学的周鲠生教授、胡世泽、财政部次长顾翊群、夏晋麟博士以及刘锴。孔对与会的人谈了代表团的成员是如何组成的，并声称这个代表团由他指挥和监管。他说，刘锴最能胜任秘书长一职。虽然还可能增派一些人参加代表团的工作，可是中国代表团中新增加的专家的姓名就不再通知美国政府了。他说，他希望邀请施肇基博士、胡适博士、张嘉璈部长担任代表团的顾问。（很明显，孔急于表明他才是代表团真正的团长。）

我急于要讨论已送交英、美代表团的备忘录所列要点中的一些主要问题。我认为原来递交给美、英代表的那些文件过于刻板，这就会使谈判难于顺利进行。我提出了八个问题：(1)备忘录算不算中国政府的方案？(2)我们是否应该制订一个更加灵活的，在不同情况下为不同解释和不同做法留有余地的方案？我认为，作为世界组织宪章的文件，如果措辞过于刻板，随着时间的流逝，就会行不通了。(3)我们是否必须建立国际警察部队或国际空军？这是在一次和平会议上法国人提出的一个问题，当时他们发现自己是少数派，问题被搁置起来。这个问题确实需要进一步研究。这一支部队究竟是什么性质，如何组成，总部设在何处？(4)是否确有必要为"侵略"一词下定义？并具体列出构成"国际侵略"的行为？(5)关于和平变迁及废除条约义务之条款的范围和性质是什么？这是起草国际联盟盟约时我极力主张的一条原则。最后终于写在盟约上。(6)是否应设一个具有强制性管辖权的国际法院？(7)拟议成立的国际组织应采取何种表决程序？(8)国际托管问题。

我提出这些问题的目的是强调方案必须具有灵活性和广度，以便为磋商和谈判留有余地；同时也是为了提出一个更加切实可行的建议。我特别希望不要与美、英代表发生激烈的争执。我概括了八点意见以后，胡适和周鲠生都表示坚决支持。孔也表示我提出的各点他都同意。他特别反对列举构成侵略的行为，但胡世泽仍然主张这样做。当然,胡对国际联盟中提出的关于为国际侵略下定义的论据一定留有深刻的印象,特别是苏联代表李维诺夫提出的论据。

我赞成成立一支国际警察部队,然而我坚信,为建立一支强大的武装力量所提出的任何严格而死板的方案都将遭到英、美代表的强烈反对,其结果是无人提供一兵一卒。我问,建立了国际空军部队以后,是否要取消国家的空军。周说,不取消,而孔却说要取消。最后孔说,毛邦初曾建议拟订一份关于建立一支国际空军部队的具体计划提交大会讨论,然而委员长对他说没有必要。

8月28日星期一,我和胡世泽、刘锴、于焌吉、李国伟、伯利少校,梁鋆立,翟凤阳一道赴华盛顿。我们先乘三辆军车到了拉瓜迪亚机场,然后,我们登上了一架特为我们准备的轰炸机飞往首府华盛顿。

在抵达华盛顿后的第二天上午,我拜访了魏道明大使,我们的交谈很有趣,我们主要谈了同科德尔·赫尔会谈的问题、出席敦巴顿橡树园会议问题以及中国代表团的组成问题。关于第一个问题,7月份赫尔在接见英国和俄国大使的一小时后接见了魏,他对魏说,美国政府想建议召开一个"安全会议"。俄国大使以在中日战争中苏联处于中立地位为理由,不愿同中国代表坐在同一个会议桌旁。赫尔说,他将安排两个会议同时召开,会议很可能在两间相连的房间里召开,中间的门可以敞开着。第二天,魏大使从哈里·霍普金斯那里得知,罗斯福总统坚持召开一个由四国代表参加的会议。两天以后,魏按照事先约定给斯退丁纽斯打电话。斯退丁纽斯在电话中对魏说,唯一的方法是分别召开两个会议,待一个会议结束后再召开另一个会议。甚至有中国代表参加的会议和英、美、苏三国代表的会议同时召开的想法也不可能实现。因此,魏又一次会见了赫尔。这位国务卿对魏说,他曾竭尽全力设法找一个折衷的办法,然而无能为力。(很明显反对中国代表参加会议的是俄国人。苏俄大使所称苏联在中日战争中处于中立地位这一理由纯属借口,因为,当时英、美两国也同样在和日本交战。真正的原因很可能是苏联不愿意承认或给予中国与美、英、苏三国同等的地位。记得在莫斯科会议召开时,美国国务卿科德尔·赫尔秉承罗斯福总统一再强调和坚持的意旨,坚持要邀请中国也签署莫斯科联合宣言,赫尔甚至威胁说,如果苏俄执意拒绝邀请中国,他将不签署任何文件而离开莫斯科。)

关于第二个问题,魏暗示,孔本人一直希望成为中国代表团的首席代表。当别人对他说,美国仅委派了一位副国务卿作为首席代表时,孔表示,由于斯退丁纽斯当时是代理国务卿,这个职务相当于中国的代理总理,因此,孔本人作为行政院副院长与斯退丁纽斯坐在同一个会议桌旁并无不当之处。魏认为,是孔本人把整个事情搞得一团糟。

在我离开旅馆之前,我听说中国代表团的"基本观点"已经逐字逐句在《纽约时报》上发表了。报纸还将中国的观点和美、英、俄三国的建议做了比较。事态的发展令我吃惊。我很想知道此事对美国人有何影响。过早地公开中国的观点只会引起其他国家代表的不满,并使中国的处境更加困难,因为这些观点是非常激进的。魏道明对此深感不安。孔对我说,他已经给□□□①打电话,表示对此事深为恼怒并坚决要对此事进行调查。我要求刘锴立即会见格鲁并转告他,我们对在这样的关键时刻公开发表中国的"基本观点"感到惊讶和不能理解。刘给《纽约时报》的詹姆斯·赖斯顿打电话询问此事。得到的回答是,他们不是从中国方面得来的消息。格鲁问刘,有关中国基本观点的文本是否还给过其他的人。当刘说也给过贾德幹时,他说,这种文件一旦落到几个人手中,过早泄露出去的事情是常常发生的。报界普遍认为,消息是英国代表团泄露出去的。英国代表团中的新闻官公开站在报界人士一边,对会议的保密政策表示不满。

---

① 原文空缺。——译者

下午五点钟,我在双橡园召开了中国代表团第一次会议,会议由我主持。除了三名主要代表之外,出席会议的还有以下几位先生:张忠绂、浦薛凤、郑震宇、李榦、梁銮立、谭绍华和刘锴。在孔的授意下,我先宣布了代表团的大致组成情况。我还再次阐明了我在纽约就中国观点备忘录中涉及的问题性质所表示的看法。我发现,大家普遍赞同我的观点。在我的建议下,他们都主动地就我所提出的八个问题去草拟备忘录。

　　8月30日星期三,我和魏道明、胡世泽以及商震将军拜访了斯退丁纽斯。十二点半斯退丁纽斯和格鲁陪我们去会见了国务卿赫尔。斯退丁纽斯和赫尔同我们进行了有意义的交谈,我把两次谈话内容都做了记录。

　　傍晚我见到了施肇基。他对我说,孔希望率领中国代表团出席安全会议,并希望委员长授权他照料有中国出席的所有国际会议。施向我介绍了孔和魏彼此所耍弄的手腕。他还说,胡世泽表示谦逊,推荐我任团长,而魏大使对此却深感不快。

　　施对我说,当时任联合国善后救济总署署长的赫伯特·莱曼州长曾经就美国公众对建议战后成立一个新的和平组织的看法给了他一个很有意义的暗示。莱曼说,美国人民十分盼望战后成立一个新的和平组织,然而不同意放弃美国的任何主权。他还说,建立事实上的四国专权来对小国发号施令的任何企图都会引起美国人民的不满。

　　晚上梁銮立向我报告说,他已经见到了美国国务院的普罗伊斯先生。(普罗伊斯是伦敦战争罪行委员会的美方代表,他在美国首席代表赫伯特·佩尔手下工作。)据梁说,普罗伊斯对中国备忘录的内容甚感惊讶,他说,他不相信在递交备忘录以前,我曾过目。普罗伊斯还给梁看了一张中国代表团成员的名单,名单上注明的日期是8月25日。他指出,魏大使的名字仍然排在最前面,后面是胡世泽、我和商震。普罗伊斯说,这个名单是以魏大使的第一次通知为依据的。普罗伊斯对梁说,谈到会谈的工作情况,俄国人从不提旧国际联盟,会上的讨论不是以美国或英国的方案为基础而是严格地以苏俄的方案为基础。他说,俄国人同意成立一个国际法院,但不要海牙的常设法庭。换言之,俄国人不想和曾经取消它会员国资格的旧国际联盟有任何关系。

8月31日星期四,我把我同国务卿赫尔和副国务卿斯退丁纽斯的谈话要点告诉了孔。他表示完全同意我所说的话。然后,我去会见了贾德幹。中午,我见到了魏大使并对他谈了贾德幹的观点。我同魏商讨了如何与苏俄大使接触一事和如何设法告诉苏俄大使我们愿意送给他一份备忘录,从而使他了解我们这方面并无不理睬他们的意思,相反,我们很想同苏俄代表团合作。然而魏不同意这样做。他担心会遭到苏俄的拒绝。因此,我建议派梁去见苏俄驻伦敦使馆的参赞索鲍列夫。索鲍列夫当时是出席橡树园会议苏俄代表葛罗米柯的主要助手。魏虽然感到这样做不会有什么好处,但还是同意这样做。我起草了一份致重庆外交部的电报,报告我同贾德幹爵士的谈话内容。同往常一样,在发电前,我请刘锴将电文送交魏大使、胡世泽和商震将军过目。

当天下午,我同夏晋麟、梁鋆立和速记员关小姐一道去蓝岭胡世泽家里住了三天。我的主要意图是写一份在会议开幕式上我讲话的发言稿并拟出一份阐明我们观点的备忘录。

返回华盛顿后,我与胡世泽商讨了橡树园会议中小组委员会的工作分工问题。我们还商讨了对于诸如国际组织所在地和秘书长任期等几个具体问题是否有必要提出我们的意见。至于秘书长任期问题,我认为二或三年的任期未免太短。我们还就安理会非常任理事国的任期问题进行了讨论,因为在中国的"基本观点"中曾提到安理会每年都要更换部分非常任理事国。

二、会议的第一阶段:没有中国参加

苏俄代表于8月21日开始与英、美两国代表举行会议。主要由于苏俄坚持,中国代表被排除在外。结果第一阶段会议持续到9月27日。有中国而无苏联参加的第二阶段会议迟迟不能召开,这对中国代表团的忍耐力是个考验。在美、英、苏三国代表团会谈的几个星期里,我们竭尽全力同他们保持接触。

劳工节①后,我同魏大使共进午餐。他向我谈了与苏俄首席代表安德列·葛罗米柯大使接触的情况。(在此之前我曾建议魏大使同葛罗米柯接触。)魏大使和葛罗米柯初次见面是在9月2日。他俩的交谈无拘无束,这使在座的格鲁大使感到惊讶。魏大使说,当时他们商定好于劳工节(9月4日)后再次进行交谈。他们刚刚结束这次交谈。魏询问了苏俄代表与英、美两国代表讨论的情况。葛罗米柯答道,他希望会谈能够于本星期末结束,然而仍有一些悬而未决的问题。这些问题是:(1)苏俄建议建立一支国际空军部队。英、美两国代表认为,这支部队的规模和基地难以确定,而苏俄代表认为,一旦确定了原则,细节问题不难解决。但是葛罗米柯向魏大使强调指出,建立一支空军部队对苏俄并无特殊利益。建立这支部队乃是为了更易于保卫国际和平。(2)苏俄赞成建立一个单纯致力于和平与安全的组织,而英、美代表则主张将非政治性的活动也包括在这个世界组织内。(3)苏俄主张宪章中应包括反对侵略的声明。而美、英两国代表只热衷于成立一个维持和平的组织,而不赞成写入任何有关反对侵略的条文。据葛罗米柯说,英、美代表不愿对侵略一词下定义,甚至于不愿提到侵略二字。(4)苏俄代表主张安理会表决以简单多数通过决议,而英、美两国则主张以三分之二多数通过决议。美、英代表建议,表决的事项如果涉及某一大国,则该大国无表决权,而苏俄则坚持这个国家可以参加表决。(5)苏俄要求在宪章中写入裁军问题,而美、英两国不赞成宪章中包括这个内容,主张留待以后解决。(6)苏俄大使表露出赞同成立区域性组织,然而他又表示,此

_____

① 北美劳工节为9月第一个星期一。——译者

问题尚未研究。他询问中国持什么观点。魏大使说,这些区域性组织只能解决与地区利益有关的问题,至于和平与安全问题,这些组织只能以整个世界组织的名义行事。

魏向葛罗米柯指出了中国和苏俄在看法上的相同点和不同点。魏认为,大国之间的合作是最重要的。这一点比详细的规章更为重要。中国和苏俄是近邻,应该合作。当魏提出送交葛罗米柯一份阐明中国基本观点的文件时,葛罗米柯说,能得到一份这样的文件,他十分高兴。他似乎很想找到大家都能接受的解决分歧的方案,但是究应怎样做,他不愿意说。葛罗米柯的反应使魏感到惊喜。他过去曾担心会遭到苏方的拒绝而不赞成与苏俄代表团接触。

魏对我说,他感到苏俄政府十分重视表决问题。美国原先想用"大国卷入争端时的表决程序问题留待将来解决"这一笼统的说法来避开这个问题。但是,现在美国也表示同意英国的观点,卷入争端的即使是大国亦无表决权。我们一致认为,如果我们能够提出为苏俄代表团和英、美两国代表团接受的折衷方案,则将是我们的一大贡献。但是最好先听听美国代表对会议结果有何见解。魏还认为,如果在表决问题上,能够满足苏俄的要求,那么,它就会在其他问题上做出让步。然后,我和他研究了小组委员会的分工问题,我还给了他一份我的讲稿。

有中国代表团参加的第二阶段会议原来预计于9月上旬召开,可是美、英、苏三国的会议进展不顺利。根据我从格鲁得到的一份报告得知,最初会议的进展是很顺利的。但是,开始讨论表决权问题之后发生了争论,争论的焦点是争端当事国应否有表决权。此时美国代表团已经接受了英国的观点,但苏俄代表团却坚持争端当事国有表决权。葛罗米柯不得不就此问题请示莫斯科,而莫斯科则没有急于答复。英、美两国代表团急于结束美、英、苏三方会谈并开始同中国代表团进行会谈。他们甚至向苏俄代表团指出,应尽一切努力从莫斯科得到正式的答复,否则他们难以向中国代表解释,为什么同中国的会议不能迅速开始。可是这并未引起苏俄代表的重视,因而第二阶段的会议迟迟不能开始。格鲁对我说,虽然他们原希望于9月5日开始同中国代表会谈,但是根据实际情况来看,这是不可能的,第二阶段会谈要推迟一周,即9月12日开始。

但是临近9月12日,苏俄代表仍未收到莫斯科的答复,所以由美、英、苏三方面参加的第一阶段会议仍不能结束。总的国际形势也十分复杂,正在发生的几件事,又进一步推迟了第二阶段会议的开始。邱吉尔准备在魁北克会见罗斯福,贾德幹要到那里参加英国代表团。据说,贾德幹去魁北克与在华盛顿同苏俄代表就表决权问题所进行的会谈无关。但是人们知道,他正在向英国首相汇报华盛顿会谈的情况,请求指示。

孔祥熙对我说,他得离开华盛顿赴纽约,因为他曾给罗斯福总统写信,要求被邀出席魁北克会议。这个会议的目的可能是讨论加速对日作战的进程,并为此目的制订一个新的战略计划。孔本希望能代表委员长应邀出席魁北克会议,但未能如愿。因为他收到了罗斯福的答复,说他需要同邱吉尔商谈中国是否有必要出席会议之后才能给孔明确的答复。我对此并不以为奇怪,因为,委员长和罗斯福总统的关系并非十分融洽。其原因是他俩对史迪威将军应否留在中国一事有争论。另一个原因是,中国要求美国财政部长解决在中国修建机场和供应美方军事人员生活所需费用。此外,美国政府还希望利用中国共产党部队对日作战。

但是当时还有一个更为重要的因素,即英、美双方均希望苏俄也参加对日战争。他们的共同看法是,这样他们就可以以最小的代价并以尽可能短的时间击败日本。为了这个原因,他们决心用软的手段来对待苏俄。美、英两国代表团的发言人都竭力指出,他们曾经邀请斯大林元帅出席魁北克会议,但是由于指挥对德作战工作十分繁重,他谢绝了邀请。很明显,真正的原因是,斯大林元帅不想另外树敌,因为俄国一向认为德国是最可怕和最危险的敌人。事实上,这就是苏俄政府提出的不愿和中国代表团同坐在敦巴顿橡树园会议桌旁的理由,因为苏俄正是以在太平洋战争中仍守中立为借口的。因此,英、美两国代表不愿在表决权问题上对苏俄采取强硬态度是不足为奇的。虽然英、美代表有些不耐烦,虽然这样拖延使在华盛顿等待了将近三个星期的中国代表团深感不安,但是,英、美两国代表还是愿意等待莫斯科的答复。

为了进一步说明英、美的态度,我想提及我与阿瑟·斯威策先生的一次谈话。这位先生曾任国际联盟秘书处新闻部主任,当时他是研究成立维持和平的国际组织问题的顾问。他对我说,美国政府将继续迁就俄国人,他解释说,在美、苏两国间从来没有发生过真正的利害冲突。他说,美国从俄国买下阿拉斯加这块土地,美国对沙皇统治下的俄国人民寄予同情,美国对被日本击败后的俄国给予援助,严酷的对德战争,俄国辽阔的土地,众多的人口,俄国人愤世嫉俗的态度,这一切引起美国人对俄国的一些同情。美国人民对俄国的情感和对中国的情感是差不多的。为了说明和证实他的观点,他举了布雷顿森林会议的例子,这个会议刚结束不久。他说,苏俄代表团要求增加他们在即将建立的货币基金中的份额。原来提议是八亿美元,而俄国人却要求十亿美元。这一要求获准后,俄国人询问给英国的基金份额是多少。当他们听说给英国人的基金份额是十三亿五千万美元时,俄国人又坚持要十二亿美元。美国人说,他们认为给俄国人十亿美元是合情合理的,但是如果俄国人坚持的话,给十二亿美元也可以,结果俄国人真的得到了这么多。斯威策说,这件事情表明,美国人为了满足俄国人的愿望可以迁就到什么程度。在讨论募集国际银行股份的问题时,美国代表团的经济顾问强调说,苏联只认募九亿美元是不行的,但是美国代表团的政治顾问却说,对俄国人逼迫得太厉害是危险的。最好的办法是对他们说,俄国是个大国,应该认十二亿美元。这笔钱与俄国人从货币基金得到的数额相同。但是,如果俄国人认为不能增加认募数额的话,就让他们去自行决定。换言之,美国国务院决心采取不要过分逼迫俄国的政策。他说,这件事情已经提交莫斯科考虑,但是没有得到任何答复。因此印发的通告上表明苏俄只认募了九亿美元。当财政部长摩根索正从自己的房间走出来准备参加闭幕宴会时,电话铃响了,苏俄代表团通知他,莫洛托夫来电批准认募十二亿美元。

由于种种原因,中国处于十分困难的境地。不难回忆,莫斯科会议承认中国为四强之一。但是,敦巴顿橡树园会议在这方面几乎倒退了一步。由于迎合了苏俄的愿望,所以会议分成两个阶段,中国被排除在会议的主要阶段之外。这个会议正在决定未来的国际组织的主要特征。很显然,中国只能面对既成事实——第二阶段会议只不过是摆摆样子而已。

另外,我已经答应格鲁,不将从美国代表团秘密得来的有关会谈的情报转达给我国政府。我不知道这种情况会持续多久,如今我已等得不耐烦了。我不断地催问第二阶段会议召开的确切日期。现在,我很想把我得到的情况汇报给政府。但是格鲁一再请求我拖延一段时间并再报。

9月10日,在美国代表组织的野餐上,斯退丁纽斯和贾德幹两个人都告诉我,除两三个问题以外,他们同俄国人在所有其他问题上都已达成协议。未解决的最重要的问题就是安理会上的表决权问题。他们说,如果莫斯科答复表示同意,同中国代表团的会议就可以在9月12日召开。如果莫斯科不同意,他们也不知道该怎么办。他们向我保证说,他们十分渴望同我们开始会谈。他们甚至也催促过俄国人,向他们指出,他们让中国代表团等待的时间已经太长了,他们再不能让中国代表团继续等待下去了,然而俄国人对此无动于衷。

那天晚上,格鲁打来电话对我说,在表决权问题上他们仍在等待着俄国代表团的答复,而俄国代表团又在等待莫斯科下达最后指示。据他判断,在近一两天内,我们没有希望参加会谈。

刘锴邀请美国国务院远东司司长汉密尔顿吃午饭,想了解美国代表团的确切情况。在莫斯科会议召开期间，汉密尔顿在莫斯科。他说，在开辟第二战场后，俄国人确信能够战胜德国。由于当时红军打了几次胜仗，他们便趾高气扬起来。这确实是美国政府从苏俄代表团及其成员身上所看到的情绪。汉密尔顿说，美国和英国正在不遗余力地迁就俄国人，因为他们害怕俄国人会退出会议。

一周以后，美国人给我们的答复是，9 月 21 日之前举行第二阶段会议是没有希望了。由于会议遥遥无期，我对格鲁说，我不能再履行推迟向政府汇报会议情况的诺言了。格鲁向我提供的关于英美与苏俄意见不一致的各点的确切情况，我须向中国政府转达。他恳求我再耐心等一等，保持我那种对人十分体谅的态度。他说，美国代表团对我这种态度十分赞赏。他还指出，如果泄露三国谈判的内容，会为俄国人完全中断会议提供借口。

美国人的这种胆怯心理反映了美国政府的政策。他们认为，迁就苏俄代表团是必要的。事实上，据我所知，美国人这种明显的胆怯表现有好几个原因。一方面，美国的公众舆论是美国政府必须考虑的。莱曼州长早在 8 月底一次宴会上就对我说过，美国人民十分希望在战后成立一个新的和平组织，但是，美国人民决不会同意为此而放弃自己的主权。另一方面，他又说，建立对小国发号施令的四强专权必将激起美国人民的不满。如果采纳苏俄的建议，即大国有权否决安理会对它实行制裁的决议，则必然导致这种专权。美国公众舆论的这一观点是国际问题专家阿瑟·斯威策告诉我的。在一次交谈中，他对我说，从 1920 年起，美国人民就考虑这个问题了，现在他们同意建立一个真正起作用的和平组织。据阿瑟·斯威策说，美国人民甚至已认识到强权政治的必要性，所以在第二次世界大战中他们认识到有必要采用征兵制。

詹姆斯·赖斯顿是研究国际问题的严肃的学者，也是一位出色的新闻记者，他也向我谈了与莱曼州长所表达的同样观点。他知道,与苏俄代表举行的三方会议,在表决权问题上陷入僵局。他说,国会中一些议员的态度也使政府陷入了困境。由八名参议员组成的一个委员会经常听取国务卿赫尔介绍情况。他们以六票对二票赞成举行敦巴顿橡树园会议,然而他们拒绝公开发表一个声明支持政府的建议。他说,参议员范登堡(后来他被政府说服,成为旧金山会议的坚定支持者)和拉福莱特仍在秘密活动,反对建立这个拟议中的国际组织。赖斯顿说,所有这一切都说明了美国代表团十分谨慎和胆怯的原因所在;还说明了美国代表团为何对中国提出的保证成员国领土完整的建议感到不安。他说,这一建议不会得到美国参议院的批准。为新的组织建立一支国际军事力量一事也不会得到美国参议院的批准。看来美国政府正在对苏俄采取调和以至迁就的态度和政策。美国人对苏俄似乎是束手无策。

三、会议的第二阶段:有中国参加

最后到了9月27日,斯退丁纽斯和格鲁亲自来对我说,第二阶段会议肯定将于9月29日星期一开始。国务院给中国代表团打来电话,要求刘锴前往共同解决开幕式的座次问题。美国国务院考虑了为孔祥熙安排一个上座,但又说,根据礼仪,哈里法克斯勋爵的座位应该先于孔。刘答复说,孔的身份相当于总理,请求国务院重新考虑一下这个问题。我说,如果美国人坚持自己的意见,那么这个问题也不值得一再强求。其后,刘锴来汇报说,美国国务院已经把座次表交英国大使馆过目了,英国大使馆说,根据英国的礼仪(据他们了解美国的礼仪也是如此),大使的身份要高于在国外的所有其他本国人。如果魏大使要排在孔的后面,那么资历高于魏的哈里法克斯的座位不仅要在魏大使的前面,也应在孔的前面。刘非常明智地对他们讲,在国际会议上,这一点可以掌握得灵活些,应该通过互让解决这一问题。于是英国人说,如果把英国代表团安排在美国国务卿的右面,而不是左面,他们可以同意哈里法克斯的座位次于孔的座位,由孔坐在赫尔的右面。经三方同意和批准的最后座次是,美国国务卿在全体出席的开幕式上作为主席坐在中间,孔坐在他右面,哈里法克斯坐在他左面,我坐在孔的右面,魏大使坐在我的右面,贾德幹爵士坐在哈里法克斯勋爵的左边,斯退丁纽斯先生坐在贾德幹爵士的左面。这些人坐成一排面向大家。英国代表团成员坐在会议桌的右面。中国代表团成员坐在会议桌的左面。美国代表团成员坐在中国代表团成员的左面。我认为,座次问题是小事,可是孔祥熙的到来是个没有预料到的情况。

性质相似的情况实际上已在我国代表团内发生过了,当时秘书长刘锴拟将代表团成员名单送交美国国务院,其中没有孔祥熙的名字。刘原打算把孔的名字放在名单的首位,但是他不知道给他写什么头衔。我向他建议,不要将我的姓名作为代表团团长单独列出,可以把我的名字和其他三位代表的名字列在一起,和他们享受同样的待遇。然后,他又对我说,魏道明问他为什么代表团成员的名单里没有孔的名字。刘说,他曾解释过他不知道用什么头衔称呼他。我建议以"指导人"的头衔来称呼他,可是,魏看起来不喜欢这个头衔。所以,我建议把孔的名字作为一个等级列在首位,其他四名代表作为另一个等级列在一起。这样做应该可以使他感到满意了,尽管我认为这样做并无必要,因为这并不是提交正式会议的通知。这个办法被采纳了。美国国务院意识到这一点,便把孔祥熙视为美国的贵宾,而没有把他直接和这次会谈以及中国代表团联系起来。

10 月 2 日美国代表团在卡尔登饭店为中国代表团举办了一个宴会。美国代表团团长斯退丁纽斯早些时候对我说过,宴会上将不发表演说。但是,临时他却要求我第一个讲话。我简要地谈了几句,并代表中国代表团和孔祥熙向他致谢。我还表示希望我们在会谈中的共同任务获得成功。第二个讲话的是哈里法克斯勋爵。他说,他希望新的组织建立后能够保护中国和其他国家的利益,并提议大家为中国政府和中国人民干杯。于是,斯退丁纽斯说,欢迎中国代表团首席代表的仪式已经完毕,现在他想说几句话,对以私人身份访问美国的中国副院长孔博士表示欢迎。孔对主人表示了谢意,并要求在座的人为英国大使的祝酒举杯回敬。我拉了一下他的袖子,低声建议他也为美国政府和人民祝酒,他随即这样做了。

这一切说明,孔的到来所引起的麻烦是完全可以顺利解决的。这种情况不大正常,可是就中国出席国际会议的经验而言,则并不稀奇。我国代表团成员的组成以及代表团成员姓名排列顺序一再出现一些预料不到的问题。从国家的利益出发,中国本应避免出现这些问题。在上述例子中,当然,委员长指派一名特别代表乃是出于特殊的考虑。这是战时,重庆和华盛顿又相距很远,所以可能感到派遣孔前往美国是合适的。正像邱吉尔也派了一名私人军事代表出席在华盛顿的盟国联合参谋长会议一样。但是我仍不敢肯定派孔前来确有必要。在战时,政府首脑通常都特别注意大使的人选。举英国为例,虽然哈里法克斯勋爵是英国战时内阁成员,邱吉尔仍委派他为英国驻华盛顿大使。因此,除了邱吉尔用电传打字电报机直接和白宫罗斯福总统联系的问题以外,所有其他的重要问题都由哈里法克斯勋爵办理。哈里法克斯勋爵全权代表英国首相,并完全得到邱吉尔的信任。由一个在英国曾任外交大臣的人出任大使是不寻常的事情,国务大臣的职位比大使的职位高得多。在英国历史上很少有国务大臣后来又被任命为大使的。这是一个特例,因为当时英、美之间需要处理的问题是紧迫的。中国可能由于不太熟悉其他国家的做法,采取了派委员长的一位特别代表驻华盛顿的办法,结果不仅使中国驻华盛顿大使,而且也使美国国务院感到意外的不便和为难。

这使我回想起一件事,1941年,郭泰祺离伦敦赴重庆就任外交部长路过华盛顿时,与美国国务卿科德尔·赫尔进行了交谈,赫尔对郭谈的第一件事是,他希望今后的外交问题通过正常的渠道解决。他暗示,两国之间通过非正式渠道进行的谈判引起了很大的不便和意想不到的困难和摩擦。很明显,他指的是委员长的两位特别代表,先是宋子文,后来是孔祥熙。他们总是不通知国务院,直接前往白宫同总统或总统助手哈里·霍普金斯交谈。白宫也经常忘记把情况通知国务院。采取这种特殊的做法很明显是因为罗斯福总统和蒋委员长都有很强的个性和责任感,愿意亲自处理国事。

然而,这是不正常的作法。我记起了战后的一件事情,那时我正任驻华盛顿大使。有一次,我去拜访远东司司长巴特沃思先生。当我正要在他的办公室坐下时,他愤怒地把他手中的报纸一扔并说道,派遣私人代表纯粹是胡来。"我才不理这一套呢!"当我问他报上说了些什么时,他说,"你没有看报纸的新闻吗?"原来这是发自重庆的一则报道,说是孔祥熙将继续任委员长驻华盛顿的私人代表。这不单是巴特沃思个人的态度,而是代表了远东司的普遍情绪。不久,据报纸报道,一位派往马德里作为杜鲁门总统特别代表的参议员拜访了佛朗哥元帅。当他前去拜访时,很自然要由大使陪同。可是当他们到达会客厅时,佛朗哥的副官走出来,对他们说,元帅已准备好接见他们。这时,这位特别代表让大使在外面等候,他独自走了进去。于是,大使向国务院报告说,如果这种做法继续下去,他宁可辞职。我记得白宫后来发了一份报告,说这位参议员的访问只是一次礼节性的拜访,并未讨论任何特别问题。

敦巴顿橡树园会议第二阶段和第一阶段一样,也包括五种不同的会议。首先是由各代表团团长参加的指导委员会会议。这个委员会经常开会讨论决定会议的议事日程和全体会议的总的方向。其次是由三国代表出席的全体会议。再则是由技术代表出席的会议,全体会议上提出的各种提议所涉及的技术方面问题在这个会议上研究解决。另外还有起草文件的会议,这个会议的目的是将达成的协议和决定拟成文字。最后还有由军事代表出席的会议,讨论建议成立的新国际性组织所涉及的军事性质问题。

9月29日上午,有中国代表团参加的会议开幕时,格鲁先生交给我一套由英、美、苏三国共同制定的提案。第二阶段会议的目的就是研究这些提案,看这些提案是否能得到中国代表团的同意。尽管第一阶段会议一致通过的提案涉及面很广,我们仍然有我们自己的方案。为了便于讨论,我们不仅要从头至尾研究第一阶段会议采纳的提案,还要讨论第一阶段会议没有包括进去的中国的提案。对于第一阶段会议通过的提案,我们感到没有什么不可以接受的,只是遗漏了若干中国很关心的问题。

我认为最主要的会议是10月2日由斯退丁纽斯主持召开的全体会议。我提出了十四个早已准备好的与第一阶段会议采纳的提案有关的问题。虽然我觉得第一阶段会议通过的提案没有什么不能接受的,但是为了使新国际组织能够有效地促进国际安全与和平,我认为,有许多改进和修订还是应该坚持的。本着这种想法,我提出了十四个问题要求英、美两国代表发表意见,以便使中国代表团能够更确切地理解这些问题。杰布先生代表英国发了言,帕斯沃尔斯基先生代表美国发了言。会议结束后,美国方案的主要设计人帕斯沃尔斯基、美国国务院远东司司长亨培克、格鲁大使、法律专家哈克沃思等许多人对我和中国代表团其他成员说,我们提的问题很深刻,他们十分赞赏,表明我们对讨论的问题了解得十分透彻,在接到文件后很短的时间里进行了非常仔细的研究。我想这是因为中国代表团得益于参加巴黎和会所得到的经验。当时我代表中国参加了国际联盟盟约起草委员会。这次会议提出讨论的许多问题以及第一阶段会议采纳的提案中提出的解决方法,在过去的巴黎和会上都曾遇到过。当然,国际联盟的失败也使人看清了一些未解决的问题以及一个国际组织在工作中会遇到的一些实际困难。所以,听到英、美两国代表的好评固然是令人鼓舞的,但是我个人认为这倒也是不足为奇的。同时,中国代表团得知自己出席这次会议能为共同的事业作出一些贡献也是非常高兴的。

大会及安理会的表决程序是一个主要问题。如上所述,出席第一阶段会议的三国代表在这个问题上难以取得一致意见。简言之,苏俄代表团认为,安理会各常任理事国都有权参加表决关于争端的任何决议,即使其中有一个常任理事国是争端当事国。很明显,这与英、美、中三国的司法概念是背道而驰的。根据这三国的概念,争端的任何当事一方不得为了自己的利益行使裁决权。中国代表团在这个问题上的观点与英、美的观点一致。然而为了打破同苏俄的僵局,美、英两国代表最后还是接受了苏俄的主张,即通过任何关于解决争端或威胁和平的决议,必须遵守常任理事国一致原则。可以看得出,在以美、英两国为一方,苏俄为另一方的谈判过程中,美、英代表的态度逐渐软化并屈从于苏俄的主张,已经同意在对一争端当事国或对使用武力或以武力相威胁的行为实行制裁的任何问题上,投票反对制裁措施的常任理事国,即自然免除实行制裁的责任。但常任理事国为争端当事国时的表决权问题仍陷入僵局。莫斯科坚持自己的立场,又找不出双方都能接受的解决办法。因此,当中国出席的会谈开始时,这仍是一个很难解决的问题。

苏俄对大会的表决问题怀有疑虑,唯恐自己总是处于少数。由于这个原因,莫斯科曾提议接纳苏联的十六个加盟共和国作为这个拟议中的组织的成员国,以便增加苏俄的表决权票数。苏俄提出这一显然是十分荒谬的建议的理由是,英国自治领已被承认并有权作为这个组织的成员国,虽然这些自治领在很大程度上是独立的,然而他们仍然是英联邦的成员。英、美两国均认为苏俄这种主张是不能接受的;如果要使新国际组织能够建立起来的话,就必须克服这一障碍。苏俄这一建议是 10 月 3 日我和两个同事去见罗斯福总统时,他首先向我们透露的。我记得罗斯福总统补充说,鉴于苏俄提出了这一建议,那么中国也可以要求自己的二十六个省作为成员国进入这一组织,这样中国的表决权就会增至二十七票。我说,依此类推,美国的四十八个州也都应有代表参加这个组织。实际上,开始我并不知道罗斯福总统这样说有多么认真。然而他对我说,他希望看到中国能享有一个大国的待遇,因为他着眼于未来。他希望亚洲和太平洋地区安宁。该地区有中国这样一个强大的盟国,他就可以将全部注意力用于维持欧洲和平。

我拜访罗斯福总统并非出于特别的目的,只是礼节性的拜访。我们在威尔逊任总统时就是朋友。那时,他是海军部助理部长,我是中国驻华盛顿公使。当时,在首都华盛顿我们二人是最年轻的官员,我们经常见面,互相交换看法,话题并不限于各自的本职工作。1944 年我们见面是三十年来的第一次。我们相见都很高兴。我像平日一样,早五分钟到达,但是总统的秘书说,我来的正是时候,因为我前面的来访者刚刚离开。总统的秘书领我进了办公室,我看见罗斯福总统手里拿着一叠文件。他向我打招呼说,"你好,顾。见到你很高兴。"接着他问,"你猜一猜我手里是什么东西?"由于我刚刚见到四五个拉丁美洲外交官离开这里,我对他说,他手里拿的是国书。他说,"对了。你知道我是怎样接的国书吗? 五位大使同时来,不到十分钟我就结束了此事。"我说,这正是他办事有效率的一个典型例子。他说,他没有同每一位大使花半小时的时间交谈,然而,这样做同样达到了目的。(外交官们也未穿礼服。)

于是,我们坐下来交谈了将近半个小时。他对我谈了一下苏俄代表对新国际组织表决程序的要求。他还向我讲述了他坚持要中国参加敦巴顿橡树园会谈的事。并对我讲了为什么他要求将中国列为战后负有维持和平责任的大国之一。他说,他希望在世界各地都看到和平。由于有了中国这个地处亚洲的强大盟国,美国就可以将全部注意力放到欧洲。他说,"顾,到目前为止,所有大规模的战争都起源于欧洲。这些战争使世界的其他地方不得安宁,并使人民生命和国家财产遭到了骇人听闻的损失。"就人口而言,中国是世界上最大的国家;就领土而言,中国是亚洲最大的国家;综观中国历史,中国人民是热爱和平的人民。因此他决心使中国成为负责维持世界和平的四大国之一。

关于罗斯福总统同我谈到的俄国人要求给予苏俄的加盟共和国十六票表决权一事,斯退丁纽斯在10月4日的指导委员会会议上又秘密地告诉我一些情况。他说,苏俄采取的立场非同寻常,将对建议成立的和平组织有很大的影响。因此,美国代表曾直率地向俄国代表表示,这个问题必须在更高级的外交会议上解决,比如四国首脑会议。同样,安理会常任理事国之中有一个或一个以上为争端当事国时常任理事国的表决权问题,也需要在这样的会议上解决。斯退丁纽斯强调指出,他认为这个问题极其重要,应以神圣的荣誉保证对此严守秘密。他说,如果这件事泄露出去,就会引起公众和报界的强烈反对,使建立新国际组织一事有化为泡影的危险。他还要求我提醒魏大使和商震将军严守秘密。因为同罗斯福总统会见时,他们也在座。

在安理会的表决权问题上,苏俄代表团长期坚持自己的意见。最后,美、英两国代表团终于屈从。美、英两国代表团似已接受苏俄的建议,即安理会通过制裁决定须经常任理事国一致同意;常任理事国即使是争端当事国亦有表决权。

10月5日在敦巴顿橡树园的午宴上,我同美国国务院的帕斯沃尔斯基讨论了争端当事国在安理会的表决权问题。帕斯沃尔斯基认为这个问题并无实际的重要意义,使我深感惊讶。他说,当一个大国为了保护自己的利益,认为有必要进行战争时,那么是否允许它投票反对制裁它的行动并无重大意义。这只能由其他国家来决定是否准备或愿意向该国开战以保卫和平和正义的事业。这一观点表明美国的态度发生了根本的变化。不久,我发现英国也接受了这一观点。这显然是与美国商量好的。因为那天晚上,在中国使馆为美、英代表团举办的鸡尾酒会上,杰布的观点和帕斯沃尔斯基向我阐述的观点如出一辙。他说,美国人已经表示,连一些参议员都觉得俄国的观点是可取的。理由是,根据原先的方案,美国即使不愿意,也可能会被迫参战。杰布进一步对我说,英国也采纳了这一观点,并暗示,是英国首先采取了这一现实的立场。他说,新国际组织是否能成功取决于四个大国能否团结一致。他们的团结和合作是新国际组织成功的前提。他又补充说,英、美代表团感到为难的是如何使小国和英、美人民接受这一观点。

中国的观点同英美原先方案中阐述的观点是一致的,即争端当事国,即使是常任理事国,也没有表决权,亦即无权参与对自身案件的裁决。然而,我们同意对实施制裁决议投反对票的常任理事国得免除其使用武力实施制裁的义务。事实上,中国的观点是任何常任理事国在安理会中都不能行使否决权。这是美英最初的观点,然而最后他们放弃了这一观点,并同意在实施制裁问题上采用常任理事国一致的原则。

中国代表团的处境困难而微妙,因为美、英、苏三国参加的第一阶段会已就大多数问题达成协议。中国代表团的政策是竭尽全力为会议多作贡献。根据委员长的指示,中国的基本态度和政策是全力促成会议的成功,这是一个明智的政策。早在巴黎和会召开时,中国就坚决奉行支持世界组织,以加强世界和平与安全,根据国际法来解决国际争端的政策。中国希望结束世界列强在世界,特别是在非洲和亚洲所奉行的武力政策,因为中国曾是欧洲列强常常奉行的所谓炮舰政策的受害者。鉴于苏俄对中国的态度始终不见妥协,甚至不愿同中国同坐在一个会议桌旁,加之美、英两国为了在反对轴心国的战争中尽早取得胜利这一根本利益谋求“苏联继续给予合作”,因而对苏俄采取了迁就政策。中国代表团深知,根本改变第一阶段英、美、苏三国已达成的一致意见是很困难的。所以在敦巴顿橡树园,中国提出的新建议和对第一阶段三个国家一致同意的建议的补充意见都已缩减到最低的限度。

关于建立一个对国际争端具有强制管辖权的新国际法院的主张,最初得到了英国人的支持。然而,在第一阶段会谈的过程中,由于俄国人的反对和美国宪法所造成的困难,英国人放弃了这一主张。很明显,美国代表反对这一主张是出于他们不愿意接受建议成立的国际法院的管辖权,担心美国解决国内问题的主权受到侵犯。在美国这是一种普遍和一贯坚持的立场,特别是在参议院中,这种态度表现得更为明显。最后参议院在美国接受新国际法院管辖权的声明中附加了一项保留条件,声明美国保留决定何种问题属国内法管辖范围的权利。常设国际法庭的美国法官赫德森代表了一种更为开明的见解。他拜访了我并极力主张保留原有的国际法庭,不要建立新的国际法院。我坦率的告诉他,这个问题也涉及政治。我认为,想要旧的国际法庭原封不动地继续存在下去是很困难的。我解释说,原因之一是在旧的国际法庭里没有苏俄的法官,然而在这个新的法院里很可能会有一名苏俄法官。赫德森的主要观点是不要改变原国际法庭的规约以及选举法官的办法。他认为,苏俄这一因素并不足以对国际法庭作根本性的改变。事实证明这种观点是不正确的,因为随着时间的推移,苏俄在新国际组织内的影响越来越大。

作为中国代表团团长,我面临许多问题。就中国和其他代表团的关系而言,这是意料之中的事情。但是,即使在中国代表团内,在一些问题上也是有着尖锐的意见分歧的。例如,在我们代表团的一次会议上,魏道明和毛邦初就提出了激烈的观点。美国人曾向我们暗示,第二阶段的会议越短越好,原因有二:第一,对会议第一阶段一致通过的建议作任何根本性的改变都需要重新与苏俄代表谈判。第二,由于苏俄所持态度,会议已经拖延了很长时间。然而,魏、毛二人却都主张采取一种从容不迫的政策,将我们所有的建议都提出来,不论英、美或者俄国的代表有无可能接受;我们至少要表现出我们愿意为会议做出充分的贡献,因此不希望看到会议草草了事。与此同时,美、英两国代表团由于在前一阶段与苏俄代表团拔河式谈判中费了很大力气,此刻已经变得相当不耐烦。英国代表团同美国代表团一起参加第二阶段的会议,主要是为了"维护中国的声望",而不是听取什么重要意见。再者,就像我在下面就要谈到的,当时中国与美国政府的关系很不理想。虽然美国代表团和美国国务院,在某种程度上乃至总统本人,都仍然对我们很同情,很友好,但是整个报界的舆论对我们是不利的,对中国的军事和政治批评甚多。所以中国代表团在橡树园的处境是相当尴尬的。中国代表团对自己的意见应该坚持到什么程度,这个问题引起了很大的争论。魏和毛的观点自然得到了来自重庆的代表们的支持。但是,我强调,在决定我们的政策或态度时,应充分考虑到我们的实际处境。不仅如此,还要考虑到英、美的处境。我认为,为了装点门面而延长会议的做法是不可取的,但是我们应该表现出,我们要为新国际组织的建立作出重大贡献的愿望是切实而认真的。这一观点不仅得到孔祥熙的大力支持,也得到了那些熟悉国际形势和苏俄的态度和政策的人们的支持。最后,我们决定不全部提出我们的建议。我们采取了折衷的办法,准备提出我们认为重要的七点建议,而不论美、英两国代表是否同意。换言之,我们要把这七点建议作为新国际组织宪章的基本内容而加以捍卫。

在会议结束前,出现了一个微妙的棘手问题,即如何公布谈判结果。虽然第一阶段会议在临近 9 月底时就结束了,然而第一阶段会议的结果尚未公布于众。英、美两国代表团想用两份公报同时公布两个阶段会议的结果。10 月 3 日,在我和斯退丁纽斯驱车去白宫的途中,他对我说,如果用第二个公报来公布第二阶段会谈的结果,并与表明第一阶段会谈结果的第一个公报同时发表的话,就会提高中国的声望。于是我问道,如果美、英、中三国在表决问题上达成一致意见,是否也把这个协议写在公报中。他说,是要写在里面的。他还强调指出,美国政府要申明第二阶段会议同第一阶段会议同等重要。在10月10日举行的指导委员会第三次会议上,哈里法克斯勋爵提议就正式公布第二阶段会议结果的问题进行讨论。哈里法克斯出席指导委员会会议这还是第一次。他强调说,为了不使公众感到困惑,只公布第一阶段会谈结果的公报。斯退丁纽斯本来曾十分轻松地同英国代表就改变态度进行过交谈,此时竟出乎我的意料,表示了与哈里法克斯相同的观点。然后,他请美国代表团所有其他成员发表意见。美国代表团成员都发表了同样的意见,即支持英国人的观点。他们意见的一致以及斯退丁纽斯坦率地承认他现在所持观点同前一天他在汽车里对我讲的完全相反,这都给我留下了深刻的印象。中国代表团收到了即将公布的公报草案。我仔细地研究了这个草案以及俄国人起草的草案。我发现苏俄草案只提到"三国"政府达成协议,很明显地将中国排除在外。而英国的草案则提到"四国"政府,给人的印象是也包括中国在内。很明显,苏俄草案给人的印象是中国不是一个大国,不能与其他三个国家相提并论。因此我向美国和英国代表团陈述了我的观点和立场。

这个问题提交给了莫斯科、重庆和伦敦,因为公报要在四个国家的首都同时发表。然而公报的正文尚未决定下来。(10月7日?)斯退丁纽斯对我说,英国代表仍倾向于与莫斯科达成协议,而莫斯科并不希望中国被承认为四个大国之一。我建议完全取消第四段:这样就不会涉及三国或四国的问题。他说,只有英国人最后发现实在没有可能与俄国人达成协议时,他们才会接受这一建议。换言之,回想在魁北克发生的事情,英国和苏俄一样,并不是真心承认中国是一个大国。

然而,在当天下午,斯退丁纽斯打来电话说,英国已经同意取消第四段,他正在等待俄国人的最后答复,他认为俄国人也会同意这一建议的。10月8日上午,他来电话说,俄国人终于同意删掉第四段。他还说,原订在四国首都发表公报的时间仍然有效。

敦巴顿橡树园会议结束后,我同中国代表团的其他成员在双橡园开会讨论这次会议的成果。首先我回顾了我们原先对会议所抱的希望。第一,我们希望维持中国作为世界第四大国的地位,并在这个基础上同美、英合作。第二,关于成立新国际组织这一问题,我们希望(1)应该成立一个有效的组织;(2)应该保证这个组织所有成员国独立自主及领土完整;(3)应该以公正原则及国际法作为解决国际争端的基础;(4)最后要本着促进和平的利益修订国际法,并促进各国之间的文化协作;(5)中国能继续得到小国的同情。

这个第五点是中国在外交事务中一向十分重视的。我曾特别为实现这一目的而尽力。举一个例子:布雷肯里奇·朗先生为我在布莱尔大厦举办了一个宴会。朗曾在第一次世界大战期间任助理国务卿,负责远东事务。出席宴会的有邦扎尔上尉,他曾是豪斯上校的随从参谋和顾问。还有一些美国贵宾也出席了宴会,其中包括美国最高法院法官杰克逊先生和里德先生、格鲁大使、弗莱彻、萨默林,以及新任命的驻巴黎大使卡弗里先生。邦扎尔回忆说,在伍德罗·威尔逊为领导的国际联盟盟约起草委员会上,我为小国作了强烈的呼吁。会后,豪斯上校对他说,这是他在起草委员会上听到过的唯一最好的发言。我那次的发言不仅仅是为了中国自身的利益,也是为了弱小国家的利益,无疑,当时中国是弱小国家之一。

关于我们对会议的希望的第六点,亦即最后一点,我曾认为,常任理事国一致原则对中国是很重要的,因为我不愿意中国被撇在一边,不愿意安理会无视中国,只在三国同意的情况下作出决定。然而,由于英、美的劝告和坚持,我们改变了态度,从而支持英、美,反对常任理事国一致原则。

关于会议结果,我谈了以下几点意见:(1)新的安理会比国际联盟行政院更为有力和有效。新安理会可以随时开会,只要提前二十四小时通知,任何时候都可以开会。新国际组织还要成立一个军事参谋团,作为新组织的一个组成机构。各成员国都要按照定额提供特别的军事力量。同国际联盟相比,这是一个十分重要的进步。(2)在新国际组织中,有可能采取特别行动并实施制裁。它将有一支国际警察部队和一支空军部队。(一个概括性的侵略定义最后写进了宪章中。)(3)政治独立、领土完整、反对外来侵略得到了保证。(4)中国非常渴望修改旧条约。可以进行这种修改的原则已得到了承认。(这一原则后来在联合国宪章中得到了体现。)(5)为了实现和平,采取了一些积极的措施。为了解决国际争端,制订了一些准则。这些争端应根据正义和法律原则加以解决。这项原则是中国代表团提出的。第一阶段会议三国一致通过的建议并没有这项原则。在第二阶段会谈中,当我们提出这项原则时,仍然有很大的争论。持反对意见的人,特别是英国人认为,国际法是不明确的,当重要的争端出现时,国际法的原则只能引起争论。后来经过中国代表团据理力争,美国代表团终于表示支持中国代表团的观点。英国代表团最后也接受了。(由于中国代表团在敦巴顿橡树园会议上提出了建议,才使联合国宪章写进了"依正义及国际法之原则"解决国际争端这一提法。)确定了新国际组织的目标之一是促进各国之间的教育和文化合作,并决定建立经济及社会理事会。(6)至于改革程序问题,我们最后终于被说服同意放弃在大会表决或安理会通常表决时的全体一致原则。在国际联盟时期,大会和行政院都必须全体一致同意方能通过决议。因此这是前进了一步。(7)安理会的投票程序问题,战后领土问题以及维持和平问题,仍是一些尚未解决的问题。这些都是非常重要的问题,但是,只有等到战争胜利在望时,这些问题才能得到解决。(旧金山会议通过了联合国宪章第十七章,这一章包括106和107两条,使原来悬而未决的领土问题和维持和平问题得到了解决。)

10月12日,中国问题专家、美国国务院新成立的文化关系司司长裴克先生前来祝贺我个人以及我国代表团在敦巴顿橡树园获得的成功。他说,作为新成立的文化关系司的司长,对我们强调拟议成立的新世界组织应促进文化关系,他感到十分高兴。

不久,我离华盛顿赴纽约。10月17日我拜访了胡适博士。他对我说,亨培克一周前告诉他,他和所有的美国代表团成员对我和中国代表团成员巧妙而策略地提出自己的看法,为会议的成功做出了贡献,深感钦佩。韦伯斯特教授、马尔金先生、英国代表团的杰布先生、美国代表团的帕斯沃尔斯基先生也对中国代表团准备充分和对提交讨论的各项建议阐述得非常好表示赞赏。

可以说,敦巴顿橡树园会议是中国开始被承认为四大国之一的标志。敦巴顿橡树园会议的结果是召开旧金山会议。在旧金山会议的邀请书上,中国列为四个发起国之一。这样,中国就得到了与英、苏、美三国同等的地位。

第二节　中国与其他三强的关系

一、中国与美苏的关系
1944年8月—10月

在敦巴顿橡树园会议时,中、美两国代表团之间的关系是友好的。然而,正像我已指出的那样,当时两国政府之间的关系,特别是蒋委员长和罗斯福总统之间的关系,业已恶化。在美国时,我有机会得到有关种种不幸事件的第一手材料。

8月下旬,我到达华盛顿后不久,曾与商震将军进行交谈,他当时是中国军事代表团的团长。商将军对中美两国之间的军事问题十分熟悉,他能为我作权威性的介绍。他谈到引起两国政府之间的摩擦、误解和产生恶感的几件事。

第一是史迪威将军的问题。魁北克会议结束后,萨默维尔将军和蒙巴顿勋爵赴重庆向委员长介绍了会议的情况,委员长对萨默维尔说,需要免去史迪威的职务,因为中国军方无法与他共事。萨默维尔强烈请求留下史迪威,并列举了许多论点来说明自己的主张。这无疑是罗斯福总统和五角大楼的主张。他问,有谁能代替史迪威?意思是无人能取代史迪威。他还说,免去史迪威的职务只会损害中美两国军队领导之间的关系。(我想,他指的是马歇尔将军对史迪威的极大信任。)但是,所有这一切都是徒劳的。宋子文担任翻译,他丝毫没有更改委员长的激烈言词。(在那次会见时除商外,蒋夫人也在座。)

商接着说,第二天又会见了一次。委员长继续坚持撤掉史迪威。萨默维尔仍然设法阻止这一不愉快的决定。他强调说,撤掉史迪威还会妨碍英、美两国关系,因为蒙巴顿勋爵正同他一起在重庆访问。但是这个论点丝毫没有效果。晚上,意料不到的一件事发生了。孔夫人和蒋夫人请来了史迪威将军并同他进行了交谈。她们问他是否保证绝对服从委员长的命令。她们说,如果服从的话,她们将运用自己的影响使问题得以解决。史迪威显然在这个问题上向两位夫人下了保证。因此,委员长向他提出了三个条件:(1)服从委员长的一切命令。(2)当陈诚和史迪威向中国军队下达命令时,史迪威的名字应该签在陈诚的后面。(3)委员长是中国战场的最高统帅,史迪威是总参谋长,在向中国战场发布命令和执行命令时,都要以委员长的名义下达。史迪威接受了这些条件,要将他召回美国的问题暂时搁置下来。宋子文听到这个折衷解决办法的消息后,十分恼怒,他到委员长的总部去询问事情的究竟。会见并不令人满意。委员长把茶杯摔在地上,宋子文冲出房间,砰然把门关上。

中国外交部人事司司长郑震宇于 8 月 30 日拜访了我。他用了很长时间向我介绍了重庆的局势,当然还提到宋子文与委员长争吵的情况。他说,宋子文同委员长争吵后的第二天发生了两件事,使他们二人之间的关系更加恶化。一件是,宋去委员长的官邸时,遭到宪兵的阻拦。宪兵接到命令阻拦一切车辆进入官邸,并要求所有的来访者在外面等候。当宋被阻拦时,他对宪兵讲他的身份,然而照样让他在外等候。他起了疑心,因此,没有见委员长就回家了。当宪兵司令得知此事后,派了一名军官前去道歉,可是,宋子文不见他,只派了一个秘书接待。第二件事发生在第三天,宋再次去见委员长,并进了他的住所。由于委员长正在楼上穿着拖鞋、围着毯子阅读公文,所以要求宋在客厅等候。当委员长正更衣准备下楼时,宋等得不耐烦,便对副官说,如果委员长不能接见他,他就走。委员长的副官尽力安慰他。又等了一会儿,宋子文冲到楼上他妹妹蒋夫人的房间里,大声问道,委员长到底要不要接见他。委员长闻声走出房间,十分客气地同他讲话。他们没发生冲突就分手了。然而,从此以后,委员长总是拒绝接见宋子文,并总是把他的名字从被邀请的客人名单里划掉。郑先生说,只是到了最近他们才又见面。他还补充说,在一次总理纪念周上,委员长公开宣布,所有部长都应该在办公室办公,不应该在家办公。郑说,这就是宋开始每天去外交部一个小时左右的原因所在。8 月 30 日施肇基对我说的话也证实了这一点。施说,是他代表宋子文会见了霍普金斯,催促美国召回史迪威。美国总统最后答应了,但是很勉强。

由于美国政府对待苏俄的态度与对待中国的态度形成了鲜明的对照,所以回忆我和郭秉文的交谈是很有意思的。郭秉文与孔祥熙关系密切。他随孔一起出席了布雷顿森林会议,在孔和美国财政部谈判时,他是孔的顾问。郭向我解释了孔出使美国的目的以及孔对美十分失望的心情。他说,他出使美国的目的如下:(1)在布雷顿森林会议上要求增加中国的份额。这一要求没有实现。(2)向中国运送更多的黄金。这件事仍在讨论之中,尚未解决。(3)同美国解决在中国为美国空军建造机场所支出的费用问题。财政部长摩根索拒绝接受法币对美元为二十比一的官方汇价。孔拒绝改变他的要求。随后,美国提出以法币对美元为一百比一的汇价,用美元一次还清这笔费用。孔勉强接受了这个提议,但成都机场除外。他说,罗斯福总统曾在开罗向委员长表示,成都机场的修建费用全部由美国偿付,不过此事并无书面依据。他说,用于修建机场的总费用达八十亿法币。(4)取得剩余军用物资。美国决定将剩余物资售与出价最高并用现金支付的国家,而中国曾希望免费或以分期付款的办法得到这批物资。(5)为中国取得一些消费品以防通货继续膨胀。美国未立即表示同意,但派纳尔逊到中国研究这一问题,并了解战后中国的需要。据郭说,罗斯福总统总是慷慨大方作许诺,而具体负责部门每每不能履行这些诺言。

郭秉文说,从另一方面看,一些事实也证明了重庆与华盛顿之间的关系恶化。当时的副总统华莱士被罗斯福总统派往莫斯科和中国。这位美国特使返回美国后的汇报对中国十分不利。他对总统说,中国人的士气低落,委员长的政府有摇摇欲坠之势,美国不应该支持没有希望的政府。郭说,自从孔祥熙同罗斯福总统及其他美国领导人交谈之后,他们对中国的局势有了较正确的认识。

9 月中旬我再次同商震将军进行了交谈。我们又讨论了史迪威事件。他说,重庆支持陈纳德而反对史迪威,实属错误,因为此事引起华盛顿陆军部反对重庆。他还说,马歇尔将军对他讲过,中国人和中国士兵是好的,但是军官比较差。他认为,上层领导人中间无用之辈为数太多。

商震还说,赫尔利少将出使重庆的目的是说服委员长履行他已在原则上接受的建议,即将中国军队交与史迪威整编和指挥,以便同日本决战。他说原来的计划规定分三个阶段整编,每期整编三十个师。第一期已在印度和昆明整编完毕。但是尽管林赛将军同大约二千名军官等待将中国新兵送来已达四个月之久,第二期整编尚未付诸实施。这一拖延激怒了美国军事当局。罗斯福总统电告委员长,建议把整个军队移交给史迪威。在复电中,委员长表示原则上接受这一建议,但附加了许多条件。罗斯福只认可前半句话而无视其余。他于是又回电委员长,要求他遵守诺言。商震说,由于迟迟得不到委员长的答复,罗斯福感到十分不安。因此,他派遣赫尔利前往重庆敦促委员长加速履行诺言。赫尔利是一位聪敏的老将,足智多谋的谈判能手。(赫尔利曾代表罗斯福总统于1942年同苏俄谈判,最后他接受了苏俄在对日战争中守中立的政策。之后,他离开莫斯科到中国来,就中国全力以赴地参加预期的对日反攻一事进行谈判。)

商震说,中国军政部在同美国打交道时,对中国的主权问题过于敏感。我和他都认为美国是我们最好的朋友和盟国,毕竟对中国并无任何政治或帝国主义野心。他的话加深了我的感觉,华盛顿和重庆之间关系的恶化是由罗斯福总统和委员长就军事合作问题进行的谈判所引起的。商还说,他对当时中国军事形势的恶化以及中国在西北边境上与苏俄的摩擦加剧感到痛惜。

《华盛顿邮报》上一篇题为"中国盟友处在困境中"的社论和沃尔特·李普曼在《纽约先驱论坛报》上发表的关于魁北克会议及中国局势的文章,表明了美国对中国在战争中的作用的一般看法。这两篇文章对中国都是很不利的。另一篇占了两栏的报道,谈论魁北克会议和击败日本的战略,竟一字不提中国。为此,我记得我给委员长拍发了一封私电,提醒他说,如果美国继续对中国持这种令人不满的态度,将会严重影响美国的对华政策。我对他讲了我和美国官员、各界人士代表谈话后所得到的印象,以及我读了报纸的报道和社论后的感觉。一切迹象表明,导致批评中国、说中国无能并对美国缺乏了解的那些情报都来源于美国官方。发表在美国报纸上,说明重庆的中国政府无能、效率低和腐败的一些文章就是他们故意泄露给美国记者供他们发表的。对我来说,事情清楚地表明,美国当局,特别是美国国防部对我们与美国打交道的态度不满,甚至恼怒。我接着说,我们首先要考虑的应当是如何打败日本。我十分殷切地说,在与美国、特别是同美国政府领袖们交往,要尽量忍耐。中国在国际大家庭中毕竟朋友不多,我们在战时和战后重建,都需要美国的援助。(我同魏大使交谈,请他提醒重庆政府注意之后,拍发了这封电报。魏大使也十分担忧,然而他认为只限于美国陆军部对中国怀有恶感。他给我的印象是由他向委员长作形势汇报有可能被误解。他认为,由我个人致电委员长比较好。因此我就这样做了。)

还有其他一些迹象表明,美国政府对中国怀有恶感。罗斯福安排的魁北克会议是讨论击败日本的战略问题的,罗斯福尽力劝说斯大林出席这个会议,却没有邀请中国参加,这使我深感不安。如前文所述,孔祥熙本人一心指望能代表委员长应邀出席这个会议。他甚至给罗斯福总统写信表示听任总统的安排去出席这次会议。然而,他得到的答复含糊其词。孔原打算出席这次会议。在他离纽约等待赴魁北克的通知之前,他曾经要求商震和魏道明做好随他前往魁北克的准备。然而他的愿望未能实现。

美国人民中间对中国的误解是很明显的,出席鸦片会议的美国首席代表汉密尔顿·赖特的夫人和我的一次谈话中,她问我为什么中国不喜欢美国,为什么中国人民不喜欢美国人。她说这是从中国回国的美国军官向她谈的。我听到这种说法感到惊讶。据我所知,情况并非如此。我对她说,中国把美国视为最好的朋友,并需要与之合作。在个别的中国人和美国士兵之间有可能出现过一些孤立的事件,但是就在英国,比如在美、英士兵之间,也发生过类似事件。我尽力使她消除疑虑,认识到这样的事情不应该影响我们两国之间的基本的友谊和合作。

形势的恶化也触动了我国在美国的一些人士。例如,中国新闻处处长杨云竹先生要我讲讲对付美国新闻界不断批评中国以及对付散布中国战事坏消息的最好办法。他要我告诉他,写文章和发言时应遵循什么方针。我劝他不要逐一驳斥批评意见,而是应该坦率地承认我们的不足之处。我建议,他应该强调中国由于战争和成堆的问题而面临巨大的困难,而且中国幅员辽阔,人口众多,又加重了这些困难。前驻新加坡总领事高凌百先生来拜访我,他对美国对中国的态度有些不满。他强调说,美国人不了解中国共产党的威胁。这种说法多少反映了重庆的普遍情绪。但是,我对他说,美国人心目中的首要目的是先取得战争的胜利,而且要尽快取得胜利。从美国的观点来看,所有其他问题都可以认为是次要的。所以,我们必须设法理解美国人的心理。

纳尔逊同孔祥熙的谈话反映了罗斯福总统的态度。纳尔逊刚刚由罗斯福总统派到中国去研究那里的形势,并在那里建立军事工业。纳尔逊是战时生产局局长。他曾经对孔说,是罗斯福总统使中国得到承认为四大国之一,因此罗斯福总统要使中国建成一个名副其实的大国。

9月21日我设午宴招待了一些中国代表。于焌吉博士出席了午宴。我同他谈了一段时间。于焌吉是驻纽约的总领事,在国际关系学科方面曾获哲学博士学位。他强调说,为了中国的利益有必要同英国发展友谊。他认为,两国间现存的疑虑是由于中国某些领袖人物轻率的言行以及英国对我们真正的观点和愿望缺乏了解所致。但是,于还对我说,英国人在美国同我们作对。这正是我所猜测的。他认为,由于英国人从中作梗,致使中国未能应邀出席魁北克会议。但是我对他说,如果美国真心希望中国出席魁北克会议,英国的反对就会无济于事。莫斯科会议就是这种情况。

和许多其他人一样,于对中国的共产党问题以及苏俄威胁感到不安。他认为,我们应该寻求保护我国免遭危险的办法,如果可能的话,应通过建立美、英、中、俄四国联盟来达到此目的。我也早就持有这种想法。我对他说,目前建立四国联盟的时机恐怕已经过去了,然而在实施同日、德的和平条约中,我们或许仍然能够谋求四国采取一致的立场。通过这种途径,我们或许可以保证中国得到美、英两国的支持以对付有可能来自苏俄的威胁。但是我又对他说,当此战争正在进行之际,我们抱怨来自苏俄的威胁,那是非常愚蠢而危险的。现在说苏俄的不是,对我们没有多大好处,只能进一步引起苏俄对中国的反感。罗斯福和赫尔对孔和魏说过,如果我们同俄国闹纠纷的话,在目前这种情况下,美国无法提供任何帮助。于同意我的观点,但是他仍然认为,战后中国将面临来自苏俄的威胁。

同天下午,孔祥熙来访。我们作了一次畅谈。他对我说,罗斯福总统对他说过,邱吉尔反对中国参加签署 1943 年关于建立战后组织的莫斯科宣言,但罗斯福坚持中国参加并告诉了赫尔。赫尔只好说,如果不邀请中国参加签署宣言,他将拒绝在宣言上签字。并说,根据罗斯福的观点,维护战后的和平是需要中国的合作的。孔说,据罗斯福说,在斯大林表示邀请中国参加签署宣言是十分正确的之后,英国才放弃了自己的主张。(但是,两三年后,赫尔又曾对我说,是斯大林最先强烈反对中国参加签署宣言的。赫尔只好以不在宣言上签字相威胁。这就向历史学家提出了一个需要研究解决的问题。当然,邱吉尔和斯大林可能都反对中国参加。赫尔一定是认为,如果他劝说斯大林放弃自己的观点,那么邱吉尔就会处于少数地位,就如同在过去其他场合一样,面对美苏统一战线,邱吉尔放弃了自己的观点。所以,有可能斯大林改变主意后,就设法使人感到是邱吉尔而不是他反对中国参加签署宣言。)

孔对我说,他已经打电报给委员长,敦促他迅速作出努力来改善同苏俄的关系。他高兴地看到他的建议被采纳了。然而,他发现,目前我们同俄国的关系仍然不能令人满意。在敦巴顿橡树园,苏联反对同中国代表坐在一起只是显示俄国真正态度的一种迹象。我们同苏俄的关系已经恶化了一段时间了。新疆问题和新疆省主席盛世才所实行的政策是关系恶化的一个原因。但是据孔讲,中国方面许多令人不快的行动也是与莫斯科关系恶化的原因。他说,苏俄顾问(此时已全部离开中国)对他说过,1937 年 7 月以后,最初中国是单枪匹马对日作战,在那些年月里,真正援助中国的只有苏联。苏联派遣飞机驾驶员和技师并运送物资和设备帮助中国进行抗日战争。在中国的国土上许多苏联人牺牲了他们的生命。苏俄抱怨说,现在中国有了美国这个靠山,就把苏联全然抛在脑后。(此话不假。)孔说,赫尔利出使中国有两个原因:一是看一看如何改善中国军队;二是看一看如何改善中苏关系。赫尔利曾和苏俄进行过谈判并建议美国总统接受苏俄在对日战争中守中立的立场。这次赫尔利则希望就苏俄参加对日战争和解决中苏争端问题进行谈判。

(孔对苏俄的外交总是深有感触。有几次,例如 9 月 9 日的一次午宴上,他对我讲了俄国人在国际政治中消息是何等灵通。他还说,他认为俄国人在 1937 年曾非常成功地使日本人把指向俄国的战刀转向了中国,1939 年又使得指向他们的战刀转向了英国和法国。他说,1937 年初,鲍格莫洛夫在南京对他说过,日本企图在亚洲挑起战争。他还建议中国应该向美国建议召开一个太平洋地区国家会议以阻止这场战争。孔说,他于 1937 年 7 月将此事告知了罗斯福总统,但是,得到的回答是,赤手空拳是不起作用的。他说,在伦敦,他向安东尼·艾登提起过这件事,艾登对此毫不理解。他还告诉过澳大利亚的莱昂斯总理。这位总理对孔所得情报之准确惊叹不已。正如罗斯福总统指出的那样,当时的情况是美国无力对付日本。)

事实上,孔对我讲的有关中国政府对莫斯科及西方盟国所持的新态度,同我的技术顾问浦薛凤对我讲的情况是完全一致的。浦薛凤说,在他离重庆时,委员长让他向我及代表团的其他成员转达两条指示。第一,我们应该促使敦巴顿橡树园会议取得成功,我们的所有建议都应服从于这个总方针。第二,我们应该努力改善同苏俄代表的关系。

在同蒋廷黻的一次谈话中,我又了解到一些关于中苏关系的状况。蒋廷黻曾任驻莫斯科大使,现任行政院政务处处长。蒋这次到美国来任联合国善后救济总署理事会的中国代表。他说,免去盛世才将军新疆省主席一职可能意味着开始同莫斯科改善关系。194□①年5月在国民党中央执委会上，盛用十分谨慎的措辞谈到修建一条通往迪化（乌鲁木齐）的铁路对防御苏俄是十分必要的。他说，修建这条铁路，新疆的安全就能免于威胁；相反，不修建这条铁路，三年之内中国就会失去新疆。当着数以百计的人讲这样的话是注定会泄露出去的，特别是因为苏俄有一个谍报网。如果莫斯科得到详细的报告（这是很有可能的），这对改善中苏关系是无益的。蒋说，中央执委会的成员们对盛将军几乎以民族英雄相待，他们的态度也使对俄关系更为恶化。

孔还对我说，在最近和罗斯福总统的一次谈话中，总统说，中国同苏俄保持友好关系是很重要的。当他得知中苏关系有所改善后，他说，他为此感到高兴。然后，罗斯福好像无意似地向孔谈及了他对来华盛顿访问的波兰总理所讲的话。总统对波兰总理说，如果他处在波兰总理的地位，他就会尽一切努力同俄国人搞好关系，因为，俄国人是他们的邻邦并即将帮助波兰赢得解放。罗斯福说，如果他是波兰人，他甚至愿意克制自己的自尊心去和俄国人谋求解决办法。我和孔对他谈话的含义十分清楚。

在孔祥熙招待各方面美国官员的宴会上，我同白宫的劳克林·柯里先生进行了交谈。他强调了苏俄充当中国共产党人后盾并支持他们深入满洲的危险。

我们代表团的成员对当时华盛顿与重庆之间的关系深感不安。驻纽约的中华新闻社社长夏晋麟博士感到有必要就美国报界对中国的某些批评给予答复。他对我说，他已就此事与孔祥熙博士谈过。孔劝他采取强硬的态度给予驳斥，指出英国在新加坡和马来亚以及美国在珍珠港和菲律宾所遭到的失败。他说，孔让他把中国所处的困境归罪于它的盟国，夏想知道我对此持什么看法。我对他说，此时持这种态度是不明智的，因为它只能引起美

---

① 此处原空白。——译者

国领导人的反感。我看事情很清楚,当时发表在美国报纸上的批评文章一定是华盛顿当局的某些部门(特别是国防部)人士授意的。散布这些不利于中国的报道就是想强迫中国接受美国的观点,即有必要由美国军官整编中国军队,并在对日决战中,将中国军队置于他们的指挥之下。我对夏说,再争执下去无助于问题的解决。首要的问题是如何帮助美国与我们共同战胜日本。我说行动比语言更为有力。他表示同意,但是他请求我就此事与孔祥熙谈一下。

当天下午,我出席了孔为美国运输司令部威尔逊将军所设的午宴,得以乘机向孔谈及此事。威尔逊是宴会上的唯一外国客人。他离开后,我和孔、魏道明、胡世泽、商震、刘锴、于焌吉进行了商谈。首先孔让刘读了 9 月 9 日给罗斯福总统的信。信中谈到中国未被邀请出席讨论击败日本的战略问题的魁北克会议。这封信还否认中国对当前不能令人满意的军事局势负任何责任。我表示,信的调子过于激烈。孔说,他想随后再写给罗斯福一封信,建议美国采取一些措施来帮助中国击败日本。看起来孔被美国报界普遍对中国军事局势的指责激怒了。他说,在两年半的时间里,当中国成功地牵制住日本人时,美、英两国都遭到了失败。他争辩说,当时中国失败的原因是缺乏武器和装备。他问我们应该向美国总统建议采取什么样的具体措施来援助中国,特别是采取什么样的最佳战略以击败日本。

然后,孔讲了夏建议的答复美国对中国指责的最好办法,他并想以个人名义发表一个官方的声明以驳斥所有这些指责。他请我谈一谈我的看法。我对他又重复地谈了我曾对夏所讲的内容。我说,美国政府的领导人了解局势的真相,而人民也渴望知道其结果。我劝孔目前不要发表任何官方声明,也暂时不要给罗斯福写信。魏大使说,在给罗斯福写信前首先了解他对中国有何想法是十分重要的。他建议再和罗斯福交谈一次。然而看起来,我和魏大使的建议并没有使孔改变主意。他说,我们对美国报界的指责不能不作任何答复。他又说,他的一些共和党朋友对他最近在美国全国新闻协会上的一次发言表示赞赏。他说,至于魏的意见,他已经知道罗斯福对中国的要求。从军事上来说,罗斯福认为中国应将军队交给史迪威将军,不是仅仅交出参加对日作战的中国军队,而是交出包括中国共产党军队在内的全部中国军队,然后都由美国加以武装。从政治上说,罗斯福希望中国政府改组为包括中国共产党成员在内的联合政府。他说,对中国来说,这些要求是不可能接受的。商将军同意魏大使的观点,即我们应该首先了解罗斯福的中心思想是什么,胡世泽也劝孔不要再发表态度强硬的声明。

孔祥熙对这些说法仍不信服。他说,委员长对美国的态度感到十分烦恼。他说,在开罗已经决定在开辟欧洲第二战场的同时在仰光发动攻势。但是这并未付诸实施。如果再不援助中国,中国可能在两个月内崩溃,则其责任不在中国。委员长写了一封语气十分强硬的信,让孔转给罗斯福。孔说,在转达这封信前,他需要作些修改并使语气有所缓和。与此同时,委员长来电,指示他删掉关于中国要崩溃这部分内容。在前一天,孔接到的一封电报说史迪威的态度更为恶劣了。电报还说,罗斯福以中国密码很容易破译为借口已经决定通过史迪威直接同委员长联系。(中国密码很容易破译是英国人说的。)据罗斯福说,唯有美国海军密码无法破译。因此,最近美国总统对委员长说了些什么孔就不得而知了。孔认为罗斯福决定通过史迪威直接同委员长联系是由于孔写给他的一封信所致。这封信谈到美国要求将中国军队交史迪威指挥的问题。孔说,委员长如要将全部中国军队交给史迪威以参加对日本的进攻,需经最高国防委员会批准。

像往常一样,孔主持的这个会议没有得出结论就结束了。

罗斯福总统将中国视为四大国之一的政策在国际关系中当然是个新发展,很多人没有预料到。新闻记者对此大加议论。9月23日下午路透社的一位代表塞奇·弗利杰斯来拜访我,采访了我们对于在敦巴顿橡树园会议上建议成立一个国际和平组织的看法和政策。他对我说,曾任驻上海总领事的苏俄代表团成员多尔曼告诉他,美国之所以坚持承认中国为一个大国是因为美国希望中国成为以后反对苏俄的一个盟国;另外,中国的军队首领大部分都在日本受过教育,中国强大后就将成为另一个日本。中国现在软弱无能,不可能被视为一个大国。这就是苏俄的态度。我说,关于第一个问题,苏俄一向是多疑的。在过去一个世纪里,美国对中国的政策一直是友好的。还有其他一些事情是俄国人不可能赞赏或理解的,其中之一就是感情上的因素,正如英国人民对中国有着友好的情感,和英国政府所采取的政策不一样,讲求实际的俄国人对于这一点是难以理解的。

在中国大使馆举行的总理纪念周上,孔祥熙作了一次讲话。他说,纳尔逊在离开中国前曾经访问过他,并提醒说,是罗斯福总统把中国摆在了世界四大国之一的地位。但是,他补充说,中国必须自强自助牢牢坐在大国的交椅上,因为我们不能总靠美国扶持。

我同魏大使进行了一次谈话,他的话看起来是支持另一种看法。他认为是英国而不是苏俄最先反对承认中国为一个大国。他讲了他在前一年同赫尔、哈里法克斯、李维诺夫一起出席联合国善后救济总署会议的经历。美国建议组成一个由四个大国参加的理事会,而英国人要求扩大到七个国家。在最后一次会议前,美国人、俄国人和中国人均同意美国的方案。举行最后一次会议时,哈里法克斯读了来自伦敦的指示,坚持由七国组成理事会,并提议增加加拿大、巴西和一个欧洲国家。李维诺夫在讨论会上首先发言,他指出,如果把英国自治领国家包括进去,那么英国就会得到两票,考虑到国际联盟的惯例,这样做是会受到批评的。当主持会议的美国国务卿请魏大使发言时,他表示支持美国原来的建议。赫尔说,美国、中国和俄国的观点是一致的,只有英国持反对意见。因此,哈里法克斯感到压力很大。他说,在联合国善后救济总署的大会上,如有小国提出这一建议,他将保留重新提出这一主张的权利。会议主席说,如果四国尚且不能统一意见,将这个问题提交许多国家出席的会议又会有什么用呢?

我们担心的主要问题仍然是华盛顿和重庆之间关系的恶化。孔祥熙曾在他的公寓里召开了一次会议,讨论了我们将在敦巴顿橡树园会议上提出的建议。他又一次提到了中美关系令人不满的状况,并表示对未来感到不安。他问,中国怎能把整个军队指挥权交给史迪威呢?他又问,如果把中国共产党人武装起来,打败日本后怎能不引起内战呢?委员长十分气恼,以致拒绝答复罗斯福总统的信,只是请纳尔逊通过赫尔利给罗斯福口头答复。孔对美国领袖们的目光短浅感到遗憾,并对罗斯福的助手以总统的名义通过史迪威送交委员长的信是否全部都已经过罗斯福总统批准表示怀疑。关于由史迪威控制或指挥中国军队一事看起来影响了两国政府的关系,特别是影响了两国政治、军事领袖之间的关系。

另外,中国军队的状况也是很不理想的。孔本人看起来是了解这种令人不满的局势的。会议结束后,我们共进了午餐。孔谈起往事时说,早在 1935 年他就极力主张"精兵主义"。委员长感到这样做有困难。当时年轻的将领强烈反对这一主张。但是,孔说,一些将军对他说过,师里的士兵从未满员,许多师里的士兵人数只达到编制的百分之五十五,而发放给一个整师的军饷所剩下的钱全都落入了指挥官的腰包。他说,为部队征召新兵的差事油水最大。征兵的军官可以让有钱人出钱免役,让穷人顶替。这样在很短的时间里这些军官就可以发财。

9 月 27 日晚我去见孔祥熙,通知他,有中国代表参加的会议将于 9 月 29 日召开。我乘机同他进一步谈了中美关系问题。他十分悲观。我劝他再次电告委员长持一种有远见的政治家的观点,如果必要的话,就接受美国的要求。我说,美国对中国毕竟并无不良企图。它是我们最好的朋友。我们不仅需要它的帮助来赢得战争的胜利,战后我们还需要它帮助我们建设。我对他说,我们必须首先取得抗日战争的胜利。卸了这个重负我们才会感到宽心和舒畅。如果中美两国领袖的摩擦继续下去,就肯定会影响两国未来的关系。罗斯福甚至会得出这样的结论,认为根本不能依靠中国的力量去击败日本,因而就会去劝说苏俄在对日战争中发挥更重要的作用。如果战争在中国没有起重要作用的情况下获胜,那么中国就难以享有世界第四大国这一地位。事实上,对中国来说,这是没有选择余地的。

孔对我说,他刚刚收到委员长的一封电报,委员长十分气愤地说,美国把中国当作一个卫星国。他认为史迪威是祸根,并拒绝答复罗斯福的来函。我敦促孔再拍封电报让委员长平静下来。只有他有资格对委员长讲明实际情况。迁就一下这个盟国没有什么不得了,因为现在是战时。我说,英国也正在这样做。它对美国就持依从和忍让的态度。美国对苏俄的态度也是这样。无论给予盟国什么,都只限于战时,委员长无论如何仍是中国军队的统帅,因为他被任命为中国战场的最高司令,史迪威是委员长的总参谋长。孔说,那样一来委员长就会成为一个挂名司令,因为史迪威将接受华盛顿的命令。

我说,我们可以像英国人那样派人参加华盛顿联合参谋部,共同商议和作出决定。孔说,这样做没有用处,原因是委员长的代表无法发挥真正的作用。(这当然要看任命哪种人。熊式辉将军什么事情也干不了,首先,他连英语都不会讲。其次,他对美国的情况一无所知。再者,美国的军事首脑他一个也不认识。)看来,孔对我这一席热切的讲话深有感触。我认为,虽然他本人并不赞成依从美国的要求,但是,他相信别无他路可走。他一定觉得接受美国的要求会有损于他的政治前途或利益。

回到旅馆后,我起草了给委员长的电报,敦促他考虑对罗斯福采取不妥协态度将导致什么结果。虽措词很注意策略,但很有分量。这件事已经在我头脑中萦绕了整整一个星期,对我是很大的压力。我把电报草稿交给梁龙立过目。他建议修改一两处,我接受了他的意见。我用新的密码发出电报。在电文中,我首先指出,美国报界不断发表的对中国的指责一定是上面授意的。这表明美国政府领袖们有很大的情绪,对我们的态度十分不满,反应十分强烈。其次,我对委员长说,美国政府的主导思想是尽快取得战争胜利。再者,我指出,中国处于当时的地位,美国的友谊是不可缺少的,而且我们的首要目标也是尽快赢得战争的胜利。就是战后,我们也需要保持与美国的友好关系以重建我们的国家。我说,在一些问题上我们是绝对正确的,而美国则不一定总是正确。但是,在当前的情况下,不能让他们大失所望,以致他们撒手不管,让我们自己处理自己的事。因此,我建议我们要有耐心,要表现出容让的精神,以便达到获取对日战争胜利拯救我国于危亡这一首要目标。

关于信中提到的第一点,我认为魏大使应该向重庆汇报美国报纸报道的内容。报纸向美国人民讲述了中国政府如何腐败,中国军队如何无能,中国政府组织得不好,不能激发中国人民的热情。魏大使对我说,这样做毫无作用,而且也不会得到赏识。我说,我认为重庆应该了解这些情况。于是,他建议由我电告委员长。我说,既然他是大使,我不想干预他的事情。

9月28日,我很高兴地接见了张忠绂,他从重庆来到美国参加代表团的工作。他说,在离开重庆前,委员长接见了他。他对委员长说,美国是中国最好的朋友,应该采纳美国关于改善中国政治军事情况的建议。他说,看来委员长同意这两点。然而,委员长头脑中仍然有两个疑难问题。第一,他认为把中国军队交给史迪威后,他的威望会受到影响;第二,如果中国共产党人用最新式武器装备起来会出现什么局面。

10月14日《纽约时报》的路易斯·费希尔来找我谈论中国对敦巴顿橡树园会议有什么计划,但是我不得不拒绝同他谈这个问题,因为透露这方面的消息还为时过早。不过他是苏俄外交政策和一般对外关系的一大权威,因此我们仍进行了交谈。他对苏俄在橡树园会谈上所持的态度及其意图和动机,提出了许多见解。他说,苏俄领袖是百分之百的现实主义者。苏俄独裁者斯大林只承认美国和英国是与苏俄平起平坐的大国。斯大林打算就欧洲的一些重要问题同英、美两国进行磋商,解决东欧的领土问题和英、美对德政策问题。斯大林想实现俄国进入地中海这个梦寐以求的计划,并决心抓住好机会来达到这一目的。实际上他所采取的政策同彼得大帝的政策如出一辙。斯大林认为,苏俄是很强大的,对英、美两国毫不畏惧。在欧洲他毫无顾忌地推行他称霸的政策。在亚洲他也会推行同样的政策。费希尔问道,如果俄国在亚洲参战,满洲将会怎么样?我回答说,我认为,俄国人在亚洲不会推行领土扩张政策。费希尔说,斯大林担心,只要中国仍然是一个弱国,就有受美国或英国或两国共同控制的危险。斯大林知道要面对英美的霸权,然而,他要阻止英美在亚洲特别是在中国建立霸权。也许斯大林对经济控制比对政治霸权更为关心。其原因是,如果西方国家在中国取得了经济上的支配地位,那么,在与苏联的任何冲突中,中国都会站在英美一边。我认为费希尔的分析十分深刻。

在同一天,我同周以德就这个问题进行了交谈。他刚刚当选为国会议员并出访了中国。他是应国会同事的要求去中国访问的。他说,他在明尼阿波利斯市当选为国会议员是因为他一再提醒和预言日本要对美国耍弄阴谋,后来证明他所说的是很有根据的。他想亲自了解一下中国的局势,因为他是在中国长大的,会说中国话。他对我说,他在重庆的所见所闻给他留下了良好的印象。那儿情况不好,但他认为本来情况还会更坏得多。他会见了委员长并同他进行了愉快的谈话。他说,委员长巧妙地把握着中国的局势,他必须有耐心。云南的军阀是唯一残存的强大地方军事势力。但是,云南对中国的抗战是非常重要的,因为来自国外的物资主要通过云南运入中国。

周以德说,共产党企图获得政权,他们不会放弃自己的军队和特有的政治体制。他说,委员长坚持要他们放弃自己的军队和特有的体制是十分正确的。林肯总统曾经提出,只要南方仅限于"谈论"脱离联邦,他就对南方采取谈判和妥协的政策。但是,当南方开始准备动用武力时,林肯就决心使用武装力量来挽救联邦的统一。委员长对周以德说,在同罗斯福总统的特别代表赫尔利少将的会谈中,他接受了总统提出的80%的要求。就在这时,华盛顿发来的实质上是最后通牒的函电打扰了双方在重庆举行的谈判。周以德对委员长说,罗斯福总统告诉过他和其他一些人,中国有许多令人烦恼之事,蒋夫人就令人头痛。罗斯福总统之所以这样讲,是因在白宫举行的一次引人注目的会议上,蒋夫人使他大为恼火,他的自尊心受到了伤害,为此,他耿耿于怀,感到已无法给予原谅。(我想,周以德指的是蒋夫人在白宫举行的一次记者招待会。当时罗斯福总统坐在她的身旁。当人们问蒋夫人美国给过中国多少援助时,她回答说,只有上帝和总统知道,便把这个问题推给了罗斯福总统去答复。)

　　然后,我去看望魏大使,我们谈论了中美关系不能令人满意的情况。他也认为,报刊连篇累牍地登载反华文章是受华盛顿当局的授意。然而,他乐观地相信,困难是能够克服的。他认为中国不应该过于迁就。

　　第二天,我同孔祥熙共进晚餐。我们谈得很好,一直谈到了深夜。这时孔作为委员长的特使正在负责华盛顿与重庆之间的谈判。(这个角色过去一直是宋子文担任的,直到他任重庆外交部长为止。)很明显,委员长主要是依靠孔进行这些谈判。他说,在中美关系问题上,史迪威的问题仍处于僵局之中。他让我看了他和委员长的来往电报。9月29日委员长在给孔的电报中强调指出,他是中国的国家主席,因此在关系到中国主权和国家未来的问题上,他是不可能让步的。即使美国以撤回第十四航空队来答复委员长的不妥协立场,委员长也不会改变自己的主张。像中国抗击日本的最初几年那样,他可以单独继续进行抗日战争。到那时,中国或许可以更为自由地按照自己的意愿去做自己真正要做的事。读完电报后,我感到这是一个惹怒了的首脑的倔强看法,在委员长给赫尔利的备忘录(是致罗斯福总统复电的附件)中,委员长说,尽管他已经明确地向史迪威指出,唯一有效的办法是在缅甸北方使用陆军作战的同时也要在缅甸南方发动两栖作战,但是史迪威还是一味地坚持只在缅甸北方作战。由于史迪威固执己见,委员长作出了让步。现在,事情清楚地表明,史迪威的判断是错误的。委员长对此结局深感恼怒。委员长在电报中还说,此举消耗了中国一些最精锐的部队,其中包括那些原打算用来防卫湘桂战线和粤汉铁路的部队。委员长愿意为此承担责任,因为他接受了史迪威的要求,尽管是很勉强的。仅此一事就足以证明史迪威是不称职的,不能继续在委员长手下担任指挥官。委员长认为史迪威也不能继续担任在缅甸和印度的中国军队指挥官。委员长坚决要求从美国再派一人来担任这一双重职务,另外再派一个人来管理根据租借法案所给予的援助。

在 10 月 11 日的电报中,孔说明了为什么接受罗斯福总统建议的折衷方案是明智的。这个折衷方案是让史迪威将军辞去在委员长手下担任的总参谋长一职,保留在缅甸和印度的中国军队指挥官一职。这个方案是由马歇尔将军提议的。他说,他找不出一个能接替史迪威将军全部职务的合适人选。孔让我为他准备一个提交罗斯福总统、史汀生上校和科德尔·赫尔的备忘录。关于这个问题,我说,孔不能自己在重庆劝说委员长镇静下来实为一件憾事。他说,何应钦和宋子文都反对史迪威。宋在波士顿曾经竭尽全力要求撤换史迪威。自然他们不会劝委员长在史迪威问题上避免采取过于强硬的立场。

孔要在纽约举行中国使节会议,来汇报和讨论中国的对外关系,特别是中美关系问题。孔就召开这个会议征求我的意见。我想,他是打算作出一份报告,带回中国递交给委员长,而我则很高兴地承担了为他组织这一会议的任务。我还为他准备了一份备忘录。备忘录是根据谈判情况以及他同委员长的来往函电起草的。盟军在战场上的失利,特别是在缅甸遭受军事挫折的消息,使形势恶化了。我在纽约见到了蒋夫人,她对中国的战局,特别是在广西北部和贵州南部的失败感到遗憾。很明显,日本人是企图由南线进逼重庆。

我在纽约还见到了孔夫人。她也对中国军事上的挫折感到痛惜,尤其是当时其他盟国正在打胜仗。她同意我的看法,认为中国同几十年前的情况相比,已经大有进步了。然而,其他的国家,特别是美国、英国和苏俄三国在过去的三年里取得了非常明显的进步。相对来说,中国远远地落在了后面,要想赶上他们,还需要走很长一段路。

10月25日陈光甫来拜访我。他刚从重庆来到美国,代表中国就某些贷款问题进行谈判。他与财政部长摩根索的关系非常好。他说,在离开重庆前,他晋见了委员长。委员长对他说,在同美国合作的过程中,中国已沦为一个奴隶,而且每况愈下。有时甚至连委员长本人也被视为盗贼。委员长让陈将此情况告知美国财政部长摩根索。他对我说,简言之,委员长对美国怒不可遏。就中国的局势而言,士兵厌战,人民要求改变现状。他确信这一变革即将到来。他补充说,委员长被蒙在鼓里,对真实的情况一无所知,其原因是他周围的人不对他讲实情。

以上就是我1944年10月底离纽约赴伦敦时中美关系的状况。我所了解的情况使我对中美合作的前景深感不安。

二、在伦敦,应付对我国政府的批评

1944年10月—12月

我订于1944年10月26日晚乘国务院安排的空运司令部飞机从纽约飞往伦敦。由于一再耽搁,用了两天时间才到达目的地。起飞时间推迟了近六个小时,早晨两点三十分,从拉瓜迪亚机场起飞。一名海军上尉详细介绍了在紧急情况下所应采取的措施。讲述了橡皮救生艇的用法,艇上装有一切必需品:桨、工具、水泵、将海水转变为淡水的化学药品,够一个月吃的压缩食品及地图、指南针、收发报机、钓鱼用具、小刀等。经过近六小时的飞行,到达古斯湾。六个小时之后再次起飞,但是一个半小时后,由于油箱漏油,飞机不得不折回原地。10月28日清晨,飞机终于到达普雷斯特韦奇。然后,换乘一架较小的飞机,飞抵伦敦。在机场受到了使馆人员和我国政府其他代表的迎接。到机场迎接我的还有英国各方面的朋友。由于过分疲劳,我不能马上工作,到乡下作了短暂休息。

10月30日,我开始按正常作息时间工作。在使馆召开了星期一的总理纪念周。我给到会人员讲了敦巴顿橡树园会议的结果,在华盛顿和纽约参加的一些其他会议的情况,以及中美关系现状。

同天早晨,报纸发表了史迪威将军被召回华盛顿的消息。报纸说:罗斯福总统是应委员长的要求将他召回的。虽然此事对我来说并非意料之外,但史迪威被召回终于成为事实,其含义是令人不安的。同时我的代办施肇燮先生向我报告说:两个月来,英国特别是伦敦的报界舆论,对中国越来越不利。孔令傑少校的报告也证实了这一点。他说,在我离开英国期间,英国对中国的态度非常不好。

伦敦主要报纸的一些记者前来采访。《每日快报》派来一位女记者就中国的军事和政治形势以及委员长与蒋夫人的关系进行采访。我回答了她提出的各类问题,但看来她觉得收获不大。我着重说明了中国经过七年抗日战争后所遇到的困难。我说,英国人民的自我克制精神是众所周知的;目前正当美国报纸大肆批评中国的时候,英国方面任何克制和耐心的表现,都是特别宝贵的。后来,《快报》、《泰晤士报》以及伦敦的其他报纸刊登了对中国不利的文章。这些文章是由他们驻美记者写的,与史迪威被召回有关。虽然罗斯福的讲话很有分寸,显示出克制的态度,但是记者从华盛顿发来的电讯则是公开诽谤,显然是美国军事当局授意的。

孔令傑对我说:他对英国军界反华的讲话感到愤慨。一位英国少将在澳大利亚和印度研究日本作战方法后,刚从那里回来。他公开诽谤中国。他说,将中国列为四大国之一是非常荒谬的。

中央社的一位记者报道说:驻法国的塔斯社代表最近对他说,除非答应给苏联极大的好处,否则苏联是不会参加对日作战的。他说,莫斯科并不积极支持中国共产党。但是,如果中国不能奉行独立自主的外交政策,而只是追随英美的态度,那么就没有希望改善中苏关系。苏俄政府一直怀疑中国只不过是华盛顿的工具。

联合援华基金会的尼克松牧师来访。他说,是基金会主席克里普斯夫人要他来的。她想就如何看待史迪威被召回以及中美关系紧张的问题听听我的意见。他说,他们最担心的是这个不幸的事件起码会使英国人感到无所适从,影响他们对中国的关心,有碍于基金会的工作和进展。我详细解释说,这只不过是委员长和史迪威将军个人之间的意见分歧,不会影响中国奉行和美国合作的政策。我说,现在对中国的指责,诸如军事上无能、政治上落后、政府体制不民主、思想控制、共产党问题等等,这一切都是由于误会或夸张造成的。所有这些都已经存在十年到十五年了,不是什么新问题。与美国关系出现问题的真正原因是在中国和国外的一些人,妄图利用这些材料批评和攻击中国政府,以达到他们自私的目的。我说,耐心研究事实真相,不受偏私宣传的迷惑,才是上策。此外,正当美国报纸大肆攻击中国之际,如果英国能发扬其自我克制的美德,对所有各方都会有利。尼克松先生原则上同意我的观点。他认为,在9月份国民参政会上的坦率批评以及最近新任的官员,都表明委员长在努力使局势走上正轨。

我对史迪威被召回感到不安。我给在重庆的宋子文打电报,建议他向委员长提议,就史迪威被召回一事发表一项简短而郑重的声明,以安抚世界,尤其是中国的外国朋友。关于声明的内容,我建议声明中国政府对史迪威在中国的辛勤工作表示赞赏,但由于他的性格急躁,难以合作,因此请求将他召回。但是,这一切绝对不会影响中国与美国紧密合作的既定政策。两天以后,11月4日,在曼彻斯特《卫报》上,我见到了宋子文发表的关于史迪威将军被召回的声明,极为高兴。显然,委员长采纳了我的建议。声明是由外交部长代表他正式发表的。但是,由于史迪威被召回,在英国掀起了一股批评中国的浪潮。实质上,英国政府是利用这一事件为自己的政策服务。

伦敦和重庆双方都极力想得到华盛顿更多的装备和供应等军事援助。美国给予英国的援助最多,但也不能不给中国一些。所以华盛顿政府的政策是给中国一点东西,但总是很有限。即使这样,英国政府还是不满意,正如邱吉尔在众议院所表示的,他把美国对中国的援助说成是"浪费"。这种说法显然是不恰当的,但它反映了英国的态度。他们认为只有他们才是真正在进行战斗,因此应该得到援助;中国愚昧而软弱,不值得援助。中国由于比不上俄国,在国际上的处境受到了影响。在欧洲战场上,苏俄已经成为英国和美国的一个盟国。而在对日战争中,中国是英美的唯一主要盟国。邱吉尔自然想结束欧洲战争,因为战争就在英国门口进行。因此他的政策就是首先达到这个目的。

我曾经对重庆讲过这一分析。我与波兰驻伦敦大使爱德华·拉琴斯基伯爵的一次谈话证实了我的分析。他是我在日内瓦时的老朋友,是一位精明强干的外交家。他说,报纸就史迪威问题攻击中国,完全是出于政治上的考虑。他猜测英国和美国想让苏俄参加对日战争,而将中国搁置一边。他说,这与所谓波兰问题非常相似。希特勒在战略上的错误导致了德国对俄国的入侵,使俄国变成一个英雄和偶像。他还说,当前全世界正在看到的乃是战争与革命结合在一起同时发生。虽说罗斯福总统有他自己充分的理由,决心将中国置于大国之列,英国和苏联则都不赞成罗斯福的意见。

从勒内·马钖里那里,我间接地得知法国对这个问题的看法。他是法兰西民族解放委员会外交事务委员,1944 年 11 月任法国驻伦敦大使。我是在国际联盟认识他的。此时他告诉我,他对敦巴顿橡树园会议关于成立国际和平组织的计划毫无兴趣。他有很多怀疑,他问会议为什么批准由所谓的大国来实行专权。他怀疑其他国家是否会乐意接受。(当然,敦巴顿橡树园会议没有法国参加。很明显,马钖里对法国没有被承认为大国之一非常不满。言外之意,像英国和苏俄外交家一样,他也不能真心实意地承认中国为世界大国之一。)至于法国自己的前途,马钖里认为情况不会恢复到战前的状态,可能会发生某种革命,而且不会是和平的。

我发现,我回到伦敦的首要任务乃是设法平息这场对中国十分不利的批评风波。我接见伦敦的主要报纸的记者时,无论是我邀请来的还是主动来的,我都对他们讲我所了解的实际情况以及我自己的认识。我指出,到目前为止,报纸上刊登的对中国批评得如此厉害的报道既不公平也不现实,而且也不是真实的。我对记者所做的解释以及我在讲话中所做的说明,似乎产生了一些效果。因此我在 11 月 3 日的日记上写下了这样一段话:

> 《泰晤士报》、《每日邮报》、曼彻斯特《卫报》以及《苏格兰人》报,对当前形势都发表了相当冷静、公平、恰如其分的社论。显然是责备美国报纸对中国大肆攻击过分夸张,情况不实。

中国的一位真诚的朋友泰弗亚勋爵来看我,给我看了他要发表的文章的草稿。这篇文章的主旨与我要求梁銮立为孔令傑所准备的草稿非常相似。关于中国和英国争着向华盛顿求援的问题,我对他讲,中国得到飞越驼峰而来的供应和武器实际上是微乎其微的。虽然空运的数量有所增加,但是美国军援的95%实际上用于驻华美军。邱吉尔先生所用的"浪费"一词,是不恰当和不公正的。这位可敬的勋爵对我说,在英国的反华宣传,是由于法国忌妒中国被列为大国而引起的。但是他认为,法国没有什么作为,不配列为世界的第四或甚至第五大国。

英国方面对苏联态度的改变,即使是表面的改变,也是非常值得注意的。1944年11月7日,苏联大使馆为庆祝俄国革命举行了招待会。我注意到大街上有排成双排的小汽车。有很长的时间没有这么多人参加官方的宴会了。当着索鲍列夫夫人的面,我半开玩笑地对一位美国海军上将说,我过去曾参加过苏联大使馆的招待会,我发现街上到大使馆来的汽车逐年增加。上将很同意这个看法。他说,1937年在华盛顿由特罗扬诺夫斯基大使在苏联大使馆举行的招待会上,除他之外仅有四人参加。第二年11月7日,由伍曼斯基大使举行的招待会,参加人数就多些了。

伦敦一些主要报纸发表的对中国有利的文章和社论,多少制止了批评中国的浪潮。但是在英国其他的一些地方,报纸仍在继续批评中国。福建的陈主教应英国新闻部的邀请到英国讲学。他前来看我时,对局势表示忧虑并征求我的意见。(他的英语讲得很好,善于在公众集会上讲话。他是为委员长和蒋夫人主持婚礼的主教。最近又为委员长之子蒋纬国施洗礼。)①他提出了他见到的批评中国的若干问题,诸如:中国的军事形势、共产党问题、滥用租借法案物资、通货膨胀、投机倒把、贪污腐化、委员长和史迪威之间的不和、政界中的法西斯倾向、思想控制、秘密警察采用盖世太保的手段,以及谣传委员长和蒋夫人之间的争吵等等。我对他讲了大使馆对所有这些说法所作的反驳。

重庆对国外的这种不利批评是知道的。我想,我就影响中国

_____

① 蒋介石宋美龄结婚原订由江长川牧师证婚,后因江拒绝,改由基督教青年会总干事余日章证婚。——译者

的国际形势问题频频发出的电报及报告，一定引起重庆的注意。11月底的政府改组有利于扭转世界对我们的印象。改组包括：由陈诚将军接替何应钦将军任军政部长；由俞鸿钧接替孔祥熙任财政部长；由朱家骅接替陈立夫任国民党组织部长；由王世杰接替杭立武任教育部长；由张厉生接替周钟嶽任内政部长。这次改组表明，委员长希望把权力交给政界的开明分子和比较年轻的人。当然，如同任何国家任何政府一样，在政府的各个部门里，还有许多尚待改进之处。但就中国而言，改进的问题似乎更加迫切，特别是因为这是在战时。

在印度拉合尔的中国空军军官学校校长胡伟克，到英国来学习英国皇家空军训练制度。他给我讲了中国部队的情况，使我很受启发。他举例说：中国飞行员到印度他的学校里来接受三个月训练，重庆当局反对给他们发冬装。他们不知道这些飞行员要在海拔两万英尺的高度、气温非常低的情况下飞行。后来这些飞行员回到中国，还要求他们交回根本没有发给的冬装。

11月下旬，我访问了工商业中心曼彻斯特，中国与该市有大量纺织品贸易。在外交生活中，区分何为重要，何为次要，当然是非常必要的。但是对待礼仪问题，我认为应有适当的分寸。这个问题经常给中国驻外代表带来麻烦，有时甚至引起争论。除非在公众眼里，这个问题关系到荣誉和威望，否则不必总是那么死板。我在曼彻斯特的经历是饶有意味的。在一次曼彻斯特企业家俱乐部为我举行的午宴上，俱乐部主席让市长坐在他的右边，让我坐在他的左边，并对我解释说，他这样安排是因为市长代表国王。后来在一次会议上，由我在礼堂的讲台上讲话，也按照同样的礼仪安排。我当时没有提出任何异议，因为这是地方企业家委员会的观点，他们认为这样做是合适的。但是按照国际礼仪，虽然市长代表国王，但我也代表我们国家的领袖。作为主宾，我本应坐在他的右边。我讲这一点，只是为了说明，在礼仪问题上，除非真正关系到国家的威望和荣誉，否则，还是以全面考虑，谨慎处理为好。在过去的很多场合中,中国代表,甚至是最高级代表,因为坚持礼仪问题而遇到麻烦。有些场合,根本没有必要考虑这一问题。

为了消除对中国形势的误解,力图改善两国关系,我继续前往英国各地访问。

12月6日,我应加的夫市和该市企业家俱乐部主席的邀请,访问了该市。我在那里逗留两天,和通常一样,我出席了午宴、晚宴,参观了城市的名胜。在第一次宴会上,安排了讲话。我首先着重讲了中国的形势,其次讲了展望胜利后中英之间进行贸易和经济合作的必要性。他们对讲话的第二部分非常感兴趣。第二天,企业家俱乐部主席罗伯特·韦伯爵士带我去拜访市长。他接待了我,并重复了他在前一天晚上在为我的演讲祝酒致谢时所讲的话。在特里斯德·格里芬先生设的午宴上,我又应邀讲话。我作了非正式的演讲。主要是对这次邀请能使我有机会见到这么多的知名人士表示感谢。加的夫大学副校长向主人祝酒致谢。他的讲话引起了我的兴趣。他表示希望看到更多的中国学生和实习生到英国学习。他还说,他不希望中国减少去美国的学生,但是希望增加到英国的学生。这是用英国方式来表达他的微妙思想。好像他对大批中国学生到美国去而不到英国来并不忌妒似的。

一周以后,应北爱尔兰总督阿伯康公爵的邀请,我在北爱尔兰的贝尔法斯特进行了为时两天的访问。总督副官前来迎接,福克兰先生代表巴雷特·布鲁克爵士(当时他正患溃疡病)也前来迎接。我住在位于贝尔法斯特以西十五英里奇尔斯博罗的政府大厦。在公爵和公爵夫人为我举行的招待会上,出席的有该市各界主要代表人士以及北爱尔兰政府和内阁的成员。我发现,公爵夫人是一位非常机敏和周到的女主人。饭菜丰盛,汤也很热。她说汤应该这样热。还有好酒。公爵非常愉快、友好,特别是喝了几轮酒之后。

第二天,12 月 15 日,为我安排了七项活动。多亏福克兰先生的帮助,我准时到达每个地点。正如他说的,这对于我是必要的,因为如果一处迟到,其他各处也都要迟到。他带我去看了造船厂。我发现,这里的造船厂比格拉斯哥造船厂更有趣。他告诉我,贝尔法斯特造船厂是英国最大的造船厂,或许也是世界上最大的造船厂。我参观了同时建造的六艘巡洋舰,最大的一艘在四万吨以上。正在建造的还有十三艘大小不一的船。我还参观了引擎制造部分。工人们正在制造各种类型的机器,如锅炉、柴油机、汽轮机等等,一切都使用机器操作。看起来,船厂十分现代化。给我印象最深的是管理效率很高。他们说,这一切都是七十五年以前开始的。贝尔法斯特对于在法国登陆作战当然是非常重要的。因为大部分运输准备工作都是在这里进行的。

北爱尔兰政府为我举行了一次招待会,到会约二百人,包括所有内阁部长、首席法官,以及大学和教会组织的代表。向我介绍的客人里大约有二十五人到过中国,有的人在东北呆过三十年之久。我还参观了女王大学。那是一百年前建造的古雅的建筑群。该校副校长林赛·基尔博士向我介绍了全体教师和一些留学生。我应邀向该校学生俱乐部讲话。校长及全体教师都出席了这次会。我以战后世界青年人的领导作用为题,对比了生活在北爱尔兰的青年人的有利条件和居住在战火纷飞的国土上的中国学生的生活情况。

贝尔法斯特市长在市政大厅设宴。在宴会上,大家为英王和中华民国主席祝酒,接着又召开了群众大会。到会的约一千二百人。梅亚德·辛克莱市长主持了会议。我坐在他的右边,欣德主教坐在他的左边。会上交给我五千英镑,要我转交克里普斯夫人主持的援华基金会。我在会上发了言,为他们对我国和我国同胞的这种同情和友谊表示深切的感谢。12 月 6 日,贝尔法斯特《新闻通讯》对我的讲话报道如下:

> 顾维钧博士在接受支票时说,这不仅是为正义事业所捐

赠的一笔可观的款项,而且还充分体现了对他的国家的深情厚谊。大使讲了战事造成的中国军事和经济状况,以及中国从伟大的盟国所得到的援助。在谈到中国的强敌时,他说,在某种意义上,它比德国更强。它除了拥有庞大的军队和训练有素的空军外,还拥有强大的海军。他说,打败日本的必要性并不亚于打败德国,完成这两项任务是同等重要的。联合王国已经作了保证,一旦打败德国,立即全力以赴地投入对日作战。中国人民衷心希望盟国能在最短时间内取得欧洲战争的胜利。这样,盟国的全部战斗实力就可以投入对日作战。这个希望实现得越早,对我们的共同事业就越有利。因为打败日本并非轻而易举。一旦实现这一愿望,他们就能全力以赴地投入建设和平的工作中去。由于战争是全球性的,因此和平的计划与建设也要着眼于整个世界。

讲话后,我将支票交给纳基里夫人,请他转交在伦敦的克里普斯夫人主持的基金会。这笔赠款的数字的确并不很大,但仍然是可观的,表明贝尔法斯特人民是慷慨的。

我于十点十五分回到了政府大厦,比原来计划的时间晚了四十五分钟。但是公爵和夫人仍在客厅里等我。他为我准备了茶点。我边吃三明治边和他们闲谈。他给我看了一个相册,其中有一张卡片,是罗丰禄夫人追悼会的通知,她是1895年中国驻伦敦公使的夫人,几乎正好在半个世纪以前。这使我感到了英国生活的稳定性。这里,人们随时可以拿出五十年前的纪念品。我觉得公爵和夫人朴实可爱。公爵已七十五岁,夫人已七十一岁,但是看上去年轻得多。他们非常自然和坦率。他们向我询问了各种各样有关中国的问题。从共产党问题和战争问题,直到重庆在地图上的位置,都问到了。

我访问英国各地的目的之一是为了促进交换代表团,以便派遣英国各界代表团到中国访问。我也希望更多的中国代表访问英国。英国教育界,教会和企业界中对中国友好的群众团体希望这样做,同时这也是英国政府工作计划的一部分。根据此种方针,英国新闻部长及英国文化协会派代表到重庆建立新闻处,散发材料,以便向中国人民介绍战时英国的情况和取得的进步。

陆军部、海军部和空军部都采取步骤,接纳中国派遣的年轻军官和军校学员在英国受训。除其他训练项目外,他们要学习如何使用英国应中国请求所提供的设备。斯塔福德·克里普斯爵士对此项计划极感兴趣。作为飞机生产部长,他主张除了派中国青年军官外,还要派遣工人到英国学习。但是,大使馆海军武官周上校向我报告说,在刚从中国前来英国学习海面舰艇及潜艇作战的三十六名海军军官中,发现有二十一人的年龄太大了。重庆继续派遣学员到英国受训,但这些人的年龄还是太大。尽管周上校建议挑选年轻一些的人,但是派来的人中,有的已达到三十岁。与这计划有关的还有其他一些问题。大使馆唐武官向我报告说,到英国来参观西欧战场的三位上校在陆军部遇到了困难。陆军部对于发放许可证,安排军官到前线参观需格外谨慎,这是可以理解的。但是困难往往不一定是真的。我的秘书翟凤阳发现,困难是白厅的一些官员造成的。他们怀疑我们这些人,陆军部甚至想要求把他们召回。

英国政府一方面想极力表明他们尽力援助我国;另一方面,由于盟国在西方的军事形势好转,英国人的信心更足了,因此他们当中一些人,尤其是陆军部和海军部的一些人变得更固执,更不好说话了。我国的战争形势不仅没有好转,反而更加恶化了。日军攻陷广西桂林后,迅速向独山推进,以进攻重庆。此种局面恰好发生在欧洲局势好转之际,形成对中国非常不利的鲜明对照。就在此时,巴黎收复了,法国从德国人手里解放了出来。比利时、荷兰、意大利也相继获得解放。而在远东,中国在战场上却节节败退。独山失守,报界大加批评,甚至通常是友好的曼彻斯特《卫报》也说中国的形势"每况愈下",尤其令人感到痛心。

然而,重庆各部派出的代表依然纷至沓来。12月初,中国空军派朱霖上校到伦敦,想争取英国帮助中国建立飞机制造厂。12月12日,我带领朱上校和空军武官黄上校去会见克里普斯,同他讨论了这个问题。按克里普斯的观点,我们应当首先从简单的类型开始,先在英国训练设计人员和领班。他说,以梭鱼式飞机为例,即使已经开始投入生产,在设计上仍有八千多处需要改动以使它更完善。他建议,中国应从生产机身和仪表开始,最后再生产发动机。他极力主张派中国技工到英国接受训练,回国后担任领班或更高的职务。我觉得这一建议非常好,但朱上校却不以为然。因为他本身就是一位航空工程师,他十分迫切想在中国一开始就生产整机。这次会谈再次表明两个盟国之间在合作问题上的观点是不一致的。

三、在伦敦,我国各方面代表来访及英国职工大会
1945年1月—2月

为使两国能在战时更加密切合作,我仍集中全部精力于改善我国和英国之间的关系。英国方面也在尽一切可能增进两国间的了解,促使相互合作更有成效。在伦敦和重庆都曾就此目的进行过协商,并为各种不同任务的中国代表团访英做好安排。在我的赞同下,英国文化协会制定计划,请一些中国科学家到英国进行科研,并了解英国人为支援战争而从事的工作。此事主要由英国科学家李约瑟教授负责安排。中国科学家抵达英国后受到了很好的接待。

一批海军学校青年学员也获准来英。他们来英的目的是学习如何操纵护卫舰。当时,大使馆武官正与英国海军部协商,将一批这种舰艇作为英国援助的一部分交付我国。二十六名中国海军学员于1945年1月初抵达英国。在他们赴布赖顿市之前,我接见了他们,周上校向我引见他们,并按照中国习惯,请我在他们行前给予指示。记得我曾向他们着重谈了三条:(1)充分利用他

们这次极为难得的机会,尽可能向英国海军多学东西;(2)注意英国海军力量中那些无形的因素。如公正的作风,军官爱护士兵,士兵尊重和服从长官,合作和守法的精神等等;(3)回国之后,充分利用无限的为国效命机会努力工作。我还特别叮嘱他们要学会一些必要的领导才能,以备回国后就任更重要的职务。

为了加强两国在对日战争中的协作,由桂永清将军率领一个军事使团来到伦敦。当时大使馆有海、陆、空三军武官,但桂将军不仅任军事使团团长,而且受权领导三军武官。为工作方便,他除兼顾军事使团使命外,他还受命接替唐上校任武官,由于桂将军是中国驻英军事使团团长,他的职位高于一般使馆武官,所以我有必要将他介绍给伦敦英国三军各部首脑,以便他们结识,并安排相互有益的晤谈。

很难肯定桂将军出使的效果如何。他为人非常精干,曾在黄埔军校受训,是严守军纪的军人,在上海吴淞战役中打得相当漂亮。在布鲁塞尔会议进行期间,他所指挥的"模范营"在抗日战争中打得非常出色。但作为一名外交官,他也像其他许多军人外交官那样,在谈判期间每每缺乏耐心和容让精神。他在工作中有两个很大的困难。一是不会讲英语,二是由于长期任中国驻柏林使馆的武官,并曾与在中国的德国军事顾问团密切共事,脑子里总是有德军优越的印象。他的性格和背景对其使命并不完全合适,因此,他未能完成使命,特别是他想促进中英结盟而未能成功,是可以理解的。当时,中英两国领导人的关系不大好,而且英国政府和人民又都忙于对德作战,坚决主张对日作战问题留待以后再说,因此与英结盟的时机远未成熟。

我的朋友德维亚特爵士,前来看我。他是一位将军,曾以首相私人代表身份出使重庆。他是一位杰出的军人,在第一次世界大战中失去一臂。此人颇有风趣,又是精明的军人和外交家。我们就中英关系,包括蒋夫人访英动议,以及宋子文与蒋介石的关系等等进行了有趣的交谈。看来他的消息很灵通,事实上还是向邱吉尔提供重庆军界人物情况的顾问。他告诉我,是他帮助促成协议,桂永清将军才得以兼任大使馆武官和军事使团团长。

桂将军的随从很多,由不同级别的二十名军官组成。其中陈平阶上校以前是我的武官,作为使馆的老同事,陈私下和我谈了一些他离开重庆前来伦敦时国内的战况。他证实了日本人逼近桂林时,白崇禧指挥的广西部队不进行抵抗,一味逃跑的消息。他说,当敌人迅速逼进时,防守桂林侧翼战略要地的一名广西将领却自行撤退。张发奎将军在蒋介石面前控告了他的这种胆小怕死的行为。于是他被军事法庭审讯,判决枪毙。但惩罚无助于改善这位广东将领与其广西部队之间的关系。陈还说,桂林的沦陷是由几个原因造成的。其中之一是中国的宣传过了头,说桂林如果不能守一年,至少也能守六个月。重庆的最高指挥部本来指望桂林至少能守一个月,但实际上仅四天就失守了。日本利用中国人不抵抗的有利形势,向北一路猛追溃逃的军队。直至听说胡宗南将军派出的援兵即将到达时,才向南撤退。同时,陈还向我报告说,共产党问题完全取决于战争局势。如果战局好转,他们就会比较通情达理。他说,此时重庆对英国仍很反感,关系并未有所改善。中国人普遍认为英国不想多帮助中国,而且还在西藏继续从事阴谋活动。我对他说,有些猜疑实际上并没有多少根据。

至于我国与苏俄的关系,尽管它未与中国联合抗日,但由于其在远东的地位,其态度和政策都是中国极其关心的。陈上校还告诉我说,国民党元老、蒙藏委员会委员长吴忠信,最近刚刚在新疆就职。陈还说,苏俄对盛世才施加了强大压力。他们派一支装甲部队逼他离开新疆,否则就要将他抓走。中央政府救了这位省主席,将他调到重庆就任农业部长。他还告诉我,新疆的实权当时在朱绍良将军手中。他已受命将他的军队调入新疆。但由于俄国人的关系,该省局势仍很棘手。朱将军的部队的给养和饮水都很难得到。

我除了尽力多会见一些英国人士,使他们更好地了解中国及其困难之外,还应邀在许多会议上发表演说。我到牛津大学的萨默维尔学院担任勒普莱学会年会主席。罗克士培教授在会上发表了一个半小时的演说。接着,我在十分钟的发言中说,人们应该注意英国对世界文明做出的贡献;对于这些贡献,我们中国人不仅评价很高,而且还希望更多的了解,并进行更多的研究。然后,大家又进行了三十分钟的讨论。

英国企业界也帮助一些中国青年到英国求学和访问。其目的显然是希望战后能与中国通商,并参与中国的经济发展和工业化。因此卜内门化学工业公司决定为六名中国学生提供奖学金。重庆的经济部和农业部派了六名非常聪慧的青年人赴英留学。我的印象是,其中有几位是才华横溢的年轻学者。

此时的伦敦是欧洲的中心。这里不仅有一些流亡政府,而且还有大量的盟国军队。他们的人数越来越多,不仅来自各自治领,还来自美国,时常经过这里往返欧洲大陆或非洲。英国的社会领袖们对公共事务非常热心,为了帮助完成共同事业,他们尽一切努力为盟军多做工作。以增进盟军福利为宗旨的各种组织,凡邀请我参加他们的活动的,我都尽可能参加。为此,1月4日我前往看了电影《威尔逊总统》。这次电影是为阿宾登伯爵夫人发起的战友联谊会放映的。票价每张五便士。所得收入全归这个专为盟军服务的组织。当时,肯特公爵夫人,各外交使团团长,包括比利时、希腊、法国和西班牙等国的大使,都曾出席观看。

1月11日,美国空军第八航空队派巴雷特上尉前来接我去出席该航空队各级官兵在海威克姆召开的一次会议。首先专为我举行了宴会。出席作陪的有第八航空队中职位仅次于司令杜立特将军的安德森将军。会议是在一个带餐厅的大活动房屋中举行的。出席会议的驾驶员、领航员、炮手、报务员及陆军妇女队员共有一千二百多人。我应邀在会上作了半小时非正式的即席发言,并另以三十分钟回答了许多问题。问题提得很坦率,从史迪威事件问到与共产党的纠纷。此外,他们还提出了有关中国的贪污受贿、通货膨胀、苏联在满洲的势力范围、中国的对苏政策等问题。会议气氛十分友好,就像我记忆中典型的美国大学里的会议一样,我十分欣赏。

我的方针是与英国政治、社会、工业等各界人士尽可能多地建立联系,其基本目的当然是增进两国间的合作,以求战争早日胜利。同时也是为了使我自己能尽量多了解英国人民的风俗习惯、思想感情和各种偏见,从而完成增进两国人民间相互了解的使命,以便战后能彼此合作。英国人尊重传统的思想根深蒂固,致使外国人有时很难理解他们感情的深度。在英国,特别是在受过高等教育的社会阶层中,保守思想很深。这种倾向在法律学会为我举行的一次宴会上表现得尤为突出。宴会是在学会主席阿瑟·摩根先生的住所举行的,这里也是学会的总部。出席的只有十二位客人,其中有法律界的著名人士芬利勋爵和格林勋爵及几位王室法律顾问(当时芬利勋爵刚刚被任命为战争罪行[调查]委员会中的英国代表。他是杰出的法律学家,非常和蔼可亲。后来他出任国际法院院长)。此学会共有一千七百名会员。宴会上的酬答仪节、佳肴美酒、在在使人感到浓厚的中世纪或 19 世纪的风格。

这种尽量多建立联系,多了解英国人民的生活习惯和风俗民情的方针,有时使我陷入非常尴尬的境地。有一次,陆军元帅菲利普·切特伍德爵士邀请我参加戈登(1833—1885)将军逝世五十周年纪念大会。请柬上说,英国数代人都称戈登为“中国戈登”。他还因在喀土穆所建立的业绩而知名。戈登曾竭力帮助满清王朝镇压太平天国运动,在大清帝国最终平息这一运动中起了重大作用。但许多中国学者认为太平天国运动是一次中国人民争取自由的革命运动。在我的头脑中,这一观点当然是正确的,至少起义初期是革命的。因此经过再三犹豫和考虑之后,我虽最后同意前往圣马丁大教堂参加宗教仪式,但却谢绝了给特拉法加广场的戈登雕像献花的邀请。我之所以参加这一纪念活动,是因为切特伍德说,如果我去,英国人民将会非常感谢。我不知道布道牧师埃里克·洛夫德是否察觉我的尴尬处境,但他的讲道总的说来是谨慎适当的。他强调了戈登的自我克制和对傲慢、声望及荣誉的轻视。他说将军把自己的勋章送给了别人。而更为感人的是在送人之前,把上面刻印的说明和自己的名字都擦掉。布道即将结束时,他说,他希望门徒们牢记的不是中国和喀土穆的戈登,而是出生于格雷夫森德的戈登。他为接近他所热爱的普通人民而生活简朴,作风谦虚,并且还经历过贫困和疾苦。纪念仪式的简朴和牧师的讲话都给我留下了深刻的印象。

在返回使馆的途中,我在车上曾想过,英国人民的强大力量主要蕴藏在教育青年的方法之中。从儿童到成人,在至少二十年的时间里,无论是婴儿、少年还是青年,一直都受到严格的管教。除了家中的父母和教堂里的牧师之外,保姆、家庭女教师、学校教师、舍监和私人教师都对他们进行教育,以把他或她培养成社会的有用成员。因此,到成年的时候,他们不仅已是遵纪守法的国家公民,而且对他们将毕生工作和生活于其中的社会也已完全适应。

在我出使伦敦期间,反轴心国的战争正全力进行。各盟国、各使馆和军事使团都全力以赴地让英国了解自己的国家和人民,以便赢得他们的同情。1月底,在英国皇家艺术学会举办了一次苏俄画展,由苏联大使馆代办主持开幕式,其目的是让人们了解俄国在苏维埃体制下所取得的成就。像其他国家的外交使团团长一样,我也应邀参加了开幕式。展览上画题的多样性,技术的新颖和风格的多样,都给我留下了深刻的印象。所有这一切都是为了证明,在苏俄,艺术被视为人民生活的一部分。这一展览与早些时候举办的中国艺术展览具有同样的目的。但苏俄代办在讲话中竟说,在苏俄,艺术是反对共同敌人的武器,表示即使在战争年代,艺术也是很受重视的。

每周的工作日都被出访、接待宾客、赴午宴、晚宴、观看义演等挤得满满的，所以每逢周末，我尽可能地休息，停止阅读官方文件和书信，而翻阅一下其他书籍，以资消遣。我还经常散步，以便在宁静的气氛中独自思考一下公务以外的其他问题。有个周末，我读了安德烈·莫洛亚写的《迪斯累里传》。此书研究一个多才多艺、精明强干、雄心勃勃的政治家和外交家如何在战争中建立和平的问题，引人入胜。1945 年 1 月 21 日，我在日记中写道：

> 细审英美高度发达的政治社会体制，使我感到，民主制度肯定是最高级的政府形式。但由于要求公众和个人的智力和道德都必须达到很高的平均水平才能成功，所以民主又是最难实现的。民主的主要基础是要在广大人民中培养一种人人为公的风气。然而民主制度又为发挥个人创造精神和领导才能提供了最大的机会。在民主制度下，无论是在危急时刻，还是在和平时期，都易于涌现出一些领袖，因而政府工作易做。而在极权主义、独裁主义或一人掌权的政府统治下，国情则大不相同。在那里，领袖负担最重，操劳最多，而其成效却较民主国家为少。不过若像 1940 年法国那样，民主制度执行不好，国家蒙受的损失也会更大。由于英国议会和美国国会能对政府领导人的行动施加有益的制约，且每年均作工作报告，所以即使出现腐败而不得人心的政策，也不会长久存在下去。

同一天，我还写道：

> 我对上周读完的安德烈·莫洛亚所写的《迪斯累里传》非常欣赏。它描述了一个有志之士为实现自己早年所定的目标而奋斗的故事，写得激励人心。绝不能因为遇到偏见、成见、障碍和厄运就放弃成为伟人、完成大业的雄心壮志。而目标坚定，努力不懈，勤奋不已，刻苦学习，增长才智，乃是成功的必由之路。

我想提及我当时记下的另一段感想：

> 重读《古文观止》和《陆宣公奏议》。中国散文清晰简明，我素极喜爱。一般人，包括我在内，常极力反对背诵整篇文章，尤其反对儿童背诵，斥为浪费时间精力。但我现已开始认识到背熟文章是学习名家学者写作风格的必要方法。而记忆的最佳时期则是青年时代。人到中年老年不再可能背诵长篇大作，至少非常困难。背诵文学杰作，有如仓储货物。只有库存充足丰富，方能取之不尽用之不竭。但仅凭背诵而无良师指点理解文义，亦必徒劳无益。因此，我认为，良师指导也必不可少。

作为中国驻伦敦的外交使节，我继续为战争问题及和平前景而奔忙。我在冬季中期收到的报告说，日本政府正设法与盟国接近，试探是否可能达成一项和平解决协议。另外，还有报告说，英国政府对此种可能性颇感兴趣，并且日本人已在葡萄牙同英国人接触。我对这些报告是否可靠半信半疑，但也确想探明究竟。于是我尽力查明事实真相。因此，1月底，当美国驻荷兰大使亨培克前来拜访我时，我向他问起这些传言。他告诉我说，他对此事一无所知，不过觉得有可能属实。他认为，英国毫无必要急于将此类可能发生的事情预先通知美国政府或与其磋商。因为非常明显，如果他们这样做，华盛顿肯定是会反对的。

2月1日，我前往外交部拜访国务大臣理查德·劳先生，并问他日本和平试探的传言是否属实。此外，还提及哈里·霍普金斯与我的谈话。霍普金斯曾告诉我，最近，英美两国就太平洋战争问题进行了讨论。他说英美双方很容易就此问题达成协议（霍普金斯曾任罗斯福驻伦敦的私人代表）。我觉得劳的谈话与霍普金斯告诉我的情况是一致的。

2月6日，亨培克再次前来看我。他的见解是，英日秘密和平会谈正在葡萄牙举行并非不可能。不过谈判很可能像星期日贩马讨价还价。买主一开始就会说,若不是星期日,我可能会出价高一些。我根据他的谈话估计,报告中的确有些实质性东西。但达成协议的可能性遥远渺茫。

关于最终与日本签署一项太平洋地区和平协议问题,亨培克说,需要解决的问题之一是印度支那问题。他说美国不要印度支那。据他所知,中国也不想要,英国有可能予以占领。但是,他认为在任何情况下都不能让法国收回此地。因为如果法国收回印支,就又可能会屈服于侵略者的淫威而损害其他国家的利益。(他指的是1940年和1941年,法国与日本签订的一些协议。协议中,法国竟接受了日本的种种无理要求,而且还同意了日本的划分印度支那方案,将印支部分领土割给了泰国。)

此时,我还兼顾禁止在利物浦的中国海员吸毒问题。我不仅建立了一所戒烟诊所,而且还采取了一些其他措施制止这一恶习。

正当我忙于上述种种事务之际,外交部长宋子文于2月5日拍来电报,要我一旦搞清雅尔塔三巨头会谈结果,便立即回国进行磋商。电报中还说,委员长和他本人都有要事与我相商。他建议我带我的中文速记员一同回国,因为将会有大量的文牍工作。我猜测,他可能让我为他出席成立联合国的旧金山会议做些准备工作,还有可能陪他前往。2月13日,宋子文再次来电,让我将敦巴顿橡树园会议的所有资料全部带回,并告诉我,我可能需要在重庆工作一两个月。

当时必须解决的问题之一是中国劳动协会参加英国职工大会问题。职工大会是英国一个非常强大的工人组织。为了进一步贯彻增进两国相互了解与合作的政策,中国政府决定派工人代表团赴英参加英国职工大会。大会的第一次会议已于头一年12月召开。我国著名劳工领袖李平衡与朱学范率领的中国代表团提出了如何对待参加盟国各劳工协会国际会议的问题。朱先生在中国以左倾闻名。他特别急于以中国劳动协会的名义参加这次大会。他说已由英国职工大会发起召开的大会不同于由各国政府主办的其他国际大会。关键是大会是否给予中国劳动协会以平等待遇的问题。两位中国代表告诉我,英国职工大会经常批评中国劳工组织受政府控制过多而非自由代表,且在会员数量和影响方面都远远不如英、美、法、比等国。与我谈话时,朱先生还说,中国不能坚持要求与英国、美国和苏俄的工人组织享受同等待遇。另外,如果中国劳动协会不参加这次大会,他们就有可能邀请共产党的边区工会参加。况且苏俄已提出此种建议。我说,我认为首要问题是我们没有得到与其他三大国同等的待遇。默认对中国代表团的歧视是错误的。由于不仅苏俄,而且英国和其他一些小国都公开反对把中国列为四强之一,所以解决这一问题就尤其必要。如果他们保证正确对待我们,承认我们的国际地位,我们就参加大会。如果他们不做这样的保证,那时我们再来讨论边区工会参加未来大会的可能性,及其对中国的影响。但依我之见,这种可能性不大。中国参加新的国际会议对美国、英国及所有西方国家的工人组织都有好处,有利于他们约束中国劳工,限制他们与西方工人竞争的能力。李先生基本同意我的见解。我建议朱先生与职工大会的秘书长沃尔特·西特林先生及同属该组织的霍尔斯沃思先生(?)进行一次坦率的谈话。他们最终同意采纳这一建议。我表示愿意会见一下劳工大臣欧内斯特·贝文先生。但根据他们的意见,我没有这样做,以免使人认为中国政府进行了干预。

2月8日,朱先生向我汇报了职工大会会议的情况。他说,议事规则委员会曾批准邀请以前是敌国的工会参加会议。与会代表对此问题,特别是对邀请卢布林波兰政权控制下的工会参加大会问题进行了争吵,英国代表起初持反对意见,后来显然是接受了美国代表团的折衷方案,赞同将此问题提交议事规则委员会重新讨论。在委员会上,最终以五比四通过邀请他们。但是关于让他们做列席代表还是正式代表问题,则有待其证书审查之后再做决定(邀请卢布林集团派代表团的提案得到了苏俄、法国、美国和墨西哥的支持)。因此邀请卢布林工会问题并未彻底解决。还有表决问题也未解决。问题是提案是否经多数通过即可成为决议。朱先生解释说,由于苏俄与会代表有五十七名之多,所以他们赞成多数通过,意图是控制大会。

第二天,我参加了职工大会为参加这次在伦敦召开的国际职工大会会议各国代表举办的午宴。主持宴会的乔治·艾萨克斯爵士是议会成员,职工大会主席,又是这次会议的主席。美国和法国大使都出席了。苏联大使正在国内度假。宴会上,仅有贝文一人作了发言。大概是由于想到在邀请以前是敌国的工会及表决等问题上,大会仍有分歧,他在讲话中呼吁大家团结一致,相互合作。艾萨克斯告诉我,苏俄代表团成员代表其国内各加盟共和国的二千七百万工人。至少他们声称代表这么多。而美国的产联却仅有六百万会员。英国的职工大会也仅有七百万会员。如果以各工会会员人数的多少为基础来进行表决的话,英美两国工会会员的总票数也不及苏俄的一半。在职工大会于英格兰召开的年会上,有些工会指示其代表统一投票,投什么样的票则由多数代表决定。其他工会代表则按自己的意见投票。在后一种情况下,意见相反的票便会相互抵消。因此,苏联的主张显然是企图利用其工会会员多的优势来达到操纵大会的目的。

刚进宴会厅,映入我眼帘的便是一种令人迷惑不解的尴尬场面。苏联国旗恰好挂在主席背后的墙上,而英美两国的国旗却并排从大厅的天花板上悬垂下来。此外再无别的旗子了。由此可见,苏联在大会上是受到尊敬的。而且,只有美国、苏联和英国被选为主席,而中国、法国和墨西哥则被选为副主席。俄语被定为大会四种官方语言之一。其他三种是英语、法语和西班牙语。在全体代表大会上,不懂发言者语言的代表都到另一房间去听翻译。任何发言都先译成英文,然后再译成其他两种语言。因此半小时的发言,需要花一个半小时的时间进行翻译。所有这些安排都清楚表明,苏联在大会上居于显要地位,很受尊敬。

2月14日,李先生和朱先生前来向我报告说,大会原则上通过了成立一个新的工会组织的建议。有人提议成立一个十八人的委员会。一是为了起草工会章程,二是为与国际工会联合会及美国劳工联合会取得联系,以便讨论组织条件。委员会的十八名委员的名额分配情况是英国、美国、苏联和法国各出二名,中国和拉丁美洲各出一名,自治领地集体出二名,国际劳工局和其他国际劳工组织出六名。朱先生对中国劳工组织的软弱和中国民主运动的落后深表遗憾。他认为,正是上述原因导致大会在此新委员会中只给中国一个席位。

三天之后,李先生打电话告诉我,国际职工大会会议建议英国外交大臣艾登召集五国大使与会议代表商讨一下新组织的问题。他想知道,如果安排此会,我是否能够出席。我说,我非常乐于参加。不过,会议必须在2月23日以前召开,因为我已定于23日晚上起程回重庆。于是,艾登先生便在2月23日安排了一次午餐会,请这五国大使与该五国参加国际职工大会会议的代表们会谈。除我以外,其他客人有美国大使约翰·吉尔伯特·怀南特,苏俄大使古谢夫,法国大使勒内·马锡里,以及沃尔特·西特林爵士,格拉德温·杰布,霍尔和莱瑟斯勋爵。午宴间,我与艾登先生谈起了刚刚闭幕的雅尔塔会议,并向他询问了会议情况。他说,邱吉尔和罗斯福主要讨论了如何将他们的军队调往远东,和为他们提供船只的问题。艾登也谈了一些欧洲战局情况。他告诉我说,他认为德国不能坚持到1945年6月。莱瑟斯勋爵告诉我,罗斯福和邱吉尔在亚历山大会晤的主要目的是相互告别。他说会谈未曾提及太平洋战争,但不知白宫为何在声明中对此会谈大肆宣扬。英美两国首脑虽然在马耳他会谈时曾集中讨论了太平洋战争一事,但也仅限于作战方法问题。

午餐后,艾登先生宣布了这次聚会的目的,并请西特林先生谈谈对职工大会会议的看法。西特林在讲话中强调指出三件事应该做。他还说,参加旧金山会议和战后和平会议的国家代表团中必须有工会代表。尔后,他又补充说,工会也应直接派代表出席这两个会议。继他之后,美国产联的西德尼·希尔曼发了言。他表达了美国工人和所有参加产联政治行动委员会的成员的愿望,要为罗斯福的再次当选而奋斗,希望结束这场战争,并从此不再爆发任何战争。他说,职工大会会议代表了大约一千万(一千六百万?)工人,所以应该倾听他们的呼声。苏联代表库兹涅佐夫和中国的朱学范在讲话中表示支持希尔曼先生和沃尔特·西特林爵士的观点。但他们的意见倾向于将实际问题交由政府决定。怀南特先生说,他同意这一观点。古谢夫则说,实际问题是考虑如何满足各代表团愿望的具体建议。

根据艾登的要求,我也讲了话。我支持怀南特的观点。我说尽管国家代表团的组成应由各国政府决定,然而我同意代表团内应有工会代表。但我认为职工大会会议直接派代表参加旧金山会议及和平会议是困难的。职工大会会议固然重要,不过怎能邀请它派遣代表团同国家代表团以同等地位参加两个会议呢?此种愿望或许可以这样来满足,即当旧金山会议讨论成立经济及社会理事会时,听取职工大会会议代表的意见。接着发言的是法国大使。他强调说,他认为这一问题十分重要。但像我一样,他也认为任何政府都不允许其代表团以外的任何人在任何国际会议上代表自己发言。

然后,艾登起立,开始发言。他说,一个政府如果不能派出一个能代表整个国家讲话的代表团的话,就不配称为一个国家的政府。西特林爵士插言说,他认为现任英国政府就不能代表工人讲话。英国外交大臣反驳说,不是有英国工党吗?该党在英国议会中有完全能代表他们的议员。政府则可以了解议会中的各种意见。西特林回答说,任期已达十年的议会怎能代表整个国家呢?就这样进行着一场激烈的舌战。艾登要求允许他将话说完。他补充说,作为英国政府成员,他不能对此问题表态,只能说他感到很难给西特林爵士以满意的答复,关于此问题,他必须向首相报告。散会以后,朱对我说,在他看来,我的发言是所有发言中最同情工会的。而艾登却对我说,我们必须小心从事,因为"此事非常难办"。

（关于这些问题,我未曾请示过中国外交部。）在职工大会会议期间,朱不断向我汇报中国工会的意见及与我国政府磋商的情况。中国政府完全同意他出席大会。（事实上,没有政府的准许,他根本无法出国。）

在对日本进行太平洋战争的过程中,中国海军试图从英国海军部获得一些军舰。我大使馆海军武官周应聪上校已与英方进行了一段时期的谈判,而且在重庆也进行了会谈。2月19日,周上校报告说,由英国向我国赠送军舰的谈判遇到了困难。英国海军部的马克斯爵士一直不大同意。经伦敦外交部和英国驻重庆大使薛穆帮忙,此事才得到同情和考虑。海军部已同意将一艘护卫舰赠给中国。但这一赠品比中国所期望的少得多。后来,美国声明赠与中国四艘驱逐舰、四艘潜水艇。周上校利用这个机会再次与英国海军部的海军上将约翰（?）·肯尼迪·珀维斯爵士商谈。珀维斯对中国要求英国赠给一艘巡洋舰、二艘驱逐舰和一些较小舰艇之事表示同情。周上校劝说英国海军上将时说,英国与中国在海军方面进行合作已有七十年的历史,将这个纪录保持下去,不要让美国在这个领域进行垄断而中断这个记录,对于英国是有利的。马克斯爵士对此问题持反对意见的原因是他认为美国应负责援助中国,并且美英两国已经同意就两国特别是其他盟国在海军事务方面所采取的措施和行动互通情报。不过,这一见解显然被珀维斯爵士搁置一边。并同意照中国政府的愿望办事。但这种改善中英关系的办法也只能是权宜之计。

此时,雅尔塔会议刚刚结束。我急于了解英国和美国做了些什么,在哪方面影响中国的利益,乃于 2 月 20 日拜访了艾登,并与他就会议问题进行了很好的交谈。

由于我们对两国的关系仍不满意,我便前往拜访了斯塔福德·克里普斯爵士。他对此事同我一样关心。他访问过重庆,对中国有直接的了解。我们的谈话非常坦率,讨论了许多问题。关于拟议中的、在卷宗里已搁置了许久的蒋夫人访问英国问题,斯塔福德·克里普斯爵士坦率地告诉我,她现在访英是不明智的。虽然英国民众对她仍然欢迎,但邱吉尔却不同意她目前访问英国。原因是她拒绝到华盛顿会见邱吉尔,而坚持让他“一个非常忙的人”去纽约与她会面,从而伤害了他的自尊心。克里普斯还告诉我,倘若她来访问,国王和王后也会为难。他直爽地解释说,尽管中国人口众多,但不受大国重视。邱吉尔、罗斯福和斯大林都不把中国放在眼里。他自己也发现,由于中国政治上不统一,政府是个人掌权,基础不广泛,所以他的内阁同僚们都对中国漠不关心。我们还谈到香港、西藏、印度、英国大选的前景、他给委员长的电报以及克里普斯夫人给蒋夫人的电报等等。克里普斯夫人的电报是我首先建议的,讲的是为中国残废军人建立疗养院问题。我还对他给予中国空军代表团团长朱霖上校的帮助和指教表示了谢意。

克里普斯的忧虑还反映在另一领域里。陈源教授向我报告了与英国文化协会会谈的情况。会谈的内容是为中国学生提供奖学金,以使他们能到英国来继续求学,并把一批英文书籍译成中文。在最近一次回重庆时,我曾与陈立夫和王世杰谈过这个问题。陈教授说,由于文化协会本身的预算有限,协会必须与英国各大学商量。但在我的印象中,最主要的问题是英国朋友们一直在向陈教授强调,他们对中国政治上的不统一非常担心。英国的观点是,如果国民党和共产党的问题不能迅速解决,苏俄早晚会进行干预,特别是在介入对日战争之后。苏俄的干预不仅对中国不利,而且也会使中国的盟友英国感到头痛。

第三节 旧金山会议

一、在国内,研究中苏关系和即将开幕的
旧金山会议等问题
1945 年 3 月

1945 年 2 月 23 日,我离开伦敦去重庆,途经马赛、开罗、哈巴尼亚、巴林、卡拉奇、乔德普尔、新德里、阿萨姆邦的汀江和昆明。

一路上大多是乘坐飞机。每到一地,都有英国或中国的代表照顾接待。到达卡奇时,省督休·道爵士和他的夫人把我接到他们家中作客。省督为人爽朗好客。他告诉我,他患疟疾刚好,却又陷入了政治困境。他的内阁就在那一天总辞职了。他说他一直处于政治危机之中,就像前一次我由伦敦去重庆的途中在他家里作客时那样,那时他刚把首席部长免了职。那位首席部长曾向他抗议说,当首席部长在立法机关内还拥有压倒多数信任票的时候,省督无权罢免他。但是休·道爵士告诉我,当这位首席部长在立法机关请求支持的时候,总共六十个成员,其中过去一直支持他的三十七人中,仅有二人投了信任票。这证明省督没有把事情办错。

到了加尔各答,省督凯西和夫人请我吃饭。这本来是一种应酬,但这位省督却就苏联插手对日战争的可能性征求我的看法,并询问我们是否得到关于苏俄意图的任何明确迹象。我说在伦敦,人们普遍认为,苏联要到战争后期,德国人被打败以后,才会参加对日本作战。

我在 3 月 1 日下午到达重庆。与往常一样,有很多中国官员来迎接我;也有几位外国朋友,其中包括英国大使薛穆。

3月2日,宋子文外长请我吃饭,以示欢迎并可畅谈。我乘机劝驾,请他以中国代表团团长身份出席旧金山会议。我估计其他国家的外长都将出席,我国代表团必须与其他大国旗鼓相当,此点极关重要。而且,他可以利用这一机会,结识许多国家的领袖和代表,包括美国人在内,并同他们商讨一些共同关心的问题。我建议,如果他不能久离重庆,则可在会议召开之时到达旧金山,稍留即返,这也远胜于一面不露。宋听了似颇动心,并让我向委员长进言。他还说,旧金山会议的议题,他所知甚少,他愿早日去美,以便较多的了解雅尔塔会议的详情,因为外界对此几无所知。他说,国民党第六次中央执行委员会即将开会(5月5日),他未便脱身。不过政治与行政他都不热衷,对他并不那么重要。旧金山会议结束以后,他还很想去莫斯科一行。他对此行目的并未多谈,但显然是为了改善中苏关系。他要求我不要直接回伦敦,而前往旧金山。他说,如果他去旧金山则要与我偕行。我说,我将唯命是从。(我当时感到,只要委员长首肯,他是急于出国的,但是委员长还未决定让他走。)

当我谈到,公众认为他是一位能够倡导政府改革并为民主开辟道路的开明领袖时,宋说,只有外国舆论才这样认为,在中国则并非如此。我感到有必要在苏联参加太平洋战争之前使共产党问题获得解决,并提议要密切注视共产党的拖延战略,他们的目的是等待苏俄参战。一旦苏联参战,它对中国问题就有发言权,从而会使整个远东局势复杂化。他悉心谛听我的分析,但似乎并不以为然;也可能他认为这种发展趋势是无可避免的。他相信苏俄迟早会参战的。他似乎设想着4月末将是一段非常关键的时期。(可能是,他认为有必要赶在苏俄参战之前赴莫斯科一行,以便为改善中苏关系达成某种协议。)

第二天,委员长召我谈话。我当然遵命晋谒。事实上我本打算前去把我在伦敦所获悉的国际形势报告给他。我向他报告了我从各种渠道其中包括从艾登收集来的,关于雅尔塔会议的结果;欧洲对波兰问题解决办法的反应;中英两国间的龃龉;法国对罗斯福不满等等。当时盛传几个主要盟国准备举行一次中东会议,不过并未见诸事实,因为华府显然认为无此必要。华府与伦敦间也有分歧。美国人不仅对中东的石油感兴趣,他们还有意同中东国家进行文化合作。英国人对美国的渗入总是疑虑重重。我又报告了苏俄在对德取得胜利后的态度和心理,这主要是通过同捷克斯洛伐克的贝奈斯以及亨培克的几次谈话得来的。我又复述了塔斯社社长的话,他说苏联深恐中国变成美国的工具;只有中国表现出能执行自己的独立外交政策,苏联才能平等相待。在苏联人看来,中国当时的外交政策并无独立性,只是跟着美国的政策走。

在和委员长或外长会谈以外的时间里,我多半是接待来访者,其中有的是我的私交,他们在政府中都身居要职。因此,这种接待就成了听取国内经济、政治、军事等各方面情况的好机会。有一次粮食部长徐堪来访,我问他对粮食供应情况有何看法,因为我知道当时粮价飞涨,扶摇直上。他说,两年来粮价一直在上涨,而今年年初以来,涨势更猛。在贵阳,两袋米要卖法币四万到五万元,比重庆贵。后来从四川运去二十万担米,以增加贵阳的库存量,防止米价继续上涨。这一来,四川就谣言蜂起,盛传该省又将缺粮。为解除这种紧张情势,政府已采取措施,将口粮的百分之二十用黄豆代米,但此举又使豆价腾涨。他说,他个人认为可以采取某些建设性措施,以缓和这种局面,但真正的困难来自政治形势方面而不在经济情况方面。

王世杰到我处,给我讲了些新疆的情况。该省汉、回两族冲突转剧,伊犁已经失陷,冲突仍在继续扩大。

次日,王宠惠请我吃饭,以便交换意见。谈话中,他向我吐露了他1943年为何谢绝陪同蒋夫人赴美。

桂永清将军来访。谈话中他告诉我,德维亚特将军曾建议由英国派遣一批军官来华训练中国军队,但美国对此不悦。他本人认为应该接纳英国人的建议。训练不妨在偏僻地区进行，以避耳目。他并将促请委员长认可此举。我说，美国人的意见也应该考虑，否则将引起误会。

董显光来访，他给我叙述了蒋夫人访问加拿大的情况。他说，在许多事件中，有一件事弄得他啼笑皆非。原来蒋夫人离加回到美国后曾致电加总督和总督夫人，对他们的盛情款待表示感谢。可是这电报她自己不署名，而坚持用她外甥孔令侃的名义拍发。刘师舜大使苦口劝阻，但终归无效。

经济部长兼资源委员会主任委员翁文灏到我处，谈及纳尔逊对中国军工生产效率低劣的批评。纳尔逊说，许多兵工厂里放着不少电力设备和发电机，不加利用，反而要重庆发电厂为它们供电照明，致使战时首都发生电荒。由于重庆市照明用电量很大，他曾试图聘请美国工程师来管理重庆发电厂。他说许多制造步枪等等的兵工厂，为了节省开支，把兵器生产的开工率压缩到百分之二十，但却在大量生产与抗战无关的各种物品。只是最近才决定加以制止。翁说，纳尔逊的注意力似乎局限于如何使军工生产与现存物资相适应，并无从美国送来大量战争物资之想。这位部长说，英美两国驻华代表之间也深相妒嫉。举个例子说，在建立浮动电站问题上，美国人就不愿让英国人插手。

3月6日，考试院长戴季陶来访。沈阳事变时，以及过后的一段时间，他曾任外交特别委员会主席，当时我也是委员之一。他很关心外交。他说，他觉得理想主义者的原则，只应在用得着时标榜它一下；处理具体问题时则不宜过多坚持。如果中国因为坚持原则而引起英、美、苏的误解，那就不聪明了，其后果甚至可能不必要地招致对中国的意向产生怀疑和忧虑。他确信，中国应该承认自己还很软弱无力。中国与其坚持理想主义者的原则而一事无成，不如不坚持，全力以赴地建设我们国家的实力，这才是较明智的政策。

是日，委员长召宴并再度晤谈。谈话内容广泛，其中包括：拟议中的旧金山会议;我国代表团的组成原则;克里普斯爵士关于各种具体问题提供的情况;法国对美、苏的态度;苏俄在雅尔塔会议上对法国的态度;苏俄扬言对远东不感兴趣的政策内容;苏俄对中国共产党的态度与真实意图;新疆问题;对新疆少数民族需要采取安抚政策;遴选适当大员派驻新疆等问题。我们还研究了美国与苏俄发生利害冲突的可能性,以及苏俄与英国,甚至美国与英国利害冲突的可能性。我说,由于英、法、荷兰、澳大利亚以及新西兰等在亚洲有共同的利益,战后十年中,中国在远东恐怕会面临许多困难。现在澳大利亚民族主义倾向已露出苗头,有可能会形成一个国家集团来对付中国。

委员长对雅尔塔会议的决定深为关切。我所能奉告的仅是在伦敦从英国人,以及在伦敦的美国代表人员那里听得来的一鳞半爪,而这些人,特别是美国人,似乎毫不关心。艾登则吞吞吐吐,不愿透露详情。这种迟迟不肯向我提供会议全部内容的情况,使我更加疑惑莫解;委员长有此同感,为此,以及其他原因,他命我尽快前往美国。

我们又研究了中国参加旧金山会议代表团的组成问题。我表示,这个代表团的组成应有广泛的基础,应包含各种不同政治主张的代表,以便向世界昭示,我们的代表团是真正的全国性代表团。委员长则仅对包括有几个无党派代表人物感兴趣。他认为中国在国民党以外,除了共产党,再没有什么其他党派了。所谓其他党派实际是不能算数的。他认为,这个代表团不应太大,有三五个人就足够了。我说,当然,我们不必学美国的那样拥有八名代表。我还极力主张,要派一名妇女代表。委员长认为选派一名妇女代表和一名无党派代表作顾问即可。我又建议要派一名农民代表和一名工人代表,因为这两个阶级真正代表着中国这个国家的大多数。

说到俄国人的危险性,委员长认为,世界上再没有比苏联更了解中国的了。中国人民既不能容忍共产主义,也不能忍受分裂之苦。如果苏联企图把中国分成两个国家,它必须考虑到中国人民是要反对的。并且,即使是苏俄也不愿与全中国人民为敌。

次日,宋子文来电话,要我代表他出席国民参政会驻会委员会,报告雅尔塔会议的情况及国际形势。我同意代表他去,但提醒他切勿提出与当时正在重庆的蒙巴顿夫妇有约会作为他不参加国民参政会的理由。我并请他让吴国桢出席会议;因为吴国桢作为外交部政务次长,理应代表部长出席会议。

后来,我去见他,并把我同委员长谈话的要点向他作了报告之后,宋说,他宁可要一个由三人组成的小型代表团,就是他自己、王宠惠和我。我提议要有女性代表。他同意,但说没有适当人选。我提出吴贻芳,他立即赞同。宋又说,如需要派一个较大型的代表团,则他主张要有个核心委员会来决定政策和其他重要问题。他私下告诉我,他可能在旧金山会议之前赴美,为的是研究财政及货币问题。事毕后他将先返回重庆,稍后再赴旧金山,届时将要我与他同行。

3月7日,我见到了邵力子,他是中国驻莫斯科大使。我二人都认为中国对少数民族,特别是边疆民族要采取一种新政策。他滔滔不绝、不厌其详地为我讲了新疆的局势,伊犁的失陷,中国警备部队人员的大批被杀,派出支援和收复伊犁的中国部队的溃败等等。他说,叛军是由俄国人暗中武装的。他们都是盛世才离开新疆去重庆时释放出来的政治犯。盛之所以要把他们开释,就是指望他们出来搞乱治安,以便造成一种局面,似乎非他盛世才回去不可。邵说,老一套使用高压手段和蔑视少数民族的政策必须代之以培植少数民族的亲善与友谊的政策。我们必须真心诚意地帮助他们,使他们体会到他们与汉民和国家保持良好关系于他们是有利的。他要求我按此精神向委员长进言,他感到如果自己来倡导这一套,人们又要怀疑他是亲苏分子。

两天后,我应王宠惠之邀,参加了一次饶有兴味的会议。他们要求我讲讲国际形势和即将举行的旧金山会议。我在会上说,我看战后英、美、苏三国的外交政策有一种共同趋势,即各自想搞一个集团,以扩大他们自己在国际舞台上的影响。另一方面,他们愿意通过合作保持和平,就像拿破仑战争后形成的欧洲大协作那样。至于战后中国自己面临的国际形势,则将有许多暗礁。我呼吁,中国应当采取与各重要邻邦培植友好关系的政策,并应尽可能多地解决与邻邦悬而未决的争议,以改善相互关系。中国至少需要十年时间进行重建,方能充实自己的力量。

这时,外交部次长甘乃光插话道,他对解决与各强国间存在悬案的重要性是理解的。但他说,西藏、蒙古等问题都牵涉到国家领土的完整,他不知道应当如何解决。我说,诸如西藏这样的问题,英国人并不认为是急待解决的问题,因此英国人不会迫使早日解决。不过,在我们这方面应该致力于改善我们在该地区的地位。在讨论中,有人提出一种观点,认为新宪法草案应规定我国采用联邦政府制。有人甚至走得更远,倡议建立区域政治自治,包括处理外交关系权在内。但是,王宠惠说,新宪法草案不会就此点作出什么规定,仅能叙明,关于西藏和外蒙古的行政体制将另行规定。

中国的少数民族问题也使中苏关系复杂化。此事我除同邵力子研究外,又听取了新疆外交特派员刘泽荣关于他在那里进行谈判情况的详明报告。刘说,当时苏俄总领事正离新回国,迪化仅留一个副领事。他说,该省穆斯林居民叛乱问题不是一个低级官员所能谈判解决的。这些问题必须在莫斯科与苏俄政府直接谈判。但是,他认为这个问题原属新疆地区的民族协作问题,即汉回之间的问题而不是中苏两国间的问题。刘表明他自己不同意政府的少数民族政策。他特别指出的是禁止当地学校教授回语,而要求所有学生一律学习汉语。他认为穆斯林人民所受压力太大,中央确实必须改变政策。刘说,苏俄一开始时曾帮助我们平定叛乱,他们对新疆并无政治企图。他说,苏俄境内的哈萨克族居民比我国境内的多得多。因此,从苏俄运入某些物资和武器,支持叛乱分子是完全有可能的。总之,他对强加于穆斯林人民的狭隘政策深感遗憾。

当时有少数领袖认为我国有必要同莫斯科改善关系,孙科便是其中之一,他对我说,他对国民党与中共代表间的谈判进展迟缓,深感失望。他本人曾试图使双方之间的问题获致解决,甚至提出了折衷方案,但于事无补。当他把他的妥协方案在报端公布以后,又被迫出来声明否认和更正。但他自己坚决认为与共产党的争执问题必须在旧金山会议开会以前解决。

我当时主张,中国出席旧金山会议的代表团必须是真正能代表全国的,我认为这点非常重要,因为那时美国对中国的政局已经展开了批评,闹得满城风雨。他们抱怨中国缺乏政治上的统一,并试图贬低中国在世界和平机构中所能发挥的作用。但是委员长和他所接近的顾问们都认为,中国除国民党外,仅有一个重要政党,那便是中国共产党。而他们认为中共实际上已经公开背叛了政府。至于其他政党,不论就人数或政治影响说,都是无足轻重的。不过他们认为,某些无党派人士,倒是可以派作代表,使人相信,中国代表团具有真正的代表性。

宣传部长王世杰是委员长亲信的外交事务顾问。他对我说,对国外批评我们国共两党之间的争执,最好的答复是告诉他们,共产党问题不是至为重要。他和委员长一样,反对在代表团中包括共产党人。他说,这是因为共产党人不可信任;最好还是成立一个联合代表团,其中包括某些所谓无党派人士。

大公报主编胡霖是个国民参政会主席团成员之一,他来我处告我,他已被邀请参加中国代表团。不久,王宠惠又来说,他也已被邀充任代表,并认为我想必也是代表之一。他还提出我二人要相偕赴美。在我的印象中,委员长并未把委派王和胡为代表之事告诉外交部长宋子文。我想要把我自己去美的行期告宋,并提出与王同行。当时还有许多中国外交和政治人物都热衷于充任代表,郭泰祺是其中之一。

国共关系问题是使国民党内许多领袖人物焦虑不安的问题，全党上下反应强烈。邹鲁同我谈了他对此事的观点，语甚有趣。邹是国民党元老之一，现任中山大学校长，也是国民参政会主席团成员。他说，他全面反对共产党的要求。他是清党运动（把共产党员从国民党内清除出去）的倡导者之一，曾在西山会议上积极推动此举。他对我说，那个时候汪精卫和委员长都还不相信共产党的危险性。他给我讲述了国民党的演变发展过程，以及与共产党合作，和后来破裂的经过。

邹鲁是孙中山生前的朋友。他说，孙中山在世时，党员在会议上有同他辩论的自由。孙从善如流，一旦认识到他人的意见正确，他就舍弃己见，接受他人的意见。但现在党内开会时很少讨论或者根本就不讨论，参加会议的人只是对委员长的决定或行动一概通过如仪。他指出，委员长大权独揽是在中国军队从南京撤退他任军事委员会委员长时授予他的。当时兵荒马乱，中政会根本无法开会。（我早已获悉，邹鲁已失宠，因为他在党的会议上经常率直发表意见。最近一次就发生在两天之前。）

国民党内对共产党的反感甚深。某次，陈立夫来看我，谈及当时国共两党正在重庆谈判以求解决两党之间的纠纷。他说，共产党并未参加抗战；他们不仅不努力对日作战，反以国民党为敌。因此，中国政府实际上是同时面向两个敌人。当日军向中国政府军进攻时，共产党游击队就向政府军两侧压迫。当政府军向日军进攻时，共产党就乘机对政府军的背后施加压力。共产党的这种战略不禁使他深信，中共与日本之间准是有某种互不侵犯的谅解。他认为，如无来自外部的复杂因素，解决共产党问题并不困难。因此，在他看来解决共产党问题基本上没有多大困难。

次日，孙中山夫人邀我茶叙，谈话内容颇有意思。她对我说，共产党人希望在中国出席旧金山会议代表团中占有两个名额，我问她，为什么共产党还要继续保留一支军队。她说，共产党感到放弃他们的军队就等于不要他们的脑袋。她说，共产党如果没有军队,就得唯国民党之命是从。关于中共立场的详细情况,她让我去问孙科。(孙刚发表他的折衷方案。)一般地说,她只是代表自己谈话。这可能是因为她不愿给我留下她同延安有直接联系的印象。

3月18日,委员长招宴。宾客中有王世杰、吴鼎昌、熊式辉和黄季陆。开筵之前,委员长邀我到隔室密谈。他向我出示一个电报,其内容是魏道明同罗斯福总统谈话的报告。报告称,罗斯福再次敦促解决中共问题。罗斯福又通知委员长,在雅尔塔会议上,斯大林元帅就他对中国的态度问题作了三点非正式表示,并表示有意参加对日战争。所表示的三点为:外蒙古的宗主权属于中国;中东铁路的所有权属于中国,但为了提高这条铁路的运行效率,斯大林建议由中、苏、美三国组成联合委员会来管理这条铁路;苏俄需要在远东地区拥有一个不冻港,因此希望租借旅顺。魏的报告称,当时罗斯福总统向斯大林元帅提出,此事需要同中国研究。不过,总统的语气流露出他倾向于满足斯大林的愿望。

委员长问我对这份电报有何想法。经我仔细阅读电文后,我说我想提出三点意见,供他参考。第一,我感到,罗斯福对斯大林所提三点并未正式地全面认可,我想罗斯福之所以要告诉魏大使,其目的在于探测我国的态度。第二,罗斯福把他同斯大林的谈话向我们通报,似乎意在敦促我们迅速解决国共之间的争端。最后,鉴于美军在冲绳岛损失惨重,罗斯福似乎急于争取苏俄并肩对日作战,以加速远东战场胜利的来临,同时减少美军的兵员损失。

委员长问道,如果苏俄因此在远东获得一个据点,并在太平洋建立起海军力量,美国怎能认识不到这对美国的危害。我说,我也具有同感,我不能理解美国何以看不到这对它本身的危害;何况严格地说,中国没有海军。苏俄建立远东海军,其目标无疑是针对着美国。不过,美国为了尽快打败日本,急切希望苏俄参加对日作战,这也是不言而喻的。不过罗斯福的态度可能还有另一个因素。他的建立战后世界和平机构的计划需要苏俄的合作。若不能通过适当迁就拉拢好俄国人,使其参加到美、英、中的合作中来,则战后世界就将变得像一张缺了一条腿的桌子。但我仍然认为我们有必要提醒罗斯福,假若在这些方面满足了斯大林的要求,则将给美国和整个东亚带来多么大的损害。我们应当强调,美国必须考虑,一旦斯大林所表明的苏俄的野心获得满足可能产生的严重后果。我们应当竭诚地要求罗斯福郑重考虑这些问题。委员长说他同意我的意见,并说以后还要另找机会和我再谈。

委员长接着又交给我一份条陈,这是中国军事代表团团长和驻伦敦使馆的武官桂永清将军呈递的,其内容是有关加强中英合作的一些建议。委员长要求我看一下,然后同桂将军以及王世杰一起进行研究。他又告我,他已指示桂将军,关于此类问题应先与我商榷。桂将军回答说:由于他知道我认为英国方面并无与我国结盟的愿望,就没有继续同我研究这一问题。

宴会时,我的座位排在委员长右边,以便于他同我继续交谈。他要求我尽快赴美,并问我有无困难。我说,王宠惠已约我同行,这就还得等他一个星期。我说,如我提前赴美,则可与各国代表们开始接触,并备办各项备忘录的英文本等等。委员长认为这样很好。我猜想,他之所以急于令我赴美是为了让我同华盛顿美国政府取得联系,以便在对付俄国人提出的要求的谈判中有所裨益。

第二天早晨,我到国民党中央执行委员会常务委员会演讲,宋子文偕同出席。宋在途中告我,他要到下月初方能去美国,并将在旧金山会议开幕以后回国。他也促我早去,并赞同我与王宠惠偕行。他也提到了罗斯福给委员长的一封电报。他当作一个秘密告诉我:根据罗斯福对魏道明大使说的话,苏俄曾要求组织一个三国联营企业,以取得对中东铁路的控制权,并要求使用旅顺等。他又告诉我,委员长将去昆明逗留数天,如果我要见他,就到那里去找。我说,我昨晚刚见过他。(可能当时他心中正琢磨着罗斯福的电报。）

参加中常会会议的约有二十人，其中有于右任、戴季陶、王世杰及邹鲁，会议由邹主持。我讲话以后，由陈诚作欧洲和太平洋军事形势报告。看来人们对他的报告并不注意聆听。我感到会议纯属一种形式。孙科问我，远东问题是否真的在马耳他进行了研究，结果如何。我说这是确实的，并就我所知给他作了梗概的介绍。此外，我还提到了邱吉尔和罗斯福在亚历山大举行了会谈，这是艾登在伦敦告诉我的。

散会后，宋子文偕我去他家，他在路上告我，出席旧金山会议的代表团业已决定由八人组成：王宠惠、魏道明、胡适、施肇基、胡霖、吴贻芳女士、宋（子文）和我自己。他说徐谟将任代表团顾问，张君劢则落选了。这张名单说明，这个代表团只是代表执政党——国民党。因为除非把胡适、施肇基和我三人也看作党外人士，否则代表团内就只包括胡霖和吴贻芳两个是无党派人士。我心里明白，之所以要把我们三人包括在内，是因我们曾在中国外交界服务多年，而不是由于我们能在政治上反映出什么独立性。委员长和他的亲信们都认为除国民党外，代表团不应该有任何其他政党的代表。当时这种主张占着上风。而我则颇感失望，因为我提出的代表团应包括所有政治党派的建议未被采纳。我相信，海外舆论，特别是在美国，也将感到同样地失望，因为海外一般都认为，国内政治的不统一，其主要根源就在于国共两党间存在着严重争端。更有甚者，当时在美国以及英国似乎有相当多的人认为中国共产党是一个地地道道的政党。中国共产党似乎在海外拥有众多的支持者，其中包括美国的自由主义分子和其他批评中国的人；还有英国工党的许多领袖人物，他们对中共问题和中国共产党的活动都极为重视。

政府中大部分领袖人物都反对在出席旧金山会议的代表团中包括一名共产党人。王宠惠和王世杰他们二人一定都曾给委员长出过这个主意。我虽然不知道他们二人中哪一位的影响较大,但我敢说王世杰同委员长非常接近,见到委员长的机会要多一些。不过王宠惠是国防最高委员会的秘书长,而委员长是该委员会的主席。对有关外交问题的通讯、电报等等王宠惠都必须过目,因此他可能对这些问题有所评论。至于在他们二位意见不一致时,委员长最后到底接受哪一位的意见,则我相信还是由委员长根据自己的见解作出裁定。一般地说,尽管王世杰当时同委员长接近得多;人们也都知道,王宠惠从不轻易向委员长进言,但他一经提出自己的看法,在正常情况下,是会受到委员长更多的注意的。

不言而喻,在代表团的组成问题上,委员长本人从一开始就反对包括一名共产党人。当然,二王而外,还有许多人也都公开反对有共产党人参加,其中自然包括陈氏(果夫、立夫)兄弟,还有就是宋子文。宋不认为各党各派都需要有代表,特别是共产党更没有必要。我要说,在这个问题上,政府中绝大多数意见都是和委员长一致的。我之所以要提出我的建议,是因我感到要使中国在大会上处于有利地位,代表团就须包括各党各派,成为一个真正代表全国的代表团,这是明智的做法。

国民党秘书长吴铁城将军对华侨问题特别关心,他可能收到了来自世界各地的许多报道。这些报道不仅反映了华侨的处境,也涉及到这些华侨所寓居国家的政策和态度。有一次,他告诉我,他曾向委员长进言,中国在军事上要仰仗俄国,在政治上要效法英国,在经济上要依靠美国。他又说,在工作接触中,他了解到英国曾表示愿给中国三万支步枪供游击队使用。但是美国人站出来反对说,这事他们就能办,又何劳英国人操心?换句话说,在有关战争的问题上,华盛顿认为对重庆来说,美国是唯一的正当渠道。由于共产党的存在和活动,所以在上述三方面的问题中,重庆总是把中苏关系问题放在最重要的位置。

熊式辉将军来访,他告我,我从委员长那里出来以后,委员长向他出示了魏道明大使报告苏俄要求的电报。熊说他匆匆浏览了一遍,不忆其详。关于中东铁路问题,就他记忆所及是把这条铁路改为中、美、苏三国联营企业,置于一个由三方组成的专门委员会的管辖之下。对此,他认为没有什么可以反对的。关于苏联要求租借旅顺作为海军基地问题,他说,他提了两条反建议。首先,可把旅顺连同太平洋西岸其他一些重要海港,如香港、西贡、新加坡等等统统变成国际港口,置于当时正在拟议中的世界和平组织管理之下。如果苏俄不同意这种办法,则我国就应要求美国作出保证,一旦旅顺变成苏俄海军基地,该港口将不得被利用来进行对中国不利的活动。熊还说,委员长的想法并不像我向他说明的那样,认为罗斯福不过是企图试探委员长的态度。他相信美国总统已经同意了斯大林元帅的要求。

熊式辉知道,罗斯福已经答应在战胜日本后把千岛群岛划归苏俄。但他不理解为什么作出这项许诺,因为千岛与美国的阿拉斯加近在咫尺,一旦划归苏俄,肯定于美国不利。华府何以竟然见不及此,使他深感诧异。我说可能是由于罗斯福渴望早日结束对日战争,因此急其所急,而把所有其他问题留待战后解决。这也可能就是罗斯福的所谓现实主义政策。我告诉熊,有一位英国的重要领袖人物对我说过,苏俄最害怕的莫过于英美势力在苏俄边界扩张。莫斯科热切地希望看到我国执行的是自己独立的对外政策,而不是仅仅为美、英效劳的政策。我还告诉他,另一位英国的知名人士对我说过,俄国人认为,假若与苏俄接壤的幅员辽阔、资源富饶的满洲,一旦落入一个第三大国的势力范围之中,就将大大加剧他们的不安。因此,他建议,我们要非常慎重地处理这一问题,避免引起苏联的疑虑和敌视。

关于旅顺,熊式辉还告诉我,在开罗会议上,委员长就已经对罗斯福讲过可由中、美两国联合利用它作为海军基地。这一席话使我大惑不解。当曾随委员长出席开罗会议的王宠惠来看我时,我急切地向他问起此事。他说,此事委员长曾经口头讲过,但并未形成文件,也没有交换备忘录。我说,这事对中国关系重大,应该考虑成熟后才能表态。这一着有可能把中国推回到 1900 年以前的那种局面,从而加深我们内外的困境。王表示同意此说,并称他可以肯定,任何此类让步都将引起全国一致的反对。

我在重庆逗留期间,改善中英关系问题一直受到党政领袖们的重视。3 月 21 日,交通部次长凌鸿勋偕同他的一位同僚来访。他是一位铁道专家。凌问我,是否能促使英国财政金融界参与中国战后的重建事业。我坦率地告诉他,英国财界从来都很乐于在中国投资,不过仅限于金融和产业等方面。他们的目的是为英国产品开拓市场。他们不会在中国作大规模的投资。他们如果准备投资,以达到上述目的,那就必须取得英国政府的批准和支持,特别是财政大臣的支持。由于财政大臣对战后在中国开发市场的计划还没有作出决定,同时英国政府的政策是要等到战争结束后再考虑这种问题,所以只有到那时方能认真考虑战后重建以及中国市场等等问题。因为财政大臣认为只有到那时,制订明确政策的实际条件方能形成。

凌离去后,陈果夫又偕同一位刘先生来看我。陈是国民党的重要领袖之一,也是委员长的亲信人物;刘是一位伦敦大学毕业生,专攻经济学。他们希望同我研究中英关系的实际状况,并很想了解英国对中国的态度有无改善的可能。当时我感到,陈果夫可能已经看到了桂永清关于这一问题的备忘录,他希望改善两国关系,但首先想要了解我的观点。我开诚布公地向他说明了我的见解。我对他说,英国人民历来都对中国寄予深切的同情,但是政界的感情迥乎不同。政界的视线集中在中国的军事形势,而这一形势近几个月来却因中国军队屡遭挫折而恶化了。英国政界对美国报纸针对中国政府的批评也很重视。因此,即便英国政界中一些原来对中国比较友好之士,也颇感沮丧,转而采取观望态度,要等到中国的事态有所好转才会改变。一些对中国的作战能力持有疑虑的人则肯定对中国采取轻蔑的态度,并拒绝在考虑战后世界重建问题时包括中国在内。这些人自然也会受到中国共产党以及它在海外的朋友们的持续不断的宣传的影响,结果使这些英国的冷嘲热讽讽们对战后中国能否保持一个团结的国家,公开表示怀疑,并公开道出他们的忧虑,即:一旦抗日战争结束,内战肯定就将接踵而来。他们担心,同中国政府签订的任何友好条约,在当前恐怕都不能得到全体中国人民的承认。而且,他们感到那将肯定只会引起相当可观的一部分中国人民即中国共产党人的强烈反对。因此,他们现在宁可持观望态度,不愿意考虑有关加强中英谅解的问题。我对陈说,这就是英国的实际情况。因此目前很难同英国结盟。陈对我的话似乎有所领会,但没有发表什么意见。这可能是由于这时候王宠惠不约而至,似有要事与我相商。于是陈即辞去。

3月22日,我离重庆前一天,见到了外交部次长吴国桢。交谈的问题中,有一项反映了当时中英两国间的气氛。他说,外交部刚收到中国驻印某代表的报告称,中国政府曾要求印度政府放行一批纸张,供在印度印刷《中华年鉴》之用。印度政府未予同意。其理由是,年鉴所载中国与西藏的关系失实,其中所附的有关地图上的边界线也不准确。吴对英国所辖的印度政府的态度自然十分关切。他要求我提供意见。我说如果需要再次向印度政府行文,可简单地指出,该政府所提问题与我方所请放行纸张毫不相干,在任何情况下,中国都不同意印方复文中的观点。他决定待至年鉴在美国印刷后,按我的意见办。(这是一件小事,但可作为一个例子,藉以说明英方那种不必要的粗暴态度。)

同日,宋子文邀我在其官邸共进午餐,密商了诸多共同关心的问题。谈到斯大林提出租借旅顺的问题时,我说此事对中国至关重大,务必慎重研究,否则对内对外均可引起复杂后果。举个例来说,如果我方同意斯大林的要求,势将引起其他国家群起效尤,要求租借港口。为了抵消俄国的方案,我们不妨建议搞一个把亚洲其他地区的一些其他港口予以国际化的总的方案,并指定沿太平洋海岸的某些朝鲜海港为国际港口,鉴于他有意访苏,我又建议他刻下最好暂缓此行,因为目前不合时宜并可能给他自己招致极大麻烦。宋似颇以我言为然,并说,近来苏俄报界正不断对中国进行猛烈抨击,因此,他也认为他的访苏时机尚不成熟。

我和他谈到桂永清的条陈。他说,他觉得这位将军所提关于改善中英关系的建议完全是出于一时心血来潮的主观想象。他说桂将军不谙外交工作,本来就不适合做外交官。他认为不应该再让桂永清回到英国去了,再去弊多利少。

我又对宋说,政府应该立即着手调查我国在战争中遭受的损失和破坏,并编成资料,此外还应编制敌方在华资产清单。如果没有这种系统的数据,则我们在和平会议上将自陷于困境。我说,美国、英国、荷兰以及澳大利亚等都已经在各自国内进行此项工作。如果我们在要求赔偿时拿不出必要的证据,就将得不到别国的支持。他完全同意我的意见;并说他将设法建立一个专门委员会来进行这项工作。他认为郭泰祺适合担任这一委员会的主任,并征求我的看法。我表示同意,并说,郭需要一位像我使馆的参事郭则范那样的人作为副主任,帮助他工作。郭则范曾在国际索赔委员会担任中方代表。宋立即同意了这一建议,并把这事作了札记。

宋子文向我出示一份电报抄件,这是罗斯福给委员长的(蒋此刻正在昆明)。电报上写的日期是 3 月 15 日,但却拖延到那天才拍发。该电的大意是,总统收到赫尔利少将的详细报告,获悉中国在解决各项问题中进展顺利,深感欣慰。赫尔利曾向总统报告说,中国共产党向赫尔利提出了建议,要求中国代表团应包括国民党、共产党和中国民主同盟的代表,并由三方平分名额。赫尔利的答复是,出席旧金山会议的代表应该是联合国各成员国政府的代表,而不是政党的代表。罗斯福的电报表示完全同意这种论点;但总统又认为中国代表团若容纳中共以及其他政党的代表也不会引起什么不利的情况。事实上,他相信这样做还会有助于委员长实现国内政治团结的愿望。罗斯福还提到,美国代表团就包括了两党的代表,其他国家的代表亦复如此。换言之,罗斯福实际上是使用很婉转的外交辞令表达了中国代表团应该包括中共代表之意。宋和我都感到,罗斯福的电报措辞有些官样文章,宋子文甚至怀疑,罗斯福对这份电报是否真正重视。我说,我看他是重视的。中国代表团应该包括共产党代表这个问题,罗斯福这是第二次提出了。虽然罗斯福的观点与我相符,但我认识到这对政府来说是难于作决定的困难问题。不言而喻,委员长在作出决定之前,必然要再三考虑。一方面,他深信代表团中包括共产党人对政府决无好处;另一方面,来自罗斯福的建议也决不能断然予以拒绝。宋和我对此问题的反应也不尽一致。宋认为这份电报纯属官样文章,把赫尔利对共产党的答复重述了一遍;而我则认为,尽管总统把问题提得轻描淡写,语气谨慎,充满外交辞令;但他确实希望能看到代表团中有共产党代表。

宋子文要求我翌日到昆明把这份电报交给委员长,并希望我再次同委员长研究代表团的组成问题。他又要求我在离重庆以前给王世杰一份电报副本,请他保密,勿与人言,但要研究电文,然后与宋在当天晚间六点钟讨论此事。我估计是宋打算听听王的意见,因为王是委员长本人十分亲信的顾问。

我专程拜访了王世杰,与他研究旧金山会议问题。王说,委员长不同意指派共产党代表,因为这将为他们在会上阻碍议案通过的战术打开方便之门。由于中国共产党不接受中国政府的领导,所以不能指望任命他们为代表,因为他们仍将听命于延安的另一个政府。

因为我即将离开重庆去美国,我就乘此机会和王世杰探讨了一下我们将在会上提出的方案。我知道,在重庆恐怕没有别人对此问题研究得比他更多了。谈话间,他强调了几点。例如,关于由联合国建立一支国际空军部队的需要和必须反对美国提出的安全理事会表决权问题解决方案等等。他说中国舆论强烈反对美国方案,另外有些重要人物如国民参政会主席团的主要成员章士钊以及王宠惠等对此均持反对意见。他自己认为,这种程序的存在将使中国参加这一新的安全机构变得毫无意义。他说,外交部仓促从事,马上接受了这一方案,铸成了大错。他认为外交部次长吴国桢本无须急于用电话通知美国大使同意该方案,但是他在电话答复之后甚至紧接着又去函确认。吴国桢甚至还没有来得及把来信看清楚,也没有把信中引述的该宪章草案中的有关章节查对一下就打电话作了口头答复。王说,委员长是知道外交部这个错误的,但因怕影响到外交部及宋子文的威信,故未对此加以追究(我猜想指的是没有在党的中央常务委员会上提出追究)。王认为,当其他国家在会上对美国这一建议提出反对时,中国也必须响亮地说话。我自己不想苟同这种观点,于是就说,我们不妨先看看会议讨论的动向,等到最后再提出一个折衷方案,譬如说对美国的提案提出一个试行阶段,为期五年到十年,等到期满再对整个问题进行复审。我说,这样的折衷方案可能有一个缺点,即会引起其他国家提议对各大国的资格也要定期重新审查。王说,此点毋庸顾虑。他认为事实上,中国宁可不要参与大国的行列,因为这样我们倒可以畅所欲言。我们在二等强国中当一个代言人,地位倒是很硬的。

次晨,3 月 23 日,我同王宠惠、胡世泽、王化成,还有六个秘书,离开重庆,首途赴美。我们到昆明时,钱大钧将军在机场迎接我们。是委员长派他带着汽车来接我们的,委员长还带信要我们到锦城别墅去见他。王宠惠和我到那里时,看到委员长精神饱满。他问起各方面的消息和情况,我当即把罗斯福就中国出席旧金山会议代表团组成问题发来的电报呈交给他。他看完电报,起先似乎颇感兴趣,继而显得心烦意乱。他问王世杰与宋子文对此有何看法。我说,他们都认为很难同意罗斯福的建议。他听后显得轻松一些。委员长说,中国的情况与其他国家不同,怎能与加拿大相提并论? 他说共产党的代表不会跟我们合作,只会给我们添麻烦。他们只接受延安的命令而不会接受政府的指示。他急切想知道李璜是否已接受邀请参加中国代表团。李是中国青年党党魁之一。王宠惠说,迄至 3 月 22 日,李尚未表示接受(李曾就此问题与共产党人接触)。

王宠惠显得很虚弱,这使委员长深为挂虑,立即把他的医生找来为王测量血压。我对委员长说,还有其他事情要报告,他说到隔室密谈,我们就相偕移座隔室。

我首先提出了苏俄要求租借旅顺的问题,并强调要慎重考虑此事可能引起的对内对外影响。我建议说,如果需要满足苏俄在西太平洋取得一个不冻港的愿望,最好选定一个离苏朝边境不远的朝鲜海岸港口作为目标。我又补充说,即使有必要提出这项建议的话,也只能作为西太平洋地区安全总方案的一部分或作为包括台湾、马尼拉、香港、西贡、新加坡、泗水等港口在内的国际化体系总方案的一部分。我向他指出,电报的中文词语有些地方含义不明确,例如苏联政府确切地说了些什么,罗斯福向魏道明又确切地说了些什么,都不清楚。我说不必急于复电,最好是等宋子文到美后,把斯大林确实向罗斯福提出些什么和罗斯福向魏道明确实说些什么都搞清楚后再说。至于我所提的关于用一个朝鲜海岸港口来顶替旅顺口的问题,委员长说,这确实是对付苏俄要求的良策,但他当时还不急于研究这问题。

接着,我们又研究了桂永清的条陈。我对他说,我已经研究了这一条陈,并认为桂的想法不是切实可行的。我又补充说,中英之间的关系问题并不像桂将军想象的那样简单。这个问题,有其长远的历史渊源并且很为错综复杂。我说,据我观察,英国现时无意于就全面解决问题进行交涉。我认为桂永清的整个建议在时机上是不成熟的。委员长说,他所见与我略同,此问题可以暂时搁置不议。

第三,我提出了中国海员问题,我说需要从重庆派员去英国监理此事。我告诉他说,英国人为了在中国海员中严格执行纪律,并使他们在船上履行契约责任,已经提了许多意见。此问题对英国极关重要。委员长同意按我的意见办，但他再度表现出心不在焉的样子。

他又重新提起了罗斯福的电报，并问我，罗斯福为什么提出关于中国代表团的组成建议。我说这可能有多方面的原因。第一，一些国家已经提出了安全理事会常任理事国资格的问题，以便反对大国的控制，另一些国家则想把某个国家，例如巴西推上新成立的安理会常任理事国的席位。关于巴西问题，我引证了3月13日我同宋子文的谈话。在谈话中他提起这一问题时，我曾建议他给我国驻巴西大使打个电报，让他调查一下，关于巴西要求担任安理会常任理事国的报道的来源。当时我曾对宋说，可能有人会提出中国担任安理会常任理事国的资格问题，在强国当中，中国是最易遭受攻击的一个。在旧金山会议上讨论这样的问题，那将使我们非常难堪。我还建议宋打个电报给驻苏大使傅秉常，要求他向苏联政府探询一下，该国是否有特别议案要在旧金山会议上提出，我国愿给予支持，以示我国愿像与英、美合作那样同苏俄合作，以促使这一新的世界组织胜利建成。宋表示完全赞同我的意见。他于是马上把吴国桢次长找来，并让他执行我的建议。宋意识到给傅大使的电报是件敏感的事。因此，他要求我代他拟稿，我照办了。那份电报是交由吴国桢拍发的。这就是我在昆明同委员长谈话时，所以谈到在旧金山会议上可能有人提出常任理事国资格问题的原因。我对委员长说，罗斯福既已支持中国作为一个强国，可能对中国在大会上的地位有些担心，并希望看到中国代表团在会议上能显得越强有力越好。

其次，我说，如果中国的统一问题不及时解决，则可能变成一个国际问题，从而变得更加复杂，难于解决。罗斯福的建议可能是为了要在会上防止这类事态的发展。第三，罗斯福可能已经受到了共产党宣传的影响，甚至中共已经直接向他提出要求。（后来证明这是事实，中共曾向赫尔利提出要求，请他向总统转达信息。）我建议，我们，首先应该答复罗斯福总统，说明我们业经组成的代表团大体上符合他的希望,并应说明为什么没有包括共产党人。但由于我始终主张接纳共产党人,因此我又建议,最好对罗斯福的建议留有余地,不要把大门关死。委员长可能由于想起了我早先对他讲的我的观点,同时也体会到了我适才建议的含意,立刻反问道,为什么不应把大门关死?我说,眼下只要告诉他我们是怎样办的就够了,无须再对他说他的建议不能接受。于是委员长似乎在嘟囔着他在答复中要说的话。他强调中共一直拒绝接受中央政府的命令,让他们参加代表团有害无益。他反复地念叨着我们决不让共产党人进入代表团而结束了这次讨论。(不过最后代表团终于还是接纳了一位共产党人董必武。)

接着我又同委员长谈到一些别的事情。当我提到蒋夫人访英问题时,他似乎有些吃惊。他问我,夫人是否已经宣布此行作罢?我说,听说是的。他又问,这是怎么回事,并说决不要向英国政府再提此事了。我说诚然是这样。我说最近一次提及此事是在11月,即四个月以前。那是因为在8月份,艾登同我曾计议过此事,他说要同邱吉尔研究后方能给我确讯。我告诉委员长,英国方面似乎感到此事已成过去,情况也已变化。他们现在对此问题已经不再表示有多大兴趣。所以最好不再提它。等到两国共同的敌人被打败以后,再谈双方领袖互访的问题为宜。委员长说,他完全同意。

接着他又回到罗斯福的建议问题,表示不悦。我看他情绪不佳,就说宋子文和王世杰都希望同他一块研究这个问题。我说,宋仅要求我把该电报副本交王一份,并未要求我向委员长表示什么意见。委员长是能理解我此话含意的。换言之,我早已表明了自己的见解,但这件事是属于外交部长同委员长的顾问研究的问题。我不打算再发表与他不同的见解,而我也不希望他现在就下决心说"不"。我觉得宋和王在商讨中,将不会是单纯从中国的角度来看待这一问题,而会同时考虑到,这一决定将会影响到我们在旧金山会议上的地位,以及我国在整个外部世界的地位,特别是面对罗斯福总统和美国政府的建议。

王宠惠的血压高达二百度,委员长和我都感到有些担忧。我们向委员长告辞,他送我们到门口,并命令他的文官长到机场为我们送行。

二、在华盛顿为出席旧金山会议作准备
1945 年 4 月

在谈到为新的国际机构而举行的一系列谈判之前,我上面说过在重庆时曾同许多中国要人谈论过中英关系问题。4 月初,我途经纽约,又同另外二位中国要人讨论了上述问题,这二位就是孔祥熙夫人和朱霖上校。

人所共知,孔夫人在外交问题上对委员长和蒋夫人都有不小的影响。因此,尽管她在政府中并无官衔或职位,但我对她的见解却非常重视。我同她交谈过二次。一次是茶叙,另一次她邀我便餐,她的公子和爱女均在座。餐后,她表示希望蒋夫人去英国访问。她说,在重庆时,听邱吉尔的私人代表德维亚特将军说,英国人渴望她能前去访问。她重提此事使我感到有些诧异,我便委婉地告诉她,现在英国人对此已不甚热心。她说,委员长也对她说过她妹妹可以访英。我想,她的印象一定是两周前我在昆明同委员长谈话以前得来的。孔夫人说,她不理解为什么英国人总认为她和她的全家都是反对英国的。她说,中国应当同英国培植友谊,不应该忽视英国而只全神贯注于美国。她认为英国生活方式有许多地方比美国的更适合中国国情。她强调要有远见,要为未来作准备,并指出战后中国一定要发展工业。她曾劝说孔祥熙博士退出公职后就致力于工业,并敦促我也参加这一共同事业。她说,我应该努力促进英国人同中国进行贸易和经济合作的兴趣。她说中英两国有着广泛的合作互利领域。(这是正确的见解。)

朱霖上校曾访问过英国,那是为了寻求英国帮助中国政府建立一个飞机工厂。我过去已同他会过面,并曾设法帮助他实现这

个使命。我为他同英国飞机生产大臣克里普斯安排过多次会谈。他到纽约来看我时面容沮丧。他说,他本来已经同英国人谈妥在中国设厂生产两种英国飞机,一种叫作蚊式,另一种是喷火式。但是毛邦初将军却在委员长面前拆他的台,劝服委员长不履行协议。现在所能做的只能是履行为制造罗尔斯·罗依斯·默林水冷发动机所作的计划安排了。他说,毛认为美国是中国最好的朋友,而在中国设立英国工厂制造英国式飞机,将使中国飞机工业统一技术标准的问题变得复杂。听他此言,我自己也感到有点不快。我对朱说,在他的要求下,我曾特地去说服克里普斯爵士给予支持,使他的努力获得成果。从政治角度来说,不把我们所有的鸡蛋放在一个篮子里,方为良策。朱说,他在英国办的事是航空委员会周至柔将军奉委员长之命交办的;而且委员长本人也和德维亚特谈过此事。这就等于他自己吁请英国政府协助中国办理此事。而现在,委员长在毛邦初的怂恿下,显然改变了主意。朱说,毛邦初从未到过英国,他不了解英国人。经过仔细商量,我答应他去劝说毛邦初访问英国,并参观英国飞机制造工厂。英国的设计是肯定有其优越性的。我对朱说,这是为了中国和中英关系的利益,而朱也毫无个人打算。

我去美国的主要目的是去出席旧金山会议。我打算准备一套有关新的国际机构的提案,并想就我所知对将会提出讨论的各项重大问题制订出我国的政策。我比其他几位代表都更适于担负此项任务,因为在敦巴顿橡树园会议上我是中国的首席代表,而召开旧金山会议这一方案就是在那次会上形成的。

1945 年 4 月 7 日我到达华府,在双橡园进晚餐,餐后与魏道明大使及王宠惠会谈。三天以前,魏到美国国务院参加了一次会议,讨论内容是旧金山会议的程序问题。他说美国国务卿斯退丁纽斯建议,会议应设主席一人,副主席三人。英国驻美大使哈里法克斯附议,并说由东道国担任主席,不乏先例。但苏俄驻美大使葛罗米柯主张设立主席四人,轮流主持会议,由四个发起国担任,并表示这是他的政府的指示。据魏道明说,这一反建议使斯退丁纽斯目瞪口呆,满脸通红,不知所云,他显得既难堪又生气。这时,会议的内定秘书长阿尔杰·希斯出来给斯退丁纽斯解围说,只设一个主席,是为了提高会议的效率。葛罗米柯说,他得请示本国政府。刘锴补充说,哈里法克斯表示他可以接受四个主席的主张,但要附带一项君子协定,就是每次会议都由美国主席主持。(这位英国代表是试图避免争执不下。)但斯退丁纽斯说,他必须把这事原原本本地报告给总统。这样一来葛罗米柯就坚持他的四个主席轮流主持会议的提案,并说,即使选他一人当主席,他也不接受只设一个主席的方案。于是哈里法克斯又说,他的提议只代表他个人,还需向本国政府请示。刘锴告诉我说,葛罗米柯接着发表了一个爆炸性的声明,声称除了他的提案外,他的政府不能接受任何其他建议。会议就此结束。葛罗米柯退席以后,斯退丁纽斯差人去请魏道明和哈里法克斯。在哈里法克斯来到之前,斯退丁纽斯对魏说,哈里法克斯的提案太令人遗憾;美国就是要坚持设一个主席的方案。

魏道明说,那次会上还讨论了代表团间相互磋商的问题。国务卿强调说,为了保持发起国的地位,美、英、苏、中四国的代表团应该把各自准备在会上提出的每一项提案拿出来互相协商。但这种协商不适用于各委员会上的讨论。在委员会中,四国代表团完全可以各行其是。葛罗米柯接着提出,协商不应限于四个发起国的提案,也应包括其他代表团的提案。这位苏联大使的意向是什么,使人莫明其妙。刘锴还说,主席请他解释时,他一味坚持己见。

我建议说,我们当然应该支持美国所提设一个主席和三个副主席的方案,而且也应赞成由美国人当主席。同时,我们无需生硬地反对俄国提案。我建议,我们只需说,我们赞同美国人当主席,也同意美国提出的设三个副主席的主张,不过,如果英国和美国同意妥协,由四个主席轮流主持,我们也不反对。魏认为,我们无须过多地为苏俄的提案而困扰,否则我们在会议上会难于应付。我表示同意,并说,我们的立场主要地以中国自己的利益为依归。这次苏俄的提案并非不合理。我接着说,我还记得,我国政府曾致电莫斯科强调说,我们愿意维护苏联的利益,并表示支持苏联要求我们支持的提案。我想,这次关于会议主席的问题,便是对我们诚意的初次考验。我说,必要时我们可以向美国解释,因美国再三敦促我们改善同苏联的关系,我们不愿在会上冒犯苏联,所以我们在支持美国提案的同时,也不愿过于强硬地反对苏联大使的意见。王宠惠表示同意我的意见,并建议向美国人反映,我们的真实立场是支持他们。但是,鉴于苏俄大使提出了反建议,我们不得不作些解释,以免美国方面对我们的真实意图产生误解。可是魏道明认为我们在旧金山会议上有赖于美国的承认和支持者甚多,还是无保留地支持美国人为好。

最后决定把这一问题报告重庆,请求政府给予指示。电文由我拟稿,内容是我们刚刚研究的要旨。重庆及时地给我们发来了回电。实际上,我们接到了两份电报,内容略有出入。其中一份指示我们直截了当地支持美国提案;另一份则提出一种间接支持的办法,要求我们谨慎行事,注意英国的态度,设法避免刺激俄国人。两份电报反映的都是委员长的想法,是他一人掌握着中国外交政策的方向。

4月10日(?)四大国代表举行了第二次会议,会后魏道明向我作了报告。他说,这次会议争吵得很激烈,但毫无结果。关于主席人数问题,斯退丁纽斯说,国际会议设四个主席是史无前例的。葛罗米柯反唇相讥说,先例从来都是创造出来的,他的政府除了四个主席轮流主持之外,不接受任何其他方案。对此哈里法克斯又把他在上次会议上的发言重复了一遍。他的意见还是,主席可以设四个,但常务主席只能有一位,而葛罗米柯则坚持轮流制度。关于各委员会主席由哪些国家来担任的问题还有另一个障碍。葛罗米柯声称,他不能参加讨论这个问题,因为关于接受白俄罗斯和乌克兰作为这个世界组织的创始会员国的问题尚未解决,他正等待着肯定的答复。他说,他的政府认为,这是在雅尔塔会议上英美两国都同意了的,应该立即向这两个会员国发出邀请。葛罗米柯对雅尔塔会议的这种解释或理解受到斯退丁纽斯和哈里法克斯两人的反对。另一个问题是关于会议使用什么正式语文的问题。葛罗米柯提议,所有议程和主要公文都应用俄语和英语。魏说,他立即提出,这些文件如译成俄语,则应译成所有五种语言文本。葛罗米柯说,他没有异议。

关于邀请白俄罗斯和乌克兰的建议显然激怒了斯退丁纽斯。他说,只有 1942 年 1 月 1 日在联合国宣言上签字的国家方有被邀请资格,而那两个国家并非签约国。他接着声称,会议的成败取决于四大国的密切合作。他以沉重的口气问葛罗米柯,如果大家正在讨论中的这些初步问题都解决不了,他怎能希望会议取得成功。他说,他感到失望,然后他宣布休会并解散四强组织小组。葛罗米柯说,他也感到失望。于是,斯退丁纽斯和葛罗米柯握握手,似乎是催他快些离开。但国务卿把魏道明和哈里法克斯又都叫回来。他告诉魏说,他对哈里法克斯的四个主席提案感到失望。斯退丁纽斯要求魏和哈里法克斯支持美国的立场,但两人都说要请示本国政府。

4 月 12 日,民主社会党主席张君劢来访,并出示一份电报稿,准备拍发给委员长,促其与中共恢复谈判。他说,他不相信两年以后(两年之内?)能实现宪政。在这两年中,中国的国际问题,特别是对苏关系问题将很棘手。他对我说,如果俄国人参战,而中共又与苏俄采取联合行动,则局势将变得非常难于处理。(当然,这种促进国内统一的意图,特别是鉴于抗战已临最后阶段,战后复兴问题迫在眉睫之际,我也同样认为非常重要,应予重视。)

我还同胡世泽作过一次谈话,他曾同王宠惠一起出席法学家委员会草拟筹组中的新国际法院章程。胡说,该法院的地址问题在讨论中以赞成海牙者为多,仅南斯拉夫反对。他觉得这位代表出来反对是奉苏联代表之命行事。但在最后投票时,苏联代表先迟疑了一下,后来又举手赞成,因为他看到除南斯拉夫代表外,其余一致赞成海牙。南斯拉夫就这样被他的同伴拆了台。据胡说,南斯拉夫从前在日内瓦会议上也同样出过丑,那次是为"满洲国"问题充当日本的工具。接着胡又谈到组织新国际法院的法官人数问题。他说此案是在一个小组委员会上讨论的,投票的结果是有五票赞成设十五个法官,四票赞成设九个法官。中国投票赞成设十五个法官,起了决定性作用。值得注意的是英国、法国和苏俄也都赞成设九个法官,美国没有参加小组委员会。

那天下午传来了完全意料不到的举世震惊的噩耗。五点三十分,我的秘书翟凤阳来报告,他接到另一位秘书的电话通知,罗斯福总统在乔治亚州的温泉逝世了。过了一会,中央通讯社的陈先生又打来电话报道这一消息,并说总统是由于脑溢血医治无效,于四点三十五分逝世。我闻悉之下,深为震惊,在当天的日记中写道:

> 噩耗传来,有如晴天霹雳,令人茫然若失,深虑其影响中美关系。罗斯福为中国之坚定良友。屡次不顾政府各部部长,尤其军事当局之反对,断然采取有利于中国之决策。彼实代表全球酷爱自由人士之愿望及意志,不愧为战时之伟大领袖与理想主义之政治家。罗斯福为一真正之行政首脑,内阁部长无不心悦诚服。其溘然长逝,将难得相匹之坚强领导相继。副总统杜鲁门虽已宣誓继任,然鲜为人知,经验不足。传闻旧金山会议有延期之可能,果若如此,则后果堪虞。罗斯福为建立国际和平组织,备极劳瘁,为任何他国领袖所不及。然而卒不获目睹会议成功于有生之年,实属可伤。

我给罗斯福夫人和斯退丁纽斯分别发电和致函,表示悼念和慰问。刘锴从国务院获悉美国政府不准备在白宫设留唁簿,各国外交使团团长可根据自愿在国务院留下吊唁卡片,但专门性质的外交使团的人员及出席旧金山会议的代表则可不必。

六点多钟,胡世泽、刘锴偕来我处,研讨了罗斯福的逝世可能产生的影响,例如美国的对华政策等。我们认为邱吉尔必然也感到震惊。刘说,在他获悉总统逝世的前几分钟,他接到国务院的电话说,罗斯福总统在前一晚曾明确指示坚持美国提案即旧金山会议只设一个主席。必要时可由其他国家担任主席,美国也不会介意。刘认为斯退丁纽斯向总统请示裁决的这一问题,当时必曾使他的病情更加恶化。这个问题本身并没有什么了不起,不过想到会议还没有开幕,四个发起国就已然显得如此难于保持团结和合作,确乎使人不快。

第二天,宋子文率领的一批人员到达。我同宋部长作了一次交谈,把我同李海上将就苏俄要求租借旅大问题所进行的会谈作了概略的介绍。宋说,他在开罗见到了赫尔利。赫尔利说,他受罗斯福之命,在伦敦会见了邱吉尔,同他研究了把香港交还给中国的问题,以便易于使苏俄不坚持租借旅大的要求。可是邱吉尔的回答是否定的。他说:要交出殖民地除非是"跨过我的尸体"。宋又说,委员长曾指示他告诉罗斯福总统,任何把旅顺或大连租借给苏俄的做法都将遭到中国人民的反对。显然,委员长对我在昆明对他说的话已经作了认真的考虑。宋对罗斯福的逝世也颇受震动,并担心此事将对他自己的任务和对中美两国的全面关系发生影响。他说,他致力于培植同罗斯福的关系已有四年,如今他要和新总统打交道,又得从头做起。

罗斯福的逝世使得整个华盛顿沉浸在悲痛和哀悼之中。我向宋外长建议说,由于英国已经派遣艾登来美参加罗斯福的丧礼,考虑到中国同美国的密切关系,我们决不能落人之后,他自己应该以特使身份代表蒋主席参加丧礼。由于丧礼即将举行,已经来不及与重庆商量,我建议用另一种办法来处理,即派魏道明立即以大使身份送一照会给国务院。宋让我拟了一个照会,并把魏找来,宋当即让其送往国务院。

报纸上刊出了委员长给罗斯福夫人的唁电,电文末尾称已派蒋夫人代表他本人专程到美吊唁。我设想蒋夫人可能是径赴海德公园进行吊唁,但我又纳闷,不知她这样做身体是否吃得消。

这里,我想我应该补充几句,说明美国的老百姓是何等地怀念罗斯福总统,为我擦皮鞋的黑人侍役对我说:"我们失掉了一位好人,我觉得这是无法补偿的。他为我们老百姓办了许多好事。他的太太确实亲自去看过贫困的白领阶级的居住区,并募款为他们盖了新居,收很低的租金。"旅馆中一位开电梯的老人对我说:"他是一位伟大的总统,是白宫里最伟大的总统。"

4月15日,我举办了一次午宴,欢迎新来的代表们,并就我们已安排好的计划进行讨论。出席的有吴贻芳、李璜、张君劢、胡世泽、刘锴、吴经熊、杜建时和张忠绂。我把我们代表团的组织方案,和代表、顾问以及专家们的分工都给大家作了扼要介绍。他们中有几位对介绍表示满意,同时还要求了解我国政府的政策以及代表团准备在会上提出的议案。对此,我轻而易举地给他们作了解释。

我们对宣传问题以及代表中有的希望接见新闻记者,对记者提问发表意见等问题,进行了周密的研究。胡适、张君劢和吴经熊都主张在各自分工范围内可根据自愿接见记者,但不得有违政府的总方针。我觉得这是一个敏感的问题,我也充分理解他们的立场,他们代表着中国各党各派。但我还是强调说,我们这个代表团的组成真正具有代表全中国的性质,这在国内外已取得了良好的印象,我敦促大家在会上要力戒有损这一令誉的言行。对此,大家一致同意,凡属基于各党派独自立场的言论,都将留待大会结束以后发表。不过他们说,现在已经有记者要求接见,因此希望知道会议开幕前,他们应如何应付这些要求。他们说,他们可以一再对记者们说"无可奉告"。不过,如果这样办,记者们又将得出结论说,代表们无权畅所欲言。我说,此问题很重要,所有代表究应采取何种态度,有待于团长宋子文以及今日未出席的其他代表全体参加共同商讨,方可作出决定。总而言之,我个人主张,各位代表在我方才指出的原则精神范围内,可以接见记者发表谈话。张君劢则坚持所有提案在未向大会提出以前必须在代表团内进行公开而深入的讨论。对此我完全赞同。

领导任何大型集团必须有个规章制度,我为代表团草拟了一份工作规则。其中有一项原则是以我的信念为基础的,我认为每个人都应该做些事情,他才会有责任感而负起责任。记得华盛顿会议时,我国代表团有二百多人,其中许多人没有事做,于是就对代表团做的事挑毛病,给代表团增添许多困难。第二项原则是,所有代表,不论其政治背景如何,均应同等对待。代表一律平等,并享有同样权利和优惠待遇。第三,凡有关大会的重大问题都应由十位代表全体集议,作出决定,从而使他们感到他们确实是代表团的成员。

第四项原则困难较大。那是关于发表意见和接见记者的问题。我承认任何人都应有发表自己意见的自由,我们也希望能做到使外界相信中国人都有言论自由。我当然不赞同在这个问题上设置任何限制,因此,尽管有人提醒我说他们将进行宣传,但我还是同意他们接见记者。不过,我只提出一点建议,那就是,我们的谈话不许涉及中国的内政。这一点也同样适用于我自己。因为这次会议是一次国际性会议,而我们是代表全中国的。国内的政治问题应该在国内谈,而不该在国际会议上去谈。总之,不管哪一个政党在执政,我们代表的是全中国而不是哪一个政党。所以,尽管我完全赞同言论自由和自由接见新闻记者,我们还是应该回避政党和内政问题,不要给人以我们在政治上不团结的印象。我说,无论如何,家丑不要外扬。

最后,代表团全体成员都一致同意这一要求。即使是一贯主张言论自由的张君劢、胡霖、胡适等也都认为我的建议是公允的。于是我建议宋子文召开一次全体会议,在会上正式通过了上述几项原则。

当时,我脑海中盘旋着两个大问题。一个当然是旧金山会议的工作问题。中国是旧金山会议四个发起国之一,裁决大事之责有我们一份。另一个问题是斯大林通过罗斯福向中国提出的要求;罗斯福已向委员长转达,委员长虽然尚未正式同意,似乎也已默许。因此我密切注视着白宫易主的直接后果是什么。有位英国女记者弗丽达·乌特丽夫人举办了一次鸡尾酒会(这位女记者也是《日本的泥足》的作者)。我也应邀与会,见到了几位颇有风趣的人物,其中有参议员伯顿·惠勒。此人把我拉到一旁,告诉我说:"那件大事"(意思是白宫的变故)给中国带来了大好机会,中国可以得到它所需要的,还说新总统对苏俄将寸步不让。另一位是个俄国人,名叫杜维勒,曾写过有关斯大林的书,他走过来对我说,现在中国应该理直气壮地要求美国援助,杜鲁门对共产党是毫不偏爱的。据他说,新总统将要给与俄国人的东西,只能达到过去罗斯福通常所给予的一半。

第二天我见到宋子文时,把头天晚上惠勒参议员的一席话告诉了他。他说,此话使他感到高兴,同时也证实了他所掌握的有关新总统的情报。他所得的情报是,新总统对苏俄将采取坚定立场,他将谋求与国会更密切地合作,并要更多地依靠像詹姆斯·贝尔纳斯以及哈里·霍普金斯等一班干将。宋说,他已见到霍普金斯,霍普金斯已专程飞来华府,与新总统研究一些问题。他对宋说,杜鲁门要求他把罗斯福在雅尔塔会议上及其他地方应允别人的事作一个报告。宋说,他已经把俄国人对远东地区提出的要求告诉了霍普金斯。霍普金斯说,俄国人并不真心想要满洲,不过是要求租借旅顺而已。于是宋对他说,这会使"势力范围"政策在中国死灰复燃,因而必将受到中国人民的反对;并且这也是委员长给他的指示。

此时我感到,美国官员们都在焦虑着,不知还要多少时日才能把日本打败;他们似乎都认为从欧洲胜利之日算起,至少还要两年。后来听说,马歇尔将军曾说,美国至少还得牺牲一百万人才能把日本打败。他对日本的作战潜力估计得过高了。早先我曾谈到,伦敦有情报说,日本已经把和平触角伸了出来,首先是在里斯本,接着是在斯德哥尔摩,再后又在日内瓦,讨论和谈的可能性。当然,英国人那时对这种情报还不太相信。不过根据我们得到的情报,似乎日本军阀们已经开始表现出对战争失去信心;**日**本人民为了争取和平,也已经在开展地下活动。华盛顿或者没有收到过这种情报,或者他们不相信这种情报。

对中国来说,不幸的是美国对日本人的作战潜力估计过高,从而采取了迁就苏俄、与苏俄合作的政策;甚至不合情理地以牺牲另一盟国为代价,同意苏俄的无理要求来换取苏俄对日参战。可是到头来,这种合作几乎等于开了一场玩笑。我还记得,当初华盛顿为了争取苏俄参战,要求重庆同苏俄着手谈判条约的时候,对重庆着实施加了一些压力。中苏条约签订以后,苏俄是**真**的出了兵的,不过这时离日本投降只有一个星期了。不管怎么说,这桩事是很不幸的。

我同宋研究了宣传问题,认为有必要对美国和英国报界开展一次宣传战,来对付他们的险恶活动。当时在英美报界至少有几家重要报纸认为苏联在中国的东北拥有合法权益,并有权控制大连和旅顺。它们甚至提出什么"严格地说,满洲并不属于中国"这种谬论。我们怀疑这一切不是美国报界自发地搞起来的,而是由政府方面授意的。我敦促宋要在国内,特别是在国外,发动公众舆论,准备向报界摊牌。并教育广大群众,使其认识到中国东北各省,旅顺和大连理所当然地都属于中国。我认为,任何租借地和势力范围政策的死灰复燃,都只能在远东和太平洋播下未来冲突的种子。宋颇同意我的论点,并责成我只管按我的想法开展宣传战,要花多少钱,就花多少。他问道,同东北问题涉及的重大利益相比较,花些钱又算得了什么?

我出席了鲁特主教举办的茶会,在会上又了解到一些关于杜鲁门总统的情况。主教的儿子约翰·鲁特告诉我,两星期前,他请杜鲁门和魏德迈一起吃午饭时，魏德迈将军同杜鲁门谈了中国共产党问题。魏德迈说，美国报纸的报道并没有反映出来真实情况。共产党远不如所传的那样强大有力；只有蒋委员长才是唯一能统一全中国，并保持团结的人。约翰·鲁特说，他第一次见到杜鲁门是杜鲁门受罗斯福总统的委派，在道德重整运动的一次集会上宣读一篇讲话稿的时候。从那以后，他二人就成了好朋友。他说，杜鲁门不像罗斯福那样，相信对苏联采取姑息政策会有什么好处。杜鲁门原是个农场主，他脚踏实地，常识丰富。他永远沉着镇定，认真尽责，心地慈祥。他最大的长处就是善于交友和维持友谊。约翰·鲁特的兄弟谢尔登·鲁特对杜鲁门领导下的美国和中国的关系前途很乐观。他说，在这里苏俄不可能得到偏爱或优遇。（我后来把这些话转告了宋。宋说罗斯福并非赞成俄国人，赞成共产党或赞成姑息政策，他不过是想找条绳子把俄国人拴住，与之合作而已。这种说法，我认为更确切地符合罗斯福的意图。）

4月17日，我召集全体代表、专家和顾问开会研究下述几个问题：(1)在安全理事会上使用雅尔塔表决方式问题；(2)俄国人要求让白俄罗斯及乌克兰参加联合国问题；(3)法国提议双边互助协议不需等待安理会决定而自动生效问题。讨论详情另有议事记录。

4月18日，我再去见宋子文，并交给他一份演讲稿，这是他准备在旧金山会议开幕式上发表的。我还告诉他，关于他希望同艾登晤面之事，艾登说他将到乡间去一次，20日以前不能和我们见面。艾登宣称要暂离城市，使我们多少有些不解，我们不禁揣度其可能的解释。我估计，他可能要回伦敦就美苏关系以及双方间存在的突出困难问题与邱吉尔商讨；或者去加拿大就商于麦肯齐·金；也可能还要与美国人研究如何同俄国人达成妥协的问题。宋说，斯退丁纽斯适才通知他，四国外长将在4月20日或21日开会研究大会程序问题。

谈话又回到了落实宣传方案的重要性问题。我向宋建议对宣传人员要另给酬劳。他嘱咐我，对此辈必须慷慨大方，特别是对得力人员不能吝啬，要优厚付酬。反之，如效果不是第一流的，则宁可不办。我觉得在这方面，他是很明智的。我认为宋确实是位一流的行政官和实干家。他永远坚定果断，不拘细节。我感到他对此次会议不甚措意，一切委托于我；他本人则致力于他更为关心的各种问题，可能是更值得花费精力的问题。他放手让我自行处理会议各方面的问题，诸如代表团的组织和活动问题，以及准备提案、我方的建议和意见等等。

4月19日，我召集专家、顾问和代表们约二十四人，举行一次会议。会议集中研究了两个问题：第一个问题是，中国应否同意定期修改宪章。会上几乎全体都主张修订宪章不应有固定间隔期限；如果其他代表团坚持定期修改的话，则希望把间隔期限定得越长越好。我们还讨论了英国人的建议，即对修改宪章进行表决时不需要五大国一致通过。对此意见很不一致。研究的第二个问题是，我们是否应该赞同把战后政策，以及战后应该建立怎样一个世界这些意图写入宪章的序言里。

代表团定于次日经纽约赴旧金山，当晚宋设宴送行。与宴的除代表团成员外，还有施肇基、胡世泽及刘锴。宴后，宋提出几点要求请大家注意，其中包括：有关旧金山会议的问题，我们对待其他国家提案的态度，如何展开宣传工作，以及要回避政治问题等。讲话稿是由我执笔起草的，他讲得很周到、很漂亮。

离开华盛顿前，我交给宋一份备忘录，为他准备在莫洛托夫到来后，四大国外长举行会议时使用。

在去纽约的列车上，我和同僚们作了一些饶有趣味的谈话，施肇基的一席话尤其发人深省。他说美国陆军部长史汀生上校开始不愿与宋会面，由施安排好一次会见后，才同意见宋。但他又说，这二位要人之间的关系现在仍然紧张。原因是史汀生对供应中国武器问题持强硬态度，于是宋就对白宫进行工作，结果拿到总统办公厅一封信指示陆军部长要满足中国的要求。施说,这一来史汀生大怒;他说,活到这么大年纪,在任何地方任何人要逼迫他行事都不行。施还告诉我另一件有趣消息。他说罗斯福总统曾邀请委员长在1943年11月去华盛顿开会;但委员长没有同意,所以改在开罗举行。他说,委员长本来有两次机会可以亲自到美国看看,但是他都错过了。(真可惜!如果委员长能到美国访问并对美国人民和政府制度有更好的了解的话,那对他一定会有很大裨益。)

我到达纽约的那天晚上,接到孔令侃打来的电话;他是蒋夫人的秘书。他说蒋夫人打算在9月份访问英国,要求我就商于安东尼·艾登,为她作好一切准备。我说,等我回伦敦后再作进一步的探索,尽管我早已感到,英国人对蒋夫人访英的态度已经有所改变。

三、中国代表团
1945年4月—6月

我想先说一下中国代表团的最终组成情况,然后再谈旧金山会议本身。想来大家还记得,我在国内时,曾竭力主张代表团应该具有广泛的代表性;鉴于国际舆论和国内局势,我深信使代表团包括各党各派的代表是明智的。我的观点实际上是,我们应该摒弃内政上的歧见,以一个团结统一的阵容出席旧金山会议;须知这是世界历史上一次非同寻常的会议。

我当然早已认识到,要使一个共产党人参加到代表团里面去的想法,是重庆政府的领导人们所深恶痛绝的。因此,我最初向某些党政要人们透露我的意见时,尽量做到委婉谨慎,结果他们都不大赞同。他们的大多数,包括我的一些朋友在内,都劝我不要向委员长谈及此事,否则将自找麻烦。但我认为,扭转关于中国政治不统一、四分五裂的看法很重要,所以我想,如果我径直做下去,终会得到人们的谅解。接着,出现了一个意外的情况,罗斯福总统给委员长发来一份电报,他所极力主张的,恰好是我过去提出的建议。我认为,罗斯福的这一行动对委员长最后决定指派一名共产党人参加代表团,是个重要因素。

当我同委员长谈起我的意见时,他是那样地坚决反对,以致根本没有谈论指派哪位共产党人担任代表的余地。当我同其他党政领袖如吴铁城、张群等谈及此事时,他们都说,没有一个共产党人具备当代表的资格。我说,董必武就可以。我任驻法大使时,在巴黎同董先生曾有一面之缘。那时我是个无党派人士,人们都知道我是个无所依附、对国民党也不热心的人。因此各党派的人都来和我晤谈,他们对我似乎都很信任,可以畅所欲言。我估计他们是把我当做一个可以理解不同观点的人。确实,我对任何派系都没有敌意;我相信,没有哪一家的政治思想是绝对正确而超越一切的。我也和董先生交谈过,觉得他和众人也没有多大不同。他年事稍长,但通晓国际事务,使我颇感惊异。例如,我们谈到过中国的对外关系,甚至还谈过俄国人的问题,而我们彼此的观点却是距离不大的。当然,关于苏俄政府的内幕问题,我们的看法是不一致的。董认为他们一党专政的统治是正确的,而我则不以为然。不过,这种见解上的差异并不影响我们讨论国际关系问题。

最后,董必武终于被任命为中国代表团的正式代表,而且他在旧金山会议期间的表现也很好。他凡有建议或提出问题,无不就商于我。我无形中成了非国民党人士的联络官。宋子文这个挂名团长是国民党大员,在政治上和私人关系上都是委员长的亲信。在这里,我要插上一句,那就是,董必武挑选了一个很好的秘书章汉夫。他也是共产党的一个杰出人物,为人善良而谦虚,不引人注意但很能干。(后来在重庆国共谈判时期,他担任马歇尔和周恩来之间的联系人。)

会议期间,我同董必武作过多次谈话。他到美国的当天就来看我,并就几个有关国际和国内事务的问题提出了询问。关于国内问题,我委婉地向他暗示,代表团是代表整个中国的,因此只能讨论有关整个中国的问题。我这话似乎起了作用,从此他再没有向我提过政治问题。那次交谈之后,我在日记中写道:"董是一个上了年岁读过古书的人,为人和蔼可亲,但颇机敏……他似乎比李璜更长于辞令。"后来我对董作了回访,并讨论了一些国际问题。

代表团开会每提到有关苏俄问题和中国的共产主义运动问题时,董总是缄默不语。他是代表中最年长的一位,似乎力图避免给人造成他是为共产党的利益而来的印象。对于我们早先达成的关于代表团行动准则的谅解,他确是恪守如一。

如前文所述,我也曾极力主张代表团中应该有一位女性代表。罗斯福夫人在政治舞台上非常活跃,并且谈论国际问题时应对如流,使我对她产生了很深的印象。中国的孙中山夫人也是个政治活动家,在海外颇得人望。我不知道当时美国人对她如何看法,但英国人对她很熟悉,认为她是一位真正的民主主义者,并且了解中国和国际情况。至于应该派谁去旧金山,当时有好几个对象。从一开始中国国民党就有一些卓越的女党员。有些妇女甚至还在革命中起过重要作用,有两人还担任过首届国会议员。例如魏道明夫人(名郑毓秀,又名苏梅)就曾是一位很活跃的革命者,她在促进中国人民的革命热情方面起了不小的作用。据传,她在 1909 年曾把一颗炸弹从天津带到北京去行刺满清王朝的摄政王。但我所建议的女代表是吴贻芳。吴女士是当时国民参政会中十几个女参政员之一,曾任南京金陵女子大学校长。后来,我的推荐终于获得批准,吴女士参加了我们的代表团。

在小党派和无党派代表的遴选问题上没有遇到多大困难。民主社会党的代表张君劢是我的老相识。在一次交谈中,他表示对中苏关系非常担心,他认为中国应该勇往直前地同苏俄达成谅解,这是他一贯的主张。他鼓吹同苏俄签订友好互助条约。但他接着说有些朋友对此举是否明智有所怀疑。我对他说,我自己就是个怀疑论者。但我同他一样，认为如果共产党问题能够和平解决，即可消除中苏关系进一步恶化的一个重大根源。当然，张和往常一样，也向我表示国民政府需要改组。

中国青年党的代表是李璜。他曾在法国留学，能说一些法语。

无党派代表中的最重要人物是胡适博士。此外还有大公报总编辑胡霖，四川人；他代表报界，确是适当人选。另外还有王云五，是商务印书馆总经理和国民参政会主席团成员。他在中国政界很活跃，也是一位多产作家。

外交部长宋子文是代表团的挂名团长。他很谦逊，要求我担任实际的团长。但我坚持团长必须由外交部长担任，这对中国很重要。还有王宠惠，论年岁，论政治资历都是我的前辈。他从1912年起就曾先后担任过外交总长；我在北京任外交总长时，他是内阁总理。因此我极力主张王博士应作宋的副手。宋对我说，他已向委员长建议，如果他当团长，就要我当他的副手而不是王，他解释说，这是因为我对国际事务具有丰富的经验，他自己则要忙于其他事务，而且对此次会议毕竟还是了解不多。（当时他的主要精力放在军事问题以及国际金融问题上。）但我还是认为把王列为代表团第二号人物比较恰当。宋又说，虽然王是一位杰出的法官，然而他对组织工作兴趣不大。我只好说："悉听尊便。就这样改变了原定的名单，而将组织代表团的大部责任放到了我的肩上。

另一位代表是魏道明大使，他和他的夫人都是国民党的老党员。

这样，代表团就成为一个能代表中国各党各派以及各种政治意见、阵容颇为均衡的一个组织。我决心要使得每位代表在旧金山都受到平等待遇，并在会议期间大家都高兴。每位代表都有一套同样的房间（宋外长除外），每位代表都可以带一位秘书。而且向每位代表都提供有关会议的全部文件，并征求意见。总而言之,我是务求做到对每位代表都一视同仁。

当然,政治问题会很自然地不时发生。尽管代表们都能从代表团的角度来看待这些问题。可是他们中大多数人并不能忘记他们也是一个政党的成员。(无党派人士当然没有这个问题。)国际问题往往牵涉到这个或那个党派,因此有时就会引起一些疑虑。就三位国民党代表来说,每当代表团就某一问题作出正式决定之前他们都来找我商谈。我们对任何事情都能开诚相见。虽然在名义上我是个国民党人,但我在党的任何会议上从未说过一句话。这一点他们三人都知道,但是他们似乎都对我信得过。我们有时也有争论,但最后总能趋于一致。至于非国民党人士,他们也都愿意和我研究问题。他们把宋子文看成和国民党以及委员长完全是一回事,因此都来找我,把我当作中间人。他们都知道我没有个人打算,我的唯一愿望就是要使中国在这次会议上得到好评,并取得最大的成就。我还得说一句,即使在出现政治问题的时候,宋子文也不是一味维护国民党,而总是用开阔的眼界对待问题。

代表们对我们的做法都感到相当满意,很少批评和不满,不像在凡尔赛和会和华盛顿会议时的情况。我们决定问题时,总是按前述办法,先经准备酝酿,然后再在全体会上通过。我们遵循一套经过代表会议预先研究决定的议事程序;凡属政策或重要原则问题都要经过讨论后表决通过,特别重要的问题则要向政府请示。但一般来说,对所有重大问题的决定,诸如代表们在大会上对某个问题应该采取什么态度之类的问题,由代表们共同决定,并按决定贯彻执行。当然像关于大会主席和接受乌克兰及白俄罗斯之类的问题,则早在大会开幕以前就已由四个发起国的代表们在华府研究过了。但这些情况都及时向代表们作了传达,使大家不致懵然无知。其后在旧金山进行表决的情况也逐日向代表们通报,条件许可时甚至每小时都有报道。这样,就使得我们的工作一般都能顺利进行。

当然,不满之声是在所难免的,但毕竟并不多见。有人抱怨说,宋行事独裁。这话传到了宋的耳朵里,他就在 4 月 30 日召开了一次代表团全体会议,表示今后要采取更多的民主态度。(我是随时随地都委婉地促请他注意民主问题的。)

　　记得在华府时曾就代表们怎样接待报界问题作过详细的研究,当时决定凡属内政问题都应回避。大会开幕以后,我感到有必要由代表团全体出面举行一次记者招待会。因为让记者们看到代表着中国各种政治意见,实际上是代表着中国各党各派的代表们参加这样的记者招待会,就是中国团结统一的明证。所以我极力推行我的主张,并说代表最好是根据我国参加会议的总方针来答复记者的提问。王宠惠和魏道明则急切希望避免让全体代表参加,因为他们深恐记者们提出一些难于应付的问题。李璜、张君劢和吴贻芳女士都表示希望参加,但不想回答提问。胡适则认为拒绝答复问题未免有些尴尬。多数人主张由宋部长和我代表解答所有问题,但我不同意并且坚持我的意见。最后也没有得出什么结论。但大家同意我的建议,由王宠惠、张君劢,胡适、李璜四人组成一个委员会,起草一个声明,由宋在记者招待会上宣读。

　　招待会于 5 月 1 日举行。全体代表都登上了讲台,但事先约定由宋和我二人解答问题。到会的记者约六百人,整个会场情景动人,气氛轻松自然。不过,有些问题确实难以答对。例如有人问到,我们对印度和朝鲜问题为什么没有投票。但是我国代表团的组成和包括董必武先生在内的我国代表们的自然和愉快精神,似乎给记者们留下了良好的印象。(当时确有一位记者提出要看看董先生,看他到底是否像别人告诉他那样是个危险人物。)在招待会上大家都能遵守不提内政的协议。但是在 5 月 20 日左右《至上报》上出现了中国青年党李璜接见记者的报道。文章是记者温特撰写的,文章援引李的话,说李批评国民党是反民主的,甚至是不合法的。他还说代表们受到代表团新闻室主任夏晋麟的抑制。此事发生后，宋子文大伤脑筋。我建议说，此事最好由我出面，向李问明原委。我原先以为是记者把话引用错了，这也是常有的事。但使我惊异的是，当我见到李时，他却证实了报纸上的报道确实是他的谈话。他说温特的文章大旨不差。他向温特介绍了他们党的由来和沿革；他还向记者说，我们国内 11 月份举行的国民大会是不民主的，不合法的，因为国民党没有承认他们青年党。当时他所用的是"在国民党一党专政下"这样的词句。我认为这是令人遗憾的事，因为他并未告诉温特，我们代表团内曾经有过协议，即所有代表都可以畅所欲言地答问，但不得涉及内政问题。很明显他根本就没有提到这项政策，甚至还向温特表示，他不知道代表团有些什么政策，使人感到他似乎是被政府代表们蒙在鼓里一般。他似乎也明白他并未曾向温特说清一切情况，而当我向他指出我们曾经达成的协议时，则显得有些局促不安。最后，我同意他的意见，不让这次事件在他和宋、和温特、或中国代表团新闻室主任之间酿成争端。他希望这次事件就此了结，再也不要提及这次会见了。所幸这是唯一的事件，再没有发生过类似问题。

四、预备会议和正式会议

由于前述的安排，宋子文通常能与本国代表团保持良好关系。这是最可庆幸的，因为这种局面有利于他同其他代表团打好交道。在四个发起国代表中，斯退丁纽斯对宋特别倚重。斯退丁纽斯在先总是注视着葛罗米柯提些什么建议，后来又提防着哈里法克斯出些什么主意。一般地说，英国人是力求同美国人合作的。不过英国人当然也有他们自己的问题。作为一个欧洲大国，英国人对涉及其本身地位的许多问题，不能不和美国的看法有所不同。因此，斯退丁纽斯和宋（还有我自己）甚为接近，即使在全体会上亦是如此。凡有问题，斯退丁纽斯总是再三问明宋的见解,并要求中国给予支持。这样的合作在这种大型会议上是常有的。如若不然,有时事情会闹得不可收拾。而正是中国代表团的无间协作,才使这样的国际合作成为可能。

四个发起国每天早晨要在贝尔蒙特饭店的顶楼集会,就一些问题达成谅解,以便四大国在大会上可以表现得俨如一体。只要四大国能够保持一致,他们就能很好地掌握住全体大会。其他问题则由专门委员会进行研究。关于大会该使用什么语言的问题,在组织委员会引起了争论。美国代表力争使用英语作为正式语文,但法国代表则切望使用法语,即使不用作唯一官方语文,也应作为第二官方语言。最后,英国人出来支持法国的要求。俄国人希望选用俄语。魏道明则希望包括汉语。

当然,我们在会上的总方针,而且也是我们的基本原则之一,就是同美国代表团紧密合作并支持美国人的立场。同时在与魏道明讨论关于大会主席问题时,我也明确指出还是要把我们本国的利益放在首位。事有凑巧,我们的利益在许多方面和美国是完全一致的,而且需要取得美国的支持。美国是我们最好的朋友,在国际上,我们可以信赖这个国家。魏甚至说,我们有很多事要依赖美国,因此,只要问题不直接影响中国的利益,我们不能也不应该反对美国。我说,一般说来,这样说是不错的。不过,有些问题对中国来说是有困难的,而对美国则未必如此。比如说,美国对苏俄可以直截了当地说"不行"。而我们则不然。我们当然不能对俄国人提出的每个要求都让步,但是我们说"不行"的方式必须有所不同,因为我们经不起不必要地惹恼俄国人。他也同意这种说法。我们中国之所以能取得世界四大强国之一的地位,要归功于罗斯福的坚决主张,是他通过科德尔·赫尔在莫斯科力争得来的,当时到了最后时刻我们才得以参加会议。那时甚至英国也反对我们。当然,当罗斯福采取坚定立场时,邱吉尔是不会过分反对罗斯福的。另一方面,英国也同样不愿得罪莫斯科。因此我们的地位是比较微妙的。我们必须时刻记取这一点。宋深以我言为然。

关于会议主席问题,美、苏两国仍然争持不下。我离开华盛顿以后,他们为了对此问题达成协议,又举行过几次会议。4 月23 日,莫洛托夫终于来到华盛顿。人们以为他权力较大,看来可以达成一项谅解。殊不知他的态度比他的副手葛罗米柯更强硬。那天他在会上一再地说,他不能同意美国提出的只设一个主席的提案,因为苏联政府认为这是一个原则问题。他甚至向宋子文表示,他还希望中国能成为主席之一。他又补充说,对苏联来说,这不是仅仅关系到他的国家威信的问题,而是关系到国际关系的原则问题。当晚又开了一次会,莫洛托夫也出席了,但这次会议并未取得任何结果。此时由于许多代表团有的已经起程去旧金山,有的正在准备出发,因此只能把问题留待旧金山会议去解决。

4 月25 日,四大国的首席代表斯退丁纽斯、莫洛托夫、艾登和宋子文齐集旧金山。那天早晨,他们四位在费尔蒙特饭店顶楼斯退丁纽斯的住处举行了首次聚会。每位部长都有助手陪同。参加的人总共约十五位,其中包括詹姆斯·邓恩、阿尔杰·希斯、贾德幹和葛罗米柯。莫洛托夫频频发言,语调从容,而态度则很坚定。整个会议好像是美国国务卿同莫洛托夫间的一场决斗。关于接纳乌克兰和白俄罗斯两个加盟共和国的问题,莫洛托夫坚决要求立即通过。他对会议主席问题,也同样持僵硬态度。他强烈表示,苏联认为这是一个原则性问题。当斯退丁纽斯指出,大会主席要对会议有效率地进行负有重大责任时,莫洛托夫反驳说,并不要任何一个国家单独承担这种责任。他坚决主张他所谓的平等原则,他说到这里时,转头看宋。斯退丁纽斯接着也征询宋是否有意见要发表。宋说,他的意见已在华盛顿的会议上说完,再没有其他可说的了。(后来他告诉我,他在华盛顿发表的意见是,设一个主席有利于提高会议的效率。)

接着又讨论正式语文的问题。法国代表团的秘书长曾对此问题发表过意见,并且表示坚决要求把法语和英语同时用作正式语文。艾登和莫洛托夫都赞同此项提议。前者是因为法国坚决要求;后者则说,使用法语对全体代表都比较方便。当征求宋子文的意见时,他说单就效率观点而言,他认为增加一种正式语文,将不必要地拖长会议时间。(在会议开始前,斯退丁纽斯曾要求我们不要支持法国的提案,因为那将使会议工作过分复杂化。)艾登和莫洛托夫最后同意放弃法语作为正式语文,只要法国同意开会效率的说法。

乌克兰和白俄罗斯问题使主席问题变得更加复杂化了。莫洛托夫的立场是,这两个苏维埃共和国理所当然地应该取得会员资格,至于主席问题,则不仅涉及大会的主席,也涉及各种委员会的主席问题,都需要解决好。他说,白俄罗斯和乌克兰都是正式会员国,它们有资格担任一个或更多的委员会的主席。由于争论僵持不下,问题一个也不能解决,最后决定把这些问题提交指导委员会去研究。这个委员会的组成不仅有四大国的首席代表,还有其他代表团的成员。它实际上是大会最大的正式指导机构。斯退丁纽斯虽然指望在四大国之间解决这一问题,但最后也只好接受艾登的建议,把整个问题提交指导委员会去处理;莫洛托夫最后也同意这是唯一的办法。苏俄代表的态度和强硬立场,使得斯退丁纽斯既苦恼,又惊讶,以致不能再说些什么,只好问问秘书长对会议有什么建议没有。四外长会议就这样无结果而散。

为了再一次试图达成某种协议,另外又安排了一次所谓的"副手会议";这个会议于当天中午举行。出席这次会议的有:美国的邓恩和帕斯沃斯基,苏俄大使葛罗米柯,杰布,胡霖和我。葛罗米柯坚决要求把白俄罗斯和乌克兰明确地任命为专门委员会官员,否则他将拒绝接受整个委员会的任命名单。关于评议其他代表提出的提案问题,他要考虑需要什么样的机构。他说此事有待于同他的同僚们商量,这需要时间。因此他建议六点半再复会,大家都同意了。

那天下午,大会举行了开幕式,但那只是例行仪式。斯退丁纽斯以临时主席身份主持了会议。他要求代表们为大会成功起立静默一分钟。加里福尼亚州州长和杜鲁门也作了发言。在傍晚举行的副手会议上,葛罗米柯寸步不让。邓恩只得宣布,继续讨论不会有什么进展,唯一的办法,只有把整个悬案提交指导委员会处理。所以这次会也是一事无成。事后杰布对我说,俄国人的立场真是倔强又荒谬。他认为俄国人根本不懂什么叫谈判。他对此很生气。

当天晚上,莫洛托夫在苏俄驻旧金山领事馆举行晚宴,与宴的宾客约有三十人。其中有一位是墨西哥驻苏大使,他说得一口漂亮的俄国话。他和我谈的话很有风趣。他说,俄国人不懂得色彩有浓淡,情调有强弱。在俄语里根本没有"圆通"这个字眼。在俄国人眼里,事物不是黑的就是白的,再没有什么介于其间。在宴会过程中,莫洛托夫又向宋提起了主席问题,暗示要求中国支持他。宋只是笑了笑,回避直接回答。他向宋祝酒时说,他一直希望见到宋,尽管只是在美国相见。不过他希望不久能在莫斯科重叙。他显然是指宋即将首途的苏京之行。此时此地萦回于莫洛托夫心头的必然是举行中苏会谈,以便把雅尔塔会上对满洲的决定付诸实施。当时,宋、胡世泽*和我自己都认为苏俄代表们,特别是莫洛托夫,显然都愿和中国更友好。我们不禁猜测这是为什么。我说可能是苏俄人看到美国人不像罗斯福在世时那样对他们通融,因此想连络中国,以便对付美国。宋认为不见得是那样。我说另一个理由是,苏俄打算实现它建立缓冲地带的政策,

---

* 胡世泽是我的副手,他也是外交部次长。后来被任命为联合国助理秘书长(在伦敦),现仍在联合国任技术援助事务高级专员。他是一位卓越的俄语学者。在日内瓦他是我的副手之一。在日内瓦期间,有一天下午正逢休会,我同李维诺夫谈论正在讨论中的某些问题时,李维诺夫听到隔室有人说话;他问道,"邻室的人会是你的同胞吗?"我说,"是的,那是胡世泽博士。"他又说,"这可能吗?"我问他为什么不可能。他说,"他的音调像是个俄国人",他简直不能相信。并说,"他的俄国话,说得比我还好,是古典俄语。"我告诉他,从前胡世泽的父亲在圣彼得堡担任中国公使时,胡本人在俄国上过学。

以便在战后可以集中全力从事内部建设。我说,还有一种可能性,就是他们希望在大会主席问题,以及接纳白俄罗斯和乌克兰问题上争取我们投赞成票。

指导委员会在第二天举行了会议,从上午十一时开到下午二时四十五分。首先讨论的是采用法语作为正式语文之一的问题。法国方面由乔治·皮杜尔作建议发言。在他发言之前,法国代表团的译员把斯退丁纽斯的话逐字逐句都译成了法语。然后皮杜尔提出建议,他讲的是法语。他试图用既成事实来控制局面。在艾登发言之后,斯退丁纽斯请宋发言反对使用法语,宋照做了,说得有点生硬。其后有许多国家的代表一个接着一个地发言,支持法国建议。这时可以看得出,法国的提案将获得多数支持。我就建议宋起来说几句转弯的话,把他提的反对意见收回。他照办了,于是法语就被采用为正式语文。(宋是斯退丁纽斯的很要好的朋友,所以任何时候斯退丁纽斯要求宋站出来支持他时,宋总是有求必应的。)

关于大会主席问题的争论进行得既炽热又紧张。艾登的折衷建议是设四个主席,由四个发起国外长担任,轮流主持大会,并推定斯退丁纽斯为四强外长会议及指导委员会和执行委员会的主席,全权处理大会事务。但此方案似乎没有赢得斯退丁纽斯的赞同,莫洛托夫也不满意。莫洛托夫提议就四个主席方案投票表决,而不受艾登建议的条件限制。可是艾登却坚持说,他的建议是由两个部分组成的,这两个部分是不可分割的。会场上争论得非常激烈,莫洛托夫有时站起来说话,有时不顾别人正在发言,坐着就插话把别人的话题打断。斯退丁纽斯说,为了维护四个发起国的团结,他已经做得超越了上级的指示,因此他要求把问题付诸表决。他向大会公开吐露,罗斯福总统去世前两天曾指示他,美国只能支持一个主席方案;而且就在当天早晨,杜鲁门总统也打电话给他,要他坚持这一指示。这时,法国的皮杜尔插进来要求暂时不付表决,而要进一步努力寻求四大国都能满意的解决方案。下午二时四十五分,午饭时间早已过去,而僵局却变得越来越无法收拾,斯退丁纽斯和艾登两人越来越激动,莫洛托夫则依然既僵硬、又冷酷无情。主席身旁围着七八个人,其中包括一个国会议员、两个助理国务卿、大会的代理秘书长,还有一个俄语译员。他一个人忙得不可开交,不断地和这个打招呼,和那个打手势,或附耳私语。气氛极度紧张。斯退丁纽斯还不时地弯身去同艾登说些什么。接着有人递给斯退丁纽斯一个纸条。他很快看完小条就宣布休会五分钟。这时人们都站起来走向门厅,许多人赶紧去盥洗室。斯退丁纽斯把宋子文和我一把拉住,一面还寻找艾登。史末资将军这时也参加进来。斯退丁纽斯由于兴奋过度,无意中使用一些粗俗的语言。他说,俄国人已经取得所有他们想要的东西,仍然贪得无厌。他说我们大家必须行动起来维护他的立场。他得到的指示是坚持只能有一位大会主席。最低限度他自己必须成为各委员会的唯一主席,并能全权处理大会事务。我建议他把莫洛托夫也请来,在会下对他进行说服。斯退丁纽斯同意这样办,并立即派人去请。莫洛托夫这才参加到我们当中来。

此时刘锴把我叫出会场并告诉我,王宠惠以及其他几位代表对宋已经拟就的讲演稿强烈不满。他们都坚决主张必须作几处改动后方可发表;否则他们要电告重庆声明与此无关。我回到王宠惠那里,只见他怒气冲冲。我又把其他几位代表请来。来了八位,他们主张修改讲稿。除了某些辞句上的改动外,最重要的变动是要删去两段,即有关国际联盟的失败,以及该组织致力于建立集体安全等问题。我随即去找宋,促使他接受建议,修改讲稿。他似乎有些不悦,他只同意作些措辞上的更动,文件内容则不能作更多的修改。他说,他将对大家认为有问题的两段讲话负责。这时已是三时二十分。他命令刘锴把原稿发送出去。但我还是希望演讲后再发表,以使稿件同实际讲话没有出入。我随他驱车同往会议大厅,在那里向他谆谆劝告,终于使他接受了五六处改动,把大家的要求都包括进去了。讲稿经过修正后公布,小小的一场风波总算过去了。

原定在六点再开一次外交部长副手会议。但是葛罗米柯没有来到。他不来，就什么事情也议不成。

宋子文交给我两份重庆来的电报副本。一份是外交部代理部长吴国桢打来的，另一份是钱昌照发的，钱当时正代行宋的最高经济委员会委员长职务。这二份电文可能存于我的案卷中。

主席问题终于在 4 月 27 日获得解决。那天四外长先举行了一次会议，会议地点仍在斯退丁纽斯的住处。参议员范登堡和康纳利也与会。斯退丁纽斯把我和贾德幹也请去列席。莫洛托夫似乎急于要达成协议。他接受了艾登方案的前三点；即会议设四个主席，轮流主持会议。斯退丁纽斯担任四外长会议主席。但是执行委员会和指导委员会也要由四外长轮流主持。不过在四外长授权之下，斯退丁纽斯将担任这些委员会的主席，负责具体事务。我的印象是莫洛托夫是找体面的出路，下台阶。但是斯退丁纽斯和艾登坚决反对他的方案，于是辩论又重新炽热起来。斯退丁纽斯请宋发表意见。宋说，两个委员会设四个主席而掌握会议又只限于具体事务，不太灵便。莫洛托夫一听此话显得吃了一惊，两眼变得冷酷无情。他粗率地发问道，为什么不行。斯退丁纽斯和艾登都反对"具体"这个字眼；斯退丁纽斯说，"具体事务"也可能包括为代表们调度汽车的工作等等。斯退丁纽斯态度坚决，他最后宣布，美国不能接受，并说，他们唯一可行的就是向执行委员会报告。

执行委员会讨论得更热烈。美国人似乎再也不能忍耐了。坐在斯退丁纽斯后面的两位参议员范登堡和康纳利不断地压低了嗓门说"表决！表决！"苏联代表团离他们不远，也能听见。最后，只好把问题付诸表决，结果苏联以失败告终。中国当然是投票赞同美国。接着就休会，这时已是下午两点三十分了。

按照最后协议，全会主席职位实际是要轮流担任的。因为是按照字母次序轮流的，所以第一轮主席就落到中国头上。我向宋建议,把全会第一轮主席让给斯退丁纽斯,这样可以使他在美国公众面前好说话,因为四主席轮流制实际上意味着美国的失败。宋有些犹豫不决,因为首次会议仅是听取各国代表团团长的致词,没有其他的事情。但是结果还是斯退丁纽斯主持了全体大会,宋被安排主持第二次会议,再往后就按字母次序轮流。

4月28日,四外长集会研究邀请乌克兰和白俄罗斯入会的问题,但无结果。那天的会议上午由宋主持,下午由莫洛托夫主持。

晚间,我在饭店门厅内遇见了宋。他说,他刚才在斯退丁纽斯那里听说,南美各国代表希望通过一项邀请阿根廷参加联合国的建议,并把此事与邀请乌克兰和白俄罗斯问题联系起来。在这些问题上,我国的态度是能起决定作用的,因为我们是四大国之一。宋说,这在道义上说是不对的,因为斯退丁纽斯在墨西哥会议上曾保证支持阿根廷。他征求我的意见。

次日,所谓的分配小组开了一次会。分配小组的职能是为各种委员会配置官员。在给与白俄罗斯和乌克兰以委员会官员职位的问题上,邓恩是比较屈从的。杰布曾有两次提到,艾登仅授权他可以同意委任白俄罗斯和乌克兰各任一个委员会的报告员;但他自己却愿意给予乌克兰一个主席职位。至于白俄罗斯,会议很快就一致同意委任它为报告员。接着,葛罗米柯就竭力为乌克兰争取主席职位。邓恩说,如果乌克兰取得主席职位,他就要力争为阿根廷也取得一个同样的职位。至于反对给予这两个共和国以任何职位的论点,一言以蔽之就是因为它们还没有取得联合国会员国资格。葛罗米柯反对阿根廷,甚至不许提阿根廷这个国名,他认为阿根廷是法西斯政府当政,长期以来它一直在帮助联合国的敌人。邓恩说,看来是不可能取得什么进展了,唯一办法就是向各自的上级汇报。我提议让两个主席职位空着,以便其他的十个委员会可以开始工作。英、美的代表都表示赞同,但是葛罗米柯坚决要求立即给乌克兰一个主席职位,他心目中想要的是强制行动委员会的主席。邓恩说,这个委员会的主席不能给。(显然是已经内定给南美国家厄瓜多尔了。)他提议给托管委员会主席,我则提议给法律问题委员会主席。后来,决定给国际法院委员会主席职位,但遭到了拒绝。我觉得,实际上这三个主席职位中的任何一个都能使葛罗米柯满意,他主要关心的是要取得一个主席的职位,不管是哪一个。但是邓恩的僵硬态度使他坚持非得为乌克兰争取到强制行动委员会主席的职位不可。这一来,会议再度失败,大家只能把整个问题送回到四外长会议去解决。

散会时,葛罗米柯暗示希望和我谈一谈。我当即表示乐意。他又问魏在什么地方。我们就约定在下午四点到他的旅馆找他。我又表示说,早晨的会议本来可以是完全成功的。他立即回答说,如果由我提议在讨论过的三个委员会以外,给乌克兰另一个委员会主席职位,只要邓恩同意,他也可以同意。他既然许下了这样的诺言,我就回去把任命名单草案重新研究了一番。我断定原定给予秘鲁的主席职位只要为秘鲁另找一个,就可以很容易地转给乌克兰。于是我就去看邓恩。他告诉我,波斯沃尔斯基一直在同俄国人接触,但俄国方面态度仍然很僵。他说,美国人想坚持他们原来的主张,给予乌克兰的主席职位只能在已经考虑过的三个委员会中任择其一,别的不能考虑。他将坚持这一立场。不过,他倒可以同意把秘鲁的主席职位改到另一个委员会。第二天上午,邓恩告诉我,苏俄代表已经接受原定给秘鲁的那个委员会的主席职位。我又建议把原定给卢森堡的司法委员会主席职位改给秘鲁,而不安排卢森堡,他也同意。第二天上午开会时,杰布对取消卢森堡的主席职位一事颇感踌躇,邓恩和我则一致认为没有问题,因为卢森堡已经定为全权证书委员会的主席。这样,这一方案就被全体通过。贝克先生则改任报告员。至此,协议终于圆满达成。

五、在幕后（一）

我不打算缕述旧金山会议上发生的所有事项，因为会议的记录已很详尽。不过我想就代表们，特别是四个发起国的代表们，进行工作时的整个气氛说几句。此外，我还想叙述一下某些问题是如何处理的，尤其是一些对中国特别重要而各大国又难于达成协议的问题。

前面已经提到，四个发起国曾经商定，所有提案在提交大会或各种委员会讨论以前，必须先经四大国审查批准。因此，各大国的代表们就得比其他人多开许多会议。情况已经很清楚，要达成协议，往往是相当困难的。于是问题一个接着一个地成为激烈争论的题目，其中大部分是由于苏俄的固执态度造成的。在诸如会议的主席问题，表决程序问题等方面，都产生了许多不必要的困难。另一原因是苏俄代表们，甚至莫洛托夫本人，往往不能对问题作出决定，而必须向莫斯科请示。加之要从莫斯科很快得到决定并非易事。因而大会，特别是外长会议进展缓慢。

美国提出的结合托管制度建立战略地区的提案，是个棘手的问题。根据这一提案所有战略地区都将置于安全理事会控制之下。这种办法，一反常例，与会各国特别是一些小国都抱反感。这些国家认为托管制度的基本构想是令人向往的，但认为托管领土应能向自治和独立的方向发展，因而现在要采取这种特殊办法来处理某些托管领土的主张也就遇到了广泛的反对。一般认为，所有托管领土都应置于联合国大会监督之下，而由托管理事会作为代表联合国大会的监督机构行事。中国代表团对美国的建议不敢贸然支持，而苏联的反对尤为强烈。建立战略地区的设想和以往国联的委任统治制度一样，似乎和托管制度的基本目标是背道而驰的。我记得，我国代表团认为我们应该坚持那些基本目标。我曾在某次会议上阐明，我们对此问题需要十分慎重。中国代表团是理解安全的重要性的,特别是在太平洋地区;正因如此所以我们不想反对美国的提案;但是公众舆论则不容易对此理解。我深恐别的地方的人民也会起来反对。后来美国基督教联合会派代表来找我,强烈反对战略地区提案,这充分证实了我的顾虑是有道理的。在他们看来,这种安排与帝国主义行径相差无几。(他们显然理解,我国代表不急于支持这一提案。)他们力主对此问题采取拖延办法,以待美国公众觉醒,并起而反对把美国的现行军事政策强加于从敌国那里夺下的地区。我坦率地对他们说,我们接受战略地区计划是很勉强的,并将继续把争取独立作为托管制度的一项目标而坚持到底。

尽管中美两国公众对战略地区计划的意见分歧很大,并有明显的反对迹象,但此计划最终还是通过了。因为美国人坚持要推行这一计划,我们只好表示支持。不过,我们是能够左右最后结果的。中国代表团提出,托管领土的行政权力不应仅仅委诸个别国家政府,联合国本身也应担负管理工作。几经讨论,中国的提案终获通过。于是,在宪章里现在才有联合国可以管理托管领土的规定。

另一个引起争论的问题是关于承认区域办法问题,特别是美洲国家的区域体系。关于后者,2月份已在墨西哥的查普尔特佩克城制订了方案,美国希望联合国尽快批准这项方案。这个问题引起了一系列的障碍,最先是在四大国之间,后来是在委员会中,最后是在全体大会上发生了许多争论。主要的反对者是英国,对此艾登采取了很强硬的反对立场。他的理由是,如果承认某一区域性安排,其他地区如东欧、中东、近东等等都将接踵效尤。这样一来,就将大大削弱正在筹建中的世界组织的权力。他说,承认美洲国家区域体系这一概念与旧金山会议的宗旨是互不相容的,他完全不赞成。承认就意味着他为之不远千里而来的世界安全组织的失败。他说,我们要么建立一个世界安全组织,要么不建立这样的组织。这是真正的争论点。如果我们不建立,他根本就不会来此参加会议。（这是相当强硬的立场，他表达自己观点的用语也同样强硬。）

参议员范登堡也用锋利的语言声辩。他说，当初艾登想把英苏条约包括在宪章规定的范围内，美国并未反对。现在美国想把美洲国家区域体系包括进去，何以艾登就要反对呢。这一体系已经实行了一百多年，而且在国际和平事业中证明行之有效。参议员康纳利紧跟着发言，他谈到了门罗主义；他指出艾登的一位卓越前辈坎宁勋爵就接受了门罗主义。哈罗德·史塔生也起立发言予以支持，并解释说，这个方案中所打算采取的措施或要求行动自由都只有在安理会制止侵略失败之后，和发生某个会员国遭到武装攻击时方可实行。葛罗米柯则避不表示意见，只是说，有待研究。总而言之，会场空气紧张，美国和英国的意见分歧十分尖锐。

轮到我国发言时，我仅仅说，在作出决定以前，我要先问清楚几个问题。我说，在宪章第八章中有一条规定，对敌国（指轴心国家）采取的行动不受该章规定的限制。美国的建议是泛指武装攻击而言，史塔生已确认美国建议原意确系如此。于是我问，"安理会未能制止侵略时"，这个限定性条件是否适用于"采取集体行动"。他说，不仅这个限定性条件适用，而且另一限定性条件也同样适用，就是"如果首先发生了武装侵略"。

这次会议一直无法取得进展。皮杜尔说，他原先认为美国的提案和他自己的修正案是一致的，但现在他也要对问题作进一步研究。会议没有结果，主席斯退丁纽斯只得宣布休会，并要求大家进一步努力为下次会议想出些办法。

第二天开会时，艾登提出了一项以固有的自卫权为基础的草案。根据这一草案，一个国家有权采取单独的或集体的抵抗外来侵略的行动。约翰·福斯特·杜勒斯又提出了另一个修正案，并以查普特佩克公约作为区域办法的例证。葛罗米柯问道，这算不算美国代表团的提案；因为这一修正案与美国原提案是大不相同的(那个提案他一定已经报告并请示莫斯科了)。他又问,这是否是取代美国的前一个提案。斯退丁纽斯答道,这是美国代表团的提案,但是个折衷性的非正式提案。

艾登似乎不打算参加这个问题的讨论。他即将离旧金山回伦敦,他说要感谢斯退丁纽斯以及美国代表团给予他的厚意和合作。斯退丁纽斯说,他同样心感艾登的合作并对他离去感到惋惜。艾登说,他不在这里可能使会议比较容易达成协议。当斯退丁纽斯和美国参议员们不同意他的说法时,艾登说,莫洛托夫离开时也是这样说的。接着会议就休会了。

我试图促使会议取得和解和妥协。我对贾德幹说,我考虑如果英国的提案能提及查普特佩克公约,那将会符合美国的愿望。贾德幹说,英国不打算在文本里提及任何特定的法。我又和杜勒斯谈了同样的意见,他说,这样确乎能符合美国的观点,不过他知道英国人根本不愿意提及该法。我强调说我的解决办法的优点是可以把例外情况限制在该组织的一般部分。

几天以后,有一个小组委员会再次开会研究区域办法问题,但在程序问题上产生了一场争论。美国和苏联主张继续讨论修正案的要旨,而澳大利亚和法国则要求对修正案的要旨进行更全面的讨论,以便为小组委员会起草建议提供一个基础。这次会议没有产生什么结果。

美国要求在宪章里承认区域安全办法的建议遇到了许多困难。这一建议是在以强制行动来反对侵略这个标题下提出的。于是又马上引起了到底什么叫侵略的问题。艾登就抓住了这一点对美国的提案展开了批评。他问如何给侵略下定义,从法律上说,什么样的行动可以被认为构成侵略行动? 他说,三十年来,他一直在为侵略一词寻求一个令人信服的定义。

强制措施问题也使许多小国产生不少忧虑,因为根据敦巴顿橡树园会议建议的精神,决定强制措施的全权属于安全理事会而不是大会。对此,有几个小国提出了修正案;其中有一个国家提出,安理会就强制措施作决定时,大会应派代表参加会议。加拿大代表也主张较小国家应派代表出席安理会,与安理会理事国共同作出决定。但上述两个提案都不符合敦巴顿橡树园建议的精神和目的。5月16日,终于由我来为敦巴顿橡树园建议辩护。我在答复加拿大代表朗先生的问题时,说明了一旦安理会作出决定要实行军事制裁时,理事国及其他会员国有什么样的义务,以及应负责到什么程度的问题。后来,新西兰的弗雷泽对我说,他对我的答复感到满意。他说,关于这个问题,他从来没有听到过如此明确的答案。波斯沃尔斯基曾为他作过说明,但他一点也不满意。

5月17日,托管委员会开会时,我和英国的克兰伯恩勋爵发生了正面冲突。起因是我提议另写一段以代替第二小段,重写的段落的精神是要求托管领土根据各自的特殊状况和当地人民的意愿朝着独立或者建立自治政府的方向发展。法国的那齐亚大使首先起来反对。接着是克兰伯恩。澳大利亚的伊瓦特说,既然有自治政府,独立就不言而喻了,因为独立就是自治的最高形式。史塔生也发了言,他说我的建议一点也没有说服力。他的论点和措辞都颇尖刻而专断。他说,中国的修正案"应予否决"。南非代表也说我的补充意见是有危险性的。但是主席弗雷泽对我倒是比较同情并给以帮助。他三次要求我发言,并说五分钟时限规定对我不适用,因为所讨论的问题具有极端重要性。最后他自己也介入了,他说中国的提案不宜付诸表决。他建议由史塔生、伊瓦特、苏俄代表、他自己和我五人一起商讨,找出一个各方都能接受的方案。苏俄代表建议增加一位伊朗(?)代表,但弗雷泽说,这并不是一个小组委员会,而不过是几个人在一起作些非正式磋商,以便找出一个折衷方案而已。

第二天早晨,各家报纸都大量报道,中国和苏俄提出建议,要以独立作为新托管制度的主要目标,而美国、英国和法国则反对这种主张。这真使我感到惊讶。那天午后,《下午报》上出现了一个通栏标题:"美国的立场威胁着殖民地的自由"。当史塔生来我处商讨折衷方案时,他似乎对报纸的报道甚为关注。他说,他从来都是一个自由主义者,可是在处理这一问题的委员会历次会议上,却被迫采取一种反动的立场。他说,美国代表团的立场是一致的。他打算建议,在托管理事会中给予中国一个永久性的席位,但不知道这样安排能否使中国在草拟的文件中同大多数国家一致起来。我坦率告诉他,中国并不想在这一问题上为自己谋取任何特殊好处,也没有什么特殊利益可图,但中国政府衷心希望把民族独立包括在联合国的基本目标之中。我们所关心的不仅是托管领土居民的利益,我们同样关心整个世界,甚至还关心管理当局的福利。我说,我们希望看到新托管制度取得成功,也希望包含在新托管制度内的这一终极目标有助于该制度赢得全世界公众的信赖和支持,从而有助于其取得成功。(在我的案卷中还有更多这方面的资料。)

六、在幕后(二)

会议上。史塔生和我同意请求主席中止讨论有关总纲的一段和有关基本目标的分段。主席问委员会对上次会议讨论的简短摘要是否感到满意。但是我注意到在各个摘要中,甚至连代表团的名称都没有提及。哪一位代表提出应将"独立"列入基本目标,每一位代表都说了些什么,均未表明。我指出这份过于简单的摘要实在难以供参考和研究之用,而且对推进讨论没有帮助。主席于是命令作较详尽的报告。

中国代表团内部对一项提案发生了分歧,虽然此提案是根据代表团的决议作出的。在我们代表团 5 月 22 日上午的会议上,王宠惠对"民族自决"一词提出异议,他认为此词对中国不利。他不喜欢这个词出现在联合国宪章的基本原则中,这一词,称为范登堡修正案,最初是在一次四个发起国的外长会议上讨论通过的。出席那次会议的还有范登堡、康纳利、迪安·吉尔德斯利夫、史塔生和我们自己方面的王宠惠本人。王的论点是苏联可能会在新疆、西藏、蒙古，甚至东北煽动分裂运动。他想知道为什么在各民族权利平等之外，还要写上民族自决。他认为这是一个对联合国宪章完全没有必要的修正。我对我们的代表们说，这个提议只不过是要由殖民国家和委任统治国作的政策声明。当然我们不能强迫殖民国家让它们的殖民地独立——这个会议不是解决这个问题的地方。（王宠惠顾虑这个声明对中国少数民族会有影响是没有真正的理由的。我国的少数民族是中华民国的一个组成部分；在我们的宪法中已提到这些民族。在讨论中的原议案只是针对宪章第十一章中的非自治领土而言。仅仅由殖民国家单方面作出一项声明，与托管制度毫无关系。而我国代表团为在基本目标中列入独立一项而作的斗争，则是专门对托管领土而发的。）

挪威代表莫尔根斯泰因大使来访，要求中国支持丹麦参加会议。他说美国已表赞成。随后，有一位美国代表对我和其他人谈及此问题而证实了此事，他说英国也已同意。

我们认为丹麦的问题不大，可是接着朝鲜的问题又出现了。李承晚来拜会我，要求中国代表团建议让朝鲜以观察员身份参加会议。他说他曾和美国国务院接洽请求予以支持，但国务院因朝鲜未在大西洋宪章上签字而加以拒绝。李承晚争辩说，虽说这确属事实，可是乌克兰和白俄罗斯也都未在大西洋宪章上签字，但均已接纳，因此，美国没有理由拒绝接纳朝鲜。他十分希望中国代表团在会议上提出这个问题，并显得急不可待。他说，他不能长此忍耐，也无法将一场报纸宣传再推迟多久了。在不得已时，他将给会议写信，正式要求予以邀请。他给人以法国代表团已表示愿意提出此问题的印象。我告诉他，从根本上来说，中国是百分之百地支持朝鲜的。但是开罗协定写明，应通过适当的途径给予朝鲜独立。中国是协定的一方，不能在未和英国或美国商量并取得其同意之前违背协定行事。（意思是不能过早地承认朝鲜政府。）

在我们代表团内，有些人主张支持李承晚，但多数同意我的意见。尽管我们可以提出，但成功的可能性甚微，其结果无非是大失所望而已。而且，其他集团，如自由奥地利，也会提出要求。我极力主张代表团在做出决定之前要慎重考虑这些因素。朝鲜问题并不像李承晚向我们提出的那么简单。

5月23日一群代表韩国联合委员会的朝鲜青年来访问我。韩国联合委员会是一个自由主义团体，虽也从事朝鲜独立运动，但并不与李承晚派合作。他们寻求我们的支持，当然我同情他们的目标。我劝告他们要准备好在他们的国家解放时作积极的领导者，并且致力于建立与美国的友谊，因为他们需要美国的帮助。李承晚最近对美国国务院发动一场唇枪舌剑的攻击，我暗示，这不是和美国打交道的好办法。更多地采用外交方式，对于促进朝鲜参加当时正在进行的会议，或至少参加最后的和会，最为有利。

会议大部分时间，外长们都未出席。莫洛托夫只呆了两个星期就走了。艾登在5月中也走了。这时宋子文已去华盛顿，斯退丁纽斯对这种局面担起心来。他对我说，如果所有外长和他自己都不出席，他只好把主席职务交给葛罗米柯。他催我打电话叫宋子文回来。电话我打了，但是宋子文说他正忙于和美国财政部商谈，无法分身。斯退丁纽斯对主持会议一直感到是沉重的负担。他不无理由地认为，让他一人来挑全副重担是不公正的。虽然正如其他人所坚决主张那样，他现在只是四位主席之一，但却由他一个人来顶全部工作。会议进行得很慢，由于四大国外长中有三人缺席，其他代表也打算离去，斯退丁纽斯急切想使会议早日结束，越快越好。

还有一些使斯退丁纽斯处境困难的其他因素。其中之一是，他本是由罗斯福总统任命的，罗斯福业已去世而斯退丁纽斯仍继续供职（虽然后来证明为期不长）。我相信他和杜鲁门的关系远不如和罗斯福密切。此外,安排杜鲁门在会议上讲话的计划时,又出现了一个为难的局面。斯退丁纽斯切盼在总统讲话时由他主持会议。他觉得如果按照轮流担任主席的制度由别的发起国来主持是很不合适的。当他向我表示这个想法时,我告诉他,安排由他主持这次会议是容易办到的。但是斯退丁纽斯对苏联代表感到不放心。我将此事用电话告诉宋子文,宋说他本人愿意退让斯退丁纽斯主持会议。当我告诉斯退丁纽斯时,他说哈里法克斯勋爵也表示了同样的意思。

旧金山会议获得重大成果而胜利闭幕。不仅斯退丁纽斯高兴,所有其他代表也认为这次会议的工作有益于世界未来。会议在许多人发言之后圆满结束,其中最杰出的是杜鲁门总统。经过事先安排,斯退丁纽斯主持了会议。6月26日下午,杜鲁门在四个发起国的主要代表依次简短致词之后作了讲话。然后,向美国总统介绍每一位首席代表。介绍后,斯退丁纽斯邀我和杜鲁门谈几句话。当我们见面时,国务卿很客气地告诉他,在许多委员会上,当形势微妙,需要圆通处理时,我帮了大忙,做出许多贡献,我说并不像他所说的那样,但总统说,他知道实际确是如此。由于他要去密苏里州的独立城老家然后才回华盛顿,于是我就告辞了。

第六章　第二次世界大战结束
与联合国的成立（待编稿）

1945 年 5 月—1946 年 7 月

一、为苏联对旅大提出要求一事和宋子文商讨

　　1945 年 5 月 24 日,旧金山会议结束前几个星期,宋子文终于从华盛顿回来了,我和他作了一次长谈。我们都对苏联要求租借旅顺作为海军基地和将大连辟为自由港一事非常关心。苏联的要求,我们最初是在 3 月间从魏道明大使那里获悉的。宋子文刚刚收到委员长的一份电报,转述了赫尔利关于他自己及罗斯福与斯大林谈话经过的报告。宋子文曾访问过新总统杜鲁门,但未能得便对俄国的要求作详细讨论。宋子文目前的愿望是要美国借与中国更多的黄金,他在和杜鲁门讨论时强调他并未提出新的要求,只不过请求美国政府履行它贷给五亿美元的承诺。

　　至于俄国对旅顺和大连的要求,宋子文向总统提及,中国多少年来一直在奋战,遭受苦难和牺牲,就是为了要保持其领土完整和政治独立。中国决不能重新退到租借地和势力范围的老体制上去。(这和我向委员长提出的论点是一致的。)宋子文说,杜鲁门一直在点头。他没有说出是与否。但宋子文的印象是总统对中国的观点深表同情。宋子文还告诉杜鲁门说,美国必须在有着众多缺点的国民政府和享有虚誉的共产党政权之间选择一个,没有其他的选择。

　　我对宋子文讲,在应付苏联要求上需要极其慎重。我的印象

是苏联还没有下定决心,还在等待亚洲战局发展和中国政局发展的结果。斯大林显然知道他的要求不易为公众所理解。他还想使亚洲的战争早日结束和旧金山会议早日开完。我告诉宋子文,就苏联而言,我们对这些要求应装做一无所知。我认为我们应当建议美国在斯大林再度提出此事之前,同莫斯科不要再谈这件事。我说,拖延会对我们有利,特别是如果美国和中国能最后抓紧,迅速打败日本的话。当然,我们真正的政策应当是毫不含糊地反对俄国的要求。但是,我们也应当设法让苏联放心,中国对它是友好的。

至于中国共产党的问题,我想我们让他们加入政府,比让他们站在外面与政府始终对立更好。如果他们加入了政府,无疑地他们将永远处于少数的地位,政府能够操纵并控制他们,同时也排除了他们的一项指责,说政府是一党独裁。而且苏联也得到了中国友好的保证,这将减弱它要求旅大以建立其完整的远东安全区的欲望。如果苏联坚持它的要求,中共要么和联合政府中的其他党派一起反对苏联的要求,否则将承担做出任何让步的责任。如果内部的政治和解拖延到苏联公开提出对旅大的要求之后,那就太晚了。因为那时中共将会犹豫或者拒绝参加政府。我尽力婉转地把这个想法介绍给宋子文。他对这个想法的大部分都加以默认,甚至似乎是赞同的,但觉得组织联合政府以应形势需要一事恐怕难以做到。委员长不到逼得无路可走时是不会做他所不喜欢做的事情的。宋本人的确想要从政治脱身出来,因为他觉得不值得为了政治而损害他自己一直为之担忧的健康。

关于他的莫斯科之行,宋子文要我陪他一起先回国,然后再去莫斯科和伦敦。我说,作为一个中国大使,我当然唯他之命是听。于是他告诉我,他很想把我调到华盛顿来,因为他认为中国和英国的关系不如和美国的关系那样重要。我迟疑了一会儿说,如果他确实认为我在华盛顿更能为国家效力的话,那我就愿意去,但是我认为应对魏道明加以照顾。

我和王宠惠应宋之邀共进午餐,商讨俄国的要求及其他问题。宋外长说,哈里·霍普金斯已前往莫斯科,去了解苏联的实际政策,以便美国可以决定自己的立场。宋子文在霍普金斯仓促启程以前曾和他会了面。宋子文请他摸清俄国对中国东北问题的态度。宋从霍普金斯那里得知杜鲁门在这个问题上是支持中国的。霍普金斯说的这个情况又为《纽约时报》的阿瑟·克罗克所证实,他告诉宋子文说,他不知道罗斯福对中国东北问题作过多大的许诺,但他相信杜鲁门是会支持中国的。远东政策协会的伯勒尔和远东农业信贷署的柯达都曾告诉宋子文,舆论倾向于美国不靠俄国的援助和参战来结束对日本的战争,因为俄国的帮助会造成很大的麻烦。宋子文对我说,他想等收到霍普金斯的报告后再回国,因为霍普金斯的报告将作为我们内部对此问题作进一步讨论的依据。政府前此曾致电宋子文,要他同我和王宠惠商量俄国的要求。那天上午又发来一封电报,蒋委员长说他已嘱赫尔利致电杜鲁门,告诉他中国一直在为保卫其领土完整和政治独立而奋斗,这也是美国的传统政策。蒋委员长希望美国政府将此意转告斯大林。中国不会接受违背这一原则的任何要求。

　　我对拟议中的对俄谈判的结局感到担心。当时有些报纸似乎在异口同声给美国公众以这样一种印象,即俄国在中国东北有既得的利益,理应收回旅顺、大连,以及它在日俄战争前享有的其他权利。为了与这种宣传对抗,我采取的办法之一是介绍中国方面的实情。如我前文所述,宋子文对此完全同意。于是我们聘请了一些宣传员做这项工作。我向外交部次长徐谟阐述说,我们的目的是要与正在进行中的狡诈宣传运动相对抗,并且要使美国人民了解苏联在中国东北并无合法利益。它垂涎中国领土是毫无道理的。我们应使美国公众留下这样的深刻印象,即中国东北是中国的一部分;并且为了远东,太平洋和全世界的和平,中国东北不应成为一个外国势力范围。这样一个倒退步骤,将会使别处又出现新的势力范围,从而危及世界的和平。

6月3日我再度和王宠惠讨论我的看法。我说,我的看法是我们最好采取见机行事的办法。我们应当设法弄清美国是否仍渴望苏联参加对日本的战争,并且仍想履行罗斯福对斯大林作出的关于旅顺、大连的诺言。

次日宋子文给我一份刚收到的蒋委员长来电副本,转告傅秉常大使和美国驻莫斯科大使哈里曼就霍普金斯访苏及其结果一事所作谈话的汇报。宋颇为我敦促他在访苏期间见机行事的看法所动。我告诉他,我们无论如何也不应当屈从于俄国人的要求,如果是这样,就必须为他的出访制订一个行动计划,否则就会一事无成,反而只会恶化两国的关系。我问宋子文我们是否希望俄国在太平洋参加战争,我们准备付出什么代价。如果对日战争进行顺利,我们何不等候进一步的发展,也许根本不需要苏联参加了。他完全同意我的看法,并要我替他草拟一份电报,将我的看法报告蒋委员长。

同日中午,有一次外长会议,我像往常一样和宋子文一同前往参加。他在那里交给我蒋委员长发来的另一份电报的副本,内容是追加傅秉常大使电报中的一句话,并要求宋子文至迟于7月初抵达莫斯科。

6月5日晚,我和宋子文又一次谈话,他刚和斯退丁纽斯交谈过,斯退丁纽斯说,在雅尔塔会议之前,斯大林、罗斯福和邱吉尔就已经在俄国参加对日作战的问题上达成了一项协议。他给杜鲁门总统打电话,问由谁来将此事转告宋子文博士——是斯退丁纽斯还是总统本人。斯退丁纽斯说,由于这个协定的保密性质,中国一直被蒙在鼓里。(这是一个很牵强的理由。中国毕竟是与此问题最有关的一方。)在我们去出席中国代表团招待其他代表团的宴会途中,宋子文又提起俄国的要求和他访问莫斯科之事。宋发现魏道明的报告不完整也不尽翔实,宋说,魏的解释是,罗斯福当日是在非正式谈话中对魏谈到俄国的要求的。他没有报告完全,特别是有关俄国要求租借旅顺之事。宋对这种解释不满意,因为,宋说,只有在罗斯福非正式谈话中才能真正了解到他对某一问题的意向。

宋子文博士不久便回华盛顿去了。6 月 9 日他从那里给我来电话,要我到华盛顿去,然后一同回中国和去莫斯科。但是会议又未能按预定计划进行。斯退丁纽斯和其他主要代表都急于尽快结束此会。我告诉宋,在会议结束之前我走不开。他要我把开会的事交给代表团中其他的人。我说他一定了解旧金山的情况,代表团很难应付这么多的会——外长会议、指导委员会、执行委员会和强制行动委员会。要是没有一个人掌握枢机,推动工作,代表团可能要遇到很多困难。尤其是一切事情都变得比以前更为急迫。他说,那么如果我不去,他想送一封机密信来。他要我派一个人去取信带回旧金山。(我照他的话办了,派去他熟悉的我的儿子裕昌。裕昌也是哥伦比亚大学的哲学博士。)宋在动身回重庆之前要向杜鲁门辞行,因为我不能去,他要告诉我在谈话中透露了哪些事情。他说他将在信中写明,但必须使此信安全送到我的手中。他还要知道我有什么意见。我告诉他我当天就派我的儿子带一份写明我对俄国要求的反应的备忘录去他那里。

6 月 11 日,裕昌由华盛顿带回一封信和一份宋和杜鲁门关于苏联要求问题的谈话报告。我大致看了一下,发现这些要求等于恢复 1904—1905 年日俄战争前的状态。还有一些关于日本和朝鲜与收回库页岛南部及千岛群岛的要求。我马上口述一封信和一份备忘录让我的儿子带回去。

6 月 12 日凌晨,斯退丁纽斯来电话说,他在宋子文请求下发给霍普金斯的电报泄露了。霍普金斯预定于次晨回到华盛顿。由于这次泄露,斯退丁纽斯要我通知宋子文,因为他认为中国话较为安全。我立即给宋打电话,但他已从报纸上看到这个消息了。

二、经华盛顿回伦敦

1945 年 6 月—7 月

我和我的一行人员搭乘国务卿斯退丁纽斯的飞机去华盛顿。在到达时国务卿受到盛大的欢迎,其中有若干参议员和部长。但在 6 月 28 日我们却听见斯退丁纽斯辞职这个令人感到郁闷的消息。他的辞呈和杜鲁门总统的接受信都公布了。并且还公布斯退丁纽斯担任联合国筹备委员会和联合国的美国代表新职务。这个公告是杜鲁门在独立城发表的。虽然辞职并不太出人意料,可是,就在他为会议做出了巨大努力,取得了重大成就,胜利归来的次日出现这个消息,却颇令人感到震惊。不过这就是美国的办事方法。很清楚,斯退丁纽斯将不参加在柏林举行的三强会议,而留在华盛顿,作为总统本人的代表出席参议院会议,以求参议院批准联合国宪章。

新国务卿贝尔纳斯将随同杜鲁门总统去波茨坦。魏道明夫人的一位好友克拉克·迈纳夫人在双橡园告诉我,她丈夫对贝尔纳斯将接替斯退丁纽斯之事早有所闻。帮助杜鲁门在政界发迹并赞助他当上副总统的正是贝尔纳斯。

但是,我也得到一些好消息。杜鲁门总统传话来,要在 7 月 3 日见我。在约定的那天上午,约瑟夫·格鲁带我去白宫。我发现杜鲁门总统为人亲切热诚,作风朴实而说话不多。由于这是一次礼节上的拜会,我不想涉及当前的重大问题。我说起他的旧金山会议闭幕式上的出色讲话。我们还谈论了他从独立城回白宫之行,他将联合国宪章提交参议院,宋子文的莫斯科之行对中国的重要性以及对今后中苏关系和远东总形势的重大意义。关于最后一项,他力主宋子文在 7 月 1 日之前去莫斯科,以便总统、邱吉尔和斯大林能在柏林会面时讨论远东的形势。显然,杜鲁门是在期待宋子文之行取得某些成果。

我由白宫出来前往国务院。当我到那里时我遇见斯退丁纽斯匆匆出来要上白宫去。贝尔纳斯刚刚在那里举行了宣誓就职典礼。斯退丁纽斯告诉我,他一点也没有不高兴。一个国务卿必须是一个政治家,而他却不喜欢政治。在某种程度上,他倒喜欢他的新职务,因为这使他能够实现罗斯福总统的遗愿。罗斯福对联合国组织的想法是极其虔诚的。(斯退丁纽斯是罗斯福的至交,并深受他的赏识。)斯退丁纽斯告诉我,他不打算参加在伦敦的联合国筹备委员会,不过他将在8月间去那里出席执行委员会的会议。他还说:至于筹备委员会,他将要求阿尔杰·希斯代表他出席。但是他本人将担任安全理事会中的美国代表。他表示希望和我在伦敦会面,并要我打电报告诉宋子文,他对新职很满意,对离开国务院并不感到不高兴。他在回答我的问题时说,他知道在柏林的三强会议上将讨论远东问题,但他不认为会邀请宋子文参加。

　　当日下午,我动身去纽约。在纽约期间我有机会见到蒋夫人、孔祥熙博士和孔令杰少校。我和他们三个人做了一些很有意思的谈话。我于7月3日离纽约前往伦敦的前夕,在纽约里弗代尔区独立大街1497号晤见了蒋夫人。她住在专为她旅居期间租下的一所房子里。晚饭后我们谈到许多事情,包括中国培养和英国的友谊的重要性。蒋夫人对我在过去会见时多次说的一点加以附和,她说,英国在全世界有影响,有地位,其外交政策有很强的连续性,作为美国对华友谊的补充,是极其重要的。我避而不谈她访问英国的问题,因这件事已在重庆、纽约和华盛顿讨论过两年也未得到她的同意。因此,我只强调中国需要她个人的效力,正如她在激励英、美舆论上已经起到的作用。我劝她回国后,重新开始进行这方面的工作。她说她将在9月间回重庆,如有必要就取道英国,并问我有什么意见。我暗示说,要说服邱吉尔不是太容易的。他对中国和远东及其在世界政治中的作用抱有一成不变的想法。照我看来,适当的办法是等候预计在一个月内举行的英国大选得出结果再说。如果保守党获胜,邱吉尔将继续掌权。但是她对访问的时间不同意。她说,她不是作为一个恳求者前往,而是要使邱吉尔确信中国对远东和全世界的重要性,并且要反复重申中国是通过几年的抵抗和牺牲而取得其地位的。我暗示说,如能劝说委员长出国,她最好和委员长一同访英。我接着说,由于中英两国是主要盟国,蒋委员长作一次国事访问不但完全恰当而且非常及时。

蒋夫人说她一直想让委员长来看看美国工业的发展和组织。美国工业是以私营企业为基础的。她不主张中国按国有制方式进行工业化。她说,委员长也应该来美国检查一次身体。因此,他是有可能来的。不过她不愿请委员长同她一起去英国。我认为还是以委员长和她一起去为好。邱吉尔对 1943 年 5 月她没有在美国首都华盛顿和他见面而甚感失望,当时曾邀请她去白宫参加一个专门安排她和邱吉尔见面的午宴。她说,邱吉尔曾写信给她,表示因未能去纽约拜会她而深感抱歉。还说,她在开罗时发现邱吉尔是挺可亲的。我向她暗示,邱吉尔为人有点自负,他为那次没有在华盛顿同她会面而感到扫兴,这是他不易忘记的。我说,如果社会主义者在选举中获胜,那她去访问英国更为适宜。

我的印象是英国政府与人民方面对她的访问已经失掉兴趣,甚至可以说是无所谓,可是她一点也没有感觉到。我没有告诉她,如果她访问英国,英国人预计到的许多问题。还有若干问题,没有先在伦敦和我磋商就在重庆向英国大使提出来了。其中之一是当蒋夫人抵达伦敦时在车站将受到什么样的欢迎礼仪。(我想已经告知王后将到车站迎接她。)另一件有关的事是英方说王后对蒋夫人发出的邀请始终未得到答复。据蒋夫人说,不但口头上而且又通过非正式的信函作了答复。为了解决这一问题,当时我极力主张,既然英国人手头没有回书,就可以写一封信正式表示已收到了邀请(这件事始终没有做)。另一个问题是她没有听从我的劝告而访问了加拿大。她曾对我说,麦肯齐总理亲自邀请她,后来又发来一份正式邀请,她觉得不能不去。我当时向她建议,英国人总是把自治领视为晚辈。如果蒋夫人认为访问加拿大是有益之事,那就应该在访问伦敦之后再去加拿大。反之,如果她不想访问伦敦,那最好也不要访问加拿大。她似乎很注意我的话。但是后来她做的却恰恰相反。我听说她最亲信的出谋划策者孔令侃同我的看法不一致。我认为是他起了决定性作用。她去渥太华作了正式访问,而始终未去伦敦。这些就是在伦敦引起很大不满和误会的问题。

我很高兴在我动身去伦敦的前夕会见了蒋夫人,因为我想要弄清楚她对访英一事的看法。她的看法使我吃惊,因为几星期前我和委员长会面时,他考虑了我向他陈述的一切评论和看法之后,曾明确表示这件事最好不要再谈了。

在我去里弗代尔蒋夫人行邸拜访时,遇见了孔祥熙,他赶在次晨动身回国之前来看蒋夫人。他非常惊异地说,从他动手术后,委员长来了九封电报催他回去,一封紧过一封,最后一封说限他在7月1日以前抵达重庆。鉴于宋子文也要在7月1日以前抵达莫斯科这一奇怪的巧合,我不明白为什么这样急。我自己揣度是不是怕宋子文万一在莫斯科完成任务后不愿马上回国,需要孔到重庆商量中苏谈判的事。再不然,让他回重庆是为了帮助处理经济和通货问题。中国的货币一直在贬值,对美元的兑换率已跌到一千四百元法币对一美元。

孔祥熙说宋子文之访问莫斯科并没有什么特殊意义,因为只不过是一次礼节性的访问。这话很使我感到惊讶。也许孔在医院时别人没有把莫斯科谈判之事告诉他。我想,他显然还不知道俄国对中国东北的要求。我们对许多问题做了无拘束的讨论,包括美国及早在中国沿海登陆,开辟一个口岸以输入大量军用物资。他不反对美国集中力量进攻日本本土。在中国大陆上广泛的军事行动可能意味着大规模轰炸和破坏,就像在菲律宾所发生的那样。

次日清晨我去拉瓜迪亚机场为孔送行,我会见了他的次子孔令傑少校,他刚从英国来到这里。孔少校参加了科尔斯特里姆苏格兰警卫队,最初是上尉。当我在伦敦时,他和大使馆保持着密切联系。他说英国对中国的舆论正在好转,霍普金斯对英国的访问起了好作用。他告诉我霍普金斯最初什么也不肯对他说,但后来他说,美国认为中国的命运和美国在太平洋的命运必然是联系在一起的。他把华盛顿改善对中国态度的原因归之于英国恶化了与莫斯科及巴黎的关系,和中国军事局势的改善。至于蒋夫人访英之事,他一直是赞成的。而且他从一开始就和我的意见一致,认为蒋夫人应当接受英国的邀请,并且应在访英之后再去访问加拿大。他和英国人特别是军方人士有密切的往来。他至少还和一部分英国的舆论界有联系。他说我们现在只需要索取一份请帖,或者向英国政府做出此种表示。他补充说,这是驻重庆的邱吉尔个人代表德维亚特将军(那时他显然已回到英国)告诉他的话。由于我觉得孔少校对这个问题的最近发展一点也不清楚,我就将实际情况向他作了解释。我说我在离开英国之前,向艾登先生提到此事至少有三次之多。这位外相的全部答复仅仅是他必须和邱吉尔商量后再给我回音。尽管在旧金山常和我见面,甚至还几次邀请宋子文和其他人今年夏天去访问英国,但始终没有给我一个答复。我还告诉孔少校妨碍蒋夫人访问英国的一些困难问题,并指出邱吉尔的真实态度。我告诉他,蒋委员长本人已嘱咐我不要同英国人再提访问一事了。显然,委员长曾从各个独立的来源接到有关英国态度的报告。

　　7月5日我乘"伊丽莎白皇后号"轮船去伦敦。在航程中我和约瑟夫·戴维斯作过两次有意思的谈话,他曾任美国驻莫斯科大使,这次是去参加波茨坦会议。一次谈话是在出现日蚀的7月9日进行的。我先向他探询苏联关于对日作战的态度和莫斯科为参加战争所索取的代价问题。他说,苏联会参战的,他本人很愿意看到苏联参战,因为美国热切希望战争结束得越快越好。我回答说,俄国人肯定要为他们的参战索取代价,我衷心希望代价不要过高。他说这是国际交往中的常事。俄国人索取代价是理所当然的,但是如果索价太高,那就不会照付。

那天晚饭后,我和戴维斯作第二次谈话。他认为从签订慕尼黑协定之后不能怪俄国人对英国人、还有美国人不信任。有许多英国、美国人出于经济、意识形态和宗教上的原因反对俄国人。直到1939年8月份,德国进攻波兰之前,俄国人曾竭力试图和西方民主国家合作。当时他们又试图建立共同安全体系,但是张伯伦和达拉第在慕尼黑撇开了俄国人,因为希特勒不要俄国人参加。戴维斯相信,法国人已经丧失了勇气,英国也处于极大困境。英国的工业生产力虽高,但英国的有限自然资源却分散于这个帝国的各个地区,而且人力的潜力也是有限的。在英国本土只有煤可资利用。

我说世界前途取决于三大强国是否互相信任和合作,但是关键掌握在俄国人之手。中国希望他们采取眼光远大的看法,这不仅是为了中国,也是为了整个太平洋地区的利益。苏联对安全的要求是可以理解的。它实在没有理由在远东惧怕任何人,日本就要被打垮,中国不成为威胁。美国或英国也不会在那里举行扩张政策。当然,我理解,苏联鉴于过去二十年中西方民主国家对它的所作所为,使它无法不心怀猜疑。戴维斯说,美国不会由于任何本国的利益而和苏联开战,特别是因为在当前这场战争之后,美国人已厌倦战争了。但是如果俄国对待中国的方式引起道义问题,美国人民会毫不犹豫地支持中国,必要时虽使用武力亦在所不惜,因为美国人在感情上始终关心中国。

我说希望苏联作出榜样,并且遵循杜鲁门总统所说的话,大国应使用他们的巨大力量"去帮助(别国),而不是去统治(别国)。"如果三个大国能够放弃他们的扩张或控制政策,和平就会有保证。不然的话,如我所理解:追求的安全地带越大,就需要更大的区域来保卫这些地带,这样,安全只会是不可靠的。戴维斯认为,对于俄国的安全来说,欧洲比亚洲重要。在欧洲它同有历史性争执和敌对的区域,比如:巴尔干半岛、近东、达达尼尔海峡和波罗的海诸国接壤。我问起美国对波罗的海诸国的态度如何,这几国驻华盛顿使馆的名字一直还在国务院的名单上。我特别提及这些国家实质上已为苏联所吞并。戴维斯说,他们的境况是可怜的。1938 年他曾访问过这几个国家,当时看到他们都处于独裁统治之下。

我说,俄国的确可能有充分的理由更加担心欧洲的局势。然而他们也可能觉得他们国家的安全是一个整体。如果俄国在欧洲容易受到攻击,它会觉得更需要在亚洲的安全。戴维斯指出,他相信俄国是真心诚意地想要和平的。他说,俄国的外交官曾多次提到沙皇亚历山大一世曾制订过一个和国际联盟差不多的和平计划。

戴维斯还告诉我他和重光葵在 1938 年所作的一次谈话。重光葵打算骗他,说日本不得不保卫它的在华利益,因为中国人太固执,并且反对日本人。戴维斯回答说,他不相信,无论如何也不相信。于是他就请重光葵不要再说下去,还是打桥牌吧。

戴维斯说,他在 1938 年还曾访问过捷克斯洛伐克总统贝奈斯,问他是否认为如果捷克斯洛伐克受到攻击,法国会来援助。贝奈斯答复说:"当然。"然后,当戴维斯告辞走到门旁时,贝奈斯问戴维斯是怎样想的,为什么提出这个问题。戴维斯告诉贝奈斯说,在他所访问过的许多国家中,他都提出过这同一个问题,只有两个人作了肯定的答复。一个是贝奈斯本人,另一个在法国,但不是法国人。然后戴维斯作为机密告诉我,他说的那个人是美国驻法大使蒲立德。戴维斯说,他不想把这个名字告诉贝奈斯。

关于俄国的生产力,他说他曾看过几家工厂成批生产飞机和坦克。美国租借法案的供应品仅占它本国所生产的百分之五。

"伊丽莎白皇后号"轮船于 1945 年 7 月 10 日清晨停靠在格拉斯哥附近的古罗克码头,大使馆的一名秘书来接我。他带给我的报纸上有一条报道宋子文的消息。他那时正在莫斯科,从到达那里之后已第三次会见斯大林。报道还说,他会见了美国大使哈里曼。这条消息使我感到和俄国人的谈判正陷入僵局。我猜宋子文之所以去找哈里曼,不一定是为了通报情况,而是请他帮助。但是波茨坦的三强会议即将召开,这意味着宋子文和斯大林的谈判不会再拖下去。

仔细考虑这些困难,我回忆起前些时候宋打电报给我,最后用了委员长的名义,要我留在旧金山,不要像他原来所坚持的那样去莫斯科。这时我在思索真正的原因究竟何在。这份电报所谈的理由是对中国国际关系的一些考虑。但是经过深思后,我相信真正的原因必居下列之一:(1)由于旧金山会议的重要性,我在那时离开旧金山可能不为美国所赞许。斯退丁纽斯极力劝我不要离开,特别是考虑到宋子文不在。(2)如果我去了,这对在莫斯科的中苏谈判有可能引起公众不必要的注意。(3)知道我的看法——委员长可能认为我的反对意见将会给宋的谈判增添麻烦。

我对莫斯科的谈判极为关心。我在伦敦尽力从外交界和政府人士打听消息。我到伦敦的第二天,我的一位秘书向我报告说,捷克斯洛伐克大使馆的一位官员向他谈起苏联的对华政策,他表示,依他看来,苏联的愿望是要一雪日俄战争中所受的屈辱,收回被日本夺去的在满洲的一切权力和利益。这位捷克斯洛伐克外交官认为,就苏联而言,这项政策是合理的。他认为中国不应加以反对。(当然,我觉得这位外交官只不过是在反映苏联的观点。捷克斯洛伐克和它的驻外使节早已在很大程度上处于苏联影响之下了。)

这位秘书同时还报告了他和英国新闻部的雷德曼先生的一次谈话。雷德曼告诉他,苏联的愿望不大容易为中国所接受,尤其是中国为了光复满洲而同日本进行战争。雷德曼认为以朝鲜北部边境的一个不冻港来满足苏联的愿望较为合理,朝鲜为了恢复独立而付出代价更为合理一些。

7月17日,我收到中国外交部的来电。这封电报不仅是给我的而且也发给所有其他大使馆、公使馆和领事馆的。该电告诫驻外人员，由于中国和苏联正在进行改善关系的重要谈判，因此在中苏关系问题上发言要谨慎。尽管这是一封通报性电报，我从它的语气推断出谈判一定已到了微妙时刻，重庆一定认为谈判具有深远而重大的意义。

在8月1日，我在土耳其大使的午宴上，和一位波兰外交官谈话，听到了我认为是客观的意见。在座的有许多欧洲外交官，拉琴斯基伯爵也在其中。他是我在日内瓦时期的老朋友，并且作为波兰驻英大使，最近又是在伦敦的同行。不过我见到他时有点发窘，因为中国和其他主要盟国一道撤销了对他的政府的承认。尽管如此，私人友谊使我们仍能交换看法。和过去一样，他对苏联和远东深为关注。他想知道苏联是否将对日作战，他还说，在他看来，苏联的参战只会使局势趋于复杂，并在满洲和华北造成更多的问题。

虽然我全神贯注在莫斯科会谈这件事上，但要想得到关于会谈的进程和展望的准确消息是极端困难的。我向驻莫斯科的同僚傅秉常发去询问电报，也了解不出所以然来。我对这一点也不奇怪，因为我同他和宋一样都怕从通讯中泄露秘密。宋在7月26日给我来的电报也是如此，他要我去找艾登打听波茨坦会议的结果。电报对他在莫斯科进行的会谈一字不提，因为电报的保密性不是完全可靠的。就在这封电报中，宋通知我他推荐我调往华盛顿之事确已经委员长正式批准。

当然这对我是一条重要的消息。但是这还不是为什么1945年7月26日在我心中是难忘的一天的唯一理由。那一天英国举行了大选。我自然对选举的结果极为关心。首先，它可能影响到中英关系，尤其是在合作方面。我一直在向各方面的英国人探询选举可能出现什么结果。早在6月25日，当时我还在旧金山，我和哈里法克斯勋爵就其时正是热火朝天的英国竞选运动交谈。他提到邱吉尔在演说中攻击社会主义者为"集权主义者"，还说他们使用"盖世太保的手法"。哈里法克斯说在他看来这肯定是说得太过分了,英国人是不喜欢夸大的。他担心这样的谈话给邱吉尔带来的不利会比好处为多。

前不久,7月23日,我曾经出席了英国议会举行的招待会。邱吉尔的科学顾问齐默尔曼教授在会上肯定地预言邱吉尔将以超出七十个席位的多数而获胜。他告诉我,大多数妇女都要投保守党的票。

两天后,齐默尔曼和我出席了亚历山大·利文斯顿爵士为招待美国大西洋海军总司令斯塔克而举行的宴会,斯塔克在完成了任务之后即将返美。他表示了邱吉尔会在选举中取得险胜的看法,虽然他认为邱吉尔进行竞选的做法一直不大高明。邱吉尔的大法官西蒙爵士也在座。他说,就算邱吉尔在选举投票中被打败也不会辞职,他可以在辞去首相职位之前,坚决要求新议会再投一次信任票。工党的德赖斯蒂尔也在场,他认为工党将以微弱多数获胜。换句话说,随着选举结束的日益临近,虽说双方似乎都认为这次选举势均力敌,对结果的看法则截然不同。

7月26日晚,整个情况已明朗了,各晚报根据差不多是全部的选举报告宣布了工党的胜利。次晨的伦敦《每日邮报》在对此次选举的报道中指出工党以三百九十席获胜,他们在上届议会中只有一百六十三席。保守党只得一百九十五席,而在上届议会却占有三百五十八席。换言之,这次选举以工党大胜而告结束。

这个消息令人稍有不安,虽然我认为英国政府对欧洲和平解决的政策不会有多大的不同。事实上,根据我在伦敦供职期间工党重要人物表示的看法来判断,似乎工党比邱吉尔本人对中国更有好感。但是我为有些老朋友将离开政府而感到惋惜,其中就有艾登,在日内瓦国际联盟时我们就已相识。

我设法到艾登的办公室去看他。他的秘书说艾登爵士那天下午很忙,并且他将不再担任外相了。但当我说我不是来拜会外相而是来看望朋友时,立即得到答复说,艾登爵士将很高兴在次日会见我。我不是在外交部里,而是在外交部大楼顶层他所住的一套房间里看见他的。他屋子的地板上乱七八糟地堆着公文、箱笼、纸片和书籍,显然他在准备腾出房屋。当我走进去时,法国大使马锡里正走出来。在我的谈话结束时,怀南特也来拜访他。艾登很亲切地接见了我,我发现他的情绪一点也不坏。但他说他对这次选举结果感到意外。他说,不过,他很高兴贝文来接替他。他认为贝文对这个职位是能干而可靠的人选。(事实上贝文在邱吉尔内阁期间就由工党培养,使他与外交事务保持联系。)

大多数保守党的领袖,特别是在政府中的人,对这次选举原来都期望获得微弱多数的胜利,可是也有人看法不一样。惠廷甘·琼斯夫人,一位与政治有密切联系的英国妇女,在选举结束四天后告诉我说,在选举前夕她已看出保守党前景不妙。她和一些公共汽车售票员、工厂工人、出租汽车司机谈过话后,就觉得工党大有获胜的可能。她说几百万青年男子是第一次参加选举,都希望改换政府。这是一个十分精明的观察,因为在二十多岁的青年人当中,许多人都对保守党政府的老派做法不满。

总之,这次选举对我和对许多英国领袖来讲,在某种程度上是出乎意料的。琼斯夫人认为邱吉尔仍想自己掌握反对党的领导权,不想交给艾登。她的解释有点古怪。她说邱吉尔不是富人,反对党领袖的薪俸是相当优厚的。

我记得选举刚完之后,财政大臣安德森的夫人对我说起英国政治的冷酷无情。邱吉尔一下子就被赶到马路上去了,邱吉尔夫人要忙着找住房,显示着英国人民对像邱吉尔这样一位为战争日夜辛劳的伟大领袖实在有些忘恩负义。

那些日子由各方面来看都显得非常重要。在英国刚刚发生了一场政府的突然变动;在莫斯科正在进行着中苏会谈;波茨坦会议已开了一半;宣布了要召开一次外长会议,中国将作为五强之一参加该会(王世杰外长来电叫我对可能提出的问题作准备);在日本投下了一颗原子弹;苏联对日本宣战;日本投降——这一切都是在 7 月中至 8 月中的二或三个星期的时间内发生的。最后,就我个人来说,宋子文在交卸外交部长职务前夕来电告诉我蒋委员长已同意他的建议,将我由伦敦调往华盛顿。而新外长王世杰要我为即将在伦敦召开的第一次外长会议做准备,并派我当他的副手出席会议。

三、日本投降
1945 年 8 月

8 月 7 日各报都登满了新型炸弹的报道,这种炸弹据说是美、英、加共同发明的。说它的体积只有四千磅巨型炸弹的十分之一,而威力却比它大十倍。

8 月 7 日晚,英国广播公司的广播谈到了第一颗原子弹,以及杜鲁门、邱吉尔和史汀生关于这种炸弹的起源和发展的联合声明。

两天后,关于俄国对日宣战和俄军分四路进军越过中国东北边境的大量报道出现了。那时透露出了早在 6 月中旬,日本政府曾请求莫斯科出面调停。就像某些报纸所报道那样,我心中也在怀疑,俄国人是不是受到原子弹的影响,把对日参战的日期从预定的 8 月 15 日提前到 8 月 8 日。这个问题仍然不能回答。但当时一般认为(我的想法也如此)日本就要投降,事实上,只不过是几天的事情了。

从 8 月 5 日以来,集中在短短的几天里出现的一系列的事情都是充满重大意义的,当时给我以难忘的印象。这些事虽然并非出人意料,但来得太突然了。虽说大家都希望第一颗原子弹的爆炸能使日本恢复理智并加速其投降,但是看起来日本的乞降还是使得伦敦、华盛顿和重庆的布署措手不及。我不知道应付日本投降后的准备工作做到了什么程度,特别是在重庆。甚至连总司令蒙巴顿勋爵(我想当时他已被任命为印度总督)也为之大吃一惊。他正要回到缅甸去,在增援部队的支援下发动一次决定性的战

役。蒙巴顿勋爵说在他动身的前夕,在唐宁街 10 号首相官邸刚
开始他和首相的晤谈,那时有一个电话打来向首相报告,说是从
日本广播听到日本请降的消息。官方的正式文件虽尚未收到,但
是这个消息显然打乱了蒙巴顿正要向首相汇报的计划。蒙巴顿
现在不得不考虑另一套问题,包括他的部下的最后复员。

8 月 13 日全日人人处处都在等候东京对四强在上星期六发
出的照会的答复。但没有讯息。次晨,8 月 14 日,谣传日本接受
了最后通牒,但同时也有否认的说法。有消息说,纽约、旧金山、
芝加哥都为尚未完全证实的胜利举行了庆祝。

在萨沃伊饭店的招待会上,几位新大臣、首相、美国驻欧洲海
军总司令海军上将斯塔克、纳逊勋爵、迪亚斯大使,还有一些其他
国家的大使,为了太平洋战争胜利结束而向我致贺。据说,麦克
阿瑟将军已在日本登陆去接受投降。不过我还是小心从事,说我
没有接到这方面的正式消息。事实上在午后一时我给英国外交
部的贾德幹爵士打了电话。他也说关于日本的答复,除了报纸的
报道外,没有需要转给美国和中国政府的消息。英国广播公司下
午九点的广播没有提到日本接受最后通牒的消息。首相官邸发
出一项通告,要求每一个人都要照常工作。一俟收到日本投降的
官方消息,首相办公室将发出正式公告。

次晨的报纸对耽延的原因作了两条解释:第一,日本内阁在
接受四强的最后通牒这个问题上意见有分歧;第二,高级政府官
员和天皇本人准备在接受最后通牒之前实行集体剖腹。

8 月 15 日晚,我参加了新首相艾德礼及其夫人在首相官邸举
行的庆祝对日作战胜利日招待会。大多数对远东关心的大使和
新政府成员都出席了。上院领袖埃杰顿勋爵向我提出一个有趣
的问题,问我拿什么东西来给在中国的解除武装后的敌军吃。我
说可以放心,长江流域各省的农产品很丰饶。我对首相说,他决
定将议会的开幕日由 8 月 8 日推迟到 8 月 15 日,正逢对日作战胜
利日,一定是得到了灵感。这样就使国王能用很有力的话开始演

说"六年对日战争已胜利结束"。艾德礼说,这是一个愉快的巧合,并且证明这样做是对的。他已于昨晚十时三十分收到了日本答复的全文,不过有些不清楚的地方尚有待证实。到十一时三十分得到了证实,于是便在午夜发布了公告。

14日,我由于整天紧张,甚感疲乏,就先睡了,没有等候最后的确实信息。8月15日上午八时二十五分,我的管家给我端来早餐时,向我祝贺日本的投降。他说,夜间听到英国广播公司广播,并在凌晨三时便被群众欢呼和大炮轰鸣声所惊醒。兴奋之余,我立即吩咐悬挂中国国旗。我在日记里写道,我长期盼望、梦寐以求并为之奋斗不息的时刻终于到来了。

四、中苏条约

1945年9月

中国和苏俄在1945年9月所签订的条约具有非同寻常的渊源。珍珠港事件之后,美国同时对日本和轴心国宣战,成为民主阵线中的有力盟国。在国内战线上,它的军事工业已有大幅度的增长,主要是为了满足英国的需要,但这主要是美国私营企业的成就。随着美国的加入战争,协调一致的努力马上变得必不可少了。在许多方面,美国需要有一个准备阶段,然后才能积极参加战争。

在外交战线上,在远东需要苏俄参战,美国和英国对此看法完全一致。诚然,苏俄从1942年6月已成为一个盟国,但是它只愿在欧洲作战。很显然伦敦和华盛顿都渴望在远东的对日作战也得到苏联的助力。在另一方面,莫斯科似乎也同样坚持要在远东置身事外。

德黑兰和雅尔塔会议都显示了英、美两国想要得到苏俄积极参加对日作战的热烈希望。这两个会议都未邀请中国参加,但是有关这两个会议已公布的文件清楚地表明,英、美两国确保莫斯科参战的共同愿望,使得他们不仅要作出巨大努力,而且还要在很大程度上牺牲中国的利益。

虽然英、美两国都同样想要在亚洲和太平洋重新获得它们失去的利益和恢复他们的威望,但美国似乎比英国更急于要打败日本。美国在珍珠港所蒙受的耻辱在美国人民心中燃烧着熊熊怒火,这可以说明华盛顿愿意牺牲它的盟友中国而向苏俄做出巨大让步的原因。

就是在雅尔塔,美国和苏联,在英国的赞同下,协议由苏俄恢复帝俄在满洲的权益。又是罗斯福和莫斯科达成谅解,由他去影响中国进行签订中苏条约的谈判。这就是莫斯科会议的由来。

1945年3月我被召回重庆商量参加旧金山会议的准备工作。中国政府极望听取我关于政府对旧金山会议应采取何种方案的意见,因为我曾任参加敦巴顿橡树园会议的中国代表。在那个会上,对联合国的建立做了准备工作,而联合国宪章草案是该会议讨论的主要议题。

当我在重庆时,委员长和往常一样,要我去看他,和他共用晚餐。我在晚七时到达,和他就各种问题进行初步商谈。他给我看一封魏道明大使的来电,汇报他应罗斯福本人的邀请进行的一次谈话。谈话的要领是罗斯福一向对中国和美国的利益时刻在念,打败日本对中国和美国都至为重要。但是要想这样做,苏联参战是绝对必要的。没有苏联的合作,战胜日本可能需要许多年。罗斯福告诉魏,他和斯大林达成的协议,包括苏联在欧洲打败轴心国以后三个月内参加对日战争。可是苏联提出了某些条件,其中就有恢复俄国在满洲的权益。

魏告诉委员长说,更具体地说,斯大林在雅尔塔非正式地表示了几项有关苏联参加对日作战与中国有关的要求。斯大林认为:第一,外蒙的主权应属于中国;第二,中东铁路的所有权属于中国,但为了提高该铁路的运营效率,应成立一个由中国、苏俄和美国组成的联合委员会来经营这条铁路;第三,苏俄想要在远东租借一个不冻港,最好是旅顺。魏的汇报指出罗斯福曾建议斯大林和中国商量这些事情,但是说话的口气表明总统本人是赞成满足这位大元帅的要求的。事实上罗斯福表示了他的强烈愿望,认为中国为了自己的利益,应接受这些条件,因为以此有限的牺牲,中国可从日本的枷锁下解放出来,并在取得胜利后从事发展。罗斯福建议魏大使原原本本地向委员长汇报,并说明中国接受这个协议后将取得的好处。罗斯福着重表明他这样做既是为了全体盟国的利益,也同样是为了中国的利益。

魏大使在此电中未做评论。他对付重要问题的策略是按政府的指示办事,不提出自己的建议。因此我怀疑他曾否提过任何一项建议。我猜想他对委员长深有了解,因为他在委员长兼行政院长时担任过政务处处长,还一度当过他的秘书长。

我仔细看了电报后交还给委员长,他问我对此有何意见。我说,罗斯福总统竟然同意了苏俄的要求,实在太出人意料。我问,他怎么可以不先和中国商量就同意呢?总之,在我看来他竟答应要求中国改变我们的废除不平等条约和收复失地的国策。我说,我们不能开倒车。这只不过是罗斯福所做的诺言,我们完全可以不答应。如果此事公开出来,我深信美国人民会站在我们一边而不是支持罗斯福。委员长对我的谈话默默深思。他面容很严肃,似乎深为所动,我想他看得出我所说的话的重要性。于是他问我认为应当怎么办。我回答说,这是和魏大使谈话的报告,而不是罗斯福的直接来信,我们可以从容考虑,不用马上作出可或否的答复。当然,如果我们真要作复,我看不出怎能会是一个肯定的答复。情况既然如此,我想我们可以采取拖延的办法。

我还提出三点供委员长考虑。第一,我觉得罗斯福还没有对斯大林的三点要求作正式承诺。我有这样一种想法,那时罗斯福找魏大使来谈是为了试探我们的意见。第二,从这个汇报来看,罗斯福是想对我们施加压力从速解决国共两党之间的争端。最后,鉴于美国部队在冲绳岛受到的重大损失,总统似乎切望苏俄参加对日作战,加速远东胜利的到来,以减少美国军人的伤亡。

委员长问,美国怎么会看不出来让苏俄在远东得到一个立足点并在太平洋发展海军实力是对美国不利的呢?我说,我也有这个看法。我不懂美国为什么看不出给它自己带来的危险,特别是因为(严格地说)中国没有一支海军。苏联在远东发展海军实力的目的显然是针对美国的。但是显而易见,美国由于非常希望越快越好地打败日本,因而渴望苏俄参加对日战争。

罗斯福采取这种态度也许还有另一个原因。建立一个世界和平组织的计划,需要苏俄的合作。如果不迁就苏俄,不设法使它和美、英、中联合在一起,局势就会像一张三条腿的桌子那样不稳。无论如何,我们应当向罗斯福指出,假如让斯大林在这些问题上得到满足,将会对美国和整个东亚造成何等危害。我们应当诚恳地请求罗斯福对这几点加以充分考虑。委员长说他同意我的看法,并说以后还要和我商谈。

在用餐时,我们继续谈下去。委员长说我去美国的日期应当比原定的提前些。我猜想他急于要我去美国,这样由于接近华盛顿政府当局,我可能有助于对俄国谈判。

次日上午我和宋子文谈了一次话,他谈到魏大使的来电。他确切地告诉我,罗斯福对魏说苏俄要求控制中东铁路使之成为一个三国合办企业,并租借旅顺港。宋告诉我,委员长将去昆明住几天,要我到那里去找他。但是我告诉他,我刚在前一天晚上见过他。(也许他是记挂着那封电报。)

熊式辉将军来看我。他告诉我,在我向委员长告辞之后,委员长将那封关于苏俄要求的电报给他看了。熊说,他匆匆看了一眼,详细内容已记不清楚,但他记得关于将中东铁路改为一个由三国组成的技术委员会管理之下的中美苏联合企业,倒不是不可接受的。至于租借旅顺作为海军基地的要求,他主张提出两条反建议:第一,旅顺可以和太平洋西岸的各港口——如香港、西贡和新加坡一起改为国际港口,都由拟议中的世界和平组织来管理。第二,如果此点不能为苏俄所接受,我们就应当要求美国做出保证,一旦旅顺成为苏联军港,不得将它用于有损于中国之目的。熊还告诉我,委员长并不认为罗斯福只不过是试探我们的态度,像我所想的那样。相反,委员长相信他已经答应了斯大林的要求。

熊听说,罗斯福已同意在取得对日战争胜利之后将千岛群岛交给苏俄。熊不理解,为什么要做出这个许诺。在他看来千岛离阿拉斯加那样近,将它们交给苏联一定会对美国不利。他不知道华盛顿怎么会没有看到这一点。我说这可能是出于罗斯福想尽早结束对日战争的愿望。为了想急事先办,他就将一切其他问题留待战后再处理。我告诉熊,一位英国重要领袖对我说过,苏俄最怕的是英、美势力扩展到它的边界。莫斯科殷切希望我们奉行一种独立的外交政策,而不是单纯追随美国或英国的政策。我还告诉他,另一位英国知名人士曾告诉我,中国东北的广大地域,既和苏联接壤,又富于自然资源,如成为一个第三大国的势力范围,将会大大增加苏联的担心。因此中国应当极端慎重地处理这一问题,不要引起苏联的猜疑和敌意。

关于旅顺问题,熊告诉我,委员长在开罗时,曾通知罗斯福,中国和美国可以共同利用这个港口作为海军基地。这段话使我感到难以理解。当王宠惠(他曾随同委员长去开罗)来看我时,我立即问他有无此事。王博士告诉我,委员长确曾说过此话,但并未见诸文字。我说这是一个对中国关系重大的问题,必须深思熟虑,然后再做决定。一步走错,就可能使中国又倒退到1900年以前的那种局势,加重我们在国内和国外的困难。王完全同意我的看法。他肯定,任何这样的让步都会在中国遭到全国上下一致的反对。

收到魏大使报告和罗斯福谈话的电报几天后,魏又电外交部要求答复。到了月底,委员长侍从室收到一封罗斯福的来电。这时委员长已去昆明,而我正要启程去华盛顿。我和王宠惠约定在4月1日到达那里。我要参加一个讨论并草拟国际法院规约的会议。3月22日,我动身去华盛顿的前一天,宋子文请我在他家吃午饭。我们对各种共同关心的问题作了密谈,旅顺的前景是谈论的一项内容。我告诉宋,这对中国是一个必须慎重考虑的重大问题。如果我们同意租借给苏联,其他国家就会对别的港口提出同样的要求。为了对抗俄国人的建议,我们可以提出指定某个朝鲜的太平洋岸港口作为亚洲国际共管港口总方案中的一部分。我还告诉宋,他最好把访苏之行暂时拖一拖,因为现在去对他是很不利的。而且可能会使他陷入极大的困境。看来宋同意我的看法,他还说,苏联的报纸最近强烈攻击中国。他也认为他访苏的时机尚不成熟。

后来宋给我看一份罗斯福致蒋委员长的电报。电报的日期虽写的3月15日,但是22日才发出。他叫我将电报带去给委员长,因为此电性质绝密,他不想在电话中说此电的内容。他说,也许委员长要和我商量一下。

我一到昆明就立即前往委员长的行营。他已得知我带来了重要的电报,因此,他正等着我。他将这封长电报看了一遍又一遍,然后把它交给我看。电报的一大部分专讲关于出席旧金山会议的中国代表团的组成问题,但也说到俄国对中国的要求。我告诉委员长说,不出我所料,由于我们以对此问题要进行研究为理由,而压住了对魏大使来电的答复,这就使罗斯福迫不及待地直接来和我们联系。当然,这封电报是必须答复的,特别是总统说了希望早日示复的话。我再一次说,我们必须表明态度,并提醒委员长我所说的开倒车的话。从中华民国建立三十年以来,历尽千辛万苦之后,走回头路是违反我们的国策的。现在罗斯福既然直接来电,委员长可以给他一个坦率而友好的答复,说明答应这些条件预料将遭到的困难。作为朋友,美国人是会欣赏直言无隐,而不是拐弯抹角的话的。我建议他对罗斯福说,他看不出中国怎么能同意这些条件,如果照所提出的办法行事,中国政府将很难向人民交待。委员长显出为难的样子。为了鼓舞他的情绪,我说,美国的公众舆论对政府的政策直接或间接有极大影响。没有美国人民的支持,即使是在一个强有力的总统领导下,政府也是任何重要的政策都贯彻不了的。美国是真正的民主国家。如果罗斯福总统感到失望或不满,把我们的意见向公众透露是没有什么危险的。基于我对美国的了解,我深信美国人民是不会同意出卖盟友的行为的,而这件事就有点那个味道。委员长仍然显得很为难。我说,无论如何罗斯福总统大概会对这个非常重要的问题仔细考虑的。

关于苏联对旅顺的要求,我强调了要对国内外可能造成的影响加以深思熟虑为宜。我提出,如果对苏联要在太平洋得到一个不冻港的要求非答应不可的话,那就指定一个在苏朝边境附近的朝鲜海岸上的一个港口更为合适。我接着说,即使这个让步,也只能作为整个西太平洋的总安全方案的一部分,或作为对台湾、马尼拉、香港、西贡、新加坡、泗水等地的国际化总建议的一部分。我还指出,中文电报中的一些部分不清楚,诸如苏联要求的详细内容和罗斯福对魏道明都说了哪些话,因此无须急于作答。相反,最好等宋子文去美国彻底弄清斯大林对罗斯福以及罗斯福对魏道明都说了什么之后再说。谈起我所提出的以一个朝鲜港口来代替旅顺的建议,委员长同意这是对抗苏联要求的办法。不过此时此刻他不太急于讨论这个问题。

直到我离去,委员长始终没有表示他的想法,不过我的印象是他已意识到此事之棘手。一方面,他对我所说的完全有同感;另一方面,他也看到拒绝罗斯福不是容易做到的事。中国抗战是离不开罗斯福的帮助的。但是我觉得战争本身不会受影响,因为这主要是苏美之间的问题。我更觉得苏联所要求的事是不能向公众宣布的。他们想通过秘密外交来达到他们不合乎道理的目标。

由于我是中国的驻伦敦大使,当时这个问题还轮不到由我来解决。后来我到了华盛顿,我却成了全力解决这一问题和筹备旧金山会议两项工作的中国代表。我还和美国代表,主要是负责联合国会议的副国务卿利奥·帕斯沃尔斯基先生多次谈话和会晤。我在这个问题上的工作始终没有具体化,因为会议由于苏方代表的迟到而延期了。

在 4 月份以前我没有再听到关于苏联要求的消息。后来,宋子文在去参加旧金山会议之前他给我看一封蒋委员长的来电。此电附有他和罗斯福的来往电报,并表明他想派宋子文去莫斯科作谈判代表。从这个电报我知道蒋委员长一定已同意罗斯福提出的全面建议了。为了缔结一项以罗斯福和斯大林的协议为基础的中苏条约,将举行一次会议。当然,中国方面也有理由希望举行这样一个会议。澄清中苏之间的误会是有必要的,并且,委员长放眼于战后时期,认为中苏之间不应有纠纷存在。

我记得那天晚上我用了两个小时左右和宋一起仔细研究那封电报。我告诉他我对委员长怎么说的,我的看法依然未变,我向他指出,任何人承担谈判一项使中国倒退三十年的协定的责任都需要慎重考虑。我答应写一份关于此项提议的利和弊与中国为什么应当予以拒绝的备忘录。

宋本人同意我的看法,但他说,考虑到他和委员长的亲近关系,他无论对委员长还是对罗斯福都很难表示相反的意见。事实上,蒋委员长和罗斯福的私人接触几乎全部都是通过宋子文进行的。考虑到这一点,我说,如果他非参加这个会议不可,唯一可行的就是拖延时间。在外交谈判中,这个策略是常常使用的,尤其是弱国。我告诉他当年进行二十一条谈判时,袁世凯是怎样指示陆徵祥拖延时间的。我告诉他各种可用于拖长谈判时间的办法。他问我能不能将这些办法也写进那个备忘录。我在第二天将备忘录交给了他。

在旧金山,我和宋一直都忙于参加会议,没有再谈这个问题。大约到了 6 月 20 日,宋接到委员长来电通知已指派他为全权代表去莫斯科,这才又提起了这个问题。他要离旧金山去华盛顿结束未了事宜,然后去重庆做莫斯科会议的准备工作。虽然宋要我和他一起去,但我告诉他,我的工作需要我回伦敦去,我不能让那个职位空缺太久,并且我的主张显然和政府的方针背道而驰,我去莫斯科不仅可能无助于事,甚至还可能给政府增加更多的困难。我想宋对我举出应拒绝苏方条件的理由仍有深刻印象,因而他要我去向委员长解释。我说现在再作解释为时已晚,但他坚持我陪同他先去重庆,然后再去莫斯科。我告诉他,如果政策仍像我猜想的那样并未改变,我出席也不起作用。我建议由他向委员长提出要我去莫斯科,但我几乎可以断言,委员长知道了我的观点之后,是不会让我去的。

宋子文到达华盛顿不久即来电话叫我立即去他那里有事面谈。他敦促我当晚就去(离旧金山会议结束还有四五天)讨论一项极重要的问题。

我去找美国代表团团长、国务卿斯退丁纽斯,告诉他我不得不离开而由王宠惠博士代替我。斯退丁纽斯深感不安,要我推迟三天再去。他说中美两个代表团——特别是宋、我和他——在一起合作得很密切。自从宋走了以后,斯退丁纽斯就指望着我来继续这种合作,他觉得我应该留在这里帮他的忙。他说如果事情急迫,他可以在会议结束时将他的专机供我使用。但是他希望和我同乘那架飞机去华盛顿,这样我只耽误两三天的时间。我打电话给宋子文解释这个情况,宋愿意等待。

事实上,我并没见到宋他就去重庆了。正当我要离开旧金山时,接到他来的电报说,他理解我和他同行有困难。看来好像委员长觉得我呆在伦敦更为重要。随后,我及时又回到了伦敦,宋则在7月底以前带了一大批人员去莫斯科参加会议。我当然急于知道会议的进展情况,因此,不时去看怀南特和艾登,因为我觉得他们会经常得到这方面的消息。我发现艾登确实比怀南特消息灵通。8月里的一天,艾登看出我对会议结果的焦急心情,他说,他理解中国不得不参加这个会议,不过我们并无必要放弃比罗斯福与斯大林协议之外更多的东西。我听了大惑不解。我问他这话是什么意思,他说:"关于蒙古的问题。在蒙古这个问题上,中国对罗斯福没有做过任何承诺。"我将他的话以及我强有力的赞同意见立即向中国外交部报告。我方的代表怎能答应比以前商定的更多的东西呢?我问艾登是不是他的大使哈里曼①曾对我方的代表表达过同样的建议。他说哈里曼曾通过我们的大使傅秉常把这些建议告诉了我们的外长。在会议上宋子文在蒙古问题上没有做任何承诺,他说他要请示本国政府。

在中国大使馆为艾登举行的宴会上,他又对我谈到让步没有必要。他说俄国人经常设法了解他们可能弄到手哪些东西,以及他们的对手脆弱到何种程度。只有双方都更加努力才能消除不信任和猜疑。他继续说,罗斯福为了争取苏俄参加对日作战,慷中国之慨,许了某些愿。下面摘录我当时日记中的一节:

> 艾登不赞成这件事。他说英国人没有参预其事。罗斯福只是到午饭时才告知邱吉尔和艾登的。他要求邱吉尔使英国也参加这一安排。艾登说他是反对的,他还劝告过邱吉尔。不过首相觉得难以拒绝。但在波茨坦开会时,美国人和英国人都认为俄国人正在向中国施加压力索要更多的东西,大大超过了当初已经答应过的他们所提出的不合理要求之外。艾登告诉我,他曾和贝文谈到此事,可是,认为最好不将这个远东问题在明天的辩论中提出(指下院的辩论)。我同意他的意见,并补充说,中国正在力图说服苏俄理解中国在东北问题上的难处并和它做出安排,将那块土地顺利地接收过来。我将俄国人所造成的局势向他作了概括的介绍。

我仍然无法理解为什么我们在莫斯科的代表团认为非得向俄国做出超过需要之外的让步不可。虽说我们有时能得到一个像美国这样的朋友的鼓励和支持,但我们经常必须单独和外国的

---

① 应是哈里法克斯。

要求作斗争。二十一条即是一例。尤其是中国常常在对付了一个强国之后接着又要对付另一个。如果答应了一个强国的要求，然后就又得答应另一强国的要求。这就是在 19 世纪末的抢地盘时期所发生的情况，那时将胶州湾租借给德国导致了俄国人对大连和旅顺的要求。轮到英国，就以前例为借口，扩大九龙租借地，法国则要求租借广州湾。

但是，这次的莫斯科谈判事件，英国的态度是毫不含糊地同情中国的。我刚才所举出的迹象表明，即使从英国的观点看来，中国在外蒙问题上是能够不让步的。贝尔纳斯也持有同样的看法，这是他在 1945 年 9 月从莫斯科来参加五国外长会议时在伦敦对我说的。在他到达的那天晚上，我和他在艾登为他举行的宴会上进行了谈话。贝尔纳斯告诉我那个会议已开完了，他接着又说："这给你们的人民造成困难。"他问我为什么我们做出了不必要的让步，他指的是蒙古。我虽不理解为什么这样做，但觉得这个评论进一步证实艾登对我说的话是有理由的。我后来知道，蒙古的问题在重庆引起了公众的极大关注。

作为一个为了收回失地和恢复中国的主权和独立的政策奋斗了四十多年的人来说，我对中国在莫斯科所采取的立场自然是极感失望的。我设想一定有不得不这样做的理由。我希望有朝一日能公开当年我们的重庆政府为什么决定不惜任何代价与苏俄缔结这个条约的全部理由。

唐努乌梁海是问题的焦点，这个地方并不包括在罗斯福和莫洛托夫在雅尔塔达成的协定之内。这一定是我方代表团的一个疏忽，因为在同意用公民投票办法决定外蒙应否独立时，我们也许没有注意到这一事实，即唐努乌梁海这一大片在外蒙西北的中国领土将与中国其余部分分割开来。除了民国初年外蒙在俄国人的纵容下将我国的驻军逐出库伦那一段时期以外，我们一直派一名大员驻在那里。1919 年，段祺瑞总理派徐树铮将军率领一支边防军去库伦，收复了外蒙古。即使在民国初年我供职于外交部时,我们仍继续控制着外蒙古达数年之久。我的一位同僚,四名参事之一,曾在一支中国军队的护送下派往唐努乌梁海即阿尔泰为专员。

莫斯科的中苏谈判结束了,以宋子文和王世杰为首的代表团回到了重庆。宋子文打来一封电报叫我通知王宠惠,他将任中东铁路理事会的理事长。这件事使我清楚地知道这次谈判实际上包括了双方关注的一切问题。

其时我对这次会议的结果尚未完全获悉。我对实际达成的协议和谅解所知甚少。所以我在8月19日很高兴地接待了胡世泽,他为了报告在莫斯科谈判中所发生的事情从莫斯科取道柏林和巴黎来到这里。出席莫斯科谈判的苏俄代表有斯大林、莫洛托夫、洛祖夫斯基、彼德洛夫(苏联驻华大使)和译员。中国方面是宋子文、接替他任外长的王世杰、傅秉常、胡世泽、钱昌照和蒋经国。在中国代表团中,大多数问题都是由宋子文和钱昌照进行研究的。钱虽非外交家,却是一位能干的人,在宋子文任最高经济委员会委员长时曾在该委员会任职,并且也在资源委员会任职,深得宋的信任。宋到哪里他都是宋的亲信顾问。据胡世泽说,只是在宋和蒋(蒋经国)从重庆回到莫斯科后,宋、王、蒋、胡和熊式辉才一起进行讨论。(熊被任命为东北行辕主任,作为他在战后收复东北的酬劳)。所有协定及互换照会均由王世杰以外交部长身份签字,苏方则由莫洛托夫签字。

胡告诉我中苏协定须经批准后方予公布。新任外交部长王世杰已启程回国去进行批准活动,但肯定会遭到反对——特别是会遭到国民党内的二陈(立夫、果夫)派的反对。胡提到这个条约所涉及的有八个方面:(1)中国承认外蒙的独立和主权。苏方对这个中国起初拒绝讨论的问题抓得最紧。斯大林有好几天板着面孔,而且生气,直到中国屈服为止。协定中所用词句是"按照现行边界",对实际边界未加确定。(2)中东铁路和南满铁路按双方各占股金一半合股经营,由一名苏联人任管理局长。理事会由中苏各五名理事组成,选出一名中国人任理事长。不包括支线,但一切附属单位,如铁路工厂则包括在内,矿山除外。抚顺煤矿由中方经营,但保证部分产品供应苏俄。中国原来建议中东铁路由苏俄经营,而中长铁路由中国经营。(3)旅顺分为一个军用区,包括在苏联控制下的军港,和一个民用区,由中方提名经苏联总督同意的人任该区的行政长官。旅顺"委托"苏联管理三十年,但中国有使用权。(4)大连成为自由港,行政权属中国,但港务局长为俄人。港口设备半数免费租给苏俄使用,另一半归中国使用,但不得租给其他国家。(5)签订一个为期三十年的同盟条约。条约内容和苏捷条约及苏法条约相似。苏俄提出此条约适用于对付其他一切国家的侵略,但宋子文将它限于专对日本。(6)互换一项照会,甲段中:苏俄不干预新疆省的事务;乙段中:苏俄只向作为中央政府的国民政府提供物资。但它拒绝特别提出中共为地方机构。(7)在大连建立海关。(8)中俄达成一项军事协议,根据该协议,在中国东北的苏军将从日本人手中收复的土地交给中国的军事代表。

胡世泽这位俄语专家告诉我,他发觉苏俄在草拟条约最后文本时的两面派手法。他说关于铁路的条款载明于三十年期满时"无偿"交还中国,但这两个字在俄文本中没写上。还有原议"经"大连出口的俄国货物和"经"大连进口的外国货物均应免税。俄文本却改为运到大连供当地消费的货物免予征税;至于那些"经"大连运往其他市场的货物仍须纳税。这就使俄国的大连当局增加了财政收入。

胡世泽证实了文本中确实有一些不必要的让步。苏方提出要确定外蒙的边界,但王世杰情愿不确定,满足于"现行边界"一词,以此避免中国对失去阿尔泰明确表示同意。外蒙与俄国合谋摆脱中国的控制,但其独立宣言中并没有包括阿尔泰。

胡世泽说宋子文从重庆带来一份标明外蒙边界的1926年的地图,但斯大林说那是日本人伪造的。胡也认为那是日本人的,但宋子文和王世杰都不敢请斯大林拿出一份真地图来。胡世泽说王世杰觉得与其明说将阿尔泰送人，还不如留作一个未决的问题。内、外蒙的边界历来是不易明确划分的，主要因为这两个地区的人口大部分是游牧民族，他们总是由一个牧场到另一个牧场放牧。胡觉得中国承认外蒙的独立不仅仅以俄国军队撤出东北为附加条件，还有另外的考虑。

在另一个问题上，胡世泽报告说，宋子文提出以长春代替哈尔滨为铁路局所在地。这一建议马上就为俄国人所接受了。因为很明显，路局设在哪里，俄国的势力就会扩展到哪里。

对于中国提出为苏俄接受的那个旅顺中俄委员会，王世杰建议俄国人有三个表决权，中国有两个。斯大林马上接受了。当胡世泽向宋子文和王世杰解释，这样做会使俄国人在表决时有决定权，王世杰在下一次开会时试图修订，但斯大林拒绝加以考虑。

俄国人坚决要求铁路上要有一名俄国人任局长。胡世泽认为我们可以以此作为交换条件，将旅顺、大连的租借期缩短五年。

俄国索要中国纸币以供俄军在中国东北使用，以代替发行自己的军用券的问题，本来可以为中方谈判代表所接受。斯大林说他不想在满洲使用卢布。这个问题幸而未作决定，而留到以后在重庆解决。

关于运送苏联军队的问题，斯大林在回答问题时无意中说出不会使用这些铁路。事后当莫洛托夫试图重新讨论此问题时，中方宣读了上次会议的记录，斯大林不得不承认自己说过的话。于是他同意不作改动。斯大林认为，中方提出苏军何时从中国东北撤出的问题是一种侮辱。他说他将在日本战败两星期后撤军，并能在两个月内撤完。宋子文将此期限延长到（日本战败后）三个月，并不得不将此点载入会议记录作为协议。但此点并未载入包括在签字草约之内的双方同意的记录内。傅秉常大使按照宋子文的意思，作了中方只用英文的安排。但胡世泽向钱昌照提出了意见，钱说服了宋改用中俄两种文字。

他们一共开了十三次会,十次和斯大林,三次和莫洛托夫。胡世泽说,宋子文本来可以在波茨坦会议之前签约,但他却借口要请示而回重庆去了。他打算将内阁全部改组,但委员长只答应更动外交部长和农林部长。胡世泽说宋是想搞一个人才内阁,以我为外长。委员长却提名王世杰,还要在代表团中增加熊式辉将军。熊一直和委员长有很亲密的关系,他们是日本士官学校的同学。这就是为什么尽管熊一句英语也不会说,却在珍珠港事件后被派往华盛顿任军事代表团团长,后来又任命他为东北行辕主任——等于东北的总督或部队总司令。这似乎证实了7月26日宋给我来电说委员长同意将我调往华盛顿的背景,显然这是他接受了王世杰为外长以后的事。这一调动在旧金山时曾向我提过。

胡世泽描述了中国代表团的谈判策略之不高明。当一项中方建议(如不讨论外蒙问题)被拒绝后,中方代表就吓得不敢再提了。通常是由斯大林或莫洛托夫讲几句话来打破随之而来的沉默和紧张局面。胡世泽觉得我没有按原来的安排去参加帮助谈判而感到遗憾。但是,那时我写道:"我并不感到遗憾。这充其量也不过是一项无人领情的任务,而且我在对俄国要求的所有问题上所持的态度,对我们的代表团来说可能是造成混乱和麻烦的因素。"

重庆是否早已决定不仅和苏俄进行谈判,而且还要迅速达成一项协议,对此还不太清楚。我猜想一部分原因是由于罗斯福的建议,但也由于政府想在今后处理中共的问题时避免遭到俄国的干扰。俄国人迫切希望使这次谈判在波茨坦会议开始之前完成,但是宋子文下定决心不在任何协议上签字,坚持要回重庆请示,使这一计划落了空。波茨坦会议结束于8月2日,而中苏协议则到8月份晚一些时候才签订。

现在回忆起来,当时日本人是急切想结束这场战争的,俄国参战实在并无必要。甚至在苏俄对日宣战书中,莫洛托夫还提到远在1945年8月以前日本就曾要求和苏俄进行会谈。8月间,莫洛托夫宣读对日宣战书时,他同时第一次透露日本人在 6 月中旬曾通过天皇个人信函寻求俄国的调停。原子弹投下了之后,俄国人由于已知道日本人要求调停,便迫不及待地参战。尽管斯大林害怕已错过了时机,美国和英国却还是急于要俄国加入战争。我常常想,如果没有人促使苏联参加这场战争,那会出现怎样的局面。

盟国之间并未充分交换意见和磋商。如果影响到盟国共同利益的一些问题在做出决定之前,先经过冷静研究的话,在战争结束时就会现出一种不同的景象。那时虽然华盛顿和重庆之间的误会已在扩大之中,如在我们的战争方针上,在邱吉尔所说的中国对战争作出贡献的大小上,以及在莫斯科急切谋求参加太平洋战争上——不用出力而分享胜利果实。但如果当时对所有这些因素进行冷静研究的话,就有可能做出不同的决定——或至少可以修改一下决定,这样就会给全世界带来不同的局面。人们回顾一下历史,俄国人看来是世界政治舞台上第一流的策划者和操纵者,不过他们占了他们的政治制度的便宜。在英国,和其他真正的民主国家一样,操纵是不那么容易的。

我还怀疑重庆政府各委员会在最后决定做出之前是否进行过磋商和讨论。准备工作常常很不充分。举例来说,在 1942 年菲律宾的局势多少稳定下来,情况即将转向对盟国有利时,我极力主张应尽快做好和会的准备工作,我们尤其必须做出一份抗日战争中的伤亡人数的详细报告书。这将是我们在和会上提出要求的一项依据。但是,这项工作始终没有完成。只成立了一个委员会叫做抗战损失调查委员会。1943 年我回到重庆时,看到这个机构是由一大批立法委员(那时该院没有开会)和许多政府不得不安插职位的、吵吵闹闹的政客所组成。当和平来到时,向我们催索我国的损失统计数字甚急。最后我们只好使用华盛顿陆军部的估计数字。

战争末期的重庆,由于法币贬值,造成了实际上无物不缺。

局限于华西一隅是一种不正常的局面。显然压倒一切的考虑是共产党问题。在战后访问过我的将军们,如毛邦初、何应钦、商震,甚至连空军的王叔铭,都信心十足地觉得共产党问题在几个月内——如三个月解决不了,至多也不过六个月就可以解决,没有考虑到问题的其他方面。可是,实际上这不仅是军事优势的问题,也涉及到政治、经济和社会问题。共产党人对局势看得比较清楚,通过土地改革和民主政治的宣传而对人民做工作。

我不同意军方对共产党问题所持的几乎完全一致的意见。在 1945 年末时,我在一次由委员长主持,有外长王世杰、孙科和负责东北经济的张嘉璈等参加的会议上,公开发表了我的看法。我们讨论了这次对苏俄的谈判。王世杰非常反对和斯大林谈判。张嘉璈在会上阐明他对形势的认识和战后经济形势的严重性。他和我都主张中国进行谈判。不幸的是,王世杰在他从莫斯科回来时就已敏锐地感觉到自己受到强烈的反对。党内舆论、参政员、报纸全都反对他。这本来是可以预料到的,因为人民有一种错误印象,认为中国外交官是到莫斯科去出让国家利益。其实近二三十年的国策正好是相反。不过舆论如此激烈,最后委员长不得不出来说话——我想是在一次国民党常委会上——他说,王世杰去莫斯科是为了国家利益执行一项政府政策,王世杰是奉他的命令行事的,谁要提出反对意见就是反对他本人,这才平息了喧嚣。但是王世杰仍然强烈感觉他不得人心。宋子文很聪明,以回重庆请示为借口而坚持拖延签字。我在华盛顿时曾向他表明了我的态度,如果我们非谈判不可,我们就抱着战局的发展会对我们有利的希望采取拖的策略。胡世泽告诉我这就是宋子文拖延签字的原因。但王世杰是由委员长亲手挑选去实现其政策的。

在罗斯福去世时,打败日本就意味着要有重大伤亡的感觉仍然是强烈的。我不知美国陆军部的头头们在外交形势上消息灵通到什么程度。那时候最大的权势是在华盛顿。即使英国人,尤其在邱吉尔掌权时,消息比华盛顿的美国人灵通,但伦敦也不得不一再对美国人让步。邱吉尔了解美国人比他的同僚们要深刻得多。在我印象中,就连艾登对美国人的心理和美国的情况也不十分清楚。好多次我们在谈话时他对某些事怎么会在华盛顿发生表示惊异。我总是说:"那是很正常的。"我说,总统的权力是不小,但同时如果没有国会和公众的支持,他是不能随心所欲的。对比之下,英国的决策都是在秘密中做出的,连会议记录都不留。

五、香港问题

现在提一下香港问题,这是伦敦与重庆之间不和的原因之一,也是华盛顿所关心的一个问题。这个问题于 1942 年末和 1943 年初在重庆曾引起很大的误解。重庆的感情是如此强烈,尤其是委员长本人以至一度曾危及中英条约的缔结。日本投降后,8 月 19 日《星期日快讯报》的一篇报道引起我对香港局势的注意。这篇报道用了一个耸人听闻的标题,说中英双方竞相派兵赶赴香港,并说蒋委员长采取高压手段匆忙派兵前往九龙,以致需要美国进行干预,以防止局势无法收拾。我立即以驻伦敦的中国外交人士的名义发表一项声明,要求不要轻信报纸的报道。我的声明不是由中国大使馆直接发出的,因为那时尚未接到重庆的具体消息。

三天以后,伦敦报纸上刊登了说中国采取行动进占香港的许多报道。路透社从华盛顿发出的报道说,宋子文将前往伦敦讨论香港问题。这个报道还说国务卿贝尔纳斯在华盛顿宣称香港问题将在即将于伦敦召开的外长会议上予以讨论。

次晨,8 月 23 日,《泰晤士报》、《每日电讯报》、还有一些其他报纸都报道了英国政府对华盛顿的消息表示惊讶。英国认为香港是英国的殖民地,外长们讨论香港问题是没有道理的。如果要讨论的话,就应当在双边的基础上通过外交途径来进行。英国外交部的一位发言人在记者招待会上明确地声称,对于中国军队进驻香港一事双方并无协议,但如果中国军队是为协助该地的英军则不会遭到反对,因为香港是在中国战区之内。事实上,艾德礼应邱吉尔在国会提出的要求,证实了已制订好香港的管理计划。鉴于报纸的不断报道,我向宋子文和委员长去电劝说通过美国的斡旋和英政府直接谈判,并建议不要在五强会议上提出这个问题。我还给中国外交部去电请求告知我国的真实政策和在此问题上可能已经与美国达成的谅解。我的电报指出,英国人显然对我们利用美国的影响以促成解决的迂回曲折的做法甚为敏感。我个人觉得重庆可能急于要解决香港问题,以便弥补中国人民对和莫斯科签订协定的不良反应。

同日晚我为王世杰外长草拟了一份关于香港问题的备忘录。王就要来伦敦出席外长会议。我的新闻发布官叶公超向我汇报说,克里普斯爵士告诉他,伦敦新政府正在竭力加强它在全世界的领导地位的时候,千万不要作任何使新政府遭到困难的事情。

9月3日我收到王世杰来电,解释了中英之间在重庆曾经历了什么情况,杜鲁门总统与委员长之间关于香港问题有过什么联系。电报所谈情况清楚地说明了英国对这个问题的态度。电报说,委员长作为中国战区的最高指挥官,很诚恳地授权给哈考特海军上将在香港受降后,英国政府曾要求委员长放弃最高指挥官的权力。这个要求立即被拒绝了。

六、五强外长会议
1945年9月—12月

王世杰于9月9日抵达伦敦参加五强外长会议。当晚我和他查看了我从英国外交部和怀南特大使处收集到的有关预备会议的情况。王向我叙述了国共两党在重庆举行的谈判,以及莫斯科谈判的经过。他坚决主张必须在大连建立中国的行政管理,在旅顺成立一个中苏联合军事代表团,以此作为鼓励英国将香港和九龙归还中国的范例。

9 月 23 日我们两人再次会面,宋子文也来参加。宋是以行政院长的身份来伦敦支持我方出席外长会议的首席代表王世杰的。我们三人全面检查了中国特别关注的问题,香港是其中的一个。宋和王都渴望对英国在此问题上的态度多所了解,他们都表示想要向英国人提出这个问题,但是我认为时机尚不成熟,我建议他们应考虑提出这个问题以何时为最好。克里普斯爵士证实了我的看法,即至少在六个月之内不用想从英国人那里得到什么东西。社会党的真正理论家拉斯基教授认为最合宜提出香港问题的时间大约还要二年光景。

王世杰表示他希望中国能收回澳门。委员长曾指示他在外长会议上提出这个问题。前些时候我曾和我国的驻葡公使张谦谈论过这个问题。他是为了外长会议而来到伦敦的,因此我建议王世杰和他谈一谈。王同意这样做。会见后我又劝告他多加慎重,王同意我的看法:不顾必要的外交礼节而推行任何造成刺激的政策是不可取的。

我和王、宋会见时还讨论一些中国关心的其他问题。美国曾建议在华盛顿设立一个盟国对日本的咨询机构,而不像在德国那样设立一个管制委员会。在中国已接受了美国的建议之后,英国大使薛穆将英国的建议送交中国外交部。英国人想要澳大利亚成为管制委员会中的第五大国。王和宋都反对这个意见。

现在宋子文最关心的是在外长会议上要考虑的日本赔偿问题。中国提出的要求包含三项建议,最重要的一项是必须防止在中国领土上或将为中国所收复的领土上损坏、摧毁,或转移日本财产。在我看来很明显,真正担心的是苏军可能损坏摧毁或转移日本在东北的财产和工厂。也在伦敦参加外长会议的贝尔纳斯国务卿不赞成将这个问题提到会议上来。并给我们写了一封大意如此的信。我们曾将我们的要求通知了莫洛托夫和贝文,但他们都未答复,甚至当王世杰当面向莫洛托夫提出这个问题时他都没有给予肯定的答复。

苏联飞机将炸弹投在新疆境内是又一件中国关注的事。莫洛托夫说不应把这事看的那么严重。

委员长还很想敦促法国发表一项声明,保证让印度支那人民自治。王世杰告诉我,法国驻重庆大使佩什科夫曾企图谈判解决两国特别关注的中法各项问题。王世杰说,中国提出了一个四点方案作为答复:

1.将云南境内的一段铁路转为中国所有,以补偿中国军队应法国之邀进驻印度支那地区而遭受的损失。

2.经法属印度支那一段的铁路运送货物到海防应不受限制。

3.海防辟为自由港。

4.中法两国公民在印度支那受同等待遇。

王世杰的意见是,在未确知美国对印度支那的政策之前,中国不应和法国谈判这些问题。他说罗斯福坚决不同意恢复法国在该地的统治权,但杜鲁门对此点已趋软化。我记得我和罗斯福在1944年敦巴顿橡树园会议时一次非正式的会面上,罗斯福亲口对我说美国对印度支那无所谓——如果中国想要,就拿去好了。由于当时我还不能肯定我国政府对此问题的态度,我只是说虽然中国并无意占有印度支那,但有某些关于印度支那的问题是我们所关心的。其中有在该地的中国国民的地位和为中国西南部的经济所需要的商业与贸易提供便利的问题。

王的消息为法国外交部秘书长并曾任多年远东司司长的肖维尔所证实。他告诉我,法国渴望同中国直接解决印度支那问题。9月18日王世杰在大使馆的会客室中向皮杜尔暗示中国对印度支那的关切,但皮杜尔未作反应。我劝告王谨慎行事。局面的关键是在美国手中。宋和王都曾和贝尔纳斯谈过,他只是劝我们把这事暂时搁置,贝尔纳斯的意见是,在法国大选之前法国政府是不会对中国做出任何让步的。贝尔纳斯对印度支那的前途不表示确切意见。为了使他表态,我们给他送去两份供选择的要向法国提出要求的声明:或者印度支那由国际托管,或者准许印度支那在十年之内独立。贝尔纳斯让他的代表邓恩告诉我们,两个声明他都不能接受。他说美国只愿使法国采取一种较开明的政策,加速印度支那走向自治的过程。

对若干中国深为关注的问题,如收复香港和澳门,我个人的看法是,我们表示我们的愿望时应当更为慎重一些,特别是外长会议并不是提出这种问题的适当场所。以澳门来说,我国驻里斯本公使馆与葡萄牙当局联系甚密,他们对澳门的看法和我对香港的一样。我很了解英国政府对香港问题的态度和感情,并且知道过早提出我们的意见将会一事无成。在过去三年中我曾和英国两党的领导人作过多次非正式的谈话,使我相信英国人实际上是愿意将香港归还中国的。不过他们认为应当有一个有条不紊的移交计划。有许多事务细节必须商定,以显示英国政府并非马马虎虎地移交。

在我任外交总长期间,英国人交回了威海卫,那是通过双方都满意的步骤进行的,中英双方都委派了高级专员商讨各种问题,诸如英方行政人员的处置,他们的退职金,中方对行政职责之接收,和为中国官署做出的财务安排等,制定详细程序并写成无约束力的协议草案,提交双方全权代表作最后协商。我们一点也没有遇到困难,威海卫就交还中国了。英国对香港也有此种想法。我也认为收复香港是有现实前例可援的。我们必须对收复失地的全面问题中的具体事项作好充分准备,以便这个问题的解决能使人人都满意。

英国人将不会坚持原来的租借条款。英国通过一系列的协定取得香港,最初是割让香港,然后是扩张到九龙,最后是在 1898 年租借九龙新界为期九十九年。在 1945 年还有约五十年才满期。在我任驻英大使期间,曾和两党领导人、下院议员、大学校长、银行家、对华贸易同业公会的领袖人物和新闻界人士做过多次非正式谈话。我得出总的结论,在 1942 年曾向我国政府汇报,英国有意交回香港。邱吉尔认为此问题只应在取得胜利后再讨论。他是否真心想放弃香港是值得怀疑的,因为他对赫尔利说过,中国要收回香港除非跨过他的尸体。但是工党的其他成员,艾登本人和议会中的保守党成员都认为香港应当属于中国。要抵御中国收回香港的代价太高了。

对我们友好的人劝告我们不要在此时提出这个问题。因为这时是没有成功之望的。我们只会激怒像邱吉尔这样的人,并且为英国公众所误解。我百分之百地赞成收复香港,但觉得时机尚不成熟,并且在战争期间拿下香港的可能性是很小的。罗斯福认为香港应当归还中国,这使宋子文和蒋委员长都受到鼓舞。罗斯福在开罗曾向邱吉尔表示过此意,赫尔在莫斯科会议期间也曾提过。当然英国人对美国人在这种事情上慷他人之慨是不满的。

香港的位置正在中国的大门口,英国为什么要紧紧抓住不放?我向来认为解决问题的良好时机和问题本身的正确解决同样重要。当我在重庆被邀请向外交部或外交学会的会员讲话时,都一再将我的观点讲得清清楚楚。每一个中国知识分子都记得一句古语:宁为玉碎,不为瓦全。换句话说,坚持原则比只顾局部利益为好。我一向把这句话看作是在个人一生中的宝贵箴言,因为一个人的生命是有限的;但这项箴言不适用于外交,因为国家是永存的,不能玉碎。一个外交家不能因为必须坚持原则而眼看着他的国家趋于毁灭而不顾。在外交上,人们必须始终考虑到对方,每一方都想取得全胜。因此如果一个人意欲防止"玉碎"而又不屑顾及"瓦全",那他就是只想到自己而不考虑到对方。如果每一方都坚持百分之百的成功,那么任何谈判都不会有成功的可能。

因此,在外交上一个人必须首先判断形势,不仅要估计对方,也要估计自己。(著名的《兵法》作者孙子说过,打仗要"知己知彼"。)由于双方都想百分之百地达到目的,那么在谈判中唯一要做的事就是以做到百分之五十以上为目的。如果一个人取得百分之六十,他就应该很满足了,如果他想超过百分之五十稍多一点,那他就得特别慎重。这就是取得谈判成功之道。1922 年我第一次任外交总长时,北京新闻界如往常一样坚决要求我发表一项声明,我的声明说,我的政策是不要野心过大,第一我们必须保住还在手中的一切东西,然后才能收回我们失去的东西。许多政治家许诺要收回一切失地,但是当他们在努力收复失地时,却又继续失去现有的东西。因此我认为我的政策是对的。要收复失去的土地和主权并保证中国领土的完整和政治独立,不仅是我的政策,也是义和团起义以来每一届政府的政策。但是,贯彻这项政策的手段是应加考虑的;外交谈判的失败,有时不是由于谈判的问题本身,而是由于谈判的人。

因此,使我对宋和王进行劝告的那些理由,乃是根据完全确认的,和经过考验的原则的。但不容易为公众所理解。在俄国人向我们提出要求时,我是坚决主张加以拒绝的——不是傲慢地而是好好地讲道理。我至今还惋惜这一政策未为重庆当局所接受。我们在 50 年代初曾不顾一切地争取通过联合国废除那个条约。在美国和一些其他重要代表团的支持下,我们终于获得一个对我们有利的决定。

我在前面说过,宋是为了外长会议而来伦敦的。他在星期日(9 月 16 日)抵达英国,王世杰和我去博文登机场迎接。在去机场途中王世杰说起我将调往华盛顿之事,但他说由于在伦敦有大量的工作,他不急于让我走。我们谈论了重庆国共谈判——他对谈判结果寄予希望。他认为至少可以在原则上达成一个初步协议,其他如军队及分配各省主席等问题,留待以后解决。

宋子文在十一点三十五分准时到达,我们按事先的安排将他直接送到艾德礼首相夫妇设午宴招待中国外长的切克斯(首相官邸)。他们对来出席会议的外长都要宴请一次,星期六请的贝尔纳斯,星期五请的莫洛托夫。这一次是请的王世杰。但为便利起见,我和英国外交部作了安排,把宋子文也请上了。行政院长和外交部长同时出席,引起了礼仪上的问题。在切克斯我发现贝文夫妇从星期五起就住在那里。参加午宴的共十一人,由于英国人善于随机应变,座次的安排使每个人都感到满意。

大多数英国人和英国政府领袖们的民主精神给我以很深刻的印象。艾德礼夫人性格纯朴真挚,为人直爽,姿态动人。我们的谈话自然而然地超出政治或外交方面的事。她告诉我她要将自己的房子卖掉,不过得油饰一遍才能卖得好价。由于劳动力缺乏,如果必要,克莱门特(艾德礼)和她本可以自己动手,但是他在唐宁街 10 号的工作这样忙,她自己也忙于搬家,因而他们只好按其原样出卖。我向来对显要人物在家里做些什么事感兴趣,因此我问艾德礼夫人,她的丈夫在周末如何消遣。她说他常常织毛线、缝补,或干一点木工活,他以此为乐。由于人手不足,她对首相官邸的二楼无力收拾,因此她只把顶层整理出来居住。他们如此朴素,我非常钦佩。我说我觉得切克斯是一所宏伟而且维护得很好的房屋和产业。饭后我们参观了整座房屋。到处都很整洁。我们看了这里收藏的克伦威尔的腊模遗容,还有一封他的亲笔书札。艾德礼小姐的屋子里陈设很简单,梳妆台上有几件朴素无华、甚至看来是不值钱的东西,一个小梳妆盒与几瓶化妆品。我们参观了邱吉尔使用过的办公室。

在一间厢房里,有一架罗斯福总统赠送的大地球仪。邱吉尔访问白宫时曾对罗斯福自己的地球仪深为赞赏,罗斯福便送一架给他。贝文站在地球仪旁,将意大利的殖民地指给我看。当我问他俄国人会不会将一处意大利殖民地置于其统治下?他说地中海是大英帝国的生命线,联合王国决不让俄国在此盘踞。他还在地球仪上指出多德卡尼斯群岛的位置,并且说,这些岛屿离苏伊士运河多么近呀!决不能让俄国占有能够威胁大英帝国交通线的地方。贝文告诉我,当邱吉尔向内阁报告,雅尔塔协定让俄国占有旅顺时,贝文当下就对邱吉尔说,这是你早晚要后悔的一个错误,俄国手里有了千岛群岛和旅顺,太平洋就将从此多事。现在苏联又要求在北非的地中海岸取得一处殖民地。他认为在使俄国参加对日作战一事上,邱吉尔过于轻率,罗斯福则过于着急,他们不相信中国能在战败日本上起重要作用。这笔代价太高了,使得俄国人的胃口更大了。

午饭后,宋、王和我一同乘车去克拉里奇斯饭店,我们讨论了一些最重要的问题——向日本索取赔偿、预防俄国将日本在中国东北的资产迁走、香港问题、印度支那问题,和美国对所有这些问题的政策。宋子文对俄国可能将在东北的日本工业资产拆走最为担心,仍想在外长会议上提出此事。但是贝尔纳斯向我们明白表示,虽说他理解我们的提案的实质,他还是不赞成这样做。

英政府于 9 月 17 日在圣詹姆斯宫为外长们举行盛大宴会,出席的客人大约有七十人,但这是一个不拘形式的宴会,客人们是亲切诚挚的。我为宋子文被邀请出席盛会做了安排,但他没有出席。艾德礼作了简短的即席欢迎词。他说他多年来一直在等待这样一个欢迎外长们的机会,在德黑兰会议、开罗会议、莫斯科会议,甚至柏林会议之后,等了很长时间,终于等到了。我们大家都笑了起来,其他几位外长也都讲了几句话。贝尔纳斯和王世杰都作了比较随便的发言。贝尔纳斯的随从参谋美国陆军上校凯利带头唱了几支从第一次大战以来人所共知的歌曲,大家也都跟着唱起来。贝尔纳斯以训练有素的男高音唱得热情奔放。莫洛托夫一定会觉得在正式的宴会上竟然这样不拘形式而大感惊奇,可是我们大家都感到欢畅。

9 月 13 日是忙碌的一天。一清早我就到克拉里奇斯饭店去看宋子文,随身带着我和贝文、财政大臣多尔顿以及克里普斯的谈话纪要,让他对这些人和我们所关注的问题有所了解。在我陪宋去看克里普斯时,宋叫我翌日及早去华盛顿就任驻美大使,以准备明年为国出力。他认为在英国要办的事已不多,他需要我在取得美国经济援助这个重要任务上帮他的忙,他已将我的调动非正式地告诉了美国政府。但在另一方面,王世杰外长则对我说,在伦敦未了之事还很多,不能马上就放我去华盛顿。

由于对日作战胜利日刚刚过去不久,到处还都在举行庆祝会。我们大使馆在 18 日安排了一个招待会,大约有九百八十人出席,还没有算上大使馆、领事馆和购料委员会的人,以及担任招待的馆员。王世杰和我都尽力劝说宋子文和我们一起接待客人,但宋拒绝。莫洛托夫、贝尔纳斯、皮杜尔、艾德礼和阁员们及大使们都参加了庆祝会。宋子文不参加,实在有点令人为难,王和我都认为他本应该出席的,因为他当时就在大使馆里。

在会议进行期间,五国的每个大使馆都照例为其他几国的外长举行一次晚宴。中国大使馆的宴请定在 9 月 21 日。本来安排五位外长出席,但皮杜尔已邀请了莫洛托夫在同日共用晚餐,因此他们都没有来。于是中国大使馆的宴会成了一个十分成功的中、英、美三国会谈的场合。贝尔纳斯与贝文和我们在一起无拘无束,畅谈他们对莫洛托夫的不满和同他打交道的最好的办法。他们都认为莫洛托夫故意捣乱和不讲理。贝文建议贝尔纳斯要坚定一些。如果莫洛托夫顽固地进行阻碍,像他在意属殖民地和巴尔干诸国等问题上试图迫使英、美作出让步所使用的手法那样,贝文就打算和美国一道单独签订对意和约。贝尔纳斯同意这个办法,但认为只应把它当作最后一着。他认为不如请艾德礼和杜鲁门用电报将莫洛托夫的态度告诉斯大林。贝尔纳斯认为斯大林还是通情达理的,他会像在旧金山会议那次一样给莫洛托夫以训诫。在波茨坦会议时莫洛托夫比较沉默,如果他态度过分倔强,只要一告诉斯大林,斯大林就会制服他。

贝文不同意这个说法,他认为斯大林和莫洛托夫采取事先研究好的,一个扮演天使、一个扮演魔鬼的方针。唯一可行之道是告诉斯大林,如果苏联坚持阻碍会议的进展,那么英国和美国就要不管苏联而和意大利单独签订和约。耐心和让步是有限度的。

贝文知道很多关于斯大林的轶事。邱吉尔有一次在莫斯科对斯大林说,他们二人之间的谈话不能泄露出去,斯大林说:“好吧,我就下令把这两名翻译枪毙掉。”贝文告诉我对付俄国人的唯一有效办法是坚定。在波茨坦会议时,他发现斯大林突然有两天自称有病,其目的是要迫使美国人及早表态,因为杜鲁门和贝尔纳斯都急着要回国。贝文感觉到这是俄国人一贯使用的手法。当贝文发现莫洛托夫在波茨坦外长会议上以凡事都不同意的办法来拖延时间,他就说这个会继续开下去没有用处,在各国政府首长能开会之前暂时休会。这一着果真有效,斯大林的病一下就好了,星期一就能出席会议,星期二会议结束。

贝文还讲了他和共产党人打交道的经验,1937 年英王举行加冕典礼时,共产党人鼓动公共汽车司机举行罢工,要求提高工资。全英国都忧虑起来,怕加冕那天没有公共汽车行驶。贝文那时是这个有势力的大工会的领导人,记者问他将怎么办。如果他劝阻罢工,就会激起工人的愤怒,如果他不管,那就没有公共汽车,也许加冕典礼举行不了。虽然罢工者不听他的话,他还是坚定地动员出来了所有的汽车。结果,大典如期举行,一切都井井有条。罢工者的幻想破灭,并且受到人们的咒骂。

出我意料并使我欣喜的是民主国家的代表们都相当坦率并且随便,和东方及巴尔干国家的一些外交官常常沉默无语、心地狭窄而固执,成鲜明的对比。我发现莫洛托夫是个相当幽默并且爱开玩笑的人。在一次南斯拉夫大使馆为该国联邦执行委员会副主席(副总理)察雷尔特斯举行的招待会上,我曾和莫洛托夫谈过话。我和莫洛托夫两人都知道这次外长会议的气氛已恶化到怒气冲冲、语言粗暴、毫无进展的地步。于是我问他会议将于何时结束。他说我应该知道得比他清楚。我说这件事由他掌握,因为钥匙是在他的手里。他伸出右手,然后又伸出左手,笑着问钥匙在哪儿,我说那是无形的,因而比有形的还管用。他笑了起来,并说他相信会议将于星期六午后结束。

在和外国外交官打交道中,俄国人肯定是最难对付的,他们性格多疑,爱耍各种手段。在这方面,我认为他们是有点过时了。日本人也不容易对付,但是他们的手段不像俄国人那么多。斯大林在世时,我们往往需要直接找他。这并不奇怪,因为连莫洛托夫都没有掌握一个外交部长应该掌握的权力,他通常总是坚决遵照斯大林的指示办事。

这次 9、10 两个月的外长会议,乃是中国第一次被邀请参加的五强外长会议。此会的主要目的是为了起草结束第二次世界大战的和约,中国在会议上得到的经验是有趣和使人开扩眼界的,但也是令人泄气和颇为颓丧的。因为会议的气氛与精神使我们对于为世界和平安全而与俄国人合作的远景担忧。

外长会议是根据波茨坦达成的协议而成立的。这个会议原定至迟在 9 月 1 日开会(事实上第一次会议是在 9 月 11 日召开的),为盟国起草对敌国的和约。该会议通常在伦敦召开,它的联合秘书处常设该地。每一位外长应有一个级别很高的副手陪同前来,在外长缺席时,这位代表有足够的权力进行会议工作。其他会议经共同商定后可以在其他首都举行。外长会议受权拟定向盟国提出的对意大利、罗马尼亚、保加利亚、匈牙利和芬兰的和约草案,并对悬而未决的领土问题提出解决办法。一项对德国的和平安排,也由外长会议制订,俟一个适当的德国政府成立后再提出。成立外长会议的协议中有一项特别重要的条款,在伦敦曾是有争论的问题,该条规定,出席外长会议的大部分代表应由在有关的敌国的投降条款上签字的国家的代表组成。例如,为了同意大利达成和平解决,就把法国看成是一个签约国。当涉及与其他成员国有直接关系的问题时,他们将被邀请参加。通过成员国政府的协商,其他问题时常提到外长会议上来。与某些问题直接有关的其他国家,将请其派代表参加。

外长会议在伦敦召开第一次会,五位外长在他们的副手的陪同下出席。葛罗米柯是莫洛托夫的代表;邓恩是贝尔纳斯的代表。中国方面,我在王世杰的指示下,草拟了对各项中国关注的问题以及对意大利和约之类的问题的备忘录。

在会议第一次开会的前夕,对日战争实际上已告结束,日本已接受了投降条件,只差正式宣布投降了。中国政府关心的是日本赔偿问题和收回由意大利所攫取的权益等。由王世杰和宋子文拍给我的电报可以看出,中国政府对日本的赔偿尤其关心。中国要求日本的全部在华财产,包括工厂和船舶。这一切都认为应归中国所有,以赔偿战争损失的一部分。在中国领土上(包括台湾)的盟军,应采取措施,制止日本人破坏,隐藏或迁移这些财产。中国还应当得到大量盟国在日本接收的财产。

我们当然想和美国达成谅解,以取得美国在会上对我们的支持。因此我陪同王世杰于9月11日在开会之前去拜会了贝尔纳斯。甚至在此之前我就和他的代表邓恩谈过此事。邓恩认为我们唯一能从我们的共同敌人那里得到的东西就是日本在中国的财产。虽然他本人很理解,中国为俄国可能将日本在中国东北的财产运走而担心。可是他不表示意见,而只向贝尔纳斯汇报。由于当时贝尔纳斯正忙于办理另外的事务,我们没有机会同他研究这方面的具体问题。但在9月13日,邓恩告诉我们,贝尔纳斯认为中国在日本赔偿中应得份额问题,应在华盛顿提出来。我对他说,美国政府和杜鲁门本人,都曾向宋子文表示美国将支持中国对赔偿损失的要求。我接着说,事实上王世杰已接到蒋委员长的指示,要在这个会议上提出此问题。于是邓恩答应再和贝尔纳斯谈一谈。

外长会议首次会议在兰开斯特大厦开会,外长们聚集一堂,景象十分动人。王世杰的发言稿是由我按照在我国大使馆举行的第一次代表团会议上讨论的结果草拟并经他同意的。但是主席贝文,作为东道国的外长,只说了短短几句欢迎词,接着美国、苏联和法国各说了几句答词。这就使王世杰没有必要使用那篇精心准备、说起来至少需要三分钟的发言稿了。于是他也简单说了几句。

同日晚间,我们代表团开了会,王世杰在会上提出两件特别关心的主要问题进行讨论。会上通过了我起草的关于意大利在华权益条款草案的备忘录。关于日本赔偿问题的草案则经过讨论,修正和润色。

外长会议的第一次会,多少是个形式。第二次会可就难开了。在程序问题上出现了大量争吵,莫洛托夫紧紧逼着贝文。莫洛托夫故意反对邀请希腊,说那个政府不是一个民主政府。显然莫洛托夫是在回敬英国对在苏联控制下的巴尔干诸国的抱怨之词。看来贝文好像激怒了,他说没法接受莫洛托夫的措词。莫洛托夫反驳说,他当然有发表意见的权利。他接着说,谁也不能限制别人的言论自由。这个争论似乎成了小孩的吵嘴,但是我猜想这是为重要问题进行更激烈争辩的开场白。贝尔纳斯看来对这场争吵和苏俄的捣乱战术感到恼火,便建议休会。当莫洛托夫暗示规定会议的结束日期为 9 月 20 日时,贝文说,会议按照这样开法,结束的日期可就太远了。

外长们的副手在每次外长会议开会之前举行集会,以准备下次会议的讨论。9 月 13 日上午的集会,在古谢夫主持之下毫无结果。究竟是由对意作战的所有盟国,还是由所有对意作战的国家,来拟订对意和约,对这个问题争吵了两个小时。古谢夫一个人坚持参加拟订和约只限于对意作战的盟国。

外长会议 9 月 14 日继续开会,由王世杰任主席。这是第一次取得了不小成果的会议。决议大部分是关于议程的第一部分,特别是修改英国提出的对意和约草案问题。下午的会议由贝尔纳斯主持。他掌握会议既有效率又讲方法,恰到好处。杜勒斯是他的顾问之一,他对我说,他们二人前一夜一直工作到凌晨二时,拟出英国草案的修正案。这个修正案确实为讨论提供了有用的基础。

随着讨论的展开,气氛渐趋紧张。唯独法方代表皮杜尔反对英国的草案。皮杜尔受到莫洛托夫的严厉斥责。莫洛托夫提出意大利的一个殖民地应归苏联时,被贝尔纳斯驳得体无完肤。我发现贝尔纳斯冷静而有辩才,有时甚至使人感动。他的讲话始终是明白易懂,逻辑性强,有说服力。

9 日 21 日会上的气氛确实令人不安。莫洛托夫故意对美国挑战,他使用"背信弃义"一词,引起了正面冲突。看起来莫洛托夫的挑战是经过细心谋划的,因为他首先批评作会议记录的办法。他要求只将决议记录下来,强烈反对记录讨论的摘要。他提到斯退丁纽斯在一封信中说苏联在原则上可以作为联合国托管地区的管理国家。他指责美国不履行既定安排。贝尔纳斯作了一个生气勃勃,而且逻辑性强的回答,粉碎了莫洛托夫的论点,用有分寸的语言斥责了莫洛托夫。这是一个有力的回击,显然莫洛托夫感受到一次令他头晕眼花的打击。他说,他原来认为是处在朋友中间,现在发现他遭受了一次总攻击。

从那天以后就没有作记录,连非正式的临时性记录都没有。但是坎贝尔爵士愿意帮忙,他说如果我们写一封公函给英国代表团,他们就向我们提供每天英国代表团秘书处的非正式记录,后来他们就向我们提供非正式记录。

安排在 9 月 22 日上午举行,由莫洛托夫主持的会突然在上午十时宣布延期,最后到下午五时才开成。莫洛托夫要求按波茨坦会议决定的程序开会。他说会议决定让五位外长都参加讨论和约是一个错误,因为那样有的外长有表决权,有的没有,造成了外长之间的不平等。他想要会议让所有参加者都处于平等地位,他的意思是,只有在投降条款上签字国家的外长才能出席拟订条约。他对贝尔纳斯甚为不满,因为贝尔纳斯在芬兰和约问题的讨论上有意识地置身事外,并且对贝文和莫洛托夫之间的争论——这两个人代表着在芬兰投降条款上仅有的两个签字国——采取坐山观虎斗的态度。贝尔纳斯还火上加油地宣称他可以不参加对芬和约的讨论,但是由这些对话所做出的任何决定,都不得视为今后讨论的依据。

看来这位苏联外长是决心要改变 9 月 11 日会上所决定的程序,就是由全体五位外长来讨论和约草案的程序。只要他无法取消这一程序,他就变本加厉地进行阻挠。他的副手也采取了同样的态度。

于是9月24日的外长代表会议上,其他四国代表劝使苏联认真进行讨论对奥地利的临时及长期供应安排问题所作的一致努力成为徒劳。作为该会的主席,我尽力提出多种折衷方案,都得不到结果。每次表决都是四票对一票,苏联总是独自一票。

在紧接着的外长会议上,莫洛托夫使人大吃一惊地对麦克阿瑟在东京的行动大事攻击,说他对日本人“软弱”,要求把日本问题列入议程。第一次外长会议原定只讨论欧洲问题,因此,贝尔纳斯坚决表示反对。贝文说他曾提出成立一个同盟国对日管制委员会,因此不便反对莫洛托夫的提案,只好什么也不说。莫洛托夫的这一步可说是一个很巧妙的分裂英美联盟与孤立贝尔纳斯的行动,因为莫洛托夫相信,中国是无法坚决反对他的建议的。因此我们必须决定采取什么立场。王世杰和我讨论了我们应当强调哪几点,由我草拟了表明中国立场的声明。我提出我们对苏、美都不应得罪,王世杰表示同意。我在午夜口述了一份三页长的声明,表明我们对麦克阿瑟所作努力的理解——这样我们就不背离美国的立场——并且在原则上赞成苏方的提案。我们的困境同英国很相似。

在次日上午的外长会上,莫洛托夫又提出了前一天的提案,坚持要将它列入议程,他说他至少要听听其他代表对他的提案有何意见。王世杰宣读了中国的声明,这似乎使莫洛托夫大为高兴,他说他理解中国外长对他的提案是表同情的。王世杰回答说,如果别人都同意,他也不反对。莫洛托夫于是紧逼贝尔纳斯,要他表态,但是贝尔纳斯说,他的政府的指令不许可参加这样讨论。莫洛托夫提出麦克阿瑟允许日本军人在解除武装后回家是冒险,日本人将秘密作再度侵略的准备。他狡猾地说,中国和俄国离日本很近。

会后贝尔纳斯邀请王世杰和我到他在兰开斯特大厦的办公室去。他告诉我们,中国的声明很不错。至于莫洛托夫指责允许日本军人返回家园一事,贝尔纳斯说,苏俄是监禁着已解除武装的日本军人的唯一国家,这是对波茨坦宣言的公然违反。他说他没有对莫洛托夫作答辩是因为他不愿意拖长辩论。他找我们来的真实目的,看来是想告诉我们会议的真实情况。他要我们了解莫洛托夫强烈反对全部五位外长都参加对轴心国家附庸国和约的讨论。莫洛托夫以违反波茨坦决议为借口,想要否认在9月11日的会议中一致通过的决议。贝尔纳斯反对将法国和中国排斥在外,他向我们保证他和贝文将竭尽全力维持全体参加会议。他正在考虑中的办法,可能是采取这样一种形式,将会议扩大成为一个由所有对草约有直接关系的各国都参加的大型会议。

另外一次外长会议于9月26日举行,但仍以无结果而告终。代表们为了前一天晚上发表的公报上的词句纠缠了一小时又四十五分钟。那个声明虽然是曾经由公报委员会的五位代表一致同意采用的,但莫洛托夫却说声明不确切,要求另发一个新声明。关键的词句是"会议审查了苏联关于遣返苏联国民的提案。"莫洛托夫争辩说,公报应用"接受了"一词。经过一场唇枪舌剑的马拉松式的辩论,问题仍未解决,但莫洛托夫宣称他将要以他的代表团的名义另发一份公报。贝文对此的反应是,如果莫洛托夫那样做,他就不得不为公报委员会作出解释,因为第一份公报是得到委员会全体一致通过的。莫洛托夫和贝文都坚持按各自的话做了。

在此同时,《基督教科学箴言报》的戴维斯向我采访,这是一家在报道国际事务上素有声誉的著名报纸。戴维斯问我,该报应当采取什么态度。他极力主张同苏联达成现实主义的和解,以便今后同苏联合作。总有一天他们将不那么猜疑。另外一种做法就是采取坚定的立场,对苏联的要求一点不妥协让步。我说我的主张倾向于介乎理想主义与现实主义之间。就算让步的幅度可能很小,也必须根据正确的原则才能让步。作一次妥协须使我们朝着正确的方向前进,而不是倒退。不然的话,全世界人民将再一次感到失望,而且每次让步将只会导致对方要求另一次让步。

27 日上午英、苏、美三国外长聚在一起,试图解决巴尔干诸国和约和意属殖民地问题上的分歧意见。下午举行了外长会议,法国提出的对德管制问题,未得结果。贝尔纳斯极力主张在该日的公报中,应提到对机构问题已达成协议,尽管这所谓协议,只不过是提到在柏林成立一个盟国管制委员会,作为研究问题的组织。贝尔纳斯认为,宣布达成协议有三个作用。第一,没有什么别的可说;第二,可以表明外长会议还在工作;第三,显示五个成员国之间还有达成协议的可能。

外长会议的第一周一直缺乏生气,使人沮丧失望。在程序问题上争执过多,再加上激烈的论战。莫洛托夫似乎是有意采用阻挠达成协议的战术,想使贝尔纳斯无法忍耐下去,因为贝尔纳斯急于回美国。现在贝尔纳斯觉察出这种压力,便强作镇静,随便讨论什么问题,用多长的时间,都乐于奉陪。

次日上午外长们的会只开了半个小时。贝尔纳斯、贝文和莫洛托夫努力想就和约的程序问题达成一项解决办法,因为莫洛托夫坚持要取消 9 月 11 日的决议。晚上我的新闻发布官叶公超告诉我,他听几位美国记者说,僵局将会打开而达成一项协议,即让法国而不让中国参加。这个消息令人十分不安。于是我向王世杰建议要他准备好,一旦这个问题在会议上提出时,他就表明中国的立场。首先他应当去看贝尔纳斯,弄清楚他和莫洛托夫都谈了些什么。星期四上午的会议之后,杜勒斯在回答我的问题时说,莫洛托夫非常顽固,三强会谈毫无进展。莫洛托夫建议休会,转到莫斯科去讨论和约问题。我听了这话心中更觉忐忑不安。

我和王在当晚九时三十分去看贝尔纳斯,这是一次获得许多情报的谈话。贝尔纳斯说他已到了智穷力竭的地步。他曾叫他的属员不要对他说他看上去多么疲乏,但他看上去确实是疲倦不堪了。那天晚上的外长会议没有什么实质内容,虽然贝文曾试图使气氛活跃一些。贝文建议在午夜开会,贝尔纳斯表示异议,提出十一点开会。贝文回答说,讲英语的民族一贯善于搞折衷,因此会议应在十一时三十分举行。贝尔纳斯立即同意。贝文说话时眼睛盯着莫洛托夫，莫洛托夫说"我听见了"。

在次晨由外长的副手举行的会议上，古谢夫还是照旧毫不让步，而且对一份致维也纳同盟国委员会的例行电报稿也加以反对。然后外长们在上午十一时三十分开会，复审在此以前做出的各项决议。在讨论一个问题时，莫洛托夫说他想提出和约程序的问题，不过他愿意等到下午再说。下午举行了另一个会，开了四个半小时，直到七时三十分才散会。在这个四个半小时的会议上，一开始莫洛托夫立刻就把这个问题提了出来。贝文坚决反对。我向当主席的王世杰建议，把其他议程结束之后，再讨论莫洛托夫的提议。王还在迟疑不决，但贝文也提出了同样的建议。莫洛托夫终于同意了。

当会议对全部决议都研究完了之后，莫洛托夫又提出他反对9月11日决议的意见。他建议以柏林会议为基础重新讨论和约程序问题。贝尔纳斯作了一个生气勃勃的回答，然后提出一个修正案：要求召开一次由联合国安全理事会五个常任理事国以及欧洲的联合国成员国和积极参加过欧洲战争的非欧洲国家参加的一次会议。他说，讨论和约的会议应该扩大，而不是缩小。这是就重大原则，向全世界人民提出的呼吁，显然是打算公布出去的。它是精心拟出的，合逻辑的，有说服力的，有感染力的，毫无疑问，全世界的其余部分正在联合起来反对苏联。莫洛托夫的建议却要拆散和分裂这个会议，主张由四国参加对意和约，三国参加巴尔干和约，两国参加对芬和约。贝文在上午并不显得精神不振。他说，如果同意通过外交途径来讨论一件事，那就意味着将那件事放在冷藏库里。莫洛托夫反驳说，对于这件特殊的事，冷藏库倒是一个安全可靠的地方。但到了下午又出现了许多争执，以致贝文说，会议已变成音乐厅了。莫洛托夫回嘴说，我们应当忘却某些决议，换句话说，就是忘掉9月11日的决议。

在9月30日（星期日）的外长代表会议上，我对邓恩说明在准备和签署会议议定书的方法上采取一致态度的重要性。如果使用了四份议定书,并由四个组的外长分别在上面签字,莫洛托夫就会在取消 9 月 11 日的决议的斗争上赢得第一回合的胜利。如果从一开始就讲清楚,由于中国不是投降条款的签字国,所以不得参加和约的起草工作,那我们本不会介意的。但是,既然被邀请了,而且这个邀请又为 9 月 11 日一致通过的决议所确认,我们一直都是名正言顺的参加者。真正的问题不在于有一两个国将不继续参加,而是应该是一个五外长会议,还是几个二外长、三外长、四外长或五外长会议。我告诉邓恩,后者将意味这个新机构的解体或毁灭。即以这次和约引起的问题而言,至少在目前保卫世界和平的责任就要交给两三个国家来承担。这就违反了联合国宪章关于安全理事会常任理事国的职责的文字与精神。

那天下午的外长会议一直到七时十五分。这是一次非常激烈的会议。皮杜尔、莫洛托夫和贝文都带着恶声和怒气发言。贝尔纳斯也用有分寸的字眼谴责莫洛托夫。他们都显得很激动——面孔由于强忍着感情或者愤怒而涨得通红。当皮杜尔说,法国代表团为了接受波茨坦会议对某些问题的决议而不断做出牺牲时,莫洛托夫说,他无法接受"牺牲"这个词。如果法国对这些条件不满意,可以退出这个会议。皮杜尔仍坚持用牺牲一词。过不了几分钟,争吵又转到了贝文和莫洛托夫。莫洛托夫坚决主张自从他宣布撤回对 9 月 11 日的决议的认可之后,这个决议就不成其为决议了。贝文尖刻地说,莫洛托夫的方法简直是希特勒式的。于是莫洛托夫愤怒地问:"我们有个主席没有?"(贝尔纳斯当时担任着主席)"他在什么地方?"他说他忍受不了这样侮辱的语言,除非收回这句话,否则他就不能再开下去了。他站了起来向门口走去。贝文立刻说,他的话是受到了误解,他为此感到抱歉,他收回了他的话。莫洛托夫回到了会议桌旁,但气氛并未好转。他说,他很惊奇的是,贝文有的是办法,而竟然用这样的方法来议论其他的外长。他接着说,但这是一个风格的问题。是谁更近于希特勒式呢？当贝尔纳斯问,如果莫洛托夫坚持取消会议的决议,那么外长代表的工作还怎么做？莫洛托夫回嘴说:"由指定的国家的外长代表来做。"那就是说,他要排除不是投降条款签字国的代表。那就应当有几个分开的议定书,即关于总的问题的,关于对意和约的,关于对保加利亚、罗马尼亚及匈牙利的和约的,还有关于对芬兰的和约的。莫洛托夫一会又为贝尔纳斯的话所激怒,接着斥责贝文。他说这将是他最后一次参加外长会议了。他回顾了1943年10月在莫斯科举行的第一次会议所取得的普遍公认的成果,当时艾登和赫尔利出席了那次会议。他这是要把当前会议的失败归罪于贝文个人的品格。他说希特勒和他的部下也曾使用过这种方法,并没有取得任何效果。

那天晚上又开了一个会,由皮杜尔担任主席。这次会争吵得更为激烈。贝尔纳斯接受了莫洛托夫分为四个草约的建议,并且问莫洛托夫是否在总议定书上签字。莫洛托夫先是同意签字,但后来又再次试图取消9月11日的决议,表示除非决议取消,否则他决不在任何文件上签字。这就招来贝文毫不妥协的一番话。贝尔纳斯问,要是这样的话,还有什么要做的事？莫洛托夫回答说:"什么事也没有了。"贝尔纳斯问:"那么公报呢?"莫洛托夫说他不同意发公报,因为一件协议也没有达成。不过他的话是不合逻辑或者前后不一致的。显然是在极度紧张的心烦气躁的情况下说出的。他后来做了一个声明说,苏联政府坚决遵守柏林会议决议,并将继续尊重这个决议。然后他要求将这个声明写在议定书上。贝尔纳斯和贝文都问他指的是什么议定书,因为,他刚说过决不在任何文件上签字。这个会议变成了巴别之塔①,毫无共同语言,空话连篇,白费时间。

最后每人作了一个简单的发言,表明立场,说明理由。贝尔

---

① 基督教圣经首卷《创世纪》称,原来受上帝启示而在山上建方舟,免于大洪水之难的诺亚一家,其后世子孙想建一座巴别塔(通天塔)。上帝大怒,使修塔众人语言不通,结果一事无成。——译者

纳斯的发言是一篇向全世界的呼吁,显然是为了发表的,强烈要求采纳他的召开一个扩大会议的建议。贝文说艾德礼将提议召开一个五强政府的首脑会议以解决起草和约的程序问题。皮杜尔问还有谁要发言,没有人表示要讲话,于是皮杜尔表明他的立场,为这种局面感到痛心。他对大家说,没有法国参加,欧洲什么问题也解决不了,不管怎么说也不能不承认法国是一个欧洲国家。当大家正准备散会时,王世杰又激动又沮丧,建议星期一继续开会,并请求大家考虑如何打破僵局。每一位外长都作了答复:莫洛托夫说可以同意,但不能改变他的立场;贝尔纳斯说看不出有什么理由要把这会再开下去;贝文作为东道国代表,不得不表示同意,皮杜尔表示不反对。于是每个人筋疲力竭,意气消沉地站起身来。但于心稍慰的是闭幕的时刻推迟了,至少推迟了两天。不过谁也没有指望推迟带来成功的结果。

我觉得我们的调停虽然意愿是好的,但为时太晚。我觉得王世杰本来可以先在我们自己人之间,然后再和几个别的外长之间安排一次单独的事先磋商,以便我们为打破僵局提出一些具体建议。只有清楚地表明并维护了我们的立场之后,才能这样办。中国一直保持缄默,但中国将成为莫洛托夫所提改变程序的最大受害者,我们将被排除在五个和约之外,这是一个相当难堪的处境。尤其因为我们正是由于 9 月 11 日的决议而参加会议的,所以更为难堪。从中国的利益,以及国际合作的利益来看,尤其是从五大国之间合作的利益来看,显然最好是让现在的会议破裂,然后根据贝尔纳斯或贝文提出的建议去工作,因为这两个建议都是合理的,是具有政治家风度的。当然,从各种关系看,为了中国和法国的利益,战争期间建立的英、美、苏三巨头统治不应再继续或恢复,而应当结束了。

10 月 1 日星期一,不断有消息传来说,贝文和贝尔纳斯在上午十时和下午三时两次碰头。他们试图制订出一个方案。下午五时半宣布,预定召开的外长会议,由下午六时推迟到晚十时。

当我们在九时四十五分抵达兰开斯特大厦时,三巨头的会议还没有开完,十时十二分我们得到通知:开会推迟到十一时。为了挽救外长会议,正在千方百计地寻求一项折衷方案。

会议在十一时开始,但在一小时讨价还价之后,又休会三十分钟,让各代表团互相交换意见。杜勒斯走过来问我们为什么不说几句支持贝尔纳斯的话。他显得有些失望,说无论如何贝尔纳斯始终在维护中国的利益。假若我们认为没有什么,那是我们自己的事情了。我竭力向他解释,说王世杰曾经表示过他同意贝尔纳斯的意见。但杜勒斯说,王在会场上只说在未和本国政府进行商量之前,他对贝尔纳斯的提案不能发表意见。我转过脸看着王世杰对杜勒斯说,他一定愿意说几句话来支持贝尔纳斯所提召开一个扩大会议的建议的。王回答说,如果贝尔纳斯的建议能为苏联代表团所接受,那我们就不反对。这话使杜勒斯吃惊而且恼怒,一句话没有说,扭头就走了。

会议在凌晨一时复会。在我的不断示意下,王世杰作了一个很短的发言,说他认为贝尔纳斯的建议是公正而又稳妥的,因而向本国政府推荐予以考虑。这个简短的发言是在杜勒斯走了以后中国代表团经过长时间的争论才作出的。我极力主张支持对中国有利的贝尔纳斯建议,打破那个三巨头统治并且保证中国参加和约会议。在扩大的基础上,和约就更容易获得批准。贝尔纳斯在星期五晚上曾告诉我们说:如果会议非破裂不可的话,他宁愿是由于莫洛托夫拒绝接受他提出的会议建议而造成的。贝尔纳斯的意思是要把这个问题公布于全世界,那就肯定会博得将被邀请的国家以及全世界人民的同情。如果美国人民知道了英国支持了贝尔纳斯的建议而中国没有,他们将作何想法? 我们自己的人民会说些什么? 王世杰之所以踌躇不决,是因为他不愿给莫洛托夫以中国支持西方国家反对俄国的印象。当时我曾指出,人人都会想到我们当然要维护我们中国自己的利益。苏联也不能反对我们这样做。莫洛托夫不管别国愿意与否执意要按他的要求办,这个要求如被通过,将使中国被排除在外,并使中国代表团处于屈辱的地位。叶公超、胡世泽都同意我的意见,于是我提出由我立即写上几行供王世杰考虑,帮助他下定决心。我写出一个约四百字的声明,表示我们对争论中的问题的立场和我们对贝尔纳斯建议的态度。但是,和平时一样,王世杰不喜欢由别人替他起草文件,于是他说要考虑一下,然后用他自己的词句来讲话。正在此时,别人来通知我们继续开会。

凌晨二时十五分不得不宣布再次休会。过不多时贝尔纳斯走进来要求我们不要离开会议桌,因为莫洛托夫反对中国参加讨论对意和约起草委员会的报告。如果我们呆在那里不动,而莫洛托夫还是继续反对,他就要离开会议桌。会议的破裂是由他而不是别人造成的。邓恩在几分钟之前也对我们这样说过。王世杰这两天以来一直在考虑向莫洛托夫提出一个折衷方案,但我劝他不要这样做。他的建议是通过一项决议,规定下届外长会议采用其本身的议事程序。其含意是目前的程序到那时将失去其约束力。贝尔纳斯也曾经谈过此事,认为莫洛托夫不会接受,所以用不着试。但是王还是去和莫洛托夫谈。结果不出贝尔纳斯和我所料,莫洛托夫直截了当地告诉他不接受。王世杰力劝莫洛托夫支持贝尔纳斯的提案,但是尽管莫洛托夫说他在原则上可以那样办。不过,他接着说,在他回莫斯科之前他无权讨论它。王世杰对莫洛托夫的答复感到满意,转告了贝尔纳斯。

虽然会议在凌晨三时十五分继续开会,但仍是一事无成,又宣布休会到上午晚些时候。外长们在 10 月 2 日上午十一时再次聚会,结果只不过是更多的争吵而已。莫洛托夫想休会到星期三再开,但贝尔纳斯坚决认为只要有任何达成协议的希望,就应该立刻试一试。下午三时继续开会,由王世杰任主席。会议仍无进展,王建议休会三十分钟,并请求复会后由贝尔纳斯任主席。(王世杰可能因为对这些争吵束手无策,坐在主席位上甚感为难,并且又害怕在他任主席时会议破裂。)莫洛托夫立即说他反对休会。

不过他对王希望解除主席职务一点愿意帮忙。贝尔纳斯自然也不想休会。我对王说，假若接受休会的话，他将不得不继续担任主席，协助取得一项协议。有王作会议的主席，其余的三个人可以毫无拘束地发言。不过，他们还是更喜欢自己当主席。最后，贝尔纳斯说，会议拖下去没有好处……最好宣布休会，把没法解决问题的工作留给各自政府去作。报纸已经刊登贝文和莫洛托夫之间发生冲突的消息，其中有由于贝文骂了莫洛托夫，以致莫洛托夫离开会议席位的情况。贝尔纳斯说，假如会议勉强继续开下去，只会把事情弄得更糟。哈里曼低声对我说，他们的人员认为会议还不如在星期日夜间就结束掉，因为那时的情形比现在要好些。

早些时候，贝尔纳斯在离开我们代表团的办公室时对王说，他对自己的妻子说过，王不仅为人正直，而且是个好人；如果他（贝尔纳斯）看错了的话，那可以说，王的面貌是世界上最能骗人的了。（你看，王和贝尔纳斯多少有点龃龉。）

莫洛托夫迅速提出了他一星期以来拟出的自己认为最有调和性质的建议。这是一项精心策划用来加强他的立场的草案。他建议立即签订所有四项议定书，把未能解决的问题留到次日（10 月 3 日）的会议去讨论，未决问题当然也包括有关起草和约的程序在内。莫洛托夫在回答贝尔纳斯一项质问时曾明确讲道，一般问题议定书不包括 9 月 11 日的决定。这仍是原封不动的老意见：各项议定书由不同的小组进行签署。这样，在 10 月 3 日的会议上，讨论缔结对意大利和约的程序时，中国就不能参加；讨论巴尔干半岛和约时，法国不能参加；美国不能参加讨论对芬兰的和约。这是一种花招，但被贝尔纳斯和贝文所识破，他们不接受这个建议。

会议起码是暂时结束了。10 月 3 日晚间，王离开伦敦。没有多少时间去谈论整个会议的情况，因此我们只谈了共同关心的几个问题，诸如我即将调到华盛顿任职，人事问题以及魏道明博士更适宜的任命等。

次日,我草拟了几份电报,说明会议破裂的原因,分别拍发给委员长和宋子文。我特别通知宋子文,莫洛托夫说过在他所提谁应参加和约谈判的问题上,直到如今,还没有哪一位中国代表表示过不同意。我们应向美国政府讲清楚有关中国在意大利投降条件问题上的地位,对此我也要了解宋的主张。当初曾经要求我国参加这些条款,但是我们却没有签字。我的另一项工作是通知我的同僚——中国驻莫斯科、华盛顿和巴黎的大使们有关导致外长会议破裂的情况。电告同僚们的目的之一是希望他们查明,他们所在城市对外长会议破裂原因的舆论如何。

我对王在外长会议最后一次会上所采取的态度感到有点吃惊。他对中国参加讨论对意和约问题不愿意采取明确的立场。虽然贝尔纳斯与杜勒斯极力敦促王支持把会议扩大的建议,以使莫洛托夫处于对会议决裂负责的地位,可是,王不同意给予支持。我们代表团开会讨论这件事时,几乎全体一致主张采取明确立场,支持美国的建议,但他仍然犹豫不决。最后,在外长会议上,当情况已经变得非常紧张,敦促他表示意见时,他说,如果大家都同意美国的建议,他也不反对。自然,这样说对美国建议毫无帮助。我觉得,他离开重庆之前,大概是得到了委员长的指令,要他避免让苏联代表团觉得我们同英美站在一起,而且要试图尽量培植同苏联代表团的友好关系。我在前面指出过,委员长在这次会议上的主要目的是要向莫斯科表示友好。这次会议是紧接着中苏谈判结束和缔结中苏条约之后召开的。他期望当共产党问题不得不在中国加以解决时,苏联政府将如在莫斯科谈判中以及在中苏条约中所表明的,承认国民政府是唯一的合法政府,并将给予物质和精神支持。

我回忆那时,还记得宋子文曾希望我接替他的外长职务,他一再让我订出计划,在 7 月 1 日到达莫斯科。委员长最后决定让王世杰接任外长。我得出这样一个结论,委员长和宋一定研究过,对于苏联在雅尔塔会议提出的要求,我们应该采取什么样的政策。宋肯定曾经告诉委员长,我的观点是什么以及他的观点是什么,并且敦促委员长不要接受苏联的要求,否则就要使时代倒退,改变国家的政策。他一定发现委员长不同意他的意见。

想到王世杰在伦敦这一段的行动,使我回忆起宋子文告诉过我几件有趣的事情。当我在 9 月 19 日到博文登给他送行时,他对我说,他从华盛顿回到重庆后,曾向委员长推荐我和王作为外交部长的人选。不过,委员长选中了王,因为委员长对他比较熟悉。这是很自然的事情。但是宋子文还说,虽然委员长并非不喜欢我这个人,他却认为我有点胆子小。还有一点,委员长既不喜欢有独立见解的人,也不喜欢指出他判断错误的人。宋说,他自己只是委员长加以容忍而已——他有自己的看法,并且敢于讲出来。我想,委员长选中王作外长的主要原因一定是由于委员长期望一旦战争结束,尽快彻底解决中共问题。这一贯是他最关心的大事。宋所谈的情况有助于间接了解重庆的局势,而且也在很大程度上说明了为什么委员长同意签订莫斯科条约,尽管明知这样做中国就不得不屈从和接受那些违反我们国家政策的要求。王一定已经领会了委员长的根本意图,或许委员长曾经明确指示过他在伦敦会议上应采取什么态度,所以,甚至面对代表团成员们强烈的敦促,他依然不为所动。当然,他无法充分说明他之所以这样做的理由。

众所周知,王一直想当中国外交部长,以便以他自己的方式执行外交政策。王宠惠在 1937—1941 年第二次担任外交部长时,曾亲口对我说过,尽管他不喜欢搞外交,但觉得这是他为国家服务的责任。在 1912 年,他第一次担任外交部长时,甚至对孙中山也说过这样的话。但是,他主要的困难是来自王世杰。关于中国对外关系和国际局势,在委员长办公室举行的每个星期的会议上,王宠惠一定要遭到王世杰的评论和批评。王世杰那时是委员长的欧洲战场顾问,在对外政策问题上,多年来同委员长接触密切,并就外交部所处理的任何一项问题向委员长提出建议。他的看法同一般中国人的看法当然有些不同,因为他是在欧洲受的教育——主要是在比利时和英国。他很谨慎、认真、勤勉,并且是博览群书的学者。虽然直到那时他的经验还不足,但他深切了解委员长对所有外交政策问题的看法,每当出现争论时,他都能提出建议,而且总是迎合着委员长的意图。我猜想当宋子文试图向我解释为什么任命王作外交部长时,他所想到的就是这些情况。在任命王为外交部长后,两天之内宋子文就带着他前去参加莫斯科第二阶段的会谈,并由王签署最后协定。宋知道他自己是不应该签字的。

一个国家的外交政策,可能受到个人因素这样或那样的影响。我觉得那时的中国是颇为不幸的,最少有两个原因。第一,罗斯福不该在雅尔塔会议上不征求中国的意见,就答应俄国对中国提出的要求。第二,在那时,罗斯福究竟还有几分控制自己头脑的能力? 当时就已有关于罗斯福的健康不佳的流言,随着情况的发展,似乎事实上他已不能很好地掌握自己的头脑,在很大程度上受到他周围人员,包括阿尔杰·希斯在内的影响。我想,马歇尔一定也在军事方面对罗斯福造成很大影响。在宋子文同杜鲁门及接近白宫和国务院的美国友人会谈之后到达伦敦时,他对我说,关于魏道明就罗斯福谈俄国在雅尔塔会议上提出的要求所作的报告,他感到很不满意。宋感到魏的报告不完全。宋要求他加以解释时,魏说,那次谈话是非正式的谈话。宋说,这不能成为理由,因为按照他的经验,只有在非正式谈话当中才能了解对方真实的态度和意图。他认为魏应该作出更为完全的报告。只是后来在华盛顿,他才发现有许多有关情况魏没有告诉我们。

10月9日,贝文在英国下院报告了外长会议的经过和造成破裂的原因。我听了他的演说,是既克制而又坚定的。最后贝文表示还是有希望获得解决的,他引用了同莫洛托夫交换的电报,电报强调了解决的可能性和继续进行合作。看到邱吉尔与艾登坐在反对党议员席上，面对着艾德礼首相、贝文外长和多尔顿财政大臣，是原先不可思议的。上次我到下院时，邱吉尔坐在现在艾德礼的座位上，艾登坐在贝文的座位上。现在邱吉尔站起来，要求定一个日期，对贝文的演说进行辩论。贝文强调情况微妙正在设法消除困难而拒绝定出日期。

大约十天以后，我应邀出席皇家内科医生协会为庆祝成立三百周年举行的晚宴。政府、教会和各行各业的领袖人物出席了这次盛会。首相艾德礼、坎特伯雷大主教、外长贝文和艾登先生全都到场。艾登坐在我的右侧，贝文坐在我的左侧，给我一个极好的机会同这两个人闲谈。

艾登同我谈了许许多多雅尔塔、莫斯科和波茨坦会议的轶事。他说，他对外长会议破裂感到失望。他认为，实际上，莫洛托夫是个大权在握的人物，他假托请示莫斯科，不过是一种策略。他回忆起 1942 年在伦敦谈判英苏同盟时，莫洛托夫要求英国承认苏联吞并三个波罗的海小国。艾登不同意，因而出现了僵局，迈斯基什么问题也解决不了。为了挽回局面，那天晚间艾登提出了一项英苏二十年同盟条约，最初莫洛托夫显得十分吃惊，不过随后他说让他考虑一下。第二天一清早，他就接受了这个建议。艾登认为莫洛托夫没有请示莫斯科指示的时间，因此，他一定有权作出决定。

后来，1942 年艾登到莫斯科时，他首次同斯大林交谈对日战争问题。他还能很清楚地记得那次谈话，因为当时斯大林劝酒，使他饮酒过量。到早晨五点钟，艾登要求离席去睡觉。尽管艾登说再也喝不下一滴，斯大林还是说，只有再喝一杯才能退席。和以前一样，又斟了满满的一杯，这样，他一饮而尽，说声对不起，喝了些小苏打水以后，就去睡觉，一直睡到下午六点才醒。他说，伏罗希洛夫喝得酩酊大醉，要坐在斯大林大腿上，于是让人把他送走了。他回答我提出的关于波茨坦会议问题时，否认俄国人曾多次愤怒离开会场。他说，他发现，最好是同莫洛托夫私下商谈。

在波茨坦时，只要碰到僵局，艾登就要求同莫洛托夫共进午餐，那么，问题就会迎刃而解。他说，在会议桌上迫使别人接受一项协议，这是莫大的错误。艾登对我始终是非常友好和坦率的，我们能够无拘无束地交谈。他对我谈了他的经验，可能是因为他觉得，如果是他掌握外交大权，或者采用别种策略，那次外长会议可能不至于破裂。总而言之，在那次会议上，贝文的确相信，甚至对贝尔纳斯说过，莫洛托夫确实不掌握大权。很明显，关于莫洛托夫究竟有多少实权，艾登和贝文的看法有分歧。也是在1942年的莫斯科，斯大林邀请艾登和所有英国代表团成员出席一次晚宴。澳大利亚公使也在座，斯大林转过头来对他说，他对澳大利亚一无所知，仅仅知道那里才有七百万人口。他接着说，像澳大利亚这样一个土地辽阔的国家，最好是作出迅速增加人口的工作。澳大利亚公使可能误解了斯大林的话，他回答说，只有落后国家，人口才会迅速增长。这句话使艾登如坐针毡忐忑不安，担心对斯大林的冒犯会受到反击。但是，斯大林却大笑起来，挽救了当时的尴尬局面。

艾登认为，如果用另一种方式对付俄国人，有可能避免外长会议的破裂。公共舆论是永远在变化的，艾登相信，大众对俄国并非那么盲目地赞扬和崇拜。人民总是想尽量了解事实真相。艾登问我，他听美国代表团说，我要到华盛顿担任大使，不知这个消息是否属实？这是直截了当的询问，但是，我只说，政府有这样的想法，不过尚未作出决定。我说，我在伦敦是愉快的。艾登对我极好，他对自己的同事们说，假使我离开伦敦，对他的国家将是一个莫大的损失。

坎特伯雷大主教也出席了皇家内科医生协会的晚宴，他也是个幽默的人。他嘲弄地说，政府用三位外交官管理外交部、自治领和殖民地，而他一个人用两个助手、两个秘书、一个打字员，就能办好这些事。他还想找一个秘书，但能否找到，取决于劳动大臣。他说，工党政府的大法官乔伊特勋爵执行他所理解的法律，至于他,坎特伯雷大主教,执行的却是他和其他人都不懂得的法律。

在这个场合,贝文也讲了话。情调却不无忧郁。他说,五千年前,摩西给予我们每星期休息一天的权利。二十年来,他试图改成每星期休息两天,但是迄今毫无进展。他是实力雄厚的英国工会的领袖,而工会是工党一个具有实力的组织。他回顾说,尽管十分明显,人们每星期工作六天的效果比每星期工作七天的效果好,可是他在日内瓦的努力还是徒劳了。他强调人民的生活与健康对这个国家是高于一切的问题。他说,英国要保持它在世界上的领先地位,这个国家中每个儿童的生活是个极为重要的问题。第一次世界大战给这个国家各行各业都带来了差距,这次世界大战又带来了另一个二十年都会感到的差距。由于欧洲遭受了破坏,需要像攀登高山那样努力奋斗,才能保持他的国家在世界上的地位与影响。

我提到这些情况,仅仅是为了说明真正的民主国家中的人享有言论自由。两个对立政党的领袖,一个取代另一个执政,甚至有外国大使们在场,能在同一个宴会上进行毫无拘束、毫无辛辣味道的谈话,这给我留下十分深刻的印象。这表明,他们确实享受着言论自由,而又不滥用言论自由。

1945年10月22日,我收到王世杰一封电报,告诉我委员长已经给杜鲁门总统和斯大林大元帅去电,试图打破外长会议的僵局。王本人亲手交给苏联大使彼德洛夫一份备忘录,声明中国赞成美国国务卿贝尔纳斯的建议,即主张举行对意大利、罗马尼亚、匈牙利、芬兰和约问题的扩大会议,并在下一次外长会议上通过这个建议。王正在等待苏联的回音,有了回音之后再同英国人联系。换句话说,王向委员长汇报了伦敦外长会议最后阶段情况和争论问题——即贝尔纳斯建议召开一个扩大会议,莫洛托夫反对,而王犹豫不决。显然,委员长听完汇报以后,作出中国可以支持贝尔纳斯建议的结论。为了挽回我们的立场,他重申莫洛托夫所提下次会议在莫斯科举行的建议,但增加一个事前要对议程达成协议的条件。他竭力使美俄双方都满意,希望达成一个圆满的妥协。

那时,由于中国第一次有机会参加讨论和决定影响全世界的主要问题而未能取得成果,使我感到很遗憾。我尤其感到特别失望,因为我毕生的希望是,在世界大家庭里,应使中国享有适当的地位,并且中国应对维持和促进世界安全与福利作出应有的贡献。但是,由于我国没有能够保持自己在世界上的地位,我们参加伦敦外长会议似乎只是一场匆匆而逝的梦幻。

我要跳过几个月,先把这段经过说完,以后再回过头来谈这几个月。在莫斯科,12月末再次举行外长会议。出席的有美、英、苏三国代表。12月27日公布第一次公报。宣布对欧洲和平条约起草程序所达成的协议。显然英、美两国完全屈服于苏联代表。对意和约将由四强起草,把法国看作对意大利停火的一个签字国,中国被排除在外。对罗马尼亚、保加利亚、匈牙利的和约只由三强起草,对芬兰和约由英国和苏联起草。虽然法国对这些程序不同意,但中国立即表示同意。按照公报,由各国代表起草和约,将召集二十一国会议讨论这些条约。中国将成为被邀参加扩大会议的国家之一。最后,条约将由二、三或四强起草和签署,然后提交和会进行总签字。这就是达成的协议。我为其不民主的性质感到震惊。我也为中国表示同意之快而感到诧异。

次日,发表第二次公报和最后公报。我看到中国被置于罗马尼亚、保加利亚、朝鲜的行列而感到痛心。在日记里我记道,在1942年和1943年,我们没有加紧改组中国军队,准备好在战争结束时能收复东北甚至朝鲜,可惜!可惜!

我国政府未能解决国内的政治问题实在是所有过失的根源。现在不仅失去朝鲜,甚至在中国没有参加的国际会议上,把中国的国内局势作为议题,使我国在国际领域内蒙受耻辱。仅仅由于我国答复同意签署对意大利停战协定稍迟几日,就将我国排斥于草拟对意和约的国家之外。这使我非常烦恼。然而苏联对意大利投降条件的同意也是推迟了的。我们鲜于成就，咎由自取。假使在 1943 年秋我们的行动及时，意大利的投降条件经我国同意一事，毫无问题就会得到英、美的承认。当时这两国确实切盼我国如此。

我在 12 月 28 日的日记中，总结局势如下：

> 现在不仅对意和约，甚至中国的东北与朝鲜问题，在莫斯科讨论时都没有我们参加。虽然中国是第一个抵抗日本和遭受苦难最惨重和最长久的国家，然而，控制日本的问题却也背着我们去解决。苏联参加对日战争，只是在实际的日本投降前一天，然而苏联却作为英、美平等的伙伴一同商议有关日本的事情。我们既没有对战争有所准备，也没有对和平有所准备。

最后会议举行之前，我同伦敦各方面人士继续商谈当前的事务。10 月 27 日同詹姆斯·邓恩（即贝尔纳斯在伦敦会议时的副手）共进午餐。我们详谈苏联在伦敦会议上的态度。邓恩告诉我，杜鲁门已经给斯大林写了一封信，说明美国的态度，目的是恢复会谈。邓恩也详述了关于日本和朝鲜的盟国咨询委员会及苏联所持的态度。在会议上，这个问题已经成为不仅是美国和苏联之间争执的根源，而且也是英、美之间争执的根源。

弗朗西斯·罗斯爵士和夫人举行的宴会给了我同斯特拉博尔吉勋爵（上院工党领袖）一次长谈的机会。斯特拉博尔吉勋爵证实邱吉尔实际上是他自己的外交大臣，用艾登之处不多。艾德礼则不同，"贝文制订他的外交政策，交给内阁批准"。斯特拉博尔吉在 1903—1904 年到过中国，在旅顺、大连当海军舰艇定级官，此后再未到过中国。他承认，他对中国的印象是过了时的，但是，他说想要促成解决香港问题。他强调了关于这个问题的三个要点。第一，殖民地（香港）应提供贸易便利，我设想是让英国像以前一样使用。第二,应允许英国利用香港作为海军基地。最后,英国的既得利益包括私人既得利益,应给予照顾。

有人告诉我,斯特拉博尔吉在决策上有很大影响。我指出,中国人民确实希望看到香港归还给中国。不过除非英国人觉得已到讨论解决问题的时候,中国政府不想提出这个问题。我对他说,表示自愿将香港归还中国的姿态会大大加强中英友好。归还香港之后,我们准备把它作为自由港,在一定期限内,让英国海军和中国共同使用香港。在我的头脑里,解决香港的方式是以解决威海卫租借地的方式作为蓝本的。我们将对接管的英国权益给以全部补偿。弗朗西斯·罗斯爵士也是工党人士,强调香港无法防守,香港对英国的安全毫无作用。

然后,我们的话题转到俄国。斯特拉博尔吉勋爵相信,外长会议的破裂可能是由于俄国人怀疑英、美不愿同俄国分享原子弹的秘密。我回答说,我相信破裂的原因有两条:一条是英、美两国拒不承认巴尔干国家的政府,二是俄国人猜疑西方国家对俄国的意图。斯特拉博尔吉勋爵说,英国鼎盛时代已经过去,只有四千万人口和这些小岛,永不可能再变成为头等世界强国。过去,以英国人民的精神和技术,英国得以保持那种地位。但是,战争揭示出来的新形势,一个国家要有人口、土地和资源才能成为世界强国。中国是个大国,二十年之后将更为强大。

七、中国的共产党局势
1945 年 9 月—12 月

在不断变化的国际局势中,中国共产党人依然是中国的一个因素。邓发,中国共产党出席巴黎职工大会的代表,在 1945 年 9 月 30 日(星期日)从重庆到达伦敦。他带来了周恩来的介绍信和毛泽东的问候。据邓说,毛要他告诉我,国民政府和中国共产党之间的重庆会谈会成功,中国的团结将得到维护,我在这一点上,可以宽心。显然,他们注意到,我有促进团结的愿望,特别是他们听到我建议出席旧金山会议的中国代表团要包括中共代表在内，以便成为一个真正的全国性代表团。我对邓说，我非常高兴地听到他们的消息，因为每一个人，包括外国友人在内，都渴望看到我们的统一、民主和繁荣得到维护和发展。中国应该把自己的国家迅速建设好，以便能够面对外部世界的紧张局势，并作为一个主要强国作出充分的贡献。

10月11日，重庆宣布国民党—中国共产党谈判的结果。不过以我看来，这并算不得一项非常令人兴奋的消息。报纸刊出毛泽东离开重庆回延安时发表的一篇乐观的声明。

10月30日，我为出席世界青年大会的中国代表举行了一次简便晚餐招待会。出席的共有二十四名代表，包括一位共产党人和国民党康泽将军（一位有名的中国三青团领袖）。在我的欢迎词中，我提出三点意见：第一，在代表团内应始终保持统一阵线；第二，摆事实要客观，谈意见和想法要简单扼要，学英国人的方针……说话总是留有余地而不夸张；第三，向国际友人的优点学习；至于他们的缺点，我们要检查一下自己是不是也有。

我始终强调结成统一战线和努力实现国家统一的重要性，因为我觉得，各政党之间的不和实无必要。至于主要的问题，各政党的看法并没有大的区别：都希望中国强大，只有强大，中国才能取得国际大家庭中应有的地位。从民族的观点来看，那些政党之间的分歧，不值得赞许。这种分歧，实在只是些狭隘党派间的分歧或个人领导地位的分歧，而不是如何领导全国的大问题。这种认识始终是我的信念，而且也是绝大多数中国外交人员的信念。我们被称为独立的无党派人士。这大概就是为什么我们作为一个团体，对国内事务的影响很有限的缘故。

11月20日，我再次接见邓发。他前来谈论中国的国共问题。在我们的谈话中，他竭力介绍中共的主张，但是我禁不住要问他关于重庆两党谈判的情况。因为我还有一个约会，不久我们即中止谈话，不过，我邀请邓发在两天后继续交谈。

11 月 22 日,邓同我一起进餐。我们继续进行坦率的谈话。邓说,毛泽东要他研究一下国际局势,因此他将去看望几位英国下院的议员。如有可能,也见一下外长。

加拉格尔先生(英国下院的共产党议员)已经给他介绍了一些工党议员。他不久要出席一次英国共产党的集会作报告。邓说,毛知道我赞成派一个全国性代表团出席旧金山会议。他解释了中共对中国局势的看法。我对他说,我认为他的解释说服力不足。现在政府已经宣布决心结束国民党的训政,实行孙中山的三民主义。我看不出两党政策之间有什么大的区别。任何国家只有统一才能强大。在战后世界现代强权政治的考验中,没有一个统一的政府和军队,中国就起不了自己应有的作用。三十年来,我一直为此而努力工作。现在日本的危险终于消除,所有的中国人,应该齐心协力,建设一个新国家。一个政党的权力和成功,与整个国家的更高的利益相比是微不足道的。

邓表示同意。他说,在原则与政策上,两党之间的分歧不大。不过,政府是否会实行它的政策与双方同意的原则,并无保证。因为他和他的党曾迫不得已打了十五年内战,对政府抱有怀疑,不能信任。他还一再说,用武力消灭不了中国共产党。我说,没有人——即使是国民党——想消灭一个政党。正在进行的战争看来好像是共产党在华北地区采取攻势,尽管邓第一次到英国时曾亲自对我说过,毛泽东要他向我保证,毛不允许打内战。邓回答说,有些事件是地方上的游击队先动了手。他认为这是起因于政府军所接到的打共产党的密令的缘故。他渴望下一道停火令。我指出,近来政府已经提出这个建议。据我看来,邓是很和蔼可亲的,但他讲不出合乎逻辑的道理。

1945 年 11 月 21 日,在中国大使馆设宴招待艾登。我再一次同他谈到英苏关系和对付苏联代表的最好办法。出席宴会的还有克兰伯恩勋爵和夫人、理查德·劳先生和夫人、邓肯·桑兹先生和夫人和怀南特大使。宴会一直持续到半夜一两点钟。艾登无拘无束地谈论。他还告诉我,不久将在下院同艾德礼先生就原子弹、波斯问题、希腊局势、苏联态度这类事情进行辩论。他自己认为,苏联的态度是无礼的,但是他也觉得贝文要想驾驭莫洛托夫,就应该温和一点。艾登从雅尔塔、莫斯科、波茨坦的经验中发现,同莫洛托夫打交道的一种方法是,无论什么事都在私下说服他。斯大林比较容易理解和听从某种论点,在正式会议上从不像莫洛托夫那样固执。在波茨坦,邱吉尔有一次作了等于控告苏联在巴尔干半岛活动的发言。斯大林气得满脸通红,打断了邱吉尔的发言,声称等邱吉尔发言后,他要作出答复。邱吉尔发过言后,杜鲁门总统说,美国在巴尔干的经验,跟英国一样。这样一说,斯大林的面容从愤怒变为惊讶,好像在说,杜鲁门的下级对他报告的消息并不确实。到了最后,斯大林拒不发言,显然他觉得,当两个人反对他一个人时,反驳是没有用处的。

艾登对我说,俄国人无权不让波斯军队进入波斯北部。这是违反英苏伊朗三国条约的。俄国人行动的基本原因是怀疑,但是应该相互尽最大努力消除不信任和怀疑。他告诉我,俄国人总是竭力探明什么东西他们能够弄到手以及他们的对手脆弱到什么程度。在雅尔塔,罗斯福给了俄国人某些东西,以换取俄国人参加对日作战,不过他们是在牺牲中国的利益。艾登本人不喜欢这件事,英国人一直没有参与。按照艾登所说,只是在午餐的时候,罗斯福才把这个消息告诉了邱吉尔和艾登。罗斯福要求邱吉尔参与这种安排。艾登建议邱吉尔反对,但是邱吉尔觉得不能拒绝。

艾登问我的意见,我表示同意他的看法。我接着说,中国仍然在努力说服苏俄要他们懂得我国在东北地方的困难,并对顺利接收在苏联军队占领下的国土作出安排。我向艾登概括地介绍了俄国在东北造成的局势。

艾登清楚地对我说,他高兴地看到贝文实际上是追随他的外交政策。艾登实际上可以读全部外交事务的电报,贝文时常同他商量。只是在内政问题方面艾登才采取进攻战术来反对工党。那是个使人感到不满意的工作，永远是破坏性的，从来不是建设性的。他相信，最少需要一年，才能期望在政治舞台上有一个变化。我说，我听贝文说过，工党在大选获胜时，他想担任财政大臣。但是，由于艾德礼的坚决要求和英王的建议，才担任了外交职务。艾登承认贝文原来是打算担任财政大臣的，不过他想回避我询问的第二点。他说英王的宪法地位在英国历史上是特殊的，英王可以提出的建议是有限度的。

后来克兰伯恩说，假若俄国打算使它自己立足于北非，则只会削弱它自己，并做不到卡住英国的咽喉以危害英国。但是，艾登不同意这种看法。

第二天，11月23日，在葡萄牙大使帕梅拉公爵夫妇为宴请邱吉尔和夫人设的午餐会上，我和邱吉尔有过一次闲谈。尽管他自己和他的党近来在选举上遭到意外失败，我发现邱吉尔的精神很好。帕梅拉大使谈到这时报纸上经常报道的希腊问题。他说他从希腊杂志上看到，百分之九十的希腊人要求君主政体。雅典正在发生政府更迭。决定君主政体的公民投票已延期举行。这消息使邱吉尔立即答话说：我真不懂为什么多数人思想感情向左转就往往认作是民主的，而向右转就认作是反动的。我问希腊大主教最近为什么辞去摄政职位。邱吉尔解释说：是国王取消了大主教的权力。邱吉尔又说，苏联在巴尔干半岛的政策始终难以理解。他知道俄国人在中国东北帮助中国共产党，然而，如果英国人在希腊干了同样的事，就会被说成是干涉希腊的内政。

邱吉尔和艾登的这一番谈话，使我特别感到有意思。因为，两星期前，我和贝文在大使馆曾经有过一次类似的毫无拘束而又坦率的谈话。当时，贝文夫人多次让我注意外交大臣脸上不时显出极为失望的表情。她说，她的丈夫做事确实太认真，国际局势使他感到非常失望。宴会以后，我问贝文近来同苏俄的关系有无进展。他回答说，他看过莫洛托夫在红军节的莫斯科广播讲话——语调还是很温和的,不过没有和解的暗示,也没有打破僵局的建议。

八、联合国筹备委员会的执行委员会
1945 年 8 月—12 月

其至在举行外长会议时,联合国筹备委员会的执行委员会也一直在工作着。建立筹委会是为了准备新的联合国大会的第一届会议。执行委员会由十四位代表组成,各位代表都来自不同的国家。其中有两名不代表他们各自的国家,而是代表出席旧金山会议的大多数国家。主要代表有英国代表诺埃尔-贝克,美国代表斯退丁纽斯,苏联代表葛罗米柯,法国代表马锡里和作为中国代表的我。由于开始几次会议斯退丁纽斯未到伦敦,由怀南特大使代替。

执行委员会的职权范围是在旧金山会议上通过的。我们的主要任务是为联合国的正式成立提出计划,尤其是为联合国大会第一届会议提出计划。虽说国际联盟曾经是个世界性组织,在它的盟约中规定了许多职能,虽说在为和平和安全而把全世界组织起来方面可以从国际联盟学到许多东西,但联合国正如其宪章所概述,要建立在一个全新的基础之上。因此,执行委员会要仔细地讨论和拟订联合国大会和联合国其他各机构的规章制度,这是非常重要的。总原则早已写明在宪章之内,但是怎样去实行宪章的条款则还是个问题。委员会的工作还必须抓紧,因为大家希望世界和平与安全的第一个组织在大约三个月内建立起来。

筹备委员会和执行委员会的会址设在伦敦。我们差不多每天开会,因为有很多的工作要完成,以便向筹备委员会报告。这里,我只简单地提一下在执行委员会中引起很大争论的一些问题,并描述一下会议的气氛。可以猜得到,主要困难是来自苏联代表。执行委员会的工作脱离不开世界政治的相互影响,因而辩论常常是激烈的,而且有时候用词是刻毒的。也许在此我能描述出强国之间进行国际合作的内部真实情景。

8月初,十四位代表到达伦敦。美国代表团的实际工作是在怀南特大使指导下,由本杰明·格里克执行,直到斯退丁纽斯到达为止。执行委员会的首次会议订于8月10日举行。为了做好准备以保证首次会议的成功,在前一天开了一次非正式会议。所有的会议都在丘尔奇会堂举行。丘尔奇会堂是一处具有历史意义的建筑物。在维修下院建筑物期间,议会也在此处开会。英国的代表诺埃尔—贝克担任首次会议主席。这次会议结果是一次非正式会议。经美国代表的要求,正式会议推迟到8月16日举行。诺埃尔-贝克提议,我附议:由格拉德温·杰布担任临时行政官,他是英国外交部的一位能干的官员,出席过旧金山会议。这个动议迅速获得通过。

本杰明·格里克8月13日来访,就执行委员会要讨论的许多问题交换意见。他说,斯退丁纽斯希望中国和美国保持密切联系。在整个委员会开会期间中国代表团和美国代表团都一贯按这个行动方针进行。

第一个问题是执行委员会的主席人选问题。我同诺埃尔-贝克是在正式会议前一天,联合国善后救济总署的远东委员会和联合国善后救济总署中国代表团举行的午餐会上谈论这件事的。诺埃尔-贝克说:他不想当主席。相反,英国和美国代表则根据我的经验和能力,希望我担负起这个职务。但是,苏俄要求让它的代表担任主席职务。如俄国人能够提出一个具有同等经验和能力的人,英、美是会同意的。荷兰代表建议由七至八人轮流作主席。诺埃尔—贝克认为,这是一个不错的妥协办法。荷兰代表赞成每个主席任职两个星期。他还认为,由五个常任理事国代表轮流担任主席,不可避免地会退化为一个不得人心的三大强国统治。我说,增加另外二或三国轮流任主席会有困难。

在丘尔奇会堂16日会议即将开会之前,诺埃尔-贝克、怀南特和杰布要我提出设五个主席、由五强国担任的建议。他们一致认为这是一个最理想的妥协办法。他们对我说,俄国害怕激起反对,不愿提出这个提案。法国人也不愿意提出这个建议。我勉强地答应了他们的要求。

开幕会议按计划举行。出我意外,临时主席诺埃尔-贝克详细地谈到中国的长期苦难,和第二次世界大战是由日本人进攻沈阳而开始的。他还提到我个人在巴黎和会的声望和成就,特别强调了我在国际联盟盟约起草委员会中的工作。当我一有发言机会,便使用尽可能做到妥协语调,提出五人轮流担任主席的建议。但是,巴西代表提出只设一位主席。荷兰立即赞成巴西的动议。接着,澳大利亚强烈批评了我的建议,提出反对。他认为,这是复活"五强统治"。葛罗米柯坚定地支持我,但是英、美代表虽然事前答应支持我,却没有这样做,而是支持加拿大的建议:暂时休会,给大家更多思考的时间。

令我吃惊的是,会议之后,诺埃尔-贝克对我说,最好把主席职位给葛罗米柯,由我和一位小国代表担任副主席。由于葛罗米柯不久将去华盛顿,他离开以后,我可以担任会议主席。我猜,改变态度的理由大概是轮流担任主席不合英、美两国的意愿,还想到甚至在第一次会议就出现分歧,实在可怕。而诺埃尔-贝克自己也不愿担任主席职位。

发布新闻和允许新闻记者入场是首次会议的另一个问题。这也出现僵局。诺埃尔-贝克赞成允许新闻记者入内,但杰布和葛罗米柯反对。葛罗米柯是会议组织的主要行政官,他明确表示,行政秘书将管理散发文件。葛罗米柯的话引起诺埃尔-贝克很不含蓄的反驳。他说,英国人民不信仰"元首"的原则——就是新闻管制。我看见葛罗米柯的脸气得通红,但他没有回嘴。

在次日的会议上,辩论继续进行。葛罗米柯对我说,对五强轮流担任主席的立场,他寸步不让,这是波茨坦的协议。我对他说,假若他坚持下去,就能促成轮流担任主席的制度。然而英、美却倾向于由葛罗米柯担任唯一的会议主席,加上两个副主席。在会议就要开始时,诺埃尔-贝克和怀南特去找葛罗米柯,在一起密谈了将近二十分钟。会议开始时,显然他们已能达成妥协。加拿大代表提出:任何五强轮流的做法,在将来的联合国机构中,都不得视为一种先例。随即,法国、捷克斯洛伐克、南斯拉夫发言赞成轮流担任主席的建议。甚至那位临时主席也宣布要投票赞成轮流担任主席的建议。这一瞬间,我想问题已经解决了;怀南特于是提出选出一个主席,任期两个星期。以后时期的主席职位先让它悬着。荷兰代表问我,我能否接受这一条,作为我的建议的修正案,但我谢绝了,因为这条的主旨颇不相同,我可以肯定,怀南特是宁愿把它当成另外的提议。当主席宣布表决轮流的原则时,我弃权,还有法国也弃了权。苏俄、捷克斯洛伐克和南斯拉夫投了赞成票,因此通过了轮流原则。对在我们的报告内加进一节,声明这种轮流程序不得构成一个先例的提议进行表决时,我与法国同大多数代表投了赞成票。苏俄、捷克斯洛伐克和南斯拉夫投了反对票。对于一位主席担任两周的问题,代表团有分歧。法国和我再次弃权。美国、英国投了赞成票。苏联和它的两个朋友投反对票。又一次没有解决问题。我主持了 8 月 20 日的会议,这次会取得了不少进展。同其他各次会议相比,杰布和我认为,我们在这次会议上是作得很不错的。

　　紧接着主席问题之后,最难以解决的是分配联合国的各个机构人选的问题,尤其是分配各部门首脑的问题。由于希望先在执行委员会中五个常任理事国间达成协议,以便在全体委员会上容易通过提案,杰布在丘尔奇会堂召集了一次五个常任理事国代表参加的协商会议。葛罗米柯要求给捷克斯洛伐克一个部门的主任位置,从而迫使英国放弃一个。我选中托管部给中国,并且赞成把法院与法律部给捷克斯洛伐克。

　　在一次非正式会议上,格里克通知我,他收到国务院一封措词严格的指令:在美国代表到达并且能够参加会议以前,委员会对某些事项不得形成决议。这些事项是:

1.联合国会址

2.选举联合国秘书长

3.接纳新会员国

4.同政府性专门机构的关系

5.选举安理会非常任理事国

执行委员会有许多事情是在会议厅外进行的。例如怀南特邀请诺埃尔—贝克、马锡里、葛罗米柯和我的一次午宴就是这样一个场合。在午宴上,我们考虑了两个问题——第一,保留国际联盟职员退休金是否适当与合理。第二,斯退丁纽斯的一封电报,提出要求委员会对格里克已经向我谈过的那几项问题推迟作出决定。怀南特也表示他的愿望:五大国应尽可能经常就执行委员会要讨论的事项进行磋商。葛罗米柯表示赞同。但他又批评其他四国代表未能按工作方法修正备忘录办事,而该备忘录前已达成协议加以接受。怀南特解释说,他所以提出主席职位两星期更换一次的制度,是因为欧洲委员会以前有过先例。俄国人还要求在托管部内担任副主任的职务。法国人愿意同俄国人互换。我答应同马锡里商谈。在商谈时,我对他说,只要中国能保持主任职位,我看不出有什么重大理由,反对设置三个副主任。

谋取职位的种种活动并非到此为止。诺埃尔—贝克当选为新成立的大会工作小组委员会主席。为了实行同等待遇的原则,我要求梁鋆立博士为中国取得一个主席职位。梁同杰布联系。杰布建议由我领导托管委员会。该委员会究在何时建立,还没有安排,而托管部门的主任已由我国的郭斌佳担任。因此我希望能获得另外的职位。杰布还提出请胡世泽担任经济与社会问题部的主任,不过胡未接受。我让梁转告胡,劝胡接受杰布提出的职务。按照我的指示、梁打电话给杰布,声称我希望选胡任此职。杰布同意了,随后在大会工作小组委员会的组织会议上办成此事。

照例,为了听取汇报和协调我们的行动,中国代表团不时举行自己的会议。9月3日,我同胡世泽、徐淑希、梁鋆立及叶公超开了一次长会,谈论了他们各自小组开会的结果。会议结束时,我重申总的指示。我们不同美国、英国、苏联公开发生冲突,除非影响到我们极其重要的利益。我们在交涉中应当小心谨慎,而且始终设法调和。我渴望通过提倡和衷共济的精神以促进进步。这始终是中国在国际组织活动中的指导原则。

9月初,斯退丁纽斯到达伦敦。在我为他举行的晚宴上,他对我说,他带来两项建议:第一个是,11月份结束筹备委员会的工作,以便不迟于11月15日以前召集一次工作会议,4月25日(旧金山会议周年纪念日)召开联合国大会会议;第二个是,指定旧金山作为新组织(联合国)的永久性会址。苏联赞成后一项建议,但英国仍然坚持联合国永久会址设在欧洲。假如不可能达成协议,大会将在旧金山举行,直到作出最后决定为止。斯退丁纽斯要求我给予支持,我说,我会支持的。

9月22日,斯退丁纽斯第一次出席执行委员会会议。作为主席,我对他表示欢迎。然后,我要求选出一个我的继任者。选举结果是法国代表马锡里。随后,斯退丁纽斯提出他的两项建议,继之是长时间的讨论。

会议开过后,斯退丁纽斯要求葛罗米柯和我与他会晤,以便私下谈谈联合国大会第一届会议的性质、开会的时间、地点和方式,以便在下次委员会开会时,我们能够争取作出决议。由于诺埃尔—贝克坚持要使联合国大会第一届会议成为世界性的“镇民大会”,而显然,斯退丁纽斯不赞同诺埃尔—贝克的主张,因此,我们这次的会商就成为必要的了。

在这次协商中,葛罗米柯说,不应该在伦敦而应该在美国召开一次纯粹的成立大会。照例,葛罗米柯一旦开始谈一个问题,再让他停下来是困难的。不等他的谈话结束,我就离开了。即使如此,我赶到另一个必须出席的会议时,还是迟到了十五分钟。

联合国总部的永久所在地竟成为一个热烈争论的问题,因为每个代表都坚持自己的观点,而且相当固执,在10月3日为讨论这个问题召集的会议上，我打算发言支持旧金山作联合国总部永久地址，但是由于我不能到会，就派胡世泽做我的代表。首先是对地区、而不是对一个特定城市进行了表决。九国代表（中国、澳大利亚、苏联、巴西、智利、墨西哥、波斯、捷克斯洛伐克和南斯拉夫）投票赞成美国，三国投反对票（英国、荷兰和法国），两票弃权（美国、加拿大）。三国代表（英国、荷兰、法国）赞成在欧洲；七国投票反对（中国、苏联、澳大利亚、巴西、智利、捷克斯洛伐克和南斯拉夫）；四国弃权（美国、加拿大、墨西哥和波斯）。因此，选中了美国。

次日，斯退丁纽斯对我说，还有三件事待解决。其一，执行委员会要派一个委员会去纽约听取美国十八个州的州长们提出的理由。每个州长都鼓吹他们的州是设置联合国总部的最理想地点。其次，在纽约州德契斯县，沿哈德逊河靠近海德公园一带一定可以找到一处作为联合国总部的永久地址。最后，在永久性建筑施工期间，联合国大会和联合国各机构应在旧金山开会。斯退丁纽斯提出，作为一个东道城市，纽约具有特殊的优点。由于纽约的便利条件，如飞机场、海运、旅馆、交通等等，使得纽约特别适宜。这是他首次表示赞成纽约而不赞成旧金山。

后来在一次午餐会上斯退丁纽斯说，他打算提出授权一个小组委员会研究有关联合国总部永久地址的各种不同建议。小组委员会应直接向筹备委员会报告讨论结果。由于委员会全体会议难以达成协议，所以必须采取这一措施。

在10月5日下午的会议上，我们也讨论了审查小组委员会报告的程序。此小组委员会的任务是起草决议草案供委员会全体会议考虑。此外，还考虑了诺埃尔—贝克继葛罗米柯担任主席问题。按计划，委员会还能存在十三天，但是大家都知道诺埃尔—贝克将会继续担任筹备委员会的临时主席。我认为这个计划是巧妙的，但是不妥当。澳大利亚代表伊瓦特反对。他说，最好还是按字母顺序。而且，他还对只由大国轮流担任主席的原则提出异议。但是葛罗米柯坚持说,此事业经执行委员会通过。诺埃尔—贝克,和巴西代表弗雷塔斯—巴列两人都不承认这件事,并威胁说要重新展开辩论。我打断了争论,提议选举诺埃尔—贝克担任主席。于是进行投票,诺埃尔-贝克当选主席,大家并同意当筹备委员会开始工作时,他将继续担任临时主席。

关于联合国总部的地点问题的报告尚未提交上来,执行委员会当然就着手处理另外一些问题。早在 10 月 5 日,我们开始考虑结束工作和召开筹备委员会和成立大会的日期,英国和加拿大代表反对过早规定日期,但他们是少数。

在同一次会议上,就委员会起草的关于国际联盟的报告,作了长时间的讨论。由于苏联代表拒不批准这份报告而造成困难。自从 1938 年苏联被国联开除以后,苏联对国际联盟就没有什么好感。

程序问题困扰着执行委员会的各次会议。10 月 12 日,诺埃尔-贝克对于是否必须坚持全体一致同意方能通过决定还是可以遵循已确立的议事规则以多数票通过决定,要求作出明确指示。在前次会议上葛罗米柯曾提出过"全体一致"的要求。我支持诺埃尔—贝克并评论说,他是完全有权应用已一致同意的议事规则的。我并将上次葛罗米柯的行动归之为一次例外,如此解决了这项问题。

10 月 18 日执行委员会再次开会,这一次斯退丁纽斯由于健康原因回美国去了,因此未能出席。我刚好及时到会选举斯退丁纽斯的代表艾德莱·史蒂文森担任主席。当时杰布告诉我,鉴于斯退丁纽斯离去,委员会中有人提议由巴西代表弗雷塔斯-巴列担任主席。杰布并不反对这个建议,但我赞成史蒂文森,这在一定程度上是对斯退丁纽斯的一点表示。我到会之前,我的代表胡世泽已经快要同意任命弗雷塔斯·巴列担任主席了。最后,我说服了杰布,我说,如果史蒂文森不拒绝我对他的提名的话,应当选举史蒂文森担任主席。会议一开始,尽管葛罗米柯与我同时要求发言,杰布却让我先发了言。后来我才知道葛罗米柯支持我的意见,他打算提出的动议与我的相同。为这件事,马锡里还说服了智利和巴西代表,得到他们的赞同。

在10月23日的会议上,出现一次异常的事,主席突然脱离议事日程,宣布最终报告的导言有A与B两种选用稿,委员会应该决定采用哪一种。执行秘书焦急地希望对此事进行讨论,并作出决定,以便争取印制的时间。如果选用B稿,则大约还需加上两至三天的额外工作。我发现无人要求发言,而且自己同情执行秘书的想法,我宣布赞成A稿,还说明了理由。接着荷兰代表发言赞成B稿,以后英国、苏联、加拿大、捷克斯洛伐克、墨西哥和美国都赞成B稿。英国的韦伯斯特提议表决。看到我是唯一赞成A稿的人,我不愿单独一人投赞成票,因此,我再次发言说,我虽然仍赞成A稿,但是愿同其他人的意见取得一致。我比较喜爱A稿的理由是,这个稿子比较清楚又安排得较好。我们主要是对筹备委员会负责,A稿简洁而全面地概述了执行委员会承担的整个工作。第三部分详细地解释了我们的工作。至于我们对于公众的责任,像韦伯斯特所提的,仅仅是次要的。我怀疑是否会有哪一家报纸或杂志登载B稿的全文,更不用说B稿所提及的文件了。向公众报道的工作应该留给新闻报道官员或者新闻部门去做。我希望执行秘书能像过去一贯表现的那样尽最大的努力,来处理B稿,不可再浪费时间。中国代表团的最大要求是速度,希望筹备委员会和联合国大会能按照计划召开。我也表示希望执行委员会今后不再否定他自己的决定。

许多代表看起来都聚精会神地听我发言,因为他们全笑了起来。当我讲完,黑斯勒克说,他没有表态,是因为他认为这个问题不够重要,但是赞成A稿的并非只有我一个人。加拿大代表紧接着说,我的论点很有说服力,他听完后想改变主张。于是代表们纷纷改变态度,如法国、荷兰、墨西哥和伊朗。在唱名表决A稿时,有九票赞成,三票反对(苏联、英国、捷克斯洛伐克),南斯拉夫宣称没有意见。这让所有代表都笑了起来。虽然史蒂文森说我的陈诉是很成功的,但美国最后还是投了反对票。恩特兹宣称,他希望我的干预次数不要太多,否则委员会的全部决定都有被推翻的危险。事情的经过表明,绝大多数代表并不抱有成见,他们高高兴兴地改变了自己原来的决定。这种罕见场合之所以可能出现,只是因为这个问题不牵涉到任何一方的真实利益。会后,委员会文件处的一位官员对我说,他很感激我。因为 A 稿已经印出了一百三十页。

　　执行委员会 10 月 26 日的会议上,我们任命一个由我任主席的联合国总部地址问题小组。在两小时之内就获得了成功,一致通过了以我拟就的草案为基础的报告。接着,在午后就向执行委员会会议提出了这份报告。可是,因为马锡里和韦伯斯特两人反对,又重新把它交还给小组委员会,并且韦伯斯特与黑斯勒克也参加审议。次日早晨,小组委员会再次开会。我拟好一份新草案,澳大利亚、英国和加拿大也各有一份草案。澳大利亚与中国的草案相似。经过审慎地接受了澳大利亚的一项修正之后,我作为主席,得以使我自己的草案成为讨论的基础。用这一点议会策略,否定了英国与加拿大的草案。

　　这件事成功之后,我把主席职位移交给我的副手胡世泽,因为我必须到英国外交部去会见常务次官。我不敢让其他人主持一定会随之而来的重要讨论。四十五分钟以后我回来时,杰布正在外边等着我,但是工作已经完毕。小组委员会已经同意中国草案和澳大利亚修正案。一个委员会就要去美国调查和推荐一处作永久会址的地点。我的草案中"审议"后面原来有"认可"一词,我不大喜欢把它删掉,但胡世泽已表示接受,只待我的认可了。而且别人都已同意这一删改,大家都要求我接受新措词。我一向怕多数,因此,我向多数屈服,以便又产生一个一致通过的报告。这份报告经执行委员会批准。只有法国、荷兰、英国弃权。这就为执行委员会的最后报告扫清了道路。

1945 年 11 月 24 日筹备委员会在丘尔奇会堂举行了开幕式。会议厅不大,但是音响效果极佳。出现了许多熟悉的面孔……比利时的斯帕克,卢森堡的贝希,古巴的贝尔特……以及一些大国的最主要的政治家和外交家。我看到葛罗米柯座位的两侧坐着沙特阿拉伯和土耳其的代表,感到很有趣,土耳其代表始终面向别处,不看葛罗米柯一眼。执行委员会仍然是筹备委员会的指导委员会。

　　那天下午,举行了一次五大国磋商会,讨论筹备委员会的主席和副主席人选问题。执行委员会讨论这个问题未得出肯定的结果,因为达成协议有困难。诺埃尔-贝克相当突然地提出把全部问题交给筹备委员会全体会议解决。在前一次五大国协商会议上,葛罗米柯曾提议选举捷克斯洛伐克代表马萨里克担任主席,但是这项折衷方案,由于他坚持必须有三位副主席,其中包括一位乌克兰副主席而未能成功。史蒂文森、诺埃尔—贝克和我认为马萨里克是一位极合适的人选,不过我们如对执行委员会成员不得在筹备委员会中担任职务的原则做出一次例外处理,恐怕执行委员会的指导作用会遭到损害。

　　在两次会议的间歇期间,我同葛罗米柯商谈了这一问题。他坦率地告诉我他的全部计划。他认为关于选举马萨里克担任主席一事,已经接近成功,但是由于我提起执行委员会的成员不得担任筹委会职务的原则,挫败了他的计划。(这是他误会了,因为英国和美国坚决反对他设三位副主席的意见。)葛罗米柯说,他反对给波兰一个副主席职位,而宁愿给波兰一个委员会主席职位,而将一个筹委会副主席的职位给乌克兰或者白俄罗斯。同时,这两国代表如有一个担任副主席,那么,另一国的代表就应该担任一委员会的主席。我对他说,这事不容易办到。但是他认为,这三国在战争期间遭到的苦难之深和作出的牺牲之大,理应得到报酬。他认为白俄罗斯有个不大重要的委员会主席职位就可以了。我建议许多可供选择的方案和妥协办法,诸如选举比利时的斯帕克担任主席、波兰代表担任第一副主席、另一个独立国家的代表担任余下来一个副主席职位。葛罗米柯对我的所有建议一概不同意。

11 月 24 日晚间,执行委员会再次开会。经过漫长的争论之后,我提出副主席的人数问题暂时悬起来,正如杰布所曾建议的。我提出这项建议是想让大门开着,以便筹备委员会主席人选问题能求得妥协的解决办法。由于筹备委员会那天早晨已经开过首次会议,主席人选问题急待解决。执行委员会最终同意我的建议,而且在晚间再次召集一次会议,那次会连续开了五个小时。然而筹委会主席人选问题仍然未得解决。我们就另行商议成立一个起草委员会。照杰布的建议,由十人组成,对应于五种正式语文,每种两人。

次日星期天,但是葛罗米柯急于进行另一次协商,因而将五大国代表请到苏联大使馆。在前一天晚上,我已经知道葛罗米柯的意图,而且还告诉了史蒂文森。但是他说:英、法不急于再次协商。马锡里与诺埃尔–贝克都未到苏联大使馆,他们都派了自己的代表来。会议未取得结果,不过似乎接近妥协。在大家接近同意白俄罗斯担任副主席时,葛罗米柯又为波兰和乌克兰两国各谋一个委员会主席职位。为此,他提出的委员会有安全理事会委员会、法院和司法问题的第五委员会和选择联合国永久会址和其余一般问题的第八委员会。在给波兰以委员会主席职位的问题上,葛罗米柯的态度和使用的语言特别激烈。

第二天,11 月 26 日上午,再次在丘尔奇会堂进行协商。葛罗米柯表示尽管由于美、英两国拒绝支持波兰的筹委会主席职位而感到失望,他并不反对提名哥伦比亚代表苏莱塔担任主席的职位。韦伯斯特支持这个意见,但是史蒂文森不赞成,因为苏莱塔既不会说英语,又不会说法语。史蒂文森认为任命斯帕克要好得多。韦伯斯特反对说,斯帕克不能长期留在伦敦。这时,葛罗米柯表示诧异,由于他认为前一天史蒂文森还极力赞成苏莱塔,现在却改变了想法。史蒂文森解释说，支持任命苏莱塔的拉丁美洲国家要求让他当个副主席，而不是主席。葛罗米柯说，他对拉丁美洲的态度有不同的理解。史蒂文森想知道葛罗米柯会不会反对斯帕克。我认为斯帕克是一个能力极强的人，而且我也是这样说的。葛罗米柯，不管怎样，只说他不反对苏莱塔。最后，大家同意去了解一下苏莱塔和斯帕克本人的意愿。

奇怪的是，史蒂文森原来是支持苏莱塔的，而现在葛罗米柯支持苏莱塔，史蒂文森则支持斯帕克。我打算在史蒂文森去筹备委员会的路上同他相见，但是未见到。我让梁鋆立参事留在筹备委员会会议大厅外面等史蒂文森。当我到达会议大厅时，发现马锡里已经截住史蒂文森，并正同他热烈交谈。我加入进去，并且告诉他们，斯帕克已经告诉我，他不想竞选主席。总之，这已不成问题，因为我也知道苏莱塔愿意竞选主席。于是我向斯帕克建议为他谋取副主席的职位。马锡里也向他提出同样的建议。于是，斯帕克对我们坦率地讲，诺埃尔—贝克要求他现在不要担当任何职位，而是保留机会以后出任 1 月份联合国大会主席之职。斯帕克的结论是，假若他担任筹备委员会副主席职位不妨碍他当选大会主席的机会时，他就同意。马锡里和我向他保证，不会有妨碍。

筹备委员会选举一个主席和几名副主席的会议，在提名候选人的工作中陷入了混乱。按照不久前达成的妥协，哥伦比亚代表苏莱塔以鼓掌通过方式当选主席。我同意提名斯帕克作副主席，并且希望科尔班和贝希支持我。为此，史蒂文森去找科尔班，我去找贝希。不久，贝希告诉我，他不能支持斯帕克，因为科尔班也要作候选人。我向斯帕克解释说，一切都已定下来。紧接着，比利时的兰根霍夫又来要求我不要提名斯帕克，因为他不会接受。于是我又一次去看斯帕克，敦促他不要拒绝。当时巴西的弗雷塔斯-巴列正站在他的旁边，对我说，英国人将要提名科尔班为副主席。我指出，史蒂文森通过杰布已经同英国人谈妥提名斯帕克，因此，他们不会提名科尔班。斯帕克话中暗示，美国希望他当选副主席。兰根霍夫听到此话以后,马上对我说,他将告诉斯帕克,他可以放心接受提名。

当我回到会议席位时,主席已经宣布通过筹备委员会的议事规则和组织计划,并要求提名一位副主席。使我吃惊的是,尽管还没有规定出副主席的人数。史蒂文森站起来,却提名乌克兰的马纽尔斯基。因此,我打断了他,要求会议先规定副主席的人数,我并提出应设两位副主席。会场出现片刻的惊讶沉默,不过杰布对苏莱塔耳语之后,苏莱塔立即问对我的建议有没有人附议。诺埃尔-贝克附议,然后一致通过。接着我提名斯帕克,贝希和科尔班没有照原先的安排支持我。但是,不管怎样,斯帕克和马纽尔斯基两人都以鼓掌通过方式当选副主席。

筹备委员会所设各个委员会主席的分配问题仍待解决。应葛罗米柯的要求,另一次五大国协商在苏联大使馆举行。葛罗米柯要求分别给波兰和白俄罗斯一个委员会主席职位。尽管史蒂文森和我认为给波兰筹备联合国大会的第一委员会主席职位更好一些,韦伯斯特建议给波兰筹备安全理事会的第二委员会主席职位。史蒂文森同意韦伯斯特的建议之后,葛罗米柯和史蒂文森两人之间出现一场热烈甚至愤激的对话。葛罗米柯修改了他的要求,转而为波兰和白俄罗斯要筹备联合国大会的第一委员会主席职位和筹备托管理事会的第四委员会或研究联合国总部永久地址的第八委员会的主席职位。史蒂文森反对这些要求,气氛变得紧张起来。只要史蒂文森说某人对某个委员会更适宜,葛罗米柯一定要问为什么,并且总是竭力敦促给予白俄罗斯。分歧之点很明显:葛罗米柯想的只是席位应属于那一国,而史蒂文森所考虑的却是人的能力问题。葛罗米柯甚至不知道波兰的莫泽留斯基是否会说法语或英语,或者是否是一位律师。葛罗米柯变得粗野起来,带着威胁的口气说,他希望白俄罗斯担任第八委员会主席,假若史蒂文森对第八委员会有关联合国地址问题的结局满不在乎的话,他很懂得怎样去对付,而且苏联将不再关心这个问题。

葛罗米柯很清楚,史蒂文森对联合国总部永久地址选在美国一事是极其关心的。当问题在旧金山正式讨论时,苏联曾经与美国联合一致,反对要求将联合国总部地址选在欧洲的英、法两国。

我私下劝告史蒂文森,把讨论国际联盟问题的委员会主席给葛罗米柯支配来满足他。史蒂文森的所有同僚都赞成我的建议。但是,葛罗米柯并不满意。因为他认为关于国联的委员会不够重要。我劝他放心,不管什么委员会的主席和副主席都是平等的,没有高低大小之别。但是,他反驳说,作为国联委员会主席,白俄罗斯的职务没有实质意义,仅仅是个荣誉、一个承认其地位的象征。虽说我向葛罗米柯提出这个委员会主席职位,我当时还不能肯定韦伯斯特会不会同意,不过,葛罗米柯、史蒂文森和我却就此都同意了。从而大家恢复了好感,会谈在良好的气氛中结束。

随着时间的流逝,联合国总部永久地址问题越来越变成公众关心的事。不仅筹备委员会中的美国代表,而且美国的全体民众都开始预期或至少是希望联合国总部永久地址选定在他们的国家内。11月29日,马萨诸塞州州长率领一个知名人士代表团到伦敦,强烈要求选择波士顿作联合国总部的永久地址。当他们拜访我的时候,他们表示希望美国政府在讨论中采取更积极的态度,更恳切表明关心这一新的组织。我坦率地对他们讲我已建议选在旧金山。但是,当他们问中国是赞成在欧洲还是赞成在美国东部时,我回答说,当然我们更赞成美国东部。我告诉他们,有人在积极活动反对把联合国总部设置在美国。次日,旧金山市长来到我的大使馆,强烈要求把旧金山选作联合国总部的地址。

12月5日,在克拉里奇斯饭店的一次鸡尾酒会上,代表们的漫谈,转到这个问题上。智利和巴西代表都对我讲,拉丁美洲小组已经决定支持美国作为联合国总部永久地址。巴西代表弗雷塔斯-巴列对我说,他要为这事作强有力的呼吁。他说,对这问题,加拿大要提出一个新的表决程序——就是提名全世界的若干城市,直到其中的一个能获得三分之二的多数票为止。作为一个妥协,巴西即将提出首先选出一个洲。这两种建议我都不赞成。我告诉胡世泽,执行委员会关于将联合国总部设在美国的非正式建议,应该先付诸表决。我们也应该反对就联合国总部永久性地址所在地问题在一个大国和一个小国之间进行选择的表决方式。

12 月 6 日下午,第八委员会举行一次会议,讨论一处可以选用的地点。胡是中国的发言人,不过我也到会场去听辩论。会议室挤得满满的,主席提出的程序就是我向胡提出的那一个。加拿大提出另一个不同的程序,但是,巴西和苏联支持主席提出的程序。埃及表示反对。我要胡对这一问题发言,不仅代表中国,而要道出亚洲支持这个程序的感情。胡发言之后,跟着诺埃尔-贝克提出反驳。辩论持续两小时,没有取得积极成果。

次日,委员会再次讨论这一问题,气氛十分热烈,到场人数很多,不仅有各国代表,还有群众与新闻界。由诺埃尔-贝克开了头一炮,说反对主席所作“首先讨论执行委员会的建议”的裁定。裁定的支持者与反对者随即相继发言。巴西和苏联赞成主席裁定,埃及与荷兰则反对。我递给胡一个条子,说亚洲也应该说出亚洲的意见,他随即作了颇为良好的发言。

几天以后,在克拉里奇斯饭店举行的一次宴会上,史蒂文森和我对选择永久性地点的表决程序,进行了有益的交谈。事先我就听到他将出席宴会的消息,因此我带着一份我们关于表决程序的备忘录去赴宴。我认为,这份备忘录对最后决定总部所在地非常重要。史蒂文森有些担忧,因为支持美国的票只有二十八张可以认为有把握。要达到三分之二的多数还缺四张票。由于他期望苏联的支持,史蒂文森有些担心在总务委员会的组成问题上他同葛罗米柯之间的僵局。国务院不同意给俄国人一个大会副主席职位和两个委员会主席职位,而这是葛罗米柯坚持要求的。国会刚通过一个议案,欢迎联合国设在美国。这个行动引起所有代表团的注意。当我回到我的大使馆时,我同胡世泽商讨应采用的最佳表决程序——我们商妥,应当把会址设在欧洲的意见作为一项修正案来表决,以便首先打掉这个第二方案。

在 12 月 13 日巴西代表弗雷斯塔—巴列的午宴上,会址问题成了唯一的话题。弗雷斯塔-巴列和葛罗米柯两人都同意我的建议,首先就欧洲进行表决,因为这个修正案不可能通过。我们讨论的结果,弗雷斯塔-巴列同意撤回他的首先决定设在哪个大陆的提议。

12 月 15 日,在苏联大使馆举行另一次协商会,讨论第八委员会的程序。这一天的早些时候,马纽尔斯基对我说,有一个六国小组,就是荷兰、新西兰、比利时、乌克兰、巴西、墨西哥……讨论过程序问题,并且赞成首先对一些国家进行投票。选出四到五个得票最多的国家,然后再进行一次投票,再选出两个国家。从这两个国家中作最后选择。马纽尔斯基对我说:他没有表示赞成。我对他说,这样一种程序可能使情况复杂化,而且会破坏执委会支持美国的非正式建议。我想迅速找到胡世泽,因为我急于要知道最近的详细情况。不过我没有找到他。后来,我们是在苏联大使馆见面的。在那里葛罗米柯自己虽然不愿意采取一个肯定立场,可是询问大家关于最近情况的消息。听他的口气,他对墨西哥的建议是否合理持怀疑态度。

墨西哥代表内尔沃解释他的"先决定哪个国家"的建议。我说:我赞成早先较简单的建议,先表决是否将总部设在欧洲,把这条作为执行委员会建议的一项修正案。一旦这个修正案被否决,就为一些欧洲代表在第二轮投票时转而赞成设在美国扫清道路。史蒂文森跟我的想法不一样,但是他的办法不能让我放心。显然美国人已经同以内尔沃为首的拉丁美洲国家代表们商量过,而且认为他们的计划更有把握。葛罗米柯、胡和我怀疑墨西哥的建议是否稳妥。

在第八委员会随后举行的一次会议上,我和往常一样仍让胡世泽代我出席。有三次几乎就要对执行委员会的建议进行表决,因为主席宣布,这项建议是委员会要表决的唯一议案。第一次表决推迟是由于胡世泽要求另一个人援引早些时候南斯拉夫提出的建议并动议采用欧洲作为联合国的永久地址。第二次推迟是由于主席宣布投票赞成任何地方的一个国家作为会址都可以,而南非代表反对,理由是这样就使赞成欧洲的国家投票时分散,不利于它们与赞成美国的国家相抗衡,这是不公道的。第三次当哥伦比亚动议对选择欧洲作为会址的议案进行表决时,荷兰说,这是不道德和不严肃的。葛罗米柯坚决要求主席将这项议案提交会议表决,但是荷兰与南非对他是否有这个权利提出异议。葛罗米柯为自己进行辩护,内尔沃则就政治道德的论点反唇相讥。于是主席声称他变成这一天的替罪羊了。最后他把哥伦比亚附议的那项动议交会议表决。哥伦比亚代表声称对欧洲进行表决是为了摊牌。表决的结果是二十三票赞成欧洲,二十五票反对,两票弃权。

一旦清除了设在欧洲的可能性,就进行对美国的表决。表决结果刚刚超过必要票数,三十票赞成,十四票反对和六票弃权。我们的议事规则规定这类问题需要三分之二多数票来决定。假若埃及、伊朗或波兰投票赞成欧洲,美国就会失败。墨西哥的建议,不仅会由于给赞成欧洲的国家一个机会,而使美国遭到危险,而且也会使程序复杂化。只是引用了许多巧妙的策略,我们的计划才获得成功。

加拿大又动议,并经诺埃尔—贝克附议将这次表决变成全体一致的决议。这个动议通过之后,气氛大为改善。史蒂文森发表一个事前准备好的演说。在经历了整个会议期间的极度紧张的过程之后,这个演讲的效果自然不可能非常好。我要胡对主席的巨大贡献表示谢意。可是他犹豫不决,接着南斯拉夫代表迅速站起来代表会议表示感谢。这场斗争是以一发之差赢得胜利的。看来诺埃尔—贝克由于他领导的赞成将总部设在欧洲的国家遭到挫折而感到震动。我以为让胡在委员会代替我,我在后面指挥是很得计的。否则的话,我作为中国驻英大使,带头反对诺埃尔-贝克和欧洲,是会很难以为情的。

可是,并非对所有问题的意见分歧都已解决。另一个问题是建立托管制度,以实行宪章的条款。第四委员会主管这个问题。12月7日,菲律宾代表提出一很重要的建议,修正执行委员会报告中提出的规则。建议的内容是在托管领土每三年举行一次选举,让托管领土人民能够表示出他们的感情和要求。这项建议触及到托管制度的本质。由于这项建议的重要性,葛罗米柯在会议上提议建立一个小组委员会,讨论菲律宾的建议。由菲律宾、乌克兰、英国、南非和中国的代表组成这个小组委员会。我被选为主席。

虽然小组委员会开始讨论这项建议,但乌克兰、英国、中国代表团各提出一个草案。英国代表波因顿显得通情达理,南非的代表也是如此。但是,菲律宾代表洛佩斯则异常固执。显而易见,他是受到乌克兰代表马纽尔斯基的影响和鼓励的,尽管后来马纽尔斯基提出建议让每个人全都仔细想想这个问题之后,洛佩斯稍微有点妥协,并说他要仔细想想。马纽尔斯基低声对我说,明天就会一切顺利,暗示洛佩斯会接受其他四国代表同意的草案。12月11日,在小组委员会会议上,洛佩斯仍旧顽固地坚持他的意见。马纽尔斯基显然在支持他,但是没有用,因为其他所有人都接受我提出的折衷建议,看来洛佩斯好像自己也不明白自己真正要求些什么东西。

12月13日下午,又召集一次会议,再次讨论菲律宾的修正案,不过白白浪费了两小时时间,毫无结果。洛佩斯告诉小组委员会他曾在私下对我说过的话:他的新闻界朋友们对他的劝告是,如果他接受小组委员会的报告,他就是个笨蛋。负责第四委员会事务的主任郭斌佳指出:委员会的委员有保密义务。郭的话几乎引起同洛佩斯的一场难堪的事件。洛佩斯发起反秘密外交的抗议。我迅速设法转移他的注意力。马纽尔斯基接着提出一份提供联合国大会采纳的决议草案,以代替事前业经小组委员会认可的报告。

12 月 16 日下午,召集一次第四委员会全体成员会议,讨论小组委员会多数人赞成的报告。菲律宾代表没露面。显然是为了阻碍表决。许多他的支持者也托辞不到场。一位英国代表从他的乡间别墅远道而来出席会议,却发现法定人数不足。这样,只好休会。

次日,委员会再次开会。我还未就座,主席就请我作小组的报告。我不得不边发言,边匆匆打开公事包,取出我的文件。马纽尔斯基确实干练,甚至可以称他为议会手法的老狐狸。他趁我不在场,已经把他自己推荐的议案付诸表决,作为讨论的基础。在回答我提出的议事程序问题时,主席裁决说,事实上大多数已否定了我的论点,我表示不满意。但是我耐心等待机会。会议之后,我警告他说,在下次会议上,除非他改正错误,否则我要再次提出这个问题。主席懂得他所犯的错误,很快表示要改正过来。

关于这个问题,第四委员会最后又举行了一次会议。我就已通过的小组委员会报告发了言。但是在委员会代表们鼓掌向主席和秘书表示感谢之后,葛罗米柯又提出前一个报告的问题,坚决要求把马纽尔斯基的修正案包括在筹备委员会给即将在伦敦召开的联合国大会的报告之内。几个代表向我走来,对我把一场混乱局面结束下来,表示感谢。

12 月 8 日,在第一委员会的一次会议上,诺埃尔—贝克和葛罗米柯两人之间出现了一场我认为是毫无必要的僵局。这件事显然是因为诺埃尔—贝克反驳葛罗米柯建议时,使用了刺耳的语言所引起的。葛罗米柯建议,召开联合国大会特别会议的通知,需要从提前十天改为提前十五天发出。两人都各自讲了二三遍自己的理由,并且他们各自的追随者都从旁帮腔。事情变成了声誉和面子问题。我看到委员会出现这种棘手局面时,就提出了一项折衷方案:安理会要求召开联合国大会特别会议要十四天前通知,多数会员国要求开特别会议要十天前通知。甚至在我解释我的建议时,许多代表就以手势表示赞成,而且起立声称赞成折衷建议。诺埃尔—贝克接受了这个建议,作为一项照顾性安排,并强调"照顾"字样。当两三个代表发言表示支持之后,葛罗米柯也宣布同意。这样,全体一致通过了这项议案。加拿大代表皮卡德形容这项折衷方案说是个高明的解决办法。并称赞我经验丰富。依我看,这是解决愚蠢的纠纷的一个合乎情理的办法。

12 月 11 日的指导委员会会议涉及一项更为重要的问题。我同史蒂文森商定在第六委员会中以印度代替南非。这个委员会正同国际联盟谈判,它是第一个正式代表全体联合国的机构。按照地域代表性原则,我想给亚洲一个席位。我渴望这个原则得到承认。然而在开会前梁銮立对我说,美国、英国、苏联已经决定委员会应包括三个它们选定的国家,即智利、波兰和南非,把亚洲完全排除在外。我同格里克和史蒂文森的谈话没有发生效果。因此在宣布开会之前,我要胡世泽试探韦伯斯特和葛罗米柯的意见。英国代表反对更换南非,俄国人不主张增加人数或者接受印度,因为苏联要以亚洲大国身份代表这个地区。在主席还未及宣布事前准备的国家名单之前,我单刀直入理直气壮地说明赞成地区代表性原则。我说,中国不为自己谋求席位,但是若有一亚洲会员国进到委员会中将使我们感到满意。当伊朗拒绝充当委员会的成员时,史蒂文森提出印度,我随即表示支持。接着葛罗米柯说,他赞成地域代表性原则。主席犹豫不决,但最后按照杰布的建议,主席裁决:成员人数增加到八个国家。应葛罗米柯的要求,主席宣布八国名单,加进了中国与法国。葛罗米柯请求我接受,我接受了,但我解释说,我把席位看成是一项义务,确实宁愿不接受。

12 月 18 日的筹备委员会的全体会议是所有会议中最沉闷的一个,因为在会议上,起草委员会主席宣读了筹备委员会致联合国大会最后报告中的勘误报告,这个勘误大约有十页之多。全部十页的朗读赶走了会议旁听席上的听众。朗读结束后,接着讨论另一个题目时比较活跃,会议才恢复了一些生气。主席用他的小木槌宣布休会之后,史蒂文森向指导委员会提议更改联合国大会开幕日期。史蒂文森解释说,从华盛顿打来电话,说由于交通有问题,美国与其他一些国家代表1月份不可能到达伦敦,"伊丽莎白皇后号"邮船从纽约起航的日期从1月3日推迟到1月7日。12月31日起航的"玛丽皇后号"容纳不下所有的代表。这个理由看来似乎不太充足,何况,三小时前,筹备委员会已一致通过执行委员会的建议:联合国大会应在1月10日开幕。当诺埃尔-贝克说,英王已安排在1月9日正式宴请大会代表时,史蒂文森的动议就被放弃了。

筹备委员会也讨论了即将建立的联合国主要机构之一经济及社会理事会的职能与权力问题。12月13日,多罗西·福斯迪克请我发言支持美国提出的一项修正案,该提案要求在经济及社会理事会的议事规则中增加授权该理事会在它认为适当时得召开关于贸易、就业、卫生和其他事项的国际会议。虽然许多代表赞成这项修正案,可是英国代表诺埃尔—贝克表示反对,澳大利亚与比利时代表声称,他们支持这项建议,不过要求作些修改。我说,我赞成美国修正案与澳大利亚和比利时提出的改动。当改动的确切措辞引起漫长的讨论时,我提出把修改文字的工作交给起草委员会。

但是在12月19日的第一委员会开会时,美国的建议又遇到困难,尽管格里克在拖了好几天之后终于宣布接受我提出的折衷文本(此项折衷文本他在一周前是表示反对的)。主席科尔班本能使此项折衷提案通过的,但由于诺埃尔—贝克和葛罗米柯提出了一项半心半意的要求,说需要时间进一步考虑,因而又推迟了。虽然我指出提案全文在两天前已刊登在正式公报上,而葛罗米柯却说,他未见到。

次日，第一委员会再次讨论这个问题。经中国修正案修正的美国提案规定经济及社会理事会在通过正式的议事规则之前即可召开国际会议。在第一委员会和小组委员会上经过一个星期的奋斗和辩论，终于通过了这个提案。拖延的原因是英国与苏联支持一种文本，而中国与美国支持另一种文本。我的错误在于主张将这两个文本作为小组委员会业已同意的供选择的文本而向委员会提出。美国代表团向我保证，在苏联的文本付表决并被否决之后，内容经过补充的美国提案能以三分之二多数通过。他的预告是正确的。再次表明，表决确比辩论更起作用。因为我对苏联文本还是满意的。我同意这种看法：只要讲清楚经社理事会的权限包括召集关于特殊问题的国际会议，那么是否具体提国际贸易、就业和卫生等会议就无关紧要了。

筹备委员会于1945年12月23日结束。在最后一次会议上，梁鋆立问我是否同意对苏莱塔主席闭幕词作答词。史蒂文森也来要我致答词。我同意作唯一的答词，以免给人一种委员会不一致的不良印象。假若每人有一次发言机会，势必造成这种印象。我即席演说，看来受到了赞赏。后来史蒂文森对我说，诺埃尔-贝克迟到了，他带来一份准备好的书面演说稿。当听说我要演说时，他没有拿出来。这样经过四个星期热闹而紧张的工作之后，筹备委员会结束了。像往常一样，真正的问题是以苏联为一方面，英美为另一方面，二者之间的互相对立。临时托管委员会和联合国大会总务委员会的组成尤其不容易解决。

筹备委员会闭幕后的第一天，葛罗米柯在萨沃伊饭店举行一次午宴。法国人未到会。主人心情愉快，说他对筹备委员会工作取得的成绩感到满意。午宴后，史蒂文森、韦伯斯特和我一同到葛罗米柯的房间里，进行一次很有必要的交换意见：将来选谁担任联合国秘书长，谁任大会主席，哪些国家担任安全理事会的非常任理事。史蒂文森和韦伯斯特说话坦率而无拘束，但是葛罗米柯却颇谨慎。

九、设立国际法院

1945 年 9 月

中国对编纂国际法和设立国际法院非常关心。我们急切希望在国际关系中,采取某些措施以促进法治和正义原则。10 月 9 日哈佛大学国际法教授、常设国际法庭法官曼利·赫德森前来与我磋商关于结束旧法庭和设立新法院的事宜。在国际法方面和在国际联盟主持设立的常设国际法庭上,赫德森都是公认的权威。他接替曾一度任过国务卿的凯洛格先生的职务,担任法庭的常任法官。常设国际法庭的第一任美国法官是约翰·巴西特·穆尔教授。

赫德森表示,他希望再度当选,进入联合国新法院任职,同时也表示旧法庭的薪金应计算到现在,并希望照付。第二次世界大战的爆发,使设于海牙的常设法庭不可能继续工作。德军于 1940 年 5 月占领荷兰后,即要求法官离去,有几人随即前往日内瓦,但他们面临困境,因国联业已终止活动,无法支付薪金。由于一些法官陷于经济窘境,赫德森要求,法官薪金应支付到目前为止。他认为旧法庭法官应全部辞职,从而消除西班牙的问题,因西班牙既非联合国成员国,亦非国际联盟的成员国,却在常设法庭中拥有法官席位。

11 月 15 日,我邀请常设法庭的法官和一些英国著名法学家一起共进午餐。宾客中包括常设法庭庭长格雷罗、比利时的德·维利斯谢尔、中国的郑天锡、西班牙的洛佩斯·奥利万、莫姆爵士、钱塞勒爵士、克莱门特·戴维斯、威廉·贝克特、墨西哥的内尔沃和梁銮立。我们讨论了关于编纂和修改国际法的必要性。格雷罗赞同发展判例法,但我认为这样做进程过于迟缓,而且法官们都倾向于坚持现行法并拒绝发展判例法以适应时代变化的要求。莫姆爵士完全赞同我的论点,并认为对国际法的任何修改都不能单靠律师而应邀请政治家们协助立法。格雷罗和贝克特于 1930 年均曾在海牙法庭任职并一起参加过不成功的国际法编纂会议。

旧金山会议已决定:撤销旧法庭,设立新法院。新法院的法规基本上是以旧法庭法规为蓝本而制订的,即使新法规的条款编号也与旧法规完全一致。其基本思想是:国际司法工作不应突然中断。虽然在敦巴顿橡树园和旧金山会议上对是否由联合国接受旧法庭的问题曾有辩论,但因苏俄的极力反对,迫使作出了设立一个全新法院的决议。苏俄不遗余力地反对与国联打交道,因为它曾被国联开除。

新国际法院设有十五名法官,根据新法规规定的程序:应在被提名的候选人中进行选举。中国提名徐谟。他是我在南京外交部的同僚、一度任过外交次长,及我国驻澳大利亚和土耳其的大使,并曾在东吴大学讲授过法律。他是一位很好的律师,在法律专业上勤奋不倦,细心谨慎,但在国外鲜为人知。因此我国政府有必要为其候选人资格寻求友好国家政府的支持。于是代表团就在伦敦为他进行了这项工作。预料联合国大会开幕后不久就将进行选举。随后我方接到了若干赞同的反应,特别是荷兰代表兼外交大臣范克莱芬斯向我保证他的政府支持徐谟,虽然他们曾经提名另一位中国人。选举结果,徐谟获得最高票数,表明中国当时在国际上处于有利地位。

十、联合国大会总务委员会
1946 年 1 月—2 月

联合国大会总务委员会首先要进行辩论的问题之一是世界工会联合会(世界工联)申请承认该会并允许参加经济及社会理事会各种会议和享有投票权。这个问题最早曾在旧金山提出。经过激烈的辩论,特别是英国和苏联之间的争论,最终悬而未决。其后又经筹备委员会再次讨论,依然未能达成协议。因此,总务委员会于 1946 年 1 月 23 日晚审议此问题时,首先要讨论的是应否把世界工联的申请列入大会议程,由大会作出决定。

诺埃尔—贝克作了详尽发言,反对这个主张。美国代表参议员康纳利支持其意见,他发言时用拳头捶桌子强调他的立场。葛罗米柯坚决支持世界工联的申请,并向英国代表欧文发问:这桌子是否受得住捶打。欧文说:为了满足这一要求,桌子需要用混凝土加固,引起哄堂大笑。

1月24日总务委员会继续进行讨论,康纳利的反对立场毫不动摇。新西兰代表弗雷泽大声说葛罗米柯的态度是"拙劣的行径"引起了一场意外风波。葛罗米柯脸色气得发青,并怒斥弗雷泽的话语并不更聪明。马纽尔斯基想支持葛罗米柯,但是会议主席斯帕克请其不要使目前的僵局再行恶化。并指定由诺埃尔-贝克、弗雷泽和马纽尔斯基组成一个委员会进行研究,试图终止会议的进行。但葛罗米柯提议要增加一名法国代表。当斯帕克说明下次会议的唯一任务是投票表决委员会的报告并"坚决"排除对这问题的一切争论时,康纳利怒称,他要辞去委员会的职务。斯帕克对其裁决的做法虽经百般解释,但葛罗米柯仍然反对并宣称无论如何要保留其发言权。康纳利同意葛罗米柯的意见。我通过杰布劝告主席,要撤销对发言权的一切限制,并委婉地说明他可以同意康纳利和葛罗米柯的一致意见。康纳利解释说,他之所以反对并非为其自身利益,而是因为任何主席不应试图以行政命令褫夺与会人员的发言自由。只有在委员会大多数投票表决下,才能结束讨论。这也恰是我告知杰布让他转达斯帕克的论点,斯帕克随即明智地取消了他对发言的限制。

在1月29日晚上,从九时三十分直至凌晨一时三十分召开的总务委员会上,不同提案的拥护者们玩弄许多议会花招,使斯帕克处境非常困难。康纳利抗议说主席裁决的做法是在美国脸上击了一掌,并坚决主张应该聆听他更多的意见。斯帕克说他不能接受此项抗议。不久,当苏俄的提议被否决时,葛罗米柯指责主席再次犯了错误。斯帕克答复说他必须依照议事规则行事,当委员会接受一项对原文的修正案以后,葛罗米柯本来可以撤回他的提案。修正案要求增加美国劳联,和世界工联一起参加经济及社会理事会。关于世界工联的所有问题,在康纳利提议增加美国劳联之前,我已经投了苏联的票。我当然投票赞同修正案,但是葛罗米柯却投票反对。世界工联是非常左倾的团体,因此让美国劳联增加进来是挫败葛罗米柯的一种手段。

当经过修正的苏联提案付诸表决时,葛罗米柯和康纳利都投票反对。事实上,赞同修正后的提案者仅有五票。因此这个提案当然归于失败。马纽尔斯基称此修正后的提案是个冒牌货,并提议将整个问题留待将在纽约召开的联合国大会第一届第二期会议解决。这项提议获得通过。

在 1946 年 2 月 2 日召开的联合国大会全体会议上,继续进行关于世界工联的申请的辩论。实际上,每位代表都期望对此问题能作出一劳永逸的决定。参议员康纳利作了戏剧性的演说,以其特有的姿势强调反对由世界工联单独参加,并坚持美国劳联要受到同等待遇。结果,再次悬而未决。

这一问题又提交 2 月 12 日召开的联合国大会讨论。包括俄国和美国在内的许多代表都对此发了言。马纽尔斯基试图设法使支持世界工联的俄国提案得到通过。作为总务委员会的主席,在美国提案第一段付诸表决之后,他认可葛罗米柯对美国提案第二段的修正案。但是后来按照康纳利的动议将该修正案付诸表决时被否决了。

十一、联合国大会

在联合国大会上导致大国之间意见分歧的问题之一,就是在议事规则中是否应有明文规定,设置一个提名委员会来考虑并推荐将来大会的任职人选。第一委员会的一个小组委员会对此进行了研究,以大多数票赞同公开提名。但在第一委员会全体会议上却以二十三对二十二票否决了该项决议。自选举斯帕克——事前未经提名——为大会主席以来,一直赞同公开提名的乌克兰代表马纽尔斯基建议将报告交回第一委员会。法国代表邦库、葛罗米柯和美国代表沃克都发言赞同公开提名。但是诺埃尔-贝克坚决反对。斯帕克去布鲁塞尔期间,由我接替主席职务。

马纽尔斯基坚决主张就小组委员会主张公开提名的建议再次进行表决。每位代表都强调这个问题的重要性。我则劝阻马纽尔斯基放弃其重新表决的主张。我还让杰布通知他:我可能根据暂行议事规则第六十九条的规定,要求大会表决关于公开提名的提案时要以三分之二多数票通过。马纽尔斯基起初表示同意,但不久又送来条子,依然坚持己见。因而我决心把问题提交大会裁决。但在这之前,马纽尔斯基却建议休会。换言之,当他一旦发现自己不能获得三分之二的多数票时,他又不愿投票表决。

由于诺埃尔-贝克反对休会,所以我就宣布了这个问题,并要求大会对议事规则第六十九或七十条是否适用于这个问题表示态度。出人意外,这引起了诺埃尔—贝克和弗雷泽的强烈反对。他们认为只有议事规则第一〇八条是唯一可引用的。他们声称,目前的事例涉及对议事规则的修正。还认为这是有关维护小国利益不受大国损害的问题。我说我并未作出任何裁决,也无任何偏爱,我只是提出问题以便弄清大会的态度。当初在委员会表决时,赞成与反对的票数是很接近的,而且所有发言代表都认为关于如何提名的建议非常重要。这真是因小事引起的一场大风波。当诺埃尔-贝克和弗雷泽以明显的激昂情绪发言时,我保持着镇定并把投票表决进行完毕,丝毫未出现紊乱现象。从而产生了一项正确的决议。也许由于时间已经很晚(凌晨一时三十分),许多代表的神经已疲惫不堪。

十二、安全理事会

与联合国大会相并行的安全理事会也不时开会处理各类问题。它是处理国际安全问题的机构，该机构的一举一动都是众目之的。向安理会提出的几个问题引起了热烈的争论，并经常产生一种紧张和令人沮丧的气氛。

引起安全理事会注意的四个最重要的问题是伊朗控诉俄国军队占领伊朗北部领土；希腊的局势；阿尔巴尼亚申请加入联合国以及印度尼西亚问题。在安理会会议上，五大国之间，弥漫着互相猜疑和误解的气氛。

在1月30日召开的安全理事会会议上所讨论的问题是应否把斯退丁纽斯提议的伊朗问题列入议事日程。维辛斯基和贝文对此相持不下。我认为有必要进行调停以便打开僵局。贝文了解到我的意图，立刻提出一个折衷方案。于是，问题就这样解决了，显然相互也都满意。在联合国大会主席举办的一次宴会上，维辛斯基对我的调停致以谢意，并认为调停及时，有助于贝文和斯退丁纽斯改变态度，取得一致意见。当然，涉及到的实质问题依然悬而未决，存在着将来出现僵局的可能性。安全理事会波兰代表说我的建议是有益的，亦向我表示感谢。后来，胡世泽对我说，贾德干和帕斯沃尔斯基认为最后结局确实对各有关方面都是再好不过的。

在2月4日召开的安全理事会上，维辛斯基提出了希腊问题。由于双方的意见对立，相持不下而造成的会议僵局竟长达六小时之久，始终未获解决。安理会的情况，实在令人沮丧，使我感到有必要尽我所能作些有助于解决问题的工作。

2月5日我因他事访问贝文，同时乘机问他能否出席一个小型的私人座谈会讨论希腊局势，谋求一项解决问题的方案。他立即同意。十二时三十分，我和苏联大使古谢夫谈话并问他维辛斯基是否愿意同我及其他三人一起商议谋求一项解决方案。古谢夫说,他将向维辛斯基报告,并给我回话。

下午一时,古谢夫给我打电话说,维辛斯基愿在下午三时和我会面。在我把我来访的目的作了解释之前,胡世泽和我发现维辛斯基开始时有些冷淡。最后他确信我并非为任何一方作说客,只是试图在安理会中帮助打开僵局。我提出自己起草的三份可供选择的方案,但他认为每份都难于接受,并建议这三份均须加以修改。

下午五时,我约定去看贝文,但在此之前,我走访了斯退丁纽斯和帕斯沃尔斯基以便探询一下我努力的结果。斯退丁纽斯起初表现漠不关心,并说不论是英国或他本人都不会接受。我论述了我所建议的方案的优点。帕斯沃尔斯基认为我的方案颇有道理,他还说服了斯退丁纽斯。随后我和胡世泽匆匆往访贝文,他对我的方案也不满意,并自己起草了一份方案。他还请来贾德幹一起磋商。为了回答他的反对意见,我尽量减轻方案的内容。在我们争论一番之后,他接受了我的方案中的某些部分。但他的结论是我的整个方案不能被接受。胡与我随即携带贝文的方案再次去见维辛斯基。

我没有明说这个方案就是贝文的,然而维辛斯基一味吹毛求疵,并极力主张不要提威胁和平与否或者军队是否应该撤走。显然,就安理会对这个问题作出决定的方式而论,他是不希望作出什么决议的。看来他似乎想摆脱一种由他自己或其他政府蓄意造成的尴尬处境。

听说伊朗问题正在提交安全理事会后,维辛斯基怒不可遏,并怀疑有人怂恿伊朗政府要求如此行事,于是他就为希腊局势拟定了一份他自己的方案。我也提供了一两点建议。随后我把方案文本拿给斯退丁纽斯,并由胡将文本送给贾德幹。斯退丁纽斯和帕斯沃尔斯基都表示赞同。接着,我们都去出席八时三十分的安理会会议。

开会前,贝文和贾德幹说他们不能接受胡世泽送去的方案。贝文并不强烈反对,看来一定是贾德幹影响了贝文。不到十分钟会议上就出现了僵局,随后休会十五分钟。

英国和苏俄代表去另一间屋里与梅金谈话。斯退丁纽斯跟了进去。半小时后,杰布要我和皮杜尔也一起参加,并说他们的会谈未能取得进展。当我走进屋内时,发现波兰代表莫德尔斯基也在场。维辛斯基和贝文都红涨着脸,发着脾气争论不休。我向诺埃尔-贝克提出使安理会成员们普遍对希腊问题发表感想的办法。即贝文应当向安理会成员们征求他们关于目前局势是否会对和平构成威胁的看法,随后再向维辛斯基了解他对这些意见的反应。诺埃尔—贝克对此建议颇以为是,并将其转交贾德幹。但贾德幹对此仍有疑虑,直至进一步争论中,言词使用更加刻毒,显然更难达成协议时,才把我的建议转交贝文。当贝文看完我的建议后,没有讲话,我就走过去与他低语建议的优点。

斯退丁纽斯提交安理会的维辛斯基草案几乎就是在苏联大使馆内拟定的文本,其中包括我的一些建议。只是斯退丁纽斯在草案文本中增加了各国代表们所陈述的关于局势的看法,而不是仅仅提出某些代表们所作的可能显得过分针对个人的声明。维辛斯基对草案表示赞同,但建议作一两点变动,即在草案末尾加上"在现阶段"一语,并要求给予时间作进一步研究。贝文则说他不能接受此草案,因为与其内阁训令相违背。他坚决主张任何关于英国威胁希腊和平的指控都必须予以免除。但他随后又称,他要向其政府请示。维辛斯基的犹豫不定似乎使斯退丁纽斯担心,因我曾告诉后者,该方案是我和维辛斯基在苏联大使馆共同拟定的,所以斯退丁纽斯预期此方案立即会被接受。

斯退丁纽斯把我拉到一旁问道,他方才提出的方案是否确是我和维辛斯基商量过的。我轻声说是的,并补充说,事实上那是维辛斯基自己用俄文写的。这就使斯退丁纽斯感到放心,于是他就敦促维辛斯基和贝文立即接受该方案。但他们两人都要请示政府。因此宣布休会,并于次日始行复会。

次日,安理会再次讨论希腊问题,当贝文终于接受该方案时,问题就迅速而平静地得到了解决。会议进行得很平稳,但却是令人难忘的。当安理会的成员们就座时,贝文尚未到场。大家等了相当长的时间,我焦急起来,因为我知道贝文已向其内阁报告,并在听候内阁的决定。这时,有人来讲:听说内阁已驳回该方案。但其后不久,只见贝文匆匆赶来。我立即起身相迎,以便得悉内阁所作决定的暗示。他轻声说,"一切顺利,我已接到指示"。然后,贝文就座,斯退丁纽斯重复他的提案。贝文立刻说:"我接受。"维辛斯基马上站起来说"我接受"。

整个大厅的气氛马上松弛下来。大厅中挤满各国代表和新闻记者,拍照声和闪光连续不断。贝文把手伸给方桌面对过的维辛斯基,互相握手,然后落座。记者们不愿失去这个镜头,都要求贝文重新表演一下以便拍照。我轻步走向贝文,问他还要求些什么。他的回答很不寻常,他说"我已得到所要的一切,不仅是实质性的东西"。然后,我穿过桌子后面的秘书们和顾问们走近维辛斯基,并向他祝贺。他站起身来双手紧握我手,对我为促使问题的解决所做的一切努力表示感谢。他讲俄语,我不懂,他的译员解释说:维辛斯基先生还要补充一点,即他对我非常感谢,日后如有机会,凡能做到的,他将非常乐于帮助以为报答。我认为他的表示是诚恳的。因为后来在苏联大使馆共进午餐时,他再次对我所作的努力表示最大的感谢,并说将在日后尽力报答。

安理会会议结束后,我也为斯退丁纽斯经过努力使安理会达成一项妥协所取得的成功向他祝贺。他的回答是:"那都是你做的工作。方案是你提的,我仅是站起来在会上宣读一下,适才达成的解决办法应归功于你顾维钧。"起初斯退丁纽斯由于方案是我的,曾要求我在会上提出,但是我对他讲,如果由我提出,其效果将事倍功半。帕斯沃尔斯基同意我的意见,因此由斯退丁纽斯充当提案人。

在会议结束后斯退丁纽斯仍然要向安理会说明:方案来自于我,但是帕斯沃斯基和我则说,在安理会已正式结束希腊问题之后,此举颇为不妥。斯退丁纽斯是位讨人喜欢的人物,他单纯、友善、诚实和坦率。在国际交往中,我的这种做法是很平常的。欧洲各国的代表们都是采用这种技巧的专家,善于使自己处于幕后。

引起安理会分歧的第三个争端是阿尔巴尼亚申请加入联合国问题。安理会是在1946年1月28日召开的会议上讨论该问题的,随即以苏联和波兰为一方,美国和英国为另一方,就应否将此议题列入议事日程的问题,展开了不可调和的争论。苏联和波兰代表急于立即解决,而英美两国代表则认为不合时宜而予以反对。我发言说应把原则问题和程序问题区别开来。我认为安理会没有理由拒绝将申请列入议事日程,但是可以延缓讨论,直至时机成熟。法国、南非、波兰和荷兰诸国代表都和贝文一样支持我的主张。投票结果一致通过,将此议题列入议事日程。

2月13日安理会会议上再次提出阿尔巴尼亚的申请问题。梅金要求会议就是否接受希腊外交大臣来函提出的要求参加对阿尔巴尼亚申请加入联合国的讨论一事进行表决。梅金此举使会议感到意外。果然不出所料,维辛斯基发言拒不接受。但我发言表示同意,同时指出,接受并非意味着立即讨论这个问题,我还强调这两者不是一回事。埃及代表支持我的主张。经过投票表决,同意接受希腊要求,但是只能在考虑接纳阿尔巴尼亚加入联合国时才进行讨论。我完全了解斯退丁纽斯和贝文的看法。美国代表曾对我讲过,他非常赞同推迟对阿尔巴尼亚申请的考虑,贝文则公开表示,如果当晚进行讨论,他不能投票赞同。

在2月6日安理会会议上,提出了印度尼西亚问题。首先由马纽尔斯基宣读一份声明书,开始讨论时相当安静,但不久讨论就变得热炽甚至激昂起来,从而成为安理会需要解决的另一难题。安理会一些成员似乎指望我在讨论中起主导作用。在2月

11 日的安理会会议之前,墨西哥大使迪亚斯来访,探问我对这问题的态度,因为他想追随中国的步伐。我向他解释了我们的态度和我们采取的立场的理由。在安理会会议上,继斯退丁纽斯和梅金发言之后,我宣读了我的声明。为了使我的声明尽可能地为安理会所接受,曾将其修改达五六次之多。对我的声明反应很好。列席会议的《芝加哥太阳报》记者弗雷德里克·库先生事后对我说,那是一个很好的声明。我的新闻参事叶公超向我汇报,英国新闻界也有同样反映。

在 2 月 12 日召开的安理会会议上,又有三位代表发言评论印尼的问题。智利代表,或许是哥伦比亚代表里亚斯不顾我的劝告,提议就此问题作出正式决议,使大家都感到意外。结果立即休会,星期三晚上继续进行,因为维辛斯基需要时间研究决议。

在叙利亚代表团举办的宴会上,贝文把我拉到一旁说,我在安理会上的发言使他回想起曾经看过的一位漂亮女郎走钢索的精彩表演——每个动作都掌握得非常平稳均衡。我说,我是充分考虑了他的政府的观点的。英国外交大臣为此非常高兴。随后我为预祝他第二天发表赞同废除 1926 年反罢工法的演说而干杯。他曾组织总罢工,当时议会就是针对这次罢工而通过反罢工法的。他告诉我,他等待了二十年才获得雪耻的机会。

安理会还需要仔细讨论法国军队驻扎在叙利亚和黎巴嫩的问题。由于彼此间的谈判归于失败,所以叙、黎两国提出这个问题。在安理会讨论此问题的前一天,驻伦敦的叙利亚公使曾经来访,向我说明叙、黎两国提出控诉的主要理由。他要求中国作为亚洲的主要发言人,给予支持。

在安理会 2 月 16 日召开的会议上,黎巴嫩公使首先宣读其声明,接着是叙利亚代表。这两份声明似乎相当空洞,着重申述叙、黎两国的主权平等。他们通知安理会说,法国坚持谈判和拒绝撤军就是对叙、黎两国主权的侵犯。维辛斯基施展舌剑唇枪,为两位申诉人进行了精力充沛的辩护。我宣读了我的声明。其中除了试图根据联合国宪章条款提出一些更为有力的论点外,其余与美国的声明类似。

我起草一份对范·克莱芬斯的修正案的修正,并让胡世泽在次日上午安理会上拿给帕斯沃尔斯基和斯退丁纽斯过目。他们说,他们已经拟就一份准备提出的折衷方案。会后斯退丁纽斯告我,他准备建议双方举行谈判,并将谈判情况随时通知安理会。这样做可使安理会表示相信谈判将会获得使法国撤军的结果。

下午召开另一次会议。会前,斯退丁纽斯告我,英法两国把此问题看得非常严重,认为涉及荣誉问题,他们不会就撤军日期接受任何建议。这是一项颇为棘手的问题。荷兰代表范·克莱芬斯指出,要求向安理会提交进展情况报告可能显示出对法国不信任,而建议一个撤军日期,则有英法两国不愿撤军的含意。我发现美国的提案比荷兰的更加具体和明确。

随着下午时间逐渐消失。我终于采取行动,作了一项支持美国提案的声明。该提案刚刚遭到维辛斯基的非难,叙利亚代表胡里认为我这次和前一天的发言是值得考虑的。他准备接受安理会的任何决议。黎巴嫩代表说,他可以接受我的关于规定撤军期限的建议。我向他解释说,我只是建议略去增添的一句,"其他相互讨论的争端,不规定期限"。维辛斯基声称:如果提及一个明确的期限能澄清问题,那就应该这样做。我回答说:我并不反对这一点,但恐难于得到所有代表团的一致同意。我极想促使提案能被普遍接受。

会议的讨论转为向安理会提出的这个问题究系"争端"抑是"情势"。维辛斯基坚决主张其为争端,因此当事国不得参加表决。皮杜尔和贝文虽然并不同意维辛斯基的论点,但是说他们可以自愿放弃投票,从而明智地回避了这个争论,可是贝文与他前一天的声明相反,他不认为这是争端。维辛斯基对他进行了指责。但是贝文表示,他愿使问题悬而不决,因为事情的性质至关重大。

维辛斯基非常活跃。他要求按照墨西哥、埃及和美国的提案次序进行投票。荷兰已将其提案撤回。当所有提案均遭否决或未获得必要的票数后,维辛斯基根据美国提案提出自己的修正案。但是依然被否决了。由于我曾宣布赞同美国原来的提案,所以我不能投票赞成任何其他提案。而且英国政府也不能接受这些提案。贝文事后解释说,这是关系到荣誉的问题。美国的方案是一项折衷方案,是斯退丁纽斯与英法之间协商的结果。但是,维辛斯基对英法两国一直施加强大压力。因此皮杜尔说维辛斯基比国王还厉害。维辛斯基对美国提案投了反对票。如果他不宣布使用否决权,美国提案原本可以因获得必要的七票而通过的。

2月12日傅秉常大使于离开伦敦前夕向我辞行。我们就中苏关系问题作了长时间的讨论。我们一致认为,既然我们为了促进中苏关系已经付出了很大代价,现在为了战利品而发生争吵,并把过去所作牺牲的良好结果一笔勾销,是不明智的。俄国人要求双方就中国东北三省境内前由日本占有的一些工矿企业实行合作。他们喜欢联合开发经营。傅与我一致认为,我们不得不迎合苏俄以便重新控制东北三省。我们希望看到苏军尽快撤退。我们都认为最好接受苏联的建议,将"战利品"各分一半。

熊式辉作为东北行营主任兼政务委员会主席被授权与俄国人进行谈判。傅和我认为他远非胜任是项任务的理想人物。傅现正赶回莫斯科,以便谈判在该地举行时,可以给予协助。但是,如果继续在重庆谈判,他就在莫斯科稍作停留。傅也深为以美英为一方和苏联为另一方之间的关系不好感到不安。自从7月份我返回伦敦以来,我就耳闻双方关系紧张,应予严密注视。1945年10月25日在一次鸡尾酒会上,我曾同邓肯・桑兹、伦道夫・邱吉尔和昆廷・霍格一起谈及国际局势问题。他们都对苏英关系非常不满,甚至出现一种论点,认为两年内会爆发战争。11月7日邱吉尔在英国下院公开辩论关于原子弹与苏联的关系问题,他发言强烈反对与俄国人分享原子弹的秘密,虽然英国在战争时期曾告诉苏俄不少秘密,例如雷达等。

1946 年 2 月 3 日中国驻莫斯科武官郭德权上校来伦敦访问并向我汇报说,莫斯科的人们都认为两年内会同英国发生战争。因此苏俄继续保持其军事设施;虽然三十二至五十七岁的男子业已复员,但十八至三十二岁的人数在军队中已有增加。只有百分之四十的军工制造业的设备转入消费物品生产。郭说,苏俄决不会放弃伊朗。苏联扩张的目标首先是伊朗,其次是土耳其。当土耳其军队在其东部地区集中以防苏俄入侵之际,保加利亚大概会对土耳其采取行动。

2 月 18 日商震来访。他是战争时期中国驻华盛顿军事代表团团长兼联合国军事参谋团中国第一任代表。他同我谈及中美谈判关于美国援助中国整编军队的问题。他说魏德迈不赞同派遣中国军队去日本,或为了维护国际安全由中国向联合国提供军事援助。商和我一致认为这是毫无理由的。因为即使这方面的资源远比中国少的法国也提供了一些援助。据我看,中国的地位作为大国之一,得之不易,我们一定要竭尽全力履行其义务。

商又谈到蒋夫人与马歇尔谈判关于中国军队编制的大小问题与宋子文在华盛顿谈判的内容不相同。麦克劳恩将军显然是通过蒋夫人和委员长直接进行谈判的,他力图支持以三十个师的方案代替宋子文要求的五十个师的方案。委员长的决定则赞同五十个师的方案。还必须有十八个空军大队,但只要两三艘巡洋舰以供海军举行仪式之用。其最大作用,是集中于海岸、江河防范海盗。这至少要持续二十五年之久。美国认为首先应该发展交通运输。拥有优良运输装备的一个师,相当于交通运输条件低劣的三个师。

商震在中国准备向联合国提供些什么支持的问题上,带来了一些总的指示。联合国军事参谋团的美国代表金尼将军告诉他说,中国可提供一些基地和设备,如果不是军队的话。委员长的指令尚未到达,商震犹豫不决,不知应返美国任所,还是先回中国汇报。

联合国大会第一届会议于 2 月 21 日结束。帕斯沃尔斯基同我进行了一次长而有趣的交谈,我们就大会和安理会上的各次辩论交换了意见和感想。根据他参加会议时所见到的情况,他要提出一些非常重要的建议。他感到维辛斯基使用否决权否决美国关于叙利亚和黎巴嫩问题的提案是不明智的。维辛斯基在攻击法国和英国之后,不该再攻击美国,他应该多熟悉一下联合国宪章。

帕斯沃尔斯基强调有必要起草一份详细的议事规则,因为在前几次会议上暴露出一个问题。在一方主张某一件事是争端而另一方不予同意的情况下,安理会应根据问题本身的性质,作出决定。如果是"情势"则所有当事国都有表决权。如果是"争端",情况就不同了。由安理会决定究竟是"争端"还是"情势",就可避免因程序问题而进行表决,也可避免拒绝承认是"争端"的一方行使否决权。

帕斯沃尔斯基进一步将其论点扩展至联合国宪章第三十七条。他说,一方可以宣称和解的努力已告失败,而另一方则可否认其失败。他赞同安理会在再次开会讨论具体问题之前,先通过正式议事规则。这也是我的想法。还应该有一套关于接纳新会员国的议事规则。

帕斯沃尔斯基认为维辛斯基一再使自己处于困境。现在他已经学到一些东西,下次还应该由他代表苏俄出席会议。在叙利亚和黎巴嫩的申诉问题上,如果维辛斯基不坚持将美国提案付诸表决,不对该案提出任何修正案,而且不宣布使用否决权,他原本是可以摆脱困境的。帕斯沃尔斯基和我一致认为这类政治问题应该先在非正式会议上进行讨论。关于应采用的议事规则问题,关键是防止任何一方使用否决权。他感到遗憾的是法国在前几次谈判中没有同意解决叙利亚和黎巴嫩问题,不然就可以避免给苏联代表使用否决权的机会。帕斯沃尔斯基曾经提起他听说我将不出任安理会的常驻代表,并问我这可是真的。当我告诉他这是真的时,他说:"这太遗憾了! 你是安理会中唯一懂得宪章和主持会议的惯例的人。"我对他的赞扬表示谢意。但是我也告诉他,郭泰祺同样能干,因为他曾数次担任日内瓦国际联盟行政院的我方代表。

同日下午,在英国下院召开的关于外交事务的辩论会上,我聆听了贝文的发言。他的发言具有说服力并显然在有意识地赢得下院的赞同。可是奇怪的是,他的演说获得来自反对党的掌声比他自己的党更多。我见到艾登坐在贝文的对面,一面听,一面在拍子本上划线画圈。贝文曾经几次提到艾登。艾登是他的前任,在叙、黎问题上遗留下一批难办的任务让贝文去解决。

十三、回　国
1946 年 3 月

鉴于联合国大会第一届会议闭幕,我电告王外长和委员长,为了将中国在执行委员会、筹备委员会和联合国大会上的活动向国内作一份全面报告,我想回重庆亲自汇报。2 月 18 日,我的秘书打电话到我的郊外住所,通知我王已回电欢迎我回国,不但向他而且还要向那时即将召开的国民党中央执行委员会作汇报。王已把我的想法向委员长作了报告。根据回电,我立即吩咐准备早日启程。

同一天的傍晚,也接到了委员长的电报。他也赞成我立刻返回重庆。他希望同我就各种问题进行一次有益的谈话。

2 月 23 日我离开伦敦,准备从普尔乘飞机回国。我坐航空公司的班车从伦敦出发,于中午十二时十五分到达普尔。刘选萃作为我的秘书与我同行。我们很快办完移民局和海关的各种手续,正在装运我们的行李时,航空公司的人员匆匆赶来递给我伦敦大使馆的电报,内容:"勿即归。候我电报。宋子文。"

这是出乎意料之外的。我立即决定放弃这次旅行，搭火车返回伦敦，于次日下午抵达滑铁卢车站。我的下属主要根据重庆政局的紧张情况对这项命令的背后原因，作出种种猜想。当时重庆的政治空气充满关于政府即将改组，国民党内部出现严重分歧，以及国内报刊反对最近在莫斯科签订的中苏条约等谣传。

对于此举的真正原因何在，我多少有些奇思遐想，但我对宋的电报并不认为至关重要。我觉得一定有什么紧急事项使宋要我推迟行期。当接到王世杰第二份电报时，得知部分原因是宋要我暂留伦敦几日以便处理泰国大米问题。不过我对其用意，仍然有些迷惑不解。当我接到宋本人再次来电，解释说他想让我与英国政府交涉，使其同意为重庆提供数量可观的暹罗大米时，整个事情的真相才被澄清。当时重庆大米奇缺，在民众中引起了不安和不满。

我研究了这项问题，并准备了一份备忘录。2月25日我访问了诺埃尔—贝克。当时他是内阁部长之一，此事属他主管。我与他讨论了有关情况，并将备忘录递交给他。我的印象是他对此事并不赞同，因为他不认为这是可行的。

2月26日在英国为中国工商界代表团抵达伦敦举办的午宴上，我和斯塔福德·克里普斯爵士谈及大米问题，并交他一份送给诺埃尔-贝克的备忘录副本。不过，重庆想从英国获得大米以纾解重庆缺米的希望未能达到。因为英国本身对海外军队的粮食供应也有困难，特别在印度、荷属东印度群岛和近东方面。

我的行期只延迟了几天。在这期间，我参加一次有趣的活动，如果我的行程不被中断，则是没有可能的。在2月27日那天，我荣幸和愉快地陪同玛丽皇太后参观了由英国文化协会主办的中国画展。展览会址就在离我使馆相隔两门的波兰特街45号。像往常一样，皇太后由王室侍从和辛斯蒂安夫人陪同。

我素闻玛丽皇太后对中国艺术甚感兴趣，爱好甚深，在圣·詹姆斯王室内有她的私人博物馆，收藏她所有的艺术珍品。随侍的辛斯蒂安夫人小声对我说,如果皇太后陛下示意她看中任何一幅画,希望我能奉献。对此,我很高兴。我陪伴皇太后一张一张地仔细参观,并且尽我所知向她说明有关的画家生平和作画的年代。她表示喜欢其中的一两件。于是我非常高兴地把画呈送给她。她彬彬有礼地接受下来,并说,这是她参观的很好的纪念品。我感到遗憾的是所有这些绘画都是当代画家作品,而且大半是四川省的,这次收集的作品根本不能代表最好的国画。

3月3日我再次离伦敦去普尔,在贝辛斯托克停下过夜,次日中午抵达普尔。我们搭英国海外航空公司森德兰型水上飞机,于下午一时出发飞往开罗。这是一次远途旅程,中间停留了好几次。到达开罗时中国代办前来迎接,同往谢泼德饭店。由于开罗正在罢工,机上其他旅客就在码头上停泊的游艇里过夜。当时正值实行宵禁,宛如一座无人居住的城市,街上看不见车辆或行人。这家饭店过去曾是开罗社交生活的中心,而今却静得恰似一座墓地。

3月5日,我们抵达卡拉奇。晚上在政府大厦与信德省新任省督弗朗西斯·米迪爵士在一起。他像休·道爵士一样是印度行政机关中典型的官员——一半矜持殷勤,一半善惬人意。我们在卡拉奇停了两天。于3月7日前往加尔各答。

实际上,当时重庆所有各部都有代表麇集在加尔各答从事各项与战争有关的工作。在这里我遇见两位很有风趣的中国将军,其中之一是林少将,他负责为军政部从事军用物资和人员的运输工作。他虽然是位军人,但对政治很感兴趣,并能向我提供一些他对重庆局势的看法。他对我说,民主同盟将对中国前途起决定性作用。又说,凡事必须作出计划以取得成果。他接着说道,政治是中国发生动乱的起因。当政局不稳定时,必然存在着人事冲突,而当人事失和时,国家的任何问题都不能解决。他认为中国的航空事业需要四十年才能赶上其他国家。

我发现和其他国家的军事人员一样,所有中国军事人员都认为与苏联发生战争是不可避免的。我认为这是太单纯了,正如我的一些英国朋友的论点一样,认为英国和苏联两年内将会发生战争。

我在加尔各答遇到的另一位将领是方将军。他认为最重要的是把自己的内政整顿好。根据他的论点,东北三省问题只是次要的。如果中国是团结和强大的,东北三省毫无疑问终将收复。他对我说,他认为我的"近交"建议是基于正确的推理提出的。但遗憾的是,当时未被政府接受。

我于3月9日离开加尔各答。为我安排的是一架中国飞机。上午五时三十分我离开住处前往机场,由于氧气罐尚未充满,飞机要推迟起飞。十五分钟以后,我们起飞,但又发现无线电出了故障,因而再次着陆,一小时半后将其修复,终于延至上午八时始得成行。

到了昆明,在空军军官的餐厅进午餐后,于下午三时起飞,五时三十分终于抵达重庆。这次旅行相当不舒适——飞机的条件与英国飞机相比完全不同。这架中国运输机载着各类人员,包括等待了几个星期(如果不是几个月的话)的归国家属。飞机的座位没有靠背,而且大螺钉的尖端都露在外面,使人无法倚靠。一位考虑周到的官员在我背后张了一只网,但是大多数妇孺都坐在机舱的地板上。我感到非常疲乏并开始打盹了,这时一位服务员碰了一下我的手臂通知我去和领航员坐在一起。我不明白为什么。他说,如果我去那里,将会感到舒适一些。他实际是位报务员,也兼代服务员——我推测是特别照料我的。他对我说,我应该吸收一些新鲜空气,因为不允许人们打盹,否则会发生危险。二十分钟后,他通知我说,现在我可以回到自己的座位上去了,因为他要叫别人去那里了。

在重庆,我受到两位次长和外交部其他人员的欢迎并被接到胜利大厦下榻。这里的条件使我对人们在战时的中国,甚至在政府所在地重庆正在遭受着多大的灾难,留下深刻的印象。胜利大厦的条件,甚至比我四十年前做学生时住过的圣约翰大学学生宿舍还要差。这里整个一层楼只有一处卫生间,并且没有自来水。我的卧室也是我的餐室。我的铺位是从伦敦调来,刚被任命为中国银行纽约经理处经理李德燏用过的铺位。一天夜里,他和床屉一起掉了下来,因为床架太不结实了。因此,他最后搬往中国银行的宿舍里去住。虽然我感到这个地方不舒适,但却使我意识到我国人民在战争岁月中的艰苦生活。

当晚,我和宋子文,他的僚属和一位美国朋友琼斯先生共进晚餐。饭后我和宋进行了一个半小时的交谈。他首先就食品和粮食问题征询我的看法,然后谈及国际局势问题。在答复他的问题时,我就我所知,向他阐明了俄国人的心理和政策,以及不仅要与华盛顿高级官员而且要与美国政府制订政策的次级官员保持密切接触的需要。我对他讲,我曾向政府报告过关于1944年10月华盛顿打算以提供中国的旅顺、大连为代价要求俄国人参加对日作战的问题。我还说,当海军上将李海向我谈及美国的意图时,我坚决反对。李海对我提出的在朝鲜东北角海岸给苏俄一个基地,作为朝鲜从日本手中取得独立的代价的建议表示首肯。但未贯彻始终。宋对此深有感触。他说,他当时不能放手工作,那时候他只能希望有权处理这方面的问题。他当时虽然是外交部长,但不为委员长所重视,而且当时的许多工作,他并不与闻,而经常由吴国桢次长直接向委员长报告。

宋早先曾建议把我从伦敦调往华盛顿。关于这事新任外交部长王世杰早已同我谈过。宋认为尽管华盛顿的职位很重要,但让我在重庆担任外交部长更为重要。在此职位上我仍可出席各种会议和会晤。他对我说,他在中央执行委员会上受到抨击的同一天,已向委员长提出了辞呈,同时建议由我接替他的外交部工作。委员长认为他的建议很好,但要研究一下。

3月10日王外长来访和我谈起了关于同苏联谈判在分享东北三省的工厂和机器设备及苏联撤军问题上出现僵局的情况。

王告诉我,虽然他已告知苏联大使他收到了美方的询问,但起初并没有答复华盛顿关于此事的询问。他又说,最后他作了答复,给美国提供了必要的情况。他也曾告知苏联代办彼德洛夫说,在苏联撤军前,不可能继续进行谈判。王对苏联从东北三省运走机器设备感到痛惜。他给我的印象是,他的语调在当时情况下强硬得有些过分和不必要。我推测情势确已陷入僵局。当王告知我,他必须准备将此案件提交安理会时,我劝他慎重行事,但是他回答说,此事早晚必定要这样办。

后来我知道,王的僵硬态度实际上是由于中央执行委员会当时对他的攻击。在加尔各答时,我对政局已略有所知。到重庆,我所了解的情况为王宠惠所证实。王是国防最高委员会秘书长,蒋介石是该会的主席。该委员会的重要性甚至高过行政院。因为所有政府部长都要向两者汇报工作,所有上报的文件和报告,都由王阅读,并为委员长作出决定提供意见。

我国驻莫斯科大使傅秉常以及其他一些朋友,也对我讲了一些有关王外长的情况。他受到邹鲁的恶意攻击,邹是国民党元老、广州中山大学校长。攻击他的还有白崇禧、前外长、驻华盛顿大使王正廷,一度曾任驻罗马大使的刘文岛,以及另一位国民党元老张继。王正廷除了提出其他意见外还公开建议,如果王世杰不能处理好俄国问题,最好辞职。王世杰和傅还告诉我,最近召开的中央执行委员会会议实际上对所有的部长包括著名的地质学家、委员长的同乡翁文灏,都进行了猛烈攻击。他还说这次攻击的幕后原因是对中国共产党和国民党之间达成的合作协议及签订中苏条约非常不满。

我向王请教,如果中央执行委员会要我去作报告,我该谈些什么。他极力劝我不要接受邀请去中央执行委员会作报告,傅也如此劝我。但我还是追问不已,因为王和委员长以前都提过希望我作一次报告。于是我问他们,如果当场有人动议要我作报告,我该怎么办?王建议说,因为傅也是中央执行委员会委员之一,可以由他提醒国民党秘书长吴铁城将军,预防此类动议。令人担心的是,如果我在委员会出现,可能使我陷入困境。目前在委员会中有一种强烈的反对外交部长及其他大部分部长的情绪,如果我在会场上出现,我就要讲有关国际局势的真相和我对中苏条约的看法。

十四、中央执行委员会
1946 年 3 月

3 月 10 日,我以委员身份出席了中央执行委员会。许多熟悉的面孔,实际上所有政府的最高级官员和各省的较高级官员都出席了大会。

看到会场的气氛和委员们对大多数政府部长所怀情绪之后,使我特别感兴趣的是第二天早上委员长在纪念周上说的一些话。他做了一次强有力的讲话,实际是谴责所有嘲笑和攻击与中国共产党合作及与苏俄签订协定的政策的人,他为他所谓的一些人丧失国民党的美德深表痛惜,并认为那些诬蔑别的国民党人为官僚的人,才是真正的官僚。他说中国的国内局势已经发生了变化,只能采取政治手段谋求统一,其他任何政策都不许可。那些现在批评他及其政策的人,其中有的人也就是过去攻击他执行反共政策的人。他整个演说听起来像是一位校长对小学生的训话。

在与张嘉璈及其兄张君劢共进午餐时,张嘉璈对我讲述了他与马林诺夫斯基元帅在东北进行谈判的情况。马林诺夫斯基是在苏联对日宣战后,率领部队进入我国东北地区的苏军司令官。他给张的印象是,在解决工业机器设备的处理和经济合作问题之前,苏军不能全部撤退。张告知我,中国答应在四十二座工厂中,提供七座给苏联,但是马林诺夫斯基认为太少。

张为此显得很烦恼,并求计于我。我认为苏军最终一定会撤走。最近几周重庆的示威游行已使莫斯科处于相当不利的局面,并可能使苏联变得更加强硬。我的看法是,最重要的是首先收复国土,其次才是收回工厂。美国的诺言是不能永远信赖的。因为在这个问题上美国本身也无底数。如果听之任之,华盛顿是无所畏惧的,但中国的情况就不同了。苏联有很多手段可以使我们感到不安,例如在新疆、蒙古和东北地区利用中共制造纠纷。

张完全同意,但说,他被职权所限,即使为了达成一项协议,他也没有权力向俄国人提供更多的解决方案。

3月13日晨,我访问了四川省主席张群。他是委员长的亲信顾问,一度担任外长职务。因为他是委员长的结拜兄弟,一直与委员长保持极亲密的关系。

张群提出了中国对苏的政策问题。他对我说,由于美国对我国的半心半意态度,他赞同对莫斯科采取一项稳妥的政策。我断定他和王世杰都记得美国关于东北机器设备和工厂问题的态度。我对张说,因为美国的态度经常摇摆不定,其最后决定不是永远可靠的,所以对待莫斯科要运用机智。

下午,委员长邀我一起进茶。我一到场,他就询问有关国际局势的各种问题,以及我要汇报的内容。我把安理会中发生的问题,一一加以阐明,特别是有关伊朗、希腊、阿尔巴尼亚和印度尼西亚的问题。我指出在所有上述问题上英、苏两国的立场都是对立的,我还就我们为使问题达成协议及妥协所作的努力作了说明。

委员长提出了东北问题,并征求我的意见。我说,悲观的论点是毫无根据的。东北确是苏俄政策的目标之一,但不是最重要的。如果我们找到一项适当的政策,避免不必要地刺激苏联,我们定会收复东北的全部主权。但是在谈判中我们一定要有忍耐。我们要避免采取任何可能造成僵局的一切措施,以免使东北成为引起第三次世界大战的起因。国际局势依然是不稳定的。

委员长注意倾听我所谈的看法,并显得颇为所动。但很明显,他有他自己的看法,因为他说苏联人在东北甚至把家畜都运走了。最后他要我继续注意苏联问题,并补充说,他愿就此问题同我再讨论一次。

在 3 月 14 日召开的中央执行委员会会议上,我聆听了军政部次长关于从敌军接收的报告。张嘉璈也有一个报告。其报告内容当然只限于东北的经济情况,因为他是熊式辉将军属下经济部门的负责人。

情况正处于困境,但是处理方法并不是我们原本可以采取的最好的办法。在对付俄国人方面,我们就显得相当游移不定。有时我们非常恭顺自卑,有时又骄傲自大,从而错过迫使达成一项协议的机会。

我考虑,也许还有其他的困难,使张不便向委员会透露。但是,反映在张所报告的与马林诺夫斯基的谈话上以及后者所作的建议上似乎仍有达成一项最终协议的机会。我们可以提出保留百分之五十一的工厂和机器设备,而把余下的百分之四十九提供给苏联的建议,试探一下莫斯科的意图。或者,我们可以在两国之间举办十一个合作企业。

中央执行委员会通过一项决议:设置一个三十人左右的委员会,其中包括我,专门研究张刚刚作过的关于东北问题的报告。该委员会在中执会休会后立即召开会议。有人建议由我任主席,但我坚决不就,并提议由朱霁青担任。他是国民党内资格很老的党员,最后被选为主席。

委员会的讨论非常热烈活跃。出现一场对熊式辉的猛烈攻击,由于他是东北政务委员会的首脑。还抨击该会的其他委员,其中包括张在内。一批有显要地位的发言者批评该委员会的态度和工作问题,其中有政界元老、共和国缔造者之一钮永建将军,曾是吴佩孚属下重要的司令官于学忠将军和海军上将沈鸿烈。

批评的主要内容如下:(1)对俄国人的态度不当:谈判人员不是过于骄傲自大,就是过分恭顺自卑。(2)没有与东北领导人物和东北出身的老一辈政界人物磋商。(3)不必要地压制党和东北抗日青年团的活动。(4)苏联没有履行中苏条约的规定,首先该条约就没有意义,没有必要地牺牲了中国的主权。(5)没有把苏联计划助长中共的问题提请莫斯科注意。中国应把共产党在东北的任何活动的责任正式诿诸苏联政府。另外作出几项建议:(1)我们应对苏军占领时期在东北发生的张莘夫谋杀案进行彻底调查。(2)免去熊式辉将军的职务。(3)发挥那些致力于与共产党分子作斗争的东北青年的作用。

委员会的气氛,总的说是充满敌意的,不仅针对东北政务委员会首脑熊式辉,而且也指向负责执行政府对外政策的外长。委员会将在3月15日中午召开的中央执行委员会全体会议上提出报告。

报告建议向苏联提交一份强硬的照会,对其进行谴责,并提出共产党在东北的一切扰乱应由其负责。主席请大家发言。于是会场上对熊式辉及其僚属从俄国人手中接管东北的工作发出了强烈的谴责。发言还特别指出了熊的名字,指责其种种错误和办事无能。报告并建议免除熊的职务。发言对政府和东北政务委员会批评最为严厉的有钮永建、国民党华北领袖张继、孙越崎、方治、苗培成和王星舟。我试图说服他们在致苏联的照会中措词不宜太强硬,但结果他们只同意用"友好的建议"一词代替"通常的外交照会",并删去第四段关于共产党的暴行和苏联应对其负责的全文。我说明此类苛刻的用语将无助于谈判工作而只会激起俄国人的强烈反感。

报告是极端严厉的,我认为不能被委员长或政府的支持者们批准。我也这样和国民党高级人物和中执会委员王宠惠讲,他建议我去找委员长机要秘书陈布雷。只有委员长能够将该报告压下去。但我对王宠惠、王世杰、张群和国民党秘书长吴鼎昌(吴达铨)说,支持政府的委员没有参加会议,从而使反对派领袖们在会上得以为所欲为。最后吴表示愿向委员长报告。

在这个问题上,我对双方都无意袒护。但是我所担心的是不要使对苏的外交关系变得复杂化,从而使收复东北更加困难。我曾在委员会上说,我们只应讲我们该说的话。当前主要目的是尽快使苏军撤出东北并收复中国国土。至于报告所应采用的文字和内容,不管怎样写,其真正的标准在于,是加速还是推迟东北的收复。如果不是加速而是推迟的话,就应克制使用此类语言。

下午中执会开会听取省级和地方行政机关关于经济、财政以及党务工作问题的报告。会议对政府提出了强烈的批评,会场气氛显得很不平静。对东北问题的报告提出了许多修正意见,需要退回予以修订。

次日,委员会召开了一次非常重要的全体大会,由委员长亲自主持会议。不管从哪一方面说,这都是一次不平常的会议。会议对由外长提出的外交工作报告进行了修改,大意是刚刚缔结的中苏条约是违反平等互利原则的。委员会认为报告中所提外交部将以坚定的决心和友好精神继续进行谈判的措词是完全不适宜的。

委员长首先宣布所有这些问题,都将由党的常务委员会予以考虑。随后他宣称,政府原先的报告,如果别无他议,即予通过。(他非常生气,对委员会的报告根本不予置理。)

其次要考虑的是东北问题的报告。情况变得甚至更不寻常。委员长向大会发言,首先他问那些不赞同政府工作报告的人是否要以武力收复东北。如果是的,那么小组委员会报告的措辞就是适合的——意思是说所提决议草案强硬得太过分了。如果要以外交与政治手段收复东北,他就要求他们重作考虑。二十年来一直未能将中国建成现代化的强国。政府一向力图发展民族经济、改善社会状况,同时对国际局势予以极大的关注。如果一个人侈谈什么立即收复失地而不负任何责任地享受表达个人观点的自由的话,对他个人来说是可以的,但仍有必要非常谨慎地应付外交局势,设法以政治手段收复丧失的国土。熊将军对目前的局面是没有责任的,熊的一切所作所为都是按照他的指示办的,所以东北局面的责任不在熊将军,而是他自己的责任。他的结论是:

小组委员会的报告是没有必要的,无需通过。他将负责处理东北问题。最后他发问:"你们信任不信任我?""你们对我是否有信心?""对我有信心的人请站起来。"

使我非常意外的是所有对政府处理东北问题的政策和对熊将军在谈判中的表现发出最猛烈的谴责的人们都站起来了。

为了缓和这种窒人气息的局面,吴秘书长随即指出,委员长的意思是此项问题应提交国民党常务委员会解决。委员长说要按照这个程序办,由他本人负责。

我在那天的日记上写道:

> 还是一次令人十分惊奇的事件,委员长十分了解人们的心理。只有像他这样强有力的态度和适当的讲话,才能克服棘手的局面。他的领导本身,显示了时代和国家的需要。

我注意到坐在前排的一些人,起身由边门离开了会场。我认出了几位老友,其中有中山大学校长邹鲁,他是一位广东籍的国民党著名领袖。几天后我见到他,他问及我对中央执行委员会整个会议的看法,特别是与国外类似会议的比较。他暗示国内情况和国外是全然不同的。他说他对东北局面非常不满,并打算在大会上全盘讲出。但是由于委员长主持会议,为了回避站起来表示同意,所以采取了退席的办法。他对我说还有其他二十多位也离开了会场。他对东北局势不满的理由之一是熊将军的行径所致。熊曾拒绝同东北领袖人物讨论问题,很显然,他是想把持东北作为其政治势力的地盘。熊不但拒绝恢复原先三省省主席的职位,而且急不可待地发布公告将三省改为九省,并任命九名新省主席,由此激起了东北民众对他的广泛反对。

我认为邹是把熊的态度作为政府的象征而进行批评的。他说,熊自接任领导职务后,由于延迟了行期,未能及时开始与苏军当局进行谈判。他的拖延是非常不幸的,因为他错过了与俄国人谈判的最好时机。我猜想,他指的是,在开始时东北还没有共产党人,俄国人由于日本军队猝然投降和士气沮丧,使其感到意外,以致对摆在他们面前的局面不知如何处理。

3月16日,中央执行委员会开会选举国民党中央常务委员会。在这类会议上不常露面的两位人物,即宋子文和蒋夫人也出席了。我坐在蒋夫人的旁边。在闲谈中她对我讲了一件相当有趣的事。即马歇尔将军正以杜鲁门总统的私人代表身份,为各政治党派之间的合作努力工作,以促进中国的统一。马歇尔为了研究工作已离重庆去美国,但很快即将返回。蒋夫人对我说,她钦佩马歇尔,并认为他非常有才智、公正和友好。

在选举常务委员会的同一大会上,还选举了国民大会代表。他们为改组政府和国家统一,将通过一部宪法。

按照惯例,委员长作为国民党总裁和大会主席,在闭幕会上发表演说。

在闭幕词中委员长赞扬马歇尔将军为促进中国的统一作出了卓越贡献。不过会议本身却发生一个事件,引起短时间的空气紧张。事情是在讨论准备发表的关于大会工作的最后公报内容时发生的,一位老资格的国民党党员黄宇人批评草稿内容是老式的官样文章。这项批评引起了陈布雷的极大激动。由于陈当时是委员长的机要秘书,经常为委员长起草重要声明和宣言。张道藩(以后任立法院院长)劝说黄向陈道歉,被黄拒绝。黄表示如果陈不接受他的说法,陈应该在全体大会上为自己申辩。这使陈非常痛心,以致流泪。蒋夫人试图使他安静下来,并极力劝黄设法安慰一下陈,但也失败了。

次日,在纪念周上,委员长仍是主席,他以严厉的语气提到前一天发生的事件。他非常激动地说,在政治问题上,党应尽最大努力按照大家已同意的办法实行政治协商,但在中国建设一个民主政体的事业上,党必须依据孙中山先生制定的建国大纲的基本原则。他说,对孙先生的著作中有关中央政府与地方政府的部分应该予以正确解释。我们也应注意孙先生所阐明的关于限制和限度的理解。当孙先生讲到限制中央政府的权力时,并不意味着要成立省联邦政府,也不意味着地方和中央政府享有同等的权力。

然后,委员长提到东北问题。他说这纯属一项外交问题。他肯定不会认可中国共产党的任何企图,使其得以利用当前的东北军事局势,而使国军在那里仅仅成为傀儡。他宁可从东北退出,等待时机。

党务工作应继续推进。由于在前一天党员都拥护民主选举,所以他未提出他自己拟就的候选人员名单。但是,由于选举完全是自由的,因此当选人员即应接受任务和履行职责。推进与改革工作必须讲求实际而不是只空谈泛论。

委员长继续说,党员一旦被选入常委会,并不意味着他就变成了官僚,从而可以认为他的工作已经结束。在这里,他指的是黄对陈布雷的发言。委员长说,黄责难别人像官僚,但事实上,他自己曾是中央党部的一位领导人,却一事无成,只是竭尽全力地试图使自己选进常委会。所以黄自己倒是名副其实的官僚。

委员长继续说,他自己不是不知道在党内加强党纪的必要性。由于国民党总是在党员中间强调感情与友情,才使党得以发展到目前这样的重要地位。他是努力继承党的传统的。但是,从现在起,在重视感情和党的历史的同时,他要强调纪律。所以他告诫黄要注意言行,如果他不尊重纪律,就要对他绳之以纪律。

十五、与国家领袖们的商谈
1946 年 3 月—6 月

在这期间,我与外长王世杰有过一次有趣而重要的谈话。当时次长刘锴也在场。我们讨论了四件事:(1)美国关于四强视察日本复员及解除武装工作进行情况的建议草案已经提交重庆、伦敦和莫斯科。据说美国建议的目的在于尽早减轻美国军队的负担,从而减少苏美两国间的摩擦和猜疑。苏联已经拒绝派遣军队参加对日本的军事占领,因为莫斯科不愿使其军队置于美国总司令的管辖之下。美国也怀疑苏俄让美军单独占领日本别有用心。如果美国要在日本维持五十万左右军队,就会增加经济负担,并且可能引起舆论的反对。(2)关于西班牙问题,法国向安理会提交了一份备忘录。中国同意西班牙目前不应被接纳进入联合国,但是,我们认为,站在我们的立场上,我们不应特地对西班牙进行指责。我要求王起草一份电报,通知安理会的中国代表郭泰祺。(3)关于决定伊朗问题系属"争端"抑或"情势"的问题,根据五大国宣言要求应在五个常任理事国之间取得一致意见。王认为应该指示郭,中国应永远设法支持美国的观点,并令郭避免不必要的发言,避免发表与美国立场公开冲突的声明。(4)郭应特别注意的是我们坚持苏军从东北彻底撤军的坚定立场。

刘次长回想起马歇尔于 3 月 6 日给外交部的一份有关解除日本武装问题的秘密照会和外交部回复其代办,提出的三项修正建议:(1)所有军事性质的训练应一律停止;(2)删去关于日本对视察条件的任何明白表示承诺的说法;(3)经四国的任何一方(不必是多数)提出建议,即应对任何违犯有关解除武装与复员条件的情事进行调查。

我不同意第二条修正建议。

3 月 21 日在薛穆爵士和夫人在重庆为我举行的宴会上,薛穆夫人对我们处理一些英国问题的情况诉苦不已,并讲出了她的丈夫感到的不满。她说,这是很大的遗憾,在战争年代中保持那样真挚的关系之后,她丈夫在中国的使命即将结束时却出现如此不愉快的情事,以致需要伦敦方面采取一种强硬的态度。我对她说,我们曾尽力避免发生摩擦,因为我自己就曾协助使上海的码头设施归还英国原主。

她回答说,外交部也许正在尽力而为,但是其他政府部门派往现场的代表们却对谁的话也不听,更不用说外交部。邱吉尔在重庆的私人代表德维亚特已就此事写信给委员长。我对她说,我很高兴与大使谈谈这方面的情况。

3月28日薛穆与我谈话。他谈到英船驶入中国港口的困难。他说，英国在香港拥有的五十一艘船只中只有十九艘业经归还，在收回上海的码头及其他设施方面也遇到困难。当我告诉他中国政府急切希望避免发生摩擦时，他说，困难并不是由于高级官员缺乏良好的愿望，而是在于下级人员不服从上级指示。他认为中国和英国对这些设施曾经分享过利益。

中国政府对于将外国财产归还原主的问题是抱有良好的意愿的，但是，毫无疑问，政府各部门派出的代表，由于事先对这项任务没有做出全面的筹划，所以不够协调。

作为客人我出席了3月29日召开的国民参政会。会议讨论了政府提出的关于接收原敌占区的工作进展情况的报告。有些人提出了问题并表示不满。有一位代表就海南岛的情况，对政府代表的态度和行径，提出了批评。岛上的煤矿成为军政部、经济部、交通部和海军部代表们争夺的目标。由于意见分歧，使煤矿无法恢复生产。

国民党和共产党之间的政治解决是当时最重要的问题之一。当我在3月份抵达重庆时，局势是不明朗的。有人说，除东北问题而外，一揽子的政治协定实际上已经达成，但是有些人对其最后的结局表示怀疑。因此，我的意图就是要掌握事实真相，为此目的，我曾和自委员长以下的官员进行了多次谈话。我曾和许多由委员长指定代表政府参加综合委员会和三人小组的重要领袖们谈话，他们在委员长不能直接进行谈判时代表委员长与马歇尔进行讨论和谈判。

我出席了包括共产党在内所有政党参加的国民参政会，聆听了中国驻莫斯科大使邵力子就讨论的问题所作的报告。张群也作了关于与中国共产党就双方就地停火、防止武装冲突、改编武装部队，以及统一指挥国共双方部队等问题进行谈判的进展情况。除陶百川外，所有委员都抨击了政治协商的协议。张的报告提到中国共产党可以在东北驻扎一师军队,来自东北的委员们对这一点的反对意见尤为尖锐。大会主席是吴贻芳女士。她的工作非常困难和微妙,但她掌握得很恰当,给我的印象颇深。

3月28日我与吴鼎昌有一次长时间的谈话。吴是国民政府文官长,素以委员长的智囊之一而闻名。他一开始就提到,一年前考虑参加旧金山会议的中国代表团的组成问题时,就提出了包括一名中共代表的问题。对于这个问题的决定,他起了一份作用。像罗斯福一样,我自己也建议包括一名共产党代表。最后委员长决定同意,因为吴曾指出,罗斯福大概是在赫尔利的建议下行事的。如果委员长否定了罗斯福的建议,赫尔利肯定不会考虑返回重庆的。委员长看出了这番道理,所以同意包括一名中共代表。

吴说,当前谈判的最终结局要看今后三天的发展情况而定。中国共产党迄今尚未表示愿意提出一份国民代表大会(制宪会议)的候选人名单或参加拟议中经过改组的国民政府的代表名单。我们曾一再催促共产党尽快提出一份名单。他说,如果协议的这一部分不能履行的话,前途是不容十分乐观的。委员长此刻正在考虑,如果共产党在履行协议方面不予合作,他该怎么办。

照吴看来在所有人选名单收齐之后,国民政府的组成不会有很大的变化。经济部部长翁文灏已提出了辞呈,委员长表面上挽留,但实际上他已决定接受翁的辞呈并委派别的职务,也许是驻外大使。

3月28日那天,我与一位国民参政会参政员同席赴宴。他告诉我说,在两党代表间讨论的大部分问题已经得到解决,但是还有一个主要问题依然悬而未决,即关于两党在东北地区的政权划分问题。

晚上,我参加了宋子文宴请魏德迈的晚会。宋对我说,他与委员长就有关政府改组与共产党参加政府的问题进行了一次机密谈话。宋建议由我担任外长。委员长说他可以同意。

依照宋的说法,郭泰祺报告说,安理会的情况并不顺利。在一次安理会会议上,苏联要求推迟讨论伊朗问题的动议被否决了,葛罗米柯显然为此怒不可遏,起身离开了会场。由于自己不了解确实情况,我迟疑了一下,回答说可惜我不在场。但是,在我的内心里,对郭作为会议主席,未能设法防止这次破裂,不无遗憾之感。我认为联合国刚刚成立,就发生此类事件,是很不好的。由此而产生的棘手局面也是难以弥补的,因为这比以前所有会议上发生的事件都更加严重。

在重庆,人们最关心的仍然是中国的政局问题。3月29日我与李璜进行了一次有意思的讨论,他是中国青年党两位首脑之一。事实上他比曾琦更为活跃,曾只是挂名的党魁而已。

李来与我谈起目前的局势问题。他认为就当前的政治气候来看谈判是有希望的,而且中共的态度非常真诚。毛泽东确曾建议军政部应任命一位中共的次长、即朱德将军,他自己也曾应诺出任国民政府的一位成员。

李又说,当前政局的症结是东北地区政权的划分问题。从军事方面来说,已经达成一项谅解,其比率是五比一,即对每五个军的国军必须有一个军的中共部队。一年以内其比率将减少为三个军的国军对中共的一个师。

东北政局的混乱是由于国军和中共八路军之间不合作所造成的。同时,政府建议中共于3月31日前提出改组后的中央政府的候选人名单,但是,共产党说,他们最早要在4月10日才能提出名单。3月28日,国共两党及其他政党所组成的综合委员会讨论了东北地区的政治管理问题。李说此外就没有其他严重的遗留问题了。关于各党派组成全国联合政府的政治会谈前景,他的看法相当乐观。

李谈到宋子文始终不愿谈论政治问题。在任何宴会上,谈到政局问题时,他总是一言不发。当问及他的看法时,他的回答总是说他将遵照委员长的意见行事。李私下对我说,可是宋子文的私人顾问经常劝宋不要对政治局势保持淡漠态度。

李告我说，国民党的主要领袖之一孙科得不到蒋委员长的信任。他还说，张群在拟议的改组后的政府中绝少有担任重要职务的希望，因为在中央执行委员会第二次全会上，张受到非常严厉的批评。依照李的说法，另一位国民党老政治家王宠惠对任何问题都没有明确的看法，对任何重要的决定也无意积极参与。

然后，李论及中国的外交政策和外交局势。他个人认为要有一位经验丰富的中国外交家作为委员长的顾问。对于这样的职位，王宠惠本是一位理想人物，不过他总是试图保持缄默，不到事态发展到紧急关头他不讲话。

同一天(3 月 29 日)我参加了国民党老政治家之一邹鲁招请的午宴，其他客人包括孙科、居正、王宠惠、傅秉常和冯玉祥。冯将军对我说，他已获得委员长的同意和批准出国旅行，特别要去美国，同时他个人已安排好出国的适当名义。委员长要他和外交部安排他的随员。由于耽搁了一些时间，他要我帮助他把事情办得快些。

在午宴上真正使我感兴趣的是傅大使的一番心腹之谈，他对国共两党谈判的结局表示悲观，并说这也是孙科的看法。

同一天晚上，我从民主社会党负责人和民主同盟的积极参与者张君劢处获悉了谈判全部情况。他认为刚刚达成的政治协议有可能履行。当时共产党所提要求是国民党要保证遵守协议。在综合委员会上，开始时的情况令人非常沮丧。国民政府文官长吴鼎昌宣布新政府改组的所有候选人名单应于两日内即 3 月 31 日前提出。孙科甚至断然宣称，没有此项名单，也就没有进一步讨论的必要。随后他开始收拾文件，显系急于离开会场。只是在其他几位委员劝阻之下，他才没有离去。孙之所以如此，系因政府急于着手进行改组之时，共产党则不断声明他们对提出名单尚无充分准备。孙把这种说法看作是蓄意拖延，虽然国民党完全无意硬性规定一个提交名单的期限。

新宪法的问题也被提了出来。开始时颇有争论,但最后,所有的分歧都得到圆满解决。例如:

(1)政府建议在新宪法中不应有不信任投票的规定。如果行政院提交立法院的任何提案被否定时,总统有权将提案再次提交立法院重新审议。只有在提案被三分之二或三分之二以上的多数票所否决的情况下,总统和行政院全体阁员才被解职。如立法院决定组织一个委员会,对行政院或其一个部所作的任何决定进行调查,而且其调查报告得到简单多数批准,则行政院或所涉及的部的阁员必须辞职。

(2)关于所建议的倡议权和复决权,留待建立选举制度之后再作出决定。

关于政府改组,主要问题是中共要求对武装部队全部国家化作出保证。这一点大家均已同意,中共并同意废除已在其地区建立的货币制度。

至于文职公务人员的待遇问题,共产党只是要求保证来自各党派的所有公职人员都受到保护和适当的待遇。共产党特别关切的是他们在所建议的国民政府的总计四十个内阁席位中,应当获得十四个席位。张对我说,民主同盟已与共产党取得一致意见,为两党共取得和保持十四个席位。可是,中国青年党却要求为其党员分配的席位与中共相比,不应过少,也不应少于分配给人民民主同盟的席位。张说,这就成了一个难题,因为大家都已同意把四十个席位的半数分配给国民党以外的其他党派,即共产党、中国青年党、民主同盟和非党人士。他认为困难是如何在分配这二十个席位上,使中国青年党满意。

东北北部的军事管理问题实际上已经解决,但政治管理问题依然需要国共两党和东北的领袖在三方会谈中讨论和解决。张相信,苏联已经制订出一项方案,留出四十个地区作为中共的势力范围,或多或少地置于苏联控制之下。然后是中共控制的地区,再南一些就是国军控制的地区。

张认为在宪法问题悬而未决的情况下,政府的改组不会在 4 月份以前实行,因为中共不愿参加。解决宪法的争端,至少要三周的时间。

至于所建议的行政院组成问题,在事先不知谁将出任行政院院长的情况下,不可能提出有用的名单。所以,由各党派提出候选人名单的问题已经不成一项问题。

张说他个人对宋子文的态度感到非常意外。他无法理解宋在这些政治问题上为什么很少参与和兴趣索然。我说,宋是一位实干家,对任何问题都不愿作详细或理论性的讨论。我说宋是意志坚强、胆识卓绝的人。但张表示对宋不满。因为宋和苏联的谈判未能令人满意。还使他感到惊异的是宋在讨论苏联问题时经常在一些细节问题上表现激烈和粗暴。

张说在东北问题上贻误时机,是由于张治中的离去。多年来他一直被认为是委员长的继承人。张治中前往新疆,而张群(也是由委员长的代表、中共代表和马歇尔的代表所组成的三人小组成员之一)则已前往四川继续任省主席,不愿接受东北的任务。所以委员长不得不另派他人。

张还说,周恩来之返回重庆是由于马歇尔去电敦促。这样,虽然马歇尔本人在美国与各方商议,但他对中国政局依然极为关心。张不能理解,为什么在一项纯属中国内政的问题上,我们中国人自己不能解决,而依靠马歇尔的斡旋。

翌日(3 月 30 日)赴孙科为我所设的晚宴,同时参加的有一些国民党的要员,主要是追随孙的来自广东的亲信。我们交谈的话题很自然地是国共两党谈判关于改组国民政府的进展情况。按照孙的看法,鉴于各党派所表示的态度,整个局势不能使人满意。例如在批准一项会议记录问题上,中共代表秦邦宪蓄意阻碍会议的进行。

孙说,他受权召集会议,可是作为主席他一再想站起来离开会场。吴铁城曾以政府名义要求各方面的候选人名单至迟于 3

月 31 日提出。而中共代表立即宣称这是最后通牒,他不能接受。对于业经会议通过的五项协议中共代表则要求再增加一项,而这一项是中共曾经提出过但被委员会否决了的建议。

孙解释说,关于在新宪法规定下立法院的权力问题,以及对内阁成员任命的批准权和监察院成员的选举等问题依然悬而未决。五个党派分别提出的建议案,都不相同。还有,除国民党而外,四个党派如何分配政府的二十个名额问题,也有待解决。在这二十个名额的分配上一直未能达成协议。非党人士接受了政府的建议,即分配给中共八席,中国青年党、民主同盟与非党人士各四席。但中国青年党拒不接受。

按照孙科的说法,中共想要维持政治协商会议的协议,并决心要取得十四个表决权,从而可以对任何决议操有否决权。这种否决权也就是苏联在旧金山会议上坚持的否决权。孙认为协议能否立即履行,尚在未定之中。他料想,最早的履行日期,可能要在 4 月 10 日以后。他确信,中共方面所以拖延的主要原因在于中国青年党、民主同盟和非党人士之间在分配席位上未能达成协议。其次是东北地区的政治管理问题。第三是中苏之间关于新疆伊犁事件的争论,结局如何尚未可知。中国青年党和民主同盟也需要时间为国民代表大会提出候选人名单,而这次大会将通过宪法和最后选举新总统。这些政党感到他们自己的阵容要在大会中取得必要的席位,是不够强大的。

由于当时的政治协商可能产生的结果在很大程度上取决于东北的局势以及莫斯科与重庆之间的关系,所以我对王外长于 3 月 31 日在一次会见时对我说的话很感兴趣。他说,他回复了有关撤军问题的苏联照会,并派了苏联司长面告苏联大使说,中共在东北的势力正在扩展。他向苏联政府表达了真挚的期望,即苏联政府应尊重中苏条约的精神,并协助国民政府尽快接管东北,以抑制共产党在该地扩展。他补充说,当苏军开始进入东北时,当地根本没有中共部队,但是现在已有大批军队并在那里蔓延,引起国民政府方面很大不安。王对我说,苏联大使同意立即电告莫斯科,并答应一俟接到回复尽快让他知道。

王还说,中央执行委员会第二次全会在对待张嘉璈的问题上是颇不公平的,因为会议为东北局势批评了张并对熊式辉进行了谴责。他认为中执会对问题的想法是颇为简单的。他想知道依我看来苏联是否打算退出联合国。我说不会。他认为英国和美国在安理会中对待苏联所持的坚定态度,对中国并非无益。由于苏联无意从世界组织中退出,因此仍有可能以公众舆论迫使莫斯科与其他强国一起工作。不过我对他说,据我看来,美国在与莫斯科有关的问题上并未表现任何决心或任何积极计划。安理会引起的僵局只能加深不和。

然后王问我是否返回伦敦抑或前往华盛顿。他要我代表中国参加在巴黎召开的下次外长会议。我回答说,因为在纽约的安理会陷入僵局,他自己应该出席外长会议,参与五项特定的和平条约草案以外的其他问题的研究,并在安理会上协助解决伊朗问题。但是他说他觉得由伊朗问题引起的僵局,可能导致苏俄比较容易同中国打交道。我同意在此情况下会有这种可能。

4月4日李璜为我设午宴,其他宾客有来自除共产党以外的各党著名政治领袖。主人对我说他的中国青年党已同意在4月份以前提出候选人名单,但他对能否在5月5日前召开大会,不能肯定。我明白他指的是国民代表大会。

他说,预料马歇尔将会劝告中国共产党作出适当的让步。假如这样做了,他相信政治协商协议可以履行。易言之,由于其他党派特别是中国青年党和中国共产党的态度有所缓和,政治局面似已稍有改善。

国民党领袖之一、当时驻莫斯科大使邵力子告诉我说,国民代表大会很可能在重庆南温泉中央政治学校举行。换言之,国民党的领袖人物对实行政府改组增加了一些信心。

国民党内部分为几派,其中之一是以陈氏兄弟为首的 C.C. 实力派。我急于想知道此派对与中共达成一项协定的前景所持的看法。

在 4 月 9 日的午宴上有几位陈氏兄弟的至友,其中包括赖琏、余井塘和叶秀峰。他们对与中共合作的可能性都抱有极大疑惑,并认为苏联给世界造成了最大的难题。他们都想知道我对第三次世界大战是否会爆发的看法。我回答说,就我所知,没有一个国家甘冒另一次世界大战的危险。我忧虑的是可能在大国之间出现一种难以和解的局面,因为一方可能采取不妥协的态度。

在一次与国民党秘书长吴铁城交谈中,我知悉委员长非常关注政治局势,以致使他变得有时神智恍惚,并影响了他的记忆力。例如委员长曾经发出过一份手令,不再向各省委派军人为特派员,但是他自己随后就委派了一位。当向他提出此事时,他对自己以前发的命令表示诧异。吴说,委员长常常下令不要送文件给他,或尽量减少数量。

我们的谈话再次转入政局问题。吴表示,因长春已发生战事,而且情况变得日趋严重,他担心整个协商的协议和谈判最终将归失败。他怀疑苏俄企图至少要保持东北的北部,作为共产党的势力范围。这个势力范围是否包括长春还说不一定。吴说,苏俄已提出了降低要求的经济合作方案,包括建立从苏俄到旅顺与大连的航空线的权利。

吴对我说,委员长最近对共产党的情况与政局方面出现的僵局颇为烦恼。他认为政府的改组可能因此搁置,但是国民代表大会仍将按计划进行,即使中共代表拒绝参加。他说,如果所有其他党派参加的话,计划仍能实现;不过,如果民主同盟站到中共一边,中国青年党可能感到单独参加大会会使他们为难。

1946 年 4 月,朱安将军率领一代表团正式访问中国。代表团成员包括孙中山先生老友参议员莫泰。我在巴黎时就与朱安和莫泰相识。法国大使梅理霭也出席了为这位在战争中建立了卓越功勋的法国将军举办的鸡尾酒会。

特别使我感兴趣的是委员长在其山洞别墅为这位杰出的法国客人所设的晚宴。法国大使梅理霭和夫人也应邀参加。蒋夫人出席了这次宴会，并亲自作了安排。餐后，宾主间进行了随便而愉快的交谈。当客人们开始告辞时，委员长邀我留下在他那里过夜，以便和我谈话。虽然我未带任何东西，也未料想到要过夜，但是感谢委员长和蒋夫人的关心，对我照料得很好。

翌晨，我被邀和委员长及法国代表团共进早餐。代表团告辞后，我留下与委员长谈话。开始，他对没有早些邀我谈话表示歉意，然后问我对东北局势的看法。我重复过去向他讲过的话，并敦促尽快与苏俄谈判悬而未决的经济问题。我认为苏俄军队此番将要撤走，因为苏联政府已将他们的意图正式通知了我们。委员长对我说，谈判正在进行，并问我外交部是否与我磋商过。关于经济合作的谈判正在进行，我是知道的，但双方的建议和反建议如何则不了解。对此他显得很惊异，并说他只命令王世杰坚持三点，即：抚顺煤矿、Yen-ch'ang 和民用航线。我对 Yen-ch'ang 的含义不完全理解，在中文里一般是"延长"之意。于是我问是否指延长旅大两港的租借期之意。他再次显得惊异，并问我是否看到了俄国人的建议。我坦率地说没有。这样，他就解释说，他指的是盐场。他已指示外交部，对盐场和民用航线的问题必须首先加以研究，以确定现行的制度是否允许中国对俄国人的要求加以考虑。抚顺煤矿位于东北的南部，是该地区所有工业命脉的中心。很显然，他是向我解释为什么他要指示外长在这些俄国人的建议上坚决不让。

我对谈判已有了进展表示满意。谈判应该越早结束越好。苏俄对我们去年8月付出的重大代价是满意的，其目前主要的注意力实际是放在中东，例如伊朗问题。如果我们执行一项政策以缓和其对我们的猜疑，使其感到无需对我们有所担心，那么，苏俄就不会去支持中共反对国民政府。苏俄一直是现实主义者，并了解国民政府比共产党强大得多。我补充说，我们可用美国的援助在长城以内进行建设,但在东北不这样做。委员长回答说,苏俄决不会放弃对中共的考虑。

他显系全神贯注在政局问题上,大概也急切要和马歇尔重新会谈。当时马歇尔正住在同一山区的疗养胜地。因此,在谈论苏俄好像要以中共为对抗中国的武器之后,我问委员长何时返回南京。他说大约在 5 月初,并说如果我愿意的话,我可以去上海,只是要求我在国民代表大会闭幕前不要离开中国。我说我很高兴看到国民代表大会的召开,但不知道作为不大积极的国民党员能否参加。他说他肯定能为我安排一个席位,而且参加大会的工作对我是有益的。随后,要我访问上海后立即返回南京。上海是我的老家,所以他了解我深切怀念离别将近十五年之久的上海。看来他是希望在我访问上海之后,在南京见到我,并与我再次交谈。

政局使委员长非常关注和忧虑。从促进各党派联合与合作的观点看,政局的发展原本不应如此。那时候重庆政界人物之一刘锴经常将时局的逐日发展情况透露给我。4 月 19 日晚他前来报告说,C.C.派二陈的长兄陈果夫正在促使成立一个单独的政党,作为支持国民党的辅助党派。在北方一位曾任内阁总理的军人政治家靳云鹏也被要求组织政党。

刘认为中国青年党对国民党是友好的,它的领袖曾琦尚未归国,在他回国前,中国青年党将继续认为该党是李璜领导下的民主同盟的一部分。但是曾琦并不满意,并反对他的党与民主同盟密切合作。因此陈果夫向他建议,使中国青年党脱离民主同盟,并且为此已经提供了巨额款项——其中一部分已经汇给在美国的曾本人。刘说其数目为六亿元,业已付给三分之一。

4 月 22 日在美国驻华代办饶伯森和夫人为马歇尔夫妇举行的招待会上,由于正和委员长开会,这位杰出的美国总统特使一直没有露面,虽然实际上所有外交使团和重庆的所有高级官员都出席了。这就证明了政局的紧张。中国客人中的吴铁城对我说,他担心国民大会的开幕将再次推迟,因为委员长不想把谈判推向破裂。如果大会如期开幕,就将没有中共代表参加。吴又说,如果推迟国民大会会期,就必须取得各党派所有代表的同意,而不是由国民党独断行事。

尼赫鲁派驻重庆的代表梅农也出席了。他对我说,他刚到重庆时,确信各党派为组成一个联合政府所作的努力能够实现,而且会给印度国大党和穆斯林党之间的谈判带来有利的影响。但是重庆的目前局势已导致穆斯林党人坚决要求建立一个单独的伊斯兰国家。当英国首相在议会上宣布英国政府打算同意印度独立时,在印度赢得了普遍的满意。可是国大党作出的让步也达到了顶点。

四川省主席张群对我说,当前国共两党正在谈判的前景未可乐观。

第二天晚上,我出席了外交部长为欢迎马歇尔和夫人举行的晚宴。出席的还有美国财政部的布兰福德,马歇尔代表团中的第二号人物吉勒姆将军,王宠惠和夫人以及外交部的两位次长。

宴会后,马歇尔将军、外长与我进行了交谈。王问马歇尔,听说共产党已经提出,如果把哈尔滨留给中共,他们将撤出长春,这话可是真的。马歇尔没有直接回答,但是他说,当天上午与周恩来谈了三个小时,并且听到了共产党对政府的长篇控诉。他认为困难的真正原因在于双方都有畏惧。在他看来双方都认识不到相互间抱有多大的畏惧心理。

例如在他返美之前,有一天周恩来声称中共军队遭到国军的攻击,要求他派一小组去湖南调查。为此事件,马歇尔找了张群,张对他说这是不真实的,并说他将拒绝派人参加小组委员会进行调查,而这项程序,乃是三方面已经同意了的。反之,张却要求派一小组去山东,并说国军遭到中共军队的围攻。马歇尔说,周恩来否认这个报告,并拒绝派遣代表。然后,马歇尔告周说,不管怎样,他要派他自己的人去山东,不论共产党派人与否。周最后同意派一名代表。调查结果,代表团发现有三万五千名国军占领着一座煤矿,但被一万名中共军队所包围。在湖南①则有四万名共军占据着一座矿山,而被十二万名国军所包围。这两处的情况非常相似。双方想的只是他们各自的利益,而不考虑对方的情况。

马歇尔指出,局势是困难的,因为在双方的下级人员中间存在着仇恨。共产党方面纪律严明,上级颁发的命令永远会被执行,他对我们说,山东的中共司令官已有两年未回延安,但当延安命令解除包围时,他们立即执行。然后,他举了一个在广东发生的共产党指控的例子,中共在美国人居住的大院里有一座无线电台,因为设在别处不论哪里,总是遭到破坏。有一天电台被政府的特工破坏。再次设立起来再次遭到破坏。这次是来自马歇尔将军自己的代表的报告。马歇尔说,这种行径对政府毫无裨益,也不能促进和解的工作,而只会加深怨恨。

他感到遗憾的是,在他离华期间东北的局势趋向恶化,他确信在他离开之前,曾有好几次机会可以解决局势问题,但是政府方面认为自己的实力足可压制中共军队,所以拒绝安排一项友好的解决,而现在情况有了逆转,中共军队超过了国军,政府抱怨共产党人又在诉诸武力。但马歇尔确信局势尚未绝望,只要各方都试图了解对方的感情,就能找到一条共事的途径。他说,委员长经常对他说,共产党人不会尊重他们的诺言。他说,共产党人也担心政府方面缺乏诚意。

在同一个晚会上,王外长告诉我,他已同有关当局为我在国民大会安排了一个席位。他还补充说,大会无论如何要延期召开,因为有许多困难尚未解决。

我从别的消息来源证实,统一的前景颇为暗淡。在一次与宋子文的讨论中,我问他马歇尔为调解工作所作努力将会取得怎样的前景,宋说他未参与谈判,并向我透露他曾告知马歇尔他所以不介入的原因,是他对中共没有信心。他认为他们不会遵守他们

① 原文如此。——译者

的诺言。他确信中共参加政府的目标只是为了阻碍政府的活动，并使之削弱，以便最后自己接管政府。但是他自己会与他们一起工作，并忠实执行由委员长做出的任何安排。据宋说，马歇尔对中共的印象是，他们不像其他国家的共产党人。宋不同意此说，他认为中共像其他共产党人一样，深受莫斯科的影响。

我对宋提及马歇尔是负责与苏俄制定雅尔塔政策的人，他必然渴望在中国政府和共产党人之间取得和解。他在中国的努力如遭失败可能影响 1948 年民主党竞选的胜利，因为共和党人似乎不会忘记雅尔塔协定给东北局势带来的后果。宋说，他已告知马歇尔，他在莫斯科缔结 8 月 14 日的条约时，明知莫斯科不会认真遵守。宋说，王外长于去年 9 月由于过分优柔寡断而把局势弄糟了。他当时本应要求苏俄撤军，可是他犹豫不决，贻误了时机。

我对宋说，我们已付出了很高的代价。但是，看来他当时也不得不这样做。事实上，在签订条约后一个时期，总的情况似乎还不错，但是后来的拖延是很不幸的。

宋不知道有这许多庸人如何能把政府工作做好。委员长是犹豫不决和工作拖拉的人，而宋则勇于决断，并对自己的行动后果负完全责任。在 1945 年他就知道像熊式辉、张嘉璈这样的人是不能胜任的，但是对他们的任命他并未加以反对，以免引起不和。

我对宋说，外长已通知我延期去南京、上海，并要我等候鲍莱的到来，洽谈赔偿问题。宋完全赞同延缓我的行期，以便与鲍莱会谈。

我再次提到雅尔塔协定对罗斯福总统来说确实是个失策，这一点我们早该让美国人民了解清楚。国务院关于雅尔塔文告的声明中附加了一项说明，即中苏两国关系，已由 1945 年 8 月 14 日的中苏条约作了规定，而没有以任何方式表明中国当时是无法选择的，不得不依从雅尔塔的决定。宋说，他已向外长建议，应使美国承受指责，但是王说中苏条约比雅尔塔的决定要好一些，因而坚持目前的方案。

关于中共和政府之间的谈判成功的前景是不很乐观的,原先设想在民族团结统一的基础上组织一个国民政府的计划似乎已经石沉大海。而且当时实际上进行的内阁改组,主要是调换了几个人的职位,与原先的计划大不相同。委任了两三个无党派人士,但实际上并没有重大变化。

为进一步剖析当时的政治局势和各党派领导人的谋划,我还应补充的是,5月18日C.C.系领袖之一,重庆外交部负责研究工作的张道行对我说,他以国民大会代表的资格被任命为五人委员会的一员,去访问马歇尔将军,并呈交一份关于中共长期以来在其家乡江苏省搞的种种暴行的备忘录。委员长曾经指示他对马歇尔说,民主同盟不是一个有影响的政治团体,并且它一直甘心情愿地追随中共,作中共的尾巴。还要他指出,马歇尔相信民主同盟能使国共两党达成一项协定的想法是错误的。

当时政府的注意力集中于国内政局方面,但还是有几件需要解决的外交问题。其中的一件是罗马请求将解决中国向意大利提出的战争赔偿问题与和约谈判分别考虑。王派了外交部欧洲司司长与我就此问题进行了详细的讨论。由于我了解到外交部在决定如何答复意大利代办之前愿意征求我的意见,我给他提了八点需要意大利予以澄清和解答。

4月26日,我与王外长讨论了三项问题。第一,我对他说,英国正试图调解印尼局势,如果我们打算居中进行斡旋的话,我们必须首先取得荷兰和英国的同意。王说,他已非正式地把我们打算派一名高级专员前往荷属东印度群岛探问在印尼的中国侨民的福利的意图通知了荷兰大使。大使想知道准备派往的中国专员的姓名,以便向其政府请示。

我对王说,至于莫斯科想占有日本人留下的工业设备和工厂的愿望,在此问题上最好不要考虑任何保留,如果我们作保留,苏俄也会仿效,结果我们的相互保留将相互抵消。

在香港问题上我建议,应等英国解决印度问题之后,再向伦敦提出。不管怎样,我们应该与英国人举行一次非正式的会谈,正式提出这个问题。王问我,英国能否真正解决印度问题。我认为迟早将会解决。

随后他问我对将在巴黎召开的外长会议的前景有什么想法。我说,我对此并不悲观,但同时,对其结果也不很乐观。很可能会议将尽量解决可以解决的问题而将困难问题留待今后解决。

然后,王告知我,他曾与负责筹备国民大会的陈立夫谈过我出席大会的可能性的问题。陈想知道我是否真正能出席,因为每个代表的表决权都起作用,所以每一个席位对最后的结果都很重要。王补充说,因为大会已经无限期延期,这个问题并不迫切。

由于以政治协商会议协议为基础的原先的政府改组方案不能付诸实施,所以我已没有必要留在重庆。我是应外长、行政院院长和委员长之邀在未来的改组政府中担任外长的。由于个人原因,我决心尽快离开重庆去南京、上海。因为我自 1932 年以来一直未与在上海的家人见面。上海曾被日本占领多年,只是最近才光复。

4 月 27 日,我与外长和两位次长搭马歇尔的专机飞往南京。我在南京过夜后继续前往上海。宋早已抵达上海,并设置了行政院院长办事处。我立即前往见他,并作了长时间的交谈。他首先问我,最近是否见到任何重要的人物。我对他讲,我和委员长谈了关于苏联抗议苏军撤离长春后,在东北有几名俄国人被杀害的问题,以及马歇尔对政局颇抱乐观的想法。我也解释了马歇尔的思想,他认为困难的真正起因是国共两党的互相恐惧和猜疑。

我给他提供的情况,使他深感兴趣的似乎只有一点,就是我和委员长的谈话,委员长要我推迟行期。我告诉宋说,王问我能否作为代表团团长去巴黎参加和会。宋讲我一定不要去,因为我留在国内比去巴黎更为重要。他又问到胡佛前总统的为人,因为预期胡佛不日访问中国。宋本人早应前往南京,但是目前要留在上海直到胡佛访问结束。

5 月 10 日,我见到从南京返回的宋,我讲了王给我来信的内容,并征求他的意见。宋说,由于政府的全面改组工作已经延期,我最好是去美国,那里有许多有待解决的重要问题,我能在这方面有所贡献。

他在回答我的问题时说,翁文灏将留任行政院副院长,王世杰将继续担任外长职务。他想派刘锴去伦敦接替我的工作,但是王建议由郑天锡充任。宋要我推荐几位人选,我提了几位,包括傅秉常、郭泰祺和俞鸿钧。傅是驻莫斯科大使,又是一位英国大学毕业生,但宋说,由于中苏关系很敏感,目前不宜调动。郭泰祺已是联合国安理会的中国代表,俞则不能调离财政部长职务。宋希望发现一些可以与他合作的人加以任命。

在上海我访问了一些我的政界朋友,其中有些是北洋政府时期的同僚。张国淦就是其中之一,他虽已年逾古稀,依然对政治抱有强烈的兴趣并愿为国效劳。他与我同在北洋政府任职,曾任教育总长,以后是司法总长和内政总长。他是一位非常杰出的和著名的政治家和政客。张对我描述了他如何成功地帮助吴佩孚作出决定,拒绝参加日本军部控制下的华北傀儡政权的经过。吴当时受到很大压力,不仅来之于日本人,而且也来自那些亲日的中国人。张知道吴心目中最伟大的英雄人物是迄今尚为广大民众崇拜的忠义爱国者、三国时的关公;所以张问吴,是否要学关公的榜样。如果是的话,吴必须把他的枪转向北方而不是南方。这就触及到吴将军的自尊心和情操。吴对张说他还是崇拜关公这个历史上的榜样,永远不想当汉奸。

我还见到另一位政治家及北洋时期的知名人物叶恭绰,他曾任交通总长,并以所谓交通系的智囊而负有盛誉。虽然他接见我时卧病在床,但看起来他精神很好,而且他给我的印象是,他对国内外时事了如指掌。在谈话中,他对中苏条约非常不满。他说,谈判纪要和条约本身说明中国参加谈判的人员,甚至连外交部的文件也没有查阅过。

我于4月30日在上海见到孔祥熙，与他就国际局势进行了一次有趣的谈话。孔曾一度担任委员长在华盛顿的私人代表。他告诉我说，他在重庆时除了告诉马歇尔说中国的事情并不像初看到的那样简单之外，他不与马歇尔讨论问题。他还向我重新提到他在华盛顿时为使罗斯福了解中共情况所作的努力。孔感到遗憾的是，重庆当局没有接受他的劝告，即不要迫使罗斯福对史迪威的事仓促采取行动。

孔把罗斯福对中国情况的误解以及由此作出决定，绕过中国而谋求苏俄参加对日作战，归因于以下几点：一个是史迪威作了对中国军队不利的报告，另一个是中国的新闻检查制度，为中共提供了有利的机会。这种制度阻碍着外国记者将报道全文送往美国。过分谨慎的检查人员甚至把那些在国内似乎不妥，但事实上却对国外舆论有良好影响的内容也删掉了。这就给中国共产党人在外国新闻界里得以充分活动的机会，因为他们有自己的渠道将新闻送往国外。美国的新闻记者们发觉，他们有必要将不妥当的报道偷运出境，予以发表。因为严格的检查制度使外国记者，特别是美国记者感到不满，甚至有时对此种检查制度产生敌对情绪，所以他们总是尽一切可能，通过各种非正式渠道把报道送往国外。

华莱士于战时访问中国后写的报告，也把罗斯福引入了迷途。据说罗斯福曾要求他亲自研究中国情况，并把他的看法提交华盛顿。据孔祥熙说，华莱士的报告对中国是不利的。

5月11日我离沪返回南京，抵达首都后不久，看到王世杰外长。他告诉我说，他已给莫斯科发出一项照会，询问苏军是否确已全部撤离东北，但是迄今未得到答复。我向他出示了巴黎钱泰大使发来的一份电报，要求王、我、傅大使或魏大使中任何一人任代表团团长参加在巴黎召开的和会。一般说来，如果外长不能出席，自然应由当地大使任代表团团长。王说，钱是过分谦虚谨慎的,虽然从某一方面来说,如果预期有什么重要的发展情况,王应自己前往;如果没有什么重大问题要讨论,则钱应代表中国。王建议先等一等,看看有关会议的发展情况如何再作出决定。

然后,王谈到我调往华盛顿的事。他说困难是需要找一个合适的人继任我在伦敦的工作。他要我推荐一位。于是我提了至少四个名字。和前些时宋讲过的一样,王对我说,鉴于中苏关系傅大使目前不宜调动;刘锴需要掌握更多的国内情况,要在部里多留一些时间;郭泰祺已在安理会主持工作;俞鸿钧在政府全面改组之前,还要留任财政部长。

我问王,委员长对我调往华盛顿是否有犹豫。王说,鉴于同美国有许多悬而未决的重大问题,以及马歇尔正在专心致志于处理中国国内统一问题,委员长已批准这项建议。虽然从理论上讲,也可以要求马歇尔处理外交问题,但是他对此不感兴趣。王说,马歇尔感兴趣的其他问题唯有中苏关系。

当天下午王要我再去见他,这次刘锴次长也在座。王就以下三个问题征求我的意见:第一,魏大使来电报告,美国建议在华盛顿设立一个盟国赔偿委员会。王要我给魏起草一个指令,争取得到一部分日本国内的工业机械与工厂设备立刻交付中国作为对我国的部分赔偿。我对王说,原建议的十一人委员会似乎比美洲司拟议的四人委员会好一些。第二,在马歇尔3月7日的来信中提出了一项英、苏、美、中四国合作条约的计划,借以保证日本解除武装和非军事化并建立监督制度。王就此征求我的意见。我说我要研究一下,并为他起草一份备忘录。第三个问题是关于委员长与杜鲁门会晤的问题。一年前,即在日本投降前曾经提到在菲律宾会晤的可能性,但是由于日本投降,已经变得没有必要。不过委员长还想与杜鲁门会晤,并与他商讨东北的局势。因此,王问我委员长前往马尼拉参加菲律宾的独立大典(杜鲁门也会出席)是否适宜。王不知道这是否与同时派遣一位特使,表达中国的祝贺和签订中菲友好条约相抵触。我建议如果委员长前往,就不必派特使。如果委员长准备去时,要有华盛顿和马尼拉发来的邀请,而且在访问之前必须确定接待礼仪。从原则上说,这类访问可由中国建议,因为菲律宾是亚洲殖民地中第一个获得独立的国家,而且从我们的国策来说,我们对菲律宾表现出特别的关心也完全是合情合理的。但是如果访问的目的主要是与美国总统会谈,就可于典礼结束后,在菲律宾附近盟军占领的某些日本岛屿上安排会晤。王说在向委员长提出建议以前,还要作更多的考虑。我见到王之前,刘锴已告我关于查询苏军从东北撤走的照会,已于 5 月 6 日发出,但迄未得复。刘说,自彼德洛夫于三星期前抗议苏联公民在长春被杀害以来,和苏联一直没有接触。刘与我一致认为苏联的态度表明凶多吉少。刘还说,在新疆迪化,张治中的日子很不好过,因为哈萨克人得寸进尺,我们每让步一次,他们随即提出新的要求。刘认为哈萨克人的态度显然受着苏联的影响。他们正在要求建立六个师的军队,靠自己的武装实行自治。

5 月 12 日我花了大部分时间起草给魏大使的指令和给马歇尔将军关于缔结四大国合作条约以保证日本非军事化的回答。当刘带来我起草的打字稿时,我又细看了一下,在赔偿照会上增加一段,强调我们需要得到一部分日本工业机器,作为对我国赔偿的一部分。

下午刘又来告我王已批准我的照会草案,并命令立即发出。王想在给马歇尔的回信中就他的建议草案增加一句表示我们的满意和欢迎的话。他问我对此有何意见。我说,由于这文件是备忘录的形式,一般无需增加礼节性的客套。如果外长要表达个人心意,可附上一份短笺比较合宜。刘完全同意我的见解。

5 月 14 日王与我一起去公园散步,在园内湖边我们作了一次谈话,我理会这是他来访的目的。王再次就几个问题征求我的意见。

他想知道我对国际形势和俄国推行赤化世界政策的想法。

他说中国应该考虑对苏联采取一项新政策。他说,苏俄在战后的今天将继续设法使世界向共产主义转变,因为作为敌手的英美资本主义民主国家的继续存在使它感到不安。我认为这两股敌对的势力将会继续存在下去,世界局势仍将不稳,除非一方完全屈服于另一方,但这是极不可能的。谁控制谁的斗争将继续下去,虽然不大可能发展为一场公开的冲突,因为没有一方真正准备挑起冲突。只是世界这种不稳定的形势,将会影响我们复兴建设的前景。东北和新疆可能成为双方争夺的焦点,而美苏间的缺乏合作,会使我们处于非常困难的地位。我们必须首先考虑我们自己的安全,并不应追随美国的坚决反苏政策。美苏两国之间,可以直言不讳,或者以牙还牙,打击报复直至战争的边缘,但是中国所处地位,不允许这样做。这样做的话,首先遭殃的将是我们。

王然后问我,美国在抵制苏联扩张主义上会走多远。他认为美国最后一定诉诸武力,但是,我说这是一种幻想。很明显,关于采取先发制人的行动来阻止侵略的必要性,美国并没有接受珍珠港的教训。美国人和英国人愿意看到他们的政府采取一项坚定的政策,然而一旦出现战争的危险时,他们就会疾呼和平。这是民主国家处理对外关系的一个弱点。苏联熟知英美的弱点,所以在不致引起战争危机的限度内总要坚持他们的主张。他们还可坚持己见而不受国内公众舆论抑制的影响。我们不可依赖美国的支持,而走向诉诸武力的极端。因此我们不得不考虑这项因素,并相应地修改我们的对俄政策,但是我们一定要将我们决定要做的一切,开诚布公地通知美国。

我们还讨论了中国的国内局势,特别关于共产党的问题。王问我,由于共产党人不愿合作以促进政府改组,我们是否应把他们排除在政府之外;抑或是继续对其作出让步,让他们参加进来组成一个联合政府。他认为第二条路将会产生一个任何事情都做不了的软弱的政府,因为共产党人将永远反对和横加阻挠。他认为第一条路可以保持政治现状,让共产党人在他们自己的辖区内自行其是。我说国内外的形势要求我们走第二条路，因为它至少可以缓和紧张局面并提供合作的机会。即使没有成功的希望，我们依然要努力尝试，这样我们不会被人谴责说我们拒绝合作。

然后，王指出了第三种选择，即以武力解决问题。我说无论中国的人民或国外的公众对此都不会理解或支持。我问王，这种做法能坚持多久，能否成功地解决问题。他说这可能要坚持很长的时间，而这恰是我所担心的。我认为采取武力，对政府来说等于自杀。中国最需要的是有一个进行重建的稳定时期。真正的大事就是政府能否完成改革和重建。如果政府在这方面取得成功，就会得到全国的支持而共产党则会丧失他们进行煽动和反对的基础。如果采取第一条道路，紧张和不安定的局面将会继续阻碍重建工作的开展。王同意这一点。

然后，外长提到鲍莱将于 5 月 19 日从东京返回中国，要我与他进行一次会谈。据中国驻东京盟国对日管制委员会代表朱世明来电称，鲍莱说中国可以获得一部分日本工业机器，作为对中国的部分赔偿。王说他将要求何廉博士准备一份我们最急需的工业需要清单。

同一天，外交部次长甘乃光前来讨论某些外交政策问题。他想知道我对他把外交政策总纲划分为三个具体部分的意见有何看法。这三部分即：制定一项总的政策；现行的外交政策；和针对每一个国家的具体政策。甘还谈到训练中国外交人才的必要，并想知道我对这类训练的主要要求是什么。我告诉他说，一名经过训练的外交人员应该具备四种素质。第一，必须具备适当的基础知识；第二，必须精通一门或更多的外语；第三，必须有实际的谈判经验，特别是双边谈判的经验；最后，必须具有国际会议的经验。

关于甘问我如何改组外交部和驻外使团的问题，我说根据我自己的经验，对每个使馆的人事分配非常重要。那些担任电报密码、打字、速记和图书工作的人员应受特别训练，并区别于正规职业外交人员的训练,另设班组。前者不应指派担任正规的外交随员、秘书、参事或公使的职位。那些擅长以外语写作的人,并不一定同样善于谈判工作。我发觉由部派往国外使领馆的新人,并无实际谈判经验,也从未与外国外交人员接触过。由于缺乏实际经验,使他们在与外国外交人员谈判时感到非常吃力。在指派一个人担任一项特定的外交职位之前必须对其气质有所了解。我发觉许多经受很好的训练和教育的人在气质上不适合担任谈判工作。甘笔录下我讲的要点,并说他要向外长汇报。

两天后,1946年5月16日我和行政院院长宋子文共进午餐。他问我外长有何打算,因而我把我们两次谈话的内容对他讲了。我问宋,他对王与我讨论各种政策的目的,有何想法。宋立刻表示,王的目的在于与委员长讨论同样问题。

我与宋的交谈是一次秘密而自由的交换意见。关于我在伦敦的职务的继任人选问题,我们至少讨论了半打人名。很明显,宋正考虑一些人向委员长推荐,虽然他知道在外长心目中也另有一些人选。既然政治协商协议拟订的政府改组工作已经延期,我要求宋从速调动我的工作。宋完全同意,并说在华盛顿也有许多重大事项有待处理。

我们讨论了中国局势问题,我向他请教马歇尔的调解工作能否取得成功。宋说,他已告知这位美国将军为什么他身为行政院院长而不参加对中共的谈判。他说对中共没有信心,因为他认为中共参加政府的目的在于阻碍和削弱政府的工作,以便最后他们自己接管政府。不过他说,他会与中共一起工作和忠实地执行委员长的一切安排。马歇尔认为中共不同于其他国家的共产党人,而宋不能接受这种见解,宋认为一切共产党人都在莫斯科的影响之下,我提起马歇尔曾负责与苏俄面对面地制订雅尔塔政策,他一定渴望使国共之间实现和解。

次日,刘锴次长前来告我,外长将电告魏大使回国。王想调换中国驻伦敦大使馆参事施肇燮,但为刘所阻止。我也认为这种变动没有必要，因为新任大使不日即将赴任。如果委任一位新参事，他也不能在两月内到达伦敦，而那时，新大使早该到达了。

当晚，委员长邀我共进晚餐，我不知道所为何事，但是礼宾司司长告诉我，外交部并未接到名单，因此他猜想不是正式的宴请。当我到达委员长的官邸，获悉我是唯一的客人时，不由得感到惊异。

我们利用这个晚上的时间进行了交谈。首先讨论了欧洲局势和苏俄的总的政策。委员长想讨论我的工作和调往美国任大使之事。他问我，是否王外长已同我谈了此事，我说，王确已告我调往华盛顿。委员长说，华盛顿的职务非常重要，他认为最好由我担任，问题是要物色继任我在伦敦的职务的人选。所以他提出几个人要我考虑，其中包括郑天锡、金问泗和刘师舜①。

我对每一个人都谈了我的看法。在他的印象中，认为金问泗仍在荷兰，当我提出驻海牙大使是董霖时，他说董并不是他所考虑的人。他又查问了驻瑞典大使是谁，我说是谢维麟。然后，委员长说伦敦的职务可由上述几人之一担任。

我们很快把话题转入总的国际形势，因为委员长很想了解我的看法。我讲述了巴黎外长会议失败的主要起因，之后，他要我解释为什么苏俄坚持要的黎波里塔尼亚②这块地方。我解释说，这是一个复杂的问题，关系到苏俄的威望以及从战略上控制英国去印度和远东的生命线，也关系到苏俄和英国在阿拉伯世界保持均势的问题。但是，我补充说苏俄很可能在对的黎波里塔尼亚的要求上作出让步以换取就南斯拉夫获得的里雅斯特达成一项协议。我并对这个海港的重要性作了解释。

委员长问我关于苏俄对东北政策的看法。我认为表面上苏俄已从东北撤军，但其内心是不满的，而且毫无疑义，苏俄正在帮

---

① 原文为 S.T.Chen，Wan Tse-tin 和 Miss Kee。经查证应是 F.T.Cheng（郑天锡字莳定）和 Wunsz Ki（金问泗）。——译者

② 原文为 Trespotamia，当系 Tripolitania 之误。——译者

助中共在那里安顿下来,作为它的缓冲地带。由于苏俄和美国的摩擦在巴黎会议上又暴露出来,也会使苏俄对东北的政策变得强硬。

蒋夫人不声不响地来参加我们的晚餐。在整个进餐过程中,我与她的交谈是中英语参半。她对委员长的说话大半是英语,但是用中国话回答。他的英语水平是相当出色的。我尽力使谈话继续下去。我们闲谈到南京中山陵附近军官学校里的宅邸和他的官邸以及汪精卫新建的备有密门的住宅。我们又谈到马歇尔夫人访问上海和我自己的游览情况。

晚餐后,委员长与我又回到我们的私人谈话,还是讨论东北问题。我说东北的局势是由美国在雅尔塔的错误政策造成的,委员长对此表示完全同意。我解释马歇尔如何应对 1944 年的政策负责——他衡量了中国的有效抗日能力,在德国败北后争取苏俄参与对日作战。马歇尔是不愿牺牲一百万美国人的生命以取得对日胜利的。我还回顾了李海海军上将在与我谈话中曾经吐露:美国想向苏俄提供旅顺和大连作为苏俄参战的代价,对此我向他指出这样的政策对今后远东以及太平洋地区的和平与安全将带来严重后果而予以驳斥。我还谈到曾建议在朝鲜东北部找个代替地点。

委员长同意我的观点,即美国的对外政策是开放、天真和冲动的——当美国的情绪正常时,非常慷慨大方,但当不高兴时,则非常残忍。我们有必要与华盛顿的领袖们保持密切联系,以便在他们制定政策之前对其有所影响。与此相反,英国在外交政策上作出结论之前,则是经过长期计划,卓有远见和深思熟虑的。

委员长说马歇尔曾过分信赖中共,但是现在越来越多地了解他们了。他对马歇尔作出的每次建议都乐于接受,以表示其最大的诚意,但是中共未曾守过信用。他们进攻和占领长春,并不理会改编军队和减少他们的兵力的义务。马歇尔甚至对提醒中共注意他们的诺言都踌躇不决。可是他们甚至连三人小组的会议也不出席。委员长担心如果马歇尔不能洞察中共的策略,他的努力必然要失败。他们谋求的并不是合作,而只是谈论合作,其目的是进行反对政府的宣传。

委员长自己的政策,如他曾对马歇尔讲过的那样,是清楚的。内容有三点:(1)美国对苏俄一定要坚定,对东北问题不能缺乏信心。苏俄是重视实力和坚定的。(2)美国要向中共讲清楚,美国打算对政府提供援助和扶持以加强其实力。只有政府强大起来时,中共才会妥协。委员长承认自己没有力量说服美国采取这项政策,除非美国自己决定这样做。(3)委员长自己的政策是:除非中共愿意合作并放弃长春,否则他不会承认他们,也不会邀请他们参加政府。他会让他们留在东北原来的地方,也不企图把他们逼走,但是,在中国内地,他要把他们全部赶走。

那天晚上他对我解释的他的这些看法,和我在几个月前一次八人会议上极力劝他采纳的意见非常接近,这使我很高兴。委员长觉得美国应尽力予以协助。如果美国不愿意,他将不再继续请求援助。事实上所谓的美国贷款,是附有条件的,它不允许政府自由动用,每次动用贷款,都要以一个新的协议获得美方批准。委员长觉得美国能对局势看得很清楚,并以全力支持中央政府。如果这种立场将会导致苏俄出兵东北,也不会发生使美国卷入的危险,因为委员长会把所有中国军队撤回关内,并以国际手段解决问题。

马歇尔为促使美国提供一笔贷款曾经返回美国并几乎取得成功。只因中共方面的反对,才使他的计划遭到破坏。中共的一篇驳斥委员长论点的文章,说明中国没有和平与统一,其目的就是阻碍和挫败马歇尔为谋取贷款所作的努力。

委员长问我对这件事的看法。我回答说,马歇尔热切希望他为在中国实行合作和成立一个联合政府所作的努力能够取得成功。我们可以利用这项政策,并不是因为它最后能保证成功,或者因为与中共的合作会持久下去,而是因为这样就可以使美国有充分理由援助我国政府。然后，重建工作就可在各个领域中着手进行。假如出现其他政党阻挠政府的话，可以授权各省，由地方发起以美国援助进行这项重建工作。中国的绝大部分是在政府的有效的直接控制之下的，重建计划将大大增强政府的地位。而在中共控制的势力范围内，就不能取得同样的进展。苏联一旦认识到政府的实力（这一点它很快就会做到的），苏联的压力也将减少。

如果采取一项强硬的政策，特别是有可能导致一场无终止的武装冲突的政策的话，不但国家遭受损害，而且民众也不会同意。世界舆论将会谴责这样的政策。苏俄会秘密或公开地全力支持中共，但美国政府在这种情况下不能、也不会充分支持中国政府。我劝告委员长在扩大了的政府里，坚定不移地与中共合作，而不是凭藉他的优势军队解决问题；另一方面，如果让局势停留在目前的状态，就将继续动荡和不安。这就不可能从国外获得有效的援助，政治动乱和经济的不稳定也将继续下去，而中国的国际地位也会进一步下降。中共可能要单独建立政权，而使局势更加复杂化。委员长说中共可能确实要建立另一个"满洲国"，俄国人甚至可能予以承认，但他怀疑美国是否会予以承认。我对此表示同意。他说美国只是秘密地给政府以援助，而且数量不是很充分的。中共决不可能变成中国的巨大势力。

委员长把他的观点向我作了非常坦率的说明，正像我十分清楚地说明自己的观点一样。尽管我们双方都是为了统一中国和发展它的政治与经济力量这个共同目标，但我们对处理局势的措施却是相当不一致的。他好像正在决意改变他的政策。他发觉马歇尔并不充分了解政府的处境，并且认为他对中共作了过多的让步。

在我们交谈的过程中，我提起了杜鲁门总统想和委员长在菲律宾会晤的事。委员长说这是去年在华盛顿提出的建议，但是看来他并不急于进行这样一次会晤。由马歇尔对中国的态度和行动表现出来的美国的态度和政策使委员长感到相当恼火。

我们的谈话持续了整整两个小时,在谈话中可以看出委员长患了感冒。他不时地擤鼻子,戴着帽子,一再服药。当他送我离去时,他要我尽快前往美国。他不顾患着感冒,站在门口送我离去,尽管我恳求他不要这样做。我对他说,我将先去伦敦向我的英国朋友辞行,然后再去美国,他点头表示同意。

5月19日,外交部日本司司长杨云竹前来讨论要求日本赔偿的问题。按照他的说法,有四个机关分别着手处理此事,但只是提出了估计数。迄今为止,还没有根据中国的个人和团体提出的赔偿要求,编制出一份中国实际损失的清单,而且每个机关都应用不同的原则来估计损失数字,我极力主张应根据各方向政府申报的实际赔偿要求来编制统一的清单。这项清单应包括一些大城市如上海、广州、汉口以及乡村的民众所蒙受的损失。还应包括直接的、间接的以及相应发生的损失。政府应让民众和地方政府提出要求,当政府收到赔偿后,应照付给他们,而不是只为政府财政部认可一笔总的赔款。这是在处理山东问题时采取过的做法。

杨说政府只是考虑取得机器、货物和现金。据他所知,政府对民众所受损失并无偿付任何东西的打算。我对他说,我不赞同政府的这项政策,因为这不仅对蒙受损失的民众不公平,而且会使民众对政府失去信心,此外,这对向华盛顿赔偿委员会进行交涉也是不利的。

次日,外长私人秘书电话通知我,魏大使已给王外长复电,将于六月上旬离华盛顿返回。由于我已确定要去华盛顿接任大使职务,所以我认为这是我向马歇尔进行礼节性拜访的机会。在这之前我是有意对他回避的,因为他正从事于政治协商。下午四时十五分我见到了马歇尔,进行了一小时零一刻钟的交谈。我向他谈起我可能调动工作,这使他颇感兴趣。他提起多年以前曾在美国和我见过面。他一定还会记得,那是第一次大战期间,当时我是驻华盛顿的中国公使,他在陆军部工作。

马歇尔提出了美国国会已经批准对中国的贷款。他建议把两亿美元贷款的利息用作留美中国学生的教育费用,他并想知道宋子文会不会批准这项计划。我说这个方案可能进一步密切我们两国之间的友谊。我有意不使我们的谈话涉及中国的政局,马歇尔也有类似的打算,但终于他还是提了出来。在我祝愿他的努力取得成功之后,他就开门见山地阐明他对局势的看法。很明显,他想知道我的反应。我就提及国共之间长时间存在着的斗争历史使局势很难解决。虽然委员长非常真挚地希望促进统一,但双方的下属人员却相互怀恨和猜疑。

马歇尔回答说,怀恨是局势造成的,这很自然。他回顾了由伦纳德·伍德将军率领的美国军队,在菲律宾镇压当地起义者的作战情景,他可能在年轻时参加了这次战役。当时,起义者们不断从森林和丘陵的基地出击美国士兵。美国人对待当地俘虏的办法,是用凉水强行灌入他们的鼻孔里,逼问枪支藏在哪里。所以菲律宾很仇恨美国人。奎松临死之前曾当着马歇尔的面对当时陆军部部长史汀生述说他自己在那些日子是如何与美国士兵作战的,并说真正打败菲律宾起义者的是菲律宾的母亲们和孩子们。他们喜欢美国士兵,由于美国士兵在不作战时送给他们巧克力糖和其他的什物。美国军队在那些日子里国内供应很差。每名士兵每天只发给十三美分,从未有人想到寄杂志给他们阅读,或体育用品以资消遣。当时还没有像今天的电影院。

马歇尔说,在两个敌对政党之间,除了斗争没有别的,这很自然,一方想保持其权力,另一方则想夺取过来。从政治敌手方面遇到障碍是可以预料到的。他说前胡佛总统最近的访问,使他想起了一件事可以证实他的理论。当1932年正值一次空前的经济衰退期间,罗斯福当选总统之后,胡佛于1月份请他到华盛顿参加一次会议,讨论如何制止危机和防止银行的倒闭。新当选尚未就任的总统听取了关于危机的叙述,但是连一条制止危机的建议也不提。银行一家一家地相继倒闭。只有在罗斯福就职之后,他才宣布一项关于延期偿付的法令。他不希望让胡佛总统得到将国家从危机中拯救出来的荣誉。马歇尔引用的另一个例子是伍德罗·威尔逊任命布兰代斯进入最高法院。当时前任总统塔夫脱认为这次任命是极左行动,其实根本不是那么一回事。

党派之间的政治斗争经常采取利用局势为自己取得最大利益的方式。马歇尔讲,听说中共的方法是不择手段的,但是,事实上他们的行径与共产主义毫不相干。坦慕尼协会过去经常控制着纽约市选区的政治,恰如中国共产党人那样,但塔慕尼协会肯定不是共产党。周恩来只是一位谈判能手。马歇尔说在他本人的经历中,他曾与各种人物打过交道,包括伦敦的一些非常狡猾的英国人,但是没有一位比周更聪明。周的谈判技术与共产主义毫不相干。根本不涉及共产党人爱谈的资本、土地和财产等问题。还听说共产党人是不能信赖的,但另一方丝毫不比共产党人更值得信任。马歇尔派自己的人员去视察并向他报告。政府代表有一次报告共产党人阻拦联合国善后救济总署的十辆卡车物资。另一次,国军被控告扣留联合国善后救济总署发出的救济灾民的一列火车物资。马歇尔每次都坚持放行救济物资。后来共产党人向马歇尔提出了证据,证明政府卡车上的救济总署物资下面藏着军火武器。双方的高级官员并不总是了解他们的下属在战场上干些什么。不过,一般说来,共产党方面的命令,通常是会被战地司令官贯彻执行的。他在山东的经验使他对中共军队的良好纪律留下了深刻印象。在他看来,如果人与人比,中共军队的战斗力要比国军强。中共每名士兵都知道自己为什么而战,与此相反,国军的部队,少校军官以下的就不知道,也不关心。

马歇尔说,他最近返回美国,为中国谋取贷款、运输援助、工业设备和联合国善后救济总署物资进行了艰苦的工作。他出席了许多会议并向有关部门作了情况介绍。此外,还曾出席参众两院的委员会。说服国会议员们帮助中国是一项艰苦的工作。有些人公开反对给予一党专政的中国政府以任何援助,并严厉地抨击中国政府缺乏民主精神,贪污腐败。但是他引用了切实的论证,还是获得了成功。他承认中国政府存在着不民主的制度和贪污腐败,但是他强调了委员长对改革的真诚愿望。当然,改革工作不能在一周之内全部完成。若是委员长的改革计划获得成功,即使只成功百分之六十,也是很大的功绩。任何一个政党在一个国家里执政过久就会腐化,目前要做的事就是使现行政府民主化。马歇尔终于取得他们的同意,给予帮助,并由他自己起草一份声明,由美国国务院负责对中国政府的援助。可是正当他行将发布声明之际,中国战火复燃、组织联合政府失败以及宪法流产的消息传到了美国。这样,他不得不再次推迟签署贷款协定。

马歇尔说,中国政府人士继续不断地向他说,信任共产党或与他们一起工作是不可能的,因为他们不要合作,只要权力。虽然这些人士对他倡仪的协定能否取得成功抱怀疑态度,但是他们除了武力之外提不出其他办法。我说这是很不幸的,在两党中都有一些人只想依靠武力,使得和平使者的工作十分困难。马歇尔说,武力解决不了任何问题,政府军不可能摧毁中共军队。从武器配备和训练上说,政府军也许稍胜一筹,但是在士气和作战能力上,中共军队远远优于国军。凡是见过中共军队作战的人们都得出同样的结论。他担心战争将意味着国民党的瓦解和政府的最后倒台。

有人告诉马歇尔,中共与苏俄结盟,但是他没有发觉他们有密切接触。俄国人只是间接地协助中共,这样做并不困难。俄国人可以把东北铁路上的车皮拉走,政府就无法用这些车皮运输部队了。当俄国人把一个地方交给中共时,他们可以留下大批缴获的日本武器和军火。

我告诉马歇尔,委员长真心想实现和平、统一和民主。我提起了3月间他在中央执行委员会上所持的立场很坚定,坚决支持通过谈判谋求与中共合作的政策。由于中共夺取了长春,委员长的地位有所削弱,目前要作些恢复他的威望的工作。我问他,这种工作的前景如何?

马歇尔指出前景是好的。他将在下星期二邀请十名中共将军和社会知名人士来重庆。周恩来觉得他需要与他的军事人员直接谈话,以便说服他们停火。长春经过曲折的过程将会归还政府,对此马歇尔要求我目下不要继续追问下去。我指出,长春为政府收回将会导致两党恢复谈判。

马歇尔说,人们不断地说他不了解中国,但事实上他认为自己知道的比大多数人要多,因为他是从各方面了解中国的。

政府的发言人总是要对他说共产党人破坏信约,似乎政府本身是洁白无疵的,然而任何一方都不是完全清白的。他掌握的证据是政府发给其司令官的命令。周恩来本人常把这类命令的副本送交他,而政府却使他一无所知。马歇尔说,委员长最近给合众社的声明提供了一个很好的事例。这份发往国外的文本删略了其中最激烈的部分,这是他从周那里拿到全文后知道的。不知为何,中共对政府发出的每条命令都清楚。在宣传方面,共产党人要高明得多。马歇尔强烈反对煽动性声明,例如政府方面的何应钦在政府控制的报纸上就曾发表过一份这样的声明,他说这使他的工作比以往更加困难。

中国共产党是一个反对党,反对党总是千方百计想把执政党撑下台,这是可以理解的。但是政府所处的地位则是需要对自己的言行负责,而不可采用反对者可以采用的手法。马歇尔要我对他的谈话严守秘密,并要我设法做国民党领袖们的工作,使他们了解蓄意破坏与中共合作的现行政策是愚蠢的,因为这只能意味着他们自己的灭亡。他说当吴国桢向外国新闻记者发言时说,归还长春是马歇尔的建议,而不是政府提出的,这是有意说谎。这种手法将置政府于何地?因为马歇尔对这个声明只能加以否认。而中共对这些事却了解得一清二楚。现在中共正在照学照办,在东北他们告诉其部队说,美国协助政府输送军队前来攻打共产党,并拒绝给中共运送粮食。然而共产党是一个反对党,并不指望他们说话非常负责。国民党也许会想美国最终必定会援助他们的,并且可能寄希望于美国第七舰队。但是马歇尔告诉我,那是幻想。在任何情况下决不许可舰队干预。

辞别马歇尔后,我回访了邵力子。他是我们驻莫斯科的大使,一位老资格国民党员,深得委员长的信任。邵对总的局势不抱乐观,认为已面临危机的边缘。国民党内部几乎所有的军事将领都赞同摊牌,其中包括白崇禧、何应钦和陈诚。可是,大多数文职领袖都不赞同使用武力,但不知所措,因为中共是不能信赖的。邵自己确信要全部消灭中共是不可能的。鉴于经济情况和全国尚不安定,以武力谋求解决问题是最大的危险。

邵指出,从武装力量来说,虽然中共过去人数较少,力量较弱,但并未能将其摧毁,现在随着他们力量的不断壮大,这项任务更难办到。邵担心一旦采取诉诸武力的政策,就很难在任何可以预见的期间内结束这种局面。他确信委员长内心是赞同使用武力的。邵问我马歇尔本人是否已开始明白中共是不能信赖的,以及他目前是否愿意协助政府执行这项武力政策。邵曾听到有此传说,但是他又收到一份报告说马歇尔依然坚定不移地致力于和平与合作政策。我告诉他说,后者远较前者更接近事实。

当时的军事情况相当混乱。根据报纸报道,东北的一个重要铁路枢纽四平街已被国军收复。但是同时也报道山东省济南已被中共部队包围,情况非常危急。东北前线传来的消息很好,所以委员长宣布,他与蒋夫人将出巡沈阳,以便设法解决全面局势。同时预期长春不日即将攻克。

5月21日杨云竹应外长之命前来会我,与我讨论索赔政策。魏大使曾来电建议,中国或者接受美国所建议的日本资产总额的百分之三十——即美国准备接受的总额——将其余的百分之四十平均分配给远东委员会的其他八个成员国(不包括法国),或者要求美国放弃它的百分比中的一部分以照顾中国,或者使中国得到较高的百分比。我觉得,这就需要了解每方在战争中总的损失额和确定日本可供赔偿的资产总额。

杨表示担心的是分配给中国的百分比可能导致我们要放弃日本在中国的一部分资产,因为他相信日本在中国的资产已远远超过日本资产总额的百分之三十。我建议在作出决定前要与外长详细讨论此事。他说他的想法是接受日本所有可以提供的资产的百分之三十,而不包括日本在中国的资产,这些在中国的日本资产总是要为中国所占用的,没有必要使其列入赔偿计划之内。我说其他国家可能要以我们为例子,留下非常少的财产分配给其他国家。另外,有些没有多少日本资产在其国土上的国家,则会要了解我们损失的总额和留在中国的日本资产价值。经过一番讨论之后,我说我赞同接受比美国高些的百分比并要有个附带条件,即中国除应得到在中国境内的日本资产外,还要得到中国境外的日本资产的相当大的一部分。两位次长告诉我说,外长想提出一项方案供星期三上午召开的国防最高委员会审议。我劝告说,要用更多的时间慎重考虑这个问题。

5月21日在外交部召开一次会议,对此问题作了进一步讨论。有几位美国人出席,包括鲍莱、马丁·贝内特和迈耶上校。除了外长和我以外,代表中国出席的还有次长刘锴和行政院副院长翁文灏。翁对要从日本搬迁来的工厂种类作了长时间的论述。我提出中国要求将日本国内相当大的一部分设备交付中国,作为日本对中国的部分赔偿。鲍莱表示完全同意,并确信几周内即可办理。他建议中国只可尽量多要自己有技术人员操作的那些日本机械。他问道,如果没有合格的人员操作,中国如何能有效地使用这类机械?其含意是最好让美国技术人员来帮助操纵这些机器,作为交付赔偿的条件。我暗示说这类美国援助是受欢迎的。我还说应该制定一项办法以决定移交中国项目的清单。翁显然不理解我发言的意图而坚持把整个问题提交远东委员会的意见,反对鲍莱提出的在华盛顿作出决定的建议。我立即表示同意鲍莱的建议,因为这是达到我们目的的最迅速的手段。

翌日上午,又召开一次有关赔偿问题的会议,由原来的人参加,还包括钱昌照、朱世明(从东京归来)、杨云竹、史密斯和戴维斯。鲍莱读了一份声明草案,其后附有我们的需要的清单。该草案得到大家的同意。他询问有多少在中国的日本工厂已经恢复生产。钱说有百分之六十五左右,并尽力给人以一种印象,即中国完全能使用从日本接管的任何机器。可是鲍莱对此似乎印象不深。翁解释为什么中国的赔偿要求里包括某些机械,他的主要理由是有助于中国的工业化。

过午不久,我和鲍莱及其同行人员一起动身赴北平。在机场,政府在北方的三人小组代表蔡文治前来迎接。三人小组的美方代表是饶伯森,中共代表是叶剑英。蔡对我们讲了与美方谈判训练五十个新师的军事援助计划的情况。他认为整个计划的完成需要几年时间。为此目的而派出的美国代表团,将由二千名以上军官组成。计划完成后中国方面将拥有十八个空军中队和一支现代化海军。蔡说美国对我们很有帮助,但好像十分慎重。从美国运来的供应物资和军火只在上海交付,然后由中国军队的运输工具运往北方,作为他们自己的部分装备。

我在北平时照例访问了一些当地的领袖,其中有市长熊斌、北平行辕主任李宗仁和国军第十一战区司令长官孙连仲。

李宗仁坦率地谈到他对政府向美国的阿谀奉承和对中共的政策表示不满,他说:期望以唯命是从的方式从美国人那里获得一点小恩小惠是没有用处的;以一个人的意旨来统治国家也是危险的。如果把你手中的麻雀握得太紧就会弄死它,尽管你不想让它死。中国应有自己的政策,而不是仅仅依从美国的意旨。

北平当然有一些从东北入关的军事和文职首脑人物。其中军事人物之一是著名的马占山将军。他于 1932 年在松花江以北抗击日本比任何其他中国将领坚持的时间都长。他曾在张学良部下任旅长。我急于想了解他对国内总的局势的看法。他说话非常坦率,我发觉他对局势并不全然满意。他认为中央政府对东北的政策一点也不明智稳妥。前东北军事将领们并不想为他们个人利益谋求职务,相反地,他们都赞同有一项统一与民主的国家政策。马认为中央政府在对东北作出任何决定之前,应征求地方人士的意见。我觉得就意识形态而论,他是相当反对中共的。

5月30日我飞往沈阳,以实地了解一下东北的情况,这对我本人在中国和日内瓦的工作,和在国际舞台上,特别是在大国外交界间进行工作都是很重要的。在沈阳,东北行营主任兼政务委员会主席熊式辉接待了我。据他说,委员长在最近的访问中,虽然未进入长春市内,但曾在飞机场接见了地方的士绅。见到委员长,这些人士都感激涕零,十分激动,委员长本人也感动得流出眼泪。在被敌人统治近十五年之后,他们感到再次获得了自由。

1946年5月31日我会见了东北派的张作相和王树翰。后者曾多年任张少帅的秘书长。他们对政府处理东北问题的做法都很不满。他们相信,东北领袖人物并无在东北地区建立个人势力范围的愿望,如果给予他们较大的信任,国民政府本来是可以阻止中共流入这个地区的。只有那些了解东北民众并为东北民众所熟悉的人们才能协助政府在东北三省巩固其地位。张对我说,他不想担任什么职务,因为他不能为当地民众做多少事,但他又说他尚未公开辞职,因为担心政府对他误解。这两位对苏俄在东北的态度和行动也都深感不安。

张嘉璈是负责与俄国人谈判经济问题的人。他带我参观日本占领期间日本大规模兴建的新工业区。在那里有上百座工厂,生产钢铁、机床和其他工业产品。张又带我看了两座被俄国人将所有机器搬运一空的工厂,搬得那样彻底,使我相信,一定有迁移的预谋计划。

我还去访问了为日本人兴建的新住宅区。该住宅区的四分之三已经竣工。沈阳市整个说来已经发展和扩大。富丽堂皇的前日本领事馆已被我方接管作为铁路宾馆之用。沈阳市长带我们参观了满清王朝第一代皇帝的陵墓和他的出生地。这真是一座小型的宫殿，其中陈列着他生前穿用的衣服和鞋子。著名的《四库全书》收藏在原图书馆对面一座日本人新建的大楼里。

张作相、王树翰及所有其他东北领袖人物在大和旅馆为我设宴，引起了我的许多回忆，特别是我作为中国顾问陪同李顿调查团在沈阳的经历。在那里我受到了日本人的百般侮辱，特别是日本军方乃至司令官的侮辱。这次宴会为了能使大家共享局势改变的喜悦是经过特别布置的。我们是在当年同一个餐厅进的餐，当我穿过走廊进入餐厅时，1932 年的历历往事，不由涌现在我的眼前。

当天的夜晚，我访问了杜聿明。他是指挥在前线作战的国军的司令官。据他说，委员长初次莅临时曾想让部队停止前进，但是当他得知已经攻下长春和士气振奋以及军官们的决心以后，他批准了向哈尔滨进军。杜对我讲了他的计划的概要：向南推进到旅大地区边缘；向北进军到黑龙江省会齐齐哈尔，两处离长春和哈尔滨都是相当远的。中共将被留在西北部的兴安岭一带。问题在于是否进入哈尔滨和越过南方的中苏分界线。他给我的印象是，这些都是他正在积极考虑的问题，因此，我告诫他，切莫冒进。他急于想在玉米长高到可以隐蔽中共部队之前，实现他的计划。他对苏联人感到非常苦恼，并赞同禁止苏联哨兵进入铁路地带。他最焦急不安的是想知道美国是否会与苏俄打仗。他个人的看法是可能的。中国的前线指挥官具有这种观点是很自然的。

这天晚上快到午夜时，我与熊式辉谈了两个小时。我问他关于苏俄的真实态度、因中共而产生的问题，以及如何对待他们。他解释说目前的情况产生于苏联的干预和阻碍国军前进以暗中帮助中共。他发觉苏联的意图是希望在东北建立一个最后与西伯利亚的苏维埃远东共和国合并的友好政权。苏俄目前正在窥测适当的时机，向中国提出不满和要求以便攫取东北。但是中共也想控制东北。他认为军事手段只能到此为止，主要问题应用政治办法解决。他想争取东北领袖人物的协助,组织地方保安部队,因为国军的兵力在这样广大的地区中实在不敷分配。

熊同意杜的说法,委员长起初想让国军停止前进,但是目前他希望最低限度要将所有交通线收复。我发现这位将军是热诚和友好的。听说他是驻美大使魏道明的挚友,但显然极愿与我合作。他说他要打电报给魏道明,让他给我留下熊的私人电报密码。以便和他联系。

返回我们住的旅馆后,张嘉璈对我说,东北局势恰如虎踞山岗,俯视群狼争夺猎物,猛虎随时可以扑向它们。他认为这头猛虎不会长期保持安静或消极等待。我推测他指的是苏俄。

6月1日我搭专机离沈赴北平。当晚北平市长为委员长举办了一场京剧演出。委员长邀我陪同前往。大约有二百名美国官员出席观剧。蒋夫人以女主人的身份也亲临剧场,虽然她将近午夜时离去,但大多数官员都和饶伯森夫妇及我一样,继续留在那里。委员长像是非常认真地欣赏着这次演出,并不时对不同的演员加以评价。这些评价似乎相当贴切,说明委员长对京剧有很好的素养,不仅对剧情而且对各个著名演员的优缺点都很熟悉。在演出开始时,他就说次日要和我谈话。

第二天6月2日,是星期天,我在委员长官邸被邀请参加一个小仪式。这是应美国海军陆战队伍兹将军之请为授予蒋夫人以名誉海军陆战队队员称号而安排的。约有二十人出席了仪式,其中包括马歇尔的首席副官拜罗德与夫人,饶伯森与夫人,李宗仁和夫人,孙连仲和傅作义。委员长本人未参加,但参加了茶话会。然后他与蒋夫人带大家参观花园并拍照。后来他要我和他合照,于是我站到他的左侧。接着他要傅与他合照,并再次要我与他合影。我不知道他为什么要我两次与他单独合影。是否因为他觉得我站在他右边比在左边要好些,因为他是主人? 他有时对一些细节是非常细心的。茶话会快结束时,委员长告诉我,我们的谈话要推迟到他抵达南京后进行,他很快就要回去。

在北平期间,我访问了几位老友,其中之一是张少帅集团中的领袖人物万福麟。我发觉他身患高血压症,情绪沮丧。他告诉我,在张少帅被释放以前,他不愿担任政府的任何职务。张自从十年前西安事变以来一直被幽禁着,当时委员长被扣留近两周的时间。万告诉我,少帅的弟弟张学诗是一位出色的青年军官,也在致力营救他的哥哥。当万向我回访时,看来他精神好了一些,并与我作了长时间的谈话,畅叙往事。他抱着极大的遗憾回想起在 1932 年他怎样支持我的抵抗政策,和极力促使张少帅进行抗战的情况,虽然少帅为此对他进行了斥责。少帅是赞同张作相主张的不抵抗政策的。后者是东北集团中两位最有实力的人物之一。很显然,万对总的局势是不满的,特别是幽禁张少帅。因此他重申他的决心,决不接受政府的官职,即使是东北的省长。他不忍看到东北三省的民众再次流血牺牲,或者被迫参加共产党,或者流为当地土匪。

　　我还访问了叶剑英,他是马歇尔主持的军事调处执行部的中共代表。叶将军是一位头脑清楚、熟悉情况的雄辩家。他就其所知,十分清楚地向我说明当前的国际形势。很显然,他是想和我核对一下对国际形势的看法。他谈的范围很广,例如英国的经济困难、美国急需国外市场,以及苏俄需要重建等。他的结论是所有这些国家都希望维持和平,因此中国也必须走和平的道路。但是,如果遭受军事攻击或过分的压迫,中共一定要保卫自己,恰如右手一定要保护左手一样。他赞扬了我在国外的工作,要我作为一位独立的、无党无派人士支持和平事业。他说中共希望立即实现和平和解决与政府间的一切悬而未决的问题。一党制必须结束,中国必须走民主的道路。中共决不会放弃所占领的铁路地段,因为国军想利用这些地段进攻邻近的中共地区。

　　我问他有无可能放弃长春铁路,以便促进东北和平,因为这是中苏协定中规定共同管理的问题。如果我们不能恢复铁路,苏联可能提出控诉和要求赔偿。对此他避不作答,但说,他将研究这个问题。他在鼓吹和平,而恰在此时中共占领了长春铁路。

至于中共关于东北提出的其他条件,他说他们只想保持以一个军对中央政府五个军的兵力。他们不能由东北全部撤走,因为在那里他们已有三十万左右的军队。这完全是一个新的因素,因为直至苏军进入东北前,那里完全没有中共的军队。

我表示遗憾的是,最近签订的关于改组中央政府的政治协商协议未能付诸实施,因为全面实行这个协议将会导致中国走向民主和宪政的道路。他说关于宪法和各党派在政府中所拥有的表决权问题,有几点尚待讨论和解决。由个人意志统治的政府改为通过讨论和投票做出决定的政府,这个变化太大了,没有充分的保证,是难以取得成功的。因此中共一直坚持要在国民政府会议的四十票表决权中拥有十四票。他举出所谓第二个七七事件的事例,即有七十七份报刊被政府下令查封。他说这是明目张胆地破坏出版和言论自由。他声称:查封七十五种刊物只是为政府强行查封两份共产党报纸作掩饰而已。

6月4日我在北平会见了冯玉祥的代表何其鞏。他谈到民众的不幸和不满系由于国民政府委派的接收大员接管所造成,以及人们对政府失去信心和不予支持的情况。但是他说,人们依然完全拥护委员长,因为他领导抗战对国家所作的贡献是深受景仰的。他本人支持三项政策:政治民主化,军队国家化而不是使其属于个别集团,和经济社会化。我获得的印象是,他支持左的政策,但在行动上并不赞成共产党。

同一天我离开北平赴天津看望几位政界老友。这些人在北伐战争前,在政府中都起过重要作用。我特别渴望见到他们,因为我在北平时曾与他们当中的许多人共过事。我拜望的第一位政界领袖人物是靳云鹏。他在华北官居要职长达近十五年之久。他曾两度出任北洋政府内阁总理。看来他对整个局势非常不满。他批评统治当局在管理国家的事务中缺乏诚意,和采用各种阴谋诡计,结果使上中阶层人士都难以谋生。他们只能苟延残喘,坐以待毙。他认为实际的情况无异于人间地狱。他从《四书》《五经》中引证了一节又一节的名言,并说虽然他过去不能理解,但是现在参照人们和整个国家的情况,他清楚的理解了这些文章的意义。他特别强调经书中意味深长的箴言,"上下交征利,而国危矣。"现在所有的民众都处于水深火热之中。靳对他自己的困难处境尤感痛心。

其后,我看望了王怀庆,他也曾多年掌握大权,他把委员长捧上了天,也对我个人推崇备至。他的健康情况很好,看来他很富裕,这也许是他神情愉快的原因。

在天津市长杜建时的邀请下,我参观了位于大沽口的所谓塘沽新港。我们坐的是美国空军飞机,在新港上空绕了一周。这是一个规模巨大的工程,计划在大沽坝以北长达三千二百米的两条大堤之间,建成可容纳四万吨级船舶的航道。这项规划已施工五年半,但是尚未竣工,听说,日本人对这个港口的建设严守秘密,华北光复时,才被发现,事先美国人甚至天津民众根本不知道,日本人封锁消息如此严密,令人吃惊。当初日本在它统治下的华北建设这个港口是作为海军基地用的。日本人还利用从海底挖上来的泥土开辟了几万顷稻田。

两天后即 6 月 6 日,我返回北平,主要原因是我要在中央公园作一次公开演讲,各界出席人数近两万人。

6 月 7 日我离北平赴上海。在动身前,军调部政府代表蔡文治来访。他告诉我马歇尔关于国共两军停火十五天的建议已被政府采纳,作为对这位美国将军所表示的一种姿态。委员长的命令已经发出。与此同时,命令还指示东北和华北军事当局作好应付一切可能发生的事件的准备。这些命令已发给李宗仁、孙连仲、熊式辉和杜聿明。双方都不认为停火会被尊重或停火期限会延长。蔡说在任何情况下,这十五天是必要的,俾便作好渡过松花江攻占哈尔滨的准备。他说饶伯森已接到马歇尔的电报指示,让在中国的美国使团准备好在十天内结束工作。委员长原本同意停火十天,但在马歇尔的请求下,最后同意为十五天。他认为政府与中共之间的情势非常严重,政府不得不以武力解决,别无他途,因为中共不接受委员长的条件。

抵达上海后我就与宋子文接触。他是行政院院长,在上海设有他的办事处。当天晚上,我被邀参加招待基勒恩勋爵即前蓝普森爵士的晚宴。其他出席的有上海市新任市长吴国桢和李幹。基勒恩告诉我说我在伦敦很有地位,英国对我的调离会感到遗憾,虽然他了解美国对中国是非常重要的。他来中国是作为宋子文的客人讨论粮食供应问题。他的使命是经英国政府同意和促成的。特别是由于伦敦对宋以前要求以暹罗大米援助中国这件事未能允诺之故。

次晨,应宋要求,我随他返回南京并再次讨论了谁接替我任驻英大使的问题。他要我尽快去美国。政府将立即就任命我为驻美大使一事征求美国的同意,而不等待驻英大使继任人选的解决。

当天下午,我见到王世杰外长。他也要我从速启程去华盛顿,因为有许多问题要与美国交涉。他说委员长也是这样讲的。至于国共两党之间的政局问题,他说政治协商还未恢复,在恢复交通和改组军队的问题实现以前,估计不会重新举行。至于苏俄问题,看来王是满意的,莫斯科已经答复说所有苏军已于 5 月 3 日前全部撤回。王已通知俄国人,他将与其谈判经济合作问题,但在收复东北的全部主权以前他不会签订任何协定。而且俄国人拿去的一切东西都应视作属于中国的赔偿物资的一部分。在这个问题上我们不会承认莫斯科坚持的原则:他们从东北拿走的算是战利品,而且两国有关经济合作的任何安排都必须承认所有拿走的东西是中国赠与的礼物。此外,王还通知俄国人,中国不但在一切合作企业中要占有多数股份,而且这类企业的经理和董事长应由中国人担任。

在我看来,王的态度变得强硬了,因为他受到了国军在四平街和长春取得胜利的鼓舞,他告诉我说,不管杜鲁门是否邀请委员长参加菲律宾独立大典,也不管杜鲁门是否去参加,委员长都可能去菲律宾。我劝他说,他应告诉委员长对此问题作进一步考虑,因为假如没有杜鲁门的邀请,杜鲁门本人也不去那里的话,委员长径前自去会出现难于处理的情况。

当晚,委员长宴请枢机主教田耕莘、大主教于斌,以及天主教的其他高级人员。我也被邀请参加。晚餐后当我和其他客人一起告辞时,委员长要我留下谈话。他照例先问我关于欧洲和东北的局势。然后,他问我何日去华盛顿,并期望我早日成行。他未想到我有必要返英一行。于是我向他解释说,从我在伦敦时,英国对我个人的礼遇和友谊来说,我在赴美之前有必要向英国国王辞行。他了解后,要我尽量在 6 月底以前到达华盛顿。我说我将尽力而为,或许可能做到。然后,他对我强调在美国作宣传工作的重要性。他说天主教会在美国是一股势力。但是我告诉他说新教教会也同等重要。他要我和他们搞好关系,特别在中共问题上。

委员长就政府坚持恢复交通的主张征求我的看法。我说这项政策是正确的,因为要实现真正的民主与和平就必须坚持统一。我认识到如果不把政府统一起来并实行对全国的统治,要重建国家甚至保持和平都是很困难的。如果我们确信政府的武力能给全国带来统一,我们当然可以使美国人相信一个中央政权可以在全国实施法律和命令。林肯总统怀着他对和平的满腔愿望,终于发觉他不得不诉诸武力,以统一联邦政府的统治。如果没有1861—1865 年的战争,美国可能今天依然是割据的和软弱无力的国家。

我试图阐明,为了实现政治上的统一,使用武力不失为一项办法,这对任何国家来说都是必要的,不过作为一名文官,我无法评价中央政府的真正军事实力。只有委员长及其最亲近的军事僚属们才了解国共双方实力对比的具体情况,才能判断以武力谋求政治统一的政策是否适时和明智。就原则而论,毫无疑义,一个国家总是要力求尽快实现政治统一,以进行建设。我当时对委员长陈述的这一切,他听起来当然是很顺耳的,并有助于使他确信他的武力解决政策很可能是正确的。我确信他认为政府的军事力量无论在数量和质量上都远远超过中共。当时以及后来在华盛顿我都听说政府的军力比中共强大十倍。抗日战争结束时,国军有五百万人,共军只有五十万人。这或许是导致政府的领袖们想以武力解决共产党问题的原因。

讨论到命令国军准备进军哈尔滨的问题时,我说这个步骤在国际上是站得住的,因为根据1945年8月14日中苏条约规定,中央政府负有保护苏联权益的责任。而且就共同管理和经营长春铁路来说,中央政府也有保护自身权益的责任。

然后,委员长问我有关我对马歇尔使命的感想。我指出马歇尔对周恩来特别钦佩,而且似乎受周很大的影响。我谈到马歇尔曾对我说,人们抱怨他不甚了解中国,然而他有自己的人从各个方面向他客观地进行汇报。马歇尔对政府的主要批评是不民主,实行一党专政。委员长反驳说,政府已不再是一党专政,因为已给非党人士安排了三个职务。至于民主问题,都是因为共产党制造障碍阻挠召开国民大会通过宪法。虽然马歇尔曾以撤销美国支持相威胁,但他相信,美国会一如既往继续帮助政府。

6月11日,少帅的拥护者、东北集团的领袖之一刘哲来访。在谈话中,他向我解释为什么不打算复任长春铁路局局长之职。他说如果1929年少帅派我去哈尔滨担任铁路局长的话,也许整个东北事态的发展过程就会迥然不同。当时少帅的军队作了一次鲁莽的军事行动,开往北部的哈尔滨,接管苏俄在那里的全部权益。这就激起莫斯科派遣军队前来制止,结果使少帅两个最精锐的旅完全被击溃和俘虏。因此少帅及其参谋们变得惊慌失措,特别在接到最后通牒以后。我曾参加了他们的紧急会议,发现他们都很沮丧,默不作声,等待我到会发表意见。开会的目的是讨论和决定一项行动方针及如何答复最后通牒。从最后通牒的条件看来是如此的严厉,使我感到应予仔细考虑。我觉得我们不应对其全盘接受下来,特别是像其中包括的一项要我们派遣一名中国全权代表去莫斯科进行谈判,并要事先取得谅解,这个代表要原则上全部接受苏联提出的条件。我指出,好久前我就劝告过他们不要急于派出军队以武力接管苏联的权益。我曾从加拿大打电报作过解释,而且直接讲过:根据我从法国外交部及一些外交界友人那里收集到的情况来看,我认为动用武力是最鲁莽的行动。但是,尽管当初我反对向苏联诉诸武力,现在他们也不必因溃败而过分惊慌失措。应该保持冷静的头脑,有条不紊地权衡得失以便采取符合实际的方针。因而我不主张对苏联的最后通牒作肯定的答复。

从在场人们的面部表情来判断,我的观点未能被采纳。第一个作答的是张作相,他是东北第二号人物,仅次于少帅,完全控制着东北三分之一的吉林省。他说目前苏俄似乎准备将全部力量投入东北,中国的实力无法在那里进行有效的抗击,以迫使莫斯科改变它的观点,而且迟迟不全部接受最后通牒,将会导致苏联的全面入侵。他主张立即全部接受苏联的要求,促使少帅下令起草一份接受通牒的复文。作为一位顾问,我对他们的决定是没有责任的,因为一切由他们自己作主。刘哲显然曾向少帅私下建议派我充当代表,而不是张的左右手莫德惠。但是张已决定采取立即全部接受的政策,所以推荐了莫。

我在南京期间,恰好赶上一连串为离任的英国大使举办的社交集会。国民党秘书长吴铁城将军也为薛穆和夫人举办了一次晚会。薛穆夫人私下告诉我,薛穆希望被派往华盛顿,但尚未成为事实。她提起了海军上将弗雷泽勋爵最近访华似乎全然不受欢迎,并为这位海军代表团团长受到的冷遇抱怨不已。她还说德维亚特也对她讲过,他在中国的任务将于 10 月份结束。中英两国之间的关系由于这类事情继续恶化。

6月13日委员长和蒋夫人设午宴招待薛穆大使。来宾中包括王外长和财政部长俞鸿钧。整个进餐期间，委员长似乎心在别处，说话不多。事实上他是在蒋夫人接待了我们相当长的时间后才来会见客人的。餐后，王外长提出大使想和委员长谈几分钟，并要我一起参加。当薛穆说他要转达他的政府的一项口信时，他的神态看来很严肃。他面带着激动的表情谈到弗雷泽上将最近的访问，和他显然受到的冷遇。他接着说，这也许是出于误会，但是英国政府无法理解中国政府何以采取这样的态度。他希望这类不愉快的事件今后不再发生。当王向委员长口译薛穆的谈话时，王好像把大使的坚定的和几乎是严厉的言词大大冲淡了。委员长除了只是喃喃地说"我明白了"之外，未做任何评论。然后王用中国话向委员长说起无须粗鲁地对待英国舰队和拒绝他们访问中国港口的事。王还建议在做法上可以掌握得松点。王这样说是希望委员长随后说些什么以缓和紧张空气。但是委员长只是呆滞地说"可以那么办"。王没有翻译委员长的话。

　　然后，大使说他希望中英两国的关系将会得到发展，在他看来两国的基本利益是一致的。委员长表示同意，并说他想谈另一件事，就是香港问题。中英关系应该和中美关系同样亲切。中国人愿意这样办，但有一事损害了这种关系。如果香港问题能够解决，那么，中、美、英三国都将成为亲密的朋友，因为它们的利益确实是一致的。这种发展，在中国和苏俄的关系方面将对中国有所裨益。斯大林曾以英国占有香港为理由，试图取得旅顺、大连。如果英国将香港归还中国，苏俄就没有理由抓住旅大不放。委员长请大使将这口信带给贝文，大使说他一定照办。委员长说香港可在不改变两国实质利益的情况下归还中国。

　　然后，他对薛穆在中英两国关系上所作出的贡献表示谢意。当大使于1942年莅任时，由于寇尔的态度，两国的关系很不愉快。寇尔和委员长之间的关系很不好，以至委员长拒绝接见达半年之久。由于薛穆的友好态度和努力，情况有所改善。委员长说贝文和艾德礼始终亲切友好地对待我这位大使。委员长请薛穆向他们转达他的谢意。薛穆说他一定照办。

当天晚上,陈立夫邀我晚餐,我稍作停留,即去参加外交部司长们为我举行的聚餐会。之后,我返回陈的住宅,与之谈论他的政见。他把他的想法作了清晰的阐述,特别是关于中共对国民党谈判的策略。

陈扼要地讲述了中共的策略:中共和国民党打交道是又软又硬,软以达不成协议为限;硬以谈判不致破裂为度。他说他们的目的显然是争取时间,以扩大他们的势力,最后使政府彻底瘫痪而垮台。当天上午,陈还接见了外国记者,就他所了解的中共政策作了说明。他说在他与中共斗争的十九年中,他取得了许多教训,因此很自然地他已成为中共攻击和批评的目标。他本人曾成功地使二万三千名共产党人脱离中共而加入国民党。他熟知共产党的情况,并说美国人不一定了解共产党人。美国把共产党人和国民党员等同看待,使共产党占了便宜。中共在 1937 年时人数并不很多,当时他们被局限在陕北地区。

陈声称,政府全力谋求和平,所以曾与中共合作抗日,但是共产党从未积极对日作战。而且虽然他们喊着出版和言论自由与民主的口号,但不允许国民党的报纸或代表到共产党管辖区。

陈谈到美国人担心如果过分支持中国政府会与苏俄发生冲突。他说美国人认为国民党之所以有意地对苏俄采取强硬态度是因为相信一定会得到美国的支持。然而,美国人的这种担心或说法,都是不正确的。陈说假如他是美国,他会全力支持中国政府解决共产党问题。只有妨碍目前全面解决问题,才是美苏发生冲突的危险所在,因为这样中共就会变得强大起来,足以向政府挑战,而苏俄则会公开支持他们。到那时美国能袖手旁观吗?如果那时美国插手干预,就意味着美苏战争。苏俄目前还不会公开支持中共,因为中共的力量尚不足与政府抗衡。因此,目前正是解决中共问题并消除美苏战争之一切可能性的时刻。马歇尔应该公开向全世界阐明,中共是缺乏诚意和诡计多端,美国应全力支持中国政府。

陈立夫与他哥哥陈果夫是所谓 C.C.系的首脑人物,得到委员长的极大信任。事实上陈果夫当时是组织部部长。

次日,当我访问吴铁城时,他极力劝我留在中国,参加政治活动。如果我必须去华盛顿,也不要在国外停留过长。

我还去看了吴鼎昌,他是国民政府的文官长。当我提到政治局势时,他说马歇尔的政治和解工作获得成功的可能性很小。政府不宣而战,已经发生的战斗将继续下去。无人能说战争将持续多久。

我访问了立法院长孙科,目的是听他谈谈他对政局的估计。他说,尚不可能与共产党恢复谈判。目前确有发生战争的危险,但他本人反对再打下去。在以委员长为主席的最高国防会议上,除文官以外的所有军职人员,都主张使用武力。国民党内部大多数赞同武力解决,他们认为不这样做,国民党就会垮台。孙确信如果大规模的内战再度爆发,美国会保持中立,因为美国的公众要求严守中立。苏俄会不会保持中立,至少无人能够保证。苏俄对中共的援助最初可能是秘密的,但是当俄国人确信美国出于担心与苏俄发生战争而不介入时,他们就会公开支援中共。一旦爆发一场内战,就会无限期地打下去。国军能成功地占领交通线,但是不能指望消灭从事游击战争的中共。因此,只能以政治手段获致持久的解决。孙赞同作出某些无关紧要的政治让步,因为政府在军事上比共产党人强大得多。他说,如果同共产党达成的政治协商协议,当初无须提交国民党批准就付诸实施就好了。拖延的结果使反对协议的人能够扩大其反对影响,致使马歇尔的政策遭到致命的打击。

那天傍晚,我再次晋见委员长,因为我即将出发去上海和伦敦。开头他再次谈到在美国做好宣传工作的重要性,因为美国人似乎不了解中国的情况。天主教和其他教会组织是应予交结的重要团体,因为它们对形成公众舆论是有影响的。

我指出教育界或商界也是同样重要的。有人告诉我说,在第二次世界大战中英国的宣传大臣派出大约一千二百名男女工作人员去美国阐明英国政府的政策和观点,其目的是为了争取公众舆论支持英国作战。我对委员长说,仅仅印刷一些声明分发给报刊杂志的老办法已不再有效。美国的报纸是知识渊博、经验丰富的,这种办法已不能对其产生影响。一旦他们怀疑分发的东西是宣传品时,他们就会往废纸篓里一扔了事。更加有效的办法是利用广播电台,以及结交各界知名人士,向他们阐明中国问题的真实情况。如果把情况如实地介绍给他们,他们就可以比仅是读一下新闻公报更加有效地把我们的消息报道出去。英国宣传部常指派一名男人或女人与一位美国同行的知名人物搞好关系。在通常情况下,以私人友谊为基础的接触,更加有效和不引人注意。这种做法不会使对方感到被人利用。美国人有两种特点:他们是感情用事的,但同时又很现实和实际,唯恐被当作傻瓜或受骗者。委员长看来对我的见解颇为重视,并对我说,我可以作任何我认为有效的事。然后他要我起草一份活动方案。

委员长接着对在美国的宣传工作着重作了三点指示:第一,中国政府和共产党一样迫切期望和平,但是共产党人自从双方同意并宣布十五天休战以来,一直在攻击中国政府军队。中国政府始终对中共让步并与其达成协议,但共产党人却不遵守协议。

第二,中国必须实现统一,才能走向强大繁荣。没有统一,任何一个国家都不能有所作为。在一个国家里,不能同时存在着两个政权和两支军队。如果当初林肯没有把美国统一起来,能有今天的美国吗?和平统一是可取的,但是面对一个拥有一支有实力的独立军队的政党,政府不能只是采用政治手段。

最后,关于美国对中国一党专政的批评,中国政府正在稳步扩大政府基础。目前的行政院已有三名非国民党人士担任交通、经济和农业部长。

然后,委员长说我到达华盛顿的时间最好不要迟于 7 月 1 日,这样就能使我有时间准备好 9 月份的工作。这将是中国进入一个重要时期的开始,也意味着真正斗争的开始。这句话好像是委员长随便一说的,几天后我得知与共产党又达成另一个十五天的停战协议,我这才充分认识到这句话的重要含义。这段时间的结束,大体上正是委员长要我抵达华盛顿的时间。

当我告辞时,委员长再一次要我与他用电报直接联系,并吩咐他的秘书把他的秘密电码本交给我。

当天晚上,我出席了王外长宴请薛穆夫妇的晚餐。宴后,王请客人们观赏了他收藏的唐、宋、元、明历代绘画。宾客散去后,我留下与他交谈。王告我说马歇尔对局势极为不满,并扬言他在这里已不能起任何作用,故将离去。王曾向马歇尔建议,不要把共产党包括在政府里,但是可以承认它作为一个合法的反对党。王认为他的建议给这位美国将军留下了深刻的印象。王赞同马歇尔关于和平解决的必要性的意见。如果重新开火,美国就会停止援助,政府也会失去美国的同情。同时,采取武装斗争的办法,能否成功也无确实把握。

王要我抵达伦敦后,向外交大臣贝文提一下香港问题,以便探询英国政府对此问题的反应。由于魏大使正在东京作几天逗留,王打算尽快决定接替我在伦敦的职务的人选。

当时中国的经济情况,看来也在急剧恶化,这显然是与政局的变化密切相关的。因此我想得到对时局的正确而可靠的估计,为此目的我走访了几位负责经济工作的政府大员。

6 月 14 日上午,我见到了王云五,他是一位无党派人士,最近被任命为经济部长。听说我将去美国,王把他对与国内产品竞争的外国进口货物征税的打算向我征求意见。当时咖啡的售价每磅法币七百元,而中国茶每磅是法币二千二百元。进口克宁牌奶粉的售价比中国牛奶还便宜,罐头肉比中国的猪肉或牛肉的价格还低。这些食品的进口商发了大财。王正打算对这些进口商品提高关税率,至少提到与中国生产成本相等的水平,而将所得税款,部分上缴国库,部分补助中国的制造商和生产者。我同意有必要采取这项措施。但外国的出口商肯定会反对这种高筑进口关税壁垒的新措施。

稍后,我往见行政院长宋子文,以便向他告别。他对经济情势非常关心,并对我说,他对最近的美国贷款很不满意。他希望借到的金额比美国同意贷与中国的数字要大,因为他可用来购买货物在中国市场销售,以抑制物价的上涨。由于政局的原因,这笔五亿美元贷款被推迟,但宋认为没有持久地解决经济问题的办法。

宋曾与杜鲁门在华盛顿讨论过各种问题,他发觉杜鲁门乐于许诺而疏于履行。宋认为杜鲁门具有与罗斯福类似的坚强意志和胆识,宋过去经常与罗斯福进行无拘束的交谈,但是在和杜鲁门会谈时,总是有别人在座,不是国务卿就是某个助理国务卿。

我的几位朋友劝我,不要在国外逗留过久,而应在国内工作。因此我向宋探询此事。他说我应该在美国呆一二年后回国。我说如果在美国呆这样久,那时我就要退休了,但他完全不同意我这种打算,并说我至少还得再工作五年。他自己也一直想引退,并经常反躬自问,他所从事的工作是否有意义。我说在此关键时刻,他不能引退。他说许多人批评他的经济政策,但是没有什么人能提出更高明的建议。

浙江兴业银行董事长李铭是中国银行界一位有影响的人物。他与中国农民银行总经理李叔明一起前来访问。李铭说他刚刚对委员长讲过,中国的制造商和生产者因物价问题,已经陷于绝境。美国廉价货物大量涌入,迫使中国商品削价销售。中国商品的生产成本至少是美国进口货售价的二至三倍。我国产业界的情况是:工资高,原料少,利息重,通货膨胀不断加剧。除非立即找到良策,国家的经济势将全面崩溃,为共产党接管国家铺平道路。

早些日子我和吴鼎昌的谈话,也使我了解到许多经济情况。吴是国内最有影响的私营银行盐业银行的董事长,而且一生从事银行事业。他说本年度的预算原定为法币二百五十亿元,但到 5 月底开支已达一百八十亿元,其中还不包括立法院和国防最高委员会宣布的公务人员增加的工资。

十六、告别伦敦
1946 年 6 月—7 月

我于 6 月 15 日离南京去上海开始我返回伦敦的第一段旅程。在上海我访问了老友王宠惠,遗憾的是他正在患高血压症。他是国防最高委员会秘书长,消息非常灵通。他对政局的看法十分清楚。他说中共无意实施政治协议,因为担心政府地位合法化。他们宁愿拖延下去,以延长目前的分裂局面并增强他们自己的力量,以谋取国家权力。动荡不安的局面将会继续下去。

6 月 16 日上午,我搭飞机离开上海,十二时二十分抵达重庆,并在那里过夜。过去的战时首都,和现在作为一般城市的重庆之间的鲜明对比,使我深有感触。次晨我飞离重庆,于 17 日上午九时抵达加尔各答。

在加尔各答遇到了郑天锡博士,他正在由伦敦返回南京的途中。据说,外交部长认为他最有可能成为我在伦敦的职务的继任人。在加尔各答使我感到意外的是,听说尼赫鲁已在克什米尔被捕,以及尼赫鲁与英国内阁代表团就印度前途问题举行的谈判陷入僵局。据报道,造成这次僵局是由于尼赫鲁坚持在临时政府内阁里要有一位国大党穆斯林,而拒不接受由穆斯林联盟提名的穆斯林。

6 月 20 日抵达卡拉奇,当晚和米迪爵士一起在政府大厦过夜并与米迪及其侄女共进晚餐。他对我讲到印度的政局,并对国大党和穆斯林在谈判中互不相容表示悲观的看法。在他的信德省,政府是以三十个席位的穆斯林多数派对二十九席的反对派,其中包括七名脱离多数派的穆斯林。他对我说,他们的忠诚往往依其个人野心与好恶而改变。

6月21日再度起程,中间在巴士拉稍停,经历了五小时的飞行,当日到达开罗。在埃及首都,因伊斯兰教法典说明官在王宫避难,充满着对英国极为不满的激昂情绪。报纸以大量篇幅报道这种局面对为修订1936年条约而举行的英埃谈判可能产生的影响,特别是关于英军撤离埃及的问题。

6月22日我又起程,在北非卡斯特罗贝尼托稍停后,直飞伦敦。我回到伦敦大使馆后,第一个来访的是桂将军。他是中国军事代表团团长,也是我的武官。他向我介绍了一位新来的空军武官,并汇报说,在伦敦举行的胜利游行中,英国企图不把他和他的同僚们排在盟国司令官的车队中。两位官员说,他们的汽车经过皇家看台前时,他们仿照前面的美国人的样子坐着不动。这实在是出于他们对英方态度的误会,这在中英关系间并不是罕见的。我的新闻参事兼宣传部驻伦敦办事处主任叶公超对我讲,拍摄游行的影片已经予以剪辑,删去了中国官员举止失礼的镜头。位于中国官员前面的美国人在经过皇家看台时,确曾起立并致敬礼,随后马上就坐下了。桂将军和其他人显然只看见他们坐着。

6月25日星期二,我设午宴招待德比市市长。我还邀请了卜舫济博士,他是我的母校上海圣约翰大学校长。高级市政官员和城市秘书带来了德比市自由民人名录,请我签字。这是给予我的一种荣誉,因为第一个在人名录上签名的是凯特尔斯顿的寇仁勋爵。名单上约有十个人名,其中包括第一次大战时的陆军元帅海格;一位罗夫人,她的儿子因其勇敢事迹曾获维多利亚十字勋章;美国大使怀南特;加拿大总理麦肯齐·金;新西兰总理彼得·弗雷泽和南非史末资将军。

6月26日下午,即我回到伦敦的第四天,我受到国王为欢送我而安排的接见。国王陛下非常和蔼可亲并赠我两张照片,一张是他自己的,另一张是皇后的,两张都有亲笔签名并镶在带有皇室徽记的银框架里。我返回大使馆后,见到王外长拍来的电报,内容是通知我美国已同意我的任命,并要我尽快赴美。

次日,我访问了外交大臣诺埃尔-贝克。我去看他有两个目的,一个是探询英国对香港问题的态度,再就是向他辞行。我们讨论了联合国、安理会、经济及社会理事会和巴黎外长会议。然后我访问了法国大使马钖里,向他告别。我们讨论了国际局势。他告诉我说,的里雅斯特问题是巴黎会议所有困难的症结所在。如果这个问题能予解决,一切都会顺利;否则,谁也不敢说下一步会发生什么问题。显然,他对局势抱有悲观的看法。

晚上,我接见了梁鋆立,和他讨论了纽约安理会的工作。他的汇报简短而有意思,因为安理会刚刚开始处理一些重大问题。他提出了一个很重要的问题,即安理会缺乏能干的主席主持会议,使得进程又长又恼人。再者,会议是向公众开放的,这就迫使代表们向边座的听众发言,从而使问题更难解决。当安理会召开对公众开放的会议时,代表们的发言往往是为了在国内报纸上发表,而不是从联合国的角度讨论问题。

王外长又发来了一份电文,要我与英国人讨论印度尼西亚的问题,以便参加调解与和平解决荷兰和印尼之间的问题。

第二天,我对美国驻莫斯科大使艾夫里尔·哈里曼进行了很有意思的访问。在回答我的问题时,他说,苏联在十五年内不会进行战争,因为他们没有条件作战。美国终于认识到了苏联是缺乏诚意的。哈里曼还强调苏联在东北的工业机器问题上犯了大错。哈里曼对我说,马歇尔在中国的努力是受到美国公众的支持的。他认为马歇尔未能洞察共产党的策略和缺乏诚意,并告诉我说,在这一点上他曾向马歇尔提出告诫,还劝委员长采纳马歇尔的意见,以表示政府是愿意合作的。

下午玛丽皇太后莅临大使馆共进茶点。她是由辛西娅·科尔维尔夫人陪同前来的,她丈夫的祖父是麦卡特尼勋爵。皇太后陛下和科尔维尔夫人浏览了会客厅、餐厅、吸烟室和我的办公室里所有的艺术品及绘画。她们说非常欣赏中国的茶点和我作为纪念品赠给皇太后陛下的两件玉雕。

按照惯例，在即将离任之前，我走访了政府中的主要人物。艾德礼首相颇为友好邀我共进午餐，以表示对我在伦敦工作的谢意。7月1日，午宴设在唐宁街10号首相府。我趁机向艾德礼谈起印度尼西亚的问题，以及我们想与英国、美国和澳大利亚一起进行调解，谋求一项和解的办法，以防止类似苏门答腊的文登惨案再次发生。艾德礼或许由于不熟悉这个问题，或许要与外交部进行磋商，他只是说，他将记住这件事情。之后，他带我和我的夫人与幼子去温布尔登观看网球比赛。

7月3日星期三，我去海德公园路29号访问了邱吉尔先生。邱吉尔像往常一样热诚而有礼貌。他对我说，他认为华盛顿的职位非常重要，并为我前去感到高兴。谈到他在战争中的作用，特别是他争取美国支持的政策，他特别为富兰克林·罗斯福的友谊感到高兴，而且还认识了在他手下工作的许多朋友。当我问起他对杜鲁门的看法时，他很谨慎地说，杜鲁门很吸引人，与他相处的关系也很好。这位著名的英国政治家依然保持着传统的礼节，他一直把我送到汽车旁，还替我打开车门，以表示对我访问的极大的重视。

我出席了西蒙勋爵和夫人设在上议院的午宴之后，访问了国防大臣劳森。他作为国会访华团的一名工党成员曾于1942年底左右到过中国。他对我说，他觉得他的远东之行是令人鼓舞和满意的。自他主管国防部以来，他采取了对每个下属作私人访问的新做法。虽然这种做法为国防部官员们所怀疑，但实践证明这正是他应该做的，因为这样做不但使国防部较好地进行工作，而且使工作人员更加满意。

我的同僚钱泰大使从巴黎来到伦敦为我送行。钱讲到为中国参加巴黎外长会议问题，往见贝尔纳斯和贝文的事。钱认为莫洛托夫不赞成中国参加外长会议，因为这会增加一份反苏的力量。

我出席了哈里曼大使举办的美国7月4日国庆庆祝会以后,接待了约翰·蒙克爵士,他是受国王之托,为我送行来的。我随即前往希思罗机场。飞机用十一个小时横越大西洋,于上午七时三十分抵达甘德。八时十五分我们再度起飞,经过一番颠簸的旅程之后,于1946年7月5日下午二时抵达纽约。在机场,有一些朋友和国务院代表前来迎接。其后不久我就转赴华盛顿。在国家机场,有中国大使馆的工作人员和国务院远东司的范宣德、礼宾司的伍德沃德前来迎接。我的驻美大使职务由此开始。

其后两天,我熟悉一下摆在我面前的问题和任务。这些问题包括五亿美元的借款,海军援助方案,以及6月份后美国继续给予武器援助问题等。我就这些问题与谭绍华参事进行了讨论,他是前任驻墨西哥和巴西公使,具有真正的外交工作经验。另一位参事陈之迈向我汇报了在美国的宣传工作。我还接见了中国行政院善后救济总署代理署长郑宝南,听取了关于他的工作的详细报告,总署在中国的情况,以及行政院善后救济总署和联合国善后救济总署之间的关系。后一组织是由拉瓜迪亚负责领导的。郑说拉瓜迪亚因为对中国的情况缺乏了解,给郑造成了许多麻烦。